TRAUNER VERLAG

BILDUNG

Bildung, die begeistert!

Blattwerk Deutsch

■ Literatur

IRIS PALLAUF-HILLER

JOHANNES GAISBÖCK

HAK   HLT

HLW   BAFEP

HLM   BASOP

HLK

© 2020
TRAUNER Verlag + Buchservice GmbH, Köglstraße 14, A 4020 Linz
Alle Rechte vorbehalten.

Layout wurde vom Patentamt mustergeschützt: © Österreich 2010

Lektorat/Produktmanagement:
Mag. Katharina Stadler
Titelgestaltung/Layout: Bettina Victor
Gestaltung und Grafik: Bettina Victor
Korrektorat: Johann Schlapschi, Bettina Trauner
Schulbuchvergütung/Bildrechte:
© Bildrecht GmbH/Wien
Gesamtherstellung:
Johann Sandler GesmbH & Co KG
Druckereiweg 1, 3671 Marbach

ISBN 978-3-99062-367-1
Schulbuch-Nr. 195.167

ISBN 978-3-99062-368-8
Schulbuch-Nr. Kombi E-Book 195.878

www.trauner.at

Impressum

Pallauf-Hiller u. a.: Blattwerk Deutsch
■ **Literaur**
1. Auflage 2020
Schulbuch-Nr. 195.167
Schulbuch-Nr. Kombi E-Book: 195.878
TRAUNER Verlag, Linz

Das Autorenteam

MAG. IRIS PALLAUF-HILLER
Professorin an der HAK/HAS I der Wiener Kaufmannschaft in Wien

MAG. JOHANNES GAISBÖCK
Professor an der HAK/HAS I der Wiener Kaufmannschaft in Wien;
Lehrender an der Pädagogischen Hochschule Oberösterreich

Approbiert für den Unterrichtsgebrauch an:
■ Bundeshandelsakademien für den II. bis V. Jahrgang,
■ Höheren Lehranstalten für wirtschaftliche Berufe für den II. bis V. Jahrgang,
■ Höheren Lehranstalten für Mode für den II. bis V. Jahrgang,
■ Höheren Lehranstalten für Kunst und Gestaltung für den II. bis V. Jahrgang,
■ Höheren Lehranstalten für Tourismus für den II. bis V. Jahrgang
  im Unterrichtsgegenstand Deutsch,
■ Bildungsanstalten für Kindergartenpädagogik für die 2. bis 5. Klasse und
■ Bildungsanstalten für Sozialpädagogik für die 2. bis 5. Klasse
  im Unterrichtsgegenstand Deutsch (einschließlich Sprecherziehung, Kinder- und Jugendliteratur),
Bundesministerium für Bildung, Wirtschaft und Forschung, BMBWF-5.048/0008-Präs/14/2018 vom 22. Jänner 2020.

Liebe Schülerin, lieber Schüler,
Sie bekommen dieses Schulbuch von der Republik Österreich für Ihre Ausbildung. Bücher helfen nicht nur beim Lernen, sondern sind auch Freunde fürs Leben.

Einleitung

Im Vordergrund der „Blattwerk"-Bände steht die **Nachhaltigkeit des (Sprachen-) Lernens.** Die Schülerinnen und Schüler sollen dazu animiert werden, **selbstgesteuert** zu lernen, ihre eigene Sprache und jene anderer (die Sprache von Autorinnen und Autoren) zu reflektieren und zu analysieren sowie ihre selbst verfassten Texte zu be- und überarbeiten.

Durch ein vielfältiges Angebot an Textausschnitten aus der Weltliteratur soll ein Offensein für die große Bandbreite der sprachlichen Umsetzung von unterschiedlichen Stoffen erzielt werden.

Unterstützt wird dieser Prozess durch den **Portfolio-Gedanken,** der den Lehrwerken zugrunde liegt. Daher sind alle „Blattwerk"-Bände **perforiert und gelocht.** So können sie nicht nur als herkömmliche Schulbücher im Unterricht eingesetzt, sondern auch zusammen mit selbst verfassten Texten der Lernenden über die gesamten Schulstufen hinweg in einer Mappe gesammelt werden. Dies hat den Vorteil, dass die Schülerinnen und Schüler am Ende ihrer Ausbildung ein **Kompendium aller gelernten Inhalte** besitzen, das sich optimal zum Lernen für die Matura eignet. Gleichzeitig werden sie dazu motiviert, selbst produzierte Texte zu hinterfragen, sie zu überarbeiten und ihr Sprachbewusstsein weiterzuentwickeln.

Die gesamte Reihe ist für **Erst- und Zweitsprachensprecher/innen** konzipiert.

Wesentliche Elemente und verwendete Symbole

Zur Erarbeitung der Kenntnisse und Fertigkeiten stehen den Lernenden **Arbeitsaufgaben** zur Verfügung. Diese erfordern die praktische Umsetzung des Wissens und verlangen eigene kreative Lösungsansätze.

 Arbeitsaufgaben

Diese Arbeitsaufträge sind nach dem Kompetenzmodell mit den Farben Blau, Rot und Schwarz gekennzeichnet. Es wird unterschieden zwischen Aufgaben, bei denen die Schülerinnen und Schüler

- die gelernten Fachinhalte und gelesenen Texte verstehen und wiedergeben,
- erworbenes Wissen anwenden,
- eigenständig Lösungen entwickeln müssen.

Folgende Piktogramme unterstützen das Lehren und Lernen mit dem Buch:

 für Wissenswertes und Tipps

 für „Achtung!" oder „Beachte!"

 für Arbeitsaufgaben und persönliche Notizen

 für Verknüpfungen mit anderen Kapiteln oder „Blattwerk"-Bänden

 für Diskussionsaufgaben

 für Downloads von angeführten Internetseiten

 Zum Weiterlesen
für Hinweise auf weitere thematisch relevante Texte und für Arbeitsaufgaben, die eine Beschäftigung mit dem gesamten Werk oder weiteren Werken erfordern

Viel Freude und Erfolg wünscht Ihnen das „Blattwerk"-Team!

Inhaltsverzeichnis

Die Blattwerk-Methode

Das Lehrbuch „Blattwerk" kann wie jedes herkömmliche Lehrwerk verwendet werden. Es finden sich unterschiedlichste Texte zu diversen Themen darin, WERKZEUG-Blätter (Theorie- und Kriterienblätter), Aufgaben, Arbeitsaufträge und vieles mehr. Dennoch will es einen Schritt weiter gehen und integriert die Portfolio-Methode als wesentliches Arbeitsprinzip. Dieses Prinzip liegt vor allem jenen Elementen des Lehrwerkes zugrunde, die sich mit der eigenen und der Kompetenz anderer aktiv auseinandersetzen.

Prozesshaftigkeit – Nachhaltigkeit

Die einzelnen Kapitel können dem Buch entnommen werden. Dies hat den Vorteil, dass Sie den jeweiligen Abschnitt durch **Material vonseiten der Lehrperson** oder **durch eigenes Arbeitsmaterial** erweitern können. Die WERKZEUG-Blätter (Theorieblätter) verbleiben nicht im Lehrbuch, sondern wandern mit in Ihre Mappe. Wird ein **Kapitel wiederholt,** sind Sie bestens vorbereitet und können alle schon erarbeiteten Unterrichtsmaterialien weiterverwenden und jene, die Sie nun erhalten, zu den schon erarbeiteten und gesammelten hinzugeben.

Selbstevaluation und Feedback

Besonders sinnvoll erscheint es, wenn Sie nach dem Verfassen eines Textes ein wenig Zeit verstreichen lassen, ihn wieder zur Hand nehmen und erst dann eine Evaluation durchführen. So sehen Sie den Text mit anderen Augen und finden möglicherweise Ungereimtheiten, die Ihnen kurz nach dem Verfassen nicht aufgefallen wären. Zusätzlich können Sie sich für Ihren Text auch **von Kolleginnen und Kollegen** und von Ihrer **Lehrperson Feedback einholen.**

Feedback geben

Bieten Sie Ihren Kolleginnen und Kollegen an, auch ihre Texte Korrektur zu lesen und einer Evaluation zu unterziehen. Dieses **Beurteilen von fremden Texten** schärft den Blick auf die eigene Sprache und bietet Ihrem Gegenüber die Möglichkeit, Überarbeitungsvorschläge für den eigenen Text zu erhalten. Ein Feedback von einer anderen Person oder der/dem Unterrichtenden ist Goldes wert, denn es kann Ihnen Ihre derzeitige Kompetenz auf dem jeweiligen Arbeitsgebiet zeigen.

Überarbeitungen

Ein Text in seiner ersten Version ist meist unfertig. Machen Sie das Überarbeiten Ihrer Texte zu einem der wichtigsten Prinzipien. Lassen Sie dafür aber ein wenig Zeit verstreichen. Überarbeiten heißt, das schon Vorhandene kritisch zu betrachten und jeder Änderungsmöglichkeit bezogen auf Inhalt und sprachliche Phänomene nachzugehen.

Sprachentwicklung – Sprachwandel – Sprachverfall

Interpretieren Sie das Bild „Großer Turmbau zu Babel" (1563) von Pieter Bruegel dem Älteren.

Wohlauf, laßt uns herniederfahren und ihre Sprache daselbst verwirren, daß keiner des andern Sprache verstehe.

1. Buch Mose (Genesis) – Kapitel 11 – Vers 7, Altes Testament

1 Die indoeuropäische Sprachfamilie

WOHER KOMMT DIE DEUTSCHE SPRACHE?

Woher kommt eigentlich das Deutsche: Von welcher Sprache stammt
es ab und mit welchen Sprachen ist es verwandt? Auf diese Frage eine
befriedigende Antwort zu finden, war und ist für viele Germanisten eine
große Herausforderung. Zum einen deshalb, weil mit ihrer Beantwortung
5 unser Platz unter den Sprachen und Völkern dieser Erde überhaupt erst
deutlich wird, und zum anderen auf Grund dessen, dass hierzu kaum
sprachliche Zeugnisse vorliegen, auf die man zurückgreifen könnte. Und
so wird die Vorgeschichte der deutschen Sprache in zweifachem Sinne zu
einem spannenden Thema, dem man sich von wissenschaftlicher Seite
10 mit viel kriminalistischem Spürsinn gewidmet hat.
Vergleicht man beispielsweise das deutsche Wort *Vater* mit bedeutungs-
gleichen Ausdrücken anderer moderner Sprachen in Europa, stellt man
rasch gewisse Ähnlichkeiten fest – so etwa im Falle von englisch *father*
oder italienisch *padre*. Aus solchen und zahlreichen weiteren Beispielen
15 kann man dann schließen, dass all diese Sprachen ganz offensichtlich
miteinander verwandt sind und eine gemeinsame Geschichte haben. Ein
Blick in die Vergangenheit bestätigt dies für das genannte Beispiel sofort:
So lauten bereits die entsprechenden Bezeichnungen im Lateinischen
pater oder im Gotischen *fadar*. Doch solche Gemeinsamkeiten, wie sie
20 durch die sog. Allgemeine und Vergleichende Sprachwissenschaft festge-
stellt werden, reichen noch weit über die neueren und älteren Sprachen
Europas hinaus – etwa, wenn man (um bei dem Beispiel zu bleiben)
innerhalb der altindischen Sprache dem Wort *pitar* begegnet. Diese und
viele weitere Befunde lassen also deutlich werden, dass zwischen zahlrei-
25 chen Sprachen Europas und Asiens eine Verbindung besteht. Man nennt
sie daher auch die **indogermanischen** oder besser: **indoeuropäischen**
Sprachen.
Ob es nun eine indoeuropäische Ursprache gab, aus der sich dann verschiedene Sprachfamilien und Einzelsprachen entwickelt haben, ist bis
30 heute nicht restlos geklärt. Der Sprachwissenschaft ist es zwar durchaus
gelungen, aus deren lautlichen Gemeinsamkeiten und Unterschieden
so etwas wie einen **ursprünglichen indoeuropäischen Sprachzustand** zu
rekonstruieren (was hier etwa zu dem Ausdruck *päter* führt): Doch liegt
angesichts moderner Erkenntnisse über die frühe Menschheitsgeschich-
35 te die Vermutung nahe, dass diese Rekonstruktion kaum eine einzelne
Sprache, sondern eher einen mehr oder weniger losen Bund verschiedener Sprachen oder Mundarten widerspiegelt, die sich auf Grund kultureller und wirtschaftlicher Kontakte ihrer Sprecher wechselseitig beeinflusst
haben.
40 Der Lebensraum dieser Menschen, die Ackerbau und Viehzucht betrieben, mögen Heide- und Savannengebiete im Südosten Europas gewesen sein: Auch dies lässt sich unter anderem anhand von sprachlichen
Vergleichen vermuten. In der Folge unterschiedlicher **Wanderungs- und
Siedlungsbewegungen** hat sich das Indoeuropäische dann von hier aus
45 in den asiatischen wie in den europäischen Raum weiter verbreitet und
dabei verschiedene Sprachfamilien ausgebildet. Der genaue Zeitpunkt
dieser Verbreitung ist nur schwer auszumachen. Jedoch gibt es einige In-
dizien (wie zum Beispiel das Fehlen einer gemeinsamen Bezeichnung für
Eisen), die darauf schließen lassen, dass die Trennung einzelner Sprach-

50 familien etwa auf das 3. Jahrtausend v. Chr. zurückgehen muss. **Zu den indoeuropäischen Sprachfamilien** zählen in Asien das Indische (mit der alten Religionssprache Sanskrit und dem modernen Hindi), das Iranische (Neupersisch, Kurdisch und andere) und das Armenische. In Europa unterscheiden wir folgende Familien: Griechisch, Albanisch,

55 Romanisch (unter anderem mit Latein, Italienisch, Spanisch, Portugiesisch, Französisch und Rumänisch), Keltisch (in Irland und Schottland), Baltisch (in Litauen und Lettland), Slawisch (Russisch, Polnisch, Tschechisch, Slowakisch, Slowenisch, Serbisch und Kroatisch, Bulgarisch und andere) und nicht zuletzt das Germanische (neben Deutsch mit den

60 Einzelsprachen Englisch, Niederländisch, Norwegisch, Dänisch, Schwedisch und Isländisch). Daneben werden in Europa aber auch noch andere Sprachen gesprochen, die nicht indoeuropäischen Ursprungs sind, sondern zu anderen Sprachfamilien gehören; hierzu zählen das Türkische (das zu den Turksprachen zählt), das Finnische und das Ungarische

65 (die zur finno-ugrischen Sprachfamilie gehören) sowie das Baskische (als einzige vorindoeuropäische Sprache in Westeuropa, die noch heute gebraucht wird).

THORSTEN ROELCKE: GESCHICHTE DER DEUTSCHEN SPRACHE, BECK

a) Erstellen Sie eine Grafik, in der Sie die indoeuropäische Sprachfamilie beschreiben.

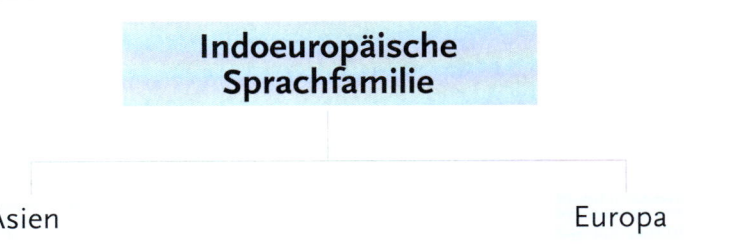

b) Erstellen Sie eine Liste von Wörtern, die im Deutschen und im Englischen Ähnlichkeiten aufweisen. Vielleicht können Sie auch das entsprechende Wort auf Italienisch und/oder Französisch eruieren.

Deutsch	Englisch	Italienisch	Französisch
Katze	cat	gatto	chat

2 Historische Sprachentwicklung BEISPIEL

Die erste (germanische) Lautverschiebung

Die wichtigsten Veränderungen	
aus p wird f	pellis → Fell
aus t wird th	tres → three
aus k wird ch/h	cornu → Horn

Die wichtigsten Veränderungen	
aus b wird p	labium → Lippe
aus d wird t	duo → two
aus g wird k	genu → Knie

Die zweite (hochdeutsche) Lautverschiebung – Althochdeutsch

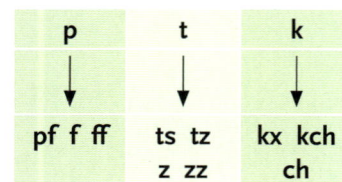

Die wichtigsten Veränderungen	
aus p wird pf/f/ff	helpen → helfen; Perd → Pferd
aus t wird ts/tz/z/zz	salt → Salz; settian → setzen
aus k wird kx/kch/ch	makon → machen

Vom Althochdeutschen zum Mittelhochdeutschen

Die wichtigsten Veränderungen	
Abschwächung der Neben- und Endsilben-vokale	ahd. ackar → mhd. acker ahd. taga → mhd. tage
Umlaute	ahd. mahtîg → mhd. mähtec ahd. skôni → mhd. schoene
Auslautverhärtung	mhd. huoben, aber er huop
sk, sc → sch	ahd. scrîban → mhd. schrîben
Pronomen und Artikel	ahd. hilfu → mhd. ich hilfe ahd. zungun → mhd. die zungen

Vom Mittelhochdeutschen zum Neuhochdeutschen

Die wichtigsten Veränderungen	
Diphthongierung	mhd. mîn niuwez hûs → nhd. mein neues Haus
Monophthongierung	mhd. guot → nhd. gut; mhd. müede → nhd. müde mhd. liebe → nhd. liebe
Vokaldehnung	mhd. ligen → nhd. liegen; mhd. faren → nhd. fahren mhd. lesen → nhd. lesen
Konsonantenschwä-chung	mhd. teutsch → nhd. deutsch mhd. pleiben → nhd. bleiben

Bedeutungswandel

Quantitativer Bedeutungswandel	
Bedeutungsverengung: Hochzeit (hôchgezît)	früher: (kirchliches oder weltliches) Fest heute: Fest der Eheschließung
Bedeutungserweite-rung: Ding	früher: Gerichtsversammlung, Rechtssache heute: Gegenstand, Sache

Qualitativer Bedeutungswandel	
Bedeutungsverbesse-rung: Minister	früher: Diener (lat.: der Geringere) heute: oberster Verwaltungsbeamter des Staates
Bedeutungsverschlech-terung: Dirne	früher: junges Mädchen heute: Prostituierte

Historische Sprachentwicklung   WERKZEUG

Die erste (germanische) Lautverschiebung

Das Germanische trennt sich in den ersten beiden Jahrtausenden vor Christus durch die erste (germanische) Lautverschiebung von den anderen indoeuropäischen Sprachen. Sie betrifft die indogermanischen Verschlusslaute b, p, d, t, g und k. Außerdem kommt es zum Akzentwandel, was bedeutet, dass die Betonung, die in den indoeuropäischen Sprachen auf verschiedenen Silben liegen kann, nun zumeist auf der Stammsilbe liegt. Es entwickeln sich schwache Verben und die Zahl der Fälle verringert sich.

Die zweite (hochdeutsche) Lautverschiebung – Althochdeutsch (750–1050)

Von den übrigen germanischen Sprachen unterscheidet sich die deutsche Sprache durch die zweite Lautverschiebung, die ungefähr zwischen 500 und 800 n. Chr. datiert wird. Die wichtigsten Veränderungen sind, dass aus germanisch **p, t, k** dann **pf/f/ff**, **ts/tz/z/zz** und **kx/kch/ch** werden.

Mit dieser zweiten Lautverschiebung entsteht **Althochdeutsch**, die älteste Stufe der deutschen Sprache. Allerdings sind ursprünglich nur die südlichen Teile Deutschlands (südlich der **„Benrather Linie"**) davon betroffen. Erst durch **Martin Luthers Bibelübersetzung** in hochdeutscher Sprache wird das **Hochdeutsche** zur **Normsprache** im **gesamten deutschen Sprachraum**.

Vom Althochdeutschen zum Mittelhochdeutschen (1050–1350)

Der auffälligste Unterschied zwischen dem Althochdeutschen und dem Mittelhochdeutschen ist die Abschwächung der Neben- und Endsilbenvokale.

Weitere Veränderungen:

- Dunkle Vokale (a, o, u) werden durch ein i, î oder j in der nächsten Silbe beeinflusst und somit zu **Umlauten.**
- **Auslautverhärtung:** Im Wortauslaut werden b, d und g zu p, t und k. Diese Auslautverhärtung ist zwar im heutigen Deutsch in der Schreibung nicht mehr zu sehen, sehr wohl aber zu hören.
- Ahd. **sk** und **sc** werden zu mhd. **sch.**
- Ausbildung von **Pronomen** und **Artikel** durch Wegfall der Endsilbenvokale.

Vom Mittelhochdeutschen zum Neuhochdeutschen (1350–1650)

Durch die Entwicklung des Buchdrucks wird zwar eine sprachliche Vereinheitlichung begünstigt, verbindliche Sprachregeln gibt es aber noch immer nicht.

Wichtige Veränderungen:

- **Diphthongierung:** Aus î wird ei, aus iu wird eu, aus û wird au.
- **Monophthongierung:** Aus Diphthongen werden langgesprochene Vokale (ie* zu ie, uo zu u, üe zu ü).
- **Vokaldehnung:** Kurze Vokale in offenen Silben (Silben, die mit einem Vokal schließen) werden gedehnt. Teilweise wird ein –h oder –e als Dehnungszeichen eingesetzt.
- **Konsonantenschwächung:** Aus p, t, k werden b, d, g.

Bedeutungswandel

Nicht nur die äußere Form der Wörter verändert sich:

Arten des Bedeutungswandels	
quantitativ	Bedeutungsverengung Bedeutungserweiterung
qualitativ	Bedeutungsverbesserung (**Melioration**) Bedeutungsverschlechterung (**Pejoration**)

Umgangssprachlich verstehen wir unter „Hochdeutsch" meist die Standardsprache. Aus sprachwissenschaftlicher Sicht ist diese Verwendung aber falsch, denn in der Linguistik wird damit eine geografisch-regionale Einteilung bezeichnet. Die Benrather Linie trennt das Hochdeutsche vom Niederdeutschen.

Abschwächung der Neben- und Endsilbenvokale bedeutet, dass die Vokale a, i, o, u in Neben- und Endsilben großteils zu e werden:

- ahd. tag**a** → mhd. tag**e**
- ahd. gebirg**i** → mhd. gebirg**e**

*gesprochen: *ia*

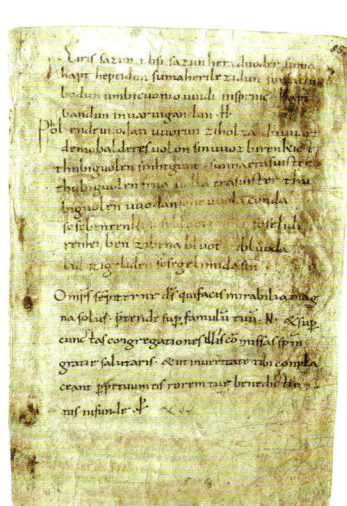

Arbeitsaufgaben „Sprachentwicklung – Sprachwandel ...“

1. **Das älteste Zeugnis deutscher Sprache: Merseburger Zaubersprüche**

DER ZWEITE MERSEBURGER ZAUBERSPRUCH (ca. 950)

phol ende uuodan uuorun ziholza duuuart
2 demobalderes uolon sin uuoz birenkict
thubiguolen sinhtgunt sunna era suister
4 thubiguolen friia uolla era suister thu
biguolen uuodan so he uuola conda
6 sosebenrenki sosebluotrenki soselidi
renki ben zibena bluot zibluoda
8 lid zigeliden sosegelimida sin

IN: HEINRICH DETERING (HG.): RECLAMS GROSSES BUCH
DER DEUTSCHEN GEDICHTE, RECLAM

Die Übersetzung
Phol und Wodan begaben sich ins Holz.
2 *Dort wurde dem Fohlen Balders der Fuß verrenkt.*
Da besangen ihn Sinhtgunt und Sunna, ihre Schwester.
4 *Da besangen ihn Frija und Volla, ihre Schwester.*
Da besang ihn Wodan, so wie er es gut verstand:
6 *Wenn Knochenrenkung, wenn Blutrenkung, wenn Gelenkrenkung:*
Knochen zu Knochen, Blut zu Blut, Glied zu Glied!
8 *So seien sie zusammengefügt!*

a) **Vergleichen** Sie die beiden Versionen und versuchen Sie, einzelne althochdeutsche Wörter neuhochdeutschen zuzuordnen. **Erklären** Sie, woran Sie diese Wörter erkannt haben.

b) Dieser Zauberspruch besteht aus der Historiola (in diesem Fall: Beschreibung der Situation) und der Beschwörungsformel. – **Ordnen** Sie die Begriffe den Verszeilen **zu.**

c) Ein Zauberspruch muss, damit er wirkt, laut gesprochen werden. Versuchen Sie sich im Vortrag. Lassen Sie dabei vor allem die Beschwörung magisch klingen.

d) Im Internet finden Sie etliche gesprochene, aber auch vertonte Versionen des Zauberspruchs. Suchen Sie eine gesprochene Version, notieren Sie die URL und **beurteilen** Sie, ob es sich um eine vertrauenswürdige Quelle handelt. **Vergleichen** Sie anschließend Ihren Vortrag mit dem im Netz gefundenen. Wählen Sie auch eine vertonte Version. **Notieren** Sie den Namen der Interpretin/des Interpreten. **Beurteilen** Sie, ob dieses Lied die Magie widerspiegelt. **Recherchieren** Sie weiter: Vielleicht finden Sie sogar Informationen, die erklären, warum sich zeitgenössische Künstler/innen mit alten Texten auseinandersetzen.

e) Die im Zauberspruch genannten Personen sind germanische Gottheiten. – **Recherchieren** Sie im Internet, wer diese Gottheiten sind und welche Bedeutung sie in der germanischen Götterwelt hatten. Zu zwei Gottheiten werden Sie keine Informationen finden, weil sie nur in den Merseburger Zaubersprüchen aufscheinen. Welche sind dies?

2. Einen mittelhochdeutschen Textausschnitt verstehen

Im Folgenden finden Sie die erste Strophe eines Gedichts von WALTHER VON DER VOGELWEIDE.

Walther von der Vogelweide
SÔ DIE BLUOMEN ÛZ DEM GRASE DRINGENT (ca. 1200)

Sô die bluomen ûz dem grase dringent,
2 same si lachen gegen der spilnden sunnen,
in einem meien an dem morgen fruo;
4 und die kleinen vogelîn wol singent
in ir besten wîse, die si kunnen,
6 waz wünne kann sich dâ gelîchen zuo?
Ez ist wol halb ein himelrîche!
8 Nu sprechen alle, waz sich dem geliche,
sô sage ich waz mir dicke baz
10 in mînen ougen hât getân,
und taete ouch noch, gesaehe ich daz.

IN: PETER WAPNEWSKI (HG.): WALTHER VON DER VOGELWEIDE.
GEDICHTE, FISCHER

a) „Übersetzen" Sie das Gedicht, **setzen** Sie die fehlenden Wörter **ein.**

Wenn die   ,

als ob sie entgegenlachen der strahlenden   ,

in einem Mai an dem   ;

und   schön

in ihrer   ,

welche Wonne kann sich damit vergleichen?

Es ist   !

Nun sagen alle, was sich dem vergleicht,

so   , was mir oft wohler

in   ,

und   , sähe ich das.

b) Finden Sie jeweils mindestens ein Beispiel für Diphthongierung, Monophthongierung und Vokaldehnung.

3. Bedeutungswandel

■ **Ergänzen** Sie die Bedeutung der nhd. Wörter und **bestimmen** Sie den Bedeutungswandel, den die Wörter durchlebt haben (manchmal sind auch zwei Lösungen möglich – siehe WERKZEUG-Blatt).

Mittelhochdeutsch	Neuhochdeutsch	Bedeutungswandel
arebeit: Mühsal, Kampf	Arbeit	
gast: Fremder	Gast	
maget: unverheiratete Frau	Magd	
sêre: schmerzhaft	sehr	
gift: Geschenk	Gift	
vrouwe: adelige Frau, Herrin	Frau	

4. **Bibelübersetzung**

Einen großen Einfluss auf die Entwicklung der deutschen Sprache hatte MARTIN LUTHER mit seiner Übersetzung der Bibel. In seinem **„Sendbrief vom Dolmetschen"** beschreibt er sein Übersetzungskonzept.

Martin Luther
SENDBRIEF VOM DOLMETSCHEN (1350)

[...] Ich hab mich des beflissen im Dolmetschen, daß ich rein und klar Deutsch geben möchte. Und ist uns oft begegnet, daß wir vierzehn Tage, drei, vier Wochen haben ein einziges Wort gesucht und gefragt, haben's dennoch zuweilen nicht gefunden [...]; denn man muss nicht
5 die Buchstaben in der lateinischen Sprache fragen, wie man soll Deutsch reden, wie diese Esel tun, sondern man muss die Mutter im Hause, die Kinder auf der Gassen, den gemeinen Mann auf dem Markt drum fragen und denselbigen auf das Maul sehen, wie sie reden, und darnach dolmetschen; da verstehen sie es denn und merken, daß man
10 deutsch mit ihnen redet. [...]

MARTIN LUTHER: AN DEN CHRISTLICHEN ADEL DEUTSCHER NATION.
VON DER FREIHEIT EINES CHRISTENMENSCHEN. SENDBRIEF VOM
DOLMETSCHEN, RECLAM – ALTE RECHTSCHREIBUNG

a) **Geben** Sie **wieder**, was LUTHER beim Übersetzen wichtig ist.

b) **Übertragen** Sie LUTHERS Text in die heutige Sprache. Befolgen Sie dabei seine Grundsätze.

c) Tauschen Sie Ihre Texte in einer Kleingruppe aus. **Begründen** Sie Ihre Wahl eines bestimmten Sprachstils, bestimmter Wörter und Wendungen.

5. **Wörter, Wendungen und Redensarten, die MARTIN LUTHER zugeschrieben werden**

MARTIN LUTHER ist nicht nur wegen seiner Bibelübersetzung bekannt, er war auch ein wortgewaltiger und ausdrucksstarker Redner. Er benutzte gerne bildhafte Redewendungen und schreckte auch vor einer harten und vulgären Sprache nicht zurück.

■ **Erklären** Sie die Bedeutung folgender Wörter, Wendungen und Redensarten. Falls Sie Ihnen unbekannt sind, recherchieren Sie.

1. Sein Haus auf Sand bauen
2. Wer nicht arbeiten will, der soll auch nicht essen
3. Mark und Bein durchdringen
4. Feuertaufe
5. Wolf im Schafspelz
6. Lückenbüßer
7. Lästermaul
8. Die Zähne zusammenbeißen
9. Jemanden auf Händen tragen
10. Öl in die Wunden gießen
11. Wie Schuppen von den Augen fallen

⚠ Vergessen Sie nicht, Ihre Quellen auf Glaubwürdigkeit zu überprüfen und zu dokumentieren.

6. Sprachgesellschaften und Sprachwandel

Johann Michael Moscherosch
SPRACHSCHANDE (1643)

Fast jeder Schneider will jetzt und leider
der Sprach erfahren sein und redt Latein,
Welsch und Französisch, halb Japonesisch,
4 wann er ist toll und voll, der grobe Knoll.

Der Knecht Matthies spricht: „Bonä dies",
wann er gut Morgen sagt und grüßt die Magd,
die wendt den Kragen, tut ihm danksagen,
8 spricht: „Deo gratias, Herr Hippokras."

Ihr bösen Teutschen, man sollt euch peutschen,
daß ihr die Muttersprach' so wenig acht'.
Ihr liebe Herren, das heißt nicht mehren,
12 die Sprach' verkehren und zerstören.

Ihr tut alles mischen mit faulen Fischen
und macht ein Misch-Gewäsch, eine wüste Wäsch'–
ich muß es sagen, mit Unmut klagen:
16 ein faulen Hafenkäs, ein seltsams Gefräß.

Wir han's verstanden mit Spott und Schanden,
wie man die Sprach' verkehrt und ganz zerstört.
Ihr bösen Teutschen, man soll's euch peutschen.
20 In unserm Vaterland, pfui dich der Schand.

IN: WILHELM SANZ (HG.): AUS DEM REICHTUM DER DICHTUNG 2,
ÖBV – ALTE RECHTSCHREIBUNG

JOHANN MICHAEL MOSCHEROSCH war Mitglied der „Fruchtbringenden Gesellschaft" (auch „Palmorden" genannt), einer der bekanntesten deutschen Sprachgesellschaften der Barockzeit

a) **Geben** Sie MOSCHEROSCHS Kritik **wieder**.

b) **Überprüfen** Sie anhand der Informationsgrafik „Fremdwortentlehnungen in der Geschichte des Deutschen" (nächste Seite), ob MOSCHEROSCHS Kritik den Tatsachen entspricht.

c) **Kommentieren** Sie die Ziele der Sprachgesellschaften und die Aussage(n) des Gedichts aus persönlicher Sicht.

d) Verfassen Sie eine **Textinterpretation** zum Gedicht „Sprachschande" und bearbeiten Sie die folgenden Arbeitsaufträge:
- ■ **Geben** Sie den inhaltlichen Aufbau des Gedichtes wieder.
- ■ **Analysieren** Sie die formale und sprachliche Gestaltung des Gedichtes.
- ■ **Erschließen** Sie MOSCHEROSCHS Ansprüche an die Verwendung der deutschen Sprache.
- ■ **Beurteilen** Sie MOSCHEROSCHS Kritik aus heutiger Sicht.

Schreiben Sie zwischen 405 und 495 Wörter. Markieren Sie Absätze mittels Leerzeilen.

Weitere Informationen zu den **Sprachgesellschaften** finden Sie auf dem WERKZEUG-Blatt des Kapitels „Barock".

7. Fremdwortentlehnungen in der Geschichte des Deutschen

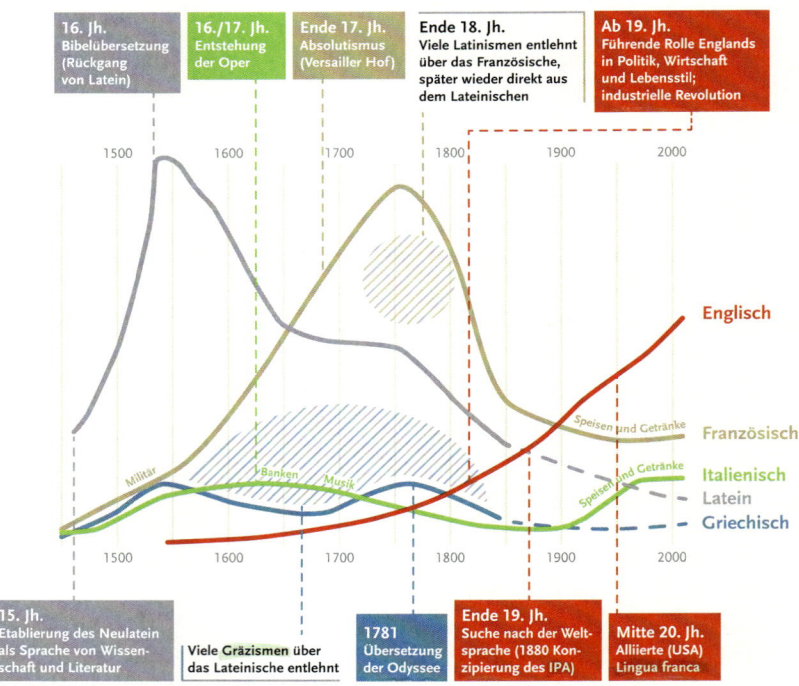

Fremdwortentlehnungen in der Geschichte des Deutschen

PRAXIS DEUTSCH

Gräzismen = aus dem Griechischen entlehnte Ausdrücke

die Lingua franca = eine von allen miteinander Kommunizierenden beherrschte Sprache

IPA = International Phonetic Association

a) **Beschreiben** Sie, welche Sprachen im Laufe der Jahrhunderte am meisten Einfluss auf das Deutsche hatten.

b) **Analysieren** Sie mit Ihren Mitschülerinnen/Mitschülern, warum zu bestimmten Zeiten bestimmte Sprachen als modern gelten.

c) Besuchen Sie die Website books.google.com/ngrams. Geben Sie in die Suchmaske einen Begriff ein und überprüfen Sie, wie häufig dieser in unterschiedlichen Zeiträumen in Büchern zu finden ist bzw. war.
Sie können auch zwei Begriffe eingeben und deren Vorkommen vergleichen (z. B. shoppen, einkaufen). **Überprüfen** Sie, ob die Ergebnisse die in der Grafik dargestellten Tendenzen bestätigen.

8. Sprachwandel und Sprachkritik heute

WOLF SCHNEIDER: VIER ENTWICKLUNGEN VOR ALLEM MÜSSEN JEDEM FREUND DER SPRACHE SORGEN MACHEN.

Die erste Entwicklung: Auch dort, wo die Schreiber die Sprache noch pfleglich behandeln wie in der Mehrzahl der Druck-Erzeugnisse, findet seit Jahrzehnten ein Wortschwund oder eine Wortverfälschung statt. Dass „scheinbar" „dem falschen Anschein nach" bedeutet und folglich nie mit
5 *„anscheinend" verwechselt werden darf, ist immer weniger Deutschen geläufig. „Wähnen" liest man im Dutzend in der Zeitung, wo „glauben" gemeint ist – und es heißt doch: „fälschlich glauben", „sich einer Wahnvorstellung hingeben"! Hören solche Schreiber sich selber nicht mehr zu?*

„Die Passagiere der Titanic wähnten sich in Sicherheit" – wie viel Kraft,
wie viel Information in nur zwei Silben!

Ähnlich schlimm: „Vermeintlich" findet man mit „vermutlich" verwech-
selt, und es besagt doch das Gegenteil – der vermutliche Täter war es
wahrscheinlich, der vermeintliche war es gerade nicht. Woher solcher
Absturz? Immer mehr junge Leute (fast die Hälfte, wird geschätzt) lesen
keine Bücher mehr, und an deutschen Schulen regiere, sagt der Präsident
des Deutschen Lehrerverbandes, jene „Spaßpädagogik", die den Schülern
jegliche Mühe ersparen wolle.

Man komme nicht mit der beliebten Redensart: „Die Sprache entwickelt
sich eben." Wo die Entwicklung eine Verarmung wäre, da sollten bei allen
Deutschen die Alarmglocken läuten. Vor allem aber: Das „sich" in dieser
Schutzbehauptung ist einfach falsch – als ob die Sprache ein abgeho-
benes Medium wäre, das sich Entwicklungen leistet! Sie wird entwickelt
mit allem, was wir sagen oder nicht sagen, schreiben oder nicht schrei-
ben – manchmal sogar von einer einzelnen Person: Bismarck hat der
Deutschen Reichspost nicht weniger als 760 Eindeutschungen aufgenö-
tigt – und noch heute hat niemand etwas dagegen, dass wir nicht mehr
„rekommandieren", sondern „einschreiben" sagen und nicht mehr „poste
restante", sondern „postlagernd". Alice Schwarzer hat an der Spitze einer
kleinen Gruppe von Feministinnen erzwingen können, dass jede deutsche
Behörde und die meisten Unternehmen den Mitarbeitern heute bei jeder
Nennung die Mitarbeiterinnen ausdrücklich zur Seite stellen.
Also: Entwickeln wir mit! Halten wir die Sprache lebendig! Treten wir
ihrer Verarmung und Verschandelung entgegen, und hören wir auf, vor
jedem modischen Unfug in die Knie zu gehen.

Die zweite Entwicklung, die allen Freunden der Sprache Sorgen machen
muss, ist mit dem Internet über uns hereingebrochen: Mail, Blog, Tweet,
Chat haben die Zahl der geschriebenen Wörter dramatisch vermehrt und
die Sorgfalt im Umgang mit ihnen dramatisch vermindert. Die Mailer
und die Seriösen unter den Bloggern (die gibt es ja) können zwei Nachtei-
le kaum bestreiten: Man huscht über die Tasten eines Geräts, das immer
auf dem Schreibtisch steht – kein Papier mehr zurechtlegen, vom Kuvert
zu schweigen; dazu mit dem schönen Gefühl: Und beim Empfänger
kommt das Geschriebene sofort an, so wie die gesprochene Sprache. Der
hat sich die geschriebene damit angenähert – mit allen Vorzügen der
Spontaneität und allen Nachteilen der Schwatzhaftigkeit, des Nicht-
mehr-Zögerns, Nicht-mehr-Feilens, Nicht-mehr-Korrigierens.
Das Blog hat anstelle des Adressaten ein diffuses Publikum, und der
Absender muss sich nicht identifizieren. Das verbinde sich oft mit „einer
zunehmenden Enthemmung im Schutze einer tapfer verteidigten Anony-
mität", spottete Bundestagspräsident Lammert (am 18. März im Rück-
blick auf den Sturz des Bundespräsidenten Wulff). Aus beiden Nachteilen
folgt millionenfach die Versuchung, loszupoltern, ja herumzupöbeln; die
Sprache also in Tiefen zu zerren, die früher allenfalls dem Ohr zugemutet
wurden – dem Auge nie.

Die dritte Entwicklung, die der Freund der Sprache nicht begrüßen kann,
ist der immer noch anhaltende Siegeszug der unsinnigen unter den Ang-
lizismen. Ein großes Unternehmen bereicherte das Deutsche vor Kurzem
um das kostbare Wortgebilde Corporate-Social-Responsibility-Aktivitäten;

Die Sprache ist eine Waffe.
Haltet sie scharf!

KURT TUCHOLSKY,
deutscher Schriftsteller
(1890–1935)

60 und was seit 1954 Eurovision hieß, deutsch ausgesprochen wie der Euro noch heute, geht neuerdings als „Jurowischn" über die Sender. Als ob man sich des Deutschen schämen müsste! Es war und ist eine der großen Kultursprachen auf Erden. Nur auf Englisch und Chinesisch erscheinen noch mehr Bücher als in deutscher Sprache, nur aus dem Englischen und dem Französischen werden noch mehr Bücher als aus dem Deutschen in

65 andere Sprachen übersetzt.

Die vierte Entwicklung: das „Kiezdeutsch", die Sprache mit Migrations-hintergrund, vorzugsweise von unter Zwanzigjährigen gesprochen: „Ich mach dich Messer." Dass sie so reden, ist nicht das Problem – sondern dass in solcher Stummelsprache schon geworben wird („Soo! muss

70 Technik", Saturn 2017), ja dass es Sprachwissenschaftler gibt, die diesen Slang loben: Er sei kein Kauderwelsch, sondern ein „innovativer Dialekt" des Deutschen, geradezu ein Vorbild für die überfällige Vereinfachung der deutschen Grammatik. Die Kiezdeutsch-Sprecher werden also ermutigt, sich ums Hochdeutsche gar nicht zu bemühen – statt dass man das Mög-

75 liche tut, sich der Chancengleichheit dadurch zu nähern, dass man alle, die in Deutschland wohnen, ermuntert und darin fördert, in die große Sprache „Deutsch" hineinzuwachsen!
Zwei Beiträge dazu leistet dieses Heft. Der eine: Es stellt einige der groß-artigsten Meister des Deutschen vor, als Aperitif und Ermutigung. Der

80 andere: Alle, die unsere Sprache lieben (und zugleich kein Problem mit korrekten Genitiven haben), versucht es für eine Einsicht zu gewinnen, die an unseren Schulen und Universitäten ein Kümmerdasein fristet: dass je-der, der nicht nur von seinem Lehrer oder Professor, sondern von anderen, vielleicht sogar von vielen gelesen werden möchte, um die Leser werben

85 muss – und dass es dafür nicht genügt, den Wortschatz zu pflegen und die Grammatik zu beherrschen. Journalisten wissen: Wenn ihre Texte zu 20 Prozent gelesen werden, müssen sie schon zufrieden sein; das Nichtlesen, jedenfalls das Nicht-zu-Ende-Lesen war schon im 20. Jahrhundert das sta-tistische Normalverhalten, und mit der elektronischen Wortexplosion hat

90 das Missverhältnis zwischen Geschriebenhaben und Gelesenwerden sich drastisch verstärkt. Werben also: um Aufmerksamkeit, um Zuwendung, idealerweise um Sympathie!

WOLF SCHNEIDER, DIE ZEIT – GEKÜRZT

a) **Geben** Sie die Vorwürfe, die im Text erhoben werden, **wieder.**

b) **Vergleichen** Sie die Vorwürfe mit eigenen Beobachtungen: Sammeln Sie Beispiele, die die genannten Entwicklungen belegen oder widerlegen.

c) **Diskutieren** Sie in Kleingruppen, ob Sprache erhalten oder Änderun-gen hingenommen werden sollten. Halten Sie Ihre Ergebnisse in Form eines Thesenpapiers fest.

9. Ist das österreichische Deutsch vom Aussterben bedroht?

DER JUGEND IST DAS ÖSTERREICHISCHE DEUTSCH POWIDL

Die junge Generation verwendet zu einem Drittel bundesdeutsche Bezeichnungen. Typisch österreichische Ausdrücke werden wenn, dann nur mündlich verwendet. Auch Präpositionen ändern sich.

„Am Freitag fraß sie sich durch fünf Apfelsinen. Aber satt war sie noch
immer nicht", steht im Kinderbuch „Die kleine Raupe Nimmersatt".
Wenn Österreicher ihren Kindern vorlesen, sagen sie nicht „Apfelsinen",
sondern „Orangen". Peter Wiesinger, emeritierter Professor der Sprach-
wissenschaft der Uni Wien warnt davor, dass die Übersetzungen von
Kinderbüchern mit ein Grund sind, warum die österreichische Variante
des Hochdeutsch immer weiter zurückgedrängt wird: „Sogar Kinder-
bücher, die in Österreich hergestellt werden, verwenden bundesdeutsche
Ausdrücke. Auch das Kinderfernsehen, das man in Österreich empfan-
gen kann, wird großteils in Deutschland produziert. Das österreichische
Deutsch wird als eine Variante der Schriftsprache verstanden", sagt
Wiesinger: „Dialekte gibt es freilich überall, die sollten hier nicht überprüft
werden, die fließen in die Umgangssprache ein. Aber die Schriftsprache ist
in Österreich einheitlich, und nicht alles, was man mündlich verwendet,
schreibt man auch." Und tatsächlich zeigte die Auswertung der Fragebö-
gen, dass im Schnitt ein Drittel der Befragten bundesdeutsche Varianten
statt der österreichischen verwendet. So war etwa ein Bild zu sehen,
auf dem ein Mann Stiegen hinaufgeht. Daneben stand: „Was tut dieser
Mann?" Viele schrieben „Er geht die Treppen hinauf", das „hinauf" ist
österreichisch. Doch ein Drittel der Teilnehmer nannte das Wort „Treppe"
statt Stiege. Nur wenige nutzten die bundesdeutsche Variante doppelt
und schrieben „Er geht die Treppe hoch". Weiters nannte etwa ein Drittel
der Befragten einen Buben einen „Jungen", den Aufzug „Fahrstuhl" und
die Schulnote „eine Eins" statt „einen Einser".
Weniger eingebürgert scheint dafür die deutsche „Kasse" statt der österrei-
chischen „Kassa", und der Ausdruck „Marille" ist bisher gar nicht „gefähr-
det". „Aber die Präpositionen ändern sich", sagt Wiesinger. So schwindet
das österreichische „Sie kommen auf Besuch" und weicht dem norddeut-
schen „zu Besuch". Auch in „Ich habe auf deinen Geburtstag verges-
sen" fällt das „auf" immer öfter weg. „Man merkt, dass den Menschen
der Dialekt als Korrektiv fehlt", sagt Wiesinger. „Im Dialekt geht man
‚auf Besuch'. Doch gerade im städtischen Bereich, allen voran in Wien,
geht der Dialekt bei jungen Leuten verloren." Genau deswegen befragte
Wiesinger die Studierenden: um den Sprachwandel aufzuzeigen, in „der
Generation, die auch in 20 Jahren noch diese Ausdrücke verwendet". Eine
ähnliche Studie lieferte Oldřich Břenek von der Palacký-Universität im
tschechischen Olmütz: Im Rahmen seines PhD-Abschlusses in Germanis-
tik befragte er 103 Teilnehmer aus ganz Österreich aus unterschiedlichen
sozialen Schichten, welche Ausdrücke sie schriftlich verwenden und wel-
che mündlich. Seine Liste umfasste 80 Wortpaare wie „Powidl – Pflau-
menmus", „Eierschwammerl – Pfifferlinge" oder „Krügerl – Bierglas" etc.:
Viele stammen aus der Liste des „Protokolls Nr.10", das beim EU-Beitritt
Österreichs bekannt wurde („Über die Verwendung spezifisch österreichi-
scher Ausdrücke der deutschen Sprache im Rahmen der Europäischen
Union"), einige fügte Břenek selbst hinzu, da ihm Ausdrücke wie Bim,
Fiaker und Trafik als Austriazismen aufgefallen waren. „Es gibt Aus-
drücke, die sowohl die junge als auch die ältere Generation in der Alltags-
kommunikation stark verwendet: Marillen, Kipferl, Schlagobers, Trafik,
Stiegenhaus oder Lokal", so Břenek. Doch Wörter wie Erdäpfel, Kukuruz,
Paradeiser oder Stamperl werden von der jungen Generation nur mehr
mündlich verwendet, während ältere Teilnehmer dies noch als Schriftspra-
che angeben. Die Wahl der Bezeichnungen war auch vom Bundesland
abhängig: „In Wien werden viele österreichische Ausdrücke in der münd-
lichen und schriftlichen Kommunikation verwendet. Hier tauchen sogar
Wörter auf, die in anderen Bundesländern gar nicht gebraucht werden,
wie Paradeiser oder Eiskasten."

„Orange" oder „Apfelsine"?

60 ***Sprachliche Unsicherheit.***
„Man müsste schon in der Schule den Leuten bewusst machen, welche Ausdrücke österreichisch sind: Es wird zwar das ‚Österreichische Wörterbuch' verteilt, aber kein Lehrplan sieht das österreichische Deutsch als Thema vor", sagt Peter Wiesinger. Viele seien sprachlich unsicher und
65 *wählen zur Vorsicht die bundesdeutsche Variante: „Quasi, weil sie meinen, die Deutschen reden besser als wir." Mit dem Unterschied zwischen Deutschland und Österreich hat sich auch Klaus Geyer vom Institut für Sprache und Kommunikation der Universität Odense in Dänemark beschäftigt. Der gebürtige Nürnberger hat den österreichischen Erfolgs-*
70 *film „Indien" analysiert, und zwar die DVD, die in Deutschland auf dem Markt ist. „Da steht drauf: ‚Österreichische Originalfassung mit teilweise hochdeutschen Untertiteln'", sagt Geyer. „Doch es ist unheimlich wenig untertitelt, insgesamt maximal drei Minuten."*
Einige Austriazismen werden übersetzt: „bochen" als „gebacken und
75 *paniert", „leiwand" als „super". Doch die Wörter werden nur beim ersten Mal untertitelt, danach sollte der Seher es gelernt haben. „Manchmal steht dabei, welches Wort übersetzt wird. Sonst scheint einfach die Übersetzung auf, dann muss man selbst herausfinden, welches gesprochene Wort gemeint ist." Geyer testete den Film an norddeutschen Kollegen:*
80 *„Die Untertitel halfen nicht viel." Er schließt daraus, dass diese Art der Untertitelung in derselben Sprache nur dazu dient, das Regionale, das Österreichische auf dem deutschen Markt zu betonen. „Es ist zu unsystematisch, um dem Verständnis zu dienen", so Geyer. Ähnlich wurde der TV-Film „Der Aufschneider" mit Josef Hader im deutschen Fernsehen*
85 *gesendet: Auch hier waren nur einzelne Ausdrücke in hochdeutscher Übersetzung angezeigt. „Vom wissenschaftlichen Standpunkt sind das keine guten intralingualen Untertitel bzw. müsste man intervarietätlich sagen, es betrifft ja zwei unterschiedliche Varietäten des Deutschen", sagt Geyer. Über die Begriffe Varietät, Dialekt oder Standardsprache hat auch Břenek*
90 *die Österreicher befragt: Nur 15 Prozent sehen ihre Muttersprache als Dialekt, 63 Prozent kreuzten an, dass „österreichisches Deutsch kein Dialekt ist". Zweitere konnten noch genauer die heimische Sprache einschätzen: Die meisten (23 Prozent) beschrieben diese als „Standardsprache in Österreich, österreichisches Deutsch" und 15 Prozent als „Varietät des*
95 *Deutschen". „Das zeigt doch ein hohes Sprachbewusstsein der Österreicher", sagt Břenek.*

VERONIKA SCHMIDT, DIE PRESSE

a) Vergleichen Sie die im Bericht getätigten Aussagen zur Verwendung von bundesdeutschen Bezeichnungen mit Beobachtungen in Ihrem Bekanntenkreis.

b) Setzen Sie sich mit möglichen Ursachen für das Bevorzugen von bundesdeutschen Ausdrücken **auseinander.**

c) Beurteilen Sie, ob das Verwenden von österreichischem Deutsch in der Schule gefördert werden soll.

d) Im Vorwort der Broschüre des Bildungsministeriums „Österreichisches Deutsch als Unterrichts- und Bildungssprache" heißt es zur Begründung, warum das österreichische Deutsch im Unterricht thematisiert werden sollte: *„Weil Sprache Wirklichkeit schafft; Kinder lernen über den Sprachunterricht viel über die eigene Geschichte und Gesellschaft. Es ist im Sinne einer umfassenden Bildung, wenn sprachliche Vielfalt aufrechterhalten und den Schülerinnen und Schülern vermittelt wird." –* **Diskutieren** Sie über diese Erklärung im Klassenverband.

10. Sprachwandel durch die neuen Medien

„WIR KONTROLLIEREN VIEL WENIGER, WAS WIR SCHREIBEN"

Der Sprachwissenschaftler Henning Lobin empfindet die Kommunikation in den sozialen Medien als Bereicherung. Die Geschwindigkeit in der Schriftsprache habe enorm zugenommen, durch Emojis und GIFs sei sie zudem visueller geworden [...].

5 **Schroeder:** [...] Gegenwärtig macht unsere zwischenmenschliche Kommunikation große Veränderungen durch. Es wimmelt von Kurznachrichten, E-Mails, WhatsApp-Nachrichten, Twitter-Meldungen. Das alles wird illustriert mit Emojis, mit Smileys und wird mit Abkürzungen auf wenige Schriftzeichen reduziert. Das bleibt vermutlich nicht ohne

10 Auswirkungen auf die gesprochene und geschriebene Sprache. [...] Inwiefern hat sich durch die sozialen Medien und durch die allgegenwärtigen Smartphones unsere Sprache bereits verändert?

Lobin: Sie hat sich dahingehend verändert, dass wir sehr viel spontaner schreiben. Das ist etwas Neues, denn eigentlich ist Geschriebenes immer

15 auf eine gewisse Nachhaltigkeit ausgelegt. In den sozialen Medien schreiben wir, drücken auf Absenden, es kommt innerhalb von Sekunden oftmals eine Antwort zurück, und diese Geschwindigkeit, die dort vorherrschend ist, führt dazu, dass wir sehr viel weniger kontrollieren, was wir schreiben, und sehr viel verschlissenere Formen auch beispielsweise in

20 Hinsicht auf Rechtschreibung und Zeichensetzung und so weiter dort zu finden sind. [...]

Schroeder: [...] Macht sich das auch bemerkbar in der geschriebenen Sprache, bei Texten, die üblicherweise in Schriftdeutsch verfasst sind?

Lobin: Glücklicherweise nicht so ohne Weiteres [...]. In der gespro-

25 chenen Sprache differenzieren wir, ob wir uns in einem Freundeskreis austauschen oder in einer sehr formellen Situation sind, etwa einem Bewerbungsgespräch. In der geschriebenen Sprache differenzieren wir auch immer schon so. Das lernen wir schon in der Schule. So ist das eben auch in den sozialen Medien. Normalerweise weiß man, dass dort

30 in bestimmten Zusammenhängen anders kommuniziert wird als wenn man z. B. einen Behördenbrief verfasst, und man sucht sich dann das entsprechende Register, so wie wir das nennen, aus.

Schroeder: Sind denn WhatsApp-Nachrichten und Twitter-Meldungen eine neue Form der Kommunikation oder sind sie auch normale ge-

35 schriebene Sprache?

Lobin: Also es ist schon insofern eine neue Form der Kommunikation, weil die Rahmenbedingungen so anders sind. Wie gesagt, die Geschwindigkeit ist eine andere, es ist auch eine höhere Visualität dort zu verzeichnen, denn sehr viele Nachrichten auf Twitter, WhatsApp, Facebook

40 sind ja mit kleinen Emoticons, Emojis oder sonstigen Bildern versehen, teilweise sind auch richtige Fotografien dabei oder diese beweglichen GIFs zum Beispiel, die eine ganz eigene Bedeutungsebene noch damit hineintragen.
Also insofern gibt es da tatsächlich ganz neue Elemente.

45 *Auf der anderen Seite basiert das natürlich alles auf der Standard-schriftsprache des Deutschen, die allerdings hier in vielen Fällen auch in abgewandelter Form verwendet wird.*

Schroeder: Ist das denn aus Ihrer Sicht eine Verarmung oder eine Berei-cherung der Sprache?

50 *Lobin: Es ist ein ganz neues Feld, in dem wir kommunizieren. Man muss sich ja vergegenwärtigen, dass wir vor 20 Jahren dieses Feld der Kommu-nikation überhaupt gar nicht hatten. Immer dann, wenn sich ein neues Feld ergibt, schriftsprachlich und gesprochensprachlich [...] entstehen auch neue Arten des Kommunizierens in der Sprache [...]. Insofern ist das* 55 *eine Bereicherung. [...] [I]n sprachlicher Hinsicht kann man sagen, dass hier durchaus interessante neue Phänomene zutage treten [...].*

CARSTEN SCHROEDER, DEUTSCHLANDFUNK.DE –
GEKÜRZT UND LEICHT VERÄNDERT

a) Nennen Sie die im Bericht genannten Veränderungen in der Kommu-nikation.

b) Erläutern Sie Ihre Kriterien, nach denen Sie Ihr Register in der schriftli-chen Kommunikation wählen.

c) Diskutieren Sie im Klassenverband die Vor- und Nachteile des „spon-tanen Schreibens".

11. Sprache früher – Sprache heute

Lesen Sie den Liebesbrief aus dem 16. Jahrhundert. **Übertragen** Sie an-schließend dessen Aussagen in eine von Ihnen in Ihrem persönlichen Umfeld verwendete Sprache.

Mein einziger Filippo!

Wenn meine Reue mir die erbetene Verzeihung verschaffen könnte, so würde ich schon tausendmal Vergebung für den begangenen Fehler erlangt haben; da ich aber Euer Gnaden allzu schwer beleidigt habe,
5 so zweifle ich daran, ob ich würdig bin, von Euch die so heiß ersehnte Verzeihung zu erhalten, um die ich wegen meines Vergehens bitten muß. Ich gestehe ein, allzu voreilig gefehlt und mich zu Unrecht beklagt zu haben, wo Ihr mir doch nur Liebes und Gutes erwiesen habt; da ich aber nicht den ganzen Brief gelesen hatte, geschah es, daß ich so erregt
10 schrieb. Dafür bitte ich Euch kniefällig zu Euren allerheiligsten Füßen in aller Demut um Verzeihung, indem ich euch anflehe bei jener wahren, unsäglichen Liebe, die ich zu Euch hege, es möchte Euch gefallen, wieder gut und freundlich zu mir zu sein und keinen Groll mehr gegen mich im Herzen tragen; denn einen andern Gott als Euch allein, mein
15 Herz, bete ich nicht an und kenne ich nicht. Darum laßt mich zu meiner höchsten Wonne Euer Antlitz wieder schauen und besitzen, ohne das ich nicht leben kann. Und diese ganze Nacht und auch fürderhin werde ich nicht froh werden, bis der erhoffte Tag kommt, an dem mir Eure lau-tere Klarheit das Licht ihres ersehnten Glanzes zurückgibt. Komm da-
20 her, mein Geliebter, mein einziger Schatz, meine allersüßeste Hoffnung, mein wonniges Paradies, damit ich, erfreut und aufgerichtet durch Eure sehnlichst herbeigewünschte Gegenwart, wieder in Ruhe leben kann; denn ich finde Beruhigung nur in Euch, in dem ich all mein Heil suche. Gehab Dich wohl, vita mea! Morgen erwarte ich Dich in aller Frühe.

CAMILLA DA PISA AN FILIPPO STROZZI, WWW.LIEBESBRIEF.COM –
ALTE RECHTSCHREIBUNG

Stellen Sie sich vor, Ihre Schule hat eine Kooperation mit einem Pensionistenklub. Dort werden regelmäßig Infor-mationsabende zum Thema „Internet & Co" abgehalten. **Er-stellen** Sie für einen Kurs eine Liste von heute gebräuchlichen **Emoticons** und **Abkürzungen** mit deren Bedeutungen als Arbeitsunterlage.

Mâze – Triuwe – Minne

Einblick in die Literatur des Mittelalters (ca. 750–1500)

WALTHER VON DER VOGELWEIDE, UM 1300

1 Mittelalter

Wolfram von Eschenbach
GURNEMANZ' LEHRE AN PARZIVAL (ca. 1200)

💡 Im höfischen Epos „Parzival" wird die Entwicklung des gleichnamigen Helden von einem ungebildeten Jüngling bis hin zum Ritter und Gralskönig gezeigt. Gurnemanz, ehemals Ritter, vermittelt Parzival in der folgenden Textstelle die wichtigsten Tugenden eines Ritters.

„Ihr redet wie die Kinderlein.
Müsst Ihr denn stets die Mutter nennen,
Als wolltet Ihr nichts andres kennen?
Nun haltet Euch an meinen Rat!
5 Der scheidet Euch von Missetat.
So hört! Um edel zu empfinden,
Lasst Scham nicht aus der Seele schwinden.
Ein schamlos Herz, was taugt das noch?
Wenn aller Ehren Zierde doch
10 Gleich Mauserfedern ihm entfällt
Und es der Hölle sich gesellt.
Ihr seid von Anblick auserkoren
Und wohl zum Volksherren geboren.
Dass Euer Adel sich nicht neige,
15 Nein, hoch und immer höher steige,
Lasst Euch der Dürftigen erbarmen
Und helft in ihrer Not den Armen
Mit Milde und mit Gütigkeit.
Übt Euch in Demut allezeit.
20 Der Würd'ge, der in Armut kam,
Ringt oft sich ab mit stolzer Scham.
Wollt Ihr die Drangsal ihm versüßen,
So wird Euch Gottes Gnade grüßen.
Denn ihm geht's schlimmer als den andern,
25 Die bettelnd vor die Fenster wandern.
Prägt fest Euch diese Vorschrift ein:
Lernt weislich arm und reich zu sein.
Denn wirft der Herr sein Gut dahin,
Das ist nicht echter Herrensinn;
30 Doch nur den Schatz zu mehren,
Das wird ihn auch nicht ehren.
Gebt jedem Ding sein rechtes Maß.
Ich kann nichts leugnen, denn ich sah's,
Dass Ihr des Rats bedürftig seid.

35 Was sich nicht ziemt, das lasst beiseit.
Vor allem sollt Ihr nicht viel fragen,
Doch wohlbedächtig Antwort sagen,
Dass, was der Frager ihr entnimmt,
Auch recht zu seiner Frage stimmt.
40 Gebrauchet aller Eurer Sinne,
Dass Ihr des Wahren werdet inne.
Folgt meinem Wort und übt im Streit
Bei kühnem Mut Barmherzigkeit.
Sofern Ihr nicht im Lanzenbrechen
45 Habt schweres Herzeleid zu rächen,
Will der Besiegte sich ergeben,
So nehmt sein Wort und lasst ihn leben.
Ihr sollt nun oft die Waffen tragen,
Da wird Euch Eisenruß beschlagen.
50 Legt Ihr sie ab, so säumet nicht
Und wascht Euch Hand und Angesicht;
Lasst wieder Euch in Anmut schaun;
Denn darauf achten edle Fraun.
Seid mannlich stets und wohlgemut;
55 So lobt man Euch und wird Euch gut.
Denkt, dass Ihr Frauen liebt und ehrt;
Denn das erhöht des Jünglings Wert.
Bleibt ihnen treu ergeben;
Das adelt Mannes Leben.
[...]
60 Ich sag Euch mehr von Mann und Weib:
Die beiden sind ein einz'ger Leib,
Gleichwie der Tag, der heute scheint,
Der Sonne sich untrennbar eint;
Aus einem Kern erblühen sie.
65 Das wisset und vergesset nie."

WOLFRAM VON ESCHENBACH: PARZIVAL, RECLAM

Arbeitsaufgaben „Mittelalter"

a) **Beschreiben** Sie, was Sie unter Idealen, Tugenden und Verhaltensregeln verstehen.

b) **Erläutern** Sie anhand in der Textvorlage genannter Tugenden, wie sich Verhaltensregeln im Laufe der Jahrhunderte verändert haben.

c) **Begründen** Sie, warum Ihnen bestimmte Verhaltensregeln (die Sie auch nennen sollten) wichtig sind bzw. warum Sie sich in Ihrem täglichen Handeln von bestimmten Idealen leiten lassen.

Mittelalter (750–1500)   WERKZEUG

Historische Einordnung

Während der Völkerwanderung haben sich unterschiedliche germanische Stämme (Sachsen, Bayern, Franken, Burgunden etc.) auf ehemaligem römischen Herrschaftsgebiet niedergelassen. Mit dem Beginn der Herrschaft KARLS DES GROSSEN (768 n. Chr.), der folgenden Krönung zum Kaiser (800 n. Chr.) und dem Aufstieg Frankreichs zur Großmacht kann vom Beginn des Mittelalters und dem Ende der Zeit der Völkerwanderung gesprochen werden.

Die Kirche der damaligen Zeit begreift sich als jene Macht des Staates, die vor allem dessen Weltanschauung, aber auch die Politik wesentlich mitbestimmt. Dies hat zur Folge, dass Konflikte zwischen dem Papst und weltlichen Herrschern immer wieder zu kriegerischen Auseinandersetzungen führen.

Die mittelalterliche Gesellschaft

Der König bzw. Kaiser repräsentiert den obersten Lehensherrn und überlässt als solcher seinen Herzögen, Fürsten, Bischöfen oder Grafen (dem hohen Adel) ein Gebiet, über das diese ihrerseits herrschen. Im Gegenzug leisten sie Abgaben und verpflichten sich zu Treue (zum Kriegsdienst) und Verwaltungsdiensten. Der hohe Adel überträgt seinerseits wieder Lehen auf seine Untergebenen und erhält von diesen (Rittern, Beamten, Dienstmannen etc.) ebenso Treue, Schutz, Dienste und Steuern. Am Ende dieser Kette stehen die Bauern bzw. Leibeigenen und Unfreien, die Abgaben an ihren Lehensherrn in Form von Naturalien und Frondiensten (Arbeitsdiensten) leisten, seiner Gerichtsbarkeit unterstellt sind, für ihre Dienste aber Schutz vom Lehensherrn erwarten dürfen.

Eine so organisierte Gesellschafts- bzw. Wirtschaftsform bezeichnet man als **Feudalismus.** Sie basiert auf der Weitervergabe oder dem Ver-Leihen (Lehen) von Grundeigentum über mehrere Hierarchiestufen hinweg und der weitreichenden Abhängigkeit der nächstunteren Gesellschaftsstufe von der jeweils übergeordneten. Der **Lehensherr** ist jeweils der Übergeordnete in der hierarchischen Beziehung, der **Lehensmann (Vasall)** der Untergeordnete.

Der feudalen Gesellschaft liegt die **Ständeordnung** des Mittelalters zugrunde. Diese Ständeordnung wird als von Gott gegeben angesehen und der Platz, den der einzelne Mensch darin einnimmt, gilt als unveränderlich. Den ersten Stand, den **Lehrstand,** bilden die hohen Geistlichen (Päpste, Kardinäle, Bischöfe etc.), den zweiten Stand, den **Wehrstand,** die Mitglieder des Adels und den dritten Stand, den **Nährstand,** die Bauern und später dann die freien Bürger und Handwerker. Das Handwerk gilt ursprünglich als bäuerlicher Nebenerwerb. Im Zuge des Aufblühens der Städte und der Etablierung der **Zünfte** (Zusammenschlüsse handwerklicher Berufsgruppen) entsteht eine eigenständige bürgerliche Schicht.

Das Kloster: Stätte der Bildung und der sozialen Durchlässigkeit

Die Klöster stehen nicht nur für die Möglichkeit, innerhalb klösterlich religiöser Strukturen vom Laienbruder bis zu höchsten kirchlichen Weihen aufzusteigen. Sie gelten vor allem als Zentren der (religiösen) Bildung und des Kunsthandwerks. In den Schreibstuben wird zudem wesentliches religiöses wie auch weltliches Wissen vervielfältigt und weitertransportiert. Beeindruckend ist vor allem die sich dadurch entwickelnde Kunst der Buchillustration.

Zwar etabliert sich mehr und mehr die Pflege von Gesang und Dichtkunst an den Burgen bzw. Höfen, dennoch bleiben die Klöster und die von der Kirche dominierten Universitäten die Zentren des wissenschaftlichen und geistigen Lebens.

Das Mittelalter wird eingeteilt in:
- Frühmittelalter 750–1050
- Hochmittelalte 1050–1250
- Spätmittelalter 1250–1500

Illustration der Ständeordnung

ABC-Lehrbuch KAISER MAXIMILIANS, Wien, um 1465; Die Illustration zeigt ein Porträt MAXIMILIANS neben seinem ersten Lehrer JAKOB VON FLADNITZ.

Die Kreuzzüge (12. und 13. Jahrhundert)

Mit dem vorrangigen Ziel, die heiligen Stätten des Christentums – im Besonderen Jerusalem – von der muslimischen Herrschaft zu befreien, ruft die Kirche mehrmals zu Kreuzzügen auf. Heerscharen von Rittern, religiösen Fanatikern, auf Vergebung hoffenden Sündern, kampfeswilligen Gefolgsleuten etc. nehmen an diesen unter dem Deckmantel des Glaubens veranstalteten Raubzügen und Eroberungskriegen teil.

Literatur

Epik

Den **Beginn der mittelalterlichen Literatur** bilden Heldenlieder wie das „Hildebrandslied" (im 8. Jh. niedergeschrieben), die „Merseburger Zaubersprüche" (Zauber- und Beschwörungsformeln, 10. Jh.) und die „Edda" (germanische Götter- und Heldenlieder, um 1250). **Heldenlieder** sind (in vielen Kulturen) mündlich überlieferte Erzählungen, die an den Höfen bzw. zu kulturellen Anlässen von Sängern auswendig vorgetragen werden. Der kirchlichen und **geistlichen Dichtung** (dem „Heliand", einem an die Evangelien angelehnten germanischen Heldenepos) folgend, entsteht die höfische Dichtung des hohen Mittelalters.

Als **Heldenepos** bezeichnet man ein Werk, in dem ein Held im Zentrum des Geschehens steht, der jener Ära einer Kultur entstammt, aus der die für ein Volk **identitätsstiftenden Sagen und Mythen** abgeleitet werden. Das „Nibelungenlied" (1220–1250) ist eines der bekanntesten Heldenepen, das zwei zum Teil unterschiedlich überlieferte Sagen zum Inhalt hat: den Tod Siegfrieds und den Untergang der Burgunden am Hofe von Etzel.

Siegfrieds Ermordung

Als wichtiger Wegbereiter der Dichtung des **hohen Mittelalters** gilt CHRÉTIEN DE TROYES (1130–1191). Er schafft mit seinen Werken („Erec et Enide", „Lancelot", „Perceval") ein neues Literaturgenre: das **höfische Epos.** Darin zeigt er mit den dargestellten Inhalten auch vor allem vonseiten der Ritterschaft erwünschte gesellschaftliche Konventionen auf wie Pflichterfüllung, Treue (triuwe), Beständigkeit (stæte), Mut (muot), Ehre (êre), Großzügigkeit (milte), gutes Benehmen (zuht) etc.

In der Folge, zur Zeit der Hochblüte des Rittertums, entstehen viele umfangreiche in Gesänge und Aventiuren gegliederte Verserzählungen. In ihrem Aufbau ähneln sie sich, denn im Zentrum steht zumeist ein Ritter, der im Laufe der Erzählung immer wieder Irrwege beschreitet, gegen ritterliche Tugenden verstößt und zumeist an sich selbst oder an den Erwartungen der Gesellschaft scheitert. Immer wieder muss sich der Held auf Wanderschaft begeben, um sein Fehlverhalten nach und nach erkennen zu können und vermeiden zu lernen. Am Ende seines Lern- und Läuterungsweges erhält er aber zumeist die höchste Auszeichnung für einen Ritter, indem er in die **Tafelrunde** des **Königs Artus** aufgenommen wird, zu der berühmte Ritter wie Lancelot, Parzival und Erec zugelassen sind.

Parzival

HARTMANN VON AUE hat schon 1180 seinen „Erec" nach der Vorlage von CHRÉTIEN geschaffen und damit die Basis für diese Form des Ritteromans im deutschen Sprachraum gelegt. Weitere Autoren bedeutender höfischer Epen sind WOLFRAM VON ESCHENBACH mit seinem „Parzival", HEINRICH VON VELDEKE mit dem „Eneasroman" (auch „Eneit" oder „Eneide") oder GOTTFRIED VON STRASSBURG mit „Tristan und Isolde".

Lyrik – Minne

Als **donauländische Liebeslyrik** bezeichnet man die frühe Lyrik des bayerischen und österreichischen Raumes. In diesen ersten deutschsprachigen Liebesgedichten (DIETMAR VON AIST, DER VON KÜRENBERG u. a.) finden sich Motive, die auch viele Minnelieder kennzeichnen:

Häufige Motive der donauländischen Liebeslyrik	
Tagelied	Abschied und Trennung nach einer Liebesnacht
Frauenklage	Die Frau (das lyrische Ich) wirbt um den Mann.
Natureingang	Naturelemente mit festen Zuschreibungen (Winter: Trauer)
Falkenbild	Der Falke steht für den edlen, starken, die Freiheit liebenden, aber doch zähmbaren Mann.
Wechsel	Mann und Frau führen in einem Lied einen Dialog.

Zwei wichtige Quellen der Minnelyrik aus dem 14. Jh.:
- „Manessische Liederhandschrift" (auch „Codex Manesse")
- „Weingartner Liederhandschrift"

Bei der **Minnelyrik** (ca. 12./13. Jh.) wird unterschieden zwischen hoher und niederer Minne. In der Lyrik der **hohen Minne** richtet ein Ritter eine Liebeserklärung in Form eines Minneliedes an eine (meist verheiratete) Adelige. In diesen Gedichten preist der Ritter die Schönheit, Anmut, Keuschheit etc. der Angebeteten und bittet um ihre Gunst bzw. klagt über die Unerfüllbarkeit der besungenen Liebe. Im Zuge des **Minnedienstes** werden die Minnelieder bei Festen am Hofe (zuweilen mit instrumentaler Unterstützung) vorgetragen.

Mit dieser **idealisierten Form der Liebe** will sich der Adel auch vom gemeinen Volk und dessen derben Umgangsformen absetzen. Die Minne stellt eine wichtige ritterliche Tugend dar und gilt als **Teil der ritterlichen Erziehung** bzw. Mittel zur Disziplinierung, da mit der in den Liedern präsentierten Moral ungestüme und grobschlächtige Ritter in die Schranken gewiesen werden sollen.

In den Liedern der **niederen Minne** (auch Mädchenlieder genannt) stehen oftmals erotische Inhalte im Vordergrund. Nicht immer ist der Werbende ein Mann, sondern auch die Frau kann Werbende oder Berichtende sein. Ist die hohe Minne auf sexuelle Enthaltsamkeit ausgerichtet, so steht in der niederen Minne die Erfüllung des Liebesglücks oftmals im Vordergrund.

Neben der Minnelyrik stellt die **politische Spruchdichtung** eine zweite wesentliche lyrische Gattungsform im Mittelalter dar. In diesen Gedichten bzw. Gesängen stehen Äußerungen zu politischen, religiösen oder auch künstlerischen Themen im Zentrum. Sie können damit als Vorläufer des Meistersangs in der Epoche der Renaissance betrachtet werden. Ein bekannter Vertreter ist WALTHER VON DER VOGELWEIDE.

Dramatik

Dem Drama kommt in der mittelalterlichen Literatur kaum Bedeutung zu. Lediglich die Passionsspiele, im Zuge derer der Leidensweg von Jesus Christus dramatisch inszeniert wird, sind eine verbreitete theatralische Darstellungsart.

Spätes Mittelalter (1250–1500)

Das Ende des Mittelalters und der Kultur des Rittertums ist eine Folge unterschiedlicher Ereignisse. Kirche und Kaisertum verlieren an Macht, der politische Einfluss des Adels wird geringer und auch das Feudalsystem verliert an Bedeutung. Aufgrund dieser Veränderungen und neuer militärischer Möglichkeiten hat auch der Ritter in all seinen (gesellschaftlichen) Funktionen ausgedient.

Wichtige Autoren und Werke des Mittelalters		
Der von Kürenberg (12. Jh.)	Donauländische Liebeslyrik	Falkenlied
Walther von der Vogelweide (ca. 1200)	Minnelieder, Lyrik	Unter der linden
Hartmann von Aue (ca. 1200)	Minnelieder, Epen	Erec
Wolfram von Eschenbach (ca. 1200)	Höfische Epen	Parzival
Gottfried von Straßburg (ca. 1300)	Höfische Epen	Tristan und Isolde
Oswald von Wolkenstein (ca. 1400)	Minnelieder, Lyrik	

Arbeitsaufgaben „Mittelalter"

1. „Nibelungenlied"

KRIEMHILDS TRAUM (ca. 1230)

Im Glanze dieses Lebens träumte Kriemhild
Sie zähmte einen Falken stark, schön und wild.
Vor ihren Augen schlugen ihn zweier Adler Klauen.
4 Nie im Leben meinte sie ein größeres Leid zu schauen.

Sie sagt den Traum ihrer Mutter, der Ute
Die fand darin für Kriemhild keine bessere Kunde:
„Der Falke, den du zähmtest, das ist ein edler Mann.
8 Den wirst du bald verlieren nimmt Gott sich sein' nicht gnädig an."

„Was sagt ihr mir vom Manne meine liebe Mutter mein?
Ohne eines Helden Liebe so will ich immer sein.
So will unberührt ich bleiben bis an meinen Tod.
12 Damit ich aus Liebe niemals erfahre Not."

IN: HELMUT DE BOOR (HG.): DAS NIBELUNGENLIED.
ZWEISPRACHIG, PARKLAND

- **Recherchieren** Sie den Inhalt des Nibelungenliedes und überprüfen Sie,
  ob die Mutter den Traum von Kriemhild richtig deutet und ob Kriemhild
  sich an ihr „Gelöbnis" hält.

2. „Das Falkenlied" von DER VON KÜRENBERG

Der von Kürenberg
DAS FALKENLIED (ca. 1160)

Ich zôch mir einen valken mêre danne ein jâr.
dô ich ihn gezamete als ich in wolte hân,
und ich im sîn gevidere mit golde wol bewant,
4 er huop sich ûf vil hôhe und fluog in anderiu lant.
Sît sach ich den valken schône fliegen.
er fuorte an sînem fuoze Sîdîne riemen,
und was im sîn gevidere alrôt guldîn.
8 got sende si zesamene die gerne geliep wellen sîn!"

IN: CONRADY: DAS BUCH DER GEDICHTE, CORNELSEN

a) Übertragen Sie den Text aus dem Mittelhochdeutschen ins Neuhoch-
deutsche.

b) Geben Sie den Inhalt des „Falkenliedes" **wieder.**

c) Bestimmen Sie, welche Motive der donauländischen Liebeslyrik in
diesem Gedicht vorkommen, und erklären Sie deren Bedeutung im
Zusammenhang mit dem Text.

d) Vergleichen Sie das „Falkenlied" mit dem „Falkentraum" von Kriemhild
im Nibelungenlied und stellen Sie inhaltliche Übereinstimmungen fest.

Die angegebenen Wörter dienen als Übersetzungshilfe für die unterstrichenen Wörter und Wendungen. Weitere Hilfestellungen finden Sie im Kapitel „Historische Sprachentwicklung".

geschmückt ■ Fuße ■
führte ■ geliebt ■
rotgolden ■ da, als ■
haben, besitzen wollte ■
erhob ■ länger als ■
seither ■ wollen sein ■
zog ■ seidene ■ Gefieder ■
zusammen ■ Gott

3. Ritterliche Tugenden

Die folgende Textstelle stammt aus GOTTFRIED VON STRASSBURGS „Tristan und Isolde".

Gottfried von Straßburg (ca. 1200)
MARKES LEHRE AN TRISTAN ANLÄSSLICH DER SCHWERTLEITE

„Sieh, Tristan, mein Neffe", sagte er,
„jetzt, da dein Schwert gesegnet ist
und du Ritter geworden bist,
denke nach über ritterliche Werte
5 und über dich und wer du bist.
Deine Abkunft und Würde
halte dir vor Augen.
Sei bescheiden und aufrichtig,
wahrhaftig und wohlerzogen.
10 Sei gütig zu den Elenden
und stolz zu den Mächtigen.

Pflege und verbessere deine äußere
Erscheinung.
Ehre und liebe alle Frauen.
Sei freigiebig und verlässlich
15 und arbeite immer daran.
Denn bei meiner Ehre, ich glaube,
dass weder Gold noch Zobel besser
passen
zu Speer und Schild
als verlässliche Treue und Frei-
giebigkeit."

GOTTFRIED VON STRASSBURG: TRISTAN, RECLAM

a) Recherchieren und **beschreiben** Sie die wichtigsten Schritte der Erziehung zum Ritter und **erklären** Sie den Begriff der „Schwertleite" näher.

b) **Vergleichen** Sie die Texte „Gurnemanz' Lehre an Parzival" und „Markes Lehre an Tristan anlässlich der Schwertleite" und erstellen Sie einen „Tugend-Katalog": Welche Eigenschaften/Tugenden wurden von einem Ritter gefordert?

c) **Markieren** Sie jene Tugenden, die Sie noch für zeitgemäß halten, und **ergänzen** Sie den Katalog durch nicht enthaltene Tugenden, die Ihnen wichtig erscheinen.

4. „In dem grünen Klee" von Meister JOHANNES HADLAUB

Johannes Hadlaub
IN DEM GRÜNEN KLEE (ca. 1293)

In dem grünen Klee
sah ich die Holde gehn;
Ach, wie ward mir wonnevoll!
Aus dem Blütenschnee
5 fühlt eine Glut ich wehn,
die hinein ins Herz mir quoll.
Sie, die Blume,
und die Blumen klein
leuchteten einander an mit Ruhme,
10 daß die Sonne hell aufging –
nie umfing
mich so lichter Schein.

Hilf mir, Herrin gut,
durch deine Würdigkeit,
15 daß ich nicht verderbe so.
Deine Kälte tut mir an so bittres Leid,
daß ich niemals werde froh.
Deine Güte
senke sonnenklar
20 und erwärmend sich in mein
Gemüte,
laß verschwinden deinen Haß!
Tust du das,
bin ich sorgenfrei!

IN: RICHARD ZOOZMANN (HG.): DEUTSCHE MINNESÄNGER, MÜLLER – ALTE RECHTSCHREIBUNG

a) **Geben** Sie den Inhalt des Minneliedes **wieder.**

b) **Bestimmen** Sie anhand des WERKZEUG-Blattes, ob dieser lyrische Text der hohen oder der niederen Minne angehört.

5. „Unter der Linden" von WALTHER VON DER VOGELWEIDE

Walther von der Vogelweide
UNTER DER LINDEN (ca. 1200)

Under der linden	Unter der Linden
an der heide,	auf der Heide,
dâ unser zweier bette was,	wo unser beider Bett war,
dâ mugt ir vinden	da könnt ihr finden
5 schône beide	schön gebrochen beide
gebrochen bluomen unde gras.	Blumen und Gras
vor dem walde in einem tal –	vor dem Wald in einem Tal –
tandaradei!	Tandaradei!
schône sanc diu nahtigal.	schön sang die Nachtigall.
10 Ich kam gegangen	Ich kam gegangen
zuo der ouwe,	zu der Au,
dô was mîn friedel komen ê.	wo mein Liebster war gekommen hin.
da wart ich enpfangen	Da ward ich empfangen,
hêre frouwe,	edle Frau!
15 daz ich bin sælic iemer mê.	dass ich nun für immer selig bin.
kust er mich? wol tûsenstunt!	Küsste er mich? Wohl tausendstund!
tandaradei!	Tandaradei!
seht wie rôt mir ist der munt.	Seht, wie rot mir ist der Mund.
Dô het er gemachet also riche	Da hatte er bereitet, ganz reichlich
20 von bluomen eine bettestat.	von Blumen eine Bettstatt,
des wird noch gelachet innecliche,	noch jetzt wird gelacht inniglich,
kumt iemen an daz selbe pfat.	kommt jemand entlang diesen Pfad,
bî den rôsen er wol mac –	bei den Rosen er wohl mag
tandaradei!	Tandaradei!
25 merken, wâ mirz houbet lac.	merken, wo mein Haupte lag.
Daz er bî mir læge,	Dass er bei mir lag,
wessez iemen,	wüsste es jemand,
– nu enwelle got –	Gott behüte!
sô schamt ich mich.	so schämte ich mich.
30 wes er mit mir pflæge,	Was er mit mir tat,
niemer niemen	niemals niemand,
bevinde daz, wan er unt ich	wisse das, außer er und ich
und ein kleinez vogellîn!	und ein kleines Vögelein!
tandaradei!	Tandaradei!
35 daz mac wol getriuwe sîn.	Das mag wohl verschwiegen sein.

IN: CONRADY: DAS BUCH DER GEDICHTE, CORNELSEN

a) **Geben** Sie den Inhalt des Minneliedes wieder.

b) **Vergleichen** Sie das Minnelied von WALTHER mit jenem von Meister HADLAUB anhand folgender Aspekte: inhaltliche Unterschiede, hohe – niedere Minne, lyrisches Ich.

c) **Erklären** Sie das Ende des Liedes im zeithistorischen Zusammenhang: Warum pocht das lyrische Ich wohl so sehr auf Verschwiegenheit?

6. WALTHER VON DER VOGELWEIDE ist auch bekannt für seine (politischen) Spruchdichtungen und **Aphorismen**.

> Nimmer wird's gelingen, Zucht mit Ruten zu erzwingen:
> Wer zu Ehren kommen mag, dem gilt Wort soviel als Schlag.

WALTHER VON DER VOGELWEIDE: WERKE. BAND 1, RECLAM

der Aphorismus = der Sinn-spruch

a) **Geben** Sie den Inhalt des Aphorismus **wieder.**

b) **Erläutern** Sie das im Aphorismus thematisierte Erziehungsideal.

7. „Der Winter ist vergangen" von dem TANNHÄUSER

Der Tannhäuser
DER WINTER IST VERGANGEN (13. Jh.)

Der Winter ist vergangen,
das erkenne ich auf den Wiesen.
dorthin kam ich gegangen,
angenehm wurde mir der Anblick.
[...]

5 Eine Au sah ich dort:
Durch den Wald floß ein Bach
zu Tal über eine Ebene.
Ich ging ihr langsam nach,
bis ich sie fand,
10 das schöne Geschöpf;
bei der Quelle
saß die Herrliche,
die von Gestalt Süße.

Ihre Augen hell und schön,
15 sie war im Reden nicht zu kühn,
man mochte sie wohl leiden.
Ihr Mund ist rot, ihre Kehle ist
weiß,
ihr Haar blondgelockt, genau
richtig lang,
glänzend wie Seide.
20 Auch wenn ich vor ihr tot umfallen
müßte,

ich könnte mich nicht von ihr fern-
halten.
Weiß wie ein Hermelin
waren ihre zierlichen Arme.
Ihre Gestalt war schlank,
35 überall wohlgeformt.

Ein bißchen groß war sie da,
anderswo wohlgeformt.
An ihr wurde nichts vergessen:
weiche Schenkel, gerade Beine,
30 die Füße in der richtigen Größe.
Eine schönere Gestalt, die mein
Herz
belagert hätte, sah ich nie;
an ihr findet sich jede Vollkommenheit.
Als ich die Edle zum ersten Mal sah,
35 da begann meine Rede.

Ich ward froh
und sprach also:
„Fraue, mein
ich bin dein
40 du bist mein."
[...]

IN: RALF-HENNING STEINMETZ (HG.): DIE DICHTUNGEN DES TANN-HÄUSERS, KIELER ONLINE-EDITION – ALTE RECHTSCHREIBUNG

a) **Geben** Sie den Inhalt des Minneliedes in eigenen Worten **wieder.**

b) **Untersuchen** Sie, ob die Darstellung der Frau der definierten Schönheit einer Frau im Mittelalter entspricht.

c) Der oben dargestellte Ausschnitt eines Minneliedes wird der sogenann-ten Pastourelle zugerechnet. **Recherchieren** Sie die Bedeutung des Begriffes sowie den Fortgang der Handlung und **erschließen** Sie, ob es sich um eine klassische Pastourelle handelt oder nicht.

d) Der Name TANNHÄUSER spielt in der Musik und auch in der Science-Fiction eine Rolle. Welche? **Notieren** Sie Ihre Ergebnisse auf einem Blatt in Ihrer Mappe und geben Sie jeweils auch die Quellen an.

die Pastourelle = _____

_____

_____

_____

8. Schönheitsideale im Wandel der Zeit

SCHÖNHEITSIDEALE IM WANDEL DER ZEIT

Was als schön gilt, bestimmen seit jeher Zeit, Gesellschaft und Mode. Das äußerliche Idealbild, dem vor allem Frauen seit der Antike hinterherjagen, hat sich immer wieder geändert. Von dezenter Blässe, geschnürter Taille bis zum Hungerlook haben wir für Sie die schönen
5 *Veränderungen gesammelt.*

Antike – nicht zu dünn. Die gesunde Mitte war hier das begehrte Ideal. Nicht zu dünn, nicht zu dick, aber etwas beleibt. An den Statuen der Römer und der Griechen sieht man genau, wie hübsche Frauen damals auszusehen haben: Ein fester, hoch sitzender jugendlicher Busen und ein
10 durchschnittlich großes Becken. Komplizierte Flechtfrisuren runden das Ideal optisch ab. Das Schönheitsideal der Römer und Griechen liegt nah beieinander. Allerdings ist ein üppiger Körper bei den Römern nicht so verachtet wie bei den Griechen.

Mittelalter – möglichst schlank. Locken, strahlende Augen, rosa Wan-
15 gen, weiße, weiche Haut: So stellte man sich im Mittelalter die perfekte Frau vor. Um eine möglichst hohe Stirn zu haben, zupfen sich die Damen dieser Zeit die Haare am Ansatz aus. Die Figur soll möglichst schlank, fast knabenhaft mit kleinen festen Brüsten und runden Schultern sein. Große Brüste galten als Zeichen eines niedrigen Standes und waren
20 verpönt.

Barock – üppige Formen. Wer kennt sie nicht, die Rubens-Frauen? Frau-
en im 16. und 17. Jahrhundert sollten Masse haben: große Brüste, runde Hüften, auch etwas Bauch und helle Haut – das ist das typische Schön-heitsideal dieser Zeit. Von Rubens bis Botticelli, viele Künstler liebten
25 üppige Frauen und verewigten sie auf ihren Bildern.
[...]

1920er Jahre – locker und selbstbewusst. Kurze Kleider, ein modischer Bubi-Schnitt oder eine Wasserwelle waren der letzte Schrei. Überhaupt unterschied man sich sehr von dem vorherigen Schönheitsideal. Man
30 wollte auffallen, anders sein. Soziale Zwänge wurden genau wie das Kor-sett abgelegt: Es wurde wild zu Charleston getanzt, Frauen rauchten und tranken ungeniert in der Öffentlichkeit Alkohol. Der androgyne Look wur-de bevorzugt: BHs, die die Brüste abflachten und Kleider mit tiefsitzender Taille waren in. Stil-Ikone war Wallis Simpson, Frau des ehemaligen
35 englischen Königs Eduard VIII. Sie machte den tiefen Rückenausschnitt der sogenannten Flapper-Kleider populär.
[...]

Aktuelle Trends von dünn bis drall. Ein klares Ideal gibt es nicht. Die Zahl der Schönheits-OPs steigt enorm, um dem einen oder anderen Trend
40 nachzueifern: ein runder Po, große Brüste oder eine Fettabsaugung an der Hüfte. Viele unterschiedliche Ideale und Ikonen wetteifern um unsere Gunst. Von üppig bis super-dünn, alles ist dabei.

WDR.DE – OHNE VERFASSER/IN

Arbeitsaufgaben

a) **Recherchieren** Sie nach Ausprägungen der (weib-lichen) Schönheit in drei weiteren Epochen und Zeitabschnitten Ihrer Wahl.

b) **Definieren** Sie Ihren persönlichen Begriff von Schönheit. Welche Schön-heitsideale nehmen Sie in Ihrem Freundschaftskreis wahr? Welche empfinden Sie als (nicht) positiv? Wer ist Vorbild für diese Ideale?

2 Zur gleichen Zeit am anderen Ort

2.1 DANTE ALIGHIERI (1265–1321)

DANTE ALIGHIERI ist einer der bekanntesten italienischen Dichter des Mittelalters und der Renaissance, die im Vergleich zum restlichen europäischen Raum in Italien schon früher einsetzt.

DANTE wird in Florenz als Sohn des Adeligen Alighieri II geboren, verliert schon früh seine Mutter und mit 19 Jahren auch seinen Vater. Um 1285 heiratet DANTE Gemma di Manetto Donati. Sie gebiert ihm vier Kinder, die aufgrund politischer Verstrickungen ebenso wie er aus Florenz verbannt werden.

Den Rest seines Lebens verbringt DANTE unter anderem in Verona und in Ravenna im Exil. Nur literarisch belegt ist Beatrice Portinari, DANTES Jugendliebe. Ihr früher Tod – sie stirbt schon 1290 mit 24 Jahren – lässt sie zum Inhalt und zur Projektionsfigur idealer Liebe sowohl in „Das neue Leben" als auch in der „Göttlichen Komödie" werden.

DANTES Hauptwerk, die „Göttliche Komödie", die in den ersten beiden Jahrzehnten des 14. Jahrhunderts entsteht, gilt als erstes in italienischer Sprache verfasstes Werk.

Cesare Zocchi: Dante-Denkmal in Trient (1893–1896)

DANTES Werke

- Gedichte (ab 1283)
- Das neue Leben (1292–1295)
- Das Gastmahl (1303–1306)
- Über die Beredsamkeit in der Volkssprache (ca. 1304)
- Göttliche Komödie (ca. 1307–1320)

„Göttliche Komödie" – Aufbau und Inhalt

Aufgebaut ist die „Göttliche Komödie" nach strengen formalen Aspekten. Die einzelnen Strophen sind in fortlaufenden Terzinen verfasst (aba, bcb, cdc usw.) Inhaltlich gliedert sich das Werk in drei Teile: **Inferno – Die Hölle, Purgatorio – Der Läuterungsberg** und **Paradiso – Das Paradies.** Diese drei Teile sind wiederum in einzelne Gesänge unterteilt. Die Hölle erstreckt sich vom Mittelpunkt der Erde bis nach Jerusalem, der Läuterungsberg (Fegefeuer) erhebt sich auf der Südhalbkugel und ermöglicht an seiner Spitze den Eintritt ins Paradies.

Zum Inhalt: Dante, der Schriftsteller und auch Erzähler, wird von unterschiedlichen Personen (Vergil, Beatrice, Bernhard von Clairvaux) durch die drei Sphären des Jenseits – Hölle, Läuterungsberg, Paradies – geführt und berichtet über diese Reise. Vergil gilt als einer der wichtigsten Dichter der römischen Antike und ist vielen Schriftstellern ein literarisches Vorbild. Für Dante ist er dies im Besonderen, da er in seiner „Aeneis" die Unterwelt beschreibt. Beatrice ist die schon genannte (fiktive) Jugendliebe Dantes. Sie übernimmt ihn im irdischen Paradies und entschwebt mit ihm in die höheren Himmelssphären. Dort übergibt sie Dante dem heilig gesprochenen Bernhard von Clairvaux. Er ist Abt des Zisterzienserklosters und ein bedeutender Kirchentheoretiker des Mittelalters, mit dessen Theologie Dante vertraut ist.

Die Hölle ist in zehn Kreise unterteilt und durch Hoffnungslosigkeit sowie ewig andauernde Folter geprägt. Die Strafen werden in Form einer ironischen Umkehrung (contrappasso) auferlegt. Betrüger, die früher andere ins Unglück gestoßen haben, müssen beispielsweise in kochendem Pech büßen und werden von kleinen Teufeln immer wieder mit Bratspießen untergetaucht.

Der Läuterungsberg ist wiederum in sieben Terrassen angelegt und führt die Büßer nach und nach zum Licht. Auch hier gilt noch das Prinzip der ironischen Umkehrung der Strafe. Die Sündigen haben jedoch die Hoffnung, das Paradies erreichen zu können.

William Blake: Dante, der vor den drei Tieren davonläuft (1824–1827)

die Assoziation = Verknüpfung von Vorstellungen

Auguste Rodin: Das Höllentor (1885)

Arbeitsaufgaben „Göttliche Komödie"

1. **Beginn der Komödie**

Die „Göttliche Komödie" beginnt damit, dass Dante, 35 Jahre alt, sich in der Mitte seines Lebens wähnt und in betrübter Stimmung am Karfreitag des Jahres 1300 in einen dunklen Wald wandert, in dem er sich verirrt. Dort wird er zuerst von drei wilden Tieren bedroht, einem **Panther,** einem **Löwen** und einer **Wölfin.** Im Folgenden begegnet er dem Dichter Vergil, der ihm anbietet, ihn durch die Reiche des Jenseits zu führen.

a) **Benennen** Sie die Assoziationen und Bilder, die Sie mit den oben angeführten Tieren verbinden.

b) In der Mythologie steht der Panther für Wollust, der Löwe für Hochmut und die Wölfin für Habgier. – **Deuten** Sie, warum DANTE diese drei Tiere gewählt hat.

2. **Hölle, 3. Gesang**

Am Beginn des dritten Gesanges stehen Vergil und Dante vor dem Höllentor. Dante liest dessen Inschrift und ist von ihrer Absolutheit betrübt.

Dante Alighieri
GÖTTLICHE KOMÖDIE (1307–1320)

Durch mich gehts ein zur Stadt der Schmerzerkornen,
Durch mich gehts ein zur Qual für Ewigkeiten,
3   Durch mich gehts ein zum Volke der Verlornen.

Den hohen Schöpfer trieb, mich zu bereiten,
Gerechtigkeit, Allmacht zu offenbaren,
6   Allweisheit und Urliebe allerzeiten.

Vor mir war nichts Erschaffnes zu gewahren
Als Ewiges, und auch ich bin ewiger Dauer.
9   Laßt, die ihr eingeht, alle Hoffnung fahren!

DANTE ALIGHIERI: DIE GÖTTLICHE KOMÖDIE.
ÜBERSETZT VON RICHARD ZOOZMANN, HESSE & BECKER

a) **Übertragen** Sie diese Inschrift in ungebundenes Standarddeutsch.

b) **Vergleichen** Sie die Übersetzung von RICHARD ZOOZMANN (1924) mit der folgenden von HERMANN GMELIN (1949). **Beschreiben** Sie die formalen und inhaltlichen Unterschiede und **begründen** Sie, welche Version Sie bevorzugen.

Durch mich geht man hinein zur Stadt der Trauer,
durch mich geht man hinein zum ewigen Schmerze,
3   durch mich geht man zu dem verlornen Volke.

Gerechtigkeit trieb meinen hohen Schöpfer,
geschaffen haben mich die Allmacht Gottes,
6   die höchste Weisheit und die erste Liebe.

Vor mir ist kein geschaffen Ding gewesen,
nur Ewiges, und ich muss ewig dauern,
9   lasst jede Hoffnung, wenn ihr eingetreten.

DANTE ALIGHIERI: DIE GÖTTLICHE KOMÖDIE.
ÜBERSETZT VON HERMANN GMELIN, RECLAM

c) Deuten Sie die Aussage dieser Inschrift.

3. Paolo und Francesca

Im fünften Höllenkreis fristen die wollüstigen Seelen, die beispielsweise Ehebruch begangen haben, ihr Höllendasein. Die Seelen werden wie
Vogelschwärme vom Höllensturm umhergejagt. Vergil verweist Dante auf
bekannte Sünder/innen: Kleopatra, Helena, Achilles, Paris und Tristan.
Paolo und Francesca haben Ehebruch begangen und wurden aufgrund
dessen von Francescas Gatten ermordet.

Paolo und Francesca (Die Hölle, 5. Gesang)

Als ich die Seelen also hörte klagen,
Senkt ich und hielt gesenkt den Blick solange
3   Bis ich Vergil „Was sinnst du?" hörte fragen.

„Weh!" sprach ich, „welch ein Sehnen ängstlichbange
Und wieviel süßes Träumen zog hernieder
6   Die beiden zu so schwerem Schmerzensgange."

Drauf kehrt ich mich zu jenen beiden wieder
Und sagte: „Sieh, Franzeska, wie dein Leiden
9   Mit frommer Trauer mir benetzt die Lider.

Doch sprich: als liebeskrank geseufzt ihr beiden,
Wie und wodurch ließ denn in solchen Stunden
12   Amor der Wünsche Zweifel sich entscheiden?"

Und sie zu mir: „Kein Schmerz kann mehr verwunden,
Als der: im Elend freudenreicher Tage
15   Zu denken – auch dein Lehrer kanns bekunden.

Doch weil so voller Sehnsucht deine Frage,
Was uns zuerst zur Liebe mocht erregen,
18   So dulde, daß ichs unter Weinen sage.

Wir lasen eines Tags der Kurzweil wegen,
Welch Liebesnetz den Lanzelot gebunden;
21   Allein wir zwei und ohne Arg zu hegen.

Oft hatten unsere Augen sich gefunden
Beim Lesen und wir fühlten uns erbleichen.
24   Doch eine Stelle hat uns überwunden.

Auguste Rodin: Paolo und
Francesca, Detail aus dem
Höllentor

Als wir gelesen, wie vom Mund, dem weichen,
Ersehntes Lächeln küßt solch hoher Streiter –
27 Da trieb es, bebend mir den Mund zu reichen,

Auch den hier, der nun ewig mein Begleiter.
Ein Kuppler war das Buch und ders gedichtet.
30 An jenem Tage lasen wir nicht weiter...“

Indem der eine Geist mir dies berichtet,
Vergoß der andre soviel Tränen wieder,
33 Daß ich vor Mitleid hinschwand wie vernichtet

Und hinfiel so als fiel ein Toter nieder.

DANTE ALIGHIERI: DIE GÖTTLICHE KOMÖDIE. ÜBERS. V. RICHARD
ZOOZMANN, HESSE & BECKER – ALTE RECHTSCHREIBUNG

a) Wer war Lanzelot und von welchem „Liebesnetz" wurde er gebunden?
Recherchieren Sie.

b) **Recherchieren** Sie die Geschichte von Paolo und Francesca. Führen Sie
verschiedene Künstler/innen mit ihren Werken an, die sich mit dem
Schicksal der beiden auseinandergesetzt haben.

c) Die „Göttliche Komödie" von DANTE ALIGHIERI wurde zur Inspiration
vieler Kunstschaffender aus verschiedenen Richtungen (Musik, Literatur, Malerei bis hin zu Comics und einem Computerspiel). – Wählen
Sie ein Kunstwerk aus, beschreiben Sie es und stellen Sie Bezüge zu
DANTES Werk her. **Deuten** Sie die Intention der/des Kunstschaffenden
und bewerten Sie ihr/sein Werk.

2.2   GIOVANNI BOCCACCIO (1313–1375)

GIOVANNI BOCCACCIO gilt als einer der Wegbereiter der italienischen Prosa und
zugleich als Überwinder mittelalterlicher Literatur. BOCCACCIO ist der uneheliche Sohn des florentinischen Kaufmannes Boccaccio di Chellino. Er soll zunächst Kaufmann werden und wird zur Ausbildung nach Neapel geschickt, wo
er sich aber in erster Linie mit Literatur beschäftigt und sich im Selbststudium
ein hohes Maß an Bildung aneignet.

Erst nachdem er „Das Dekameron" verfasst hat, lernt er FRANCESCO
PETRARCA (1304–1374), einen der wichtigsten Vertreter der italienischen Literatur der Renaissance, kennen. Er wendet sich vermehrt den klassischen Werken
zu und schreibt auch in seiner letzten Schaffensphase seine Texte nicht mehr
hauptsächlich in der Volkssprache (Volgare), sondern vor allem auf Latein.

BOCCACCIOS Werke

- Il Filocolo (1336–1339)
- Teseida (1340/41)
- Elegia di Madonna Fiammetta (1343/44)
- Il Decamerone (1348–1353)
- Bucolicum carmen (Latein, 1349–1367)
- Il Corbaccio (1354)

Odoardo Fantacchiotti:
Giovanni Boccaccio-Statue in
den Uffizien, Florenz (1845)

„Das Dekameron" – Inhalt

„Das Dekameron" ist eine Sammlung von 100 Novellen, die an zehn Tagen von zehn Personen (sieben Frauen, drei Männern) zu einem jeweils festgelegten Themenkreis erzählt werden. Dieses Bauprinzip ist titelgebend, da die Zahl Zehn im Griechischen mit „deka" bezeichnet wird.

Die Rahmenhandlung spielt in der Nähe von Florenz in einem Landhaus, wohin die Personen geflüchtet sind, da in der Stadt die Pest wütet. Mit dem Erzählen der Novellen wollen sie sich unterhalten und sich die Zeit vertreiben. Nach den zehn Tagen kehren sie in die Stadt zurück.

BOCCACCIO legt mit diesem Novellenkranz ein erstes Werk in italienischer Prosa vor und setzt damit auch einen wesentlichen Grundstein für die europäische Erzähl- und Novellentradition. Thematisch finden sich in erster Linie Novellen zu Liebe und Erotik, zur Kritik an religiöser Leichtgläubigkeit und Scheinmoral sowie zum Thema Lebensklugheit.

Arbeitsaufgaben „Das Dekameron"

Giovanni Boccaccio
DER FALKE (fünfter Tag, neunte Geschichte) (1348–1353)

[Nach einer längeren Einführung, die die erzählende Frau ihren neun Zuhörern zu der Geschichte gibt, beginnt sie ...] dass einst in Florenz ein junger Edelmann gewesen sei, Federigo di Messer Filippo Alberighi genannt, den man in ritterlichen Übungen und adeligen Sitten höher hielt als irgendeinen seiner Standesgenossen in Toskana. Wie es nun edlen Jünglingen zu widerfahren pflegt, so verliebte sich auch Federigo in eine adelige
5 Dame namens Monna Giovanna, welche zu jener Zeit für eine der holdseligsten und schönsten in Florenz gehalten ward. Um ihre Liebe zu gewinnen, scheute er in Turnieren und Kampfspielen keinerlei Aufwand, richtete Feste her und teilte Geschenke aus, ohne seines Vermögens irgend zu achten. Die Dame aber, die ebenso sittsam wie schön war, kümmerte sich so wenig um dies alles, das zu ihren Ehren geschah, wie um denjenigen, von dem es ausging.
10 Da Federigo jedoch über seine Kräfte hinaus große Summen vertat und nichts erwarb, verfiel er binnen kurzem in solche Armut, dass er von allen seinen Besitztümern nichts behielt als ein kleines Bauerngut, dessen Einkünfte ihm kümmerlichen Unterhalt gewährten, und einen Falken, wie es kaum einen edleren auf der Welt geben mochte. Inzwischen war seine Liebe nur noch glühender geworden; da er jedoch als Städter nicht mehr so leben zu können glaubte, wie es ihm wünschenswert erschien, zog er sich aufs Land zurück und er-
15 trug dort auf seinem Gütchen, ohne jemand um Hilfe anzugehen, unter Vogelstellen geduldig seine Armut.

Während nun Federigos Vermögensumstände sich so sehr verschlechterten, geschah es, dass der Gemahl der Monna Giovanna schwer erkrankte. Als er gewahr wurde, dass es mit ihm zu Ende ging, machte er ein Testament, in welchem er sein schon ziemlich herangewachsenes Söhnlein zum Erben seiner großen Reichtümer ernannte und für den Fall, dass der Knabe ohne rechtmäßigen Erben versterben sollte, Monna
20 Giovanna, die er auf das Zärtlichste geliebt hatte, zur Nachfolgerin bestimmte. Bald darauf starb er, und die hinterbliebene Witwe zog, wie es unter den hiesigen Frauen üblich ist, für den Sommer dieses Jahres aufs Land, nach einer ihrer Besitzungen, welche Federigos Gütchen ziemlich nahe gelegen war. So trug es sich denn zu, dass jener Knabe, der an Hunden und Vögeln seine Freude hatte, mit Federigo vertraut wurde. Als er dessen Falken öfter hatte fliegen sehen, fand er an ihm so überschwänglichen Gefallen, dass ihn zu
25 besitzen sein höchster Wunsch ward. Doch traute er sich nicht, darum zu bitten, da er wohl sah, wie wert er dem Federigo war.

Um diese Zeit ereignete es sich, dass der Knabe erkrankte. Die Mutter, die nur dies eine Kind hatte und es von ganzer Seele liebte, betrübte sich unsäglich, und wie sie den ganzen Tag um den Kranken geschäftig war, fragte sie ihn unter dringenden Bitten, ob er denn nicht vielleicht nach irgendetwas Verlangen hege.
30 Wenn es nur irgend möglich sei, werde sie es ihm verschaffen. Schon mehrmals hatte der kranke Knabe dieses Anerbieten vernommen, als er endlich antwortete:

„Mutter – könnt ihr machen, dass ich Federigos Falken erhalte, so glaube ich in Kurzem wieder gesund zu werden." Nachdem die Edeldame diese Worte vernommen hatte, blieb sie eine Zeit lang in sich gekehrt und erwog, was sie tun sollte. Sie wusste wohl, dass Federigo sie lange geliebt hatte, ohne von ihr jemals auch

35 nur einen Blick erlangt zu haben. Daher sagte sie bei sich selber: „Wie darf ich zu Federigo um diesen Falken senden oder gar selbst deshalb zu ihm gehen, da, wie ich höre, dieser Falke der edelste ist, der je einem Jäger diente, und da er noch überdies seinem Herrn in solcher Weise den Lebensunterhalt gewährt? Und wie könnte ich so rücksichtslos sein, einem Edelmann, dem sonst keine Freude mehr geblieben ist, diese seine einzige rauben zu wollen?"

40 Obgleich sie gewiss war, den Falken zu erhalten, sobald sie darum bäte, antwortete sie daher, von jenen Gedanken bestrickt, nichts auf das Verlangen ihres Söhnleins und schwieg. Endlich aber trug die Liebe zu dem Knaben dennoch den Sieg davon, und um ihn zufrieden zu stellen, entschloss sie sich, was auch immer die Folge davon wäre, nicht zu Federigo zu senden, sondern selbst zu ihm zu gehen und den Falken zu holen. Deshalb sagte sie: „Mein Kind, gib dich zufrieden und sorge nur, dass du gesund wirst; denn ich

45 verspreche dir, dass morgen früh mein erster Gang des Falken wegen sein wird, und ich bin gewiss, dass ich ihn dir bringen werde."

Schon diese Antwort erfreute den Knaben so sehr, dass noch am selben Abend eine leichte Besserung an ihm zu beobachten war.

Am nächsten Morgen nahm Monna Giovanna eine andere Dame zum Geleit und lustwandelte mit dieser

50 bis zu Federigos kleinem Häuschen. Zum Vogelstellen war es nicht die Zeit, und schon seit mehreren Tagen war er deshalb nicht ausgegangen. So geschah es, dass, als sie nach ihm fragte, er in seinem Garten verweilte und dort gewisse kleine Arbeiten besorgen ließ. Als er vernahm, dass sie an seiner Tür sei und nach ihm verlange, erstaunte er sehr und eilte ihr mit ehrfurchtsvollem Gruße entgegen. Sie aber erhob sich, ihn mit freundlicher Anmut zu begrüßen, und sprach: „Guten Morgen, Federigo!" Dann fügte sie hin-

55 zu: „Ich bin gekommen, um dich für alles Ungemach zu entschädigen, das du seither um meinetwillen er- duldet hast, weil du mich leidenschaftlicher liebtest, als dir dienlich gewesen wäre. Die Entschädigung aber besteht darin, dass ich mit dieser meiner Begleiterin heute vertraulich bei dir zu Mittag zu essen gedenke."

Hierauf antwortete Federigo in Demut: „Madonna, ich weiß von keinem Ungemach, das mir je durch Euch zuteil geworden wäre, wohl aber von so vielem Heile, dass ich, wenn je an mir irgendetwas Lob verdiente,

60 dies nur Eurer Trefflichkeit und meiner Liebe zu Euch verdanke.

Und wahrlich, dieser Euer Besuch, den Ihr mir aus freier Güte gewährt, ist mir, wenngleich Ihr zu einem dürf- tigen Wirt gekommen seid, unendlich viel lieber, als wenn mir die Schätze zurückgegeben worden wären, die ich zu der Zeit besaß, wo ich einst den größten Aufwand machte." Nach diesen Worten führte er sie schüch- tern in sein Haus und von diesem in den Garten. Weil er aber sonst niemand hatte, der ihr Gesellschaft hätte

65 leisten können, sagte er: „Madonna, da kein anderer hier ist, so wird dies gute Weib, die Frau des Mannes, der hier meinen Acker bestellt, Euch zur Gesellschaft bleiben, während ich den Tisch besorgen lasse."

Wie groß auch seine Armut war, so hatte er bis dahin eigentlich noch nicht empfunden, dass sein unge- ordnetes Verschwenden der früheren Reichtümer ihn Mangel leiden ließ. Diesen Morgen aber, als es ihm an allem gebrach, um die Dame zu ehren, der zuliebe er einst Unzählige bewirtet und geehrt hatte, erkann-

70 te er zuerst seine Dürftigkeit. In der peinlichsten Herzensangst lief er wie außer sich hin und wider und verwünschte sein Schicksal, als er weder Geld vorfand noch irgendetwas, das er hätte verpfänden können. Inzwischen war die Stunde schon vorgerückt, und so groß auch sein Verlangen war, die edle Dame wenigs- tens einigermaßen zu bewirten, so konnte er sich doch nicht entschließen, irgend jemand, nicht einmal seinen Bauern, um etwas anzusprechen.

75 Da fiel ihm sein guter Falke in die Augen, der im Esszimmer auf seiner Stange saß und wie er sonst nir- gends einen Ausweg zu entdecken vermochte, fasste er ihn und erachtete das edle Tier, als er es wohl genährt fand, für eine Speise, die einer solchen Dame würdig sei. Und ohne sich weiter zu besinnen, drehte er ihm den Hals um und ließ ihn dann eilig von seiner Magd gerupft und hergerichtet an den Spieß stecken und sorgsam zubereiten. Dann breitete er schneeweiße Tücher, deren ihm noch einige geblieben waren,

80 über den Tisch und ging mit frohem Gesicht wieder hinaus zu seiner Dame, um ihr zu sagen, dass das Mittagessen, so gut er es zu bieten vermöge, bereit sei. So erhoben sich denn die Dame und ihre Begleite- rin, gingen zu Tisch und verzehrten, ohne zu wissen, was sie aßen, mit Federigo, der sie mit der größten Sorgfalt bediente, den guten Falken.

Als sie darauf vom Tische aufgestanden waren und noch einige Zeit in freundlichen Gesprächen mit ihm verbracht hatten, schien es der Dame an der Zeit, das zu sagen, um dessentwillen sie gekommen war, und freundlichen Blickes zu Federigo gewandt, begann sie also: „Federigo, gedenkst du deiner früheren Schicksale und meiner Sittenstrenge, die du vermutlich für Härte und Grausamkeit erachtet hast, so zweifle ich nicht, dass du über meine Dreistigkeit staunen wirst, wenn du vernimmst, warum ich eigentlich hierher gekommen bin. Hättest du aber Kinder oder hättest du deren besessen, sodass du die Liebe, die man für sie hegt, zu erkennen vermöchtest, so glaube ich mit Zuversicht, dass ich dir wenigstens zum Teil entschuldigt erschiene. Du besitzt kein Kind, ich aber, die ich einen Sohn habe, vermag mich dem Gesetz, dem alle Mütter unterworfen sind, nicht zu entziehen, und dieses Gesetz zwingt mich gegen meine Neigung, ja gegen Anstand und Pflicht, dich um ein Geschenk zu bitten, von dem ich weiß, wie teuer es dir ist. Auch hast du allen Grund, es so wert zu halten, da die Ungunst des Schicksals dir keine andere Freude, keine Zerstreuung, keinen Trost als diesen einen gelassen hat. Dieses Geschenk aber ist dein Falke, nach welchem mein Knabe so unmäßiges Verlangen trägt, dass ich fürchten muss, die Krankheit, an welcher er daniederliegt, werde sich um vieles verschlimmern, wenn er ihn nicht erhält, ja vielleicht sogar eine Wendung nehmen, durch die ich ihn verliere. So beschwöre ich dich denn, nicht bei der Liebe, die du für mich hegst – denn um derentwillen hast du gegen mich keinerlei Verpflichtung –, sondern bei deiner adeligen Gesinnung, welche du in höfischer Sitte und Freigebigkeit mehr als irgendein anderer bewährt hast, dass es dir gefallen möge, mir deinen Falken zu schenken, damit ich sagen könne, du habest mir durch diese Gabe das Leben meines Sohnes erhalten, und damit er immerdar in deiner Schuld bleibe."

Als Federigo vernahm, was die Dame begehrte, und als er sich dabei bewusst ward, ihr nicht genügen zu können, da er ihr den Falken zur Mahlzeit vorgesetzt hatte, begann er in ihrer Gegenwart, bevor er noch ein Wort der Erwiderung vorbringen konnte, bitterlich zu weinen. Zuerst glaubte die Dame, diese Tränen rührten von dem Schmerze her, sich von dem guten Falken trennen zu sollen und schon war sie im Begriff zu sagen, dass sie ihn lieber nicht haben wolle. Doch bezwang sie sich und erwartete Federigos Antwort, welcher, nachdem er seine Tränen bemeistert, also sprach: „Madonna, seit es Gott gefallen hat, dass ich Euch meine Liebe zuwendete, habe ich bei vielen Gelegenheiten das Schicksal mir feindlich gefunden und über seine Ungunst mich zu beschweren gehabt.

Dies alles aber war nur gering im Vergleich zu dem, was mir jetzt widerfährt. Denn wie sollte ich mich je wieder mit meinem Geschick aussöhnen, wenn ich bedenke, dass ich durch seine Tücke außer Stande gesetzt bin, Euch jetzt, da Ihr zu meinem verarmten Hause gekommen seid, welches Ihr, solange es reich war, nie Eures Besuches gewürdigt, das kleine Geschenk zu geben, das Ihr begehrt. Warum ich dies aber nicht vermag, will ich Euch kurz berichten.

Als ich vernahm, Ihr wolltet – Dank sei Eurer Güte – bei mir zu Mittag essen, glaubte ich, Eures Adels und Eurer Trefflichkeit gedenkend, es sei würdig und gemessen, Euch, soweit meine Kräfte reichten, durch eine wertvollere Speise zu ehren, als diejenigen sind, mit welchen man andere Gäste zu bewirten pflegt. Da gedachte ich des Falken, den Ihr jetzt von mir begehret, und wie vorzüglich er sei, und hielt ihn für eine Speise, die Euer würdig wäre. So habt Ihr ihn denn heute Mittag gebraten auf der Schüssel gehabt, und ich glaubte, ihm die beste Stätte bereitet zu haben. Nun aber sehe ich, dass Ihr ihn in anderer Weise begehrt, und mein Schmerz, Euren Wunsch nicht erfüllen zu können, ist so heftig, dass ich nicht glaube, mich je wieder darüber beruhigen zu können." Nach diesen Worten ließ er ihr zum Beweise des Gesagten Federn, Fänge und Schnabel des Falken vorzeigen.

Als die Dame dies alles hörte und sah, tadelte sie ihn anfangs, dass er zur Bewirtung eines Weibes einen so edlen Falken getötet habe. Dann aber bewunderte sie im Stillen die Größe seiner Gesinnung, welche die bittere Armut nicht abzustumpfen vermocht hatte und ihm auch in diesem Augenblicke geblieben war. Da ihr jedoch alle Hoffnung, den Falken zu besitzen, geraubt war und Befürchtungen wegen der Genesung des Knaben in ihr aufstiegen, schied sie voller Betrübnis und kehrte zu ihrem Sohne zurück.

War es nun die Wirkung des Verdrusses, dass er den Falken nicht haben konnte, oder war die Krankheit von der Art, dass sie auch ohne das zu einem solchen Ende führen musste – genug, nur wenige Tage verstrichen, als er zum größten Leidwesen seiner Mutter aus dem Leben schied. Infolge dieses Verlustes blieb sie zwar geraume Zeit in Tränen und Traurigkeit, da sie aber noch jung und in den Besitz eines glänzenden Vermögens gelangt war, drängten ihre Brüder sie vielfach, eine zweite Ehe einzugehen. Obwohl sie sich nun dessen am liebsten enthalten hätte, so gedachte sie doch bei solchem Drängen der Trefflichkeit Federigos und seines letzten Beweises hochherziger Gesinnung, den er ihr gegeben, indem er einen solchen Falken, nur um sie zu ehren, getötet hatte. Darum sagte sie zu ihren Brüdern: „Am liebsten ließe ich, wolltet ihr es gestatten, meinen Witwenstuhl unverrückt. Ist es aber euer Begehren, dass ich zu einer zweiten Ehe schreite, so werde ich wahrlich keinem andern mich vermählen, wenn ich Federigo degli Alberighi nicht erhalte."

140 Auf diese Rede hin verhöhnten sie ihre Brüder und sprachen: „Törichte, was schwatzest du da! Wie kannst du ihn nehmen wollen, der nichts auf dieser Welt hat?" Sie aber antwortete: „Meine Brüder, wohl weiß ich, dass es sich so verhält, wie ihr sagt. Ich aber ziehe den Mann, der des Reichtums entbehrt, dem Reichtum vor, der des Mannes entbehrt."

Als die Brüder diese ihre Gesinnung vernahmen und sich überzeugten, dass Federigo trotz seiner Armut 145 ein höchst ehrenwerter Mann war, gewährten sie ihm, Giovannas Wünschen entsprechend, diese samt allen ihren Reichtümern. Er aber beschloss, im Besitze einer so trefflichen und von ihm so überschwänglich geliebten Gattin, überdies noch in dem Besitz eines außerordentlichen Vermögens, nach langen Jahren freudig seine Tage.

GIOVANNI BOCCACCIO: DAS DEKAMERON, WINKLER

a) **Benennen** Sie die Thematik dieser Novelle.

b) **Weisen** Sie anhand der Kriterien zur Beschreibung der epischen Form „Novelle" nach, dass es sich bei der vorliegenden Novelle „Der Falke" auch um eine solche handelt.

c) **Untersuchen** Sie den Text hinsichtlich der Verwendung sprachlicher Mittel (Stil, Satzbau, rhetorische Mittel etc.) und belegen Sie Ihre Ergebnisse mit Beispielen aus dem Text.

d) **Analysieren** Sie, um welche Art von Minne es sich in diesem Text handelt, und begründen Sie Ihre Entscheidung.

e) **Kommentieren** Sie folgende Interpretationshypothese zur Novelle anhand einzelner Belegbeispiele aus dem Text:

„Monna Giovanna heiratet Federigo nicht aus Liebe, sondern aus Dankbarkeit, da er ihr gegenüber und damit auch ihrem verstorbenen Sohn gegenüber große Opferbereitschaft gezeigt hat. Deutlich zu sehen ist dies auch daran, dass Monna Giovanna zeit ihres Lebens Federigo mit einem hohen Maß an Ignoranz und Abneigungen begegnet ist und so plötzlich auch ihre Haltung nicht würde ändern können."

f) HANS SACHS (1494–1576) einer der bekanntesten Meistersinger, hat GIOVANNI BOCCACCIOS Novelle „Der Falke" als Inspiration für sein Lied bzw. seinen Meistersang „Der Edelfalk" verwendet und beruft sich auf „Das Dekameron". – **Lesen** Sie dieses Gedicht und **verfassen** Sie einen zeitgemäßen Meistersang (Ballade, Rap etc.), in dem Handlung bzw. Plot erhalten bleiben, dessen Dingsymbol bzw. Leitmotiv Sie jedoch gegen ein anderes tauschen dürfen.

g) Verfassen Sie eine **Textinterpretation** zur Novelle „Der Falke". Bearbeiten Sie dafür die folgenden Arbeitsaufträge:

■ **Erschließen** Sie die Thematik und den inhaltlichen Aufbau des Textes.

■ **Untersuchen** Sie die formale und sprachliche Gestaltung der Novelle.

■ **Analysieren** Sie die Veränderungen des Falkenbildes im Verlauf der Handlung.

■ **Beurteilen** Sie den in der Novelle gezeigten Liebesbegriff.

Schreiben Sie zwischen 405 und 495 Wörter. Markieren Sie Absätze mittels Leerzeilen.

Die Kriterien einer **Novelle** finden Sie im Anhang unter „Epische Textsorten".

Sie finden HANS SACHS' „Der Edelfalk" auf Seite 48.

Nähere Informationen zum **Meistersang** erhalten Sie im WERKZEUG des Kapitels „Renaissance – Humanismus – Reformation".

Als Dingsymbol werden Gegenstände, Tiere oder Pflanzen bezeichnet, die von symbolhafter Bedeutung sind und eine leitmotivische Rolle spielen.

Narren – Pfaffen – Meister

Einblick in die Literatur der Renaissance, des Humanismus und der Reformation (ca. 1470–1600)

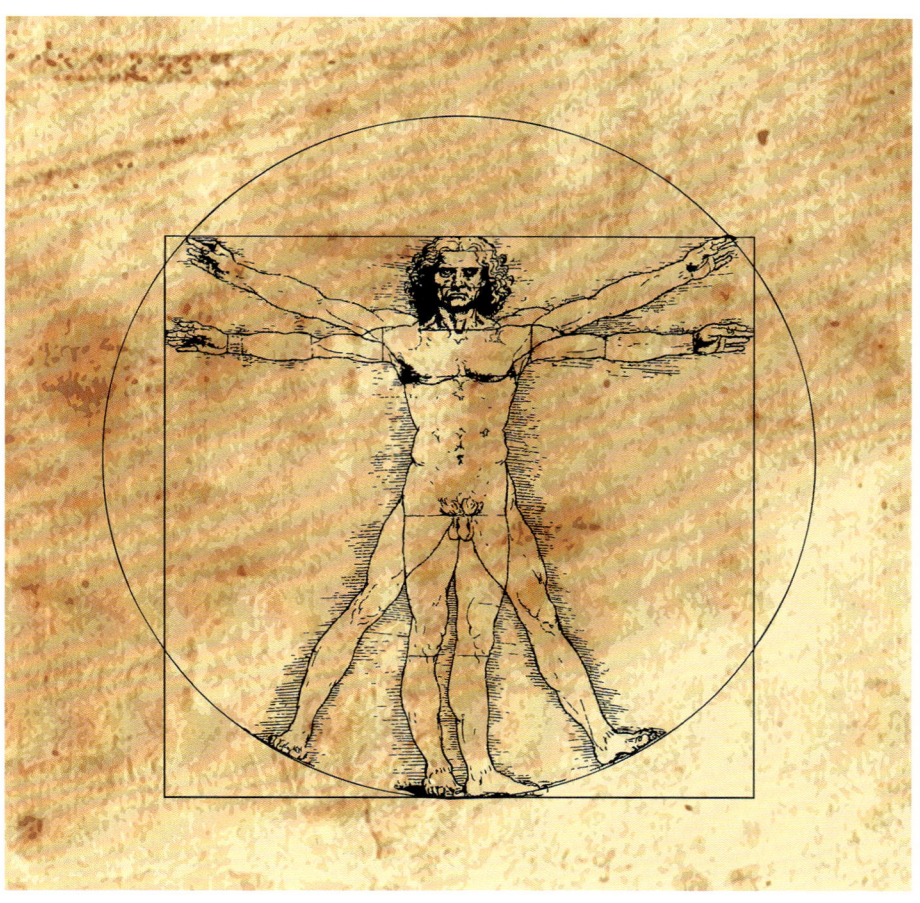

PROPORTIONSSTUDIE „DER VITRUVIANISCHE MENSCH"
VON LEONARDO DA VINCI (CA. 1490)

1 Renaissance, Humanismus, Reformation   BEISPIEL

Jörg Wickram
VON EINEM LAUT SCHREYENDEN MÜNCH AUFF DER KANTZLEN UND EINEM ALTEN WEIB (Schwank, 1555)

Zu Poppenried wonet ein münch, der dieselbig pfarr solt versehen. Er hatt ein überauß grobe stimm; wann er auff der kantzlen stund, wer in vormals nit gehört hatt, der meinet, er wer von sinnen kummen gewesen. Eines tags hatt er aber ein semlichs jämmerlich geschrey; da was ein gute alte wittfraw
5 in der kirchen, die schlug beide hend hart zusammen und weinet gar bitterlichen; deß nam der münch gar eben war.
Als nun die predig außgieng, der münch zu der frauwen sprach, was sy zu semlicher andacht bewegt hett.
„O lieber herr", sagt sy, „mein lieber haußwürt selig, als er auß diser zeyt
10 scheiden wolt, wußt er wol, das ich mit seinen fründen sein verlassen hab und gut theilen mußt; darumb begabt er mich vorauß mit einem hüpschen jungen esel. Nun stund es nit seer lang nach meines manns seligen todt, der esel starb mir auch. Als ir nun heüt murgen also mit einer grossen und starcken stimm auff der kantzlen anfiengen zu schreyen, gemaneten ir mich
15 an meinen lieben esel; der hatt gleich ein semliche stimm gehabt wie ir."
Der münch, so sich einer gar guten schencken bey dem alten müterlin versehen hatt, darby eines grossen rums von ir gewertig was, fand ein gar verachtliche antwurt, also das sy in einem esel verglychen thet. Also geschicht noch gemeinlich allen rhumgirigen; wann sy vermeinen, grossen rhum zu
20 erlangen, kummend sy ettwann zu allergrössistem spott.

JÖRG WICKRAM: WERKE, HOLZINGER

VON EINEM LAUT SCHREYENDEN MÖNCH AUF DER KANZEL UND EINEM ALTEN WEIB

Zu Poppenried wohnte ein Mönch, der diese Pfarre versehen sollte. Er hatte eine überaus grobe Stimme; wenn er auf der Kanzel stand, meinte, wer ihn vormals nicht gehört hatte, er wäre von Sinnen gewesen. Eines Tages hatte er abermals ein solch jämmerliches Geschrei; da war eine gute alte Witwe in
5 der Kirche, die schlug beide Hände zusammen und weinte gar bitterlich; das nahm der Mönch gar eben wahr.
Als nun die Predigt zu Ende ging, sprach der Mönch zu der Frau, was sie zu solcher Andacht bewegt hatte.
„O lieber Herr", sagte sie, „mein lieber Hauswirt selig, als er aus dieser
10 Zeit scheiden wollte, wusste er wohl, dass ich mit seinen Freunden sein verlassen Hab und Gut teilen müsste. Darum gab er mir im Voraus einen hübschen jungen Esel. Nun stund es nicht sehr lang nach meines Mannes seligen Tod, der Esel starb mir auch. Als Ihr nun heut Morgen also mit einer großen und starken Stimme auf der Kanzel anfingt zu schreien, gemahnet
15 ihr mich an meinen lieben Esel, der hatte gleich eine solche Stimme gehabt wie ihr.
Der Mönch, so sich eines gar guten Geschenkes bei dem alten Mütterlein versehen hatte, dabei eines großen Ruhms von ihr gewärtig war, fand eine gar verächtliche Antwort, also dass sie ihn mit einem Esel vergleichen täte.
20 Also geschieht noch allen Ruhmgierigen, wenn sie vermeinen, großen Ruhm zu erlangen, kommen sie irgendwann zu allergrößtem Spott.

Arbeitsaufgaben
„Renaissance, Humanismus, Reformation"

a) **Vergleichen** Sie die beiden Versionen des Schwanks in sprachlicher Hinsicht. Wie haben sich Wörter verändert? Versuchen Sie, Gesetzmäßigkeiten festzustellen.

b) **Erklären** Sie, welche Funktion dieser Schwank erfüllt.

c) **Erschließen** Sie die Aussage des Schwanks.

Renaissance, Humanismus, Reformation (1470–1600)

WERKZEUG

Eine Epoche – drei Namen?

Die **Renaissance** (französisch für „Wiedergeburt") hat ihren Ursprung in Italien. Der Begriff war allerdings zur damaligen Zeit noch nicht in Verwendung. Bezeichnet wird mit Renaissance eine geistige Bewegung, die die Wiedergeburt der Antike zum Ziel hat. Heute versteht man unter Renaissance einen Stil der Baukunst und der bildenden Kunst.

Der Begriff **Humanismus** leitet sich vom lateinischen „humanitas" (Menschsein) ab. Der einzelne Mensch rückt in den Mittelpunkt der Beobachtungen. Auch der Humanismus knüpft an die Wissenschaft und Philosophie der Antike an.

Die **Reformation** bezeichnet eine kirchliche Neuerungsbewegung, die schließlich zur Kirchenspaltung führt. Auch sie ist durch einen Rückgriff auf die Antike gekennzeichnet, nämlich auf die lateinischen und griechischen Urtexte der Bibel.

Gemeinsam haben Renaissance, Humanismus und Reformation die Sehnsucht nach **geistiger Erneuerung** und die **Rückbesinnung auf die Antike.**

Historische Einordnung

Einen Auslöser für diese Rückbesinnung stellt die **Eroberung Konstantinopels** durch die Türken (1453) dar, infolge derer viele griechische Gelehrte nach Italien fliehen und das Studium der dort in Vergessenheit geratenen antiken Schriften wieder anregen.

Wichtig ist auch die Erfindung des **Buchdrucks mit beweglichen Lettern** durch JOHANNES GUTENBERG, wodurch es seit 1450 möglich ist, Publikationen in hoher Stückzahl und preiswert zu vervielfältigen. Dies ist der Verbreitung zeitgenössischer Texte und der Werke antiker Philosophen und Dichter dienlich.

Prägend sind zudem der **Aufschwung der Wissenschaften** (z. B. Astronomie, Physik, Chemie, Medizin, Technik) und damit einhergehende revolutionäre wissenschaftliche Erkenntnisse. 1492/93 entsteht unter der Leitung des Kartografen und Astronomen MARTIN BEHAIM der „Behaim-Globus", auch **„Behaimscher Erdapfel"** genannt, der älteste heute noch erhaltene Globus. In diese Epoche fällt auch die **Entdeckung Amerikas** (1492), ermöglicht durch die Erfindung des Kompasses und des Sextanten. Der amerikanische Kontinent ist auf dem Behaim-Globus noch nicht eingezeichnet.

der Sextant = Winkelmessinstrument zur Bestimmung der Höhe eines Gestirns

Anfang des 16. Jahrhunderts begründet der polnische Astronom NIKOLAUS KOPERNIKUS (1473–1543) das **heliozentrische Weltbild,** wonach sich die Erde um die Sonne bewegt **(kopernikanische Wende).** Diese Erkenntnis wird später von GALILEO GALILEI (1564–1642) und JOHANNES KEPLER (1571–1630) bestätigt. Damit stehen die Wissenschaftler im Widerspruch zu der von der Kirche propagierten geozentrischen Weltsicht, die besagt, dass die Erde der Mittelpunkt des Universums sei.

Unter anderem sind auch diese Entdeckungen dafür verantwortlich, dass sich das gebildete Bürgertum von den religiösen Autoritäten löst und die Rolle der Kirche geschwächt wird. Aber auch das Zerbrechen der Glaubenseinheit durch MARTIN LUTHERS (1483–1546) **Reformation** und andere religiöse Bewegungen gegen die Autorität und Korruption der Kirche tragen ihren Teil dazu bei.

Am 31. Oktober 1517 hat der Augustinermönch und Theologe MARTIN LUTHER einer Legende nach 95 Thesen an die Tür der Schlosskirche in Wittenberg genagelt. Darin kritisiert er u. a. den Ablasshandel und die große Macht des Papstes. Er übersetzt auch die **Bibel ins Deutsche,** sodass sie nunmehr für viel mehr Menschen lesbar ist. Obwohl LUTHER von der katholischen Kirche verfolgt wird, schließen sich viele Gläubige seiner reformatorischen Bewegung an. Die christliche Kirche spaltet sich in Katholiken und Protestanten. Viele Glaubenskriege sind die Folge.

der Ablasshandel: Um von den Sünden befreit zu werden, konnten Menschen sogenannte Ablassbriefe kaufen, d. h. sich von ihren Sünden freikaufen.

dogmatisch = verbindliche Glaubensaussagen betreffend; sich weigernd, andere Denkweisen anzuerkennen

💡 Generell ist zu sagen, dass die deutsche Sprache in der Literatur an Bedeutung gewinnt, nicht zuletzt durch MARTIN LUTHERS Bibelübersetzung.

Der Mensch im Mittelpunkt

An die Stelle der dogmatischen religiösen Lehren tritt im Humanismus der Glaube an die menschliche Erkenntnisfähigkeit. Der Mensch tritt in den Fokus von Kunst und Wissenschaft und wird als **Individuum** wahrgenommen.

Damit wird auch **Bildung** als wesentlich angesehen. Der Mensch soll sich frei entfalten und seine geistigen und körperlichen Fähigkeiten harmonisch entwickeln können. Das Streben nach Wissen schlägt sich in zahlreichen Universitäts- und Schulgründungen nieder.

So vielfältig die Errungenschaften dieser Epoche sind, betreffen sie im Grunde jedoch nur eine privilegierte, gebildete Elite (Wissenschaftler, Künstler, Machthaber).

Literatur

Epik

Neue epische Formen verbinden Belehrung und Unterhaltung, häufig mittels Satire. Zu nennen sind hier vor allem die **Volksbücher** und **Narrenliteratur,** deren Grenzen oft verschwimmen, wie am Beispiel der Erzählungen rund um den Narren **Till Eulenspiegel** zu erkennen ist. „Till Eulenspiegel" wurde 1510 von HERMANN BOTE herausgegeben. Ob er auch der Autor ist, ist nicht belegt.

Volksbücher sind Sammlungen von Erzählungen, Schwänken, Sagen etc., die bis dahin nur mündlich tradiert worden sind. Darunter befinden sich auch manche Werke, deren Rezeption bis in die Gegenwart reicht, wie z. B. die **„Historia von D. Johann Fausten",** 1587 herausgegeben von JOHANN SPIES. Sie bildet u. a. eine Vorlage für GOETHES (1749–1832) Drama. Die darin enthaltenen Geschichten und Anekdoten erzählen von Fausts Studien, seinen alchemistischen Versuchen und seinem Bündnis mit dem Teufel. Dieses Volksbuch steht noch in der Tradition christlichen Gedankenguts und ruft demgemäß zu einem gottesfürchtigen Leben auf. Das Werk ist in viele Sprachen übersetzt worden und hat bereits kurz nach seinem Erscheinen große Bekanntheit erreicht.

Unter **Narrenliteratur** versteht man volkstümliche, satirische Literatur, die menschliche Schwächen durch Karikierung und Übertreibung darstellt und damit meist Moralkritik übt. Als einer der ersten Bestseller und Vertreter der deutschsprachigen Narrenliteratur gilt **„Das Narrenschiff"** (1494) von SEBASTIAN BRANT.

Auch die **Fabel,** mit der menschliche Schwächen aufgezeigt werden können, dient sowohl der Unterhaltung als auch der Belehrung. Eine damals bekannte Fabelsammlung ist „Der Edelstein" (1461) von ULRICH BONER.

Neben der Belehrung und Unterhaltung findet sich in der Epik dieser Epoche auch verstärkt **Kritik an der katholischen Kirche.** Ein Beispiel dafür stellen die zwei Bände der **„Dunkelmännerbriefe"** (1515 und 1517) dar. Sie kritisieren in Form von Satire und Parodie die Zustände an den Universitäten und den Klerus. Hintergrund der „Dunkelmännerbriefe" ist der Streit zwischen JOHANNES PFEFFERKORN (1469–1521), der die Verbrennung aller jüdischen Schriften fordert, und dem Humanisten JOHANNES REUCHLIN (1455–1522), der diese ablehnt. Als REUCHLIN deshalb ein Ketzerprozess droht, veröffentlicht er „Briefe berühmter Männer", die seiner Verteidigung dienen. Auf diese Briefe antworten die „Dunkelmännerbriefe" scheinbar. Adressat ist der Theologe ORTWIN GRATIUS (1475–1542). Die fingierten Briefe kritisieren ironisch die Unbildung und lose Moral der Humanismus-Gegner, die sprechende Namen wie „Dollenkopf", „Fotzenhut" oder „Gänseprediger" tragen.

Die Frage nach den Autoren der „Dunkelmännerbriefe" lässt sich nicht endgültig beantworten, da beide Bücher ohne Nennung von Herausgeber, Verlag, Druck- und Erscheinungsort bzw. mit erfundenen Angaben publiziert worden sind. Vermutet wird, dass der erste Band von CROTUS RUBEANUS (1480–1539), der zweite von ULRICH VON HUTTEN (1488–1539) stammen könnte.

Dramatik

Auch das **Fastnachtsspiel** soll auf amüsante Weise belehren. Es stellt aber keinen Rückgriff auf die Antike dar, sondern erfreut sich seit dem 15. Jahrhundert in der Faschingszeit – wie der Name bereits sagt – großer Beliebtheit. Ursprünglich ist es von Handwerksgesellen zumeist in Wirtshäusern aufgeführt worden; die Handlung ist einfach gewesen, der Humor zumeist derb.

In der Renaissance wird das Fastnachtsspiel von seiner rohen Derbheit befreit und der literarische Anspruch wird erhöht. Im Zentrum stehen satirische Darstellungen menschlicher Schwächen. Aber auch einzelne Personen (häufig der „tumbe Bauer") oder Ereignisse werden lächerlich gemacht. Ein wichtiger Vertreter dieser Gattung ist HANS SACHS, von Brotberuf Schuhmacher. Er ist aber auch ein Meister der Spruchdichtung, schafft Prosawerke, Dramen, Komödien und ist für seine Meisterlieder bekannt.

Doch auch das **religiöse Drama** spielt noch eine wichtige Rolle: Weihnachtsspiele, Osterspiele oder auch Spiele, die das Leiden Christi darstellen, werden aufgeführt. Solche **Passionsspiele** gibt es noch heute.

Lyrik

In der Lyrik klingt das Mittelalter am deutlichsten nach: Neu entwickelt sich zwar der **Meistersang,** doch die Meistersinger sehen sich selbst als Erben des mittelalterlichen Minnesangs und der Spruchdichtung. Ursprünglich haben Meisterlieder biblisch-belehrende Inhalte, später sind auch weltliche Lieder gestattet. Das Abfassen von Meisterliedern gilt wie ein Handwerk als erlernbar. Ein Meistersang ist dreistrophig, formal dem Minnesang nachgebildet und mit einer Melodie versehen. Vorgetragen werden die Lieder im Rahmen von „Singschulen". Ein „Merker" überwacht die Einhaltung der selbst auferlegten Regeln. Beliebt ist auch das **Volkslied,** das in seinen Grundzügen noch an die niedere Minne erinnert.

Außerdem entstehen zahlreiche **Kirchenlieder.** Hier kommt wiederum MARTIN LUTHER, der solche in deutscher Sprache verfasst, besondere Bedeutung zu.

Wichtige deutschsprachige Autoren und Werke

Sebastian Brant	Das Narrenschiff (1494)
Erasmus von Rotterdam	Lob der Torheit (1509), Colloquia familiara (1518)
Ulrich von Hutten	neulateinische Prosadialoge, Ich hab's gewagt, mit Sinnen (1521, Gedicht), Gesprächsbüchlein (1521), Dunkelmännerbriefe (1517, vermutlicher Verfasser)
Hans Sachs	Meistersang, Fastnachtsspiele
Jörg Wickram	Rollwagenbüchlein (1555), Knabenspiegel (1554)
Thomas Müntzer	Die Fürstenpredigt (1524)
Thomas Murner	Von dem großen lutherischen Narren (1522), Doctor murners narrenbeschwerung (1512)
Herrmann Bote (Hg.)	Till Eulenspiegel (1510)
Johann Spies (Hg.)	Historia von D. Johann Fausten (1587)

Wichtige Einflüsse der Weltliteratur

Dante Alighieri	Göttliche Komödie (ca. 1307–1320)
Giovanni Boccaccio	Das Dekameron (1348–1353)
William Shakespeare	Romeo und Julia (1597), Hamlet (ca. 1600) etc.
Goeffrey Chaucer	Canterbury Tales (ca. 1387)
François Villon	Das kleine und das große Testament (1456–1462)

Arbeitsaufgaben „Renaissance, Humanismus, Reformation"

1. „Das Narrenschiff"

Sebastian Brant
DAS NARRENSCHIFF (1494)

Kapitel 112

Bei Tisch begeht man Grobheit viel,
Die zählt man auch zum Narrenspiel,
Von der zuletzt ich sprechen will.

4 **Von schlechten Sitten bei Tische**

[...]
Sie waschen ihre Hände nicht,
Wenn man die Mahlzeit zugericht't,
Oder wenn sie sich zu Tische setzen,
8 Sie andre in dem Platz verletzen,
Die vor ihnen sollten sein gesessen;
Vernunft und Hofzucht sie vergessen,
Daß man muß rufen: „Heda, munter,
12 Mein guter Freund, rück weiter runter!
Laß den dort sitzen an deiner Statt!"
Ein andrer nicht gesprochen hat
Den Segen über Brot und Wein,
16 Eh er bei Tische Gast will sein;
Ein andrer greift zuerst in die Schüssel
Und stößt das Essen in den Rüssel
Vor ehrbarn Leuten, Frauen, Herrn,
20 Die er vernünftig sollte ehrn,
Daß sie zum ersten griffen an
Und er nicht war zuvorderst dran.
Der auch so eilig essen muß,
24 Daß er so bläst in Brei und Mus,
Strengt an die Backen ungeheuer,
Als setzte er in Brand 'ne Scheuer.
Mancher beträuft Tischtuch und Kleid,
28 Legt auf die Schüssel wieder breit,
Was ihm ist ungeschickt entfallen,
Unlust bringt es den Gästen allen.
Andre hinwieder sind so faul,
32 Wenn sie den Löffel führen zum Maul,
Dann hängen sie den offnen Rüssel
So über Platte, Mus und Schüssel,
Daß, fällt ihnen etwas dann darnieder,
36 Dasselbe kommt in die Schüssel wieder.
Etliche sind so naseweise:
Sie riechen vorher an der Speise
Und machen sie den andern Leuten
40 Zuwider, die sie sonst nicht scheuten.
Etliche kauen etwas im Munde
Und werfen das von sich zur Stunde

SEBASTIAN BRANT, Autor des
deutschen Humanismus
(1457/58–1521)

Auf Tischtuch, Schüssel oder Erde,
44 Daß manchem davon übel werde.
[...]
Ein andrer füllt die Backen so,
Als ob sie steckten ihm voll Stroh;
48 Er pflegt beim Essen rings zu gaffen
In alle Winkel wie die Affen
Und schaut auf jeden mit Begehr,
Ob der vielleicht mehr ißt als er,
52 Und eh der einen Mund voll zuckt,
Hat er vier oder fünf verschluckt,
Und daß ihm sonst auch nichts gebreste,
Trägt er noch Teller voll zum Neste,
56 Und daß er sich ja nicht versäume,
Lugt er, wie er die Platten räume.
[...]
Den schmutzgen Mund wischt keiner mehr:
60 Im Becher schwimmt das Fett umher;
Schmatzen beim Trinken ist nicht fein,
Kann andern Leuten nur widrig sein.
Durch die Zähne sürfeln klingt nicht schön,
64 Solch Trinken gibt ein schlecht Getön.
Manch einer trinkt mit solchem Geschrei,
Als käme eine Kuh vom Heu.
Nachtrinken Ehre sonst gebot,
68 Jetzt ist dem Weinschlauch nur noch Not,
Daß er schnell möge trinken vor:
Das Trinkgeschirr hebt er empor
Und bringt dir einen „frohen Trunk",
72 Damit sein Becher macht glunk, glunk;
Er meint, daß er den andern ehrt,
Wenn er den Humpen leer umkehrt.
Ich misse gern die feine Sitte,
76 Daß man vor mir das Glas umschütte
Oder daß man mich zu trinken bitte;
Ich trink für mich, doch keinem zu:
Wer sich gern füllt, ist eine Kuh.
80 Ein andrer schwätzt bei Tisch allein,
Läßt nicht das Wort sein allgemein,
Es muß vielmehr ihm jedermann
Zuhörn, wie er gut schwätzen kann.
84 Keinem andern er das Wort vergönnt,
Doch sein Wort gegen jeden rennt
Und verleumdet gern zu jeder Frist
Manchen, der nicht zugegen ist.
88 [...]
Es bringt auch Vorteil, vorzulegen:
Daß, was nicht will gefallen mir,
Ich lege einem andern für,
92 Dadurch wird dann ein Weg gemacht,
Auf dem ich nach dem Besten tracht;
Einem andern wird, was ich nicht will,
Das Beste mir – und ich schweig still.
96 [...]

SEBASTIAN BRANT: DAS NARRENSCHIFF, RECLAM –
ALTE RECHTSCHREIBUNG

Titelseite von SEBASTIAN
BRANTS „Narrenschiff"

Arbeitsaufgaben

a) **Analysieren** Sie, was
SEBASTIAN BRANT kritisiert.

b) **Untersuchen** Sie den Textausschnitt hinsichtlich der
verwendeten satirischen
Mittel.

c) **Überprüfen** Sie die Aktualität der geäußerten Kritik.

2. Meistersang

Hans Sachs
DER EDELFALK (1543)

In centonovella ich lase,
wie zu Florenz vor zeiten sase
ein jung edelman, weit erkant,
4 Fridrich Alberigo genant,
der in herzlicher liebe brennet
gen einem edlen weib, genennet
Giovanna, an gut ser reiche,
8 an eren stet und gar lobleiche.
der edelman stach und turniert,
zu lieb der frauen lang hofiert;
sie aber veracht all sein liebe,
12 an irem herren treulich bliebe.
Gar reichlich Friderich ausgab,
bis er verschwendet große hab;
entlich verpfent er all sein gute,
16 zug auf ein sitz und in armute,
nichts dan ein edlen falken het,
mit dem er teglich baißen tet
und nert sich aus eim kleinen
garten,
20 des er auch tet mit arbeit warten.

Ir her der starb, und sich begabe:
der frauen sun, ein junger knabe,
wart schwerlich krank bis in den
tot;
24 sprach: „muter, ich bit dich
durch got,
hilf, das Friderichs falk mir werde,
so nimt ein ent all mein
beschwerde.“
Die muter tröst in, den zu bringen,
28 kam zu her Fridrich in den dingen.
der freuet sich irer zukunft,
entpfieng sie mit hoher vernunft.

zum frümal tet sie sich selb laden.
32 fro war Friderich irer gnaden;
Het doch weder wilpret noch
fisch,
darmit er speiset seinen tisch;
armut und unglück tet in walken.
36 er würgt sein edlen lieben falken,
briet den und in zu tische trug,
zerleget in höflich und klug;
in mit der edlen frauen aße,
40 die doch selbs nit west, was es
wase.
Nach dem mal sprach die frau mit
sitten:
„durch euer lieb wil ich euch bitten
um euren edlen falken gut,
44 nach dem mein sun sich senen tut
totkrank, wo ir im den tut geben,
errettet ir sein junges leben.“
Her Fridrich war mit angst
beseßen:
48 „den falken“, sprach er, „han wir
geßen;
die allerliebst mein liebstes aß.“
die frau sich des verwundern was.
er zeiget ir des falken gfider.
52 schieden sich beide traurig wider.
Nach drei tagen ir sune starb.
her Fridrich um die frauen warb;
sie erkennet sein lieb und treue,
56 het seiner armut kein abscheue,
weil er war tugenthaft und frum.
zu eim gemahel sie in num.
drum ist nit alle lieb verloren;
60 lieb hat oft lieb durch lieb geboren.

HANS SACHS: DICHTUNGEN. GEISTLICHE UND WELTLICHE LIEDER,
HOLZINGER

a) **Geben** Sie den Inhalt von „Der Edelfalk" **wieder.**

b) **Erschließen** Sie die Aussage des Meistersangs.

c) HANS SACHS beruft sich selbst auf „Das Dekameron" von BOCCACCIO.
Lesen Sie die „Falkennovelle" auf S. 39 nach und **vergleichen** Sie sie auf
inhaltlicher Ebene mit „Der Edelfalk".

HANS SACHS ist der
bekannteste Meistersinger.
Er war aber auch ein Meister
der Spruchdichtung und schuf
Prosawerke, Dramen, Komö-
dien und Fastnachtsspiele, die
heute noch aufgeführt werden.

HANS SACHS,
Nürnberger Spruchdichter,
Meistersinger und Dramatiker
(1494–1576)

d) Beantworten Sie folgende Fragen mittels Recherche im Internet. Rufen Sie dabei jeweils mindestens zwei Quellen auf und **vergleichen** Sie die Informationen. Finden sich unterschiedliche Inhalte, **prüfen** Sie den Wahrheitsgehalt, indem Sie weitere Seiten aufrufen.

Geben Sie die Quellen (URL) **an** und beurteilen Sie jeweils deren Glaubwürdigkeit.

- Wen bezeichnet man in der Tradition der Meistersinger als „Singer" oder „Schüler", wen als „Dichter" und wer darf sich „Meister" nennen?
- Wo waren die Hauptzentren des Meistersangs?
- Was versteht man unter einer „Zunft"? – Warum organisierte man sich in „Meistersinger-Zünften"?
- In den „Meistersingern von Nürnberg", einer Oper, wurde Hans Sachs ein Denkmal gesetzt. Von wem stammt diese Oper?
- In den „Meistersingern von Nürnberg" heißt der Merker „Beckmesser". – Was bedeutet dieser Ausdruck heute?
- Auch Goethe ehrte Hans Sachs in einem Gedicht. Wie heißt es?

3. Lehrhafte Dichtung: Fabel

Martin Luther
VOM WOLFF VND LEMLIN (1530)

Ein Wolff vnd Lemlin kamen on gefehr beide / an einen Bach zu trincken. Der Wolff tranck oben am Bach / das Lemlin aber / fern vnten. Da der Wolff des Lemlins gewar war / lieff er zu jm / vnd sprach / Warumb trübestu mir das Wasser / das ich nicht trincken kan? Das
5 Lemlin antwortet / Wie kan ich dirs Wasser trüben / trinckestu doch vber mir / vnd möchtest es mir wol trüben? Der Wolff sprach / Wie? Fluchstu mir noch dazu? Das Lemlin antwortet / Ich fluche dir nicht. Der Wolff sprach / Ja dein Vater thet mir für sechs Monden auch ein solchs. Du wilt dich Vetern. Das Lemlin antwortet / Bin ich doch
10 dazumal nicht geborn gewest / wie sol ich meins Vaters entgelten? Der Wolff sprach / So hastu mir aber mein Wiesen vnd Ecker abgenaget vnd verderbet. Das Lemlin antwortet / Wie ist das möglich, hab ich doch noch keine Zeene? Ey sprach der Wolff / vnd wenn du gleich viel ausreden vnd schwetzen kanst / wil ich dennoch heint nicht
15 vngefressen bleiben / vnd würget also das vnschüldig Lemlin / vnd frass es.

Lere
Der Welt lauff ist / wer Frum sein wil / der mus leiden / solt man eine Sache vom alten Zaun brechen / Denn Gewalt gehet für Recht. Wenn
20 man dem Hunde zu wil / so hat er das Leder gefressen. Wenn der Wolff wil / so ist das Lamb vnrecht.

Martin Luther: Etliche Fabeln aus Esopo
von D. M. Luther verdeutscht, Holzinger

MARTIN LUTHER,
theologischer Urheber der
Reformation (1483–1546)

ETLICHE FABELN AUS ESOPO VERDEUTSCHT (Ausschnitt 1530)

Alle Welt hasset die Wahrheit, wenn sie einen trifft.
Darum haben weise hohe Leute die Fabeln erdichtet und lassen ein Tier
mit dem anderen reden, als wollten sie sagen: Wohlan, es will niemand
die Wahrheit hören noch leiden, und man kann doch der Wahrheit
5 nicht entbehren, so wollen wir sie schmücken und unter einer lustigen
Lügenfarbe und lieblichen Fabeln kleiden; und weil man sie nicht will
hören aus Menschenmund, dass man sie doch höre aus Tier- und
Bestienmund. So geschieht's denn, wenn man die Fabeln liest, dass ein
Tier dem andern, ein Wolf dem andern die Wahrheit sagt, ja zuweilen
10 der gemalte Wolf oder Bär oder Löwe im Buch dem rechten zweifüßi-
gen Wolf und Löwen einen guten Text heimlich liest, den ihm sonst kein
Prediger, Freund noch Feind lesen dürfte.

MARTIN LUTHER: ETLICHE FABELN AUS ESOPO
VON D. M. LUTHER VERDEUTSCHT, HOLZINGER

a) „Übersetzen" Sie die Fabel in die heute gebräuchliche Standardsprache.

b) Erklären Sie die Funktion der Fabeln für MARTIN LUTHER.

c) Beurteilen Sie die Aktualität der Aussage der Fabel „Vom Wolff vnd Lemlin".

d) Beurteilen Sie die Aktualität der literarischen Form der Fabel.

e) Schreiben Sie eine Fabel auf der Grundlage von LUTHERS Fabel, die die heutige Gesellschaft reflektiert.

4. Volksbuch: „Till Eulenspiegel"

Hermann Bote (Hg.)
TILL EULENSPIEGEL

Die 93. Historie sagt, wie Eulenspiegel sein Testament machte und ein Pfaffe dabei seine Hände besudelte. (1510)

Merkt euch, geistliche und weltliche Personen, daß ihr eure Hände
nicht an Testamenten verunreinigt, wie es bei Eulenspiegels Testament
5 geschah!
Ein Pfaffe wurde zu Eulenspiegel gebracht, damit er ihm beichten solle.
Als er nun zu Eulenspiegel kam, da dachte der Pfaffe bei sich: er ist ein
abenteuerlicher Mensch gewesen und hat damit viel Geld zusammen-
gebracht; es kann nicht fehlen, er muß eine bedeutende Summe Geldes
10 haben; die solltest du ihm abnehmen, da es mit ihm zu Ende geht,
vielleicht bekommst du auch etwas davon.
Als nun Eulenspiegel dem Pfaffen zu beichten begann und sie ins Gespräch kamen, sagte unter anderem der Pfaffe zu ihm: „Eulenspiegel,
mein lieber Sohn, bedenkt Eurer Seele Seligkeit bei Eurem Ende! Ihr
15 seid ein abenteuerlicher Gesell gewesen und habt viele Sünden begangen. Die bereuet jetzt! Und habt Ihr etwas Geld: ich würde das zur Ehre
Gottes geben und auch armen Priestern, wie ich einer bin. Das rate ich
Euch, denn es ist nicht immer ehrlich gewonnen. Und wenn Ihr solches
tun wollt, mir das offenbart und mir dieses Geld gebt: ich will es dann
20 einrichten, daß Ihr damit in die Ehre Gottes kommt. Und wollt Ihr mir
selbst auch etwas geben, so werde ich Euer all mein Lebtag gedenken

und für Euch Totengebete und Seelenmessen lesen." Eulenspiegel sagte: „Ja, mein Lieber, ich will Euer gedenken. Kommt nachmittags wieder, ich will Euch selbst ein Stück Gold in die Hand geben. Dessen könnt Ihr
25 gewiß sein."
Der Pfaffe war froh und kam nach dem Mittag wieder gelaufen. Und während er fort war, nahm Eulenspiegel eine Kanne, die füllte er halbvoll mit Menschendreck. Darauf legte er ein wenig Geld, so daß das Geld den Dreck bedeckte. Als der Pfaffe wiederkam, sprach er: „Mein
30 lieber Eulenspiegel, ich bin hier. Wollt ihr mir nun etwas geben, wie Ihr es mir versprochen habt, so will ich es in Empfang nehmen." Eulenspiegel sagte: „Ja, lieber Herr, wenn Ihr bescheiden zugreift und nicht gierig sein wollt, so will ich Euch einen Griff aus dieser Kanne gestatten, damit Ihr meiner gedenken sollt." Der Pfaffe sprach: „Ich will es nach
35 Euerem Willen tun und hineingreifen, so wenig ich kann." Da machte Eulenspiegel die Kanne auf und sagte: „Seht hin, lieber Herr, die Kanne ist ganz voll Geld. Tastet hinein und nehmt Euch daraus eine Handvoll, aber greifet nicht zu tief!" Der Pfaffe sagte ja, und ihm wurde ganz feierlich zumute. Die Habgier verführte ihn, er griff mit der Hand in die
40 Kanne und wollte eine gute Handvoll greifen. Als er mit der Hand in die Kanne fuhr, merkte er, daß es naß und weich unter dem Gelde war. Schnell zog er die Hand wieder zurück, aber die war schon bis zu den Knöcheln mit Dreck besudelt.
Da sprach der Pfaffe zu Eulenspiegel: „O, was bist du für ein hinter-
45 hältiger Schalk! Du betrügst mich noch in deinen letzten Stunden, da du schon auf deinem Totenbette liegst! Da dürfen sich diejenigen nicht beklagen, die du in deinen jungen Tagen betrogen hast." Eulenspiegel sagte: „Lieber Herr, ich warnte Euch, Ihr solltet nicht zu tief greifen! Verführte Euch nun Eure Gier und beachtetet Ihr meine Warnung nicht,
50 so ist das nicht meine Schuld." Der Pfaffe sprach: „Du bist ein Schalk, auserlesen aus allen Schälken! Du konntest dich in Lübeck vom Galgen reden, so antwortest du wohl jetzt auch mir." Und er ging und ließ Eulenspiegel liegen.
Eulenspiegel rief ihm nach, er möge warten und das Geld mit sich neh-
55 men. Aber der Pfaffe wollte nicht hören.

HERMANN BOTE: TILL EULENSPIEGEL, INSEL – ALTE RECHTSCHREIBUNG

Buchtitel einer der ersten Eulenspiegel-Auflagen

a) **Erklären** Sie, was in dieser Eulenspiegel-Geschichte kritisiert wird.

b) **Erläutern** Sie, womit die Komik in diesem Text erzeugt wird.

5. Satire: Colloquia familiara

Erasmus von Rotterdam
DER ABT UND DIE GEBILDETE FRAU (1518)

Abt Antronius besucht die Dame Magdala und kritisiert, dass sie viele Bücher in ihrer Wohnung hat.

MAGDALA: Ihr seid nun schon so alt, seid Abt und Höfling und habt noch nie in den Zimmern der großen Damen Bücher gesehen?
5 ANTRONIUS: Ich sah freilich solche, aber in französischer Sprache; hier dagegen sehe ich griechische und lateinische Bücher.

ERASMUS VON ROTTERDAM,
niederländischer Gelehrter des
Renaissance-Humanismus
(1466/67/69–1536)

MAGDALA: Ja lehren denn bloß die französisch geschriebenen Weisheit?
ANTRONIUS: Jedenfalls schicken sich diese allein für die vornehmen Damen, damit sie etwas für die Unterhaltung in den Mußestunden haben.
10 MAGDALA: Ist denn einzig den Damen vom Stande gestattet, den Geist zu bilden und angenehm zu leben?
ANTRONIUS: Ihr verbindet in falscher Weise Geistesbildung und angenehmes Leben: die Weisheit ist nicht Weibersache; Sache der großen Damen ist ein anmutiges Dasein.
15 MAGDALA: Soll aber nicht jedermann recht leben?
ANTRONIUS: Ja freilich.
MAGDALA: Wie kann man aber angenehm leben, wenn man nicht zugleich richtig lebt?
ANTRONIUS: Im Gegenteil: wie kann der angenehm leben, der recht
20 lebt?
MAGDALA: Ihr billigt also die, welche zwar schlecht, aber angenehm leben?
ANTRONIUS: Meine Ansicht ist, daß die gut leben, welche angenehm leben.
25 MAGDALA: Ja, aber woher stammt denn diese Annehmlichkeit? Aus äußerlichen Dingen oder aus dem Geist?
Antronius: Aus äußerlichen Dingen.
MAGDALA: Ihr seid fürwahr ein scharfsinniger Abt, aber ein grobgeschnitzter Philosoph! Sagt mir doch, wonach bemeßt Ihr das Ange-
30 nehme?
ANTRONIUS: Nach Schlaf, Essen, der Freiheit zu tun, was einem beliebt, nach Geld und Ehren. [...]
ANTRONIUS: Ich möchte nicht, daß meine Mönche viel mit Büchern sich abgeben.
35 MAGDALA: Mein Mann heißt gerade das besonders gut. Aber weshalb paßt Euch das nicht bei Euren Mönchen?
ANTRONIUS: Weil sie dann erfahrungsgemäß weniger gehorsam sind: sie kommen dann mit Antworten aus den Dekreten, den Dekretalen, dem Petrus und Paulus.
40 MAGDALA: Ja, befehlt Ihr ihnen denn Dinge, die Petrus und Paulus widerstreiten?
ANTRONIUS: Was die lehren, weiß ich nicht; aber ich mag nun einmal den antwortenden Mönch nicht; ich hab' auch nicht gern, daß einer der Meinigen mehr wisse als ich selbst. [...]
45 ANTRONIUS: Die Bücher nehmen den Frauen viel von ihrem Hirnschmalz, von dem sie ohnehin zu wenig haben. [...]
ANTRONIUS: Ich habe oft die Leute sagen hören, eine weise Frau sei doppelt töricht.
MAGDALA: Das kann man so hören aus dem Munde von Toren. Eine
50 wahrhaft gescheite Frau zeigt das gar nicht; will aber eine, die dumm ist, weise scheinen, dann ist sie allerdings doppelt dumm.
ANTRONIUS: Ich weiß nicht wie's kommt; aber, wie ein Sattel sich nicht für einen Ochsen schickt, so schicken sich die Wissenschaften nicht für eine Frau.

ERASMUS VON ROTTERDAM: VERTRAULICHE GESPRÄCHE, DIOGENES

a) **Erschließen** Sie die Rolle der Frauen, die der Abt ihnen zuspricht.

b) **Erläutern** Sie die Kritik am Klerus, die ERASMUS VON ROTTERDAM übt.

2 Zur gleichen Zeit am anderen Ort

2.1 MIGUEL DE CERVANTES SAAVEDRA (vermutlich 1547–1616)

CERVANTES gilt nicht nur als Nationalschriftsteller Spaniens und als Begründer des „eigentlichen" Romans, er hat auch ein sehr bewegtes, abenteuerliches Leben geführt.

„Don Quijote"

Obwohl CERVANTES etliche vielbeachtete Werke geschaffen hat (z. B. „Novelas ejemplares", eine Sammlung von zwölf Novellen), verbinden die meisten Menschen einen bestimmten Roman mit seinem Namen: „Don Quijote" (im Original: „El ingenioso hidalgo Don Quixote de la Mancha"). Der erste Teil erscheint 1605, der zweite gut zehn Jahre später.

Bereits zu CERVANTES Lebzeiten ist „Don Quijote" ein Bestseller, Raubdrucke gibt es bereits kurze Zeit nach seinem Erscheinen. Heute gehört „Don Quijote" zu den am meisten aufgelegten und übersetzten Werken der Weltliteratur. 2002 wurde der Roman in einer vom Osloer Nobel Institut organisierten Abstimmung zum **besten Buch der Welt** gewählt.

„Don Quijote" – Inhalt

Protagonist ist der ungefähr 50-jährige Adelige Alonso Quijano el Bueno aus dem spanischen La Mancha, der eine ausgeprägte Leidenschaft für Ritterromane hegt. In die darin dargestellte Welt taucht er immer tiefer ein, bis er schließlich überzeugt ist, selbst ein Ritter zu sein, und beschließt, als fahrender Ritter in die Welt zu ziehen, um diese durch seine ruhmvollen Taten zu verbessern. Der große, hagere Mann nennt sich selbst Don Quijote, sein altes Pferd Rosinante. Als Minneherrin wählt er eine Bauernmagd, der er den klingenden Namen Dulcinea del Toboso gibt und für die er seine Abenteuer bestehen will. Begleitet wird er von Sancho Pansa, der ihm als treuer Schildknappe dient, auch wenn er die geistigen Verirrungen seines „Herrn" durchaus erkennt.

Don Quijote und Sancho Pansa erleben nun zahlreiche Abenteuer, die zumeist auf Verwechslungen beruhen: Don Quijote sieht in Windmühlen Riesen, die er bekämpfen muss, in Hammelherden feindliche Soldaten etc. In diesen Kämpfen wird er regelmäßig verprügelt, sodass er auf Sancho Pansas Rat hin den Beinamen „Ritter von der traurigen Gestalt" annimmt. So kehrt er auch am Ende des ersten Teils nach Hause zurück.

Im zweiten Teil des Romans ziehen Don Quijote und Sancho Pansa abermals aus, da sie erfahren haben, dass von ihren Taten bereits in einem Buch, das die Leser belustigt, erzählt wird. Gegen diese Verständnislosigkeit will Don Quijote seine Ideale verteidigen. Da ihnen ihr Ruf bereits vorausgeeilt ist, werden sie von einem Herzog und dessen Frau, die sich davon Belustigung versprechen, gastlich aufgenommen. Manch „ritterliche" Abenteuer werden inszeniert. Hier wird Sancho Pansa auch mit dem Gouverneursamt betraut, das ihm als Lohn für seine Dienste von Don Quijote versprochen worden ist. Doch bald dankt der Knappe freiwillig ab und begleitet weiterhin seinen Herrn.

Die Abenteuer finden in einem großen Duell, das Don Quijote verliert, ihr Ende: Der Sieger verlangt, dass Don Quijote nach Hause zurückkehrt. Dort erkrankt er, erkennt auf dem Totenbett seinen Wahn und stirbt.

Recherchieren Sie die wichtigsten Stationen seines Lebens und schreiben Sie einen **Lebenslauf.** (Vergessen Sie nicht, die Quellen zu überprüfen und anzugeben!)

Juan Martínez de Jáuregui y Aguilar (vermutlich): Porträt von Miguel de Cervantes Saavedra (um 1600)

Don Quijote und Sancho Pansa Bronzestatue in Madrid

Arbeitsaufgaben „Don Quijote"

Das wohl berühmteste Abenteuer, das Don Quijote und Sancho Pansa erleben, ist der Kampf gegen Windmühlen:

Miguel de Cervantes Saavedra
DON QUIJOTE (1605)

8. Kapitel

Von dem glücklichen Erfolg, den der mannhafte Don Quijote bei dem erschrecklichen und nie erhörten Kampf mit den Windmühlen davontrug, nebst andern Begebnissen, die eines ewigen Gedenkens würdig sind

Indem bekamen sie dreißig oder vierzig Windmühlen zu Gesicht, wie sie in dieser Gegend sich finden;
5   und sobald Don Quijote sie erblickte, sprach er zu seinem Knappen: „Jetzt leitet das Glück unsere Angelegenheiten besser, als wir es nur immer zu wünschen vermöchten; denn dort siehst du, Freund Pansa, wie dreißig Riesen oder noch etliche mehr zum Vorschein kommen; mit denen denke ich einen Kampf zu fechten und ihnen allen das Leben zu nehmen. Mit ihrer Beute machen wir den Anfang, uns zu bereichern; denn das ist ein redlicher Krieg, und es geschieht Gott ein großer Dienst damit, so böses Gezücht vom
10   Angesicht der Erde wegzufegen."

„Was für Riesen?", versetzte Sancho Pansa.

„Jene, die du dort siehst", antwortete sein Herr, „die mit den langen Armen, die bei manchen wohl an die zwei Meilen lang sind."

„Bedenket doch, Herr Ritter", entgegnete Sancho, „die dort sich zeigen, sind keine Riesen, sondern Windmühlen, und was Euch bei ihnen wie Arme vorkommt, das sind die Flügel, die vom Winde umgetrieben, den Mühlstein in Bewegung setzen."

„Wohl ist's ersichtlich", versetzte Don Quijote, „daß du in Sachen der Abenteuer nicht kundig bist; es sind Riesen, und wenn du Furcht hast, mach dich fort von hier und verrichte dein Gebet, während ich zu einem grimmen und ungleichen Kampf mit ihnen schreite."

20   Und dies sagend, gab er seinem Gaul Rosinante die Sporen, ohne auf die Worte zu achten, die ihm sein Knappe Sancho warnend zuschrie, es seien ohne allen Zweifel Windmühlen und nicht Riesen, die er angreifen wolle. Aber er war so fest davon überzeugt, es seien Riesen, daß er weder den Zuruf seines Knappen Sancho hörte noch selbst erkannte, was sie seien – obwohl er schon sehr nahe war –, vielmehr rief er mit lauter Stimme: „Fliehet nicht, feige niederträchtige Geschöpfe; denn ein Ritter allein ist es, der euch
25   angreift."

Indem erhub sich ein leiser Wind, und die langen Flügel fingen an, sich zu bewegen. Sobald Don Quijote dies sah, sprach er: „Wohl, ob ihr auch mehr Arme als die des Riesen Briareus bewegtet, ihr sollt mir's doch bezahlen."

Und dies ausrufend und sich von ganzem Herzen seiner Herrin Dulcinea befehlend und sie bittend, ihm
30   in so entscheidendem Augenblicke beizustehen, wohl gedeckt mit seinem Schilde, mit eingelegtem Speer, sprengte er an im vollsten Galopp Rosinantes und griff die erste Mühle vor ihm an; aber als er ihr einen Lanzenstoß auf den Flügel gab, drehte der Wind diesen mit solcher Gewalt herum, daß er den Speer in Stücke brach und Roß und Reiter mit sich fortriß, so daß sie gar übel zugerichtet übers Feld hinkugelten.

Sancho Pansa eilte im raschesten Trott seines Esels seinem Herrn beizustehen, und als er herzukam, fand er,
35   daß Don Quijote sich nicht regen konnte, so gewaltig war der Stoß, mit dem Rosinante ihn niedergeworfen. „So helf mir Gott!", sprach Sancho, „hab ich's Euer Gnaden nicht gesagt, Ihr möchtet wohl bedenken, was Ihr tuet, es seien nur Windmühlen, und das könne nur der verkennen, der selbst Windmühlen im Kopf habe?"

„Schweig, Sancho", antwortete Don Quijote. „Denn die Dinge des Krieges, mehr als andere, sind fortwährendem Wechsel unterworfen; zumal ich meine, und gewiß verhält sich's so, daß jener weise Fristón, der mir
40 das Zimmer und die Bücher entführte, diese Riesen in Windmühlen verwandelt hat, um mir den Ruhm ihrer Besiegung zu entziehen; solche Feindseligkeiten hegt er gegen mich. Aber am Ende, am Ende werden seine bösen Künste wenig vermögen gegen die Macht meines Schwertes."

„Gott füge da so, er vermag's", entgegnete Sancho Pansa und half ihm, sich zu erheben; und der Ritter stieg wieder auf seinen Rosinante, der nahezu buglahm war.

45 [...] „Das gebe Gott", sprach Sancho, „ich glaube alles, so wie Euer Gnaden es sagt; aber richtet Euch doch ein wenig gerade auf, denn mich dünkt, Ihr hängt nach einer Seite herüber, und das muß von der Quetschung beim Sturze sein."

„So ist's wirklich", antwortete Don Quijote; „und wenn ich ob des Schmerzes nicht wehklage, so ist es darum, weil es den fahrenden Rittern nicht vergönnt ist, ob irgendwelcher Wunde zu wehklagen, selbst wenn
50 die Eingeweide aus ihr heraushängen sollten."

„Wenn es so ist, so habe ich nichts zu erwidern", entgegnete Sancho, „aber Gott weiß, ob ich mich freuen würde, wenn Euer Gnaden wehklagen wollte, wenn Euch etwas weh tut. Von mir kann ich versichern, ich werde über den kleinsten Schmerz, den ich fühlen mag, jammern, wenn nicht etwa der Punkt wegen des Wehklagens sich auch von den Schildknappen der fahrenden Ritter versteht."

55 Don Quijote konnte nicht umhin, über die Einfalt seines Schildknappen zu lachen, und so erklärte er ihm, er dürfe allerdings wehklagen, wie und wann er möge, wider Willen oder mit Willen; denn bis jetzt habe er nichts dagegen in den Ordnungen des Rittertums gelesen.

Sancho sagte ihm nun, er möge bedenken, daß es Essenszeit sei. Sein Herr antwortete ihm, für jetzt tue das ihm selbst nicht not; er aber möchte essen, wann es ihm gelüste.

60 [...] Diese ganze Nacht schlief Don Quijote nicht und dachte an seine Herrin Dulcinea, um sich nach dem zu richten, was er in seinen Büchern gelesen, wo die Ritter viele Nächte schlaflos in Wäldern und Einöden zubrachten, mit Erinnerungen an ihre Gebieterinnen sich unterhaltend. [...]

MIGUEL DE CERVANTES SAAVEDRA: DON QUIJOTE, ALBATROS – ALTE RECHTSCHREIBUNG

a) Erklären Sie, wie Don Quijote Sancho Pansas Hinweisen auf die Realität begegnet.

b) Nennen Sie Tugenden, die Don Quijote den fahrenden Rittern zuspricht und die er einzuhalten gedenkt.

c) **Erläutern** Sie, was mit dem sprichwörtlich gewordenen „gegen Windmühlen Kämpfen" heute gemeint ist.

d) CERVANTES' „Don Quijote" inspirierte viele Künstler/innen zu Theaterstücken, Opern, Balletten, Musicals, Zeichentrickserien, Gemälden etc. – **Recherchieren** Sie und nennen Sie mindestens je ein auf CERVANTES' Werk basierendes Theaterstück, Ballett, Musical und eine Oper samt deren Schöpferinnen und Schöpfern.

e) CERVANTES' Roman erfuhr unterschiedlichste Interpretationen, unbestritten ist jedoch, dass er eine Parodie auf die zu CERVANTES' Zeiten beliebten Ritterromane ist.

  ■ Rufen Sie sich den Aufbau eines typischen Ritterromans (höfischhistorischen Epos, Artusromans) ins Gedächtnis und **stellen** Sie ihn grafisch **dar.**

  ■ **Nennen** Sie auch die höfischen Werte, die in diesen Werken verherrlicht werden, und vergleichen Sie sie mit jenen, die Don Quijote hochhält.

  ■ **Erklären** Sie, was unter einer Parodie zu verstehen ist.

Zum **Ritterroman** siehe WERKZEUG des Kapitels „Mittelalter"

Ein zentrales Thema in „Don Quijote" ist das Lesen. Die Bibliothek des Protagonisten enthält den Kanon der Literatur seiner Zeit. Schon im ersten Kapitel wird Don Quijote als Mensch dargestellt, dem die Lektüre der Ritterromane Schaden zugefügt hat:

1. Kapitel

[...] Man muß nun wissen, daß dieser obbesagte Junker alle Stunden, wo er müßig war – und es waren dies die meisten des Jahres –, sich dem Lesen von Ritterromanen hingab, mit so viel Neigung und Vergnügen, daß er fast ganz und gar die Übung der Jagd und selbst die Verwaltung seines Vermögens vergaß; und so weit ging darin seine Wißbegierde und törichte Leidenschaft, daß er viele Morgen Ackerland verkaufte, um
5 Ritterbücher zum Lesen anzuschaffen; und so brachte er so viele ins Haus, als er ihrer bekommen konnte.

[...] Schließlich versenkte er sich so tief in seine Bücher, daß ihm die Nächte vom Zwielicht bis zum Zwielicht und die Tage von der Dämmerung bis zur Dämmerung über dem Lesen hingingen; und so, vom wenigen Schlafen und vom vielen Lesen, trocknete ihm das Hirn so aus, daß er zuletzt den Verstand verlor. Die Phantasie füllte sich ihm mit allem an, was er in den Büchern las, so mit Verzauberungen wie mit Kämpfen,
10 Waffengängen, Herausforderungen, Wunden, süßem Gekose, Liebschaften, Seestürmen und unmöglichen Narreteien. Und so setzte es sich ihm in den Kopf, jener Wust hirnverrückter Erdichtungen, die er las, sei volle Wahrheit, daß es für ihn keine zweifellosere Geschichte auf Erden gab. [...]

MIGUEL DE CERVANTES SAAVEDRA: DON QUIJOTE, ALBATROS – ALTE RECHTSCHREIBUNG

f) **Beschreiben** Sie die Gefahren, die der übermäßigen Lektüre in diesem Textausschnitt zugesprochen werden.

g) Heute wird der Lektüre literarischer Werke kaum Gefahrenpotenzial zugesprochen, vielmehr sind es die neuen Medien, vor denen gewarnt wird. – Sammeln Sie Thesen zu Gefahren, die z. B. von Computerspielen ausgehen, und **setzen** Sie diese mit den Aussagen des Textausschnitts aus dem 1. Kapitel **in Beziehung.**

h) Idealist oder Wahnsinniger? Don Quijote kämpft für seine Ideale, könnte also auch als eine Personifikation der Unrechtsbekämpfung – wenn auch einer vergeblichen – gesehen werden. – **Diskutieren** Sie mit Ihren Mitschülerinnen/Mitschülern, wo für Sie die Grenze zwischen Idealismus und Flucht in eine Traumwelt bzw. den Wahnsinn liegt.

i) Wie wirklich ist die Wirklichkeit? Ein zentrales Problem in „Don Quijote" ist die Frage, ob es eine objektive Wirklichkeit gibt, eine Frage, die in der Philosophie und Psychologie kontroversiell behandelt wird. Im Roman bestimmt Don Quijotes Selbstbild – das eines fahrenden Ritters – seine Wahrnehmung der Welt, weil er mit einer bestimmten Erwartungshaltung an seine Umwelt herantritt: Da er als fahrender Ritter Abenteuer zu bestreiten hat, um die Welt zu verbessern, tun sich diese für ihn auch auf. – **Überprüfen** Sie, inwiefern – vermutlich in abgeschwächter Form – Ihr Selbstbild Ihre Wahrnehmung der Wirklichkeit beeinflusst.

John Taylor: William Shakespeare (Chandos Portrait, um 1610)

2.2 WILLIAM SHAKESPEARE (vermutlich 1564–1616)

WILLIAM SHAKESPEARE ist als Schriftsteller, Schauspieler, Regisseur und Theaterdirektor bereits zu Lebzeiten berühmt. Die Theaterkompanie, mit der er eng verbunden ist, heißt „Lord Chamberlain's Men". Sie gilt als wichtigste Theatertruppe des elisabethianischen und jakobinischen Englands.

Das Theater zu SHAKESPEARES Zeiten

Das Globe Theatre, das Haus, in dem die „Lord Chamberlain's Men" ab 1599 spielen, erlangt ebenso Berühmtheit. Es ist umgeben von Pubs und Bordellen, gespielt wird bei Tageslicht, das Publikum bewegt sich frei, isst und trinkt, unterhält sich mitunter laut.

Das Publikum setzt sich aus völlig unterschiedlichen Gesellschaftsschichten zusammen: auf den billigen Plätzen tummelt sich das „einfache Volk", auf den Galerien und Rängen sitzen die Bürger und Edelleute. Und alle müssen von der Darbietung gefesselt werden. Vermutlich finden sich deshalb in Shakespeares Dramen sowohl Action (Kriminalhandlungen, Späße, Zoten, mitunter auch obszöne Wortspiele) als auch feinsinnige Dialoge, Poesie und philosophische Gedanken.

Zudem ist das Theater von der Zensur bedroht. Dieser begegnet Shakespeare mit Mitteln wie dem „Spiel im Spiel", Wortspielen und Metaphern.

Shakespeares Dramen

Insgesamt hat Shakespeare 35 Dramen verfasst: Komödien, Tragödien und Historien- oder Königsdramen. Er ignoriert in seinen Dramen die von Aristoteles geforderten drei Einheiten (Einheit der Zeit, Einheit des Ortes, Einheit der Handlung) und baut stattdessen Zeitsprünge und Ortswechsel ein. Ebenso hält er die Ständeklausel nicht ein, er spielt aber durchaus mit der Fallhöhe: Die tragischen Helden sind fast durchwegs angesehen und mächtig.

Shakespeares Dramen (und ihre vermutlichen Entstehungsjahre)		
Tragödien	**Komödien**	**Königsdramen**
■ Titus Andronicus (1591/92)	■ Zwei Herren aus Verona (1590/91)	■ York-Tetralogie (Heinrich VI., 1589–1592, 3-teilig; Richard III., 1592)
■ Romeo und Julia (1994–1996)	■ Der Widerspenstigen Zähmung (1592)	
■ Julius Cäsar (1599)	■ Komödie der Irrungen (1592–1594)	■ Lancaster-Tetralogie (Richard II., 1590–1599; Heinrich IV., 1595–1597, 2-teilig; Heinrich V, 1599)
■ Hamlet (1601/02)	■ Verlorene Liebesmüh (1594/95)	
■ Othello (1603/04)	■ Ein Sommernachtstraum (1595/96)	
■ König Lear (1605)	■ Der Kaufmann von Venedig (1596–1598)	
■ Timon von Athen (1605/06)	■ Die lustigen Weiber von Windsor (1597/98)	■ König Johann (1594–1596)
■ Macbeth (1606)	■ Viel Lärm um nichts (1598/99)	■ Heinrich VIII. (1612/13)
■ Antonius und Cleopatra (1606/07)	■ Wie es euch gefällt (1599)	
■ Coriolanus (1608)	■ Was ihr wollt (1601)	
	■ Ende gut, alles gut (1601–1603)	
	■ Troilus und Cressida (vor 1603)	
	■ Maß für Maß (1603/04)	
	■ Perikles. Prinz von Tyrus (1607)	
	■ Das Wintermärchen (1610)	
	■ Cymbeline (1610)	
	■ Der Sturm (1611)	

Zu den **Formen des Sonetts** siehe Seite 62

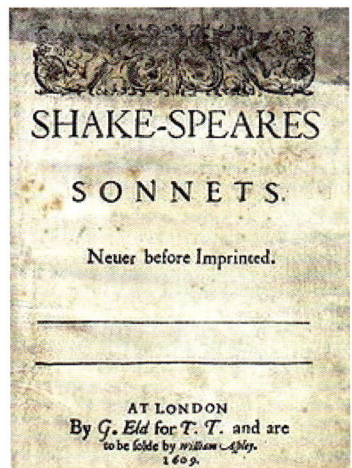

Titelblatt von Shakespeares „Sonetten" (1609)

Shakespeares Versdichtung

Die Versepen „Venus und Adonis" (1593) und „Lucrecia" (1594) sind im Stil der damals gängigen Renaissancepoetik verfasst. Weniger konventionell sind die 154 in einem Band erschienenen Sonette (1609), zumal sich die ersten 126 um die Liebe zu einem Mann drehen. Shakespeares Sonette unterscheiden sich von der italienischen Form, indem sie aus drei kreuzweise gereimten Quartetten und einem Couplet bestehen.

Arbeitsaufgaben „Hamlet"

Statt einer Inhaltsangabe:

Wise Guys
HAMLET (2010)

Hamlet ist zum Studium in Wittenberg,
da vollzieht sein Onkel hier ein böses Teufelswerk:
Vergiftet Hamlets Vater – böse, aber schlau –
4 und nimmt sich Hamlets Mutter, die Königin, zur Frau.
Hamlet kommt nach Hause – das ganze Land weint.
Man munkelt, dass am Hofe nachts ein Geist erscheint.
Der Geist ist Hamlets Vater. Der sagt: „Ich muss dich sprechen.
8 Dein Onkel hat mich umgebracht. Kannst du mich mal rächen?"

Der Fall ist klar: Der Geist will Rache.
Doch dem armen Hamlet ist nicht wohl bei der Sache.
Er windet sich und zögert. Der sitzt in der Patsche.
12 Deshalb tut er so, als hätt' er einen an der Klatsche.
Dieser Plan hat vor allem diesen einen Sinn:
Hamlet will ganz einfach etwas Zeit gewinn'n.
Bald schon tappen Freund und Feind in seine Falle:
16 Der ganze Hof sagt: „Hamlet hat sie nicht mehr alle!"

[Refrain:]

Hamlet, Prinz von Dänemark.
Er soll sich rächen, doch er kommt nicht aus'm Quark.
20 Hamlet ist in 'ner schwierigen Lage:
Sein oder Nichtsein, das ist hier die Frage.
Hamlet, Shakespeares größter Hit:
Pflichtlektüre zwischen Sydney und Madrid.
24 Hamlet, dänisches Dynamit:
Einer stirbt – und alle sterben mit.

Hamlet ersticht den Polonius.
Ophelia macht deshalb mit ihrem Leben Schluss.
28 Denn sie war dem seine Tochter und Hamlets Mädel.
Hamlet geht zum Friedhof und spricht mit einem Schädel.
Ophelias Bruder – sein Name ist Laertes –
kommt nach Haus und schreit:
32 „Weiß jemand, wo mein Schwert is'?"
Er will Hamlet töten, gerne möglichst schnell,
und plant mit dessen Onkel voll das tödliche Duell.

Als Hamlet dann Laertes in der Sporthalle trifft,
36 ist dessen Degenspitze präpariert mit starkem Gift.
Der Onkel hat das Gift auch in den Siegestrunk gekippt
und hofft, dass er das Ding mit Hamlet endlich wippt.
Die Sache wird jetzt dramatisch aufgebauscht:
40 Hamlet und Laertes ham die Degen vertauscht.
Bald sind beide verletzt und dem Tod geweiht.
Hamlet sagt Laertes, dass er ihm verzeiht.

[Refrain]

44 Fatalerweise greift jetzt die Mutter zu dem Kelche
und trinkt. Der Onkel wird blass und denkt: Welche
Riesenscheiße, Mann, das war doch für den Sohn!"
Da fällt seine Frau schon sterbend vom Thron.

48 Hamlet sieht die Mutter tot zu Boden sinken
und zwingt seinen Onkel, selbst das Gift zu trinken.
Das war nun wirklich kein besonders fröhliches Fest.
Fast alle sind tot. Und Schweigen ist der Rest.

52 [Refrain]

Hamlet – er war der Prinz aller Dänen.
Sein Schicksal rührte Tausende von Dänen zu Tränen.
Vor seinen Racheplänen zittern Mörder und Hyänen.

56 Hamlet – er war der Prinz aller Dänen.

WWW.WISEGUYS.DE

Einer der berühmtesten Monologe der Theatergeschichte stammt aus
„Hamlet", dritter Aufzug, erste Szene: Hamlets Vater hat seinen Sohn
bereits aufgefordert, ihn zu rächen. Hamlet sinniert nun:

William Shakespeare
HAMLET (1601/02)

Dritter Aufzug, erste Szene (Ausschnitt)

Sein oder Nichtsein, das ist hier die Frage:
Ob's edler im Gemüt, die Pfeil' und Schleudern
Des wütenden Geschicks erdulden, oder,
5 Sich waffnend gegen einen See von Plagen,
Im Widerstand zu enden. Sterben – schlafen –
Nichts weiter! – Und zu wissen, dass ein Schlaf
Das Herzweh und die tausend Stöße endet,
Die unsers Fleisches Erbteil – 's ist ein Ziel,
10 Aufs innigste zu wünschen. Sterben – schlafen –
Schlafen! Vielleicht auch träumen! – Ja, da liegt's:
Was in dem Schlaf für Träume kommen mögen,
Wenn wir den Drang des Ird'schen abgeschüttelt,
Das zwingt uns stillzustehn. Das ist die Rücksicht,
15 Die Elend lässt zu hohen Jahren kommen.
Denn wer ertrüg der Zeiten Spott und Geißel,
Des Mächt'gen Druck, des Stolzen Misshandlungen,
Verschmähter Liebe Pein, des Rechtes Aufschub,
Den Übermut der Ämter und die Schmach,
20 Die Unwert schweigendem Verdienst erweist,
Wenn er sich selbst in Ruhstand setzen könnte
Mit einer Nadel bloß? Wer trüge Lasten
Und stöhnt' und schwitzte unter Lebensmüh'?
Nur dass die Furcht vor etwas nach dem Tod –
25 Das unentdeckte Land, von des Bezirk
Kein Wandrer wiederkehrt – den Willen irrt,
Dass wir die Übel, die wir haben, lieber
Ertragen, als zu unbekannten fliehn.

Arbeitsaufgaben

a) **Charakterisieren** Sie Hamlet und Claudius (Hamlets Onkel), wie sie in diesem Songtext dargestellt werden.

b) **Diskutieren** Sie mit Ihren Mitschülerinnen/ Mitschülern, was eine Band veranlassen könnte, die Inhaltsangabe eines SHAKESPEARE-Dramas als Songtext zu verwenden.

So macht Bewusstsein Feige aus uns allen;
30 Der angebornen Farbe der Entschließung
Wird des Gedankens Blässe angekränkelt;
Und Wagestücke hohen Flugs und Werts,
Durch diese Rücksicht aus der Bahn gelenkt,
Verlieren so der Handlung Namen. – Still!
35 Die reizende Ophelia. – Nymphe, schließ
In dein Gebet all meine Sünden ein.

WILLIAM SHAKESPEARE: HAMLET, RECLAM

c) **Erläutern** Sie die Bedeutung von *„Sein oder Nichtsein, das ist hier die Frage"* in diesem Zusammenhang.

d) **Beschreiben** Sie Anlässe/Situationen, in denen *„Sein oder Nichtsein, das ist hier die Frage"* heute zitiert wird.

e) Viele Zitate aus „Hamlet" sind zu geflügelten Worten geworden. – Erklären Sie die Bedeutung folgender Zitate im heutigen Sprachgebrauch:

„SCHWACHHEIT, DEIN NAME IST WEIB."
1. Aufzug, 2. Szene: Mit diesen Worten kommentiert Hamlet, dass seine Mutter so kurz nach dem Tod des Vaters den Onkel heiratet.

„ETWAS IST FAUL IM STAATE DÄNEMARKS."
1. Aufzug, 4. Szene: Diesen Satz sagen zwei Nachtwächter, als sie den Geist von Hamlets Vater sehen.

„ES GIBT MEHR DING' IM HIMMEL UND AUF ERDEN ALS EURE SCHULWEISHEIT SICH TRÄUMT."
1. Aufzug, 5. Szene: Das sagt Hamlet – erschüttert von der Begegnung mit dem Geist seines Vaters – zu seinem Freund Horatio.

„DIE ZEIT IST AUS DEN FUGEN."
1. Aufzug, 5. Szene: Mit diesen Worten beklagt Hamlet, dass er den Vater rächen und die Ordnung im Staat wiederherstellen muss.

„DENN AN SICH IST NICHTS WEDER GUT NOCH SCHLIMM; DAS DENKEN MACHT ES ERST DAZU."
2. Aufzug, 2. Szene: Hamlet spielt den Wahnsinnigen. Die, die seinen Wahnsinn anzweifeln, stellen ihn in Gesprächen auf die Probe. In einem dieser Gespräche antwortet Hamlet mit diesem Zitat.

„IST DIES SCHON TOLLHEIT, HAT ES DOCH METHODE."
2. Aufzug, 2. Szene: Das sagt Polonius, der sich nicht sicher ist, ob Hamlet tatsächlich verrückt ist.

„WIR WISSEN WOHL, WAS WIR SIND, ABER NICHT, WAS WIR WERDEN KÖNNEN."
4. Aufzug, 5. Szene: Das antwortet Ophelia, vom Tod des Vaters und der enttäuschten Liebe zu Hamlet um den Verstand gebracht, auf die Frage, wie es ihr gehe.

„DER REST IST SCHWEIGEN."
5. Aufzug, 2. Szene: Dies sind die letzten Worte Hamlets, bevor er – im Duell mit Laertes tödlich verletzt – stirbt.

Diskutieren Sie anhand des Songtextes der WISE GUYS mit Ihren Mitschülerinnen/ Mitschülern, worin die Aktualität des Werkes liegen könnte.

Vanitas – Memento mori – Carpe diem

Einblick in die Literatur des Barock (ca. 1600–1720)

Hans Baldung: Die drei Lebensalter und der Tod, um 1510

Hans Baldung (1484/ 1485 – 1545) war ein deutscher Maler zur Zeit Albrecht Dürers.

1 Barock

BEISPIEL

Christian Hofmann von Hofmannswaldau
VERGÄNGLICHKEIT DER SCHÖNHEIT (1695)

Es wird der bleiche Tod mit seiner kalten Hand
Dir endlich mit der Zeit um deine Brüste streichen,
Der liebliche Korall der Lippen wird verbleichen;
4 Der Schultern warmer Schnee wird werden kalter Sand,

Der Augen süßer Blitz, die Kräfte deiner Hand,
Für welchen solches fällt, die werden zeitlich weichen,
Das Haar, das itzund kann des Goldes Glanz erreichen,
8 Tilgt endlich Tag und Jahr als ein gemeines Band.

Der wohlgesetzte Fuß, die lieblichen Gebärden,
Die werden teils zu Staub, teils nichts und nichtig werden,
Denn opfert keiner mehr der Gottheit deiner Pracht.

12 Dies und noch mehr als dies muss endlich untergehen.
Dein Herze kann allein zu aller Zeit bestehen,
Derweil es die Natur aus Diamant gemacht.

IN: HANS JOACHIM HOOF (HG.): DEUTSCHE GEDICHTE, PIPER

a) **Geben** Sie die gedankliche Leitlinie des Sonetts „Vergänglichkeit der Schönheit" **wieder.**

b) **Weisen** Sie folgende rhetorische Stilmittel **nach,** die sich häufig in barocker Lyrik finden lassen: Personifikation, Metapher, Antithetik.

c) **Analysieren** Sie, wofür der „Diamant" im letzten Vers steht. – Was symbolisiert uns heute herkömmlich ein Diamant?

d) **Überprüfen** Sie das Vorhandensein der Merkmale eines Sonetts.

e) **Diskutieren** Sie im Klassenverband folgende Interpretationshypothesen zu diesem Sonett:
   - „Ein Mann, der von seiner Angebeteten nicht erhört wird, führt dieser vor Augen, wie vergänglich ihre Schönheit ist."
   - „Die Vergänglichkeit der Schönheit des Körpers (der Äußerlichkeiten) wird verdeutlicht, um die Unvergänglichkeit des Herzens (der inneren Werte) herauszustreichen."

Das Sonett

Ein Sonett besteht aus zwei vierzeiligen Strophen (Quartetten) und zwei dreizeiligen Strophen (Terzetten). Typisch ist ein umarmender Reim im Quartett (Beispiel: abba), das Reimschema im Terzett variiert (ccd etc.).
Zumeist wird ein alternierendes Versmaß verwendet, d. h. Hebung und Senkung wechseln einander ab, häufig im Jambus.
Diese formalen Unterschiede finden ihre Entsprechung im Inhalt: Im klassischen (italienischen) Sonett wird in der ersten Strophe eine These (ein Gedanke, eine Erfahrung, eine Behauptung ...) aufgestellt, in der zweiten Strophe die dazu gehörige Antithese. Die Terzette führen das Thema zu einer Synthese, einer endgültigen Aussage. In den deutschen Sonetten der Barockzeit finden sich diese Widersprüche auch häufig innerhalb der Verszeilen.

Barock (1600–1720)   WERKZEUG

Historische Einordnung

Das prägende historische Ereignis des Barock ist der **Dreißigjährige Krieg** (1618–1648), dessen Ursprung in religiösen Auseinandersetzungen zwischen Katholiken und Protestanten liegt. Er endet als Kampf um die Vorherrschaft in Europa und führt zu einem politischen, wirtschaftlichen und sozialen Verfall im Deutschen Reich. Vor allem im Norden werden ganze Landstriche verwüstet, Söldnertruppen morden und plündern.

Die Gewinner des Dreißigjährigen Krieges sind die Landesherren, die ihre Macht ausbauen können und absolutistisch regieren. Sie demonstrieren ihre Macht und feiern sich selbst, indem sie – nach dem Vorbild des französischen Königs LUDWIG XIV. – Prachtbauten errichten lassen und luxuriös leben. Auch die katholische Kirche lässt prunkvolle Kirchen bauen.

Im Süden (und damit auch auf dem Gebiet des heutigen Österreichs) leiden die Menschen zusätzlich unter den Folgen der **Türkenkriege.**

Weltbild

Das Erleben von Krieg und Tod auf der einen Seite und Prunk und Verschwendung auf der anderen führt zu dem barocken Lebensgefühl der **Zerrissenheit** zwischen Weltbejahung und dem Wissen um die Vergänglichkeit des Irdischen (Antithetik), zwischen der Hinwendung zum Glauben einerseits und dem leidenschaftlichen Lebensgenuss andererseits.

In der Wissenschaft und der Philosophie setzt sich der **Rationalismus** immer mehr durch. Der Aufschwung der Naturwissenschaften in der Renaissance setzt sich fort. Das wissenschaftliche Denken stellt aber im Barock keinen Gegensatz zur christlichen, durch die Gegenreformation wiedererstarkten Weltanschauung dar: Gott und die Welt werden als geordnetes Ganzes gesehen. Damit wird auch der gesellschaftliche Aufbau in Stände und die absolute Herrschaft der Fürsten als gottgegeben gerechtfertigt. Diese Vorstellung von einer harmonischen göttlichen Weltordnung vermittelt auch die Barockliteratur.

Diese Zerrissenheit zeigt sich auch in der Literatur (siehe „Wichtige Motive").

Sprachgesellschaften

Die nach italienischem und französischem Vorbild entstandenen Sprachgesellschaften haben die Pflege und Förderung einer reinen, vor allem von ausländischen Einflüssen befreiten deutschen Sprache zum Ziel.

Einige Sprachschöpfungen der Sprachgesellschaften:

- Tagesleuchte = Fenster
- Mundart = Dialekt
- Schauglas = Spiegel
- Zitterweh = Fieber
- Gesichtserker = Nase

Stellen Sie Vermutungen an, warum sich manche Begriffe durchgesetzt haben und andere nicht.

Aber auch Grammatik und Rechtschreibung sollen vereinheitlicht werden. So geht z. B. die Großschreibung von Nomen, die es nur im Deutschen gibt, auf das Barock zurück. All diese Maßnahmen rund um die deutsche Sprache und Literatur sollen ein deutsches Nationalbewusstsein fördern.

Die größte und angesehenste Sprachgesellschaft ist die **„Fruchtbringende Gesellschaft"** (sie wird auch „Palmorden" genannt). Die wichtigsten Barockdichter sind hier Mitglied. Träger dieser Sprachgesellschaften sind gebildete Adelige und bürgerliche Gelehrte.

Wie in der Antike soll Literatur unterhalten (delectare), belehren (docere) und bewegen (movere).

Diskutieren Sie, welche/s Motiv/e sich im Gemälde „Die drei Lebensalter und der Tod"(siehe Deckblatt dieses Kapitels) zeigen.

Die **Merkmale des Sonetts** haben Sie bereits auf der BEISPIEL-Seite kennengelernt.

FRANCESCO PETRARCA war ein berühmter italienischer Dichter des Mittelalters. Der sich von ihm herleitende Petrarkismus prägte die europäische Liebeslyrik bis ins 18. Jahrhundert.

Amadis-Roman: Der Ritterroman „Amadis de Gaula" (1508), vermutlich von HEINRICH VON KASTILIEN verfasst, erzählt von zahlreichen Abenteuern rund um die Liebesgeschichte von Ritter Amadis und der englischen Königstochter Oriane.

Dichtung ist lehr- und lernbar

Im Zuge der Sprachpflege werden Poetiken geschaffen, deren berühmteste das „Buch von der Deutschen Poeterey" von MARTIN OPITZ (1597–1639) ist. Da Dichtung bis zu einem gewissen Grad als lehr- und lernbar gilt, formuliert OPITZ darin Regeln und Grundsätze einer deutschen Dichtkunst. Unter anderem legt er metrische Vorschriften für Sonette, Epigramme und Lieder fest. Das bis dahin übliche silbenzählende Versprinzip der antiken Dichtung ersetzt er durch das alternierende Versprinzip (Hebung und Senkung; betonte und unbetonte Silben), da es besser zur deutschen Sprachmelodie passe. Für diesen Wechsel von Hebung und Senkung schlägt er Jambus und Trochäus vor, für die Verszeile den **Alexandriner,** der häufig eine Zäsur (Einschnitt) in der Mitte aufweist und zum Hauptvers der Barockdichtung wird.

Als Kriterium für ein gelungenes Werk gilt – vor allem in der Lyrik – nicht Originalität, sondern die **Beherrschung vorgegebener Motive und Formen.**

Wichtige Motive

Drei Motive spielen in der Barockliteratur eine große Rolle:

- **Carpe diem:** Nutze/Genieße den Tag. In den Werken geht es um Genuss, Feiern, Erotik. Es wird dazu aufgerufen, sich nicht von der Vergänglichkeit belasten zu lassen.
- **Memento mori:** Bedenke, dass du sterblich bist. Dies steht im Kontrast zum Carpe-diem-Motiv, weil es den Tod und das Sterben ins Zentrum stellt.
- **Vanitas:** Vergänglichkeit. Im Unterschied zum Memento mori geht es nicht alleine um den Tod, sondern um den Verfall im Allgemeinen. Dieser Verfall wird mit Darstellungen von Schönheit kontrastiert.

Literatur

Lyrik

Lyrik ist im Barock beliebt, vor allem das Sonett, das Epigramm und die Ode. Das **Epigramm** ist laut OPITZ eine kurze Satire, die auf menschliche Fehler hinweist. Gekennzeichnet ist es durch seine Kürze und eine Schlusspointe. Häufig ist es auch antithetisch aufgebaut.

Die **Ode** ist ein feierliches, oft reimloses Gedicht. Bestimmend für diese Gedichtform sind im Barock weniger formale Merkmale als das Thema (ein erhabener Gegenstand) und der gehobene Stil.

Unterscheiden lassen sich geistliche und weltliche Lyrik. In der **weltlichen Lyrik** wird kaum persönliches Empfinden oder Erleben thematisiert, vielmehr geht es um das geschickte und kunstvolle Anwenden poetischer und rhetorischer Regeln. Da die äußere Ästhetik wichtig ist, werden viele sprachliche Bilder und Stilfiguren (z. B. Metapher, Vergleich, Personifikation, Antithese u. a.) verwendet. In der Barocklyrik findet sich auch häufig **Gelegenheitsdichtung,** d. i. Literatur, die anlässlich von Feiern (z. B. Hochzeiten) verfasst wird, und **Auftragslyrik.** Aber auch **petrarkische Liebeslyrik** spielt eine Rolle. Die **geistliche Lyrik** steht weitgehend in der Tradition des Kirchenliedes des 16. Jahrhunderts.

Epik

Im Barock sind vor allem drei Formen des **Romans** populär: der höfisch-historische (höfisch-galante) Roman, der Schäferroman und der Schelmenroman.

Der **höfisch-historische Roman** entwickelt sich aus Übersetzungen bekannter europäischer Romane (z. B. den spanischen Amadis-Romanen) und wendet sich vor allem an ein adeliges Lesepublikum. Schauplatz dieser Romane ist ein Fürstenhof, im Zentrum steht zumeist ein adeliges Liebespaar, das etliche Schwierigkeiten überwinden muss, um zueinander zu finden. Obwohl Personen und Schauplätze idealisiert sind und die Handlung keineswegs die Realität repräsentiert, gibt es doch Anspielungen auf die Verhältnisse der Entstehungszeit.

Somit sind höfisch-historische Romane zuweilen auch Huldigungsdichtung für den Herrscher.

Der **Schäferroman** entführt die Leser/innen aus den Schwierigkeiten des Alltags in eine Idylle: Im Zentrum stehen eine beschauliche Landschaft und Liebeswirren von Schäferinnen und Schäfern, die ohne größere Nöte leben. Auch der Schäferroman hat mit der Wirklichkeit wenig zu tun, sondern dient vielmehr der Realitätsflucht.

Am ehesten bietet der **Schelmenroman** einen Einblick in das Leben zur Zeit des Barock. Protagonist ist ein einfacher, ungebildeter Bursche, der in verschiedene Abenteuer verwickelt wird. Die unterschiedlichen Gesellschaftsschichten, mit denen er es dabei zu tun hat, werden ziemlich realistisch dargestellt und kritisch beleuchtet. Letztendlich gewinnt der „Schelm" die Erkenntnis, dass es nicht allein in seiner Macht steht, ein gelungenes Leben zu führen. Daraus ergibt sich entweder seine Hingabe an ein exzessives Leben (Carpe-diem-Motiv) oder seine Weltflucht und der Weg in die Einsiedelei (Vanitas-Motiv). Der bedeutendste Schelmenroman ist „Der Abentheuerliche Simplicissimus Teutsch" (1669) von Hans Jakob Christoffel von Grimmelshausen.

Dramatik

Das **Jesuitendrama** steht in der Tradition der humanistischen Schuldramen. Mit ihm wird das Ziel verfolgt, Menschen zu belehren und zu bekehren. Geschrieben und aufgeführt werden Jesuitendramen noch in lateinischer Sprache. Damit sie auch von Menschen verstanden werden, die Latein nicht beherrschen, werden sie mit eindrucksvollen szenischen Mitteln gestaltet. Im Zentrum steht zumeist der Mensch, der sich von Gott abwendet und deshalb verdammt wird. Ein wichtiges Jesuitendrama ist „Cenodoxus" von Jakob Bidermann (1578–1639).

Im Gegensatz dazu entwickelt sich bei den **protestantischen Dramen** auch eine Spielpraxis in deutscher Sprache. Bekanntester Autor dieser Dramen ist Andreas Gryphius (1616–1664), der das **barocke Kunstdrama** begründet. Im Zentrum seiner fünfaktigen Alexandrinertragödien steht das Schicksal von Fürsten, die ihre Prüfungen mit christlich-stoischer Gleichmut hinnehmen.

Das **Volkstheater** hat keine belehrende Funktion, sondern dient der Unterhaltung. Demgemäß sind die Inhalte derber Natur und es werden drastische Bühneneffekte eingesetzt. Ursprünglich wird es durch englische Schauspieltruppen verbreitet, aber schon bald entstehen eigene deutsche Berufsschauspieltruppen. Auch die italienische Commedia dell'arte hat auf das Volkstheater Einfluss genommen. Dieser zeigt sich vor allem in der stets vorkommenden komischen Person, die in Österreich der **Hanswurst** bzw. später der Kasperl ist. Für diese Wandertruppen werden die ersten Theatergebäude errichtet (z. B. das Kärntnertortheater in Wien, 1709).

An Fürstenhöfen dient auch das **(Hof-)Theater** zur Demonstration der Macht. In riesigen Spektakeln, die oft tagelang andauern, wird dem jeweiligen Herrscher gehuldigt. Zu Repräsentationszwecken eignen sich aber auch die aus Italien stammende **Oper** und das aus Frankreich kommende **Ballett,** zwei Bühnenformen, die bislang im deutschsprachigen Bereich nicht bekannt sind und z. B. mit Feuerwerken, Wasserspielen oder Pferdeballetten prachtvoll inszeniert werden.

Eine Parodie auf den höfisch-historischen Roman ist Cervantes' „Don Quijote" (siehe „Renaissance – Humanismus – Reformation: 2 Zur gleichen Zeit am anderen Ort").

Jesuiten = ein von Ignatius von Loyola gegründeter Orden, der ein Vorreiter der Gegenreformation ist

Im englischen Volksstück heißt die komische Person „Pickelhering", im italienischen „Arlecchino".

Wichtige literarische Formen und Autoren des Barock		
Lyrik	■ Sonett, Epigramm, Ode, ■ geistliche und weltliche Lieder	Martin Opitz, Andreas Gryphius, Christian Hofmann von Hofmannswaldau, Paul Fleming, Friedrich von Logau
Epik	■ Höfisch-historischer Roman, Schelmenroman, Schäferroman	Hans Jakob Christoffel von Grimmelshausen
	■ Predigt	Abraham a Sancta Clara
	■ Schwank, Satire	
Drama	■ Tragödie, Lustspiel, Jesuitendrama	Andreas Gryphius

Arbeitsaufgaben „Barock"

1. Vergänglichkeit in der Lyrik

Andreas Gryphius
MENSCHLICHES ELENDE (1637)

Was sind wir Menschen doch! Ein Wohnhaus grimmer Schmerzen,
Ein Ball des falschen Glücks, ein Irrlicht dieser Zeit,
Ein Schauplatz herber Angst, besetzt mit scharfem Leid,
4 Ein bald verschmelzter Schnee und abgebrannte Kerzen.

Dies Leben fleucht davon wie ein Geschwätz und Scherzen.
Die vor uns abgelegt des schwachen Leibes Kleid
Und in das Totenbuch der großen Sterblichkeit
8 Längst eingeschrieben sind, sind uns aus Sinn und Herzen.

Gleich wie ein eitel Traum leicht aus der Acht hinfällt
Und wie ein Strom verscheußt, den keine Macht aufhält,
So muss auch unser Nam, Lob, Ehr und Ruhm verschwinden.

12 Was itzund Atem holt, muss mit der Luft entfliehn,
Was nach uns kommen wird, wird uns ins Grab nachziehn.
Was sag ich? Wir vergehn, wie Rauch von starken Winden.

In: Friedhelm Kemp: Das europäische Sonett, Wallstein

a) **Beschreiben** Sie die äußere Form des Gedichts (Strophen, Verse, Reimschema).

b) Eine der wichtigsten Versformen des Barocks ist der Alexandriner, ein sechshebiger jambischer Vers, der in der Mitte eine deutliche Zäsur aufweist (siehe Randspalte). – **Weisen** Sie **nach**, dass Gryphius in seinem Sonett den Alexandriner verwendet, indem Sie die betonten Silben markieren.

c) **Analysieren** Sie, wie in der ersten Strophe die Menschen beschrieben werden, indem Sie die Metaphern entschlüsseln.

d) **Bestimmen** Sie das Motiv. – Erklären Sie dessen antithetische Gestaltung.

e) **Erschließen** Sie die Aussage des Sonetts.

f) **Zusatzaufgabe**
„Menschliches Elende" – heute musikalisch interpretiert: Die deutsche Musikgruppe Leichenwetter hat dieses Sonett vertont. Finden Sie dieses Musikstück im Internet und notieren Sie die Adresse (URL). – **Beurteilen** Sie nach dem Anhören, ob die Vertonung der Stimmung des Gedichts entspricht.

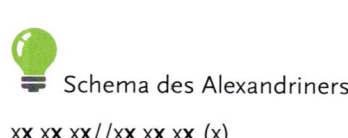

Schema des Alexandriners

xx xx xx//xx xx xx (x)

g) Verfassen Sie eine **Textinterpretation** zum Sonett „Menschliches Elende" und bearbeiten Sie die folgenden Arbeitsaufträge:

- **Beschreiben** Sie den inhaltlichen und formalen Aufbau des Sonetts.
- **Untersuchen** Sie das Gedicht hinsichtlich sprachlicher Gestaltung und rhetorischer Figuren.
- **Überprüfen** Sie die Aktualität des Verses *„So muss auch unser Nam, Lob, Ehr und Ruhm verschwinden"* in Hinblick auf die gegenwärtigen Trends zur (medialen) Selbstdarstellung und Selbstverwirklichung.

Schreiben Sie zwischen 405 und 495 Wörter. Markieren Sie Absätze mittels Leerzeilen.

2. Liebe?

Martin Opitz
FRANCISCI PETRARCHAE (1624)

Ist Liebe lauter nichts/ wie daß sie mich entzündet?
Ist sie dann gleichwol was/ wem ist jhr Thun bewußt?
Ist sie auch gut vnd recht/ wie bringt sie böse Lust?
4   Ist sie nicht gut/ wie daß man Frewd' aus jhr empfindet?

Lieb' ich ohn allen Zwang/ wie kann ich Schmertzen tragen?
Muß ich es thun/ was hilfft's daß ich solch Trawren führ'?
Heb' ich es vngern an/ wer dann befihlt es mir?
8   Thue ich es aber gern'/vmb was hab' ich zu klagen?

Ich wancke wie das Graß so von den kühlen Winden
Vmb Vesperzeit bald hingeneiget wird/ bald her:
Ich walle wie ein Schiff das durch das wilde Meer

12   Von Wellen vmbgejagt nicht kann zu Rande finden.
Ich weis nicht was ich will/ ich will nicht was ich weis:
Im Sommer ist mir kalt/ im Winter ist mir heiß.

MARTIN OPITZ: GESAMMELTE WERKE, HIERSEMANN

Der Titel „Francisci Petrarchae" bedeutet in etwa „Francesco Petrarca gewidmet".

a) **Erschließen** Sie die Gefühlssituation des lyrischen Ichs.

b) **Bestimmen** Sie die Reimformen des Sonetts. Weisen Sie nach, dass inhaltlich Zusammengehöriges (einerseits Vorüberlegungen, andererseits Fazit) mittels Reimform verbunden wird.

c) **Weisen** Sie folgende sprachliche Mittel **nach**: Antithetik, Enjambement, Vergleich, Metapher, Anapher.

d) **Erläutern** Sie, wie sich die literarische Epoche des Barock in diesem Gedicht widerspiegelt.

e) **Beurteilen** Sie den Realitäts- und Aktualitätsbezug des Gedichts.

3. Epigramm

Friedrich von Logau
HEUTIGE WELTKUNST (1654)

Anders seyn/vnd anders scheinen:
Anders reden/anders meinen:
Alles loben/alles tragen/
4 Allen heucheln/stets behagen/
Allem Winde Segel geben;

Bös und Guten dienstbar leben:
Alles Thun und alles Tichten
8 Bloß auff eignen Nutzen richten;
Wer sich dessen will befleissen
Kann politisch heuer heissen.

IN: CONRADY: DAS BUCH DER GEDICHTE, CORNELSEN

> **a) Erschließen** Sie das Thema des Epigramms.
>
> **b) Überprüfen** Sie, ob es sich bei „Heutige Weltkunst" um ein typisches Epigramm handelt.
>
> **c) Beurteilen** Sie die Aktualität des Epigramms.

4. Embleme

Die aus einer Verbindung von Text und Bild bestehenden Embleme sind im Barock äußerst beliebt. Sie dienen der Vermittlung von Lehren und auch der Unterhaltung. Besonders der Rätselcharakter trägt zur Beliebtheit bei.

Inscriptio: Motto

Pictura: Bild

Subscriptio: Bildunterschrift (oft in Form eines Epigramms)

> **a) Setzen** Sie Inscriptio und Subscriptio mit dem Bild in **Beziehung.**
>
> **b) Erschließen** Sie die Lehre, die das Emblem vermittelt.

5. Sprachspiele/Sinngedicht

Friedrich von Logau
DESS KRIEGES BUCHSTABEN (ca. 1654)

Kummer, der das Marck verzehret,
Raub, der Hab und Gut verheret,
3 Jammer, der den Sinn verkehret,

Elend, das den Lein beschweret,
Grausamkeit, die unrecht kehret:
6 Sind die Frucht, die Krieg gewehret.

FRIEDRICH VON LOGAU: SÄMMTLICHE SINNGEDICHTE, HOLZINGER

Epigramm (nach OPITZ): zeichnet sich durch Kürze und Spitzfindigkeit aus, die sich aus einem überraschenden Schluss ergibt.

Wer immer mit Gewalt verfähret/ Der wird auch durch Gewalt versehret.

Wie der vernaschte Bär von Bienen wird gestochen/ Wann daß er Honig raubt: So wird der auch gerochen/ Der mit Gewalt und List auf Unglück ist bedacht/ Er stelt ihm selbst die Fall, die ihm den Garauß macht.

a) Bei „Deß Krieges Buchstaben" handelt es sich um ein Akrostichon: Die Anfangsbuchstaben der Verse ergeben ein Wort. – **Erklären** Sie vor dem Hintergrund dieser Information den Titel.

b) **Erschließen** Sie das Thema des Epigramms.

6. Figurengedicht

Theodor Kornfeld
EIN SAND-UHR (1685)

Die Zeit vergehet
Und bald entstehet
Der Rechnungs-Tag
Von aller Sach;
Sey fromm
und kom.

+

Der Sand versincket
Uns damit wincket
Wir sollen fort
Zum andern Orth
Gott uns leite
und bereite!

a) **Geben** Sie die wesentliche Aussage **wieder**.

b) **Begründen** Sie, warum die Sanduhr häufig als Motiv der Vergänglichkeit verwendet wird.

c) **Weisen** Sie den Zusammenhang zwischen der äußeren Form und der Aussage des Gedichts **nach**.

8. **Der Roman im Barock**

Hans Jakob Christoffel von Grimmelshausen
DER ABENTHEUERLICHE SIMPLICISSIMUS TEUTSCH (1668)

Das erste, das diese Reuter taten, war, daß sie ihre Pferd einstellten, hernach hatte jeglicher seine sonderbare Arbeit zu verrichten, deren jede lauter Untergang und Verderben anzeigte, denn obzwar etliche anfingen zu metzgen, zu sieden und zu braten, daß es sah, als sollte
5 ein lustig Bankett gehalten werden, so waren hingegen andere, die durchstürmten das Haus unten und oben, ja das heimlich Gemach war nicht sicher, gleichsam ob wäre das gülden Fell von Kolchis darinnen verborgen; andere machten von Tuch, Kleidungen und allerlei Hausrat große Päck zusammen, als ob sie irgends ein Krempelmarkt anrichten
10 wollten, was sie aber nicht mitzunehmen gedachten, wurde zerschlagen, etliche durchstachen Heu und Stroh mit ihren Degen, als ob sie nicht Schaf und Schwein genug zu stechen gehabt hätten, etliche schütteten die Federn aus den Betten, und fülleten hingegen Speck, andere

💡 **Inhalt:** Ein Bub wächst zur Zeit des Dreißigjährigen Krieges als Pflegesohn einer Bauernfamilie im Spessart auf. Eines Tages überfallen Soldaten den Hof …

Reuter = Reiter

Fell von Kolchis = geheimnisvoller Schatz in der antiken Sage (das Goldene Vließ)

dürr Fleisch und sonst Gerät hinein, als ob alsdann besser darauf zu
15 schlafen gewesen wäre.
Andere schlugen Ofen und Fenster ein, gleichsam als hätten sie ein
ewigen Sommer zu verkündigen, Kupfer und Zinnengeschirr schlugen
sie zusammen, und packten die gebogenen und verderbten Stück ein,
Bettladen, Tisch, Stühl und Bänk verbrannten sie, da doch viel Klaf-
20 ter dürr Holz im Hof lag, Hafen und Schüsseln mußte endlich alles
entzwei, entweder weil sie lieber Gebraten aßen, oder weil sie bedacht
waren, nur ein einzige Mahlzeit allda zu halten; [...]
Den Knecht legten sie gebunden auf die Erd, steckten ihm ein Sperr-
holz ins Maul, und schütteten ihm einen Melkkübel voll garstig Mistla-
25 chenwasser in Leib, das nenneten sie ein Schwedischen Trunk, wodurch
sie ihn zwangen, eine Partei anderwärts zu führen, allda sie Menschen
und Vieh hinwegnahmen, und in unsern Hof brachten, unter welchen
mein Knan, mein Meuder und unser Ursele auch waren.
[...] Mitten in diesem Elend wendet ich Braten, und half nachmittag die
30 30 Pferd tränken, durch welches Mittel ich zu unserer Magd in Stall
kam, welche wunderwerklich zerstrobelt aussah, ich kennete sie nicht,
sie aber sprach zu mir mit kränklicher Stimm: „O Bub lauf weg, sonst
werden dich die Reuter mitnehmen, guck daß du davonkommst, du
siehest wohl, wie es so übel"; mehrers konnte sie nicht sagen.

Hans Jakob Christoffel von Grimmelshausen:
Der Abentheuerliche Simplicissimus Teutsch, Jazzybee

Schwedischer Trunk = Folter-
methode, bei der dem Opfer
große Mengen an Wasser oder
Jauche eingeflößt wurden

Knan = Vater

Meuder = Mutter

a) Im „Simplicissimus" finden sich Wörter und Wendungen, die heute
so nicht mehr gebräuchlich sind. – **Ersetzen** Sie die folgenden Begriffe
durch heute übliche, achten Sie auch darauf, die Formen den heutigen
Grammatikregeln anzupassen.

ihre Pferd	
das heimlich Gemach	
das gülden Fell	
fülleten	
die gebogenen und verderbten Stück	

b) Zum Inhalt des Romans: **Recherchieren** Sie im Internet nach Inhalts-
angaben des Romans und **vergleichen** Sie die Versionen miteinander.
Erstellen Sie im Anschluss eine Inhaltsübersicht in Form eines
Exzerpts.

c) „Simplicissimus" kann mit „der Einfältigste" übersetzt werden. – **Weisen** Sie **nach,** dass der Protagonist in diesem Romanausschnitt seinem
Namen alle Ehre macht.

d) **Bestimmen** Sie die Erzählperspektive und erklären Sie die Wirkung, die
sie auf die Leserin/den Leser hat.

e) **Diskutieren** Sie mögliche Aussageabsichten des Autors.

8. **Der Dreißigjährige Krieg im Spiegel späterer Dichtung**

Bertolt Brecht
MUTTER COURAGE UND IHRE KINDER (1939)

MUTTER COURAGE: Mir tut so ein Feldhauptmann oder Kaiser leid, er
hat sich vielleicht gedacht, er tut was übriges und was, wovon die Leute
reden, noch in künftigen Zeiten, und kriegt ein Standbild, zum Beispiel
er erobert die Welt, das ist ein großes Ziel für einen Feldhauptmann,
5   er weiß es nicht besser. Kurz, er rackert sich ab, und dann scheiterts
am gemeinen Volk, was vielleicht ein Krug Bier will und ein bissel
Gesellschaft, nix Höheres. Die schönsten Pläne sind schon zuschanden
geworden durch die Kleinlichkeit von denen, wo sie ausführen sollten,
denn die Kaiser selber können ja nix machen, sie sind angewiesen auf
10 die Unterstützung von ihre Soldaten und dem Volk, wo sie grad sind,
hab ich recht?

DER FELDPREDIGER lacht: Courage, ich geb Ihnen recht, bis auf die
Soldaten. Die tun, was sie können. Mit denen da draußen zum Beispiel,
die ihren Branntwein im Regen saufen, getrau ich mich hundert Jahr
15 einen Krieg nach dem andern zu machen und zwei auf einmal, wenns
sein muß, und ich bin kein gelernter Feldhauptmann.

MUTTER COURAGE: Dann meinen Sie nicht, daß der Krieg ausgehn
könnt?

DER FELDPREDIGER: Weil der Feldhauptmann hin ist? Sein Sie nicht
20 kindisch. Solche finden sich ein Dutzend, Helden gibt's immer.

MUTTER COURAGE: Sie, ich frag Sie das nicht nur aus Hetz, sondern
weil ich mir überleg, ob ich Vorrät einkaufen soll, was grad billig zu
haben sind, aber wenn der Krieg ausgeht, kann ich sie dann weg-
schmeißen.

25 DER FELDPREDIGER: Ich versteh, daß Sies ernst meinen. Es hat immer
welche gegeben, die gehen herum und sagen: „Einmal hört der Krieg
auf." Ich sag: daß der Krieg einmal aufhört, ist nicht gesagt. Es kann
natürlich zu einer kleinen Paus kommen. Der Krieg kann sich ver-
schnaufen müssen, ja, er kann sogar sozusagen verunglücken. Davor
30 ist er nicht gesichert, es gibt ja nix Vollkommenes allhier auf Erden.
Einen vollkommenen Krieg, wo man sagen könnt: an dem ist nix mehr
auszusetzen, wird's vielleicht nie geben. Plötzlich kann er ins Stocken
kommen, an was Unvorhergesehenes, an alles kann kein Mensch
denken. Vielleicht ein Übersehn, und das Schlamassel ist da. Und dann
35 kann man den Krieg wieder aus dem Dreck ziehn! Aber die Kaiser und
Könige und der Papst wird ihm zu Hilf kommen in seiner Not. So hat
er im ganzen nix Ernstliches zu fürchten, und ein langes Leben liegt vor
ihm.
[...]
40 MUTTER COURAGE: Wenn ich Ihnen traun könnt ...

DER FELDPREDIGER: Denken Sie selber! Was sollt gegen den Krieg sein?
[...]

DER SCHREIBER plötzlich: Und der Frieden, was wird aus ihm? Ich bin
aus Böhmen und möchte gelegentlich heim.

Inhalt: Anna Fierling, genannt Courage, zieht als fahrende Händlerin im Dreißigjährigen Krieg durch die Lande. Sie versucht abwechselnd auf der protestantisch-schwedischen Seite und auf der kaiserlich-katholischen Seite am Kriegsgewinn teilzuhaben. Obwohl sie den Krieg so unterstützt, versucht sie gleichzeitig, ihre drei Kinder vor seinen Folgen zu bewahren. Dies gelingt ihr nicht, der Krieg fordert letztendlich das Leben ihrer Kinder. Daraus zieht Mutter Courage keine Lehre, sie zieht weiter: „Ich muß wieder in'n Handel kommen."

45 DER FELDPREDIGER: So, möchten Sie? Ja, der Frieden! Was wird aus dem Loch, wenn der Käs gefressen ist?
[...]

DER SCHREIBER: Auf die Dauer kann man nicht ohne Frieden leben.

DER FELDPREDIGER: Ich möchte sagen, den Frieden gibt's im Krieg
50 auch, er hat seine friedlichen Stelln. Der Krieg befriedigt nämlich alle Bedürfnis, auch die friedlichen darunter, dafür ist gesorgt, sonst möcht er sich nicht halten können.
Im Krieg kannst du auch kacken wie im tiefsten Frieden, und zwischen dem einen Gefecht und dem andern gibt's ein Bier, und sogar auf
55 dem Vormarsch kannst du ein'n Nicker machen, aufn Ellbogen, das ist immer möglich, im Straßengraben. Beim Stürmen kannst du nicht Karten spielen, das kannst du beim Ackerpflügen im tiefsten Frieden auch nicht, aber nach dem Sieg gibts Möglichkeiten. Dir mag ein Bein abgeschossen werden, da erhebst du zuerst ein großes Geschrei, als
60 wärs was, aber dann beruhigst du dich oder kriegst Schnaps, und am End hüpfst du wieder herum, und der Krieg ist nicht schlechter dran als vorher. Und was hindert dich, daß du dich vermehrst inmitten all dem Gemetzel, hinter einer Scheun oder woanders, davon bist du nie auf die Dauer abzuhalten, und dann hat der Krieg deine Sprößlinge und kann
65 mit ihnen weiterkommen. Nein, der Krieg findet immer einen Ausweg, was nicht gar. Warum soll er aufhörn müssen?

MUTTER COURAGE: Da kauf ich also die Waren. Ich verlaß mich auf Sie.
[...]

DER FELDPREDIGER: Wie Sie so Ihren Handel führn und immer durch
70 kommen, das hab ich oft bewundert. Ich verstehs, daß man Sie Courage geheißen hat.

MUTTER COURAGE: Die armen Leut brauchen Courage. Warum, sie sind verloren. Schon daß sie aufstehn in der Früh, da gehört was in ihrer Lag. Oder daß sie einen Acker umpflügen, und im Krieg! Schon daß
75 sie Kinder in die Welt setzen, zeigt, daß sie Courage haben, denn sie haben keine Aussicht. Sie müssen einander den Henker machen und sich gegenseitig abschlachten, wenn sie einander da ins Gesicht schaun wolln, das braucht wohl Courage. Daß sie einen Kaiser und einen Papst dulden, das beweist eine unheimliche Courage, denn sie kosten ihnen
80 das Leben.

BERTOLT BRECHT: MUTTER COURAGE UND IHRE KINDER,
SUHRKAMP – ALTE RECHTSCHREIBUNG

a) **Erschließen** Sie die Einstellung des Feldpredigers und der Mutter Courage zum Krieg.

b) **Untersuchen** Sie den Textausschnitt auf Hinweise zu Mutter Courages Einstellung zum Leben.

c) BRECHT hat sein Drama im 20. Jahrhundert verfasst. Trotzdem erscheint uns seine Sprache oft ungebräuchlich. – **Nennen** Sie einige Beispiele und **stellen Sie Vermutungen an,** warum BRECHT seine Figuren so sprechen lässt.

📖 **Zum Weiterlesen**

Werke, die auf die Epoche referieren:
- CONRAD FERDINAND MEYER: Gustav Adolfs Page (1882)
- GÜNTER GRASS: Das Treffen in Telgte (1979)
- MICHAEL KÖHLMEIER: Sunrise (1994)

2 Zur gleichen Zeit am anderen Ort

2.1 MOLIÈRE (eigentlich: Jean-Baptiste Poquelin) (vermutlich 1622–1673)

MOLIÈRE, mit bürgerlichem Namen Jean-Baptiste Poquelin, gilt als einer der größten Dramatiker Frankreichs. Berühmt ist er vor allem für seine Farcen und Komödien. In diesen verarbeitet er verschiedene Traditionen:

So folgen sie etwa der italienischen **Commedia dell'arte.** Darunter versteht man eine spezielle Form des Volkstheaters, die sich ab dem 16. Jahrhundert entwickelt hat. Gespielt wird von Berufsschauspielern auf Straßen und Märkten. Der Text wird improvisiert, die Handlungen sind stereotyp, die Typen grob gezeichnet. Die Szenarien handeln fast ausschließlich von der Liebe. Das hauptsächliche Ziel ist die Unterhaltung.

MOLIÈRES Werke leben von der komischen Wirkung durch die übertriebene Darstellung der Charaktereigenschaften seiner Figuren. Beispiele dafür sind etwa Geiz in „Der Geizige" und Hypochondrie in „Der eingebildete Kranke". Damit gilt MOLIÈRE auch als Schöpfer der **Charakterkomödie.**

MOLIÈRE schreibt nicht nur Stücke, sondern führte auch Regie und spielte häufig die Hauptrolle.

Pierre Mignard: Molière (1658)

MOLIÈRES Werke

Insgesamt sind 32 Stücke von MOLIÈRE erhalten, zu den bekanntesten zählen:

- Die Schule der Frauen (1662)
- Tartuffe (1664)
- Don Juan oder Der steinerne Gast (1665)
- Der Menschenfeind (1666)
- Der Geizige (1668)
- Amphitryon (1668)
- Der eingebildete Kranke (1673)

MOLIÈRES Werke decken Missstände der Gesellschaft seiner Zeit auf. Sie sind damals umstritten und teilweise verboten, weil sie auch vor mächtigen Institutionen, wie z. B. der Kirche, nicht haltmachten.

„Der Geizige" – Inhalt

Der Geizige ist der reiche Witwer Harpagon. Er liebt sein Geld über alles und vertraut es niemandem an. Daher hat er auch eine Schatzkiste im Garten vergraben. Er hat einen Sohn, Cléante, der in Mariane verliebt ist, und eine Tochter, Élise, die Valère liebt. Valère ist in Harpagons Dienste getreten, um in der Nähe seiner Geliebten zu sein. Harpagon selbst plant auch zu heiraten – nämlich Mariane. Seine Kinder will er – um sein Vermögen zu vermehren – reich verheiraten: Élise soll den älteren Witwer Anselme ehelichen, Cléante eine hässliche Witwe.

Um Cléante ein Druckmittel in die Hand zu geben, stiehlt ein Diener die Schatztruhe, die Harpagon im Garten vergraben hat. Daraufhin folgen Verdächtigungen, Verwechslungen und Missverständnisse.

Anselme, der Élise heiraten soll, erkennt in Valère und Mariane seine verloren geglaubten Kinder, von denen er bei einem Schiffsunglück getrennt worden ist. Als er erfährt, dass Valère in Élise verliebt ist, verzichtet er darauf, diese zu heiraten. Vielmehr bietet er an, für die Kosten der Doppelhochzeit der Kinder aufzukommen. Da Cléante seinem Vater verspricht, dass dieser die Schatztruhe zurückbekommt, wenn er der Hochzeit mit Mariane zustimmt – was Harpagon auch macht –, gibt es ein Happy End.

💡 **Tipp:** Der Stoff wurde weitgehend werkgetreu 1980 als „Louis, der Geizkragen" verfilmt. In der Rolle des Harpagons ist LOUIS DE FUNÈS (siehe Bild) zu sehen.

Arbeitsaufgaben „Der Geizige"

1. Auf dem Weg zum Konflikt

Molière
DER GEIZIGE (1668)

Erster Aufzug, vierter Auftritt

HARPAGON: Es ist wahrlich keine geringe Last, im eigenen Haus eine so große Summe Geldes zu verwahren; glücklich, wer sein Hab und Gut sicher angelegt hat und nur zurückbehält, was er für seinen Lebensunterhalt braucht. Es setzt einen in nicht geringe Verlegenheit, im ganzen
5   Haus nach einem sicheren Versteck zu suchen; sind mir Geldtruhen doch zu unsicher, und ich werde mich nie auf sie verlassen. Sie locken Diebe regelrecht an, sie sind immer das erste, an das man sich heranmacht. Trotzdem weiß ich nicht, ob es richtig war, die zehntausend Taler, die man mir gestern zurückgab, im Garten zu vergraben. Zehntausend Taler in Gold im Haus, das ist schon eine Summe, die ... *(Hier treten der Bruder und die Schwester auf, die sich*
10   *leise unterhalten.)* Himmel! Jetzt werde ich mich verraten haben: gewiß hat mich die Erregung mitgerissen; ich glaube, ich habe, während ich mit mir zu Rate ging, laut gesprochen. Was gibt es?

CLÉANTE: Nichts, lieber Vater.

HARPAGON: Seid ihr schon länger hier?

15 ÉLISE: Wir kommen eben herein.

HARPAGON: Habt ihr gehört ...

CLÉANTE: Was, lieber Vater?

HARPAGON: Dort ...

ÉLISE: Was?

20 HARPAGON: Was ich eben gesagt habe.

CLÉANTE: Nein.

HARPAGON: Doch, doch.

ÉLISE: Verzeihung, nein.

HARPAGON: Ich sehe euch an, daß ihr einige Worte mitbekommen habt. Ich dachte nämlich gerade darüber nach, wie schwer es heute ist, Geld aufzutreiben, und ich sagte mir, daß sich glücklich
25   schätzen kann, wer zehntausend Taler im Haus hat.

CLÉANTE: Wir wollten Euch nicht ansprechen, da wir fürchteten, Euch zu stören.

HARPAGON: Das will ich euch doch gesagt haben, damit ihr nicht etwa die Dinge mißdeutet und euch einbildet, ich selbst hätte zehntausend Taler.

30 CLÉANTE: Wir mischen uns nicht in Eure Angelegenheiten.

HARPAGON: Gäbe Gott, ich hätte sie, die zehntausend Taler!

CLÉANTE: Ich glaube nicht ...

HARPAGON: Das wäre eine gute Sache.

ÉLISE: Diese Dinge ...

35 HARPAGON: Ich könnte sie gut gebrauchen.

CLÉANTE: Ich meine, daß ...

HARPAGON: Dann wäre ich sehr vermögend.

ÉLISE: Ihr seid ...

HARPAGON: Und ich würde nicht wie bisher über die schlechten Zeiten klagen.

40 CLÉANTE: Ach Gott! Lieber Vater, Ihr braucht wahrlich nicht zu klagen; es ist doch bekannt, daß Ihr recht vermögend seid.

HARPAGON: Wie? Ich soll recht vermögend sein? Wer das behauptet, der lügt. Nichts ist falscher als das, und nur Halunken können all diese Gerüchte ausstreuen. [...]
      Aber lassen wir das, sprechen wir von etwas anderem. He? Ich glaube, sie geben sich Zeichen
45   und wollen meine Börse stehlen. Was sollen diese Winke bedeuten?

ÉLISE:		Wir schwanken, mein Bruder und ich, wer zuerst sprechen soll, denn wir haben euch beide etwas zu sagen.
CLÉANTE:		Wir möchten mit Euch, lieber Vater, über das Heiraten sprechen.
HARPAGON:		Und ich wollte mich mit euch ebenfalls über das Heiraten unterhalten.
ÉLISE:	50	Ah! Lieber Vater!
HARPAGON:		Warum dieser Aufschrei? Ist es das Wort oder die Sache selbst, die Euch ängstigt?
CLÉANTE:		Die Heirat, wie Ihr sie versteht, könnte uns beide wohl ängstigen; wir fürchten, daß unsere Gefühle nicht mit der von Euch getroffenen Wahl übereinstimmen.
HARPAGON:	55	Nur Geduld. Erschreckt nur nicht. Ich weiß, was euch beiden geziemt, und keiner von euch wird Grund haben, sich über das zu beklagen, was ich vorhabe. Um mit dem einen anzufangen, sagt mir: Kennt Ihr ein junges Mädchen namens Mariane, die nicht weit von hier wohnt?
CLÉANTE:		Ja, lieber Vater.
HARPAGON:		Und Ihr?
ÉLISE:		Ich habe von ihr gehört.
HARPAGON:	60	Und wie, lieber Sohn, findet Ihr dieses Mädchen?
CLÉANTE:		Ein ganz reizendes Geschöpf.
HARPAGON:		Ihr Aussehen?
CLÉANTE:		Ehrbar und voller Geist.
HARPAGON:		Ihr Auftreten und ihr Verhalten?
CLÉANTE:	65	Zweifellos bewundernswert.
HARPAGON:		Meint Ihr nicht auch, daß ein solches Mädchen es durchaus verdient, in Betracht gezogen zu werden?
CLÉANTE:		Ja, lieber Vater.
HARPAGON:		Daß sie eine wünschenswerte Partie ist?
CLÉANTE:	70	Sehr wünschenswert.
HARPAGON:		Daß sie ganz so aussieht, als würde sie gut den Haushalt führen?
CLÉANTE:		Zweifellos.
HARPAGON:		Und daß ein Ehemann mit ihr zufrieden sein könnte?
CLÉANTE:		Gewiß.
HARPAGON:	75	Es gibt nur ein kleines Problem: Ich fürchte nämlich, daß sie nicht ganz mit dem Vermögen ausgestattet ist, das man erwarten dürfte.
CLÉANTE:		Ach, lieber Vater, das Vermögen ist nicht von Bedeutung, wenn es darum geht, eine ehrbare Person zu heiraten!
HARPAGON:	80	Erlaubt mal, ich muß doch bitten. Freilich könnte man wohl sagen, daß, wenn sie nicht das erhoffte Geld und Gut mitbringt, das man sich wünscht, man versuchen kann, sich auf andere Weise zu entschädigen.
CLÉANTE:		Selbstverständlich.
HARPAGON:	85	Jedenfalls freue ich mich, daß Ihr meiner Meinung seid; ihr ehrbarer Lebenswandel und ihr Liebreiz haben nämlich mein Herz gewonnen, und ich bin entschlossen, sie zu heiraten, falls sie nur etwas Vermögen besitzt.
CLÉANTE:		Was?
HARPAGON:		Wie bitte?
CLÉANTE:		Ihr seid entschlossen, sagt Ihr ...?
HARPAGON:		Mariane zu heiraten.
CLÉANTE:	90	Wer? Ihr? Ihr?
HARPAGON:		Ja, ich, ich, ich. Was soll das heißen?
CLÉANTE:		Mir wird plötzlich schwarz vor den Augen, und ich ziehe mich zurück.
HARPAGON:	85	Das wird nichts weiter sein. Trinkt rasch in der Küche ein Glas frisches Wasser. Nun seh doch einer diese feinen Herrchen, die nicht mehr Kraft haben als ein Huhn. Das also, meine liebe Tochter, habe ich in meiner eigenen Sache beschlossen. Was deinen Bruder angeht, so habe ich für ihn eine gewisse Witwe bestimmt, von der man mir heute morgen erzählt hat; und was dich betrifft, dich gebe ich dem edlen Herrn Anselme.
ÉLISE:		Dem edlen Herrn Anselme?

HARPAGON: Ja, einem reinen, umsichtigen und verständigen Mann, der nicht älter als fünfzig ist und des-
100   sen Reichtum sehr gerühmt wird.

ÉLISE *(verneigt sich):* Mit Verlaub, lieber Vater, ich will durchaus nicht heiraten.

HARPAGON *(erwidert die Verneigung):* Und ich, mit Verlaub, mein liebes Töchterchen, ich will, daß Ihr
     heiratet.

ÉLISE: Ich bitte um Vergebung, lieber Vater.

105 HARPAGON: Ich bitte um Vergebung, liebe Tochter.

ÉLISE: Ich bin des edlen Herrn Anselme ergebene Dienerin, aber ich werde ihn, mit Eurer gütigen
    Erlaubnis, nicht heiraten. [...]

MOLIÈRE: DER GEIZIGE, RECLAM – ALTE RECHTSCHREIBUNG

a) **Erklären** Sie Harpagons Leugnung, vermögend zu sein.

b) **Charakterisieren** Sie Harpagon, Élise und Cléante.

c) **Beurteilen** Sie die Anforderungen, die Harpagon an eine Ehefrau stellt.

d) **Entwerfen** Sie ein Szenario, wie die Kinder den vom Vater geplanten Hochzeiten entgehen könnten.

2. **Die Bedeutung des Geldes**

Vierter Aufzug, siebenter Auftritt

Harpagon *(ruft schon aus dem Garten nach dem Dieb und kommt ohne Hut):* Haltet den Dieb! den Dieb! den
    Mörder! den Totschläger! Gerechtigkeit, gerechter Himmel! Ich bin verloren, bin ermordet,
    man hat mir die Kehle durchgeschnitten, man hat mir mein Geld geraubt. Wer kann das sein?
5   Wo ist er abgeblieben? Wo steckt er? Wo verbirgt er sich? Was soll ich tun, um ihn zu finden?
    Wohin eilen? Wohin nicht eilen? Ist er nicht dort? Ist er nicht hier? Wer ist es? Halt! Gib mir
    mein Geld, Lump ... *(Er packt sich selbst am Arm.)* Ach! Das bin ich selbst. Mein Verstand ist
    verwirrt, und ich weiß nicht, wo ich bin, wer ich bin und was ich mache. Ach! mein armes
    Geld, mein armes Geld, mein teurer Freund! Man hat mich deiner beraubt; und da du mir
10   entführt bist, habe ich meine Stütze, meinen Trost, meine Freude verloren; alles ist zu Ende
    für mich, und ich habe auf der Welt nichts mehr zu schaffen: Ohne dich vermag ich unmög-
    lich zu leben. Es ist aus, ich kann nicht mehr; ich sterbe, ich bin tot, ich bin begraben. Ist denn
    da niemand, der mich auferwecken möchte, indem er mir mein teures Geld zurückgibt oder
    mir sagt, wer es gestohlen hat? Wie? Was sagt Ihr? Da ist niemand. Wer auch immer diesen
15   Streich ausgeführt hat, er muß höchst sorgfältig den Zeitpunkt abgepaßt haben; er hat genau
    den Augenblick gewählt, in dem ich mit meinem verräterischen Sohn sprach. Gehen wir.
    Ich werde die Justiz herbeiholen und meinen gesamten Haushalt hochnotpeinlich befragen
    lassen. Dienerinnen, Diener, Sohn, Tochter und mich selbst auch. Wie viele Leute da versam-
    melt sind! Ich kann meinen Blick auf niemanden werfen, der nicht meinen Verdacht erregt und
20   mir ganz nach meinem Dieb aussieht. He! Worüber spricht man dort? Über den, der mich
    bestohlen hat? Welchen Lärm macht man dort oben? Ist dort vielleicht mein Dieb? Bitte, wenn
    jemand etwas über meinen Dieb weiß, so flehe ich ihn an, es mir zu sagen. Ist er nicht dort
    mitten unter euch verborgen? Sie sehen mich alle an und fangen an zu lachen. Ganz sicher
    wird sich herausstellen, daß sie alle an dem Diebstahl beteiligt sind, den man mir angetan
25   hat. Vorwärts, schnell: Polizei, Häscher, Justizbeamte, Richter, Folter, Galgen und Henker. Ich
    werde alle Welt an den Galgen bringen; und wenn ich mein Geld nicht wiederfinde, erhänge
    ich mich zum Schluß noch selbst.

MOLIÈRE: DER GEIZIGE, RECLAM – ALTE RECHTSCHREIBUNG

a) **Beschreiben** Sie die Verfassung, in der sich Harpagon befindet.

b) **Erläutern** Sie die Bedeutung, die Geld für Harpagon hat.

c) **Erklären** Sie, wie in diesem Monolog Komik erzeugt wird.

Vernunft – Kritik – Revolution

Einblick in die Literatur der Aufklärung und des Sturm und Drang (ca. 1720–1790)

GOTTHOLD EPHRAIM LESSING,
BEDEUTENDER DICHTER DER DEUTSCHEN AUFKLÄRUNG (1729–1781)

1 Aufklärung

BEISPIEL

Immanuel Kant
BEANTWORTUNG DER FRAGE: WAS IST AUFKLÄRUNG? (1784)

Aufklärung ist der Ausgang des Menschen aus seiner selbst verschuldeten Unmündigkeit. Unmündigkeit ist das Unvermögen, sich seines Verstandes ohne Leitung eines anderen zu bedienen. Selbst verschuldet ist diese Unmündigkeit, wenn die Ursache derselben nicht am Mangel des Verstandes,

5 sondern der Entschließung und des Mutes liegt, sich seiner ohne Leitung eines anderen zu bedienen. Sapere aude! „Habe Mut, dich deines eigenen Verstandes zu bedienen!" ist also der Wahlspruch der Aufklärung.
Faulheit und Feigheit sind die Ursachen, warum ein so großer Teil der Menschen, nachdem sie die Natur längst von fremder Leitung freigespro-

10 chen, dennoch zeitlebens gerne unmündig bleiben; und warum es anderen so leicht wird, sich zu deren Vormündern aufzuwerfen. Es ist so bequem, unmündig zu sein. Habe ich ein Buch, das für mich Verstand hat, einen Seelsorger, der für mich Gewissen hat, einen Arzt, der für mich die Diät beurteilt, usw.: So brauche ich mich ja nicht selbst zu bemühen. Ich habe nicht

15 nötig zu denken, wenn ich nur bezahlen kann; andere werden das verdrießliche Geschäft schon für mich übernehmen. Dass der bei weitem größte Teil der Menschen (darunter das ganze schöne Geschlecht) den Schritt zur Mündigkeit, außer dass er beschwerlich ist, auch für sehr gefährlich hält: Dafür sorgen schon jene Vormünder, die die Oberaufsicht über sie gütigst

20 übernommen haben. [...]
Es ist also für jeden einzelnen Menschen schwer, sich aus der ihm beinahe zur Natur gewordenen Unmündigkeit herauszuarbeiten. Er hat sie sogar lieb gewonnen und ist vorderhand wirklich unfähig, sich seines eigenen Verstandes zu bedienen, weil man ihn niemals den Versuch davon machen ließ. [...]

25 Daher kann ein Publikum nur langsam zur Aufklärung gelangen. Durch eine Revolution wird vielleicht wohl ein Abfall von persönlichem Despotismus und gewinnsüchtiger oder herrschsüchtiger Bedrückung, aber niemals wahre Reform der Denkungsart zustande kommen; sondern neue Vorurteile werden, ebensowohl als die alten, zum Leitbande des gedankenlosen

30 großen Haufens dienen. Zu dieser Aufklärung aber wird nichts erfordert als die Freiheit; und zwar die unschädlichste unter allem, was nur Freiheit heißen mag, nämlich die: Von seiner Vernunft in allen Stücken öffentlichen Gebrauch zu machen. Nun höre ich aber von allen Seiten rufen: Räsoniert nicht! Der Offizier sagt: Räsoniert nicht, sondern exerziert! Der Finanzrat:

35 Räsoniert nicht, sondern bezahlt! Der Geistliche: Räsoniert nicht, sondern glaubt! [...] Hier ist überall Einschränkung der Freiheit. [...]
Ein Mensch kann zwar für seine Person, und auch alsdann nur auf einige Zeit, in dem, was ihm zu wissen obliegt, die Aufklärung aufschieben; aber auf sie Verzicht zu tun, es sei für seine Person, mehr aber noch für seine

40 Nachkommenschaft, heißt die heiligen Rechte der Menschheit verletzen und mit Füßen treten. [...]
Wenn nun gefragt wird: „Leben wir jetzt in einem aufgeklärten Zeitalter?", so ist die Antwort: „Nein, aber wohl in einem Zeitalter der Aufklärung." Dass die Menschen, wie die Sachen jetzt stehen, im Ganzen genommen schon

45 imstande wären oder darein auch nur versetzt werden könnten, in Religionsdingen sich ihres eigenen Verstandes ohne Leitung eines andern sicher und gut zu bedienen, daran fehlt noch sehr viel. [...] In diesem Betracht ist dieses Zeitalter das Zeitalter der Aufklärung.

IMMANUEL KANT: BEANTWORTUNG DER FRAGE: WAS IST AUFKLÄRUNG?
IN: BERLINISCHE MONATSSCHRIFT – GEKÜRZT UND ADAPTIERT

IMMANUEL KANT,
deutscher Philosoph
(1724–1804)

Arbeitsaufgabe „Aufklärung"

- **Diskutieren** Sie folgende Thesen aus IMMANUEL KANTS bzw. aus Ihrer Perspektive:
  - Die Faulheit ist das größte Hindernis des Menschen auf dem Weg zur Aufklärung.
  - Damals wie heute leben wir in einem aufgeklärten Zeitalter.
  - Die Vormünder sind bemüht, die Mitglieder der Gesellschaft zu mündigen Menschen zu erziehen.
  - Es ist die oberste Pflicht des Menschen, die Aufklärung voranzutreiben.
  - Damals wie heute versuchen Einzelne oder auch Gruppen, den Menschen das eigenständige Denken abzunehmen. Wenn ja, welche?

Aufklärung (1720–1790)   WERKZEUG

Lebensumstände

Auch wenn das Mittelalter schon geraume Zeit zu Ende war, hat sich das Leben für die meisten Menschen des 18. Jahrhunderts kaum verändert. Mehr als drei Viertel leben auf dem Land, die meisten davon in Leibeigenschaft und Abhängigkeit von einem Grundherren, dem sie oft mehrere Tage in der Woche zum Dienst verpflichtet sind (Frondienst). **Leibeigenschaft** und Frondienst hemmen sowohl die Entwicklung des Gemeinwesens als auch den wirtschaftlichen Aufschwung. Die Straßen am Land sind schlecht befestigt und verwandeln sich bei Regen in unpassierbare Schlammpisten. Nur in wenigen Städten leben mehr als 100 000 Menschen. In den Gassen dieser Städte herrscht stechender Geruch, Abfälle und Fäkalien werden dort entsorgt.

Historische Einordnung

Im damaligen europäischen Kerngebiet gibt es viele Nationalstaaten, so wie wir sie heute kennen, noch nicht. Neben Staaten wie Spanien, Frankreich, Polen und Russland ist das **„Heilige Römische Reich deutscher Nation"** ein Gefüge von mehr als 1000 Herrschaften bzw. Territorien unter der Regentschaft eines Kaisers. Die Macht dieses Kaisers ist jedoch begrenzt, die meisten Entscheidungen fällen die Landesherren selbst. Österreich und Preußen, die beiden größten Herrschaftsgebiete, führen im 18. Jahrhundert immer wieder Krieg gegeneinander. Die Folgen sind die Verarmung der Bevölkerung und die Stagnation in wirtschaftlicher wie auch technologischer Hinsicht.

Aufklärung heißt Bildung

Im „Heiligen Römischen Reich deutscher Nation" legt die Herkunft den möglichen Werdegang eines Menschen fest. Auch wenn das Bürgertum in den Städten aufgrund wirtschaftlichen Erfolgs immer mehr an Einfluss gewinnt, fehlt ihm doch der Zugang zu politischer Mitbestimmung und Macht, die nach wie vor dem Stand des Adels vorbehalten sind. In den Städten bildet sich ab der Mitte des 18. Jahrhunderts eine kritische Öffentlichkeit, Bürger bilden Lesezirkel und rezipieren Magazine und darin diskutierte Ideen. Das Ziel ist die umfassende Bildung, damit der Einzelne frei und ohne Zutun eines anderen eigene, **von der Vernunft geleitete und durch eigenständiges Denken hervorgebrachte Entscheidungen** treffen kann.

Erziehung und Bildung werden zu zentralen Anliegen in aufgeklärten Kreisen. Diese Forderung schlägt sich beispielsweise in der **Einführung der allgemeinen Schulpflicht** nieder.

Rationalismus versus Empirismus – denken oder beobachten?

„Ich denke, also bin ich" – so lautet einer der wohl berühmtesten Sätze der Philosophie der Aufklärung, formuliert vom Franzosen RENÉ DESCARTES (1596–1650). In der philosophischen Strömung des **Rationalismus** spielen der menschliche Verstand und das **kritische, alles bezweifelnde Denken** eine große Rolle. Die zentrale Annahme lautet, dass der Mensch zu neuer Erkenntnis, zu neuem Wissen nur durch Verstandestätigkeit gelangen kann. Sowohl Zusammenhänge in der Natur als auch neues Wissen können durch den menschlichen Verstand, durch logisches Verknüpfen und daraus gezogene Schlüsse, also in erster Linie durch Denkprozesse, erkannt werden.

Dem gegenüber steht der **Empirismus**, eine aus Großbritannien stammende philosophische Strömung, in der die **Beobachtung bzw. die menschliche Erfahrung** zur Grundlage allen wissenschaftlichen Forschens und Denkens wird. JOHN LOCKE (1632–1704) und DAVID HUME (1711–1776) sind hier die prominentesten Vertreter. Sie sind der Ansicht, dass sich nichts in unserem Verstand

lat.: **„Cogito ergo sum"**

lat. **ratio** = Vernunft

griech. **empeiría** = Erfahrung, Erfahrungswissen

befindet, bevor wir es nicht angesehen hätten. Beobachtung als Basis für Erkenntnis heißt, dass sich die moderne Wissenschaft von alten Glaubenssätzen lösen kann und damit eine völlig neue Herangehensweise an wissenschaftliches Arbeiten ermöglicht wird.

Auf dem Weg zur Revolution

Die Forderung, dass jeder Mensch ein Recht auf ein Leben in Freiheit, auf Eigentum und auf Schutz durch den Staat habe, ist einerseits sehr alt, andererseits revolutionär, wenn man bedenkt, dass Leibeigenschaft im damaligen Europa noch sehr verbreitet ist.

Hinzu kommt die Forderung nach **Gewaltenteilung** durch CHARLES DE MONTESQUIEU (1689–1755), die besagt, dass die Judikative (Rechtsprechung), die Legislative (Gesetzgebung) und die Exekutive (die Gesetze vollstreckende Gewalt) drei strikt voneinander getrennte staatliche Einrichtungen sein sollten. Diese Ideen finden im sogenannten **„aufgeklärten Absolutismus"** Eingang in die Fürstenherrschaften (Preußen, Österreich), werden aber nur zum Teil umgesetzt, da die letzte Entscheidung in den Händen der Herrscher/innen verbleibt. Dennoch werden die Herrscher/innen darin zu den obersten Repräsentantinnen/Repräsentanten des Volkes, welchem sie zu dienen haben, indem sie die Staatsordnung überwachen.

Als 1789 in Paris im Zuge der **Französischen Revolution** das Volk die Bastille erstürmt und damit der Feudalherrschaft ein Ende setzen will, lautet die Parole: „Freiheit, Gleichheit, Brüderlichkeit!" In diesem Schlachtruf spiegeln sich Werte wider, die bis heute Kerninhalte demokratiepolitischer Diskussionen sind.

Sturm auf die Bastille

Literatur

Erziehung und Bildung über Zeitschriften

Aufklärung bedeutet im 18. Jahrhundert, mehr **Klarheit** und mehr **Vernunft** in das Denken der Menschen, in politische Systeme, in die Wissenschaft und in die Angelegenheiten des Glaubens zu bringen. Die Literatur wird zu jenem Medium, in dem Ideale wie eine nachhaltige Bildung, die Erziehung des Individuums sowie jene der Freiheit, Gleichheit, Humanität, wissenschaftlichen Erkenntnis, Toleranz etc. thematisiert werden.

Die **Moralischen Wochenschriften** sind Zeitschriften, die zumeist nur über wenige Jahre hinweg, bis zur Mitte des 18. Jahrhunderts erscheinen und vor allem vom schon gebildeten Bürgertum rezipiert werden. Ihr Name ist Programm: Neben der Unterhaltung werden vor allem Themenbereiche wie Tugendhaftigkeit, Toleranz, Heranführung an vernünftiges Handeln, Kampf gegen Aberglauben sowie Kritik am ausschweifenden Lebenswandel des Adels behandelt. Ebenso werden in ihnen neue gesellschaftspolitische Thesen diskutiert, wodurch ihnen ein wesentlicher Anteil an der Übermittlung der revolutionären Ideen der Aufklärung zukommt. Neu ist auch die Möglichkeit der Beteiligung an der Gestaltung dieser Zeitschriften in Form von Leserbriefen und Einsendungen.

Vor allem das **Bürgertum** ist Produzent und Adressat dieser Zeitschriften, strebt es doch nach Bildung, gesellschaftlicher Wertschätzung und Veränderung der alten Strukturen. Leserinnen sowie Leser organisieren sich in Lesezirkeln, Studenten frequentieren Leihbibliotheken, da Zeitschriften und Bücher zur damaligen Zeit noch sehr teuer sind.

Dramatik

Dem Drama kommt zur Zeit der Aufklärung ein sehr hoher Stellenwert zu. Inhalte wie auch Protagonistinnen und Protagonisten sollen in den dramatischen Stücken realitätsnah gewählt werden, um beim Publikum Einsicht, Mitgefühl, aber auch Furcht auszulösen und es dadurch zu moralisch besseren Menschen zu erziehen.

Reform des Dramas

JOHANN CHRISTOPH GOTTSCHED (1700–1766) legt in seinem Werk **„Versuch einer Critischen Dichtkunst vor die Deutschen"** fest, welche Kriterien für Literatur im Allgemeinen, im Besonderen aber für das Drama zu gelten haben.

- **Aufbau des Dramas:** nach Möglichkeit fünf etwa gleich lange Akte.
- **Ständeklausel:** In der Tragödie dürfen nur adelige Figuren auftreten, damit eine gewisse „Fallhöhe" – die hohe Stellung ermöglicht einen tieferen Fall – gegeben ist. Bürgerliche Figuren sollen nur in Komödien auftreten.
- **Drei Einheiten des klassischen Dramas:** Einheit der Zeit (keine Zeitsprünge), Einheit des Raumes (keine Ortswechsel) und Einheit der Handlung (keine Nebenhandlungen).

Das Theater soll das **Publikum belehren, erziehen** und deutlich machen, dass die vorherrschende Gesellschaftsordnung eine gute und vernünftige ist. Alles Unvernünftige, Phantastische, Übernatürliche etc. soll nach GOTTSCHED aus den Theaterstücken verbannt werden. Er setzt es sich zum Ziel, die derben Komödien der Wanderschauspieltruppen von der Bühne zu verdrängen. Damit ist auch dem Harlekin oder **Hanswurst,** der in der Tradition der Wanderbühnen steht, der Kampf angesagt. Hanswurst ist eine Narrengestalt, die das Publikum zunächst zwischen einzelnen Akten mit (derben) Späßen bei Laune hält, später aber aufgrund seiner großen Beliebtheit eine Nebenrolle im eigentlichen Stück (zumeist als Diener) bekommt. In der Mitte des 18. Jahrhunderts kommt es in Wien zum sogenannten „Hanswurststreit": Hanswurst soll von der Bühne verbannt werden, da er nicht den Ansprüchen der Aufklärung und der GOTTSCHED'SCHEN Bemühungen um ein qualitativ hochwertiges Theater entspricht.

Karl Friedrich Flögel: Franz Schuch als Hanswurst (1862)

GOTTHOLD EPHRAIM LESSING (1729–1781), einer der wichtigsten Schriftsteller der Epoche der Aufklärung, ist der größte Kritiker von GOTTSCHEDS Vorschriften. Er tritt für eine Literatur bzw. für ein Drama mit weniger formalen Zwängen ein. Seine Forderungen werden vor allem im **bürgerlichen Trauerspiel** erfüllt, das zur zentralen dramatischen Form der Aufklärung wird. In ihm findet das gesellschaftlich aufstrebende Bürgertum mit seinem sehr strengen Moralkodex, seiner Ablehnung der adeligen, dekadenten Lebensweise und seinem Wunsch nach gesellschaftlicher Teilhabe seine Bühne. Wie die Bezeichnung Trauerspiel schon vermuten lässt, endet das Stück tragisch für die bürgerliche Hauptfigur, was im Theater der damaligen Zeit eine Neuheit ist, da man Bürgerinnen und Bürgern als Protagonistinnen und Protagonisten bisher nicht die nötige Fallhöhe für eine Tragödie zugesprochen hat.

Epik

Die „Geschichte des Agathon" von CHRISTOPH MARTIN WIELAND (1733–1813) ist ein erster und modellbildender **Bildungs- und Entwicklungsroman** in der Epoche der Aufklärung. Ein Held durchläuft einen Entwicklungs- und Reifungsprozess und zeigt sich am Ende des Romans als aufgeklärter, besonnener, moralisch geläuterter Mensch, der von der Gesellschaft respektiert und geachtet wird. Romane mit Liebes- und Abenteuerhandlungen sind vor allem bei Leserinnen beliebt, gelten aber als unsittlich und literarisch minderwertig.

Wichtige Autoren und Werke der Aufklärung		
Gotthold Ephraim Lessing	Dramen, Fabeln, theoretische Schriften	Emilia Galotti (1772, Trauerspiel) Nathan der Weise (1779, Drama)
Christoph Martin Wieland	Bildungs- und Entwicklungsroman	Geschichte des Agathon (1766/67)
Johann Christoph Gottsched	theoretische Schriften	Versuch einer Critischen Dichtkunst vor die Deutschen (1729)
Georg Christoph Lichtenberg	Aphorismen	Sudelbücher (entstanden ab 1764)

Arbeitsaufgaben „Aufklärung"

1. Die folgenden Textpassagen stellen den zentralen Inhalt des Dramas „Nathan der Weise" von Gotthold Ephraim Lessing dar – die Ringparabel.
Sultan Saladin, muslimischen Glaubens, fordert den Kaufmann Nathan, jüdischen Glaubens, auf, ihm darzulegen, welche von den drei großen monotheistischen Religionen nun die richtige sei. Nathan antwortet mit folgender Parabel:

Gotthold Ephraim Lessing
NATHAN DER WEISE (1779)

Nathan: Vor grauen Jahren lebt' ein Mann in Osten,
Der einen Ring von unschätzbarem Wert
Aus lieber Hand besaß. Der Stein war ein
Opal, der hundert schöne Farben spielte,
5 Und hatte die geheime Kraft, vor Gott
Und Menschen angenehm zu machen, wer
In dieser Zuversicht ihn trug. Was Wunder,
Daß ihn der Mann in Osten darum nie
Vom Finger ließ; und die Verfügung traf,
10 Auf ewig ihn bei seinem Hause zu
Erhalten? Nämlich so. Er ließ den Ring
Von seinen Söhnen dem geliebtesten;
Und setzte fest, daß dieser wiederum
Den Ring von seinen Söhnen dem vermache,
15 Der ihm der liebste sei; und stets der liebste,
Ohn' Ansehn der Geburt, in Kraft allein
Des Rings, das Haupt, der Fürst des Hauses werde.
[...] So kam nun dieser Ring, von Sohn zu Sohn,
Auf einen Vater endlich von drei Söhnen;
20 Die alle drei ihm gleich gehorsam waren,
Die alle drei er folglich gleich zu lieben
Sich nicht entbrechen konnte. Nur von Zeit
Zu Zeit schien ihm bald der, bald dieser, bald
Der dritte, – sowie jeder sich mit ihm
25 Allein befand, und sein ergießend Herz
Die andern zwei nicht teilten, – würdiger
Des Ringes; den er denn auch einem jeden
Die fromme Schwachheit hatte, zu versprechen.
Das ging nun so, solang es ging. – Allein
30 Es kam zum Sterben, und der gute Vater
Kömmt in Verlegenheit. Es schmerzt ihn, zwei
Von seinen Söhnen, die sich auf sein Wort
Verlassen, so zu kränken. – Was zu tun? –
Er sendet in geheim zu einem Künstler,
35 Bei dem er, nach dem Muster seines Ringes,
Zwei andere bestellt, und weder Kosten
Noch Mühe sparen heißt, sie jenem gleich,
Vollkommen gleich zu machen. Das gelingt
Dem Künstler. Da er ihm die Ringe bringt,
40 Kann selbst der Vater seinen Musterring
Nicht unterscheiden. Froh und freudig ruft
Er seine Söhne, jeden insbesondre;

Gibt jedem insbesondre seinen Segen, –
Und seinen Ring, – und stirbt. – Du hörst doch, Sultan?

45 SALADIN: (der sich betroffen von ihm gewandt):
Ich hör, ich höre! – Komm mit deinem Märchen
Nur bald zu Ende. – Wird's?

NATHAN: Ich bin zu Ende.
Denn was noch folgt, versteht sich ja von selbst. –
50 Kaum war der Vater tot, so kömmt ein jeder
Mit seinem Ring, und jeder will der Fürst
Des Hauses sein. Man untersucht, man zankt,
Man klagt. Umsonst; der rechte Ring war nicht
Erweislich; –
55 (nach einer Pause, in welcher er des Sultans Antwort
erwartet)
Fast so unerweislich, als
Uns jetzt – der rechte Glaube.

Saladin ist noch nicht zufrieden und verlangt weitere Erklärungen. Nathan
führt aus, dass jede Religion auf Überlieferung und Geschichte(n) basiere
und diese angenommen und geglaubt werden müssten. Würde man sich
gegen den eigenen Glauben wenden, so strafte man die eigenen Vorfahren Lügen. Saladin gibt Nathan Recht, möchte aber wissen, wie nun der
Richter, den die drei Brüder konsultieren, entscheide. Der Richter stellt
zuerst fest, dass der echte Ring die Wunderkraft besitze, vor Gott und den
Menschen beliebt zu machen, und genau das müsse entscheiden, da die
falschen Ringe dies nicht könnten.

NATHAN: Und also, fuhr der Richter fort, wenn ihr
Nicht meinen Rat, statt meines Spruches, wollt:
Geht nur! – Mein Rat ist aber der: [...]!
Es eifre jeder seiner unbestochnen
5 Von Vorurteilen freien Liebe nach!
Es strebe von euch jeder um die Wette,
Die Kraft des Steins in seinem Ring' an Tag
Zu legen! komme dieser Kraft mit Sanftmut,
Mit herzlicher Verträglichkeit, mit Wohltun,
10 Mit innigster Ergebenheit in Gott
Zu Hilf'! Und wenn sich dann der Steine Kräfte
Bei euern Kindes-Kindeskindern äußern:
So lad ich über tausend tausend Jahre
Sie wiederum vor diesen Stuhl. Da wird
15 Ein weisrer Mann auf diesem Stuhle sitzen
Als ich; und sprechen. Geht! – So sagte der
Bescheidne Richter.

GOTTHOLD EPHRAIM LESSING: NATHAN DER WEISE, RECLAM – ALTE
RECHTSCHREIBUNG

a) **Suchen** Sie im Internet nach einer Inhaltsangabe zum Drama „Nathan
der Weise" und machen Sie sich mit der Handlung vertraut.

b) **Recherchieren** Sie, ob die Ringparabel eine Eigenkreation LESSINGS ist
oder ob er sich an ein literarisches Vorbild anlehnt.

c) Geben Sie in eigenen Worten den Rat des Richters an die drei Brüder **wieder.**

d) Zwar sind noch keine Tausende von Jahren vergangen, aber doch schon etliche Hundert. – **Diskutieren** Sie, welche Antwort auf die Frage, welche Religion die wahre sei, wohl heute ein Richter geben würde.

e) Erläutern Sie, inwiefern sich die Vorstellungen der Aufklärung und das Weltbild Lessings in seinem Drama „Nathan der Weise" widerspiegeln. Gehen Sie dabei auch auf den Begriff der Toleranz ein.

f) Geben Sie mögliche **Gründe** für die Tatsache an, dass Lessings Drama „Nathan der Weise" 1945 auf vielen deutschen Bühnen als erstes Stück gespielt wurde.

2. „Emilia Galotti" von Gotthold Ephraim Lessing

„Emilia Galotti" – Inhalt

Emilia Galotti ist die Tochter des bürgerlichen Obersts Odoardo Galotti und dessen Frau Claudia. Obwohl Emilia eine Bürgerliche ist, ist geplant, dass sie den Grafen Appiani heiratet. Der Landesfürst Prinz Gonzaga ist gegen diese Mesalliance, da er dadurch Emilia, welche er über alle Maßen begehrt, verlieren würde.

Am Tag der Hochzeit begibt sich Emilia alleine zur heiligen Messe und da Prinz Gonzaga von ihrem Kirchgang weiß, macht er ihr dort den Hof. Emilia weist diese versuchte Annäherung zurück, ist aber innerlich dennoch hin- und hergerissen.

Der Kammerherr Marinelli lässt im Auftrag von Gonzaga die Hochzeitskutsche des Brautpaares überfallen, wobei der Graf getötet und Emilia auf das Lustschloss des Prinzen gebracht wird. Claudia, Emilias Mutter, ist bei dem Überfall dabei, kommt auf das Schloss und konfrontiert Marinelli mit ihrem Wissen über den wahren Hergang des Überfalles.

Des Prinzen Mätresse Orsina weiß aus unterschiedlichen Quellen, dass der Prinz den Mord an Appiani veranlasst hat, teilt dies Odoardo Galotti mit und stattet diesen mit einem Dolch aus, damit er den Prinzen richten kann.

Odoardo, Emilias Vater, begibt sich auf das Schloss, wo Orsinas Behauptungen durch seine Frau Claudia bestätigt werden. Der Wunsch, den Prinzen zu töten, weicht jenem, seine Tochter zu retten und sie vom Schloss wegzubringen. Marinelli deutet jedoch an, dass dies nicht möglich sei, und Odoardo entschließt sich, das Schloss alleine zu verlassen, da er sich nicht gewiss ist, ob nicht Emilia mit dem Prinzen unter einer Decke steckt.

Als Odoardo im Schloss auf seine Tochter trifft, bleibt er aber. Er erklärt ihr, dass er „einem der beiden", also ihr oder dem Prinzen, mit dem Dolch das Herz durchstoßen wollte. Emilia verlangt nun nach dem Dolch, um Selbstmord zu begehen. Odoardo reicht ihn ihr, nimmt ihn ihr aber sofort wieder ab, da er erkennt, dass sie sich wirklich töten möchte.

die Mesalliance = Schließen Personen aus unterschiedlichen Ständen den Bund der Ehe, so stellt dies eine Mesalliance, eine Missheirat dar.

Gotthold Ephraim Lessing
EMILIA GALOTTI (1772)

ODOARDO: Sieh, wie rasch! – Nein, das ist nicht für deine Hand.

EMILIA: Es ist wahr, mit einer Haarnadel soll ich – *(Sie fährt mit der Hand nach dem Haare, eine zu suchen, und bekommt die Rose zu fassen.)* Du noch hier? – Herunter mit dir! Du gehörest nicht in das Haar einer –
5 wie mein Vater will, daß ich werden soll!

ODOARDO: Oh, meine Tochter! –

EMILIA: Oh, mein Vater, wenn ich Sie erriete! – Doch nein, das wollen Sie auch nicht. Warum zauderten Sie sonst? – *(In einem bittern Tone, während daß sie die Rose zerpflückt.)* Ehedem wohl gab es einen Vater,
10 der seine Tochter von der Schande zu retten, ihr den ersten, den besten Stahl in das Herz senkte – ihr zum zweiten Male das Leben gab. Aber alle solche Taten sind von ehedem! Solcher Väter gibt es keinen mehr!

ODOARDO: Doch, meine Tochter, doch! *(Indem er sie durchsticht.)* – Gott, was hab ich getan! *(Sie will sinken, und er faßt sie in seine Arme.)*

15 EMILIA: Eine Rose gebrochen, ehe der Sturm sie entblättert. – Lassen Sie mich sie küssen, diese väterliche Hand.

GOTTHOLD EPHRAIM LESSING: Emilia Galotti, Reclam – ALTE RECHTSCHREIBUNG

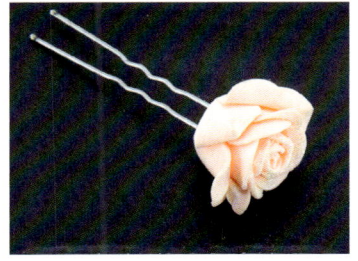

a) **Erläutern** Sie anhand des WERKZEUG-Blattes zur Aufklärung, warum es sich beim Drama „Emilia Galotti" um ein bürgerliches Trauerspiel handelt.

b) **Setzen** Sie den letzten Satz Emilias „*Eine Rose gebrochen, ehe der Sturm sie entblättert. – Lassen Sie mich sie küssen, diese väterliche Hand.*" mit den bürgerlichen Moralvorstellungen **in Beziehung** und **erklären** Sie, warum sie ihren Vater bittet, sie zu töten, und warum der Vater diesen Wunsch auch ausführt.

c) **Beurteilen** Sie das tragische Ende des Dramas mit Hilfe Ihrer (heutigen) Moralvorstellungen.

3. Aphorismen

Georg Christoph Lichtenberg
APHORISMEN (ab 1764)

- Ein Buch ist ein Spiegel, wenn ein Affe hineinguckt, kann freilich kein Apostel herausschauen.

- Wie glücklich würde mancher leben, wenn er sich um anderer Leute Sachen so wenig bekümmerte als um seine eigenen.

- Ich habe durch mein ganzes Leben gefunden, daß sich der Charakter eines Menschen aus nichts sicher erkennen läßt, als aus einem Scherz, den er übelnimmt.

- Ein Unverschämter kann bescheiden aussehen, wenn er will, aber kein Bescheidener unverschämt.

GEORG CHRISTOPH LICHTENBERG, ein Naturwissenschaftler, gilt als Pionier auf dem Gebiet des deutschsprachigen Aphorismus. Diese literarische Form drückt in aller Kürze eine subjektive Erkenntnis aus und will zur kritischen Reflexion, aber auch zum Schmunzeln über zeitgenössische Erscheinungen anregen.

■ Wer in sich selbst verliebt ist, hat wenigstens den Vorteil, daß er nicht viele Nebenbuhler erhalten wird.

GEORG CHRISTOPH LICHTENBERG: SCHRIFTEN UND BRIEFE, BD. 2,
INSEL – ALTE RECHTSCHREIUNG

a) **Erklären** Sie die Bedeutung der einzelnen Aphorismen.

b) **Beurteilen** Sie die abgedruckten Aphorismen. Welcher gefällt Ihnen warum am besten?

c) **Schreiben** Sie selber einen Aphorismus und präsentieren Sie ihn in der Klasse.

d) **Recherchieren** Sie nach weiteren, Aphorismen verfassenden Schriftstellerinnen und Schriftstellern.

4. Rap und Gesellschaftskritik

Yasmo & die Klangkantine
ZWEI (2017)

Und plötzlich find ich mich an Tagen wieder,
wo ich meinen Kopf in den Sand stecken will,
weil er vom Schütteln schon so schmerzt.
4 Plötzlich ist das Rauschen im Ohr viel zu laut,
weil ich es nicht mehr hören will,
die Wut steckt nicht nur im Bauch.

Ist das euer Ernst?! Haben wir wieder alles verlernt?!
8 Ich versteh das nicht, ich seh das nicht ein, ist es wirklich schwer,
sich den Verstand zu behalten, ist das wirklich verkehrt?!
Lasst doch die Vernunft walten, und ich will auch nicht belehren!
Aber eins plus eins bleibt zwei, Meinung bleibt frei,
12 Menschenfeindlichkeit bleibt feig, mir reichts mit Rassismen und
dergleichen,
wenn man auf einen Sündenbock zeigt,
und nein, ich suche keinen Streit, nur die Menschlichkeit!
Ich hoffe, wir haben das nicht wieder verloren.
16 Es war nicht immer so, aber mittlerweile mach ich mir Sorgen.

Was Satire war, wird jetzt zur Realität auserkoren,
die Früchte unserer Eltern scheinen, naja, verdorben.
Und ich stürz mich in den Wein, weil ich dann verschwommen seh,
20 und nicht klar ausmachen kann, was in der Zeitung steht.
Wenn ich ganz ehrlich bin: ich will das nicht sehen!
Und wenn ich ganz ehrlich bin: ich muss da drüber reden!
Denn es war nicht immer so, oder vielleicht weiß ich's nicht mehr,
24 aber so viel Hetze, so viel Feinde, so viel läuft verkehrt.
So viel Stimmen für Parteien, die nichts tun, außer sich beschweren,
so viel blinde Wut und so viel Hass –
wo kommt das alles her?! [...]

YASMO & DIE KLANGKANTINE

Sie können das Lied auf youtube.com nachhören.

a) **Setzen** Sie den Liedtext mit den Forderungen und Schlagwörtern der Aufklärung **in Beziehung.**

b) **Erklären** Sie, worauf sich das lyrische Ich bezieht, wenn es feststellt, dass „die Früchte unserer Eltern" verdorben scheinen.

c) **Recherchieren** Sie nach weiteren Liedtexten bzw. Liedern von YASMO & DIE KLANGKANTINE und **untersuchen** sie ihre Haltung der Gesellschaft gegenüber.

d) **Verfassen** Sie selber einen zeit- bzw. gesellschaftskritischen Rap-Text.

5. Fabeln

Gotthold Ephraim Lessing
DER ESEL UND DER WOLF (1759)

Ein Esel begegnete einem hungrigen Wolfe. „Habe Mitleid mit mir", sagte der zitternde Esel, „ich bin ein armes krankes Tier; sieh nur, was für einen Dorn ich mir in den Fuß getreten habe!"
„Wahrhaftig, du dauerst mich", versetzte der Wolf. „Und ich finde mich in meinem Gewissen verbunden, dich von deinen Schmerzen zu befreien."
Kaum ward das Wort gesagt, so ward der Esel zerrissen.

GOTTHOLD EPHRAIM LESSING: AUSGEWÄHLTE FABELN,
PROJEKT-GUTENBERG.ORG

Verfassen Sie eine **Textinterpretation** zur Fabel „Der Esel und der Wolf" und bearbeiten Sie die folgenden Arbeitsaufträge:

- **Analysieren** Sie den Aufbau der Fabel.
- **Untersuchen** Sie das Gesprächsverhalten der Tiere hinsichtlich ihres Verhältnisses zueinander.
- **Erschließen** Sie die Lehre der Fabel.
- **Bewerten** Sie mögliche Aussagen der Fabel in Hinblick auf ihre Gültigkeit in unserer Gesellschaft.

Schreiben Sie zwischen 405 und 495 Wörter. Markieren Sie Absätze mittels Leerzeilen.

6. Die Aufklärung – eine Zumutung?

„ES GEHT UM MENSCHLICHE WÜRDE"

*Habe Mut, dich deines eigenen Verstandes zu bedienen, forderte Immanuel Kant den Menschen auf. Wo steht heute die Aufklärung?
„Aufklärung ist der Ausgang des Menschen aus seiner selbst verschuldeten Unmündigkeit. Unmündigkeit ist das Unvermögen, sich seines Verstandes*
5 *ohne Leitung eines anderen zu bedienen. Faulheit und Feigheit sind die Ursachen, warum ein großer Teil der Menschen gern zeitlebens unmündig bleibt."
So definierte der deutsche Philosoph Immanuel Kant 1784 die Aufklärung. Die Oberösterreichischen Kulturvermerke beschäftigten sich vier*
10 *Tage lang in Gmunden mit dem Thema „Mehr Licht – Über die Notwendigkeit der Aufklärung".*

FRANZ SCHUH,
österreichischer Schriftsteller
und Essayist (geboren 1947)

Ein Gespräch mit dem Autor und Kritiker Franz Schuh.

Kurier: Leben wir in einem aufgeklärten Zeitalter? Kant hat das für seine Zeit verneint.

Franz Schuh: Wir leben in einer partiell aufgeklärten Zeit. Allerdings in einer Gesellschaft, die, bei ungeheuerlichen Unterschieden, die ganze Welt umfasst.

Das unterscheidet diese Welt entschieden vom Preußen Kants. Es gibt in dieser Welt die Möglichkeit, sie aufzuklären, aber es gibt umgekehrt auch grandiose, lebensgefährliche Tendenzen von Irrationalität. Und auch eine ständige Gegenwehr gegen die Zumutungen der Aufklärung.

Wie lauten diese Zumutungen? Würden Sie uns ein Beispiel nennen?
Manche Idealismen und Illusionen, manche Religionen etc. Das plausibelste Beispiel ist die romantische Liebe, für die manche sogar Verbrechen begehen. Sie gaukelt uns eine Leidenschaftlichkeit als Absolutum vor. Nüchtern oder aufgeklärt betrachtet, steckt dahinter vielleicht bloß der vom Geschlechtstrieb umnebelte Mensch. Das lässt sich durchschauen.

In der langen Sicht, im Rückblick aus der Distanz. Aber wie verhält es sich, wenn man noch unmittelbar von den Ereignissen betroffen ist?
Auch in der kurzen Sicht kann man es unter Umständen erkennen. Aber man ist nicht bereit, mit dieser Erkenntnis zu leben, weil die Lust und der Genuss am Illusionären stärker ist als das, was einem die Aufklärung an trockener Nüchternheit doch zumutet. Man muss immer einen Überschuss an Emotion, aber auch an Vernunft in seine Pläne und Absichten investieren, sollen sie funktionieren. Daher ist die Aufklärung eine ständige Zumutung.

Wir leben doch in einer aufgeklärten Welt. Sind die Menschen aber der Aufklärung nicht ein bisschen müde, weil sie anstrengend ist? Immer selbst zu überlegen, immer selbst zu entscheiden.
Es gehört zum Mythos dieser Welt, zu meinen, sie wäre aufgeklärt. Die Gefahr des Irrtums besteht ständig. Einer dieser Irrtümer ist mit Sicherheit der Glaube, dass durch uns die Aufklärung schon ein abgeschlossenes Projekt wäre. Das wütende Bedürfnis sich selbst und andere zu täuschen ist doch in jeder zweiten Politiker- oder Künstlerrede oder überhaupt Rede herauszuhören.

Die Anstrengung bleibt.
Für Kant geht es eigentlich um die Würde des Menschen. Sie ist ein zentrales Thema der Aufklärung, in der ja auch die Menschenrechte ausgedacht worden sind. Die Würde, hat Karl Kraus gesagt, ist „die Konditionalform von Sein". Würde existiert, wenn überhaupt, im Konjunktiv. Meiner Meinung nach gibt es kein politisches System, das die Würde garantiert. Man muss um sie ständig kämpfen. Der Kampf gegen die Feigheit, die Faulheit, die Passivität, gegen das bequeme Leben unter Vormundschaften, von denen Kant spricht, ist ein Kampf um die menschliche Würde.

Dieser Kampf ist von Ungleichgewichten beschwert. Die einen leben am reichen Rand der Welt und anderswo hungert man. In diesem Sinne ist das Projekt der Aufklärung gescheitert. Aber selbst wenn auf Erden noch keine Würde existiert, kann man mit dem Versuch nicht aufhören, sie herzustellen.

Was ist mit den Schatten der Aufklärung?

Es gibt die Aufgeklärtheit ohne Moral. Wenn zum Beispiel ökonomischer Rationalismus in totaler Einseitigkeit die Welt organisiert, schlägt die Rationalität in ihr Gegenteil um. Aufklärung, die zum Beispiel das Giftgas

65 *erfunden hat, oder Aufklärung, für die man Menschen in eiskaltes Wasser wirft, um zu erforschen, wie sie darauf reagieren, ist das Umschlagen des Projekts der menschlichen Würde in die totale Demütigung.*

In welchen Bereichen der österreichischen Gesellschaft ist dringend Aufklärung notwendig?

70 *Eines unserer charakteristischen Probleme ist die Selbstfesselung durch Parteilichkeit. Wenn jemand von der Partei X etwas sagt, dann ist es automatisch falsch für die Partei Y. Das ist ein unaufgeklärtes reflexartiges Verhalten, aber es spielt eine große Rolle in der Öffentlichkeit. Im Bildungsbereich sind diese Selbstfesselungsprozesse der Parteien spürbar*

75 *am Werk. Es gehört hier viel Mut dazu, sehr sehr viel Geld in das System hineinzupumpen und andererseits das System radikal zu verändern. Die Folgen werden sich ja erst in relativ langer Zeit zeigen.*

Was kann so ein Symposium wie das der Oberösterreichischen Kulturvermerke über Aufklärung bringen?

80 *Es verführt die Experten zu einem Meinungsaustausch. Es kann einen Einzelnen im Publikum dazu anregen, selbst ein Experte zu werden. Und es können Leute etwas hören, zum Beispiel aus einer Schrift von Kant, das dann in ihrem Leben wichtig wird.*

KURIER – OHNE VERFASSER/IN

a) **Fassen** Sie die wesentlichen Aussagen des Interviews in Form eines Exzerptes **zusammen.**

b) **Erklären** Sie, was FRANZ SCHUH unter dem Begriff „Würde" versteht, wenn er von Aufklärung spricht, warum und vor allem wann Aufklärung eine Zumutung ist und wann aufgeklärtes Handeln in Demütigung umschlagen kann.

c) Was bedeutet für Sie aufgeklärtes Handeln einer/eines Jugendlichen in unserer heutigen Gesellschaft? **Erörtern** Sie Ihre ganz persönlichen Thesen zum aufgeklärten Handeln eines Menschen.

Notizen

2 Empfindsamkeit – Sturm und Drang

Johann Wolfgang von Goethe
DIE LEIDEN DES JUNGEN WERTHERS (Auszüge, 1774)

> 16. Juni 1771
>
> ... kurz und gut, ich habe eine Bekanntschaft gemacht, die mein Herz näher angeht. Ich habe – ich weiß nicht. [...] Einen Engel! – Pfui! Das sagt jeder von der Seinigen, nicht wahr? Und doch bin ich nicht imstande, dir zu sagen,
> 5 wie sie vollkommen ist, warum sie vollkommen ist; genug, sie hat allen meinen Sinn gefangengenommen. [...]
>
> 16. Julius 1771
>
> Ach wie mir das durch alle Adern läuft, wenn mein Finger unversehens den ihrigen berührt, wenn unsere Füße sich unter dem Tische begegnen! Ich
> 10 ziehe zurück wie vom Feuer, und eine geheime Kraft zieht mich wieder vorwärts – mir wird's so schwindelig vor allen Sinnen. – O! Und ihre Unschuld, ihre unbefangene Seele fühlt nicht, wie sehr mich die kleinen Vertraulichkeiten peinigen. Wenn sie gar im Gespräch ihre Hand auf die meinige legt und im Interesse der Unterredung näher zu mir rückt, daß der himmlische
> 15 Atem ihres Mundes meine Lippen erreichen kann: – ich glaube zu versinken, wie vom Wetter gerührt. – und, Wilhelm! Wenn ich mich jemals unterstehe, diesen Himmel, dieses Vertrauen – ! Du verstehst mich. Nein, mein Herz ist so verderbt nicht! Schwach! Schwach genug! – und ist das nicht Verderben? [...]
> 20
> 24. Julius 1771
>
> Noch nie war ich glücklicher, noch nie war meine Empfindung an der Natur, bis aufs Steinchen, aufs Gräschen herunter, voller und inniger, und doch – ich weiß nicht, wie ich mich ausdrücken soll, meine vorstellende Kraft ist so schwach, alles schwimmt und schwankt so vor meiner Seele, daß ich keinen
> 25 Umriß packen kann; [...]
>
> 6. Dezember 1772
>
> Wie mich die Gestalt verfolgt! Wachend und träumend füllt sie meine ganze Seele! Hier, wenn ich die Augen schließe, hier in meiner Stirne, wo die innere Sehkraft sich vereinigt, stehen ihre schwarzen Augen. Hier! Ich kann dir es
> 30 nicht ausdrücken. Mache ich meine Augen zu, so sind sie da; wie ein Meer, wie ein Abgrund ruhen sie vor mir, in mir, füllen die Sinne meiner Stirn.
>
> 14. Dezember 1772
>
> „Was ist das, mein Lieber? Ich erschrecke vor mir selbst! Ist nicht meine Liebe zu ihr die heiligste, reinste, brüderlichste Liebe? Habe ich jemals einen
> 35 strafbaren Wunsch in meiner Seele gefühlt? – ich will nicht beteuern – und nun, Träume!
> [...] Lotte! Lotte! – und mit mir ist es aus! Meine Sinne verwirren sich, schon acht Tage habe ich keine Besinnungskraft mehr, meine Augen sind voll Tränen. Ich bin nirgend wohl, und überall wohl. Ich wünsche nichts, verlange
> 40 nichts. Mir wäre besser, ich ginge".
> [...] „Ihre Gegenwart, ihr Schicksal, ihre Teilnehmung an dem meinigen preßt noch die letzten Tränen aus meinem versengten Gehirne. Den Vorhang aufzuheben und dahinter zu treten! Das ist alles! Und warum das Zaudern und Zagen? Weil man nicht weiß, wie es dahinten aussieht? Und man
> 45 nicht wiederkehrt? Und daß das nun die Eigenschaft unseres Geistes ist, da Verwirrung und Finsternis zu ahnen, wovon wir nichts Bestimmtes wissen".

JOHANN WOLFGANG VON GOETHE: DIE LEIDEN DES JUNGEN WERTHERS, RECLAM – ALTE RECHTSCHREIBUNG

Werther, der Protagonist von GOETHES Briefroman, verliebt sich unsterblich in Lotte, die schon mit Albert verlobt ist. Mehr und mehr verstrickt sich Werther in dieser unglücklichen Liebe und begeht am Ende des Romans Selbstmord. Die angeführten Textstellen sind Auszüge aus den Briefen von Werther an seinen Freund Wilhelm, der diese nach Werthers Tod herausgibt.

Arbeitsaufgaben „Empfindsamkeit – Sturm und Drang"

a) **Beschreiben** Sie die beiden unterschiedlichen Stimmungslagen, in denen sich der Ich-Erzähler in diesen Textauszügen befindet.

b) **Untersuchen** Sie den in den einzelnen Textstellen verwendeten Wortschatz, der die jeweilige Stimmungslage des Protagonisten im Besonderen widerspiegelt.

Empfindsamkeit – Sturm und Drang

WERKZEUG

Genie, Freiheit, Natur, Gefühl, Phantasie, Leidenschaft – das sind die Schlagworte der Epochen des „Sturm und Drang" sowie der „Empfindsamkeit". Damit stehen die Dichter/innen, die zumeist dem Kleinbürgertum entstammen, im Widerspruch zu dem, was die Vätergeneration im Zuge der Aufklärung gefordert hat.

Empfindsamkeit (1740–1780)

Mit dem Begriff Empfindsamkeit bezeichnet man eine **Strömung innerhalb der Epoche der Aufklärung.** Die Nüchternheit der Aufklärung, die geforderte Rationalität und das vernunftgemäße Handeln werden eingetauscht gegen die **empfindsame Seele,** gegen ein fühlendes Ich, das sich als einzigartig, selbstbestimmt und frei begreifen möchte – eine Revolution im Gefühlsleben der Protagonistinnen und Protagonisten sowie der Leser/innen.

„Man spähte sein eigen Herz aus und das Herz der anderen", schreibt JOHANN WOLFGANG VON GOETHE (1749–1832) später in seinem Werk „Dichtung und Wahrheit". Heute würde man das Gefühlsleben der damaligen jungen Erwachsenenwelt als manisch-depressiv bezeichnen, möglicherweise auch als pubertäres Verhalten. Männer wie Frauen tragen sich gegenseitig Gedichte oder Briefe von Seelenverwandten vor und kommentieren diese mit Tränen, Schluchzen und Ausrufen des Entzückens.

FRIEDRICH GOTTLIEB KLOPSTOCK (1724–1803) ist einer dieser Lyriker des 18. Jahrhunderts. Er lässt diese **schwärmerische Subjektivität,** diese empfindsame Seele in seinen Gedichten und Oden zur Sprache kommen und wird zum Lehrmeister für spätere Dichtergenerationen. Auch MATTHIAS CLAUDIUS (1740–1815) gilt mit seiner Lyrik (z. B. „Abendlied") als Vertreter der Empfindsamkeit.

Zurück zur Natur

„Alles ist gut, wie es aus den Händen des Schöpfers der Dinge hervorgeht; alles verdirbt unter den Menschen." Mit diesem Satz beginnt JEAN-JACQUES ROUSSEAU (1712–1778) seinen Roman „Émile" (1762). Er legt mit diesem Werk den Grundstein für eine neue Pädagogik, für eine antiautoritäre Erziehung, mit der auch ein gänzlich neues Bild des Kindes, der Kindheit und des Heranwachsens entsteht. Das Kind sollte sich in seiner natürlichen Umgebung frei und ohne wesentliche Einschränkungen durch die Welt der Erwachsenen entwickeln können. ROUSSEAU entwirft damit ein vollkommen neues und revolutionäres Erziehungsprogramm, das in vielen pädagogischen Ansätzen noch heute nachwirkt. Aber auch die Dichter/innen der Empfindsamkeit sehen in der unverfälschten, nicht durch Menschenhand veränderten Natur die Basis aller Freiheit.

Sturm und Drang (1770–1785)

Die Epoche des Sturm und Drang kann auch als eine Art „Jugendbewegung" verstanden werden, die sich gegen die Ansichten, Werte und Regeln der Alten richtet. Neben der Befreiung von literarischen Zwängen hinsichtlich Sprache und Form steht auch die Kritik an der Obrigkeit und den herrschenden politischen Verhältnissen oftmals im Zentrum der literarischen Texte.

Die Literatur des Sturm und Drang ist gleichermaßen empfindsam, geht aber in ihren Forderungen nach Unabhängigkeit vom Alten, von Fremdbestimmung und vom Adel weit über die passive Haltung der Empfindsamkeit hinaus.

Die Begriffe **„Natur-, Original- oder Kraftgenie"** sind Ausdruck des Selbstverständnisses der jungen Dichter/innen. Sie sind es, die Welten erschaffen und sie auch zugrunde gehen lassen. Sie sind es, die es mit Göttern und Fürsten aufnehmen und deren Allmächtigkeit in Zweifel ziehen. Das Genie ist in der Lage, zu denken, was zuvor noch nicht gedacht worden ist, auszusprechen, was noch niemand gesagt hat, Dinge zu erschaffen, die vorher noch nicht dagewesen sind, und in einer Tiefe zu empfinden, wie es seinen Mitmenschen nicht möglich ist. Dieses Selbstverständnis bildet die Basis für das künstlerische bzw. literarische Schaffen.

Literatur

Lyrik

Großer Beliebtheit erfreuen sich zur Zeit des Sturm und Drang die **anakreontischen Oden.** Der griechische Dichter ANAKREON VON TEOS steht in der zweiten Hälfte des 6. Jahrhunderts v. Chr. mit den wenigen seiner erhaltenen Gedichte Pate für eine anonym herausgegebene Sammlung von Liedern, die oftmals von Liebe, Wein und Gesang handeln. Die Verfasser der restlichen Lieder sind unbekannt. Diese Art der Lyrik erlebt in der Mitte des 18. Jahrhunderts eine Hochblüte, da sie sowohl in inhaltlicher Hinsicht als auch in ihrer Form- und Zwanglosigkeit (einheitliche Metrik und Reim sind kein Muss) sehr gut in das Konzept der Dichter/innen der Empfindsamkeit sowie des Sturm und Drang passt.

JAMES MACPHERSON (1736–1796), schottischer Dichter und Schriftsteller, gibt vor, die **Gesänge des Ossians,** eines keltischen Kriegerbarden aus dem 3. Jahrhundert, entdeckt und übersetzt zu haben. Bei den Gedichten handelt es sich jedoch um schottisch-gälische Balladen, die MACPHERSON zum Teil gesammelt, zum Teil selbst verfasst hat und die von den Heldentaten und Schlachten keltischer Krieger berichten. Werther, GOETHES Antiheld im Briefroman „Die Leiden des jungen Werthers" (1774), beschreibt an unterschiedlichen Stellen des Romans seine Gemütslage mittels dieser archaischen, schwermütigen, mystisch-ahnungsvollen, den Kräften der Seele und Natur nachspürenden Dichtung.
Viele Autoren des Sturm und Drang (GOTTFRIED AUGUST BÜRGER, FRIEDRICH GOTTLIEB KLOPSTOCK, JOHANN WOLFGANG VON GOETHE, JOHANN GOTTFRIED HERDER) verweisen in ihren Texten zum Teil begeistert auf die Ossian-Lyrik. Auch als sich zu Beginn des 19. Jahrhunderts die Ossian-Gedichte als Fälschungen herausstellen, bleibt die Faszination ungebrochen.
Geprägt durch diese Einflüsse findet JOHANN WOLFGANG VON GOETHE zu einer neuen Art von Lyrik, zur sogenannten **Erlebnislyrik.** Er vereint in seinen lyrischen Texten nun das an die Ossian-Dichtung angelehnte mystische Naturerleben mit der empfindsamen, von subjektivem Erleben und Leidenschaft geprägten Dichtung FRIEDRICH GOTTLIEB KLOPSTOCKS.

Dramatik

WILLIAM SHAKESPEARE (1564–1616) ist ein wichtiges Vorbild der Stürmer und Dränger. All jene formalen und auch inhaltlichen Gebote, die JOHANN CHRISTOPH GOTTSCHED (1700–1766) von den Dichtern einfordert – z. B. Einheit der Zeit, des Ortes und der Handlung – werden schon lange zuvor von SHAKESPEARE nicht realisiert und sie werden auch von den Dramatikern des Sturm und Drang vollends abgelehnt.
Auch die Sprache soll von formalen Zwängen befreit werden: Es wird in erster Linie Prosa (ungebundene Sprache) verwendet, manche Regeln des Satzbaus werden nicht eingehalten und es werden den Figuren halbe Sätze, Einwortsätze und Ausrufe in den Mund gelegt.

Das **bürgerliche Trauerspiel,** das Figuren aus dem Bürgertum in tragischen Rollen zu Protagonisten macht, ist auch in der Epoche des Sturm und Drang

---

Hier ein Beispiel aus GOETHES „Werther":

Ossian hat in meinem Herzen den Homer verdrängt. Welch eine Welt, in die der Herrliche mich führt! Zu wandern über die Heide, umsaust vom Sturmwinde, der in dampfenden Nebeln die Geister der Väter im dämmernden Lichte des Mondes hinführt.

eine wichtige Form des Dramas, FRIEDRICH SCHILLERS „Kabale und Liebe" oder HEINRICH LEOPOLD WAGNERS „Die Kindermörderin" sind Beispiele hierfür.

Epik

Das zentrale epische Werk dieser Epoche ist der Briefroman **„Die Leiden des jungen Werthers"** von JOHANN WOLFGANG VON GOETHE. Empfindsamkeit, Subjektivität und revolutionäre Auflehnung gegen das Althergebrachte kennzeichnen diesen Roman und treffen den Nerv der damaligen Zeit in ungeahnter Intensität. Nur Werthers Briefe an seinen Freund Wilhelm sind abgedruckt und werden den Leserinnen und Lesern von einem fiktiven Herausgeber übermittelt, der im zweiten Teil des Romans erstmals in Erscheinung tritt und am Ende vom Selbstmord und Sterben Werthers berichtet.

Die Wirkung des Werkes zur damaligen Zeit ist immens, man spricht vom sogenannten „Wertherfieber". Etliche Leserinnen und Leser tun es Werther gleich und begehen nach der Lektüre des Briefromans Selbstmord. Bis zum Ende des Jahrzehnts verkauft sich das Buch ca. 10 000-mal. Empfindsame junge Männer kleiden sich in Werther-Tracht (blauer Frack, gelbe Weste und gelbe Hose), junge Damen tragen Lottes weißes Kleid mit blassroter Schleife. Werther-Motive werden auf Fächer oder auch Tapeten gedruckt, Medaillons, Ringe etc. werden mit Werther-Motiven verziert.

Als Revolution der Seele kann GOETHES Briefroman bezeichnet werden. Revolutionär deshalb, weil der Protagonist Werther tief in seine empfindsame Seele blicken lässt, die Liebesheirat als Erfüllung ansieht und letztlich seinem Leben selbst ein Ende bereitet.

Literatur von Frauen

Für die schreibenden Frauen der damaligen Zeit ist es nicht einfach zu publizieren, weil Autorenschaft und Werkherrschaft in erster Linie den Männern vorbehalten sind. So können Frauen oft nur mittels Pseudonym publizieren oder dann, wenn ein Mann als Herausgeber fungiert.

SOPHIE VON LA ROCHE (1730–1807) schreibt einen damals sehr erfolgreichen Briefroman mit dem Titel „Geschichte des Fräuleins von Sternheim". Als Herausgeber fungiert im Jahr 1771 CHRISTOPH MARTIN WIELAND. Wer den Roman verfasst hat, wird vorerst nicht angegeben. Dieser vermutlich erste von einer Frau verfasste Roman wird von der Kritik mit Begeisterung aufgenommen, sowohl von den Aufklärern als auch von den Stürmern und Drängern.

Der Roman handelt von Sophie von Sternheim, die zeit ihres Lebens an ihren bürgerlichen Wertvorstellungen festhält und sich bei Hofe nicht von den dort gelebten Lastern und Verlockungen verführen lässt. Einerseits lässt sie sich nicht zur Mätresse des Fürsten machen, andererseits kommt es am Ende des Romans zu einer Liebesheirat. Dazwischen bleibt Sophie ihren tugendhaften Moralvorstellungen treu und bestimmt weitgehend selbst über ihr Schicksal.

FRIEDRICH MAXIMILIAN KLINGER (1752–1831), dessen Drama „Sturm und Drang" der Epoche ihren Namen gibt, nimmt mit seinem Roman **„Fausts Leben, Taten und Höllenfahrt"** eine Bearbeitung des Faust-Stoffes vor.

Möglicherweise liegt hier die Geburt des aus dem heutigen Kulturbetrieb nicht mehr wegdenkbaren Merchandisings.

die Werkherrschaft = Begriff, aus dem sich das heutige Urheberrecht ableitet

Wichtige Autoren und Werke des Sturm und Drang		
Friedrich Maximilian Klinger	Dramen, Romane	Sturm und Drang (1776, Drama)
		Fausts Leben, Taten und Höllenfahrt (1791, Roman)
Johann Wolfgang von Goethe	Dramen, Lyrik, Epik	Götz von Berlichingen (1773, Drama)
		Maifest (1771), Prometheus (1772–1774) (Lyrik)
		Die Leiden des jungen Werthers (1774, Briefroman)
Friedrich Schiller	Dramen	Die Räuber (1781), Kabale und Liebe (1784)
Gottfried August Bürger	Lyrik	Der Bauer an seinen durchlauchtigen Tyrannen (1774)
Jakob Michael Reinhold Lenz	Dramen	Der Hofmeister (1774), Die Soldaten (1776)
Heinrich Leopold Wagner	Dramen	Die Kindermörderin (1776)
Friedrich Gottlieb Klopstock	Lyrik (Hymnen, Oden etc.)	Der Messias (1748)

Arbeitsaufgaben „Empfindsamkeit – Sturm und Drang"

1. **Natur, Gefühl, Liebe?**

Johann Wolfgang von Goethe
MAIFEST (1774)

Wie herrlich leuchtet
Mir die Natur!
Wie glänzt die Sonne!
4 Wie lacht die Flur!

Es dringen Blüten
Aus jedem Zweig
Und tausend Stimmen
8 Aus dem Gesträuch

Und Freud' und Wonne
Aus jeder Brust.
O Erd', o Sonne!
12 O Glück, o Lust!

O Lieb', o Liebe!
So golden schön,
Wie Morgenwolken
16 Auf jenen Höhn!

Du segnest herrlich
Das frische Feld,
Im Blütendampfe
20 Die volle Welt.

O Mädchen, Mädchen,
Wie lieb' ich dich!
Wie blickt dein Auge!
24 Wie liebst du mich!

So liebt die Lerche
Gesang und Luft,
Und Morgenblumen
28 Den Himmelsduft,

Wie ich dich liebe
Mit warmem Blut,
Die du mir Jugend
32 Und Freud' und Mut

Zu neuen Liedern
Und Tänzen gibst.
Sei ewig glücklich,
36 Wie du mich liebst!

IN: CONRADY: DAS BUCH DER GEDICHTE, CORNELSEN

Arbeitsaufgaben

a) **Geben** Sie den Inhalt des Gedichtes **wieder.**

b) **Analysieren** Sie das Gedicht in formaler Hinsicht. Weisen Sie auch die Stilmittel der Personifikation, Hyperbel und Ellipse nach.

c) **Überprüfen** Sie die These, dass dieses Gedicht typisch für die Zeit des Sturm und Drang sei.

2. Anklage

Gottfried August Bürger
DER BAUER AN SEINEN DURCHLAUCHTIGEN TYRANNEN (1774)

Wer bist du, Fürst, daß ohne Scheu
Zerrollen mich dein Wagenrad,
3 Zerschlagen darf dein Roß?

Wer bist du, Fürst, daß in mein Fleisch
Dein Freund, dein Jagdhund, ungebleut
6 Darf Klau' und Rachen hau'n?

Wer bist du, daß, durch Saat und Forst,
Das Hurra deiner Jagd mich treibt,
9 Entatmet, wie das Wild? –

Die Saat, so deine Jagd zertritt,
Was Roß und Hund und Du verschlingst,
12 Das Brot, du Fürst, ist mein.

Du Fürst hast nicht, bei Egg' und Pflug,
Hast nicht den Erntetag durchschwitzt.
15 Mein, mein ist Fleiß und Brot! –

Ha! Du wärst Obrigkeit von Gott?
Gott spendet Segen aus; du raubst!
18 Du nicht von Gott, Tyrann!

IN: CONRADY: DAS BUCH DER GEDICHTE, CORNELSEN –
ALTE RECHTSCHREIBUNG

a) **Geben** Sie die Anklagepunkte und die Forderungen des Bauern an den Fürsten **wieder.**

b) **Recherchieren** Sie den historischen Kontext zum Gedicht und beschreiben Sie die damalige Beziehung zwischen Bauern und Fürsten.

c) Das Gedicht findet in seiner letzten Strophe seinen Höhepunkt.– **Analysieren** Sie, welche inhaltlichen und rhetorischen Mittel BÜRGER dafür verwendet, um diesen Höhepunkt zu verstärken.

3. „Götz von Berlichingen" von JOHANN WOLFGANG VON GOETHE

„Götz von Berlichingen" – Inhalt
Der freie Ritter Götz von Berlichingen erkennt nur Gott und den Kaiser als seine Herren an, Fürsten und Bischöfe akzeptiert er nicht als solche, was immer wieder zu Auseinandersetzungen führt. Zudem missfällt den Herren, dass er von Bauern und einfachen Menschen verehrt wird, da er diese unterstützt und beschützt. Aufgrund unterschiedlicher Vorkommnisse, eines Überfalls auf Kaufleute und Intrigen fällt er aber kurzzeitig auch beim Kaiser in Ungnade und wird eingesperrt. Sein Schwager Sickingen verhilft ihm wieder zur Freiheit und Götz zieht sich auf seine Burg zurück. Im Zuge der Bauernkriege bricht Götz aber diesen Bann und übernimmt die Hauptmannschaft über die aufständischen Bauern unter der Bedingung, dass sie weder morden noch brandschatzen. Dies wird ihm zwar versprochen, aber nicht gehalten. Er wird wieder gefangen genommen und im Zuge dessen schwer verwundet. Zwar wird er gegen Ende begnadigt, stirbt aber in den Armen seiner Frau und seiner Schwester.

Georg: Bursche
Elisabeth: Frau von Götz
Marie: Schwester von Götz
Lerse: Reitknecht
Selbitz: Gefährte von Götz

Johann Wolfgang von Goethe
GÖTZ VON BERLICHINGEN (1773)

Dritter Aufzug

[...]
Ein Gärtchen am Turn [Gefängnis]
(Elisabeth, Maria, Götz, Lerse)

5 ELISABETH: Nein, er (Georg, ...) wurde bei Miltenberg erstochen. Er wehrte sich wie ein Löw, um seine Freiheit.

GÖTZ: Gott sei Dank! Er war der beste Junge unter der Sonne und tapfer. – Löse meine Seele nun! – Arme Frau! Ich lasse dich in einer verderbten Welt. Lerse, verlaß sie nicht! Schließt eure Herzen sorgfältiger

10 als eure Tore. Es kommen die Zeiten des Betrugs, es ist ihm Freiheit gegeben. Die Nichtswürdigen werden regieren mit List, und der Edle wird in die Netze fallen. Maria, gebe dir Gott deinen Mann wieder. Möge er nicht so tief fallen, als er hoch gestiegen ist. Selbitz starb, und der gute Kaiser, und mein Georg. – Gebt mir einen Trunk Wasser. – Himmlische

15 Luft – Freiheit! Freiheit!

(Er stirbt)

ELISABETH: Nur droben, droben bei dir. Die Welt ist ein Gefängnis.

MARIE: Edler Mann! Edler Mann! Wehe dem Jahrhundert, das dich von sich stieß!

20 LERSE: Wehe der Nachkommenschaft die dich verkennt! [ENDE]

JOHANN WOLFGANG VON GOETHE: GÖTZ VON BERLICHINGEN, AUFBAU

a) **Setzen** Sie die von den handelnden Personen getroffenen Aussagen des Textausschnittes mit den zentralen Begriffen des Sturm und Drang **in Beziehung.**

b) **Charakterisieren** Sie aufgrund der Inhaltsangabe und der Textstellen Götz von Berlichingen.

c) **Recherchieren** Sie, was man unter dem „Schwäbischen Gruß" versteht und in welchem Zusammenhang er im Götz von Berlichingen zur Anwendung kommt.

4. „Die Räuber" von FRIEDRICH SCHILLER

„Die Räuber" – Inhalt
Karl und Franz Moor sind Brüder. Karl, der ältere, schönere und begabtere, ist mit Amalia verlobt, studiert zu Beginn des Dramas in Leipzig und soll nächster Graf von Moor werden. Franz hingegen ist hässlich, ewiger Zweiter und versucht durch Intrigen an das Erbe heranzukommen.

Franz diskreditiert seinen Bruder Karl vor dem Vater (Maximilian von Moor), woraufhin dieser Karl enterbt. Karl ist verbittert darüber und lässt sich zum Hauptmann einer Räuberbande machen. Um einen gefangen genommenen Räuberkollegen zu befreien, brennt die Bande eine ganze Stadt nieder und befreit diesen mit einem hohen Blutzoll, da viele Menschen, auch Kinder, in den Flammen umkommen. Karl sieht sich verantwortlich dafür und leidet darunter.

Währenddessen wirbt Franz um Amalia, diese ahnt jedoch sein falsches Spiel und verweigert sich ihm. Franz versucht, seinen Vater zu töten, indem er ihn darüber informieren lässt, dass Karl tot sei. Maximilian überlebt aber diesen Anschlag und wird von Karl in einen Turm gesperrt.

Aufgrund eines Neuzuganges zur Räuberbande erinnert sich Karl an Amalia und will zurück auf das väterliche Schloss, erkennt dort, dass Amalia ihn immer noch liebt und durchschaut das falsche Spiel von Franz.

Franz nimmt sich das Leben, der Vater stirbt, als Karl ihm mitteilt, dass er der Räuberhauptmann ist, und Amalia möchte Karl zurückhaben. Dieser hat sich jedoch der Räuberbande auf Gedeih und Verderb verschrieben und er will diesen Treue-Eid nicht brechen. Amalia will aber ohne Karl nicht weiterleben und bittet ihn, sie zu töten. Vorerst will Karl nicht, als sich aber Räuberkollegen anbieten, sie zu töten, übernimmt er dies selbst und ersticht sie.

Am Ende verlässt Karl auch die Räuberbande und stellt sich der Justiz, um für seine Verbrechen geradezustehen.

Friedrich Schiller
DIE RÄUBER (1781)

[KARL] MOOR: Siehe, da fällt's wie der Staar von meinen Augen, was für ein Thor ich war, daß ich ins Käficht zurück wollte! – Mein Geist dürstet nach Thaten, mein Athem nach Freiheit. – Mörder, Räuber! – mit diesem Wort war das Gesetz unter meine Füße gerollt – Menschen
5 haben Menschheit vor mir verborgen, da ich an Menschheit appellierte, weg denn von mir, Sympathie und menschliche Schonung! – Ich habe keinen Vater mehr, ich habe keine Liebe mehr, und Blut und Tod soll mich vergessen lehren, daß mir jemals etwas theuer war! – Kommt, kommt! – Oh ich will mir eine fürchterliche Zerstreuung machen – es
10 bleibt dabei, ich bin euer Hauptmann! und Glück zu dem Meister unter euch, der am wildesten sengt, am gräßlichsten mordet, denn ich sage euch, er soll königlich belohnt werden – Tretet her um mich ein Jeder, und schwöret mir Treue und Gehorsam zu bis in den Tod! – Schwört mir das bei dieser männlichen Rechte!

FRIEDRICH SCHILLER: DIE RÄUBER, AUFBAU

a) Karl Moor erfährt durch einen Brief von seinem Vater, dass dieser ihn enterbt und verstößt. Seine Reaktion darauf ist, dass er eine Räuberbande gründet und sich zum Hauptmann wählen lässt. – **Analysieren** Sie die Sprache der vorangegangenen Textstelle: Satzstrukturen, verwendeter Wortschatz etc.

b) **Diskutieren** Sie folgende Interpretationshypothesen zum Mord an Amalia am Ende des Dramas:
  - Karl tötet Amalia, damit sie einen ehrenvollen Tod findet.
  - Karl ermordet Amalia, um sich von seinem Treueschwur durch Blutzoll freizukaufen und um sich so den Gerichten ausliefern zu können.

3 Zur gleichen Zeit am anderen Ort

3.1 HENRY FIELDING (1707–1754)

Romancier, Dramatiker, Satiriker, Journalist und Jurist – alle diese Professionen verbindet man mit HENRY FIELDING einem der bekanntesten englischen Autoren des 18. Jahrhunderts.

Als Sohn aus gutem Hause soll er Jura studieren, interessiert sich jedoch viel mehr für Frauen, vernachlässigt sein Studium und landet letztlich am Theater. Er ist aber nicht nur als Schauspieler tätig, sondern ebenso als Theaterdirektor und auch als Verfasser von Stücken. Durch seine bissigen und satirischen Angriffe auf die politische Klasse wird ein Aufführungsverbot seiner Stücke erlassen. In späteren Jahren schließt er sein Jurastudium ab, wird Anwalt und später auch Richter. Der Literatur bleibt er treu, verfasst jedoch nach dem gegen ihn und seine Stücke verhängten Aufführungsverbot in erster Linie Prosa.

FIELDING ist bekannt für seinen bissigen Humor und seine satirischen Stücke, mit denen er Freund und Feind einen Spiegel vor Augen hält. Komik und Satire finden durch ihn auch Eingang in den Roman, womit er diese literarische Gattung um die humorvolle Perspektive erweitert, was neu für seine Zeit ist. Sein literarisches Programm fasst er selbst sinngemäß mit folgenden Worten zusammen: *„Ich habe mich bemüht, die Menschheit durch Lachen von ihren Lieblingstorheiten und Lieblingslastern zu befreien."*

FIELDINGS Werke

Dramen (nur in englischer Sprache)
- Love in Several Masques (1728)
- The Tragedy of Tragedies, or, The Life and Death of Tom Thumb (1731)
- Pasquin (1736)

Romane
- Die Geschichte der Abenteuer des Joseph Andrews und seines Freundes Mr. Abraham Adams (1742)
- Tom Jones. Die Geschichte eines Findelkindes (1749)
- Amelia (1751)

„Tom Jones" – Inhalt

Der vermögende Gutsherr Alwerth (engl. Allworthy) in der Grafschaft Sommerset entdeckt nach der Rückkehr von einer länger andauernden Geschäftsreise aus London einen Säugling zwischen den Laken seines Bettes. Er glaubt, es sei der Sohn der Bediensteten Jenny Jones, was aber nicht so ist, denn es handelt sich um ein uneheliches Kind seiner Schwester Brigitta (Bridget). Jenny muss den Gutshof verlassen, ihr vermeintlicher Sohn Thomas, genannt Tom, darf bleiben. Brigitta heiratet Kapitän Blifil, der es auf das Vermögen der Familie abgesehen hat. Sie gebiert ihm einen Sohn, der zu Toms Gegenspieler wird. Der alte Blifil stirbt aber bald und gelangt nicht mehr an das heißersehnte Vermögen.

Tom wächst zu einem lebenslustigen, umgänglichen jungen Mann heran, für den Standesunterschiede im Grunde keine Rolle spielen. Zwar liebt er Sophie Western, die Tochter eines Gutsbesitzers aus der Nachbarschaft, für die er als Bastard aber nicht standesgemäß ist, er fühlt sich aber auch zu Molly Seagrim, einer sehr hübschen Tochter des Jagdaufsehers von Alwerth, hingezogen.

HENRY FIELDING, englischer Schriftsteller und Jurist (1707–1754)

„Unsere Romane, unsere Trauerspiele – woher haben wir sie denn als von Shakespeare, Fielding und Goldsmith", bemerkte der alte GOETHE in seinen Notizen zu „Dichtung und Wahrheit" (1811–1814, 1833). In der Tat hat sich die gesamte europäische Romanliteratur des späten 18. und frühen 19. Jahrhunderts an FIELDINGS „Joseph Andrews" und „Tom Jones" orientiert – die Werke von WIELAND, JEAN PAUL und E. T. A. HOFFMANN, LAURENCE STERNE, JANE AUSTEN UND WILLIAM THACKERAY, STENDHAL und BALZAC sind bei aller Unterschiedlichkeit ohne diese Wegmarken nicht zu denken.

JOACHIM SCHOLL: IN DEN ARMEN DER FRAUEN, DEUTSCHLANDFUNK.DE

Der junge Blifil versteht es, eine Intrige gegen Tom zu spinnen, was dazu führt, dass ihn sein Ziehvater Alwerth verbannt. Sophie Western soll den um sie werbenden und standesgemäßen jungen Blifil heiraten, was ihr aber missfällt, weswegen sie mit ihrem Dienstmädchen nach London durchbrennt.

Tom erreicht nach vielerlei Verstrickungen und Umwegen ebenso London, wo letztlich die wahre Geschichte seiner Herkunft ans Tageslicht kommt. Er ist der Sohn des Dorfschullehrers und der Schwester von Alwerth. Somit können er und Sophie Western, die seit Kindesbeinen an seine Zuneigung genießt, heiraten.

Arbeitsaufgaben „Tom Jones"

1. Der Erzähler als Freund, Lehrer und Kritiker

Der Erzähler in HENRY FIELDINGS Roman mischt sich immer wieder in die Geschichte ein, formuliert, wie ein Geschehen zu verstehen sei, belehrt die Leser/innen und macht sich sogar über den Autor der Geschichte lustig.

Henry Fielding
TOM JONES. DIE GESCHICHTE EINES FINDELKINDES (1749)

Erstes Buch, zweites Kapitel
[...] Lieber Leser, ich erachte für ratsam dich, ehe wir noch einen Schritt mit einander weiter gehen, zu benachrichtigen, dass ich willens bin, diese ganze Geschichte hindurch so oft einen Nebenweg zu nehmen, als sich dazu Gelegenheit findet, worüber ich ein besserer Richter bin als irgend ein winziger Kritikus: und
5   hier muss ich alle diese Kritiker ersuchen, sich um ihre eigenen Händel zu bekümmern und sich in keine Sachen oder Werke zu mischen, die sie auf der Welt nichts angehen: denn ich werde ihre richterliche Gewalt nicht eher anerkennen, bis sie die Vollmacht aufweisen, wodurch sie sich als Richter gehörig legitimieren können.

Erstes Buch, siebentes Kapitel
10 Voll solcher ernsthaften Materie, dass der Leser das ganze Kapitel hindurch nicht ein einziges Mal lachen kann, es sei denn, dass er über den Autor lachen wollte.

HENRY FIELDING: TOM JONES. DIE GESCHICHTE EINES FINDELKINDES, BOD (EPUB)

a) **Benennen** Sie die Erzählhaltung, der eine solche Einmischung von Seiten des Erzählers zuzuordnen ist, und erläutern Sie die Details eines solchen Erzählens.

b) **Beurteilen** Sie dieses Erzählverhalten.

2. Vater, Tante und Mutter, Geliebte

Im ersten Kapitel vergleicht FIELDING den Dichter mit einem Gastwirt, der mit Schimpf und Tadel zu rechnen habe, wenn den zahlenden Gästen sein Mahl nicht bekommt bzw. es ihren Vorstellungen nicht entspricht. Anders hingegen jener, der ein Gastmahl ausrichtet und dabei die Dankbarkeit der Gäste, sei sie auch nur gespielt, bei jeder Speise erwarten könne. Im Anschluss daran charakterisiert er Alwerth und dessen Schwester Brigitta wie folgt:

Textausschnitt 1:

Erstes Buch, zweites Kapitel
In der Landschaft, welche in dem westlichen Teile von England liegt und gewöhnlich Sommersetshire genannt wird, lebte ehedem ein Landedelmann (und lebt vielleicht noch), dessen Name Alwerth hieß, und den man gar füglich einen Liebling beides, der Natur und des Glücks, nennen konnte; [...]
5   Von der Natur erhielt er eine angenehme Figur und Gestalt, eine dauerhafte Gesundheit, einen gründlichen Verstand und ein wohltätiges Herz; von dem Glück erhielt er die Erbschaft eines der größten Landgüter.

Dieser Edelmann hatte in seiner Jugend ein würdiges und schönes Frauenzimmer geheiratet, das er sehr zärtlich geliebt hatte. Mit ihr hatte er drei Kinder, welche alle sehr jung starben; er hatte auch das Unglück erlebt, selbst diese seine geliebte Gattin zu begraben, ungefähr fünf Jahre vorher, als diese Geschichte ihren
10   Anfang zu nehmen beliebt. Diesen Verlust, so groß er auch war, ertrug er wie ein verständiger, gesetzter Mann, ob man gleich nicht ableugnen kann, dass er oft ein wenig sonderbar über diesen Punkt sprach; denn zuweilen sagte er: er hielte sich noch beständig für verheiratet und dächte, seine Frau habe nur ein wenig früher als er eine Reise angetreten, auf welcher er ihr ganz gewiss früher oder später folgen werde; er hege nicht den geringsten Zweifel, sie an einem Orte wieder anzutreffen, wo er sich nie wieder von ihr tren-
15   nen würde. Wegen dergleichen Äußerungen hatte ein Teil seiner Nachbaren seinen Verstand, ein zweiter seine Religion und ein dritter seine Aufrichtigkeit im Verdacht. [...]

Textausschnitt 2:

Erstes Buch, zweites Kapitel
[...] Jetzt lebte er die meiste Zeit auf dem Lande mit einer Schwester, für die er zärtlichste Bruderliebe hatte. Dies Fräulein war schon etwas über die dreißig hinaus; ein Alter, in welchem man nach der Meinung gewisser hämischer Leute den Titel: alte Jungfer mit aller Schicklichkeit führen kann. Sie war von derjeni-
5   gen Gattung Frauenzimmer, an welchen man eher die guten Eigenschaften als die Schönheit preiset, und welche von ihrem eignen Geschlechte gewöhnlich so ein guter Schlag von Mädchen genannt wird. – In der Tat! so ein guter Schlag von Mädchen, Madame, als Sie zu kennen wünschen mögen. Wirklich war sie so weit entfernt den Mangel an Schönheit zu bedauern, dass sie dieser Vollkommenheit (wenn es noch einmal eine genannt werden kann) nie anders, als mit Verachtung erwähnte und oft dem lieben Gott dankte, dass
10   sie nicht so hübsch sei als dieses oder jenes Fräulein, welche ihre Schönheit vielleicht zu Fehltritten verlei-tet hätte, die sie ohnedem hätte vermeiden können. Fräulein Brigitta Alwerth (denn so hieß dieses Frauen-zimmer) sah sehr richtig ein, dass die persönlichen Reize eines Frauenzimmers nichts Besseres wären als Fallstricke, aufgestellt für sich selbst und für andere, und dennoch war sie so bedächtlich in ihrer Auffüh-rung, dass ihre vorsichtige Klugheit ebenso scharf wachte, als ob sie alle Fallstricke zu befürchten hätte, die
15   nur jemals ihrem ganzen Geschlechte gelegt sein mögen.

Textausschnitt 3:

Viertes Buch, zweites Kapitel
[...] Sophie also, die einzige Tochter des Junker Western, war ein Frauenzimmer von mittlerer Größe; doch eher darüber als darunter. Ihr Wuchs war nicht nur sehr regelmäßig, sondern sehr zierlich, und das genaue Ebenmaß ihres Arms versprach das schönste Verhältnis ihres übrigen Gliederbaues. Ihr schwarzbraunes
5   Haar war von so langem Wuchs, dass es, ehe sie es, um sich nach der Mode zu bequemen, abschnitt, bis über ihren Gürtel herabreichte; und nun fiel es ihr in so anmutigen Locken um den Nacken, dass wenige glauben wollten, es sei ihr eignes. [...] Ihre Augenbrauen waren voll, eben und so gewölbt, dass keine Kunst vermögend war, sie nachzuahmen. Ihre schwarzen Augen hatten einen strahlenden Glanz, den alle ihre Sanftmut nicht auszulöschen vermochte. Ihre Nase war durchaus regelmäßig, und auch ihr Mund, welcher
10   zwei Reihen Elfenbeins enthielt [...].

Ihre Wangen waren von der ovalen Art, und in der rechten hatte sie ein Grübchen, welches sich beim kleinsten Lächeln zeigte. Ihr Kinn hatte gewiss seinen Anteil an Ausbildung der Schönheit ihres Gesichts; es war aber schwer zu sagen, ob es schmal oder breit sei, vielleicht war es ein wenig mehr das letzte. Ihre Gesichtsfarbe ähnelte mehr der Lilie als der Rose; wenn aber körperliche Bewegung oder Schamhaftigkeit
15   ihre natürliche Farbe erhöhte, so kam ihr das schönste Karmin nicht bei. [...]

Ihr Hals war lang und stand auf einem höchst feinen Gewölbe; und hier, wenn ich nicht besorgte, ihre Delikatesse zu beleidigen, möchte ich mit Grund der Wahrheit sagen, wären die höchsten Schönheiten der Mediceischen Venus übertroffen worden. Hier war eine Weiße, mit der sich weder Lilien, noch Elfenbein, noch Alabaster messen konnten. Den feinst gebleichten Musselin konnte man beschuldigen, er bedecke
20   aus Neid einen Busen, weil er weißer als er selbst. [...] So war Sophiens Äußeres beschaffen.

HENRY FIELDING: TOM JONES. DIE GESCHICHTE EINES FINDELKINDES, BoD (EPUB)

a) Analysieren Sie die sprachliche Gestaltung der Textstellen im Detail (Satzstrukturen, Wortschatz, rhetorische Mittel etc.).

b) Alwerth könne man einen Liebling der Natur und des Glücks nennen (Textausschnitt 1). – **Erklären** Sie die Bedeutung dieser Aussage und **überprüfen** Sie, ob sich dies Ihrer Meinung nach bis zum Ende der Textstelle auch tatsächlich so verhält oder ob letztlich eine ironische Brechung vorliegt.

c) Vergleichen Sie die drei Charakterisierungen inhaltlich miteinander, indem Sie analysieren, auf welche Art und Weise die Personen beschrieben bzw. charakterisiert werden und welche Haltung der Erzähler dabei einnimmt.

d) FIELDING merkt immer wieder an, SHAKESPEARE sei der Maßstab seines darstellenden Verfahrens, weil dieser wie kein anderer sonst so „wohlunterrichtet" gewesen sei über die Natur und den Charakter des Menschen. In erster Linie sei es ihm, FIELDING, daran gelegen, die menschliche Natur zu ergründen. – **Bestätigen oder widerlegen** Sie diesen Anspruch aufgrund der angeführten Textstellen.

3.2 JEAN-JACQUES ROUSSEAU (1712–1778)

JEAN-JACQUES ROUSSEAU war einer der einflussreichsten Theoretiker, Philosophen, Pädagogen und auch Schriftsteller des 18. Jahrhunderts. Mit seinen philosophischen und politischen Theorien gilt er zudem als wichtiger Wegbereiter der Französischen Revolution.

Der in Genf geborene ROUSSEAU verliert früh seine Eltern (die Mutter stirbt kurz nach seiner Geburt, der Vater ist ab seinem zehnten Lebensjahr nicht mehr greifbar) und begibt sich mit 15 Jahren und noch ohne erlernten Beruf auf Wanderschaft. Bald wird er zu MADAME DE WARENS, seiner ersten Mäzenin, vermittelt, die ihn aufnimmt und zum katholischen Glauben bekehrt.

JEAN-JACQUES ROUSSEAU, französischer Philosoph und Schriftsteller (1712–1778)

Mehrmals begibt sich ROUSSEAU auf Wanderschaft und trifft immer wieder auf Mäzeninnen und Mäzene, die ihn unterstützen und ihm die meist autodidaktische Aneignung von Bildung ermöglichen. Mehrmals kehrt er auch zu MADAME DE WARENS zurück, dennoch ist sein gesamtes Leben von materieller Unsicherheit geprägt.

Mit Ende 20 beginnt er zu publizieren, wobei am Beginn Texte über theoretische Aspekte der Musik stehen. Im Weiteren beschäftigt er sich in seinen theoretischen Werken mit der Bedeutung der Wissenschaften und Künste für die menschliche Entwicklung. Zur Beantwortung der Frage nach der Ungleichheit der Menschen, die als Preisfrage durch die Académie de Dijon ausgespielt worden ist, entwickelt ROUSSEAU einen theoretischen Erklärungsansatz, der als erste europäische Theorie des Sozialismus gelesen werden kann.

ROUSSEAUS Werke
- Der Dorfwahrsager (Oper, 1753)
- Julie oder Die neue Heloise (Briefroman, 1761)

Theoretische Schriften
- Abhandlung über die moderne Musik (1743)
- Abhandlung über die Wissenschaft und die Künste (1750)
- Abhandlung über den Ursprung und die Grundlagen der Ungleichheit unter den Menschen (1755)
- Vom Gesellschaftsvertrag oder Prinzipien des Staatsrechtes (1762)
- Émile oder Über die Erziehung (1762)

„Julie oder Die neue Heloise" – Inhalt

„Briefe zweier Liebenden aus einer kleinen Stadt am Fuße der Alpen", so lautet der Untertitel dieses zweibändigen Briefromans, der einer der größten literarischen Erfolge des 18. Jahrhunderts ist.

Julie, die Tochter des Barons von Etange, und ihr Hauslehrer Saint-Preux, beginnen ein leidenschaftliches Liebesverhältnis, nachdem Saint-Preux ihr in einem Brief seine Liebe gesteht. Nach anfänglichem Zögern gesteht Julie ihm ebenso ihre Zugneigung. Es kommt zu einem ersten Kuss, zur ersten Trennung, dann zur Wiedervereinigung und auch zur Vereinigung in sexueller Hinsicht.

Julies Vater, Baron von Etange, will seine Tochter mit Herrn von Wolmar vermählen, der dem Baron im Krieg das Leben gerettet hat. Mylord Eduard Bomston, ein Freund von Saint-Preux, legt bei Julies Vater aber ein gutes Wort für jenen ein und schlägt ihn als Schwiegersohn vor. Der Vater lehnt wütend ab, zweifelt an der Unschuld seiner Tochter und schickt Saint-Preux, den bürgerlichen Hauslehrer, fort. Zwischen Julie und Saint-Preux entwickelt sich nun ein leidenschaftlicher Briefwechsel, den Julies Mutter entdeckt. Aus Kummer und Sorge um ihre Tochter stirbt sie, woraufhin Julie, weil sie sich mitschuldig am Tod der Mutter fühlt, nun dem Wunsch ihres Vaters entspricht und Herrn von Wolmar heiratet. Mit mehreren Unterbrechungen wird der Briefwechsel fortgeführt und die beiden Liebenden begegnen sich immer wieder.

Julie stirbt am Ende des Romans aufgrund einer Krankheit, die sie sich zuzieht, als sie eines ihrer Kinder rettet, das während eines Ausflugs in einen See gefallen ist. Ihr letzter Brief erreicht Saint-Preux, als sie schon verschieden ist.

Arbeitsaufgaben „Julie oder Die neue Heloise"

1. **Der Erzähler meldet sich zu Wort**

Jean-Jacques Rousseau
JULIE ODER DIE NEUE HELOISE (1761)

Vorrede der ersten Ausgaben
Dieses Buch ist nicht danach, daß man es sich aus den Händen reißen wird; es paßt nur für wenige Leser. Den Leuten von Geschmack wird sein Styl widerwärtig, den Sittenrichtern sein Inhalt anstößig sein; alle Empfindungen darin werden Denen unnatürlich dünken, die nicht an Tugend glauben. Es muß den From-
5 men, den Lebeleuten und den Philosophen mißfallen; die galanten Frauen muß es aufbringen und die ehrbaren ärgern. Wem wird es denn aber gefallen? Vielleicht nur mir allein. Aber nur so so gefallen wird es sicher Keinem.

Wer sich entschließen will diese Briefe zu lesen, der waffne sich mit Geduld gegen Fehler der Sprache, gegen Ueberladung und Flachheit des Styls, gegen Ueberschwänglichkeit im Ausdruck alltäglicher Gedan-
10 ken; er gehe davon aus, daß meine Briefsteller keine Franzosen, keine Schöngeister, keine Akademisten, keine Philosophen sind, sondern Leute aus der Provinz, Ausländer, einsam Aufgezogene, junge Personen, die, in dem Schwunge ihrer Phantasie, jeden ausschweifenden Einfall, der ihnen ungesucht kommt, für einen tiefen Gedanken halten.

JEAN-JACQUES ROUSSEAU: JULIE ODER DIE NEUE HELOISE, E-ARTNOW (EPUB) – ALTE RECHTSCHREIBUNG

a) **Vergleichen** Sie die Art und Weise, in der FIELDING in „Tom Jones" und ROUSSEAU in „Julie oder Die neue Heloise" den Erzähler zu Wort kommen lassen, sowie dessen Charakter.

b) **Diskutieren** Sie mögliche Gründe des Autors, seinem Roman eine Vorrede in genau dieser Art und Weise voranzustellen.

2. Die Liebenden

Julie an Saint-Preux

[...] Komm Nachmittag zu meiner Fanchon, da will ich dir das Uebrige sagen und dir die nöthigen Verhaltungsregeln geben [...]

O, wie sehe ich jetzt dein Herz schlagen, wie lese ich deinen Jubel darin und wie theile ich ihn! Nein, mein
5 süßer Freund, nein, wir werden nicht dieses kurze Leben verlassen, ohne einen Augenblick des Glückes geschmeckt zu haben; aber denke doch daran, daß dieser Augenblick von den Schrecken des Todes umringt ist; daß der Zugang tausend Zufällen unterworfen, das Weilen mißlich und der Rückzug furchtbar gefährlich ist; daß wir verloren sind, wenn man uns entdeckt, und daß uns Alles begünstigen muß, wenn dies nicht der Fall sein soll. [...]

10 Ich hoffe, daß unser ein milderes Geschick wartet; ich fühle wenigstens, daß es uns geschuldet wird, und das Glück wird endlich müde sein, uns ungerecht zu behandeln. Komm also, Seele meines Herzens, Leben meines Lebens, komm, dich mit deinem Selbst zu vereinigen: komm, unter dem Schirme der zärtlichen Liebe, den Lohn deines Gehorsams und deiner Opfer zu empfangen: komm, zu gestehen, selbst im Schooße der Lust, daß die Gemeinschaft der Herzen es ist, aus der sie ihren größten Reiz nimmt. [...]

Jacques Rousseau: Julie oder Die neue Heloise, e-artnow (ePub) – alte Rechtschreibung

Saint-Preux an Julie

O, laß uns sterben, meine süße Freundin! laß uns sterben, Geliebte meines Herzens! Was hinfort beginnen mit einer unschmackhaften Jugend, deren Wonnen wir ganz erschöpft haben? Erkläre mir, wenn du kannst, was ich in dieser unbegreiflichen Nacht gefühlt habe; gieb mir den Begriff eines so verfließen-
5 den Lebens, oder laß mich aus demjenigen scheiden, welches nichts mehr von dem hat, was ich mit dir erfahren habe. Ich hatte die Freude geschmeckt und glaubte das Glück zu begreifen. Ach, ich hatte nur einen leeren Traum empfunden, und stellte mir nur ein kindisches Glück vor. Meine Sinne führten meine grobe Seele irre; ich suchte nur in ihnen das höchste Glück, und ich habe gefunden, daß ihre erschöpften Freuden erst der Anfang der meinigen waren. O einziges Meisterstück der Natur! göttliche Julie! köst-
10 licher Besitz, für welchen alle Entzückungen der heißesten Liebe kaum genug sind! nein, es sind nicht diese Entzückungen, deren Entschwinden ich am meisten beklage, o nein, entziehe sie mir, wenn es sein muß, diese berauschenden Gunstbezeigungen, für welche ich tausend Leben hingeben würde; aber gieb mir alles das wieder, was nicht sie ist, was sie tausendmal in Schatten stellte. Gieb mir wieder diese enge Vereinigung der Seelen, die du mir verkündigt hattest, die du mir so ganz zu schmecken gabst; gieb mir
15 wieder diese süße Ermattung, deren Frist die Ergießungen unserer Herzen ausfüllen; gieb mir wieder diesen bezaubernden Schlummer, den ich an deinem Busen fand; gieb mir wieder dieses noch köstlichere Erwachen und diese abgebrochenen Seufzer, und diese süßen Thränen, und diese Küsse, die wir in wollüstigem Schmachten langsam einsogen, und dieses Stöhnen der Zärtlichkeit, bei welchem du an dein Herz dieses zur Vereinigung mit dir geschaffene Herz drücktest. Sage, Julie, die du nach deinem eigenen
20 Fühlen das des Anderen so gut beurtheilen kannst, glaubst du, daß das, was ich zuvor fühlte, wirklich Liebe war?

Jean-Jacques Rousseau: Julie oder Die neue Heloise, e-artnow (ePub) – alte Rechtschreibung

a) **Analysieren** Sie die sprachlichen Mittel (Wortschatz, Adjektive, Vergleiche, Metaphern etc.), mit denen in den beiden oben angeführten Briefen Verliebtheit, Liebe und Leidenschaft ausgedrückt wird.

b) **Diskutieren** Sie darüber, ob Saint-Preux von Verliebtheit oder von Liebe spricht und welcher Unterschied zwischen Verliebtheit und Liebe besteht.

Letzter Brief Julies an Saint-Preux, der ihn erst erreicht, als sie schon verstorben ist

Wir müssen auf unsere Pläne verzichten. Alles ist verändert, mein Freund: unterwerfen wir uns diesem Schicksale ohne Murren! es kommt von der Hand eines Weiseren als wir. Wir gedachten miteinander zu leben; diese Vereinigung war nicht zum Guten. Es ist eine Wohlthat des Himmels, daß er sie verhütet hat;
5 ohne Zweifel verhütet er Unglück. [...]

Ich darf sagen, daß mir die Vergangenheit Ehre macht; aber wer hätte mir für die Zukunft einstehen können? Ein Tag mehr vielleicht, und ich war strafbar! Wie nun erst, wenn ich ein ganzes Leben mit Ihnen hinbringen sollte? In welcher Gefahr war ich, ohne es zu wissen! [...]

Leben Sie wohl, wohl, mein süßer Freund ... Ach! ich beschließe mein Leben, wie ich es angefangen habe.
10 Ich sage vielleicht zu viel in diesem Augenblick, in welchem das Herz nichts mehr verhehlt ... Nun, warum sollte ich fürchten, Alles auszusprechen, was ich fühle? Ich bin es ja nicht mehr, die mit dir spricht, ich liege schon in den Armen des Todes. Wenn du diesen Brief siehst, nagen die Würmer das Gesicht deiner Geliebten und ihr Herz, in welchem du nicht mehr wohnst. Aber könnte meine Seele ohne dich sein? Welche Seligkeit könnte ich ohne dich genießen? Nein, ich verlasse dich nicht, ich werde dich erwarten.
15 Die Tugend, die auf Erden uns trennte, wird uns in dem ewigen Aufenthalte vereinigen. In dieser süßen Erwartung sterbe ich; zu glücklich, mit meinem Leben das Recht zu erkaufen, dich ewig ohne Schuld zu lieben, und es dir noch einmal zu sagen.

Jean-Jacques Rousseau: Julie oder Die neue Heloise, e-artnow (ePub) – alte Rechtschreibung

c) Der Briefroman „Julie oder Die neue Heloise" nimmt Bezug auf die historisch verbürgte Liebesgeschichte zwischen Abaelard und Heloise. – **Recherchieren** Sie Inhalt und Verlauf dieser Liebesgeschichte.

d) Sowohl „Die Leiden des jungen Werthers" (1774) von Johann Wolfgang von Goethe als auch „Julie oder Die neue Heloise" thematisieren eine unglückliche Liebe. Der Aufbau der beiden Briefromane unterscheidet sich jedoch voneinander. Während im Briefroman „Die Leiden des jungen Werthers" nur die Briefe Werthers abgedruckt sind und sich im zweiten Teil der Herausgeber der Briefe einschaltet, ist „Julie oder Die neue Heloise" polyphon aufgebaut, das heißt, dass Briefe von mehreren Verfasserinnen und Verfassern abgedruckt sind. – **Diskutieren** Sie die unterschiedlichen Potenziale und Wirkungsweisen dieser beiden Arten des Briefromans.

e) Liebende, zwischen denen unüberwindbare (geografische) Distanzen liegen, tauschen sich meist über unterschiedliche Medien sehr intensiv miteinander aus. – **Diskutieren** Sie, welchen Einfluss das jeweilige Medium auf die Qualität dieses kommunikativen Austausches zwischen Liebenden hat oder haben könnte.

 Zum Weiterlesen

a) **Diskutieren** Sie, ob es Unterschiede zwischen der Form der Liebe in Goethes „Werther" und in Rousseaus „Julie" gibt.

b) **Überprüfen** Sie die folgende Interpretationshypothese, indem Sie sich mit dem Ende der beiden Romane im Detail auseinandersetzen:

„Das Ende der beiden Briefromane ist so gut wie nicht vergleichbar, da Julie an den Folgen einer Krankheit und Werther an den Folgen eines Selbstmordversuchs stirbt."

Ästhetik – Ideal – Antike

Einblick in die Literatur der Weimarer Klassik (ca. 1786–1805/1832)

GOETHE-SCHILLER-DENKMAL IN WEIMAR

Das Ende der Weimarer Klassik wird unterschiedlich angesetzt:

- mit 1805, dem Sterbejahr SCHILLERS oder
- mit 1832, dem Sterbejahr GOETHES.

Alles Gescheite ist schon gedacht worden, man muss nur versuchen, es noch einmal zu denken.

JOHANN WOLFGANG VON GOETHE

Weimarer Klassik

BEISPIEL

Johann Wolfgang von Goethe
ITALIENISCHE REISE

Neapel, den 17. Mai 1787

Was den Homer betrifft, ist mir wie eine Decke von den Augen gefallen. Die Beschreibungen, die Gleichnisse etc. kommen uns poetisch vor und sind doch unsäglich natürlich, aber freilich mit einer Reinheit und Innigkeit gezeichnet, vor der man erschrickt. Selbst die sonderbarsten erlogenen Be-
5 gebenheiten haben eine Natürlichkeit, die ich nie so gefühlt habe als in der Nähe der beschriebenen Gegenstände. Laß mich meinen Gedanken kurz so ausdrücken: *sie* stellten die Existenz dar, *wir* gewöhnlich den Effekt; *sie* schilderten das Fürchterliche, *wir* schildern fürchterlich; *sie* das Angenehme, *wir* angenehm u.s.w. Daher kommt alles Übertriebene, alles Manierierte, alle
10 falsche Grazie, aller Schwulst. Denn wenn man den Effekt und auf den Effekt arbeitet, so glaubt man ihn nicht fühlbar genug machen zu können.

IN: ERNST GRUMACH (HG.): GOETHE UND DIE ANTIKE. EINE SAMMLUNG,
BD. 1, DE GRUYTER – ALTE RECHTSCHREIBUNG

a) **Erläutern** Sie, wie ein Kunstwerk nach GOETHE beschaffen sein muss, damit es den idealistischen Ansprüchen der Klassik genügt.

Heinrich von Kleist
BETRACHTUNGEN ÜBER DEN WELTLAUF (1810)

Es gibt Leute, die sich die Epochen, in welchen die Bildung einer Nation fortschreitet, in einer gar wunderlichen Ordnung vorstellen. Sie bilden sich ein, daß ein Volk zuerst in tierischer Roheit und Wildheit daniederläge; daß man nach Verlauf einiger Zeit, das Bedürfnis einer Sittenverbesserung
5 empfinden, und somit die Wissenschaft von der Tugend aufstellen müsse; daß man, um den Lehren derselben Eingang zu verschaffen, daran denken würde, sie in schönen Beispielen zu versinnlichen, und daß somit die Ästhetik erfunden werden würde: daß man nunmehr, nach den Vorschriften derselben, schöne Versinnlichungen verfertigen, und somit die Kunst selbst
10 ihren Ursprung nehmen würde: und daß vermittelst der Kunst endlich das Volk auf die höchste Stufe menschlicher Kultur hinaufgeführt werden würde. Diesen Leuten dient zur Nachricht, daß alles, wenigstens bei den Griechen und Römern, in ganz umgekehrter Ordnung erfolgt ist. Diese Völker machten mit der heroischen Epoche, welches ohne Zweifel die höchste ist, die
15 erschwungen werden kann, den Anfang; als sie in keiner menschlichen und bürgerlichen Tugend mehr Helden hatten, dichteten sie welche; als sie keine mehr dichten konnten, erfanden sie dafür die Regeln; als sie sich in den Regeln verwirrten, abstrahierten sie die Weltweisheit selbst; und als sie damit fertig waren, wurden sie schlecht.

HEINRICH V. KLEIST: WERKE UND BRIEFE IN VIER BÄNDEN, AUFBAU –
ALTE RECHTSCHREIBUNG

b) **Nehmen** Sie kritisch **Stellung** zu HEINRICH VON KLEISTS Zugang zu Kunst und Ästhetik in einer Gesellschaft, indem Sie die These – „Am Beginn einer Kultur ist Kunst in seiner Reinform vorhanden" – hinterfragen.

Weimarer Klassik (1786–1805/1832)

WERKZEUG

Als Weimarer Klassik bezeichnet man eine kurze Epoche um 1800, die man vor allem mit den Dichtern JOHANN WOLFGANG VON GOETHE (1749–1832), FRIEDRICH SCHILLER (1759–1805), JOHANN GOTTFRIED HERDER (1744–1803) und CHRISTOPH MARTIN WIELAND (1733–1813) in Verbindung bringt. Zusammen werden sie als **Weimarer Viergestirn** oder auch als **Weimarer Titanen** bezeichnet. Diese vier Dichter und Denker leben und arbeiten allesamt zur gleichen Zeit in Weimar, kennen sich und tauschen sich untereinander aus. Die **antike Kultur** der Griechen und Römer ist für sie Vorbild, Sehnsuchtsort und ideelle Heimat.

Kunstprogramm

Wird in der Aufklärung der Verstand, die Ratio, als zentral angesehen, so zählt im Sturm und Drang das Gefühl, die Emotion. In der Klassik versucht man nun, **Gefühl und Verstand zu verbinden** und im Kunstwerk, das sich an ästhetischen Kriterien der Antike orientiert, ein harmonisches Ganzes zu erschaffen. Man ist bemüht, sich einem Ideal anzunähern, ist sich aber bewusst, dieses Ideal nie ganz erreichen zu können – die **Philosophie IMMANUEL KANTS** (1724–1804) ist für dieses Kunstverständnis zentral. Dennoch existieren nach Auffassung der Klassiker **Kunstwerke in ihrer Idealform** – man sieht sie in den Werken der **klassischen Antike** realisiert. JOHANN JOACHIM WINCKELMANN (1717–1768) hat mit seinem Werk „Geschichte der Kunst des Altertums" eine Basis für dieses idealisierte Bild der antiken griechischen und römischen Welt geliefert.

Ästhetische Erziehung – „Edel sei der Mensch, hilfreich und gut": Die Dichter wollen den Menschen mittels der Literatur zu einem besseren, einem humanen Wesen erziehen und ihn im **Wahren, Schönen** und **Guten** belehren. Begriffe wie **Harmonie, Toleranz, Gewaltlosigkeit, Gewissensfreiheit** etc. stehen dabei im Zentrum der ästhetischen Erziehung des Menschen und sollen letztlich das menschliche Dasein – auch durch gesellschaftliche Veränderungen – verbessern.

Einen weiteren theoretischen Rahmen für die Ideen der Weimarer Klassik schafft JOHANN GOTTFRIED HERDER, Dichter, Theologe und Philosoph, mit seinem vierbändigen Hautptwerk **„Ideen zur Philosophie der Geschichte der Menschheit"** (1784–1791). Seinen darin formulierten Thesen zu Gesellschaft, Kunst und Kultur, Geschichte, Eigenarten von Völkern, Religionen etc. legt er den Begriff der menschlichen **Humanität** zugrunde. Diese Humanität spricht er allen Völkern und Menschen gleichermaßen zu und das Medium der Dichtung erscheint ihm zur dahingehenden Bildung des Menschen geeignet.

Auch CHRISTOPH MARTIN WIELAND erlangt in der Zeit der Weimarer Klassik große Bedeutung. Neben seiner Kritikertätigkeit und seinen Übersetzungen von griechischen und römischen Dramen betätigt er sich auch als Dichter. Als Herausgeber der Zeitschrift **„Der Teutsche Merkur"** (1773–1789) publiziert er darin zum Teil seine eigenen Werke, nutzt dieses Medium aber auch zur Kritik an der literarischen Produktionen seiner Kollegen. Den Stürmern und Drängern und den Romantikern steht er ablehnend gegenüber, weil er in seinen Idealen ganz der Aufklärung und später auch der Klassik zugetan ist.

1786 entscheidet sich JOHANN WOLFGANG VON GOETHE nach Italien zu reisen, um sich neu zu orientieren und um die **Kultur der römischen Antike** direkt in Augenschein zu nehmen. Im Herzogtum Weimar ist GOETHE seit 1776 als Beamter bzw. Minister tätig und seine politischen Aufgaben hindern ihn daran, seinen literarischen und kulturellen Interessen in gewünschter Intensität nachzugehen.

HEINRICH VON KLEIST (1777–1811), FRIEDRICH HÖLDERLIN (1770–1843) und JEAN PAUL (1763–1825) lassen sich weder eindeutig in die Weimarer Klassik noch in die Epoche der Romantik einordnen.

IMMANUEL KANT, deutscher Philosoph (1724–1804)

IMMANUEL KANT ist der wichtigste deutsche Philosoph der Aufklärung und gilt als Begründer der modernen Philosophie. Eines seiner wichtigsten Werke ist die „Kritik der reinen Vernunft".

Deshalb beschließt er im Geheimen, Weimar für ein paar Monate für eine Italienreise zu verlassen. Aus wenigen Monaten werden aber ganze zwei Jahre, bis er wieder nach Weimar zurückkehrt. Die gesammelten Eindrücke, die Beschäftigung mit HOMER und den römischen Klassikern der Antike haben große Auswirkungen auf die Stoffe und dichterischen Formen seiner Werke.

FRIEDRICH SCHILLER wird 1788 Professor an der Universität zu Jena, das im Herzogtum Weimar liegt. Er beschäftigt sich intensiv mit IMMANUEL KANTS aufklärerischem und humanistischem Gedankengut. Ab 1795 gibt SCHILLER die Literaturzeitschrift **„Die Horen"** heraus. GOETHE kann er neben anderen Gelehrten zur Mitarbeit gewinnen, wodurch sich die Beziehung zwischen den beiden Dichtern vertieft. In seinem Werk „Über Anmut und Würde" (1793) versucht SCHILLER Begriffe wie Schönheit, Harmonie, Humanität und Toleranz im Sinne einer idealistischen Herangehensweise zu bestimmen und schafft damit ebenso eine theoretische Grundlage für die Weimarer Klassik.

Literatur

Lyrik

In der Lyrik finden sich unterschiedliche Formen, die großteils aus der klassischen Antike übernommen und im Zuge der Weimarer Klassik verstärkt wiederbelebt werden. Besonders zu erwähnen sind die Ode, die Hymne, die Elegie und die Ballade. In der Weimarer Klassik wird auf die **Metrik,** die auch in der griechischen wie römischen Dichtung hohe Relevanz hatte, großer Wert gelegt. Als Beispiel sei hier das Distichon angeführt, eine zweizeilige Versform, bestehend aus einem (daktylischen) Hexameter und einem Pentameter.

Unter einer **Ode** versteht man ein liedhaft strophisches Gedicht, das in hohem Stil verfasst ist und zumeist als Lied vorgetragen wird. Eine **Elegie** stellt ein schwermütiges Klagegedicht dar. Die lyrische Form der **Hymne** unterliegt keinen strikten formalen Regeln, weder Reim noch Versmaß sind zwingend vorgegeben. Ursprünglich und auch heute wird in einer Hymne meist die Lobpreisung eines Höheren (z. B. eines Staates) oder auch Göttlichen thematisiert.

Die **Ballade** ist jene Textform, die alle drei Naturformen der Dichtung – Epik, Lyrik, Dramatik – miteinander vereint. Mit einer Ballade wird eine Geschichte erzählt, dieser Plot bzw. diese Handlung repräsentiert die erzählende Dichtung, die **Epik**. Weiters weisen Balladen im Sinne der **Lyrik** ein Reimschema innerhalb der Strophen sowie ein festgelegtes Versmaß auf. Rede und Gegenrede bzw. Dialoge, die der **Dramatik** zuzuordnen sind, sind ebenfalls ein Merkmal der Ballade. 1797 wird gemeinhin als Balladenjahr bezeichnet, da SCHILLER wie GOETHE viele ihrer berühmten Balladen in diesem Jahr verfassen.

Dramatik

Den meisten Autoren der Weimarer Klassik, und auch jenen, die sich mit ihrem Programm nur bis zu einem gewissen Grad dieser Epoche zuordnen lassen, ist gemein, dass sie sich mit der **Übersetzung von Dramen** aus der griechischen und römischen Antike (AISCHYLOS, SOPHOKLES, EURIPIDES – alle drei 5. Jh. v. Chr.) beschäftigen. Diese antike Kultur ist in der Weimarer Klassik allgegenwärtig. So greift auch GOETHE in seinen Dramen immer wieder **Stoffe aus der Antike** auf und transformiert sie im Kontext des damaligen Literaturprogramms. SCHILLER widmet sich in seinen Dramen vermehrt auch **zeithistorischen Stoffen.**

Hinsichtlich Form und Inhalt ist man einerseits bemüht, die **Vorgaben des antiken Theaters** einzuhalten, andererseits geht man im Zuge der künstlerischen Freiheit aber auch weit darüber hinaus. Um eine ästhetische Erziehung des Menschen zu bewirken, strebt man im wahrnehmenden Subjekt einen **Katharsis-Effekt,** eine psychische Reinigung, an. Die Zuschauer/innen sollen im Zuge des Miterlebens der inneren Konflikte der Figuren und deren tiefen Falls zu moralisch besseren Menschen erzogen werden.

GOETHES „Römische Elegien" wurden im **Distichon** verfasst. Die Fünfte Elegie ist auf Seite 111 abgedruckt.

Epik

Mit „Wilhelm Meisters Lehrjahre" (1795/96) legt Goethe einen **prototypischen Bildungs- und Entwicklungsroman** vor. Der bürgerliche Protagonist Wilhelm Meister soll wie sein Vater Kaufmann werden, ist aber fasziniert von der Welt des Theaters. Daher verlässt er das Elternhaus und wendet sich von der Berufung ab, um mit einer Theatergruppe durchs Land zu ziehen. Am Ende seiner Lehrjahre erscheint Wilhelm als gebildete, vernunftgeleitete Persönlichkeit. Der Weg dorthin ist mit vielen Umwegen, mysteriösen Erfahrungen, Irrwegen, nicht aufklärbaren Ereignissen etc. gepflastert, was diesen Roman auch zum **Vorbild für die Romantiker** werden lässt.

Als prototypisch bezeichnet man eine Grundform, die als Vorbild wirkt.

Weder Klassiker noch Romantiker – zwischen den Epochen

HEINRICH VON KLEIST ist ein höchst sensibler und empfindsamer Charakter, der in seinen Werken die vielfältigen Möglichkeiten, die Sprache bietet, auslotet. Mit der Sprache stößt der Schreibende aber an Grenzen, wenn er die komplexe Wirklichkeit abbilden will; was droht, ist Sprachlosigkeit. KLEIST erkennt diese Problematik und leidet darunter. Er zweifelt am Medium der Sprache zur Darstellung der Wirklichkeit, versucht aber dennoch, diese Probleme zu überwinden. Schon KLEISTS Zeitgenossen, vor allem WIELAND und GOETHE, erkennen in ihm ein Genie der Sprachkunst, einen Dichter, dessen Sensibilität und empfindsame Seele besser zur Empfindsamkeit der 1770er-Jahre gepasst hätten.

Wie soll ich es möglich machen, in einem Brief etwas so Zartes, als ein Gedanke ist, auszuprägen? Ja wenn man Thränen schreiben könnte – doch so – –

HEINRICH VON KLEIST

FRIEDRICH HÖLDERLIN zählt ebenso zu jenen Dichtern, die der klassischen Antike breiten Raum in ihrem Schaffen einräumen, die literarisch aber weder eindeutig der Weimarer Klassik noch der Romantik zugeordnet werden können. HÖLDERLIN bewundert FRIEDRICH SCHILLER, der auch als Herausgeber einiger seiner Gedichte fungiert. Eine intensive Beziehung zwischen den Dichtern existiert aber nicht. HÖLDERLIN ist bekannt für seine Lyrik (Elegien, Hymnen, Oden, Epigramme etc.), die sich oftmals durch eine kraftvolle Sprache und einen eindringlichen Ton auszeichnet.

In epischer Hinsicht stellt der Briefroman „Hyperion" ein zentrales Werk seines Schaffens dar. Die Handlung spielt in der Mitte des 18. Jahrhunderts in Griechenland und Deutschland. Hyperion, der Protagonist, berichtet seinem Freund Bellamarin in Briefen von seinen Idealen, seinen Kriegserfahrungen, dem Verlust seiner Geliebten Diotima und seinem letztendlich einsamen Leben.

Wichtige Autoren der Weimarer Klassik	
Johann Wolfgang von Goethe	Iphigenie auf Tauris (1787), Egmont (1788), Torquato Tasso (1790) (Tragödien) Wilhelm Meisters Lehrjahre (1795/96, Bildungsroman) Der Erlkönig (1782), Der Schatzgräber (1797) (Balladen) Faust I (1808), Faust II (1832) (Dramen)
Friedrich Schiller	An die Freude (1785, Lyrik) Der Handschuh (1797), Die Bürgschaft (1798) (Balladen) Maria Stuart (1800), Die Jungfrau von Orleans (1801) (Tragödien) Wilhelm Tell (1803/04, Drama)
Christoph Martin Wieland	Geschichte der Abderiten (1774–1780, Roman) Das Hexameron von Rosenhain (1803–1805, Erzählungen)
Heinrich von Kleist	Penthesilea (1808, Tragödie) Der zerbrochne Krug (1808, Komödie) Prinz Friedrich von Homburg (1821, Drama)
Friedrich Hölderlin	Gedichte Hyperion oder Der Eremit in Griechenland (1797–1799, Briefroman)

 Arbeitsaufgaben „Weimarer Klassik"

1. **Das Verhältnis zwischen Natur und Kunst**

Johann Wolfgang von Goethe
NATUR UND KUNST (ca. 1800)

Natur und Kunst, sie scheinen sich zu fliehen,
Und haben sich, eh' man es denkt, gefunden;
Der Widerwille ist auch mir verschwunden,
4 Und beide scheinen gleich mich anzuziehen.

Es gilt wohl nur ein redliches Bemühen!
Und wenn wir erst in abgemeßnen Stunden
Mit Geist und Fleiß uns an die Kunst gebunden,
8 Mag frei Natur im Herzen wieder glühen.

So ist's mit aller Bildung auch beschaffen:
Vergebens werden ungebundne Geister
Nach der Vollendung reiner Höhe streben.

12 Wer Großes will, muß sich zusammenraffen;
In der Beschränkung zeigt sich erst der Meister,
Und das Gesetz nur kann uns Freiheit geben.

Johann Wolfgang v. Goethe: Poetische Werke in drei Bänden,
Aufbau – alte Rechtschreibung

a) **Analysieren** Sie das Sonett hinsichtlich Reimschema und Versmaß.

b) **Ordnen** Sie die folgenden kurzen Erklärungen den einzelnen Strophen zu. Achtung, eine Aussage passt nicht.
- Ungebildete Köpfe werden keine echte Kunst erschaffen können.
- Natur und Kunst sind von gleicher Anziehungskraft, wenn dies dem lyrischen Ich auch nicht von Anfang an klar ist.
- Wer Großes schaffen will, muss sich auf das Wesentliche, auf die Einhaltung der Gesetze beschränken, erst dann ist der Schaffende frei in seinem Tun.
- Die Natur wird durch ein schöpferisches Ich zur Kunst verfremdet.
- Nur wer die Kategorien der Kunst, des Schönen kennt, erkennt diese auch in der Natur.

c) **Formulieren** Sie die für das Sonett typische These, die Antithese und die Synthese.

2. **Erotische Bekenntnisse**

Die „Römischen Elegien" entstehen nach Goethes Rückkehr von seiner Italienreise. Er verarbeitet darin die Begegnung mit der und die Liebe zur römisch-antiken Kultur und parallelisiert diese Liebe mit einem tatsächlich gemachten oder fiktiven erotischen Abenteuer.

Johann Wolfgang von Goethe
RÖMISCHE ELEGIEN (1795)

5 (Fünfte Elegie)
Froh empfind ich mich nun auf klassischem Boden begeistert,
Vor- und Mitwelt spricht lauter und reizender mir.
Hier befolg ich den Rat, durchblättre die Werke der Alten
5   Mit geschäftiger Hand, täglich mit neuem Genuß.
Aber die Nächte hindurch hält Amor mich anders beschäftigt;
Werd ich auch halb nur gelehrt, bin ich doch doppelt beglückt.
Und belehr ich mich nicht, indem ich des lieblichen Busens
Formen spähe, die Hand leite die Hüften hinab?
10   Dann versteh ich den Marmor erst recht: ich denk und vergleiche,
Sehe mit fühlendem Aug, fühle mit sehender Hand.
Raubt die Liebste denn gleich mir einige Stunden des Tages,
Gibt sie Stunden der Nacht mir zur Entschädigung hin.
Wird doch nicht immer geküßt, es wird vernünftig gesprochen,
15   Überfällt sie der Schlaf, lieg ich und denke mir viel.
Oftmals hab ich auch schon in ihren Armen gedichtet
Und des Hexameters Maß leise mit fingernder Hand
Ihr auf den Rücken gezählt. Sie atmet in lieblichem Schlummer,
Und es durchglühet ihr Hauch mir bis ins Tiefste die Brust.
20   Amor schüret die Lamp' indes und gedenket der Zeiten,
Da er den nämlichen Dienst seinen Triumvirn getan.

JOHANN WOLFGANG V. GOETHE: POETISCHE WERKE IN DREI BÄNDEN,
AUFBAU – ALTE RECHTSCHREIBUNG

a) **Recherchieren** Sie das antike Versmaß des „Hexameters" und weisen
Sie es im Textausschnitt nach.

b) **Markieren** Sie die beiden Passagen, in denen Kunst und Erotik (Natur)
eine Verbindung eingehen.

c) **Deuten** Sie den Vers *„Hier befolg ich den Rat, durchblättre die Werke der
Alten"* im Zusammenhang mit dem Inhalt der Elegie sowie dem Inhalt
des Sonetts „Natur und Kunst".

3. **Das Paradies in greifbarer Nähe?**

Friedrich Schiller
SEHNSUCHT (1802)

Ach, aus dieses Tales Gründen,
Die der kalte Nebel drückt,
Könnt ich doch den Ausgang finden,
4   Ach, wie fühlt ich mich beglückt!
Dort erblick ich schöne Hügel,
Ewig jung und ewig grün!
Hätt ich Schwingen, hätt ich Flügel,
8   Nach den Hügeln zög ich hin.

Harmonieen hör ich klingen,
Töne süßer Himmelsruh,
Und die leichten Winde bringen
12   Mir der Düfte Balsam zu,

die Elegie = Klagelied, wehmütiges Gedicht mit einem traurigen, sehnsuchtsvollen Inhalt

das Triumvirat = ein Bündnis von drei Personen: Hier sind die römischen Dichter CATULL, PROPERZ und TIBULL gemeint, die ebenso Elegien verfasst haben.

Goldne Früchte seh ich glühen,
Winkend zwischen dunkelm Laub,
Und die Blumen, die dort blühen,
16 Werden keines Winters Raub.

Ach wie schön muß sich's ergehen
Dort im ew'gen Sonnenschein,
Und die Luft auf jenen Höhen,
20 O wie labend muß sie sein!
Doch mir wehrt des Stromes Toben,
Der ergrimmt dazwischen braust,
Seine Wellen sind gehoben,
24 Daß die Seele mir ergraust.

Einen Nachen seh ich schwanken,
Aber ach! Der Fährmann fehlt.
Frisch hinein und ohne Wanken!
28 Seine Segel sind beseelt.
Du mußt glauben, du mußt wagen,
Denn die Götter leihn kein Pfand,
Nur ein Wunder kann dich tragen
32 In das schöne Wunderland.

In: Stephan Hermlin: Deutsches Lesebuch.
Von Luther bis Liebknecht, Reclam – alte Rechtschreibung

a) Das lyrische Ich in Schillers Gedicht beschreibt einen Sehnsuchtsort, der jedoch unerreichbar erscheint. – **Beschreiben** Sie diesen Ort mit eigenen Worten.

b) Deuten Sie, warum der Sehnsuchtsort in Schillers Gedicht unerreichbar bleibt, nach klassischem Kunstkonzept auch unerreichbar bleiben muss.

c) Verfassen Sie eine Beschreibung, ein Gedicht, worin Ihr eigenes Wunderland Thema ist. Geben Sie auch an, wodurch es unerreichbar bleibt.

4. Die Balladen – Kunstfertigkeiten

1797 wird gemeinhin als das Balladenjahr bezeichnet – Goethe und Schiller erfüllen in diesem Jahr ihr Vorhaben, Kunstballaden zu verfassen, die ihren literarisch-ästhetischen Kriterien entsprechen und in denen den Lesern ein mögliches moralisches Handeln vor Augen geführt wird.

Text 1

Friedrich Schiller
DER HANDSCHUH (1797)

Vor seinem Löwengarten,
Das Kampfspiel zu erwarten,
Saß König Franz,
Und um ihn die Großen der Krone,
5 Und rings auf hohem Balkone
Die Damen in schönem Kranz.

Und wie er winkt mit dem Finger,
Auf tut sich der weite Zwinger,
Und hinein mit bedächtigem Schritt

10 Ein Löwe tritt,
Und sieht sich stumm
Rings um,
Mit langem Gähnen,
Und schüttelt die Mähnen,
15 Und streckt die Glieder,
Und legt sich nieder.

Und der König winkt wieder,
Da öffnet sich behend
Ein zweites Tor,
20 Daraus rennt
Mit wildem Sprunge
Ein Tiger hervor.
Wie der den Löwen erschaut,
Brüllt er laut,
25 Schlägt mit dem Schweif
Einen furchtbaren Reif,
Und recket die Zunge,
Und im Kreise scheu
Umgeht er den Leu
30 Grimmig schnurrend;
Drauf streckt er sich murrend
Zur Seite nieder.

Und der König winkt wieder,
Da speit das doppelt geöffnete Haus
35 Zwei Leoparden auf einmal aus,
Die stürzen mit mutiger Kampfbegier
Auf das Tigertier,
Das packt sie mit seinen grimmigen Tatzen,
Und der Leu mit Gebrüll
40 Richtet sich auf, da wirds still,
Und herum im Kreis,
Von Mordsucht heiß,
Lagern die greulichen Katzen.

Da fällt von des Altans Rand
45 Ein Handschuh von schöner Hand
Zwischen den Tiger und den Leun
Mitten hinein.

Und zu Ritter Delorges spottenderweis
Wendet sich Fräulein Kunigund:
50 „Herr Ritter, ist Eure Lieb so heiß,
Wie Ihr mirs schwört zu jeder Stund,
Ei, so hebt mir den Handschuh auf."

Und der Ritter in schnellem Lauf
Steigt hinab in den furchtbarn Zwinger
55 Mit festem Schritte,
Und aus der Ungeheuer Mitte
Nimmt er den Handschuh mit keckem Finger.

Und mit Erstaunen und mit Grauen
Sehens die Ritter und Edelfrauen,
60 Und gelassen bringt er den Handschuh zurück.

Da schallt ihm sein Lob aus jedem Munde,
Aber mit zärtlichem Liebesblick –
Er verheißt ihm sein nahes Glück –
Empfängt ihn Fräulein Kunigunde.
65 Und er wirft ihr den Handschuh ins Gesicht:
„Den Dank, Dame, begehr ich nicht",
Und verläßt sie zur selben Stunde.

FRIEDRICH SCHILLER: SÄMTLICHE WERKE, BD. 1, HANSER –
ALTE RECHTSCHREIBUNG

a) **Geben** Sie den Inhalt der Ballade **wieder**.

b) **Analysieren** Sie die Ballade nach Reimschemata, Versmaß etc. und dokumentieren Sie, welche Besonderheiten Ihnen auffallen.

c) **Diskutieren** Sie, inwiefern folgende (Un-)Tugenden bzw. Motive in dieser Ballade eingearbeitet sind: Mutprobe, Spott, Liebesbeweis, Ehre, Minne.

d) Bei der Recherche nach Parodien zu dieser Ballade stößt man auf zwei Versionen: „Das Schnupftuch" und „Der BH". – Machen Sie sich auf die Suche nach diesen Balladen und **geben** Sie deren Inhalt **wieder**.

Text 2

Johann Wolfgang von Goethe
DER SCHATZGRÄBER (1798)

Arm am Beutel, krank am Herzen,
Schleppt' ich meine langen Tage.
Armut ist die größte Plage,
4 Reichtum ist das höchste Gut!
Und, zu enden meine Schmerzen,
Ging ich, einen Schatz zu graben.
Meine Seele sollst Du haben!
8 Schrieb ich hin mit eignem Blut.

Und so zog ich Kreis' um Kreise,
Stellte wunderbare Flammen,
Kraut und Knochenwerk zusammen:
12 Die Beschwörung war vollbracht.
Und auf die gelernte Weise
Grub ich nach dem alten Schatze
Auf dem angezeigten Platze.
16 Schwarz und stürmisch war die Nacht.

Und ich sah ein Licht von weiten,
Und es kam gleich einem Sterne
Hinten aus der fernsten Ferne,
20 Eben als es zwölfe schlug.
Und da galt kein Vorbereiten.
Heller ward's mit einem Male
Von dem Glanz der vollen Schale,
24 Die ein schöner Knabe trug.

Holde Augen sah ich blinken
Unter dichtem Blumenkranze;
In des Trankes Himmelsglanze
28 Trat er in den Kreis hinein.

Und er hieß mich freundlich trinken;
Und ich dacht': Es kann der Knabe
Mit der schönen lichten Gabe
32 Wahrlich nicht der Böse sein.

„Trinke Mut des reinen Lebens!
Dann verstehst Du die Belehrung,
Kommst mit ängstlicher Beschwörung
36 Nicht zurück an diesen Ort.
Grabe hier nicht mehr vergebens!
Tages Arbeit, abends Gäste!
Saure Wochen, frohe Feste!
40 Sei Dein künftig Zauberwort."

JOHANN WOLFGANG V. GOETHE: POETISCHE WERKE IN DREI BÄNDEN,
AUFBAU

a) **Geben** Sie den Inhalt der Ballade **wieder.**

b) **Untersuchen** Sie, welche Bedeutung dem Trunk, den der Knabe freundlich anbietet, zugemessen werden kann.

c) **Diskutieren** Sie den Auftrag bzw. die Moral, der/die sich im letzten Absatz dieser Ballade verbirgt.

5. Charaktergröße

Das Drama „Wilhelm Tell" von FRIEDRICH SCHILLER handelt von der Befreiung der Schweiz, deren Kantone von den Habsburgern und deren Landvogt und gleichzeitigem Tyrannen Geßler unterdrückt und erniedrigt werden. Wilhelm Tell übernimmt in diesem Drama, das zeitlich im 13. Jahrhundert angesiedelt ist, eine zentrale Rolle, da er sowohl seinen Landsleuten hilft als auch Unbeugsamkeit der Obrigkeit gegenüber zeigt.

Im zweiten Aufzug kommt es zum sogenannten Rütlischwur auf der am Vierwaldstättersee gelegenen Rütliwiese, mit dem der Widerstand von Landsleuten aus unterschiedlichen Schweizer Kantonen gegen die verhassten Vogte besiegelt wird.

Friedrich Schiller
WILHELM TELL (1804)

2. Aufzug, 2. Szene

STAUFFACHER: [...] Nein, eine Grenze hat Tyrannenmacht,
Wenn der Gedrückte nirgends Recht kann finden,
Wenn unerträglich wird die Last – greift er
5   Hinauf getrosten Mutes in den Himmel,
Und holt herunter seine ew'gen Rechte,
Die droben hangen unveräußerlich
Und unzerbrechlich wie die Sterne selbst –
Der alte Urstand der Natur kehrt wieder,
10   Wo Mensch dem Menschen gegenübersteht –
Zum letzten Mittel, wenn kein andres mehr
Verfangen will, ist ihm das Schwert gegeben –
Der Güter höchstes dürfen wir verteid'gen
Gegen Gewalt – Wir stehn vor unser Land,
15   Wir stehn vor unsre Weiber, unsre Kinder! [...]

Jean Renggli der Ältere:
Der Rütlischwur (1891)

WALTHER FÜRST: Wenn am bestimmten Tag die Burgen fallen,
So geben wir von einem Berg zum andern
Das Zeichen mit dem Rauch, der Landsturm wird
Aufgeboten, schnell, im Hauptort jedes Landes,
20 Wenn dann die Vögte sehn der Waffen Ernst,
Glaubt mir, sie werden sich des Streits begeben
Und gern ergreifen friedliches Geleit,
Aus unsern Landesmarken zu entweichen.

STAUFFACHER: Nur mit dem Geßler fürcht ich schweren Stand:
25 Furchtbar ist er mit Reisigen umgeben,
Nicht ohne Blut räumt er das Feld, ja selbst
Vertrieben bleibt er furchtbar noch dem Land;
Schwer ist's und fast gefährlich, ihn zu schonen.

BAUMGARTEN: Wo's halsgefährlich ist, da stellt *mich* hin,
30 Dem Tell verdank ich mein gerettet Leben,
Gern schlag ich's in die Schanze für das Land:
Mein' Ehr' hab ich beschützt, mein Herz befriedigt. [...]

WALTHER FÜRST: Sorgt nicht, die Nacht weicht langsam aus den Tälern.

(Alle haben unwillkürlich die Hüte abgenommen und betrachten mit stiller
35 *Sammlung die Morgenröte.)*

RÖSSELMANN: Bei diesem Licht, das uns zuerst begrüßt
Von allen Völkern, die tief unter uns
Schwer atmend wohnen in dem Qualm der Städte,
Lasst uns den Eid des neuen Bundes schwören. –
40 Wir wollen sein ein einzig Volk von Brüdern,
In keiner Not uns trennen und Gefahr.
(Alle sprechen es nach mit erhobenen drei Fingern.)
– Wir wollen frei sein, wie die Väter waren,
Eher den Tod, als in der Knechtschaft leben.
45 *(Wie oben.)*
– Wir wollen trauen auf den höchsten Gott
Und uns nicht fürchten vor der Macht der Menschen.
(Wie oben. Die Landleute umarmen einander.)

STAUFFACHER: Jetzt gehe jeder seines Weges still
50 Zu seiner Freundschaft und Genoßsame,
Wer Hirt ist, wintre ruhig seine Herde
Und werb' im stillen Freunde für den Bund.
– Was noch bis dahin muß erduldet werden,
Erduldet's! Lasst die Rechnung der Tyrannen
55 Anwachsen, bis ein Tag die allgemeine
Und die besondre Schuld auf einmal zahlt.
Bezähme jeder die gerechte Wut
Und spare für das Ganze seine Rache:
Denn Raub begeht am allgemeinen Gut,
60 Wer selbst sich hilft in seiner eignen Sache.

*(Indem sie zu drei verschiednen Seiten in größter Ruhe abgehen, fällt das
Orchester mit einem prachtvollen Schwung ein, die leere Szene bleibt noch
eine Zeitlang offen und zeigt das Schauspiel der aufgehenden Sonne über
den Eisgebirgen.)*

a) **Geben** Sie mit eigenen Worten den Inhalt des Rütlischwurs **wieder.**

b) **Diskutieren** Sie die Begriffe „ewige Rechte" und „Rache", wie Schiller sie im oben angeführten Ausschnitt thematisiert.

4. Aufzug, 3. Szene

Die hohle Gasse bei Küssnacht.
Man steigt von hinten zwischen Felsen herunter und die Wanderer werden,
ehe sie auf der Szene erscheinen, schon von der Höhe gesehen. Felsen um-
5 *schließen die ganze Szene, auf einem der vordersten ist ein Vorsprung mit*
Gesträuch bewachsen.

Tell *(tritt auf mit der Armbrust):*
    Durch diese hohle Gasse muss er kommen,
    Es führt kein andrer Weg nach Küssnacht – Hier
    Vollend ich's – Die Gelegenheit ist günstig.
10   Dort der Holunderstrauch verbirgt mich ihm,
    Von dort herab kann ihn mein Pfeil erlangen,
    Des Weges Enge wehret den Verfolgern.
    Mach deine Rechnung mit dem Himmel, Vogt,
    Fort musst du, deine Uhr ist abgelaufen.

15   Ich lebte still und harmlos – Das Geschoss
    War auf des Waldes Tiere nur gerichtet,
    Meine Gedanken waren rein von Mord –
    Du hast aus meinem Frieden mich heraus
    Geschreckt, in gärend Drachengift hast du
20   Die Milch der frommen Denkart mir verwandelt,
    Zum Ungeheuren hast du mich gewöhnt –
    Wer sich des Kindes Haupt zum Ziele setzte,
    Der kann auch treffen in das Herz des Feinds.

    Die armen Kindlein, die unschuldigen,
25   Das treue Weib muss ich vor deiner Wut
    Beschützen, Landvogt – Da, als ich den Bogenstrang
    Anzog – als mir die Hand erzitterte –
    Als du mit grausam teuflischer Lust
    Mich zwangst, aufs Haupt des Kindes anzulegen –
30   Als ich ohnmächtig flehend rang vor dir,
    Damals gelobt ich mir in meinem Innern
    Mit furchtbarm Eidschwur, den nur Gott gehört,
    Dass meines *nächsten Schusses erstes* Ziel
    Dein Herz sein sollte – Was ich mir gelobt
35   In jenes Augenblickes Höllenqualen,
    Ist eine heil'ge Schuld – ich will sie zahlen.

    Du bist mein Herr und meines Kaisers Vogt,
    Doch nicht der Kaiser hätte sich erlaubt,
    Was *du* – Er sandte dich in diese Lande,
40   Um Recht zu sprechen – strenges, denn er zürnet –
    Doch nicht, um mit der mörderischen Lust
    Dich jedes Greuels straflos zu erfrechen:
    Es lebt ein Gott, zu strafen und zu rächen. [...]

45 Sonst wenn der Vater auszog, liebe Kinder,
Da war ein Freuen, wenn er wiederkam,
Denn niemals kehrt' er heim, er bracht euch etwas,
War's eine schöne Alpenblume, war's
Ein seltner Vogel oder Ammonshorn,
50 Wie es der Wandrer findet auf den Bergen –
Jetzt geht er einem andern Weidwerk nach,
Am wilden Weg sitzt er mit Mordgedanken.
Des Feindes Leben ist's, worauf er lauert.
– Und doch an euch nur denkt er, lieben Kinder,
Auch jetzt – Euch zu verteid'gen, eure holde Unschuld
55 Zu schützen vor der Rache des Tyrannen
Will er zum Morde jetzt den Bogen spannen! *(Steht auf.)*

Ich laure auf ein edles Wild – Lässt sich's
Der Jäger nicht verdrießen, tagelang
Umherzustreifen in des Winters Strenge,
60 Von Fels zu Fels den Wagesprung zu tun,
Hinanzuklimmen an den glatten Wänden,
Wo er sich anleimt mit dem eignen Blut,
– Um ein armselig Grattier zu erjagen.
Hier gilt es einen köstlicheren Preis,
65 Das Herz des Todfeinds, der mich will verderben.
[...] Mein ganzes Leben lang hab' ich den Bogen
Gehandhabt, mich geübt nach Schützenregel,
Ich habe oft geschossen in das Schwarze,
Und manchen schönen Preis mir heimgebracht
70 Vom Freudenschießen – Aber heute will ich
Den Meisterschuss tun und das Beste mir
Im ganzen Umkreis des Gebirgs gewinnen. [...]

GEßLER: Ein allzu milder Herrscher bin ich noch
Gegen dies Volk – die Zungen sind noch frei,
75 Es ist noch nicht ganz, wie es soll, gebändigt –
Doch es soll anders werden, ich gelob' es,
Ich will ihn brechen diesen starren Sinn,
Den kecken Geist der Freiheit will ich beugen.
Ein neu Gesetz will ich in diesen Landen
80 Verkünden – Ich will –
(Ein Pfeil durchbohrt ihn, er fährt mit der Hand ans Herz und will sinken. Mit matter Stimme:)
Gott sei mir gnädig! [...]

GEßLER: Das ist Tells Geschoss.
85 *(Ist vom Pferde herab dem Rudolf Harras in den Arm gegleitet und wird auf der Bank niedergelassen.)*

TELL *(erscheint oben auf der Höhe des Felsen):*
Du kennst den Schützen, suche keinen andern!
Frei sind die Hütten, sicher ist die Unschuld
Vor dir, du wirst dem Lande nicht mehr schaden.
90 *(Verschwindet von der Höhe. Volk stürzt herein.)*

FRIEDRICH SCHILLER: WILHELM TELL, RECLAM

Osmar Schindler: Gesslers Tod
(1921)

c) Geben Sie **wieder,** wozu Wilhelm Tell bisher seine ihm so sehr vertraute Armbrust gebraucht hat.

d) Recherchieren Sie, warum Geßler Tell dazu zwingt, mit der Armbrust auf einen Apfel, der auf Walter Tells Kopf liegt, zu schießen.

e) Bei „Wilhelm Tell" handelt es sich um einen klassischen Dramenaufbau der Tragödie, der fünf Akte umfasst. – **Nennen** Sie die beiden Teile aus der folgenden Auflistung, die in einem klassischen Drama nicht enthalten sind:
- Lösung des Konflikts
- Steigende Handlung mit erregendem Moment
- Bühnenvorspiel
- Fallende Handlung
- Zuspitzung der Handlung
- Exposition – Einführung
- Höhepunkt. Die entscheidende Auseinandersetzung findet statt.

f) Ordnen Sie die fünf Aussagen den fünf Akten des klassischen Dramas zu:
- Tell kann entkommen, lauert Geßler auf und tötet ihn mit seiner Armbrust.
- Das Land ist von der habsburgischen Zwangsunterjochung befreit, Wilhelm Tell wird vom Volk als Befreier der Schweiz bejubelt.
- Die Aufständischen (Reding, Stauffacher, Melchthal, Fürst und viele andere) versammeln sich und legen den nach der Rütliwiese benannten „Rütlischwur" ab, der besagt, dass die Habsburger – und mit ihnen Hermann Geßler, der verhasste Landvogt – aus der Schwyz vertrieben werden sollen.
- Wilhelm Tell verweigert dem auf einer Stange aufgesteckten Hut des Landvogts Hermann Geßler den Gruß, wird verhaftet und von Geßler gezwungen, vom Kopf seines Sohnes mit der Armbrust einen Apfel zu schießen. Tell trifft den Apfel, Geßler lässt ihn dennoch einsperren.
- Wilhelm Tell und andere Schweizer wehren sich gegen die habsburgische Tyrannei. Sie schützen einen Mann, der, um seine Frau vor Schändung zu bewahren, einen habsburgischen Burgvogt erschlagen hat. Einige Gesinnungsgenossen verbünden sich daraufhin und bereiten einen Aufstand vor.

g) Erläutern Sie Tells Rechtfertigung des bevorstehenden Mordes am tyrannischen Geßler und **diskutieren** Sie die Legitimität dieser Tat aufgrund der in den Textstellen thematisierten Motive.

6. **Im Bunde mit dem Teufel**

„Faust" von Johann Wolfgang von Goethe ist eines der berühmtesten Theaterstücke der deutschen Literaturgeschichte. Doch eine Erfindung von Goethe ist die Figur Faust nicht, denn der Autor stützt sich auf unterschiedliche Überlieferungen zu einer Person aus dem 15. bzw. 16. Jahrhundert.

a) Recherchieren Sie Informationen zur historischen Person des Johann Georg Faust und führen Sie an, welche Elemente seiner Biografie Anlass zum Entstehen des Faust-Stoffes gegeben haben.

b) Notieren Sie auch mindestens zwei Versionen des „Faust" (Verfasser, Titel, Entstehungszeit, Inhalt), die vor Goethes „Faust" entstanden sind.

Die Lösung finden Sie im Anhang.

Das Drama nach GOETHE

Gott und Mephistopheles schließen am Beginn des Werkes eine Wette ab – der Wettgegenstand ist Heinrich Faust und dessen Seele. Mephisto ist überzeugt davon, dass er Faust verführen kann und dieser sich von Gott abwendet. Der Gelehrte und Wissenschaftler Faust ist deshalb für diese Wette ein geeigneter Charakter, weil er hinsichtlich (wissenschaftlicher) Erkenntnis an die Grenzen des Möglichen stößt und deshalb mit seinem Leben sehr, sehr unzufrieden ist und beinahe Selbstmord begeht.

Johann Wolfgang von Goethe
FAUST. DER TRAGÖDIE ERSTER TEIL (1808)

Nacht
(In einem hochgewölbten, engen gotischen Zimmer; Faust, unruhig auf seinem Sessel am Pulte.)

FAUST:		Habe nun, ach! Philosophie,
5		Juristerei und Medizin,
		Und leider auch Theologie
		Durchaus studiert, mit heißem Bemühn.
		Da steh ich nun, ich armer Tor!
		Und bin so klug als wie zuvor;
10		Heiße Magister, heiße Doktor gar,
		Und ziehe schon an die zehen Jahr
		Herauf, herab und quer und krumm,
		Meine Schüler an der Nase herum –
		Und sehe, daß wir nichts wissen können!
15		Das will mir schier das Herz verbrennen.
		Zwar bin ich gescheiter als all die Laffen,
		Doktoren, Magister, Schreiber und Pfaffen;
		Mich plagen keine Skrupel noch Zweifel,
		Fürchte mich weder vor Hölle noch Teufel –
20		Dafür ist mir auch alle Freud entrissen,
		Bilde mir nicht ein, was Rechts zu wissen,
		Bilde mir nicht ein, ich könnte was lehren,
		Die Menschen zu bessern und zu bekehren.
		Auch hab ich weder Gut noch Geld,
25		Noch Ehr und Herrlichkeit der Welt;
		Es möchte kein Hund so länger leben!
		Drum hab ich mich der Magie ergeben,
		Ob mir, durch Geistes Kraft und Mund
		Nicht manch Geheimnis würde kund;
30		Daß ich nicht mehr mit saurem Schweiß,
		Zu sagen brauche, was ich nicht weiß;
		Daß ich erkenne, was die Welt
		Im Innersten zusammenhält,
		Schau alle Wirkenskraft und Samen,
35		Und tu nicht mehr in Worten kramen.

a) **Fassen** Sie **zusammen**, worüber Faust in seinem Monolog Klage führt.

b) Welcher Begriff von Bildung wird in diesem Ausschnitt aus „Faust I" von JOHANN WOLFGANG VON GOETHE dargestellt? – **Diskutieren** Sie.

Der Pakt

Studierzimmer
(Faust, Mephistopheles)

MEPHISTOPHELES: Ich will mich hier zu deinem Dienst verbinden,
Auf deinen Wink nicht rasten und nicht ruhn;
5   Wenn wir uns drüben wieder finden,
So sollst du mir das Gleiche thun.

FAUST: Das Drüben kann mich wenig kümmern,
Schlägst du erst diese Welt zu Trümmern,
Die andre mag darnach entstehn.
10   Aus dieser Erde quillen meine Freuden,
Und diese Sonne scheinet meinen Leiden;
Kann ich mich erst von ihnen scheiden,
Dann mag was will und kann geschehn. [...]

MEPHISTOPHELES: In diesem Sinne kannst du's wagen.
15   Verbinde dich; du sollst, in diesen Tagen,
Mit Freuden meine Künste sehn,
Ich gebe dir was noch kein Mensch gesehn.

FAUST: Was willst du armer Teufel geben?
Ward eines Menschen Geist, in seinem hohen
         Streben,
20   Von deines Gleichen je gefaßt?
Doch hast du Speise, die nicht sättigt, hast
Du rothes Gold, das ohne Rast,
Quecksilber gleich, dir in der Hand zerrinnt,
Ein Spiel, bey dem man nie gewinnt,
25   Ein Mädchen, das an meiner Brust
Mit Aeugeln schon dem Nachbar sich verbindet,
Der Ehre schöne Götterlust,
Die, wie ein Meteor, verschwindet.
Zeig mir die Frucht, die fault, eh' man sie bricht,
30   Und Bäume, die sich täglich neu begrünen!

MEPHISTOPHELES: Ein solcher Auftrag schreckt mich nicht,
Mit solchen Schätzen kann ich dienen.
Doch, guter Freund, die Zeit kommt auch heran
Wo wir was Gut's in Ruhe schmausen mögen.

35 FAUST: Werd' ich beruhigt je mich auf ein Faulbett legen;
So sey es gleich um mich gethan!
Kannst du mich schmeichelnd je belügen,
Daß ich mir selbst gefallen mag,
Kannst du mich mit Genuß betrügen;
40   Das sey für mich der letzte Tag!
Die Wette biet' ich!

MEPHISTOPHELES: Topp!

FAUST:	Und Schlag auf Schlag!
	Werd' ich zum Augenblicke sagen:
	Verweile doch! du bist so schön!
	Dann magst du mich in Fesseln schlagen,
45	Dann will ich gern zu Grunde gehn!
	Dann mag die Todtenglocke schallen,
	Dann bist du deines Dienstes frey,
	Die Uhr mag stehn, der Zeiger fallen,
	Es sey die Zeit für mich vorbey!

50 MEPHISTOPHELES: Bedenk' es wohl, wir werden's nicht vergessen.

FAUST:	Dazu hast du ein volles Recht;
	Ich habe mich nicht freventlich vermessen.
	Wie ich beharre, bin ich Knecht,
	Ob dein, was frag' ich, oder wessen.

55 MEPHISTOPHELES: Ich werde heute gleich, beym Doctorschmaus,
Als Diener, meine Pflicht erfüllen.
Nur eins! – um Lebens oder Sterbens willen,
Bitt' ich mir ein Paar Zeilen aus.

FAUST:	Auch was Geschriebnes forderst du Pedant?
60	Hast du noch keinen Mann, nicht Mannes-Wort
	gekannt?
	[...] Was willst du böser Geist von mir?
	Erz, Marmor, Pergament, Papier?
	Soll ich mit Griffel, Meißel, Feder schreiben?
	Ich gebe jede Wahl dir frey.

65 MEPHISTOPHELES: Wie magst du deine Rednerey
Nur gleich so hitzig übertreiben?
Ist doch ein jedes Blättchen gut.
Du unterzeichnest dich mit einem Tröpfchen Blut.

| FAUST: | Wenn dieß dir völlig G'nüge thut, |
| 70 | So mag es bey der Fratze bleiben. |

MEPHISTOPHELES: Blut ist ein ganz besondrer Saft.

FAUST:	Nur keine Furcht, daß ich dieß Bündniß breche!
	Das Streben meiner ganzen Kraft
	Ist g'rade das, was ich verspreche. [...]

a) Geben Sie die wesentlichen Aspekte des berühmten Paktes zwischen Heinrich Faust und Mephistopheles **wieder.**
- Was verspricht Mephistopheles Heinrich und was will er dafür haben?
- Was verspricht sich Heinrich Faust von diesem Pakt?
- Wann kehrt sich das Verhältnis (Herr und Knecht) um?

b) Angenommen, der Teufel würde sich Ihnen zu erkennen geben und Ihnen einen ähnlichen Pakt anbieten. Wie würden Sie entscheiden und was wären Ihre Aufgaben und Forderungen an Mephistopheles?

c) „Mein schönes Fräulein, darf ich wagen, meinen Arm und Geleit Ihr anzutragen?" Mit diesem Satz und der vorangehenden Verjüngung von Faust in der Hexenküche beginnt die „Gretchentragödie". – **Recherchieren** Sie den Inhalt dieses Teiles der Tragödie und **geben** Sie ihn **wieder.**

Hexenküche
(Faust, Mephistopheles)

FAUST: Mir widersteht das tolle Zauberwesen!
                         Versprichst du mir, ich soll genesen
                         In diesem Wust von Raserei?
                         Verlang ich Rat von einem alten Weibe?
5   Und schafft die Sudelköcherei
                         Wohl dreißig Jahre mir vom Leibe?
                         Weh mir, wenn du nichts Bessers weißt!
                         Schon ist die Hoffnung mir verschwunden.
                         Hat die Natur und hat ein edler Geist
10   Nicht irgendeinen Balsam ausgefunden?

MEPHISTOPHELES: Mein Freund, nun sprichst du wieder klug!
                         Dich zu verjüngen, gibt's auch ein natürlich Mittel;
                         Allein es steht in einem andern Buch,
                         Und ist ein wunderlich Kapitel.

15 FAUST: Ich will es wissen.

MEPHISTOPHELES: Gut! Ein Mittel, ohne Geld
                         Und Arzt und Zauberei zu haben:
                         Begib dich gleich hinaus aufs Feld,
                         Fang an zu hacken und zu graben
                         Erhalte dich und deinen Sinn
20   In einem ganz beschränkten Kreise,
                         Ernähre dich mit ungemischter Speise,
                         Leb mit dem Vieh als Vieh, und acht es nicht für Raub,
                         Den Acker, den du erntest, selbst zu düngen;
                         Das ist das beste Mittel, glaub,
25   Auf achtzig Jahr dich zu verjüngen!

FAUST: Das bin ich nicht gewöhnt, ich kann mich nicht
                                  bequemen,
                         Den Spaten in die Hand zu nehmen.
                         Das enge Leben steht mir gar nicht an.

MEPHISTOPHELES: So muß denn doch die Hexe dran.

d) Als Redakteur/in der Schulzeitung verfassen Sie zum Schwerpunktthema „Schönheit – Trends, Kult, Wahn?" einen **Kommentar.** Bearbeiten Sie die folgenden Arbeitsaufträge unter Berücksichtigung der angeführten Szene „Hexenküche" des Dramas „Faust I" von JOHANN WOLFGANG VON GOETHE.

- ■ **Beschreiben** Sie Ihre Wahrnehmungen zum gegenwärtigen Schönheitskult in Gesellschaft und Medien.

- ■ **Setzen** Sie einzelne Passagen der angegebenen Textstelle aus GOETHES „Faust I" mit den gegenwärtigen Bemühungen der Menschen, ihren Körper zu verändern bzw. verändern zu lassen, **in Beziehung.**

- ■ **Erörtern** Sie die Chancen und Gefahren chirurgischer Eingriffe zur Veränderung des Aussehens.

- ■ **Beurteilen** Sie gegenwärtige Schönheitstrends und -ideale.

Schreiben Sie zwischen **405** und **495 Wörter.** Markieren Sie die Absätze mittels Leerzeilen.

Arbeitsaufgabe

- **Verfassen** Sie die unten angegebenen Texte aus der Perspektive von Margarete nach folgenden Erlebnissen (Wählen Sie einen Text):
  - Verliebtsein in Faust nach anfänglichem Kennenlernen: Liebesbrief
  - Tod der Mutter: Grabrede
  - Tod des Bruders Valentin: Zeitungsbericht

  - _____ :

    Tagebucheintrag

Kerker

MARGARETE (*zu ihm gewendet*):

    Und bist du's denn? Und bist du's auch gewiß?

FAUST:

    Ich bin's! Komm mit!

MARGARETE:

    Du machst die Fesseln los,
5   Nimmst wieder mich in deinen Schoß.
    Wie kommt es, daß du dich vor mir nicht scheust?
    Und weißt du denn, mein Freund, wen du befreist?

FAUST:

    Komm! komm! schon weicht die tiefe Nacht.

MARGARETE:

    Meine Mutter hab ich umgebracht,
10   Mein Kind hab ich ertränkt.
    War es nicht dir und mir geschenkt?
    Dir auch. – Du bist's! ich glaub es kaum.
    Gib deine Hand! Es ist kein Traum!
    Deine liebe Hand! – Ach, aber sie ist feucht!
15   Wische sie ab! Wie mich deucht,
    Ist Blut dran.
    Ach Gott! was hast du getan!
    Stecke den Degen ein,
    Ich bitte dich drum!

MARGARETE:

    Meine Mutter hab ich umgebracht,
10   Mein Kind hab ich ertränkt.
    War es nicht dir und mir geschenkt?
    Dir auch. – Du bist's! ich glaub es kaum.
    Gib deine Hand! Es ist kein Traum!
    Deine liebe Hand! – Ach, aber sie ist feucht!
15   Wische sie ab! Wie mich deucht,
    Ist Blut dran.
    Ach Gott! was hast du getan!
    Stecke den Degen ein,
    Ich bitte dich drum!

20 FAUST:

    Laß das Vergangne vergangen sein,
    Du bringst mich um.

MARGARETE:

    Nein, du mußt übrigbleiben!
    Ich will dir die Gräber beschreiben,
    Für die mußt du sorgen
25   Gleich morgen;
    Der Mutter den besten Platz geben,
    Meinen Bruder sogleich darneben,
    Mich ein wenig beiseit',
    Nur nicht gar zu weit!
30   Und das Kleine mir an die rechte Brust.
    Niemand wird sonst bei mir liegen! –
    Mich an deine Seite zu schmiegen,
    Das war ein süßes, ein holdes Glück!
    Aber es will mir nicht mehr gelingen;
35   Mir ist's, als müßt ich mich zu dir zwingen,
    Als stießest du mich von dir zurück;
    Und doch bist du's und blickst so gut, so fromm.

FAUST:

    Fühlst du, daß ich es bin, so komm! [...]

MEPHISTOPHELES (*erscheint draußen*):

    Auf! oder ihr seid verloren.
40   Unnützes Zagen! Zaudern und Plaudern!

Mein Pferde schaudern,
Der Morgen dämmert auf.

MARGARETE: Was steigt aus dem Boden herauf?
Der! der! Schick ihn fort!
45 Was will der an dem heiligen Ort?
Er will mich!

FAUST: Du sollst leben!

MARGARETE: Gericht Gottes! dir hab ich mich übergeben!

MEPHISTOPHELES (zu Faust):
Komm! komm! Ich lasse dich mit ihr im Stich.

MARGARETE: Dein bin ich, Vater! Rette mich!
50 Ihr Engel! Ihr heiligen Scharen,
Lagert euch umher, mich zu bewahren!
Heinrich! Mir graut's vor dir.

MEPHISTOPHELES: Sie ist gerichtet!

STIMME (von oben): Ist gerettet!

MEPHISTOPHELES (zu Faust):
Her zu mir!
(Verschwindet mit Faust.)

55 STIMME (von innen, verhallend):
Heinrich! Heinrich!

JOHANN WOLFGANG V. GOETHE: FAUST. DER TRAGÖDIE ERSTER TEIL.
IN: POETISCHE WERKE IN DREI BÄNDEN, AUFBAU –
ALTE RECHTSCHREIBUNG

Seite aus GOETHES „Faust"
(München: Bruckmann 1874)
mit einer Illustration von
AUGUST VON KRELING

a) **Geben** Sie den Inhalt der „Schlussszene" aus dem „Faust I" **wieder.**

b) **Deuten** Sie den Schluss dieser Szene, indem Sie eine der beiden Interpretationshypothesen untermauern.

- „Margarete ist gerettet, da sie von Natur aus ein gläubiges Wesen ist
und sich letztlich Gott zuwendet."

- „Margarete wird in der Hölle schmoren, da sie abscheuliche Taten
begangen hat, die absolut unverzeihlich sind."

c) **Recherchieren** Sie nach Umsetzungen des Faust-Stoffes in der Gegenwart und jüngeren Vergangenheit in den Bereichen Comic, Kabarett,
Musical, Musik und **bewerten** Sie diese nach Ihren eigenen ästhetischen Kriterien.

Faust, der Tragödie zweiter Teil

Der zweite Teil der Tragödie, „Faust II", wird von GOETHE erst kurz vor
seinem Tod (1832) fertiggestellt und gilt lange Zeit als nicht aufführbar;
einzelne Regisseure haben in der Vergangenheit dennoch Gegenteiliges
bewiesen.

In „Faust II" ist weiterhin die dem Mittelalter immanente Hinwendung zu
Alchemie und Magie präsent, zudem wird der Forderung nach der Begegnung mit der griechischen und römischen Kultur innerhalb der Literatur
dadurch nachgekommen, dass Faust mit Hilfe von Mephistopheles durch
diese Epochen reist. „Faust II" weist nicht – wie „Faust I" – einen durch-
gängigen Handlungsstrang auf, sondern besteht aus einzelnen Episoden.

 **Arbeitsaufgabe**

- **Recherchieren** Sie nach
Inszenierungen des ge-
samten „Faust" (I und II)
und notieren Sie den/die
Regisseur/in, die Premiere
der Inszenierung und die
Aufführungsdauer.

die **Phiole** = in der Chemie verwendete bauchige Glasflasche mit langem Hals

Im Folgenden ist ein Ausschnitt aus der Szene **„Laboratorium"** angeführt, in der Wagner im Beisein von Mephistopheles versucht, einen künstlichen Menschen – Homunculus – zu erschaffen, was ihm auch gelingt, jedoch mit der Einschränkung, dass dieses Wesen nur in einer Phiole lebensfähig ist.

Johann Wolfgang von Goethe
FAUST. DER TRAGÖDIE ZWEITER TEIL (1832)

Briefmarke von 1979: Johannes Faust mit Homunculus und Mephistopheles

WAGNER:	Es wird ein Mensch gemacht.

MEPHISTOPHELES:	Ein Mensch? Und welch verliebtes Paar
	Habt ihr ins Rauchloch eingeschlossen?

WAGNER:

Behüte Gott! wie sonst das Zeugen Mode war,
5 Erklären wir für eitel Possen.
Der zarte Punkt, aus dem das Leben sprang,
Die holde Kraft, die aus dem Innern drang
Und nahm und gab, bestimmt sich selbst zu
    zeichnen,
Erst Nächstes, dann sich Fremdes anzueignen,
10 Die ist von ihrer Würde nun entsetzt;
Wenn sich das Tier noch weiter dran ergetzt,
So muß der Mensch mit seinen großen Gaben
Doch künftig höhern, höhern Ursprung haben.
Es leuchtet! seht! – Nun läßt sich wirklich hoffen,
15 Daß, wenn wir aus viel hundert Stoffen
Durch Mischung – denn auf Mischung kommt es
    an –
Den Menschenstoff gemächlich komponieren,
In einen Kolben verlutieren
Und ihn gehörig kohobieren,
20 So ist das Werk im stillen abgetan.
Es wird! die Masse regt sich klarer!
Die überzeugung wahrer, wahrer:
Was man an der Natur Geheimnisvolles pries,
Das wagen wir verständig zu probieren,
25 Und was sie sonst organisieren ließ,
Das lassen wir kristallisieren.

Auf seiner Reise in die Welt der Antike begegnet Faust in der Szene **„Innerer Burghof"** Helena, der schönsten Frau der antiken griechischen Welt.

HELENA:

Das übel, das ich brachte, darf ich nicht
Bestrafen. Wehe mir! Welch streng Geschick
Verfolgt mich, überall der Männer Busen
So zu betören, daß sie weder sich
5 Noch sonst ein Würdiges verschonten. Raubend jetzt,
Verführend, fechtend, hin und her entrückend,
Halbgötter, Helden, Götter, ja Dämonen,
Sie führten mich im Irren her und hin.
Einfach die Welt verwirrt' ich, dopplet mehr;
10 Nun dreifach, vierfach bring' ich Not auf Not.
Entferne diesen Guten, laß ihn frei;
Den Gottbetörten treffe keine Schmach.

| FAUST: | Erstaunt, o Königin, seh' ich zugleich |
| | Die sicher Treffende, hier den Getroffnen; |
15 | | Ich seh' den Bogen, der den Pfeil entsandt, |
	Verwundet jenen. Pfeile folgen Pfeilen,
	Mich treffend. Allwärts ahn' ich überquer
	Gefiedert schwirrend sie in Burg und Raum.
	Was bin ich nun? Auf einmal machst du mir
20		Rebellisch die Getreusten, meine Mauern
	Unsicher. Also fürcht' ich schon, mein Heer
	Gehorcht der siegend unbesiegten Frau.
	Was bleibt mir übrig, als mich selbst und alles,
	Im Wahn des Meine, dir anheimzugeben?
25		Zu deinen Füßen laß mich, frei und treu,
	Dich Herrin anerkennen, die sogleich
	Auftretend sich Besitz und Thron erwarb.

Gegen Ende des Dramas wird Faust zum Herrn über ein Stück Land, das er vom Kaiser als Lohn für Kriegsdienste erhält, und kann nun politisch wie auch gesellschaftlich gestalten. Nur Philemon und Baucis – ein altes Ehepaar, das eine Hütte in den Dünen auf Fausts Grund bewohnt und nicht weichen will – stehen Faust im Wege und er fordert von Mephistopheles, dass sie in ein neues Haus umgesiedelt werden. Beim Versuch, sie wegzuführen, geht das Haus in Flammen auf und die beiden sterben. Einerseits ist Faust der Abgang der beiden recht, da er sein Heim nun auf diesem von ihm begehrten Platz errichten kann, andererseits wollte er deren Tod nicht und erteilt Mephistopheles deshalb eine Rüge.

Am Ende seines Lebens wendet Faust sich gänzlich von Mephistopheles ab und setzt sein Streben mehr und mehr für die Allgemeinheit ein, indem er durch die Deichbauten Lebensraum schafft und diesen den Menschen zur Verfügung stellt. Kurz vor seinem Tod sagt er dann doch den Satz, der Gegenstand des ehemals mit Mephistopheles geschlossenen Paktes war, jedoch in einer etwas abgewandelten Form:

| | Zum Augenblicke dürft' ich sagen: |
2 | | Verweile doch, du bist so schön! |
| | Es kann die Spur von meinen Erdentagen |
4 | | Nicht in Äonen untergehn. – |
| | Im Vorgefühl von solchem hohen Glück |
6 | | Genieß' ich jetzt den höchsten Augenblick. |

Faust stirbt, aber seine Seele geht nicht in den Besitz von Mephistopheles über, sondern wird von Engeln hinweggeführt. Als Erklärung für Fausts Errettung vor Hölle und Verderben wird folgende Begründung angeführt:

Wer immer strebend sich bemüht,
den können wir erlösen.

JOHANN WOLFGANG V. GOETHE: FAUST. DER TRAGÖDIE ZWEITER TEIL,
RECLAM – ALTE RECHTSCHREIBUNG

a) Wagner erschafft den künstlichen Menschen „Homunculus". Reisen Sie recherchierend durch die Literaturepochen und machen Sie sich auf die Suche nach dem künstlich geschaffenen Menschen. – **Stellen** Sie Ihre Funde gesammelt **dar.**

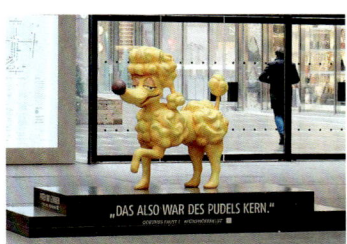

Faust-Festival München in den „Fünf Höfen" 2018

b) **Erschließen** Sie, worüber Helena in der angeführten Szene, in der Heinrich ihr verfällt, um ihr letztlich zu Füßen zu liegen, Klage führt. **Recherchieren** Sie dazu den Mythos, der sich um die angeblich schönste Frau des antiken Griechenlands rankt.

c) **Vergleichen** Sie den Pakt zwischen Heinrich und Mephistopheles im „Faust I" und die Textstelle aus „Faust II", in der Heinrich nun die vereinbarten Worte spricht. Wodurch unterscheiden sich die beiden Versionen? Äußern Sie auch Ihre Vermutung, weshalb die Vereinbarung zwischen den beiden letztlich nicht mehr gilt.

d) Einer der wichtigsten Aspekte der Weimarer Klassik ist die Rückbesinnung auf die Kultur der klassischen Antike. Eine Forderung besteht darin, dass der Mensch tätig wird und er handelnd das Gute, Wahre und Schöne befördert. – **Untersuchen** Sie anhand der inhaltlichen Darstellungen zu „Faust I" und „Faust II" im vorliegenden Buch, inwiefern das Werk sich diesem Ideal annähert. Sammeln Sie entsprechende Beispiele.

e) **Diskutieren** Sie anhand Ihres gegenwärtigen Wissens zum Werk „Faust I" und „Faust II", ob Faust Ihrer Meinung nach die am Ende stehende Begnadigung tatsächlich verdient.

7. Redewendungen aus „Faust I" von JOHANN WOLFGANG VON GOETHE

„WAS GLÄNZT, IST FÜR DEN AUGENBLICK GEBOREN."
Vorspiel auf dem Theater: Der Dichter antwortet dem Theaterdirektor, der Stücke fordert, bei denen ihm die Zuseher/innen die Türen einrennen, Stücke, die die Kasse klingeln lassen.

„ES IRRT DER MENSCH, SOLANG ER STREBT."
Prolog im Himmel: Gott spricht diesen Satz, während er mit Mephistopheles die Bedingungen ihrer Wette ausverhandelt.

„MICH DÜNKT, ICH HÖR EIN GANZES CHOR VON HUNDERTTAUSEND NARREN SPRECHEN."
Hexenküche: Faust äußert sich zu den wirren Aussagen der Hexe, die ihm in Anwesenheit von Mephistopheles einen Zaubertrank für seine Verjüngung brauen soll.

„DAS ALSO WAR DES PUDELS KERN."
Studierzimmer: Faust spricht diesen Satz, nachdem sich der Pudel, der ihm nach einem Spaziergang in sein Studierzimmer gefolgt ist, in Mephistopheles verwandelt hat.

„ZWEI SEELEN WOHNEN, ACH! IN MEINER BRUST!"
Vor dem Tor: Faust erklärt Wagner, seinem Schüler, dass er zwischen einem Leben als Gelehrter und einem Leben als Mensch, der irdische und überirdische Erfahrungen sammeln will, hin- und hergerissen ist.

„DIE BOTSCHAFT HÖR ICH WOHL, ALLEIN MIR FEHLT DER GLAUBE."
Nacht: Faust spricht diesen Satz, nachdem er von seinem geplanten Selbstmord absieht, da er die Osterglocken zur Auferstehung Jesu Christi und Geisterstimmen hört, die von dessen Auferstehung berichten.

■ **Erklären** Sie die angeführten Zitate in ihrem heutigen Alltagsgebrauch.

Sehnsucht – Natur – Phantastisches

Einblick in die Literatur der Romantik (ca. 1790–1830)

CASPAR DAVID FRIEDRICH: DER WANDERER ÜBER DEM NEBELMEER (UM 1818)

Das Dunkelste und damit Tiefste der menschlichen Natur ist die Sehnsucht …

FRIEDRICH WILHELM SCHELLING

1 Romantik   BEISPIEL

Friedrich Schlegel
ATHENÄUMS-FRAGMENT NR. 116 (1798)

Die romantische Poesie ist eine progressive Universalpoesie. Ihre Bestimmung ist nicht bloß, alle getrennte Gattungen der Poesie wieder zu
vereinigen, und die Poesie mit der Philosophie und Rhetorik in Berührung
zu setzen. Sie will, und soll auch Poesie und Prosa, Genialität und Kritik,
5 Kunstpoesie und Naturpoesie bald mischen, bald verschmelzen, die Poesie
lebendig und gesellig, und das Leben und die Gesellschaft poetisch machen,
den Witz poetisieren, und die Formen der Kunst mit gediegnem Bildungs-
stoff jeder Art anfüllen und sättigen, und durch die Schwingungen des Humors beseelen. Sie umfasst alles, was nur poetisch ist, vom größten wieder
10 mehrere Systeme in sich enthaltenden Systeme der Kunst, bis zu dem Seufzer, dem Kuss, den das dichtende Kind aushaucht in kunstlosen Gesang. [...]
Die romantische Poesie ist unter den Künsten was der Witz der Philosophie,
und die Gesellschaft, Umgang, Freundschaft und Liebe im Leben ist. Andre
Dichtarten sind fertig, und können nun vollständig zergliedert werden. Die
15 romantische Dichtart ist noch im Werden; ja das ist ihr eigentliches Wesen,
dass sie ewig nur werden, nie vollendet sein kann. Sie kann durch keine Theorie erschöpft werden, und nur eine divinatorische Kritik dürfte es wagen, ihr
Ideal charakterisieren zu wollen. Sie allein ist unendlich, wie sie allein frei ist,
und das als ihr erstes Gesetz anerkennt, dass die Willkür des Dichters kein
20 Gesetz über sich leide. Die romantische Dichtart ist die einzige, die mehr als
Art, und gleichsam die Dichtkunst selbst ist: denn in einem gewissen Sinn
ist oder soll alle Poesie romantisch sein.

FRIEDRICH SCHLEGEL: ATHENÄUMS-FRAGMENT NR. 116, SCHÖNINGH

a) **Nennen** Sie wesentliche Merkmale der progressiven Universalpoesie, wie
FRIEDRICH SCHLEGEL sie sieht.

Novalis
WENN NICHT MEHR ZAHLEN UND FIGUREN (1800)

Wenn nicht mehr Zahlen und Figuren
sind Schlüssel aller Kreaturen,
wenn die, so singen oder küssen,
4 mehr als die Tiefgelehrten wissen,
wenn sich die Welt ins freie Leben
und in die Welt wird zurückbegeben,
wenn dann sich wieder Licht und Schatten
8 zu echter Klarheit werden gatten
und man in Märchen und Gedichten
erkennt die wahren Weltgeschichten,
dann fliegt vor Einem geheimen Wort
12 das ganze verkehrte Wesen fort.

IN: CONRADY. DAS BUCH DER GEDICHTE, CORNELSEN

b) **Erschließen** Sie die Aussage des Gedichts.

c) **Begründen** Sie, warum dieses Gedicht als programmatisch für die Epoche
der Romantik gelten kann.

Romantik (1790–1830)   WERKZEUG

Die Romantik entsteht an der Schwelle des 19. Jahrhunderts einerseits als Reaktion auf die Aufklärung, die den Romantikern das Rationale zu sehr betont, andererseits als Gegenentwurf zur Strenge der Klassik. Klassik und Romantik entwickeln sich nahezu parallel. Zum zentralen politischen Ereignis, der Französischen Revolution, haben die Romantiker zwar eine ähnliche Einstellung wie die Klassiker, sie lehnen sie nach anfänglicher Begeisterung ab. In vielen anderen Bereichen ist die Romantik aber eine **Antithese zur Klassik:** Propagieren die Klassiker z. B. die Reinheit der Gattungen, wollen die Romantiker die Grenzen verwischen („Universalpoesie"); der Vernunft setzen sie **Übersinnliches** und **Irrationales** entgegen; statt der Antike wenden sie sich dem **Mittelalter** zu.

> Manche Germanistinnen und Germanisten sprechen sich dafür aus, dass Klassik und Romantik nicht als eigene Epochen betrachtet werden können, sondern nur zwei gegensätzliche Tendenzen innerhalb einer Epoche seien, da nicht zwei Epochen zeitgleich existieren können.

Kritik der Romantiker

Die Romantiker üben Kritik an der **Dominanz des Rationalen** im aufklärerischen Denken und erheben den Vorwurf, dass damit alles auf seine Nützlichkeit und Verwertbarkeit reduziert wird.

Sie kritisieren auch die Entfremdung durch das vorherrschende **mechanistische Weltbild,** die Dominanz der Maschinen: Das beginnende industrielle Zeitalter befördert in ihren Augen das Nützlichkeitsdenken und Gewinnstreben.

Sie üben außerdem Kritik am **Philistertum:** Philister sind „Gegenfiguren" der romantischen Künstler/innen. Sie haben keinen Sinn für das Wunderbare und Geheimnisvolle in der Welt, sondern beurteilen nach Nützlichkeit und verzichten zugunsten eines „bürgerlichen Alltags" auf Freiheit und Kunst. Ihr Streben gilt dem Wohlstand und dem einfachen Familienglück.

> **der Philister** = kleinbürgerlicher, engstirniger Mensch

Phasen der Romantik

Anders als in anderen Epochen wechseln in der Romantik die Zentren des literarischen Lebens. Die Phasen der Romantik unterscheiden sich auch teilweise in der Betrachtungsweise der Kunst.

Phasen der Romantik			
Phase	**Zentrum**	**Autoren**	**Schwerpunkte**
Frühromantik	Jena	Ludwig Tieck, Brüder Schlegel, Novalis (Friedrich von Hardenberg), Friedrich Wilhelm Schelling	vorwiegend theoretisch-philosophisch ausgerichtet, programmatische Schriften
Hochromantik	Heidelberg	Achim von Arnim, Clemens Brentano, Joseph von Eichendorff, Joseph Görres	vorwiegend volkstümliche Themen und Motive
Spätromantik	Berlin	Ludwig Uhland, Wilhelm Hauff, Gustav Schwab; E. T. A. Hoffmann, Ludwig Tieck	vorwiegend historische Themen und Motive; schwarze Romantik: Schauerromane

Literaturtheorie der Romantik

Ideal der (Früh-)Romantiker ist die **„progressive Universalpoesie",** die das Wunderbare wieder in die Welt bringt. „Progressiv" steht in diesem Zusammenhang für den Fortschritt, der auch bedeutet, dass ein Werk niemals vollendet ist. Demgemäß bleiben die Werke der Romantiker häufig **Fragmente.** „Universal" meint, dass die **Grenzen** zwischen den Gattungen und den Künsten **aufgehoben** werden. Ein Kennzeichen ist die **romantische Ironie:** Die Autorinnen und Autoren distanzieren sich von ihrem Werk und zeigen auf, dass subjektive Wahrnehmungen und objektive Tatsachen nicht zur Deckung gebracht werden können. Den Leserinnen und Lesern wird vor Augen geführt, dass sie es nur mit einer Fiktion zu tun haben. Erreicht wird die romantische Ironie z. B. durch Kommentare während der Handlung.

CAROLINE SCHLEGEL-SCHELLING, deutsche Schriftstellerin (1763–1809)

FANNY VON ARNSTEIN, österreichische Salonière (1758–1818)

🔗 Zur **Erlebnislyrik** siehe Lyrik im Sturm und Drang

🔗 Zur **Hymne** siehe Lyrik in der Weimarer Klassik

Frauen und Literatur

In den vorhergehenden Epochen haben nur wenige Frauen in der deutschen Literaturgeschichte eine Rolle gespielt. In der Romantik treten sie zum ersten Mal aktiv auf. Gefördert wird das dadurch, dass besonders in der Frühromantik eine progressive **Auffassung der Geschlechterrollen** propagiert wird: Frauen sollen gleichberechtigt sein und ihr Leben aktiv gestalten können. Einige tun dies auch, wie z. B. CAROLINE SCHLEGEL-SCHELLING (1763–1809): Sie geht ein Verhältnis mit einem französischen Offizier ein, mit dem sie einen unehelichen Sohn hat. Später heiratet sie AUGUST WILHELM SCHLEGEL (1767–1845), von dem sie sich wieder scheiden lässt, um den zwölf Jahre jüngeren Philosophen FRIEDRICH WILHELM SCHELLING zu ehelichen. Sie engagiert sich für demokratische Ideen, schreibt Rezensionen und übersetzt gemeinsam mit SCHLEGEL Werke SHAKESPEARES. Von der überwiegenden Mehrheit der Bevölkerung wird die Emanzipation der Frauen jedoch vehement abgelehnt.

Trotzdem schreiben und publizieren Frauen (manche unter männlichem Pseudonym), z. B. BETTINA VON ARNIM (1785–1859), SOPHIE MEREAU (1770–1806), KAROLINE VON GÜNDERRODE (1780–1806) und DOROTHEA SCHLEGEL (1764–1839).

Gebildete bürgerliche Frauen führen auch literarische **Salons.** Diese sind Begegnungsstätten von Adeligen, Vertreterinnen/Vertretern des Großbürgertums und Intellektuellen, denen das Interesse an Dichtung und Kunst gemeinsam ist. Berühmte Salons sind jene von RAHEL VARNHAGEN (1771–1833) und HENRIETTE HERZ (1764–1847) in Berlin, von CAROLINE SCHLEGEL-SCHELLING in Jena und von JOHANNA SCHOPENHAUER (1766–1838, Mutter des Philosophen ARTHUR SCHOPENHAUER, 1788–1860) in Weimar. In Wien gilt FANNY VON ARNSTEIN (1758–1818) als Begründerin der großbürgerlichen Salons.

Literatur

Lyrik

Die vorherrschende literarische Gattung ist die Lyrik, häufig die von GOETHE eingeleitete Natur- und Erlebnislyrik. Beliebte Textsorten sind die Hymne und das Volkslied.

Den Begriff **„Volkslied"** prägt JOHANN GOTTFRIED HERDER (1744–1803). Typisch sind ein einprägsamer Inhalt, ein einfacher Ausdruck und eine (zumeist) gereimte Form. In der Romantik werden einerseits ursprünglich mündlich überlieferte Volkslieder gesammelt. Was heute zum Volkslied gezählt wird, entstammt oft den Sammlungen der Romantiker wie **„Des Knaben Wunderhorn"** (1806–1808) von ACHIM VON ARNIM (1781–1831) und CLEMENS BRENTANO (1778–1842). Andererseits schreiben Romantiker volksliedhafte Lyrik, d. h., sie bemühen sich um Einfachheit und den Anschein von Spontaneität. Viele dieser Kunstlieder haben sich im Laufe der Zeit zu echten Volksliedern entwickelt, z. B. JOSEPH VON EICHENDORFFS „In einem kühlen Grunde" (1813).

Epik

Im **Roman** lässt sich der Anspruch auf Universalität erfüllen, so werden z. B. Gedichte und Lieder eingefügt. In der Frühromantik werden hauptsächlich Bildungs- und Entwicklungsromane verfasst, in der Spätromantik wächst das Interesse am Schauerroman.

Der **Schauerroman** entwickelt sich in England in der zweiten Hälfte des 18. Jahrhunderts, seine Blütezeit ist die Romantik. Drei weltberühmte Werke sind MARY SHELLEYS „Frankenstein" (1818), ROBERT LOUIS STEVENSONS „Der seltsame Fall des Dr. Jekyll und Mr. Hyde" (1886) und BRAM STOKERS „Dracula" (1897). In der deutschsprachigen Literatur werden in der **schwarzen Romantik** Motive der Schauerromane aufgegriffen: Wahnsinn und das Unheimliche der menschlichen Psyche, unerklärliche Erscheinungen, das Doppelgänger-Motiv etc. Aber auch Versatzstücke wie unheimliche Gemäuer, wilde Landschaften oder Familienflüche lassen sich ausmachen. Beispiele sind LUDWIG TIECKS „Der Runenberg" (1804) oder E. T. A. HOFFMANNS „Sandmann" (1816/17) und „Die Elixiere des Teufels" (1815/16). Hier dient die phantastische Wirklichkeit nicht nur dem Gruseleffekt, sondern stellt das nach außen projizierte Unterbewusste dar.

Vorherrschende **epische Kurzformen** sind die Erzählung, die Novelle und das Märchen. Das **Märchen** ist auch deshalb in der Romantik beliebt, weil darin die Grenzen zwischen Realität und Wunderbarem verschwimmen. Wichtige Kennzeichen von Märchen sind, dass sie frei erfunden sind, zeitlich und räumlich nicht definiert sind und phantastische Begebenheiten eine Rolle spielen. Die Konflikte entstehen aus gegensätzlichen Charaktereigenschaften der handelnden Personen (z. B. gut – böse).

Unterschieden werden Volksmärchen und Kunstmärchen. Merkmale des **Volksmärchens** sind, dass dessen Verfasser/in unbekannt ist und es über einen längeren Zeitraum mündlich tradiert wird. Den heute bekannten Märchenton verdankt es den Brüdern JACOB (1785–1863) und WILHELM GRIMM (1786–1859), die Volksmärchen gesammelt und als „Kinder- und Hausmärchen" herausgegeben haben (erstmals 1812). Es heißt, dass die Gebrüder GRIMM durch die Lande gezogen sind und das von sogenannten „Märchenfrauen" Erzählte aufgeschrieben haben. Mittlerweile weiß man aber, dass sie einerseits durchaus auf schriftliche Quellen zurückgegriffen haben, andererseits die Erzählerinnen zumeist junge, gebildete bürgerliche Frauen gewesen sind, die ihrerseits das weitergegeben haben, was sie gelesen haben. Die Leistung der Gebrüder GRIMM ist vor allem, dass sie das Material vereinheitlicht haben und somit die Form des Volksmärchens, wie wir es kennen, bestimmt haben: dreigliedriges Handlungsschema (Notsituation – Bewährung – Lösung), optimistische Moral (das Gute gewinnt immer) und feststehende Anfangs- und Schlussformeln („Es war einmal ...", „Und wenn sie nicht gestorben sind ..."). Mit jeder neuen Auflage ihrer „Kinder- und Hausmärchen" haben sie auch vermehrt in Inhaltliches eingegriffen, z. B. wurden sexuelle oder sozialkritische Motive zunehmend getilgt, wodurch Texte, die ursprünglich der Unterhaltung Erwachsener gedient haben, zur Lektüre für Kinder wurden.

Kunstmärchen unterscheiden sich von Volksmärchen am offensichtlichsten dadurch, dass sie einer Autorin/einem Autor eindeutig zugeschrieben werden können. Oft besitzen sie – im Gegensatz zum Volksmärchen – zwei Handlungsstränge. Die Figuren sind nicht typisiert, sondern weisen einen eigenen Charakter auf. In vielen Kunstmärchen ist ein innerer Konflikt der Protagonistin/ des Protagonisten Auslöser der Handlung. Kunstmärchen erscheinen in der Romantik je nach Intention der Autorin/des Autors durchaus gegensätzlich, in manchen dominiert das Unheimliche, andere zeigen den Weg der Hauptperson zu sich selbst etc. Berühmte Beispiele für Kunstmärchen sind „Der blonde Eckbert" (1797) und „Der Runenberg" (1804) von LUDWIG TIECK, „Der goldne Topf" (sic!, 1814) von E. T. A. HOFFMANN, „Das kalte Herz" (1827) von WILHELM HAUFF, „Peter Schlehmils wundersame Geschichte" (1813) von ADELBERT VON CHAMISSO und die Märchensammlung „Italienische Märchen" (1805–1811) von CLEMENS BRENTANO.

Dramatik

Das Drama spielt in der Romantik nur eine geringe Rolle, da in ihm die Vermischung der Gattungen schwierig zu verwirklichen ist. Die entstandenen Werke sind häufig aufgrund der Länge und Komplexität nicht zur Aufführung geeignet, sind also als **Lesedramen** konzipiert. Ein Vorbild sind die Dramen SHAKESPEARES. Beliebt sind **Geschichtsdramen,** wie z. B. „Die Gründung Prags" (1815) von CLEMENS BRENTANO, und Komödien. Nach wie vor aufgeführt wird die romantische **Komödie** „Der gestiefelte Kater. Ein Kindermärchen in drei Akten, mit Zwischenspielen, einem Prologe und Epiloge" (1797) von LUDWIG TIECK.

Grimm-Denkmal in Hanau

Die Sammlung von Märchen ist nicht die einzige Leistung, für die die Brüder GRIMM bekannt sind. Sie geben 1819 die erste **„Deutsche Grammatik"** heraus und beginnen 1838 mit der Arbeit am **„Deutschen Wörterbuch".** Sie können ihr Werk nicht vollenden, andere Sprachwissenschaftler/innen setzen es fort. Der letzte Band erscheint 1961.

Arbeitsaufgaben „Romantik"

1. Philister und Romantiker

Text 1

Novalis (1800)

77. Unser Alltagsleben besteht aus lauter erhaltenden, immer wiederkehrenden Verrichtungen. Dieser Zirkel von Gewohnheiten ist nur
Mittel zu einem Hauptmittel, unserm irdischen Dasein überhaupt, das
aus mannigfaltigen Arten zu existieren gemischt ist.

5 Philister leben nur ein Alltagsleben. Das Hauptmittel scheint ihr
einziger Zweck zu sein. Sie tun das alles, um des irdischen Lebens
willen; wie es scheint und nach ihren eignen Äußerungen scheinen
muß. Poesie mischen sie nur zur Notdurft unter, weil sie nun einmal
an eine gewisse Unterbrechung ihres täglichen Laufs gewöhnt sind. In
10 der Regel erfolgt diese Unterbrechung alle sieben Tage, und könnte ein
poetisches Septanfieber heißen. Sonntags ruht die Arbeit, sie leben ein
bißchen besser als gewöhnlich und dieser Sonntagsrausch endigt sich
mit einem etwas tiefern Schlafe als sonst; daher auch Montags alles
noch einen raschern Gang hat. Ihre parties de plaisir müssen konven-
15 tionell, gewöhnlich, modisch sein, aber auch ihr Vergnügen verarbeiten
sie, wie alles, mühsam und förmlich.

Den höchsten Grad seines poetischen Daseins erreicht der Philister bei
einer Reise, Hochzeit, Kindstaufe, und in der Kirche. Hier werden seine
kühnsten Wünsche befriedigt, und oft übertroffen.

20 Ihre sogenannte Religion wirkt bloß wie ein Opiat: reizend, betäubend,
Schmerzen aus Schwäche stillend. Ihre Früh- und Abendgebete sind
ihnen, wie Frühstück und Abendbrot, notwendig. Sie können's nicht
mehr lassen. Der derbe Philister stellt sich die Freuden des Himmels
unter dem Bilde einer Kirmeß, einer Hochzeit, einer Reise oder eines
25 Balls vor: der sublimierte macht aus dem Himmel eine prächtige Kirche
mit schöner Musik, vielem Gepränge, mit Stühlen für das gemeine Volk
parterre, und Kapellen und Emporkirchen für die Vornehmern.

Die schlechtesten unter ihnen sind die revolutionären Philister, wozu
auch der Hefen der fortgehenden Köpfe, die habsüchtige Rasse gehört.

30 Grober Eigennutz ist das notwendige Resultat armseliger Beschränktheit. Die gegenwärtige Sensation ist die lebhafteste, die höchste eines
Jämmerlings. Über diese kennt er nichts höheres. Kein Wunder, daß der
durch die äußern Verhältnisse par force dressierte Verstand nur der lis-
tige Sklav eines solchen stumpfen Herrn ist, und nur für dessen Lüste
35 sinnt und sorgt.

NOVALIS: GESAMMELTE WERKE, JAZZYBEE – ALTE RECHTSCHREIBUNG

a) **Nennen** Sie im Text dargestellte Beispiele für das Alltagsleben eines
Philisters.

b) **Beschreiben** Sie, was Novalis unter einem Philister versteht.

c) **Diskutieren** Sie mit Ihren Kolleginnen/Kollegen: Was kennzeichnet
einen Philister unserer Zeit?

---

das Septanfieber = hier: Fieber, das alle sieben Tage auftritt

parties de plaisir = vergnügliche Veranstaltung

derb = grob, ohne Feinheit

die Kirmes = Jahrmarkt, Volksfest, Kirchweih

sublimiert = hier: verfeinert, veredelt

par force = unter allen Umständen, mit aller Gewalt

Text 2

Der Roman „Aus dem Leben eines Taugenichts" beginnt wie folgt:

Joseph von Eichendorff
AUS DEM LEBEN EINES TAUGENICHTS (1826)

Das Rad an meines Vaters Mühle brauste und rauschte schon wieder
recht lustig, der Schnee tröpfelte emsig vom Dache, die Sperlinge zwit-
scherten und tummelten sich dazwischen; ich saß auf der Türschwelle
4 und wischte mir den Schlaf aus den Augen, mir war so recht wohl in
dem warmen Sonnenscheine. Da trat der Vater aus dem Hause; er
hatte schon seit Tagesanbruch in der Mühle rumort und die Schlafmüt-
ze schief auf dem Kopfe, der sagte zu mir: „Du Taugenichts! Da sonnst
8 du dich schon wieder und dehnst und reckst dir die Knochen müde und
lässt mich alle Arbeit allein tun. Ich kann dich hier nicht länger füttern.
Der Frühling ist vor der Türe, geh auch einmal hinaus in die Welt und
erwirb dir selber dein Brot." – „Nun", sagte ich, „wenn ich ein Tauge-
12 nichts bin, so ist's gut, so will ich in die Welt gehen und mein Glück
machen." Und eigentlich war mir das recht lieb, denn es war mir kurz
vorher selber eingefallen, auf Reisen zu gehen, [...] – Ich ging also in das
Haus hinein und holte meine Geige, die ich recht artig spielte, von der
16 Wand, mein Vater gab mir noch einige Groschen Geld mit auf den Weg,
und so schlenderte ich durch das lange Dorf hinaus. Ich hatte recht
meine heimliche Freude, als ich da alle meine alten Bekannten und
Kameraden rechts und links, wie gestern und vorgestern und immerdar,
20 zur Arbeit hinausziehen, graben und pflügen sah, während ich so in
die freie Welt hinausstrich. Ich rief den armen Leuten nach allen Seiten
stolz und zufrieden Adjes zu, aber es kümmerte sich eben keiner sehr
darum. Mir war es wie ein ewiger Sonntag im Gemüte. Und als ich end-
24 lich ins freie Feld hinauskam, da nahm ich meine liebe Geige vor und
spielte und sang, auf der Landstraße fortgehend:

> „Wem Gott will rechte Gunst erweisen,
> Den schickt er in die weite Welt,
> 28 Dem will er seine Wunder weisen
> In Berg und Wald und Strom und Feld.
>
> Die Trägen, die zu Hause liegen,
> Erquicket nicht das Morgenrot,
> 32 Sie wissen nur vom Kinderwiegen,
> Von Sorgen, Last und Not um Brot.
>
> Die Bächlein von den Bergen springen,
> Die Lerchen schwirren hoch vor Lust,
> 36 Was sollt ich nicht mit ihnen singen
> Aus voller Kehl und frischer Brust?
>
> Den lieben Gott lass ich nur walten;
> Der Bächlein, Lerchen, Wald und Feld
> 40 Und Erd und Himmel will erhalten,
> Hat auch mein' Sach' aufs best bestellt!"

Joseph von Eichendorff:
Aus dem Leben eines Taugenichts, Reclam

Die **Wanderschaft** ist ein häufiges Motiv in der Romantik und symbolisiert Naturerfahrung, Ungebundenheit und Selbstverwirklichung.

recht artig = recht gut

Arbeitsaufgaben

a) **Untersuchen** Sie den Textauszug nach charakteristischen Zügen eines Philisters.

b) **Erschließen** Sie das Verhältnis des Taugenichts zur Natur.

c) **Entwerfen** Sie die Handlungsstruktur einer möglichen Fortsetzung. Beachten Sie dabei, dass der Taugenichts einen Romantiker darstellt.

d) **Recherchieren** Sie die Handlung des Werks, **vergleichen** Sie sie mit Ihrem Entwurf einer Handlungsstruktur.

💡 Die **blaue Blume ist** das bekannteste Motiv der Romantik und wird manchmal sogar als Symbol für die Romantik gebraucht. Sie steht für Sehnsucht, Liebe und das Streben nach Unendlichkeit.

2. Die blaue Blume

Das Romanfragment „Heinrich von Ofterdingen" ist zeitlich im Mittelalter angesiedelt. Erzählt wird von einem jungen Minnesänger und dessen Heranreifen zum Helden des Sängerwettstreits auf der Wartburg. Zu Beginn erscheint Heinrich im Traum eine blaue Blume, von deren Existenz ihm davor ein Reisender erzählt hat.

Text 1

Novalis
HEINRICH VON OFTERDINGEN (1802)

Der Gang führte ihn gemächlich eine Zeit lang eben fort, bis zu einer großen Weitung, aus der ihm schon von fern ein helles Licht entgegenglänzte: Wie er hineintrat, ward er einen mächtigen Strahl gewahr, der wie aus einem Springquell bis an die Decke des Gewölbes stieg und
5 oben in unzählige Funken zerstäubte, die sich unten in einem großen Becken sammelten; der Strahl glänzte wie entzündetes Gold; nicht das mindeste Geräusch war zu hören, eine heilige Stille umgab das herrliche Schauspiel. Er näherte sich dem Becken, das mit unendlichen Farben wogte und zitterte. Die Wände der Höhle waren mit dieser Flüs-
10 sigkeit überzogen, die nicht heiß, sondern kühl war und an den Wänden nur ein mattes, bläuliches Licht von sich warf. Er tauchte seine Hand in das Becken und benetzte seine Lippen. Es war, als durchdränge ihn ein geistiger Hauch, und er fühlte sich innigst gestärkt und erfrischt. Ein unwiderstehliches Verlangen ergriff ihn, sich zu baden, er entklei-
15 dete sich und stieg in das Becken. Es dünkte ihn, als umflösse ihn eine Wolke des Abendrots; eine himmlische Empfindung überströmte sein Inneres; mit inniger Wollust strebten unzählbare Gedanken in ihm sich zu vermischen; neue, nie gesehene Bilder entstanden, die auch ineinanderflossen und zu sichtbaren Wesen um ihn wurden, und jede Welle
20 des lieblichen Elements schmiegte sich wie ein zarter Busen an ihn. Die Flut schien eine Auflösung reizender Mädchen, die an dem Jünglinge sich augenblicklich verkörperten.

Berauscht von Entzücken und doch jedes Eindrucks bewusst, schwamm er gemach dem leuchtenden Strome nach, der aus dem Becken in den
25 Felsen hineinfloss. Eine Art von süßem Schlummer befiel ihn, in welchem er unbeschreibliche Begebenheiten träumte und woraus ihn eine andere Erleuchtung weckte. Er fand sich auf einem weichen Rasen am Rande einer Quelle, die in die Luft hinausquoll und sich darin zu verzehren schien. Dunkelblaue Felsen mit bunten Adern erhoben sich in
30 einiger Entfernung; das Tageslicht, das ihn umgab, war heller und milder als das gewöhnliche, der Himmel war schwarzblau und völlig rein. Was ihn aber mit voller Macht anzog, war eine hohe lichtblaue Blume, die zunächst an der Quelle stand, und ihn mit ihren breiten, glänzenden Blättern berührte. Rund um sie her standen unzählige Blumen von
35 allen Farben, und der köstliche Geruch erfüllte die Luft. Er sah nichts als die blaue Blume und betrachtete sie lange mit unnennbarer Zärtlichkeit. Endlich wollte er sich ihr nähern, als sie auf einmal sich zu bewegen und zu verändern anfing; die Blätter wurden glänzender und schmiegten sich an den wachsenden Stengel, die Blume neigte sich nach ihm
40 zu und die Blütenblätter zeigten einen blauen ausgebreiteten Kragen, in welchem ein zartes Gesicht schwebte. Sein süßes Staunen wuchs mit

der sonderbaren Verwandlung, als ihn plötzlich die Stimme seiner Mutter weckte und er sich in der elterlichen Stube fand, die schon die Morgensonne vergoldete.

Novalis: Heinrich von Ofterdingen, Reclam

Um Heinrich abzulenken, nimmt ihn seine Mutter auf eine Reise mit, in deren Verlauf ihm allerhand Menschen begegnen, deren Geschichten und Lieder einen großen Eindruck bei ihm hinterlassen. In der Person der Mathilde, der Tochter des Dichters Klingsohr, findet er jenes Mädchen, das er mit der blauen Blume identifiziert. Er heiratet es.

Der zweite Teil des Romans blieb unvollendet und ist nur in Bruchstücken vorhanden. Daraus ist unter anderem zu entnehmen, dass Mathilde mit Heinrichs Kind stirbt.

a) Gliedern Sie die äußere Handlung des Traumes in Sinnabschnitte.

b) Ordnen Sie den einzelnen Sinnabschnitten die innere Handlung zu.

c) Untersuchen Sie den Textausschnitt nach Hinweisen auf romantisches Denken.

d) Erklären Sie, was die blaue Blume symbolisiert.

e) An einer anderen Stelle des „Heinrich von Ofterdingen" heißt es: *„Die Welt wird Traum, der Traum wird Welt. Und was man glaubt, es sei geschehn, kann man von weitem erst kommen sehn."* – **Diskutieren** Sie den Zusammenhang zwischen diesem Zitat und oben angeführtem Textausschnitt.

Text 2

Joseph von Eichendorff
DIE BLAUE BLUME (1818)

Ich suche die blaue Blume,
Ich suche und finde sie nie,
Mir träumt, dass in der Blume
4 Mein gutes Glück mir blüh.

Ich wandre mit meiner Harfe
Durch Länder, Städt und Au'n,
Ob nirgends in der Runde
8 Die blaue Blume zu schaun.

Ich wandre schon seit lange,
Hab lang gehofft, vertraut,
Doch ach, noch nirgends hab ich
12 Die blaue Blum geschaut.

Joseph von Eichendorff:
Sämtliche Gedichte und Versepen, Insel

a) Geben Sie den Inhalt des Gedichts in einem Satz **wieder.**

b) Bestimmen Sie die von Eichendorff in diesem Gedicht verwendeten Motive und Metaphern.

c) Vergleichen Sie Eichendorffs Gedicht mit dem Ausschnitt aus „Heinrich von Ofterdingen" hinsichtlich gemeinsamer Motive und der Bedeutung der blauen Blume.

der Advokat = Rechtsanwalt

💡 Das **Motiv des Auto-matenmenschen** findet sich in vielen romantischen Werken. Zumeist repräsentiert es Negatives: Fremdbestim-mung, zwanghaftes Verhalten. Kritisiert werden damit aber auch das in der Aufklärung aufgekommene wissenschaft-liche Erklären der Welt und ein Menschenbild, in dem der Mensch mit einem Uhrwerk gleichgesetzt wird.

3. Schwarze Romantik – Der Automatenmensch

„Der Sandmann" von E. T. A. HOFFMANN handelt von dem Studenten Nathanael, der glaubt, in einem Hausierer den Advokaten Coppelius wie-dererkannt zu haben. Dieser hat ihm als Kind Angst gemacht, da er ihn als den Sandmann wahrgenommen hat, von dem die Kinderfrau erzählt hat, dass er den Kindern die Augen ausreiße. Tatsächlich hat er gemeinsam mit Nathanaels Vater alchemistische Experimente durchgeführt, in deren Folge der Vater verstorben ist.

Nathanaels Angst flammt wieder auf. Seine Freundin Clara, eine rationale Frau, meint, dass es sich nur um eine in seinem Unterbewusstsein vor-handene Phantasie handele, die er zügeln müsse.

Um Abstand zu gewinnen, reist er nach Hause, wo er einen Streit mit Clara hat (siehe Textausschnitt 1). Er kehrt wieder an seinen Studienort zurück, findet sein Wohnhaus verbrannt vor und muss sich eine neue Wohnung suchen.

Er trifft auf Coppola, dem er ein Fernrohr abkauft. Mit diesem beobachtet er Olimpia, die er schließlich persönlich kennenlernt und in die er sich verliebt. Doch er muss erkennen, dass sie ein Automat ist, woraufhin er einen Wahnanfall erleidet.

Er genest zwar, verfällt aber abermals dem Irrsinn, als er bei einem Ausflug mit Clara von einem Turm durch ein Fernrohr blickt und wieder Coppola zu erblicken meint. Dass er Clara vom Turm stößt, kann gerade noch verhindert werden. Er stürzt sich daraufhin selbst in die Tiefe.

E. T. A. Hoffmann
DER SANDMANN (1816)

Textausschnitt 1
Da fiel dem Nathanael erst ein, dass er ja die Dichtung in der Tasche trage, die er habe vorlesen wollen. Er zog auch sogleich die Blätter hervor und fing an zu lesen: Clara, etwas Langweiliges wie gewöhnlich vermutend und sich darein ergebend, fing an, ruhig zu stricken. Aber
5 so wie immer schwärzer und schwärzer das düstre Gewölk aufstieg, ließ sie den Strickstrumpf sinken und blickte starr dem Nathanael ins Auge. Den riss seine Dichtung unaufhaltsam fort, hochrot färbte seine Wangen die innere Glut, Tränen quollen ihm aus den Augen – Endlich hatte er geschlossen, er stöhnte in tiefer Ermattung – er fasste Claras
10 Hand und seufzte wie aufgelöst in trostlosem Jammer: „Ach! – Clara – Clara" – Clara drückte ihn sanft an ihren Busen und sagte leise, aber sehr langsam und ernst: „Nathanael – mein herzlieber Nathanael! – wirf das tolle – unsinnige – wahnsinnige Märchen ins Feuer." Da sprang Nathanael entrüstet auf und rief, Clara von sich stoßend: „Du lebloses,
15 verdammtes Automat!"

Textausschnitt 2
„Tu mir den Gefallen, Bruder", sprach eines Tages Siegmund, „tu mir den Gefallen und sage, wie es dir gescheuten Kerl möglich war, dich in das Wachsgesicht, in die Holzpuppe da drüben zu vergaffen?" Nathanael wollte zornig auffahren, doch schnell besann er sich und
5 erwiderte: „Sage du mir, Siegmund, wie deinem, sonst alles Schöne klar auffassenden Blick, deinem regen Sinn, Olimpias himmlischer Liebreiz entgehen konnte? Doch eben deshalb habe ich, Dank sei es dem

Geschick, dich nicht zum Nebenbuhler, denn sonst müsste einer von
uns blutend fallen." Siegmund merkte wohl, wie es mit dem Freunde
10 stand, lenkte geschickt ein und fügte, nachdem er geäußert, dass in der
Liebe niemals über den Gegenstand zu richten sei, hinzu: „Wunderlich
ist es doch, dass viele von uns über Olimpia ziemlich gleich urteilen.
Sie ist uns – nimm es nicht übel, Bruder! – auf seltsame Weise starr
und seelenlos erschienen. Ihr Wuchs ist regelmäßig, so wie ihr Gesicht,
15 das ist wahr! Sie könnte für schön gelten, wenn ihr Blick nicht so ganz
ohne Lebensstrahl, ich möchte sagen, ohne Sehkraft wäre. Ihr Schritt
ist sonderbar abgemessen, jede Bewegung scheint durch den Gang
eines aufgezogenen Räderwerks bedingt. Ihr Spiel, ihr Singen hat den
unangenehm richtigen geistlosen Takt der singenden Maschine und
20 ebenso ist ihr Tanz. Uns ist diese Olimpia ganz unheimlich geworden,
wir mochten nichts mit ihr zu schaffen haben, es war uns als tue sie nur
so wie ein lebendiges Wesen und doch habe es mit ihr eine eigne Be-
wandtnis." – Nathanael gab sich dem bittern Gefühl, das ihn bei diesen
Worten Siegmunds ergreifen wollte, durchaus nicht hin, er wurde Herr
25 seines Unmuts und sagte bloß sehr ernst: „Wohl mag euch, ihr kalten
prosaischen Menschen, Olimpia unheimlich sein. Nur dem poetischen
Gemüt entfaltet sich das gleich organisierte! – Nur mir ging ihr Liebesblick auf und durchstrahlte Sinn und Gedanken, nur in Olimpias Liebe
finde ich mein Selbst wieder. Auch mag es nicht recht sein, dass sie
30 nicht in platter Konversation faselt, wie die andern flachen Gemüter. Sie
spricht wenig Worte, das ist wahr, aber diese wenigen Worte erscheinen
als echte Hieroglyphe der innern Welt voll Liebe und hoher Erkenntnis
des geistigen Lebens in der Anschauung des ewigen Jenseits. Doch für
all das habt ihr keinen Sinn und alles sind verlorne Worte."

Textausschnitt 3

Aber viele hochzuverehrende Herren beruhigten sich nicht dabei; die
Geschichte mit dem Automat hatte tief in ihrer Seele Wurzel gefasst
und es schlich sich in der Tat abscheuliches Misstrauen gegen menschliche Figuren ein. Um nun ganz überzeugt zu werden, dass man keine
5 Holzpuppe liebe, wurde von mehrern Liebhabern verlangt, dass die
Geliebte etwas taktlos singe und tanze, dass sie beim Vorlesen sticke,
stricke, mit dem Möpschen spiele usw., vor allen Dingen aber, dass sie
nicht bloß höre, sondern auch manchmal in der Art spreche, dass dies
Sprechen wirklich ein Denken und Empfindungen voraussetze.

E. T. A. Hoffmann: Der Sandmann, Reclam

Spalanzani und Olimpia. Szene aus der Oper „Hoffmanns
Erzählungen", Volksoper Wien,
2016

a) **Analysieren** Sie Nathanaels Verständnis von einem Automaten.

b) **Beschreiben** Sie Nathanaels und Siegmunds unterschiedliche Wahrnehmung von Olimpia.

c) Der Automat kann auch als satirisches Sinnbild der Gesellschaft gesehen werden. – **Untersuchen** Sie Textausschnitt 3 nach Stilmitteln, die
darauf hinweisen.

d) Das Thema des künstlichen Menschen ist vor und nach der Epoche der
Romantik immer wieder aufgegriffen worden. – **Recherchieren** Sie nach
einem literarischen Werk oder einem Spielfilm, das/der dieses Thema
behandelt. **Erklären** Sie, ob der künstliche Mensch darin positiv oder
negativ gezeichnet ist.

e) Die Spannung zwischen Rationalität und Emotionalität ist in der Romantik zentral. – **Untersuchen** Sie, inwiefern diese Spannung in den
Textausschnitten präsentiert wird.

Diskutieren Sie: Gleicht
eher der einseitig rational denkende Mensch oder der von
seinen Emotionen bestimmte
Mensch einem Automaten?

4. „Das kalte Herz"

WILHELM HAUFFS „Das kalte Herz" ist in zwei Teilen als Binnenerzählung in die Erzählung „Das Wirtshaus im Spessart" eingebettet. Märchenatypisch beginnt das Werk mit einer Beschreibung des Handlungsortes und dessen Bewohnern.

Protagonist ist der arme Köhler Peter Munk, der mit seinem Leben unzufrieden ist und davon träumt, mehr Geld zu haben und angesehen zu sein. Daher wendet er sich an das Glasmännlein, einen „guten Geist", der ihm drei Wünsche gewährt. Mit dem ersten erbittet er sich, gut tanzen zu können und so viel Geld wie Ezechiel in der Tasche zu haben, mit dem zweiten eine Glashütte mit dazugehörigem Pferdegespann. Zornig ob der dummen, oberflächlichen Wünsche, verweigert das Glasmännlein die Erfüllung eines dritten Wunsches. Peter ist dennoch zufrieden, er ist nun ein angesehener Bürger. Allerdings versteht er sich nicht auf das Führen einer Glashütte und vertreibt sich seine Zeit eher beim Spielen im Wirtshaus als bei der Arbeit. Bei einem Spiel besiegt er Ezechiel, sodass dieser kein Geld mehr in der Tasche hat und somit auch Peter nicht. Als er auch die Glashütte verpfänden muss, ist er wieder so arm wie zuvor, noch dazu droht ihm eine Gefängnisstrafe. In seiner Not wendet er sich an den bösen Waldgeist, den Holländer-Michel.

Wilhelm Hauff
DAS KALTE HERZ – EIN MÄRCHEN (1827)

Er lief dem Tannenbühel zu, so schnell, als ob die Gerichtsdiener ihm auf den Fersen wären, es war ihm, als er an dem Platz vorbeirannte, wo er das Glasmännlein zuerst gesprochen, als halte ihn eine unsichtbare Hand auf, aber er riss sich los und lief weiter bis an die Grenze, und
5 kaum hatte er „Holländer-Michel, Herr Holländer-Michel!" gerufen, als auch schon der riesengroße Flözer mit seiner Stange vor ihm stand.

„Kommst du?", sprach dieser lachend, „haben sie dir die Haut abziehen und deinen Gläubigern verkaufen wollen? Nu, sei ruhig! Dein ganzer Jammer kommt, wie gesagt, von dem kleinen Glasmännlein, von
10 dem Separatisten und Frömmler her. Wenn man schenkt, muss man gleich recht schenken, und nicht wie dieser Knauser. Doch komm, folge mir in mein Haus, dort wollen wir sehen, ob wir handelseinig werden."

„Handelseinig?", dachte Peter. „Was kann er denn von mir verlangen, was kann ich an ihn verhandeln? Soll ich ihm etwa dienen, oder was will
15 er?" Sie gingen zuerst über einen steilen Waldsteig hinan und standen dann mit einem Mal an einer dunklen, tiefen, abschüssigen Schlucht; Holländer-Michel sprang den Felsen hinab, wie wenn er eine sanfte Marmortreppe wäre; aber bald wäre Peter in Ohnmacht gesunken, denn als jener unten angekommen war, machte er sich so groß wie ein
20 Kirchturm und reichte ihm einen Arm, so lang als ein Weberbaum, und eine Hand daran, so breit als der Tisch im Wirtshaus, und rief mit einer Stimme, die heraufschallte wie eine tiefe Totenglocke, „setz dich nur auf meine Hand und halte dich an den Fingern, so wirst du nicht fallen!" Peter tat zitternd, wie jener befohlen, nahm Platz auf der Hand und
25 hielt sich am Daumen des Riesen.

Er ging weit und tief hinab, aber dennoch ward es zu Peters Verwunderung nicht dunkler, im Gegenteil, die Tageshelle schien sogar zuzunehmen in der Schlucht, aber er konnte sie lange in den Augen nicht ertragen. Der Holländer-Michel hatte sich, je weiter Peter herabkam,
30 wieder kleiner gemacht und stand nun in seiner früheren Gestalt vor

einem Haus, so gering oder gut, als es reiche Bauern auf dem Schwarzwald haben. Die Stube, worein Peter geführt wurde, unterschied sich
durch nichts von den Stuben anderer Leute als dadurch, dass sie einsam schien.

35 Die hölzerne Wanduhr, der ungeheure Kachelofen, die breiten Bänke,
die Gerätschaften auf den Gesimsen waren hier wie überall. Michel wies
ihm einen Platz hinter dem großen Tisch an, ging dann hinaus und
kam bald mit einem Krug Wein und Gläsern wieder. Er goss ein, und
nun schwatzten sie, und Holländer-Michel erzählte von den Freuden
40 der Welt, von fremden Ländern, schönen Städten und Flüssen, dass
Peter, am Ende große Sehnsucht danach bekommend, dies auch offen
dem Holländer sagte.

„Wenn du im ganzen Körper Mut und Kraft, etwas zu unternehmen,
hattest, da konnten ein paar Schläge des dummen Herzens dich zittern
45 machen; und dann die Kränkungen der Ehre, das Unglück, wozu soll
sich ein vernünftiger Kerl um dergleichen bekümmern? Hast du's im
Kopfe empfunden, als dich letzthin einer einen Betrüger und schlechten
Kerl nannte? Hat es dir im Magen wehe getan, als der Amtmann kam,
dich aus dem Haus zu werfen? Was, sag an, was hat dir wehe getan?"

50 „Mein Herz", sprach Peter, indem er die Hand auf die pochende Brust
presste, denn es war ihm, als ob sein Herz sich ängstlich hin und her
wendete.

„Du hast, nimm es mir nicht übel, hundert Gulden an schlechte Bettler
und anderes Gesindel weggeworfen; was hat es dir genützt? Sie haben
55 dir dafür Segen und einen gesunden Leib gewünscht; ja, bist du deswegen gesünder geworden? Um die Hälfte des verschleuderten Geldes
hättest du einen Arzt gehalten. Segen, ja ein schöner Segen, wenn man
ausgepfändet und ausgestoßen wird! Und was war es, das dich getrieben,
in die Tasche zu fahren, so oft ein Bettelmann seinen zerlumpten Hut
60 hinstreckte? Dein Herz, auch wieder dein Herz, und weder deine Augen
noch deine Zunge, deine Arme noch deine Beine, sondern dein Herz;
du hast dir es, wie man richtig sagt, zu sehr zu Herzen genommen."

„Aber wie kann man sich denn angewöhnen, dass es nicht mehr so ist?
Ich gebe mir jetzt alle Mühe, es zu unterdrücken, und dennoch pocht
65 mein Herz und tut mir wehe."

„Du freilich", rief jener mit Lachen, „du armer Schelm, kannst nichts
dagegen tun, aber gib mir das kaum pochende Ding, und du wirst
sehen, wie gut du es dann hast."

„Euch, mein Herz?", schrie Peter mit Entsetzen, „da müsste ich ja ster-
70 ben auf der Stelle! Nimmermehr!"

„Ja, wenn dir einer Eurer Herren Chirurgen das Herz aus dem Leibe
operieren wollte, da müsstest du wohl sterben, bei mir ist dies ein
anderes Ding; doch komm herein und überzeuge dich selbst!" Er stand
bei diesen Worten auf, öffnete eine Kammertüre und führte Peter hin-
75 ein. Sein Herz zog sich krampfhaft zusammen, als er über die Schwelle
trat; aber er achtete es nicht; denn der Anblick, der sich ihm bot, war
sonderbar und überraschend. Auf mehreren Gesimsen von Holz standen Gläser, mit durchsichtiger Flüssigkeit gefüllt, und in jedem dieser
Gläser lag ein Herz; auch waren an den Gläsern Zettel angeklebt und
80 Namen darauf geschrieben, die Peter neugierig las; da war das Herz
des Amtmanns in E., das Herz des dicken Ezechiels, das Herz des

Tanzbodenkönigs, das Herz des Oberförsters; da waren sechs Herzen von Kornwucherern, acht von Werbeoffizieren, drei von Geldmaklern, kurz, es war eine Sammlung der angesehensten Herzen in der Umge-
85 bung von zwanzig Stunden.

„Schau!", sprach Holländer-Michel, „diese alle haben des Lebens Ängste und Sorgen weggeworfen, keines dieser Herzen schlägt mehr ängstlich und besorgt, und ihre ehemaligen Besitzer befinden sich wohl dabei, dass sie den unruhigen Gast aus dem Hause haben."

90 „Aber was tragen sie denn jetzt dafür in der Brust?", fragte Peter, den dies alles, was er gesehen, beinahe schwindeln machte.

„Dies", antwortete jener und reichte ihm aus einem Schubfach ein steinernes Herz.

„So?", erwiderte er und konnte sich eines Schauers, der ihm über die
95 Haut ging, nicht erwehren. „Ein Herz von Marmelstein? Aber, horch einmal, Herr Holländer-Michel, das muss doch gar kalt sein in der Brust."

„Freilich, aber ganz angenehm kühl. Warum soll denn ein Herz warm sein? Im Winter nützt dir die Wärme nichts, da hilft ein guter Kirsch-
100 geist mehr als ein warmes Herz, und im Sommer, wenn alles schwül und heiß ist, du glaubst nicht, wie dann ein solches Herz abkühlt. Und wie gesagt, weder Angst noch Schrecken, weder törichtes Mitleiden noch anderer Jammer pocht an solch ein Herz."

„Und das ist alles, was ihr mir geben könnet?", fragte Peter unmutig,
105 „ich hoff' auf Geld, und Ihr wollt mir einen Stein geben!"

„Nun, ich denke, an hunderttausend Gulden hättest du fürs erste genug. Wenn du es geschickt umtreibst, kannst du bald ein Millionär werden."

„Hunderttausend?", rief der arme Köhler freudig. „Nun, so poche doch nicht so ungestüm in meiner Brust! Wir werden bald fertig sein mitei-
110 nander. Gut, Michel, gebt mir den Stein und das Geld, und die Unruh könnet Ihr aus dem Gehäuse nehmen!"

„Ich dachte es doch, dass du ein vernünftiger Bursche seiest", antwortete der Holländer, freundlich lächelnd, „komm, lass uns noch eins trinken, und dann will ich das Geld auszahlen." So setzten sie sich wieder
115 in die Stube zum Wein, tranken und tranken wieder, bis Peter in einen tiefen Schlaf verfiel.

Kohlenmunk-Peter erwachte beim fröhlichen Schmettern eines Post-horns, und siehe da, er saß in einem schönen Wagen, fuhr auf einer brei-
120 ten Straße dahin, und als er sich aus dem Wagen bog, sah er in blauer Ferne hinter sich den Schwarzwald liegen. Anfänglich wollte er gar nicht glauben, dass er es selbst sei, der in diesem Wagen sitze; denn auch seine Kleider waren gar nicht mehr dieselben, die er gestern getragen; aber er erinnerte sich doch an alles so deutlich, dass er endlich sein Nach-
125 sinnen aufgab und rief: „Der Kohlenmunk-Peter bin ich, das ist ausge-macht, und kein anderer." Er wunderte sich über sich selbst, dass er gar nicht wehmütig werden konnte, als er jetzt zum ersten Mal aus der stillen Heimat, aus den Wäldern, wo er so lange gelebt, auszog; selbst nicht, als er an seine Mutter dachte, die jetzt wohl hilflos und im Elend
130 saß, konnte er eine Träne aus dem Auge pressen oder nur seufzen; denn es war ihm alles so gleichgültig. „Ach, freilich", sagte er dann, „Tränen und Seufzer, Heimweh und Wehmut kommen ja aus dem Herzen, und Dank dem Holländer-Michel, – das meine ist kalt und von Stein."

Er legte seine Hand auf die Brust, und es war ganz ruhig dort und
135 rührte sich nichts. „Wenn er mit den Hunderttausenden so gut Wort
hielt wie mit dem Herz, so soll es mich freuen", sprach er und fing
an, seinen Wagen zu untersuchen. Er fand Kleidungsstücke von aller
Art, wie er sie nur wünschen konnte, aber kein Geld. Endlich stieß er
auf eine Tasche und fand viele tausend Taler in Gold und Scheinen auf
140 Handlungshäuser in allen großen Städten. „Jetzt hab' ich's, wie ich's
wollte", dachte er, setzte sich bequem in die Ecke des Wagens und fuhr
in die weite Welt.

Er fuhr zwei Jahre in der Welt umher und schaute aus seinem Wagen
links und rechts an den Häusern hinauf, schaute, wenn er anhielt,
145 nichts als das Schild seines Wirtshauses an, lief dann in der Stadt
umher und ließ sich die schönsten Merkwürdigkeiten zeigen. Aber es
freute ihn nichts, kein Bild, kein Haus, keine Musik, kein Tanz, sein
Herz von Stein nahm an nichts Anteil, und seine Augen, seine Ohren
waren abgestumpft für alles Schöne. Nichts war ihm mehr geblieben
150 als die Freude an Essen und Trinken und der Schlaf, und so lebte er,
indem er ohne Zweck durch die Welt reiste, zu seiner Unterhaltung
speiste und aus Langeweile schlief. Hier und da erinnerte er sich zwar,
dass er fröhlicher, glücklicher gewesen sei, als er noch arm war und
arbeiten musste, um sein Leben zu fristen. Da hatte ihn jede schöne
155 Aussicht ins Tal, Musik und Gesang hatten ihn ergötzt, da hatte er sich
stundenlang auf die einfache Kost, die ihm die Mutter zu dem Meiler
bringen sollte, gefreut. Wenn er so über die Vergangenheit nachdachte,
so kam es ihm ganz sonderbar vor, dass er jetzt nicht einmal lachen
konnte, und sonst hatte er über den kleinsten Scherz gelacht. Wenn
160 andere lachten, so verzog er nur aus Höflichkeit den Mund, aber sein
Herz lächelte nicht mit. Er fühlte dann, dass er zwar überaus ruhig sei;
aber zufrieden fühlte er sich doch nicht. Es war nicht Heimweh oder
Wehmut, sondern Öde, Überdruss, freudenloses Leben, was ihn endlich wieder zur Heimat trieb.

165 Als er von Straßburg herüberfuhr und den dunklen Wald seiner Heimat
erblickte, als er zum ersten Mal wieder jene kräftigen Gestalten, jene
freundlichen, treuen Gesichter der Schwarzwälder sah, als sein Ohr die
heimatlichen Klänge, stark, tief, aber wohltönend vernahm, da fühlte
er schnell an sein Herz; denn Blut wallte stärker, und er glaubte, er
170 müsse sich freuen und müsse weinen zugleich, aber wie konnte er nur
so töricht sein, er hatte ja ein Herz von Stein; und Steine sind tot und
lächeln und weinen nicht.

Sein erster Gang war zum Holländer-Michel, der ihn mit alter Freund-
lichkeit aufnahm. „Michel", sagte er zu ihm, „gereist bin ich nun und
175 habe alles gesehen, ist aber alles dummes Zeug, und ich hatte nur
Langeweile. Überhaupt, Euer steinernes Ding, das ich nun in der Brust
trage, schützt mich zwar vor manchem; ich erzürne mich nie, bin nie
traurig; aber ich freue mich auch nie, und es ist mir, als wenn ich nur
halb lebe. Könnet Ihr das Steinherz nicht ein wenig beweglicher ma-
180 chen? Oder gebt mir lieber mein altes Herz; ich hatte mich in fünfund-
zwanzig Jahren daran gewöhnt, und wenn es zuweilen auch einen dummen Streich machte, so war es doch munter und ein fröhliches Herz."

Der Waldgeist lachte grimmig und bitter: „Wenn du einmal tot bist,
Peter Munk", antwortete er, „dann soll es dir nicht fehlen, dann sollst
185 du dein weiches, rührbares Herz wiederhaben, und du kannst dann fühlen, was kommt, Freud' oder Leid; aber hier oben kann es nicht mehr
dein werden! Doch Peter, gereist bist du wohl, aber, so wie du lebtest,

190 konnte es dir nichts nützen. Setze dich hier irgendwo im Wald, bau' ein Haus, heirate, treibe dein Vermögen um, es hat dir nur an Arbeit gefehlt, weil du müßig warst, hattest du Langeweile, und schiebst jetzt alles auf dieses unschuldige Herz." Peter sah ein, dass Michel recht habe, was den Müßiggang beträfe, und nahm sich vor, reich und immer reicher zu werden. Michel schenkte ihm noch einmal hunderttausend Gulden und entließ ihn als seinen guten Freund.

WILHELM HAUFF: DAS KALTE HERZ UND ANDERE MÄRCHEN, RECLAM

Peter setzt den Rat des Holländer-Michel in die Tat um, er heiratet Lisbeth, das schönste Mädchen des Schwarzwalds, und wird Geldverleiher. Er verlangt Wucherzinsen und pfändet jene Schuldner/innen, die nicht zahlungsfähig sind, ohne Mitleid. Auch verbietet er seiner Frau, Armen zu helfen. Als er sie eines Tages dabei beobachtet, wie sie einem alten Mann zu essen und trinken gibt, erschlägt er sie außer sich vor Zorn mit dem Holzgriff seiner Peitsche. Der Alte entpuppt sich als Glasmännlein. Peter wirft ihm vor, an allem die Schuld zu tragen, da er ihm seinerzeit die Erfüllung eines dritten Wunsches verweigert hat. Zornig droht das Glasmännlein, Peter zu vernichten, wenn er nicht innerhalb von acht Tagen zu einem besseren Menschen werde. Peter schläft schlecht und hört im Traum Stimmen, die ihm raten, sich ein wärmeres Herz zu verschaffen. Daraufhin sucht er das Glasmännlein im Wald auf und bittet es, ihm als Erfüllung des dritten Wunsches sein warmes Herz wieder zu beschaffen. Dazu ist es nicht in der Lage, es verrät Peter aber eine List. Peter geht zum Holländer-Michel und behauptet, dass dieser gar keine Herzen austauschen könne. Davon provoziert setzt dieser Peter das echte Herz zum Beweis wieder ein. Nun streckt Peter dem Holländer-Michel ein Kreuz, das er vom Glasmännlein erhalten hat, entgegen, hält ihn damit fern und kann fliehen.

Wieder im Besitz des warmen Herzens erkennt und bereut Peter die Schuld, die er auf sich geladen hat. Er hat nun nur mehr einen Wunsch an das Glasmännlein: Er will sterben. Da dieses aber die aufrichtige Reue erkennt, erweckt er Lisbeth wieder zum Leben. Peter wird wieder Köhler, wird auch ohne Geld zu einem anerkannten Mann und führt mit seiner Frau und einem Kind ein zufriedenes Leben. Das Märchen endet mit den Worten Peter Munks: „Es ist doch besser, zufrieden zu sein mit wenigem, als Gold und Güter zu haben und ein kaltes Herz."

a) **Untersuchen** Sie den Textausschnitt nach Merkmalen von Märchen.

b) **Ordnen** Sie Ihnen bekannten Märchen oder Sagen Motive aus „Das kalte Herz" (z. B. die drei Wünsche) zu.

c) **Analysieren** Sie den Märchenausschnitt hinsichtlich Merkmalen der Romantik.

d) Das Glasmännlein verkörpert Fleiß, Ehrlichkeit, Humanität. – **Bestimmen** Sie, was der Holländer-Michel symbolisiert.

e) Das „Herz aus Stein" ist ein **Dingsymbol** in diesem Märchen. **Erschließen** Sie, was es symbolisiert.

f) Die Handlung spielt im ersten Drittel des 19. Jahrhunderts. – **Recherchieren** Sie die gesellschaftliche und wirtschaftliche Situation dieser Zeit und **setzen** Sie sie mit der „Moral" des Märchens **in Beziehung.**

Als **Dingsymbol** werden Gegenstände, Tiere oder Pflanzen bezeichnet, die von symbolhafter Bedeutung sind und eine leitmotivische Rolle spielen.

5. Die Loreley – ein deutscher Mythos im Laufe der Zeit

Text 1

Durch eine Reise auf dem Rhein inspiriert, schuf CLEMENS BRENTANO seinen Roman „Godwi oder das steinerne Bild der Mutter". In diesem kommt das Gedicht „Lore Lay" vor. BRENTANO folgt dem SCHLEGELSCHEN Anspruch der Universalpoesie, indem er das Thema des Romans in der eingefügten Ballade widerspiegelt. Die Lore Lay ist also entgegen der landläufigen Meinung kein althergebrachtes Märchen, das BRENTANO aufgegriffen hat, sondern eine von BRENTANO geschaffene Kunstfigur.

Clemens Brentano
LORE LAY (1801)

Zu Bacharach am Rheine
Wohnt eine Zauberin,
Sie war so schön und feine
4 Und riß viel Herzen hin.

Und brachte viel zu schanden
Der Männer rings umher,
Aus ihren Liebesbanden
8 War keine Rettung mehr.

Der Bischof ließ sie laden
Vor geistliche Gewalt –
Und mußte sie begnaden,
12 So schön war ihr Gestalt.

Er sprach zu ihr gerühret:
„Du arme Lore Lay!
Wer hat dich denn verführet
16 Zu böser Zauberei?"

„Herr Bischof laßt mich sterben,
Ich bin des Lebens müd,
Weil jeder muß verderben,
20 Der meine Augen sieht.

Die Augen sind zwei Flammen,
Mein Arm ein Zauberstab –
O legt mich in die Flammen!
24 O brechet mir den Stab!"

„Ich kann dich nicht verdammen,
Bis du mir erst bekennt,
Warum in diesen Flammen
28 Mein eigen Herz schon brennt.

Den Stab kann ich nicht brechen,
Du schöne Lore Lay!
Ich müßte dann zerbrechen
32 Mein eigen Herz entzwei."

„Herr Bischof mit mir Armen
Treibt nicht so bösen Spott,
Und bittet um Erbarmen,
36 Für mich den lieben Gott.

Ich darf nicht länger leben,
Ich liebe keinen mehr –
Den Tod sollt Ihr mir geben,
40 Drum kam ich zu Euch her. –

Mein Schatz hat mich betrogen,
Hat sich von mir gewandt,
Ist fort von hier gezogen,
44 Fort in ein fremdes Land.

Die Augen sanft und wilde,
Die Wangen rot und weiß,
Die Worte still und milde
48 Das ist mein Zauberkreis.

Ich selbst muß drin verderben,
Das Herz tut mir so weh,
Vor Schmerzen möcht ich sterben,
52 Wenn ich mein Bildnis seh.

Drum laßt mein Recht mich finden,
Mich sterben, wie ein Christ,
Denn alles muß verschwinden,
56 Weil er nicht bei mir ist."

Drei Ritter läßt er holen:
„Bringt sie ins Kloster hin,
Geh Lore! – Gott befohlen
60 Sei dein berückter Sinn.

Du sollst ein Nönnchen werden,
Ein Nönnchen schwarz und weiß,
Bereite dich auf Erden
64 Zu deines Todes Reis'."

Zum Kloster sie nun ritten,
Die Ritter alle drei,
Und traurig in der Mitten
68 Die schöne Lore Lay.

„O Ritter laßt mich gehen,
Auf diesen Felsen groß,
Ich will noch einmal sehen
72 Nach meines Lieben Schloß.

145

Blick vom linken Rheinufer bei
St. Goar auf die Loreley

76 Ich will noch einmal sehen
Wohl in den tiefen Rhein,
Und dann ins Kloster gehen
Und Gottes Jungfrau sein."

80 Der Felsen ist so jähe,
So steil ist seine Wand,
Doch klimmt sie in die Höhe,
Bis daß sie oben stand.

84 Es binden die drei Ritter,
Die Rosse unten an,
Und klettern immer weiter,
Zum Felsen auch hinan.

88 Die Jungfrau sprach: „da gehet
Ein Schifflein auf dem Rhein,
Der in dem Schifflein stehet,
Der soll mein Liebster sein.

92 Mein Herz wird mir so munter,
Er muß mein Liebster sein!" –
Da lehnt sie sich hinunter
Und stürzet in den Rhein.

96 Die Ritter mußten sterben,
Sie konnten nicht hinab,
Sie mußten all verderben,
Ohn Priester und ohn Grab.

100 Wer hat dies Lied gesungen?
Ein Schiffer auf dem Rhein,
Und immer hats geklungen
Von dem drei Ritterstein:

Lore Lay
Lore Lay
Lore Lay
104 Als wären es meiner drei.

CLEMENS BRENTANO: GEDICHTE. SAMMLUNG AUS DEM PROJEKT
GUTENBERG 2017, GUTENBERG.SPIEGEL.DE – ALTE RECHTSCHREIBUNG

a) **Beschreiben** Sie Lore Lay.

b) **Analysieren** Sie die Ballade nach Merkmalen des Romantischen.

c) **Bestimmen** Sie volksliedhafte Elemente.

Text 2

Heinrich Heine
LORELEI (1824)

Ich weiß nicht, was soll es bedeuten,
daß ich so traurig bin;
ein Märchen aus alten Zeiten,
4 das kommt mir nicht aus dem Sinn.

Die Luft ist kühl und es dunkelt,
und ruhig fließt der Rhein;
der Gipfel des Berges funkelt
8 im Abendsonnenschein.

Die schönste Jungfrau sitzet
dort oben wunderbar,
ihr goldnes Geschmeide blitzet,
12 sie kämmet ihr goldenes Haar.

Sie kämmt es mit goldenem Kamme
und singt ein Lied dabei;
es hat eine wundersame,
16 gewaltige Melodei.

Den Schiffer im kleinen Schiffe
ergreift es mit wildem Weh,
er schaut nicht die Felsenriffe,
20 er schaut nur hinauf in die Höh.

Ich glaube, die Wellen verschlingen
am Ende Schiffer und Kahn;
und das hat mit ihrem Singen
24 die Lorelei getan.

FRÜHWALD WOLFGANG (HG.): GEDICHTE DER ROMANTIK, RECLAM –
ALTE RECHTSCHREIBUNG

a) **Vergleichen** Sie HEINES Darstellung der Lorelei mit BRENTANOS.

b) **Erklären** Sie die Traurigkeit des lyrischen Ich (Zeile 2).

c) **Bestimmen** Sie volksliedhafte Stilelemente.

d) HEINES „Lorelei" wurde mehrfach vertont, die berühmteste Version stammt von FRIEDRICH SILCHER (1789–1860). Hören Sie sich diese und mindestens eine weitere an. – **Diskutieren** Sie mit Ihren Mitschülerinnen/Mitschülern, warum gerade SILCHERS Vertonung so bekannt geworden und geblieben ist.

e) Suchen Sie zwei der folgenden Gedichte in einer Bibliothek oder im Internet. – **Vergleichen** Sie die Darstellung der Figur der Lorelei mit BRENTANOS oder HEINES.

Weitere Lorelei-Gedichte
- JOSEPH VON EICHENDORFF: Waldgespräch (1815)
- ERICH KÄSTNER: Der Handstand auf der Loreley (1932)
- PETER RÜHMKORF: Hochseil (1975)
- ULLA HAHN: Meine Loreley (ca. 1980)

Text 3

Daniel Kehlmann
DIE TRICKS DER SCHRIFTSTELLEREI

Literatur besteht aus Tricks, aus Technik, Komposition, genau geplanten Effekten. Und ebendort, wo sie am zartesten scheint, am tiefsten gefühlt, ist das Handwerk am wirksamsten; aus reiner Unmittelbarkeit entsteht keine Poesie.

5 *Ganz besonders gilt das für das scheinbar volksliedhafteste deutsche Gedicht, die Loreley, die eigentlich nichts anderes ist als die Auseinandersetzung des modernen Kunstgedichts mit dem Volkslied an sich. Ein „Märchen aus alten Zeiten" wird hier ja nur auf den ersten Blick erzählt, schon der zweite verrät, dass ebendies nicht geschieht, vielmehr wird eine* 10 *Legende bruchstückhaft herbeizitiert und scheinbar achtlos wieder fallen gelassen. Die Verbindung von Intellekt und Gefühl, von Romantik und Distanz, um die es Heine so sehr zu tun ist, dass sie ihm oft zum nur mehr routiniert beschworenen Topos wird (des berühmten Fräuleins Rührung über den Sonnenuntergang enthält weniger Klischee als Heines Spott* 15 *über ihre Gefühle), in diesem Fall ist sie ganz und gar gelungen.*

DANIEL KEHLMANN, deutscher
Schriftsteller (geboren 1975)

Es geht um das alte Deutschland, jenes sagendurchwirkte Reich voller Geister, Hexen, Kobolde und goldhaariger Feen, wie es nur die beiden Grimms und die Träume der Romantik erschaffen konnten, um das mythische Mittelalter der deutschen Sehnsucht. Der wahre Tempus des
20 *Mythischen aber ist die Vergangenheit, sein geziemender Erzählton die Melancholie; selbst in Homers Troja wird schon mit Trauer und Sehnsucht auf die ferne Zeit zurückgeblickt, in der Götter unverhüllt unter den Menschen wandelten. Die Vermischung der Welten, das Ineinanderfließen vonMagie, Wunder und alltäglicher Realität ist immer nur als fern*
25 *zurückliegender Zustand denkbar – vergegenwärtigt, als Historienfilm sozusagen, wird das Mythische albern, ja kindisch. Heine weiß das genau, deshalb kann sein lyrischer Erzähler das Märchen aus alten Zeiten kaum mehr erinnern; die Loreley ist ein Gedicht über eine fast vergessene Ballade, in deren Mittelpunkt die „gewaltige Melodei" eines großen, verlorenen*
30 *Liedes steht.*

Denn was ist es eigentlich, das den Sprecher so traurig macht? Doch nicht das Schicksal des namenlosen Schiffers, sondern der Umstand, dass er an die Fee, die diesen verzaubert, nicht mehr glauben, dass er nicht mehr naiv sein kann und für ihn solch gewaltige Melodien nie erklingen
35 *werden. Nur im alten Märchen lebt die Erinnerung an das Lied weiter, das die goldhaarige Jungfrau auf ihrem Felsen gesungen hat – eine Melodie von wahrer, ursprünglicher Magie, von einer unmittelbaren Macht zu binden und zu lösen, wie sie sich der moderne Lyriker bloß noch erträumen kann. Schließlich ist es ja diese Melodie, weit mehr noch als die*
40 *Schönheit der Fee, die den Fischer mit wildem Weh ergreift; ausdrücklich heißt es, die Loreley habe ihn „mit ihrem Singen" getötet.*

Und schon lässt Heine, als Vertreter einer Modernität, der solche Kraft nicht mehr zu Gebote steht, die kunstvoll geschürzten Fäden wieder fallen. Eine wohlkalkulierte Geste der Resignation, keine Klimax, kein Wen-
45 *depunkt, ja nicht einmal die Sicherheit, wie es nun eigentlich ausgegangen ist. „Ich glaube, die Wellen verschlingen am Ende Schiffer und Kahn." Vielleicht ja auch nicht, womöglich hatte die Geschichte ein anderes Ende, oder auch gar keines, und letztlich ist es ja auch nicht wichtig, dies alles ist erstens lange her und zweitens nie passiert; denn natürlich hat*
50 *es das Märchen aus alten Zeiten ebensowenig gegeben wie die schönste Jungfrau oder ihre Melodie. Es gibt nur uns, die wir modern sind und gern wieder naiv wären, mit unserem aufgeklärten, unglücklichen Bewusstsein. Und eine Dichtung, deren raffiniertes Arrangement aus Anklängen, Ahnungen und Anspielungen uns für Momente bewusstmachen kann, was*
55 *wir verloren haben.*

Daniel Kehlmann, Die Zeit

a) Geben Sie Kehlmanns Analyse in Form eines Thesenblatts **wieder.**

b) Beurteilen Sie Kehlmanns Thesen.

6. **Frau-Sein in der Romantik – zwischen Ideal und Wirklichkeit**

Eine spannende und gleichzeitig tragische Schriftstellerin der Romantik ist Karoline von Günderrode. Sie hadert ihr Leben lang mit der Unvereinbarkeit des Frauenbildes ihrer Zeit, das zu erfüllen sie als unabdingbar erlebt, um eine glückliche Beziehung zu führen, und ihrem Wunsch, eine selbstständige Frau und Künstlerin zu sein. Sie veröffentlicht ihre Werke, die zu ihren Lebzeiten große Beachtung finden, unter den Pseudonymen Tian und Ion.

Sie führt zwei Liebesbeziehungen: eine mit FRIEDRICH CARL VON SAVIGNY, der aber GÜNDERRODES Freundin KUNIGUNDE (GUNDA) BRENTANO ehelicht, und eine mit FRIEDRICH CREUZER, der bereits verheiratet ist. Als er sich von ihr trennt und sie für sich keine Möglichkeit sieht, den Konflikt zwischen Frauenrolle und Freiheit zu lösen, verübt sie schließlich mit 26 Jahren Selbstmord. 1840 setzt ihr BETTINA VON ARNIM, eine Bewunderin und Freundin, mit dem Briefroman „Die Günderode" (sic!, 1840) ein literarisches Denkmal. In dem Briefroman „Goethes Briefwechsel mit einem Kinde", mit dem BETTINA VON ARNIM bekannt geworden ist, beschreibt sie ihre Freundin wie folgt:

KAROLINE VON GÜNDERRODE, deutsche Schriftstellerin (1780–1806)

Text 1

Bettina von Arnim
GOETHES BRIEFWECHSEL MIT EINEM KINDE (1835)

Die Günderode (sic!)
Sie war so zaghaft; eine junge Stiftsdame, die sich fürchtete, das Tischgebet laut herzusagen; sie sagte mir oft, daß sie sich fürchtete, weil die Reihe an ihr war; [...] unser Zusammenleben war so schön, es war
5 die erste Epoche, in der ich mich gewahr ward; – sie hatte mich zuerst aufgesucht in Offenbach, sie nahm mich bei der Hand und forderte, ich solle sie in der Stadt besuchen; nachher waren wir alle Tage beisammen, bei ihr lernte ich die ersten Bücher mit Verstand lesen, sie wollte mich Geschichte lehren, sie merkte aber bald, daß ich zu sehr mit der
10 Gegenwart beschäftigt war, als daß mich die Vergangenheit hätte lange fesseln können; – wie gern ging ich zu ihr! Ich konnte sie keinen Tag mehr missen, ich lief alle Nachmittag' zu ihr; wenn ich an die Tür des Stifts kam, da sah ich durch das Schlüsselloch bis nach ihrer Tür, bis mir aufgetan ward; [...] jetzt weiß ich erst, wie glücklich ich in der dama-
15 ligen Zeit war, denn weil alles, auch das Geringste, sich als Erinnerung von Genuß in mich geprägt hat; – sie war so sanft und weich in allen Zügen wie eine Blondine. Sie hatte braunes Haar, aber blaue Augen, die waren gedeckt mit langen Augenwimpern; wenn sie lachte, so war es nicht laut, es war vielmehr ein sanftes gedämpftes Girren, in dem sich
20 Lust und Heiterkeit sehr vernehmlich aussprach; – sie ging nicht, sie wandelte, wenn man verstehen will, was ich damit auszusprechen meine; – ihr Kleid war ein Gewand, was sie in schmeichelnden Falten umgab, das kam von ihren weichen Bewegungen her; ihr Wuchs war hoch, ihre Gestalt war zu fließend, als daß man es mit dem Wort schlank
25 ausdrücken könnte; sie war schüchtern-freundlich und viel zu willenlos, als daß sie in der Gesellschaft sich bemerkbar gemacht hätte. [...] Sie las mir ihre Gedichte vor und freute sich meines Beifalls, als wenn ich ein großes Publikum wär'; ich war aber auch voll lebendiger Begierde, es anzuhören; nicht als ob ich mit dem Verstand das Gehörte gefaßt
30 habe, – es war vielmehr ein mir unbekanntes Element, und die weichen Verse wirkten auf mich wie der Wohllaut einer fremden Sprache, die einem schmeichelt, ohne daß man sie übersetzen kann. – Wir lasen zusammen den „Werther" und sprachen viel über den Selbstmord; sie sagte: „Recht viel lernen, recht viel fassen mit dem Geist und dann früh
35 sterben; ich mag's nicht erleben, daß mich die Jugend verläßt."

BETTINA VON ARNIM: GOETHES BRIEFWECHSEL MIT EINEM KINDE,
GUTENBERG.SPIEGEL.DE – ALTE RECHTSCHREIBUNG

Stiftsdame = Mitglied eines Frauenstifts; GÜNDERRODE lebt ab ihrem 17. Lebensjahr in einem Stift für mittellose Frauen.

a) **Erstellen** Sie eine Wortsonne zu Text 1, in der Sie Merkmale von KAROLINE VON GÜNDERRODE notieren.

„Die Gesänge des Ossian"
sind ein Zyklus angeblich
altgälischer epischer Gedichte,
der in Wirklichkeit von JAMES
MACPHERSON verfasst wurde.

Darthula, eine schöne Prinzes-
sin, ist die Protagonistin eines
der Gedichte.

Siehe WERKZEUG des
Kapitels „Empfindsamkeit –
Sturm und Drang"

Text 2

KAROLINE VON GÜNDERRODE schreibt an ihre Freundin GUNDA BRENTA-
NO über sich:

> Gestern las ich Ossians Darthula, und es wirkte so angenehm auf mich;
> der alte Wunsch, einen Heldentod zu sterben, ergriff mich mit großer
> Heftigkeit; unleidlich war es mir, noch zu leben, unleidlicher, ruhig und
> gemein zu sterben. Schon oft hatte ich den unweiblichen Wunsch, mich
> 5 in ein wildes Schlachtgetümmel zu werfen, zu sterben. Warum ward ich
> kein Mann! Ich habe keinen Sinn für weibliche Tugenden, für Weiber-
> glückseligkeit. Nur das Wilde, Große, Glänzende gefällt mir. Es ist ein
> unseliges aber unverbesserliches Mißverhältnis in meiner Seele; und es
> wird und muß so bleiben, denn ich bin ein Weib, und habe Begierden
> 10 wie ein Mann, ohne Männerkraft. Darum bin ich so wechselnd, und so
> uneins mit mir.

BIRGIT WEISSENBORN: ICH SENDE DIR EIN ZÄRTLICHES PFAND. DIE BRIE-
FE DER KAROLINE VON GÜNDERRODE, INSEL – ALTE RECHTSCHREIBUNG

b) Vergleichen Sie GÜNDERRODES Selbstbild (Text 2) mit dem Bild, das
BETTINA VON ARNIM von der Schriftstellerin hat (Text 1).

Text 3

Karoline von Günderrode
DIE EINE KLAGE (1804)

Wer die tiefste aller Wunden
Hat in Geist und Sinn empfunden
3 Bittrer Trennung Schmerz;
Wer geliebt was er verlohren,
Lassen muß was er erkohren,
6 Das geliebte Herz,

Der versteht in Lust die Thränen
Und der Liebe ewig Sehnen
9 Eins in Zwei zu sein,
Eins im Andern sich zu finden,
Dass der Zweiheit Gränzen schwinden
12 Und des Daseins Pein.

Wer so ganz in Herz und Sinnen
Konnt' ein Wesen lieb gewinnen,
15 O! den tröstet's nicht,
Daß für Freuden, die verlohren,
Neue Zierden neu gebohren:
18 Jene sind's doch nicht.

Das geliebte, süße Leben,
Dieses Nehmen und dies Geben,
21 Wort und Sinn und Blick,
Dieses Suchen und dies Finden,
Dieses Denken und Empfinden
24 Giebt kein Gott zurück.

KAROLINE VON GÜNDERRODE: GEDICHTE, HOLZINGER

Zum Weiterlesen
In „Kein Ort. Nirgends" (1979)
von CHRISTA WOLF (1929–
2011) geht es um ein fiktives
Gespräch zwischen KAROLINE
VON GÜNDERRODE UND
HEINRICH VON KLEIST.

c) Setzen Sie den Inhalt des Gedichtes mit der Persönlichkeit bzw. der Biografie GÜNDERRODES, wie Sie sie kennengelernt haben, **in Beziehung.**

2 Zur gleichen Zeit am anderen Ort

2.1 HONORÉ DE BALZAC (1799–1850)

HONORÉ DE BALZAC, Sohn eines Rechtsanwalts, studiert nach einer eher freudlosen Kindheit und Jugend auf Geheiß seines Vaters Rechtswissenschaften. Seinen Unterhalt verdient er sich durch seine Arbeit als Gehilfe in einer Anwaltskanzlei. Allerdings bricht er sein Studium ab, um sich der Schriftstellerei zu widmen. Seine ersten Werke, Trivialromane, ermöglichen ihm nur ein karges Leben. Er versucht sich als Verleger und Drucker, doch seine gewagten Spekulationen bringen ihm nur Schulden ein, die ihn sein ganzes Leben lang belasten. Der Durchbruch als Schriftsteller gelingt ihm 1829. Er ist bereits zu Lebzeiten bei Publikum und Kritikern anerkannt.

1838 gründet er gemeinsam mit VICTOR HUGO (1802–1885), ALEXANDRE DUMAS (1802–1870) und GEORGE SAND (1804–1876) den ersten französischen Schriftstellerverband, die „Société des Gens de Lettres", der u. a. erstmals die Urheberrechte der Schriftsteller/innen an ihren Werken einfordert. BALZAC stellt aber seine Mitarbeit wegen Meinungsverschiedenheiten bald wieder ein.

BALZACS Werke

Obwohl BALZAC in der Epoche der Romantik wirkt, wird er in der Literaturwissenschaft häufig – gemeinsam mit STENDHAL (1783–1842) und GUSTAVE FLAUBERT (1821–1880) – als großer Vertreter der Realisten genannt. Grund dafür sind die wirklichkeitsnahen Schilderungen der französischen Gesellschaft seiner Zeit. BALZAC schreibt in ungefähr 20 Jahren knapp 100 Romane, verschiedene Erzählungen, Dramen und Essays. Sein Hauptwerk „Die menschliche Komödie" sollte aus 137 Romanen bestehen und ein Sittengemälde Frankreichs nach der Französischen Revolution zeichnen. Es bleibt aber unvollendet, „nur" 91 Romane sind vollendet. Verbunden sind die einzelnen Romane dadurch, dass viele Figuren mehrfach auftreten, was eine literarische Innovation ist.

Zu den bekanntesten Romanen aus „Die menschliche Komödie" gehören:
- Eugénie Grandet (1835)
- Vater Goriot (1835)
- Die alte Jungfer (1838)
- Der Landpfarrer (1841)
- Die Suche nach dem Absoluten (1841–1846)
- Die Frau von dreißig Jahren (1845)
- Glanz und Elend der Kurtisanen (1845)
- Verlorene Illusionen (1846)
- Tante Lisbeth (1846)

Ein weiteres wichtiges Werk ist z. B.:
- Tolldreiste Geschichten (1832–1837)

„Oberst Chabert" – Inhalt

Oberst Chabert war einst in ganz Frankreich berühmt, weil er die Schlacht bei Eylau für Napoleon gewonnen hatte. Er war dabei aber so schwer verwundet worden, dass er für tot gehalten und in einem Massengrab begraben worden war. Als er das Bewusstsein wiedererlangt hatte, hat er sich mühevoll nach oben gekämpft. Nun – Jahre später und wieder im Vollbesitz seiner Sinneskräfte – möchte er klarstellen, dass er am Leben ist, und sein Eigentum zurückfordern.

HONORÉ DE BALZAC, französischer Schriftsteller (1799–1850)

Arbeitsaufgaben

- **Recherchieren** Sie die wichtigsten Lebensdaten und Werke der genannten Künstler/in in arbeitsteiliger Gruppenarbeit.

- **Begründen** Sie die Wichtigkeit des Urheberrechts.

Der Titel „Die menschliche Komödie" ist eine Anspielung auf **DANTES „Göttliche Komödie".** Siehe Kapitel „Mâze – Triuwe – Minne: 2 Zur gleichen Zeit am anderen Ort".

151

In der Zwischenzeit hat Chaberts Frau einen Aristokraten geheiratet. Sie hat Chaberts Vermögen an sich gebracht und weigert sich nun, ihren ersten Mann zu empfangen. So bleibt Chabert nur die Hilfe von Anwälten. Doch niemand will ihm seine Identität glauben.

Nur der Anwalt Derville ist entschlossen, Chabert zu helfen. Er will einen Prozess führen und wenigstens einen Teil des Vermögens retten. Weil die Exfrau dies als Bedrohung für die Karriere ihres zweiten Mannes empfindet und auch nicht gewillt ist, auf das Geld, das sie sich angeeignet hat, zu verzichten, versucht sie, eine Unterschrift zu erschleichen, mit der Chabert auf seinen Namen verzichtet. Dieser durchschaut den Plan und unterschreibt nicht, verzichtet aber auf sein Vermögen und einen Prozess, weil er von Ekel vor der Menschheit erfüllt ist. Er wird zum Vagabunden und beschließt sein Leben letztlich in einem Armenhaus, wo 20 Jahre später Derville auf den mittlerweile geistig verwirrten Mann trifft.

Arbeitsaufgaben „Oberst Chabert"

Honoré de Balzac
OBERST CHABERT (1832)

Textausschnitt 1:
„Mein Herr", sagte die Gräfin zum Obersten und in ihrer Stimme schwang eine Ergriffenheit, wie wir sie nur ganz selten im Leben erfahren und die uns im Innersten aufwühlt. In solchen Augenblicken erbebt alles in uns, Herz, Fibern, Nerven, Angesicht, Leib und Seele, ja jede
5 Pore unserer Haut. Unser Leben scheint nicht mehr in uns selbst zu sein. Es tritt aus uns heraus, strömt hervor, überträgt sich wie eine Ansteckung, teilt sich durch einen Blick, durch den Ton unserer Stimme, durch eine Bewegung mit und zwingt unseren Willen der Umwelt auf. Beim Klang dieses einen, ersten, schrecklichen Wortes „Mein Herr" er-
10 bebte der alte Soldat. Es war zugleich Vorwurf, Bitte, Verzeihen, Hoffen, Verzweifeln, Frage und Antwort. Es umfaßte alles. Nur eine Schauspielerin konnte so viel Beredsamkeit, so viel Gefühl in ein einziges Wort legen. Das Wahre findet keinen so vollkommenen Ausdruck, es gibt nicht alles nach außen hin zu erkennen, sondern läßt vielmehr alles das
15 ahnen, was im Innern ist. [...]
Eines Abends wurde der alte Soldat beim Anblick der Mutter mit ihren Kindern durch den rührenden Liebreiz dieses Familienbildes, in der ländlichen Umgebung, in Schatten und Stille, so ergriffen, daß er den Entschluß faßte, ein Toter zu bleiben. Ohne länger vor der rechtskräfti-
20 gen Beglaubigung von Urkunden zurückzuschrecken, fragte er, was er zu tun habe, um das Glück dieser Frau endgültig zu sichern. [...]
Delbecq [Anm.: der Anwalt der Gräfin] war vor einigen Tagen angekommen und hatte es, die Anweisungen der Gräfin befolgend, verstanden, das Vertrauen des alten Soldaten zu gewinnen. So brach am nächsten
25 Morgen der Oberst Chabert mit dem ehemaligen Anwalt nach Saint Leu-Taverny auf, wo Delbecq bei dem Notar ein Schriftstück hatte aufsetzen lassen, dessen Wortlaut so kraß war, daß der Oberst, als er es gelesen hatte, kurzerhand den Raum verließ.
„Heiliges Donnerwetter, ich wäre ein schöner Esel! Ich würde ja als
30 Betrüger dastehen", rief er aus. [...]
Da die Allee mit jenem gelblichen Sand bestreut war, den man anstelle von Uferkies verwendet, hatte die Gräfin, die in dem oberen Zimmerchen des Pavillons saß, den Obersten nicht gehört, zu sehr mit dem Erfolg ihrer Angelegenheit beschäftigt, um durch das leise Geräusch,

35 das ihr Gatte gemacht hatte, aufmerksam zu werden. Ebensowenig bemerkte der alte Soldat seine Frau über sich im Gartenhäuschen.
„Nun, Herr Delbecq, hat er unterzeichnet?", fragte die Gräfin ihren Ver-
mögensverwalter, als sie ihn über die Hecke des Chausseegrabens hinweg allein auf dem Weg kommen sah.

40 „Nein, gnädige Frau. Ich weiß nicht einmal, wo unser Mann geblieben
ist. Das alte Pferd hat gescheut."
„Wir werden ihn also doch nach Charenton bringen müssen", sagte sie,
„da wir ihn einmal in Händen haben." [...]
Die Wirklichkeit hatte sich ihm [Anm.: dem Oberst] in ihrer ganzen

45 Nacktheit gezeigt. Die Worte der Gräfin und die Antwort Delbecqs hatten
ihm das Komplott enthüllt, dem er zum Opfer fallen sollte. Die liebevolle
Fürsorge, die man an ihn verschwendet hatte, war also nur ein Köder
gewesen, mit dem man ihn in eine Falle hatte locken wollen. Dieses Wort
wirkte wie der Tropfen eines fressenden Giftes, das die seelischen und

50 körperlichen Schmerzen des alten Soldaten endgültig zurückbrachte. [...]
„Madame", sagte er, nachdem er sie einen Augenblick lang fest angesehen hatte, so daß ihr die Röte ins Gesicht gestiegen war, „Madame, ich
verfluche Sie nicht, ich verachte Sie. Jetzt bin ich dem Zufall, der uns aus-
einandergerissen hat, dankbar. Ich habe nicht einmal mehr den Wunsch,

55 mich zu rächen. Ich liebe Sie nicht mehr. Ich will nichts mehr von Ihnen.
Leben Sie ruhig und im Vertrauen auf mein Wort; es ist mehr wert als
das Gekritzel aller Notare von Paris. Ich werde niemals mehr Anspruch
auf den Namen erheben, den ich vielleicht berühmt gemacht habe. Ich
bin jetzt nichts mehr als ein armer Teufel Hyazinth, der nur noch seinen

60 Platz an der Sonne will. Leben Sie wohl ..."
Die Gräfin warf sich dem Obersten zu Füßen und versuchte, indem sie
seine Hände ergriff, ihn zurückzuhalten; er aber stieß sie voll Verachtung
mit den Worten „Rühren Sie mich nicht an" von sich. [...]
Dann aber erkannte sie mit dem tiefgründigen Scharfblick, der nur der

65 äußersten Verworfenheit oder dem schrankenlosen weltlichen Egoismus
eigen ist, daß das Versprechen und die Verachtung des ehrlichen Soldaten ihr in Zukunft ein ruhiges Leben sichern würden.

HONORÉ DE BALZAC: OBERST CHABERT, RECLAM –
ALTE RECHTSCHREIBUNG

Charenton = psychiatrische
Klinik

Was sagt Chaberts
Reaktion über ihn aus?

a) **Beschreiben** Sie die Emotionen, die Chabert seiner Frau zu Beginn ihres
Zusammentreffens entgegenbringt.

b) **Erläutern** Sie, wie und warum sich Chaberts Gefühle im Laufe des Tref-
fens verändern.

Textausschnitt 2:
Im Jahr 1840, gegen Ende des Monats Juni, reiste Godeschal, der jetzt
Anwalt war, in Begleitung seines Vorgängers Derville nach Ris. Als
sie zu der Allee gelangten, die von der Hauptstraße aus nach Bicêtre
abzweigt, entdeckten sie unter einer der Ulmen einen jener armen,
5 altersgrauen und gebückten Männer, die den Marschallstab der Bettler
erworben haben, d. h. in Bicêtre leben, so wie die bedürftigen Frauen in
Salpêtrière untergebracht sind. [...]
„Schauen Sie, Derville", sagte Godeschal zu seinem Reisegefährten,
„sehen Sie doch den Alten. Ist er nicht wie aus einer phantastischen Er-
10 zählung, wie sie jetzt aus Deutschland zu uns kommen? Und so etwas
lebt, ist vielleicht sogar glücklich!"
Derville nahm sein Lorgnon, betrachtete den Armen, machte eine über-

raschte Bewegung und sagte: „Dieser Alte da, mein Lieber, ist ein ganzes Gedicht oder, wie die Romantiker sagen würden, ein Drama.

15 Bist du jemals der Gräfin Ferraud begegnet?"

„Ja. Eine geistreiche und angenehme Frau, aber ein bißchen zu bigott."

„Dieser alte Bicêtre-Insasse ist ihr legitimer Gatte, der Graf Chabert, ehemaliger Oberst. Zweifellos hat sie ihn hierher gebracht. Wenn er in diesem Armenhaus lebt, statt in einem vornehmen Stadthaus, so nur

20 deshalb, weil er die hübsche Gräfin Ferraud daran erinnert hat, daß er sie wie eine Droschke vom Fleck weg genommen habe. Ich entsinne mich noch an den Tigerblick, den sie ihm damals zuwarf."

Nachdem durch diese Einleitung Godeschals Neugier geweckt war, erzählte ihm Derville die ganze vorhergehende Geschichte.

25 Als die zwei Freunde zwei Tage darauf, am Montag morgen, nach Paris zurückfuhren, warfen sie einen Blick auf Bicêtre, und Derville schlug vor, den Oberst Chabert aufzusuchen. Schon auf halbem Wege trafen die beiden Anwälte in der Allee den Greis, der auf einem Baumstumpfe saß, einen Stock in der Hand hielt und sich damit vergnügte, Striche in

30 den Sand zu zeichnen. Bei näherer Betrachtung stellten sie fest, daß er auswärts gefrühstückt haben mußte.

„Guten Morgen, Herr Oberst Chabert", sprach Derville ihn an.

„Nicht Chabert, nicht Chabert, ich heiße Hyazinth", antwortete der Greis. „Ich bin kein Mensch mehr, ich bin Nummer 164, siebenter

35 Saal", fügte er hinzu und betrachtete Derville mit verstörter Ängstlichkeit, mit der Furcht der Greise und der Kinder.

„Sie wollen den zum Tode Verurteilten sehen", sagte er nach einem Augenblick des Schweigens. „Der ist nicht verheiratet. Er ist gut dran!"

HONORÉ DE BALZAC: OBERST CHABERT, RECLAM –
ALTE RECHTSCHREIBUNG

c) **Erläutern** Sie Chaberts Aussage: *„Ich bin kein Mensch mehr, ich bin Nummer 164, siebenter Saal".*

d) **Charakterisieren** Sie Chabert, wie Sie ihn aufgrund der Inhaltsangabe und der Textausschnitte wahrnehmen.

e) **Beurteilen** Sie Chaberts Verhalten.

f) **Entwerfen** Sie eine Interpretationshypothese. **Diskutieren** Sie im Anschluss darüber mit Ihren Mitschülerinnen/Mitschülern.

Zum Weiterlesen

■ In JAVIER MARÍAS Roman „Die sterblich Verliebten" (2011) beschäftigen sich die Hauptfiguren immer wieder mit „Oberst Chabert". – Lesen Sie den Roman oder informieren Sie sich in ausführlichen Inhaltsangaben darüber. **Setzen** Sie anschließend die beiden Werke zueinander **in Beziehung.**

2.2 EDGAR ALLEN POE (1809–1849)

EDGAR ALLEN POE ist einer der wichtigsten Künstler der amerikanischen Literatur des 19. Jahrhunderts. Allgemein bekannt ist er als Verfasser von Gruselgeschichten, Geschichten mit düsteren, phantastischen Handlungen. Er gilt aber auch als Erfinder des Detektivromans. Sein Detektiv Auguste Dupin löst die Fälle durch logische Analyse. Obwohl Dupin nur in drei Erzählungen agiert („Der Doppelmord in der Rue Morgue", 1841; „Das Geheimnis der Marie Rogêt", 1842/43; „Der entwendete Brief", 1844/45), beeinflusst POE damit nachfolgende Autoren wie z. B. ARTHUR CONAN DOYLE (1859–1930) und seinen Sherlock Holmes.

EDGAR ALLEN POE,
amerikanischer Schriftsteller
(1809–1849)

POES große Liebe ist die Lyrik, mit der er den Symbolismus in Frankreich beein-flusst. Als sein bekanntestes Gedicht gilt „Der Rabe" (1845).

POE beschäftigt sich auch mit verschiedenen Theorien der literarischen Kompo-sition und kann somit als einer der ersten amerikanischen Literaturtheoretiker gesehen werden. So fordert er zum Beispiel, dass literarische Werke nicht zu lang sein dürfen (sie müssen auf einmal durchgelesen werden können) und auf einen einheitlichen Effekt hin ausgerichtet sein sollen.

Die Kurzgeschichte ist auch unter dem Titel „Das schwatzende Herz" bekannt.

Arbeitsaufgaben „Edgar Allen Poe"

Edgar Allen Poe
DAS VERRÄTERISCHE HERZ (1843)

Es ist wahr! Nervös, schrecklich nervös war ich und bin ich noch; aber deshalb soll ich wahnsinnig sein? Mein Übel hatte meine Sinne nur geschärft, nicht zerstört oder abgestumpft. Vor allem war mein Gehör-sinn außerordentlich empfindlich geworden. Ich hörte alle Dinge, die im Himmel und auf der Erde vor sich gingen, und auch vieles, was in der Hölle geschah. Wie könnte ich also wahnsinnig sein? Hören Sie nur
5   zu, wie vernünftig und ruhig ich Ihnen die ganze Geschichte erzählen werde. Ich kann nicht mehr genau sagen, wie mir zuerst der Gedanke kam, doch als er einmal gekommen, quälte er mich Tag und Nacht. Einen Zweck verfolgte ich nicht, auch trieb mich kein Haß. Ich hatte den alten Mann lieb. Er hatte mir nie etwas Übles getan, er hatte mich nie beleidigt. Ich trachtete auch nicht nach seinem Golde. Nur – sein eines Auge reizte mich. Ja, sein Auge muß es gewesen sein! Es glich dem eines Geiers – war blaßblau und
10 von einem dünnen Häutchen bedeckt. Wenn sein Blick auf mich fiel, war es mir stets, als gerinne das Blut in meinen Adern, und so entschloß ich mich denn allmählich, dem alten Mann das Leben zu nehmen, um mich auf diese Weise für immer von seinem Auge zu befreien. Und deshalb hält man mich für wahnsinnig! Wahnsinnige wissen nicht, was sie tun. Aber Sie sollten mich gesehen haben! Sollten gesehen haben, mit welcher Klugheit, mit welcher Überlegung und Vorsicht, mit welcher Verstellung ich zu Werke ging! Ich war
15 niemals liebenswürdiger gegen den alten Mann als während der Woche, die der Nacht voranging, in der ich ihn tötete. [...]

[Sieben Nächte hindurch öffnet der Ich-Erzähler um Mitternacht die Tür zum Zimmer, in dem der Alte schläft und lässt einen Strahl seiner Laterne auf das verhasste Auge fallen. Da dieses aber immer geschlossen ist, kann er nichts tun, denn gegen den Alten selbst hat er ja nichts, nur gegen das Auge.
20 *In der achten Nacht wacht der Alte auf, weil der Ich-Erzähler ob seines raffinierten Vorgehens kichern muss.]*

[...] „Wer ist da?" Ich verhielt mich ganz ruhig und sagte nichts. Eine Stunde lang zuckte ich auch nicht mit einer Wimper, und während dieser ganzen Zeit hörte ich nicht, daß er sich wieder niederlegte. Er saß also im Bett aufrecht und horchte, geradeso, wie ich selbst es Nacht für Nacht getan hatte, auf das Ticken des Totenwurmes in der Wand.

25 Dann hörte ich ein leises Stöhnen, und ich wußte, es war das Stöhnen der Todesangst. Es war kein Schmer-zensseufzer, kein Seufzer aus Kummer – es war der leise, erstickte Ton, der sich aus der Tiefe einer von maßlosem Entsetzen gequälten Seele losringt. Ich kannte diesen Ton wohl. Manche Nacht, um Mitter-nacht, wenn alle Welt schlief, war er aus meinem Herzen aufgestiegen, und sein schreckensvolles Echo hatte das Grauen, das mich von Sinnen brachte, noch erhöht. Ich sage, ich kannte ihn wohl. Was der alte
30 Mann empfand, wußte ich und bedauerte ihn, obwohl ich mich im Innern vor Vergnügen wand. Ich war überzeugt, daß er seit jenem ersten leisen Geräusch, das ihn im Bette auffahren ließ, wach lag, und sagte mir, daß seine Angst von Minute zu Minute gewachsen, daß er vergeblich versucht, sie sich als grundlos darzustellen, daß er sich eingeredet habe, es sei nichts – der Wind im Kamin, nur eine Maus, die über den Boden gelaufen, oder ein Heimchen, das einmal kurz gezirpt. Ja, sicher hatte der alte Mann versucht, sich
35 mit solchen Vorstellungen zu trösten; doch – es wollte ihm nicht gelingen. Es war vergebens, weil der Tod herannahte und der schwarze Schatten, der ihm vorauseilt, schon um das Opfer war. Und dieser schauer-liche, unmerkbare Schatten bewirkte, daß der alte Mann, obwohl er nichts sah noch hörte, meine Gegen-wart im Zimmer fühlte. [...]

[Der Ich-Erzähler meint, den Herzschlag des Alten zu hören. Als der Ich-Erzähler schließlich den Strahl seiner
40 *Laterne auf das Auge richtet und sieht, dass es geöffnet ist, tötet er den alten Mann. Um seine Tat zu verbergen,*
zerstückelt er die Leiche und verbirgt sie unter dem Dielenboden.
Als er gerade damit fertig geworden ist, klopfen drei Polizisten an der Tür, die von Nachbarn gerufen worden sind.
Da sich der Ich-Erzähler seiner Sache sicher ist, führt er sie in das Schlafzimmer, bietet ihnen Platz an und unter-
hält sich mit ihnen. Doch plötzlich hört er den Herzschlag des Alten wieder.]

45 [...] Jedenfalls war ich jetzt sehr bleich geworden; aber ich sprach schneller und immer schneller, mit
lauterer Stimme darauf los. Allein, auch der Ton wurde stärker – was sollte ich anfangen? Es war ein leiser,
dumpfer, rascher Ton – wie ihn eine Taschenuhr, die man in Wolle gewickelt hat, hervorbringen mag. Ich
rang nach Atem – doch die Beamten hörten das Geräusch immer noch nicht. Ich sprach noch schneller,
noch heftiger, doch das Geräusch nahm immer noch zu. Ich stand auf und stritt mit gewaltsam angestreng-
50 ter Stimme und heftigen Gebärden über Kleinigkeiten; aber auch das Geräusch wurde noch lauter. Weshalb
gingen sie denn immer noch nicht? Ich eilte mit schweren Schritten auf und ab, als ob mich die Beamten
durch ihr Beobachten bis zur Wut gereizt hätten. Vergeblich! Das Geräusch schwoll an. Mein Gott! Was
konnte ich noch tun? Ich schäumte vor Wut – ich raste, ich fluchte! Ich ergriff den Stuhl, auf dem ich gesessen, und scharrte mit ihm auf der Diele umher – das Geräusch übertönte alles und wuchs und wuchs! Es
55 wurde lauter – lauter – lauter! Und noch immer plauderten die Männer vergnügt und lächelten dazu. War
es möglich, daß sie es nicht hörten? Allmächtiger Gott! Nein! Nein! Sie hörten es! – Sie schöpften schon
Verdacht! – Sie wußten alles! – Sie trieben nur Spott mit meinem Entsetzen! Dies dachte ich (und denke
es noch). Aber alles andere war erträglicher als meine Todesangst, war besser als ihr Hohn! Ich konnte ihr
heuchlerisches Lächeln nicht länger ertragen. Ich fühlte, daß ich schreien müsse – oder sterben! – Und
60 nun – horch – wieder – lauter! lauter!! lauter!!! lauter!!!! –
„Schurken!", schrie ich heraus. „Verstellt euch nicht länger! Ich gestehe die Tat! Reißt die Dielen auf! Hier!
Hier! Es ist das grauenhafte Klopfen seines Herzens!"

EDGAR ALLEN POE: DER DOPPELMORD IN DER RUE MORGUE UND ANDERE ERZÄHLUNGEN, HOLZINGER –
ALTE RECHTSCHREIBUNG

a) „Das verräterische Herz" ist reich an Metaphern und Vergleichen. – **Untersuchen** Sie den Text dahingehend.
Erläutern Sie die Wirkung des Einsatzes dieser sprachlichen Bilder.

b) In Krimis und Horrorgeschichten werden im Wesentlichen drei Arten des Spannungsaufbaus gebraucht:

- **Suspense:** Die Lesenden wissen von möglichen Bedrohungen, die die Handelnden nicht kennen.
- **Mystery** (whodunnit): Die Frage, wie es zu einer bestimmten Situation gekommen ist, erweckt Spannung.
- **Surprise:** Etwas geschieht für Leser/innen und handelnde Personen gleichermaßen überraschend.

   Beispiele
   Suspense: Ein Mann steht unter der Dusche und sieht nicht, wie sich die Türe zum Badezimmer lang-
   sam öffnet.
   Mystery: Das Wasser in der Dusche läuft, Kampfspuren sind zu sehen, ein Mann wird vermisst.
   Surprise: Ein Mann steht unter der Dusche. Plötzlich greift eine Hand nach ihm.

   Analysieren Sie, welcher Spannungstypus in „Das verräterische Herz" vorliegt.

c) Erstellen Sie eine Wortsonne zum Begriff „Herz". – **Diskutieren** Sie im Anschluss mit Ihren Klassen-
kolleginnen/-kollegen, wofür das Herz in „Das verräterische Herz" stehen könnte.

d) **Erörtern** Sie, ob der Protagonist „verrückt" ist.

Rückzug – Natur – Idylle

Einblick in die Literatur des Biedermeier (ca. 1815–1848)

FERDINAND GEORG WALDMÜLLER: SEIFENBLASENDE KINDER (1843)

JOHANN NEPOMUK NESTROY: ZITATE ZUM THEMA „ZENSUR"

Die Zensur ist die jüngere von zwei schändlichen Schwestern, die ältere heißt Inquisition.

Die Zensur ist das lebendige Geständnis der Großen, daß sie nur verdummte Sklaven treten, aber keine freien Völker regieren können.

Der Zensor ist ein Mensch gewordener Bleistift oder ein bleistiftgewordener Mensch, ein fleischgewordener Strich über die Erzeugung des Geistes, ein Krokodil, das an den Ufern des Ideenstromes lauert und den darin schwimmenden Literaten die Köpfe abbeißt.

JOHANN NEPOMUK NESTROY

Biedermeier

BEISPIEL

Ludwig Pfau (1821–1894) ist ein deutscher Schriftsteller, Publizist und politischer Aktivist, der literarisch vor allem mit seiner Lyrik Bekanntheit erlangte.

Ludwig Pfau
HERR BIEDERMEIER (1847)

Mitglied der „besitzenden und gebildeten Klasse"

Schau, dort spaziert Herr Biedermeier
Und seine Frau, den Sohn am Arm;
Sein Tritt ist sachte wie auf Eier,
5 Sein Wahlspruch: Weder kalt noch warm.
Das ist ein Bürger hochgeachtet,
Der geistlich spricht und weltlich trachtet;
Er wohnt in jenem schönen Haus
Und – leiht sein Geld auf Wucher aus.

10 Gemäßigt stimmt er bei den Wahlen,
Denn er missbilligt allen Streit;
Obwohl kein Freund vom Steuerzahlen,
Verehrt er sehr die Obrigkeit.
Aufs Rathaus und vor Amt gerufen,
15 Zieht er den Hut schon auf den Stufen;
Dann aber geht er stolz nach Haus
Und – leiht sein Geld auf Wucher aus.

Am Sonntag in der Kirche fehlen,
Das wäre gegen Christenpflicht;
20 Da holt er Labung seiner Seelen –
Und schlummert, wenn der Pfarrer spricht.
Das führt ihn lieblich bis zum Segen,
Den nimmt der Wackre fromm entgegen.
Dann geht er ganz erbaut nach Haus
25 Und – leiht sein Geld auf Wucher aus. [...]

O edles Haus! O feine Sitten!
Wo jedes Gift im Keim erstickt,
Wo nur gepflegt wird und gelitten,
Was gern sich duckt und wohl sich schickt.
30 O wahre Bildung ohne Spitzen!
Nur der Besitz kann dich besitzen –
Anstand muss sein in Staat und Haus,
Sonst – geht dem Geld der Wucher aus.

LUDWIG PFAU: GEDICHTE, BONZ

a) **Geben** Sie die Charaktereigenschaften **wieder,** die „Herrn Biedermeier"
   zugeschrieben werden.

b) **Erschließen** Sie, wogegen sich die Kritik in diesem Gedicht richtet.

c) **Diskutieren** Sie, wie weit diese biedermeierliche Denk- und Lebensweise
   heutzutage in unserer Gesellschaft existiert.

Biedermeier (1815–1848) WERKZEUG

Historische Einordnung

Die Epoche des Biedermeier, auch als Restaurationszeit bezeichnet, ist politisch gekennzeichnet durch die Wiederherstellung der **absolutistischen Ordnung** Europas vor NAPOLEON (1769–1821). Fürst METTERNICH gelingt es, auf dem **Wiener Kongress** (1815) ein „Gleichgewicht der politischen Kräfte bzw. Staaten" zu verhandeln, das einerseits die Vorherrschaft Österreichs und andererseits den Frieden auf dem europäischen Kontinent sichern sollte. Die positiven Aspekte dieser Neuordnung nach 1815 sind das zwischenzeitliche Ausbleiben militärischer Auseinandersetzungen und der damit einhergehende wirtschaftliche Aufschwung. Handwerk und Handel erleben eine Blütezeit, der allgemeine Wohlstand steigt.

KLEMENS WENZEL LOTHAR VON METTERNICH, österreichischer Politiker (1773–1859)

Überwachung – Spitzelapparat und Zensur

Das Bürgertum ist von jeglicher politischen Mitbestimmung ausgeschlossen. In Vereinen, Burschenschaften etc. sieht METTERNICH eine Gefahr für den Vielvölkerstaat Österreich, weshalb er ein **Spitzelwesen** installiert, um alle dem staatlichen Gebilde feindlichen Regungen im Keim zu ersticken.
Nicht nur die Bürger/innen werden bespitzelt, auch die literarischen Werke und journalistischen Texte werden genauestens von der **Zensur** überwacht, damit staatsfeindliches Gedankengut von den Menschen ferngehalten wird.

Epochenbegriff – die Figur des „Biedermeier"

Pate für den Epochenbegriff des Biedermeier steht die fiktive Figur des Gottlieb Biedermaier, unter dessen Namen in den Münchner „Fliegenden Blättern" Gedichte veröffentlicht werden. Diese Figur, Dorfschullehrer von Beruf, wird als **spießbürgerlicher Kleingeist** charakterisiert, der angepasst, zufrieden und unpolitisch in der dörflichen Idylle seinen Berufungen – dem Lehren und dem Schreiben – nachgeht. In Wirklichkeit sind seine Gedichte aber von dem Dichter LUDWIG EICHRODT (1827–1892) und dem Arzt ADOLF KUSSMAUL (1822–1902) erfundene Parodien, die sich auf ein reales Vorbild, den Dichter SAMUEL FRIEDRICH SAUTER (1766–1846), und auf das **unpolitische und angepasste Verhalten des Bürgertums** beziehen.
Der Begriff des Biedermeier wird auch für den damals typischen Wohnstil, Möbel und die bildende Kunst (Landschaftsmalerei, Familienidyll, Innenraum- und Zimmerbilder) verwendet.
Erst seit dem 20. Jahrhundert wird der Begriff „Biedermeier" auch zur Bezeichnung der damaligen Literaturepoche herangezogen.

Carl Spitzweg: Sonntagsspaziergang (1841)

Literatur

Alle schon genannten Attribute können auch der Literatur dieser Epoche beigefügt werden. Nicht die Revolution oder Selbstverwirklichung stehen im Zentrum der Texte, sondern **das kleine Glück, die familiäre Geborgenheit** im kleinbürgerlichen oder auch gutshöflichen Gartenidyll etc. Dies bildet die Folie, auf der sich jene – oftmals ins Unheimliche tendierenden – Konflikte abspielen, die durch den wirren Geist, die verderbte Seele des Einzelnen ausgelöst werden.

Viele Texte sind geprägt von einer **melancholischen Grundhaltung,** dem wehmütigen Rückblick auf eine verlorene Vergangenheit; einsame, eigenbrötlerische Herzen schwelgen schwermütig in Erinnerungen. Die Darstellungen sind meist sachlich, **präzise und detailverliebt.** Sprachlich herrscht oftmals ein verhaltener, leiser Ton. Der inhaltlichen Darstellung des Kleinen wird sprachlich beispielsweise mit der Verwendung von Diminutiven Rechnung getragen.

die literarische Skizze =
Darstellung von Stimmungen, kurzen Handlungen, oft nur grob umrissen und nicht im Detail ausgeführt

Mit Kunst, Dichtung im Allgemeinen und Poesie sowie Prosa im Besonderen setzt sich GRILLPARZER in seinen „Ästhetischen Studien" auseinander:

Wissenschaft und Kunst oder, wenn man will: Poesie und Prosa, unterscheiden sich voneinander, wie eine Reise und eine Spazierfahrt. Der Zweck der Reise liegt im Ziel, der Zweck der Spazierfahrt im Weg. Die prosaische Wahrheit ist die Wahrheit des Verstandes, des Denkens. Die poetische ist dieselbe Wahrheit, aber in dem Kleide, der Form, der Gestalt, die sie im Gemüte annimmt.

FRANZ GRILLPARZER

Zum **Volksstück** siehe auch WERKZEUG-Blätter der Kapitel „Realismus", „Zwischenkriegszeit" und „Drama nach 1945"

Epik

Das Biedermeier wird auch als die Epoche der geselligen Kleinkunst bezeichnet, in der **Erzählungen** und **Novellen** eine bedeutende Rolle spielen und sich auch **Kleinformen** wie Märchen, Stimmungsbilder, Kalendergeschichten und literarische Skizzen großer Beliebtheit erfreuen.

ADALBERT STIFTER (1805–1868) ist Maler und Dichter zugleich. Seine Texte erscheinen manchmal wie Gemälde, da er den wahrgenommenen Augenblick detailreich festzuhalten und sprachlich akribisch genau zu beschreiben versucht. Die laut polternde äußere Welt ist in seinen Texten nicht abgebildet. Er versucht die **inneren Stimmungen,** die kleinen inneren Bewegungen einzufangen. Denn seiner Ansicht nach können diese kleinen, oft unsichtbaren Veränderungen auf die äußere Welt eine große Auswirkung haben.

Die **Natur** wird in der Literatur des Biedermeier einerseits als friedliche, den Menschen umgebende Idylle dargestellt, andererseits wird sie aber auch als bedrohliche über den Menschen hereinbrechende Macht wahrgenommen.

In ihrer Novelle „Die Judenbuche" (1842) stellt ANNETTE VON DROSTE-HÜLSHOFF (1797–1848) das Irritierende und Bedrohliche von Natur und Mensch ins Zentrum. Zwar erscheint die Natur bzw. das menschliche Naturell oberflächlich als harmonisch, bei genauerem Hinsehen zerbricht dieses idyllische Bild jedoch und das wahre Wesen der Dinge tritt in Erscheinung.

Lyrik

Auch in der Lyrik finden sich zahlreiche **idealisierte Naturdarstellungen** und Stimmungsbilder, in denen das lyrische Ich intensiv mit der es umgebenden Natur in Kontakt tritt. Schwingt bei ANNETTE VON DROSTE-HÜLSHOFF immer wieder der leise Dramatik oder auch Unbehagen hinsichtlich der Naturerscheinungen mit („Der Knabe im Moor", 1842), so stehen bei EDUARD MÖRIKE (1804–1875) und NIKOLAUS LENAU (1802–1850) eher melancholische und sehnsuchtsvolle Stimmungen im Vordergrund. Gesellschaftskritik oder politisches Engagement ist in den Gedichten kein Thema.

Dramatik

Erfüllt FRANZ GRILLPARZER (1791–1872) mit seinen Dramen die Ansprüche des (gehobenen) Bürgertums, so bedienen FERDINAND RAIMUND (1790–1836) und JOHANN NEPOMUK NESTROY (1801–1862) mit ihren Volksstücken das einfachere Gemüt. Das heißt aber nicht, dass das gehobenere Publikum die Aufführungen ihrer Stücke nicht besucht.

FRANZ GRILLPARZER gilt als „der Klassiker" des österreichischen Dramas. Er bearbeitet in seinen Stücken ähnlich wie die Weimarer Klassiker Stoffe der klassischen Antike oder nimmt historisch-politisches Geschehen zum Anlass für seine Dramen.

Alt-Wiener Volkstheater – Zaubermärchen und Posse

Mit JOHANN NEPOMUK NESTROY und FERDINAND RAIMUND erlebt das **Volksstück** einen ersten Höhepunkt in der österreichischen Literatur. Durch die Autoren LUDWIG ANZENGRUBER (1839–1889), ÖDÖN VON HORVÁTH (1901–1938), PETER TURRINI (geb. 1944), FELIX MITTERER (geb. 1948) u. a. wird das Volksstück über die Zeiten hinweg immer wieder neu belebt.

FERDINAND RAIMUND verfasst sogenannte **Zaubermärchen** bzw. Zauberstücke, in denen sich ein Individuum durch persönliche Einsicht zu einem besseren, bescheidenen und zufriedenen Wesen entwickelt. Seine Protagonistinnen und Protagonisten sind meist mit Lastern und Fehlern behaftete Menschen oder Wesen aus anderen Sphären (Feen, Nymphen, Zwerge, Geister etc.). Die menschlichen Helden stammen vornehmlich aus einfachen Verhältnissen, sie sind Bauern,

Handwerker, Dienstboten etc. Die den Konflikt auslösenden Figuren sind unangepasste Feentöchter oder nach Reichtum strebende einfache Leute, die in diesen **„Besserungsstücken"** moralisch belehrt und auf den richtigen, der überirdischen oder irdischen Gesellschaft entsprechenden Weg gebracht werden.

Ein wesentliches Stilmittel in den Stücken RAIMUNDS ist die Personifikation. So treten beispielsweise der Neid, die Hoffnung, die Jahreszeiten oder die Jugend als Figuren auf und greifen in die jeweilige Handlung ein.

Ganz der Epoche des Biedermeier getreu, geht es RAIMUND aber nicht um die Anprangerung oder Veränderung gesellschaftspolitischer Verhältnisse. In seinen Stücken beugen sich die handelnden Figuren der jeweils übergeordneten Macht.

Auch JOHANN NEPOMUK NESTROY beginnt seine Karriere mit Zauberstücken, entwickelt seine **Possen** aber dahingehend weiter, dass er auf den Einfluss überirdischer Wesen und Mächte verzichtet. Im Zentrum stehen auch bei ihm Figuren aus dem einfachen Volk. Durch Verwechslungen, Verkleidungen oder das Vortäuschen anderer Identitäten entstehen die Konfliktsituationen und die Komik in seinen Stücken.

NESTROY ist ein **Meister der Ironie und des Witzes.** Seine Protagonistinnen und Protagonisten sind zumeist ungebildete Dummköpfe (sie entstammen oft ländlichen Gegenden), die sich für klug und intelligent halten, letztlich aber an der eigenen Naivität scheitern. Damit steht NESTROY mit seinen Helden ganz in der **Tradition des „Hanswurst",** der Jahrzehnte zuvor von den Theaterbühnen verbannt worden ist, aber in Form von Thaddädl, Kasperl und Staberl in den Volksstücken weiter eine stehende Rolle besetzt.

Ein weiterer Aspekt der Komik in seinen Stücken ist der NESTROY'SCHE **Sprachwitz.** Der aus einfachen sozialen Verhältnissen stammende Dummkopf eignet sich die Sprache der Gebildeten an, will vornehm sprechen, ist aber nicht in der Lage dazu und verwendet die Begriffe falsch und unpassend. Zudem sind Doppeldeutigkeiten und überraschende Vergleiche in NESTROYS Stücken Auslöser für Witz und Ironie.

Im Gegensatz zu RAIMUND nimmt sich NESTROY kein Blatt vor den Mund und stellt in seinen Stücken die Obrigkeit oftmals an den Pranger. So kommt er immer wieder in **Konflikt mit dem METTERNICH'SCHEN Zensursystem,** dem er ebenso mit Polemik und Sprachwitz begegnet. Um diese Zensur zu umgehen, finden sich in seinen Stücken Couplets, auf der Bühne gesungene Gedichte, die aktuelle und politische Geschehen zum Inhalt haben. Sie werden ständig modifiziert und im geschriebenen Stück, das der Zensur vorzulegen ist, nicht abgedruckt.

die Posse = Theaterstück, dessen Handlung durch Verwechslungen, unwahrscheinliche Zufälle, Übertreibungen etc. und eine oft derbe Sprache komisch wirkt

Zum **Hanswurst** siehe auch WERKZEUG des Kapitels „Aufklärung"

die stehende Rolle = Figur, die in unterschiedlichen Stücken immer wieder in Erscheinung tritt

Wichtige Autorinnen/Autoren und Werke des Biedermeier	
Franz Grillparzer	Die Ahnfrau (1817), Sappho (1818), Das goldene Vlies (1819), König Ottokars Glück und Ende (1825), Der Traum ein Leben (1834), Libussa (1848) (Dramen)
Ferdinand Raimund	Das Mädchen aus der Feenwelt oder Der Bauer als Millionär (1826), Der Alpenkönig und der Menschenfeind (1828), Der Verschwender (1834) (Zauberspiele)
Johann Nepomuk Nestroy	Der böse Geist Lumpazivagabundus oder Das liederliche Kleeblatt (1833, Zauberposse) Der Talisman (1840), Der Zerrissene (1844) (Possen)
Adalbert Stifter	Bunte Steine (1853), Der Nachsommer (1857) (Erzählungen, Novellen)
Annette von Droste-Hülshoff	Gedichte, Balladen Die Judenbuche (1842, Novelle)
Eduard Mörike	Gedichte Maler Nolten (1832, Roman) Mozart auf der Reise nach Prag (1855, Novelle)
Nikolaus Lenau	Gedichte
Jeremias Gotthelf	Die schwarze Spinne (1842), Elsi, die seltsame Magd (1843) (Novellen)

Arbeitsaufgaben „Biedermeier"

1. Idylle – Melancholie – Liebe

NIKOLAUS LENAU ist ein bedeutender österreichischer Lyriker des 19. Jahrhunderts und des Biedermeier. Oftmals steht die Natur im Zentrum seiner Gedichte, die in vielen Fällen eine traurige und melancholische Grundhaltung aufweisen.

Nikolaus Lenau
AUF DEM TEICH, DEM REGUNGSLOSEN (1832)

Auf dem Teich, dem Regungslosen,
Weilt des Mondes holder Glanz,
Flechtend seine bleichen Rosen
4 In des Schilfes grünen Kranz.

Hirsche wandeln dort am Hügel,
Blicken durch die Nacht empor;
Manchmal regt sich das Geflügel
8 Träumerisch im tiefen Rohr.

Weinend muß mein Blick sich senken;
Durch die tiefste Seele geht
Mir ein süßes Dein gedenken,
12 Wie ein stilles Nachtgebet.

NIKOLAUS LENAU: SÄMTLICHE WERKE UND BRIEFE, BD. 1, INSEL –
ALTE RECHTSCHREIBUNG

a) **Unterstreichen** Sie alle Wörter und Wendungen, denen das Attribut „sanft" zugeordnet werden kann.

b) **Diskutieren** Sie, wessen das lyrische Ich gedenkt – lebt diese Person oder ist sie bereits verstorben?

c) **Fertigen** Sie eine Skizze, eine Zeichnung, ein Gemälde **an,** welche/s den im Gedicht präsentierten Inhalt darstellt.

2. Das sanfte Gesetz – die Gewalt der Erscheinungen

ADALBERT STIFTER ist wohl einer der bekanntesten österreichischen Autoren des Biedermeier und auch einer der umstrittensten. Von den einen wird er als jener gefeiert, der die Natur in seinem Wesen zu erkennen und bis ins letzte Detail darzustellen vermag, von den anderen wird er abgetan als rückwärtsgewandter und biederer Dichter.

Text 1

Adalbert Stifter
DIE SONNENFINSTERNIS (1847)

[...] Nie und nie in meinem ganzen Leben war ich so erschüttert, von Schauer und Erhabenheit so erschüttert, wie in diesen zwei Minuten, es war nicht anders, als hätte Gott auf einmal ein deutliches Wort gesprochen und ich hätte es verstanden. Ich stieg von der Warte herab, wie vor
5 tausend und tausend Jahren etwa Moses von dem brennenden Berge herabgestiegen sein mochte, verwirrten und betäubten Herzens.

Es war ein so einfach Ding. Ein Körper leuchtet einen andern an, und dieser wirft seinen Schatten auf einen dritten: aber die Körper stehen in solchen Abständen, daß wir in unserer Vorstellung kein Maß mehr

Adalbert Stifter: Partie aus den westungarischen Donauauen mit aufsteigendem Gewitter (um 1841)

10 dafür haben, sie sind so riesengroß, daß sie über alles, was wir groß
heißen, hinausschwellen – ein solcher Komplex von Erscheinungen ist
mit diesem einfachen Dinge verbunden, eine solche moralische Gewalt
ist in diesen physischen Hergang gelegt, daß er sich unserem Herzen
zum unbegreiflichen Wunder auftürmt.

15 [...] Seltsam war es, daß dies unheimliche, klumpenhafte, tief schwarze,
vorrückende Ding, das langsam die Sonne wegfraß, unser Mond sein
sollte, der schöne sanfte Mond, der sonst die Nächte so florig silbern
beglänzte; aber doch war er es, und im Sternenrohr erschienen auch
seine Ränder mit Zacken und Wulsten besetzt, den furchtbaren Bergen,
20 die sich auf dem uns so freundlich lächelnden Runde türmen.

Wir hatten uns das Eindämmern wie etwa ein Abendwerden vorgestellt,
nur ohne Abendröte; wie geisterhaft ein Abendwerden ohne Abendröte
sei, hatten wir uns nicht vorgestellt, aber auch außerdem war dies Däm-
mern ein ganz anderes, es war ein lastend unheimliches Entfremden
25 unserer Natur; gegen Südost lag eine fremde, gelbrote Finsternis, und
die Berge und selbst das Belvedere wurden von ihr eingetrunken – die
Stadt sank zu unsern Füßen immer tiefer, wie ein wesenloses Schatten-
spiel hinab, das Fahren und Gehen und Reiten über die Brücke geschah,
als sähe man es in einem schwarzen Spiegel – die Spannung stieg aufs
30 höchste – einen Blick tat ich noch in das Sternrohr, er war der letzte;
so schmal wie mit der Schneide eines Federmessers in das Dunkel
geritzt, stand nur mehr die glühende Sichel da, jeden Augenblick zum
Erlöschen, und wie ich das freie Auge hob, sah ich auch, daß bereits
alle andern die Sonnengläser weggetan und bloßen Auges hinaufschau-
35 ten – sie hatten auch keines mehr nötig; denn nicht anders als wie
der letzte Funke eines erlöschenden Dochtes schmolz eben auch der
letzte Sonnenfunken weg, wahrscheinlich durch die Schlucht zwischen
zwei Mondbergen zurück – es war ein überaus trauriger Augenblick –
deckend stand nun Scheibe auf Scheibe – und dieser Moment war es
40 eigentlich, der wahrhaft herzzermalmend wirkte – das hatte keiner ge-
ahnet – ein einstimmiges „Ah" aus aller Munde, und dann Totenstille,
es war der Moment, da Gott redete und die Menschen horchten.

[...] Der Mond stand mitten in der Sonne, aber nicht mehr als schwarze
Scheibe, sondern gleichsam halb transparent wie mit einem leichten
45 Stahlschimmer überlaufen, rings um ihn kein Sonnenrand, sondern ein
wundervoller, schöner Kreis von Schimmer, bläulich, rötlich, in Strahlen
auseinanderbrechend, nicht anders, als gösse die obenstehende Sonne
ihre Lichtflut auf die Mondeskugel nieder, daß es rings auseinander-
spritzte – das Holdeste, was ich je an Lichtwirkung sah!

50 Draußen weit über das Marchfeld hin lag schief eine lange, spitze Licht-
pyramide gräßlich gelb, in Schwefelfarbe flammend und unnatürlich
blau gesäumt; es war die jenseits des Schattens beleuchtete Atmosphäre, aber nie schien ein Licht so wenig irdisch und so furchtbar, und von
ihm floß das aus, mittels dessen wir sahen. Hatte uns die frühere Ein-
55 tönigkeit verödet, so waren wir jetzt erdrückt von Kraft und Glanz und
Massen – unsere eigenen Gestalten hafteten darinnen wie schwarze,
hohle Gespenster, die keine Tiefe haben; das Phantom der Stephans-
kirche hing in der Luft, die andere Stadt war ein Schatten, alles Rasseln
hatte aufgehört, über die Brücke war keine Bewegung mehr; denn jeder
60 Wagen und Reiter stand und jedes Auge schaute zum Himmel.

Nie, nie werde ich jene zwei Minuten vergessen – es war die Ohnmacht
eines Riesenkörpers, unserer Erde.

Wie heilig, wie unbegreiflich und wie furchtbar ist jenes Ding, das uns stets umflutet, das wir seelenlos genießen und das unseren Erdball
65 mit solchen Schaudern zittern macht, wenn es sich entzieht, das Licht, wenn es sich nur kurz entzieht.

In: Stephan Hermlin (Hg.): Deutsches Lesebuch. Von Luther bis Liebknecht, Reclam – alte Rechtschreibung

a) **Untersuchen** Sie den Text auf seine sprachliche Gestaltung hin. Wodurch entsteht die Spannung, die Stifter Zeile für Zeile aufzubauen vermag bzw. aufzubauen versucht?

b) **Unterstreichen** Sie alle Wendungen mit Adjektiven in diesem Textausschnitt und beschreiben Sie deren Wirkung.

c) **Setzen** Sie obige Textstelle mit Adalbert Stifters literarischem Programm des sanften Gesetzes (siehe Text 2) **in Beziehung.** Trifft dieses Gesetz auf die oben angeführte Textstelle zu?

Text 2

Adalbert Stifter
BUNTE STEINE (Auszüge aus der Vorrede, 1853)

Weil wir aber schon einmal von dem Großen und Kleinen reden, so will ich meine Ansichten darlegen, die wahrscheinlich von denen vieler anderer Menschen abweichen. Das Wehen der Luft, das Rieseln des Wassers, das Wachsen der Getreide, das Wogen des Meeres, das Grünen
5 der Erde, das Glänzen des Himmels, das Schimmern der Gestirne halte ich für groß: das prächtig einherziehende Gewitter, den Blitz, welcher Häuser spaltet, den Sturm, der die Brandung treibt, den feuerspeienden Berg, das Erdbeben, welches Länder verschüttet, halte ich nicht für größer als obige Erscheinungen, ja ich halte sie für kleiner, weil sie nur
10 Wirkungen viel höherer Gesetze sind. Sie kommen auf einzelnen Stellen vor und sind die Ergebnisse einseitiger Ursachen. [...]

So wie es in der äußeren Natur ist, so ist es auch in der inneren, in der des menschlichen Geschlechtes. Ein ganzes Leben voll Gerechtigkeit, Einfachheit, Bezwingung seiner selbst, Verstandesmäßigkeit, Wirksam-
15 keit in seinem Kreis, Bewunderung des Schönen, verbunden mit einem heiteren gelassenen Sterben, halte ich für groß: mächtige Bewegungen des Gemütes, furchtbar einherrollenden Zorn, die Begier nach Rache, den entzündeten Geist, der nach Tätigkeit strebt, umreißt, ändert, zerstört und in der Erregung oft das eigene Leben hinwirft, halte ich nicht
20 für größer, sondern für kleiner, da diese Dinge so gut nur Hervorbringungen einzelner und einseitiger Kräfte sind, wie Stürme, feuerspeiende Berge, Erdbeben. Wir wollen das sanfte Gesetz zu erblicken suchen, wodurch das menschliche Geschlecht geleitet wird. Es gibt Kräfte, die nach dem Bestehen des Einzelnen zielen. Sie nehmen alles und verwen-
25 den es, was zum Bestehen und zum Entwickeln desselben notwendig ist. Sie sichern den Bestand des Einen und dadurch den aller.

Adalbert Stifter: Gesammelte Werke in sechs Bänden, Bd. 3, Insel

Im Folgenden finden Sie zwei kritische Stimmen zu Adalbert Stifter und dessen Art zu schreiben. Der erste Text stammt von Friedrich Hebbel (1813–1863), einem Zeitgenossen Stifters, der zweite von Thomas Bernhard (1931–1989), der in seinem Werk „Alte Meister" dem Protagonisten Reger die weiter unten angeführte Kritik in den Mund legt.

Text 3

Friedrich Hebbel
DIE ALTEN NATURDICHTER UND DIE NEUEN. (1849)

Wißt ihr, warum euch die Käfer, die Butterblumen so glücken?
2 Weil ihr die Menschen nicht kennt, weil ihr die Sterne nicht seht!
Schautet ihr tief in die Herzen, wie könntet ihr schwärmen für Käfer?
4 Säht ihr das Sonnensystem, sagt doch, was wär' euch ein Strauß?
Aber das mußte so sein; damit ihr das Kleine vortrefflich
6 Liefertet, hat die Natur klug euch das Große entrückt.

FRIEDRICH HEBBEL: SÄMTLICHE WERKE, 1. ABTEILUNG, BD. 1,
BEHR – ALTE RECHTSCHREIBUNG

Text 4

Thomas Bernhard
ALTE MEISTER (1985)

Stifter ist, alles in allem, sagte er [Reger], geradezu eine meiner größten
künstlerischen Lebensenttäuschungen. Jeder dritte oder wenigstens
jeder vierte Satz von Stifter ist falsch, jedes zweite oder dritte Bild in
4 seiner Prosa ist verunglückt, und der Geist Stifters überhaupt ist, wenigstens in seinen literarischen Schriften, ein durchschnittlicher. Stifter
ist in Wahrheit einer der phantasielosesten Schriftsteller, die jemals geschrieben haben und einer der anti- und unpoetischsten zugleich. Aber
8 die Leser und die literarischen Wissenschaftler sind auf diesen Stifter
immer hereingefallen.

THOMAS BERNHARD: ALTE MEISTER, SUHRKAMP

Arbeitsaufgaben

a) **Geben** Sie die wesentlichen Kritikpunkte an ADALBERT STIFTERS literarischem Programm und Schreiben **wieder.**

b) **Überprüfen** Sie die Kritik an ADALBERT STIFTERS Schreiben anhand des Textes „Die Sonnenfinsternis" und des Auszugs aus der Vorrede zu „Bunte Steine".

3. Gerechtigkeit – Vorurteile

Die Novelle „Die Judenbuche" von ANNETTE VON DROSTE-HÜLSHOFF handelt von einem jungen Mann namens Friedrich Mergel, der in ungeordneten und armen Verhältnissen (Vater war Alkoholiker und verstirbt früh) aufwächst. Er verschuldet sich aufgrund von Geltungssucht bei einem Juden, wird zum Mörder an diesem, flieht und gerät auf der Flucht in jahrelange Gefangenschaft. Letztendlich kehrt er in seine Heimat zurück, um sich zum Schluss am Ort des ehemals begangenen Mordes, der Judenbuche, zu erhängen. Eine Nebenhandlung stellt der Holzdiebstahl im beschriebenen Dorf dar, der von den Einwohnern selbst betrieben bzw. geduldet wird.

Annette von Droste-Hülshoff
DIE JUDENBUCHE (1842)

In seinem achtzehnten Jahre hatte Friedrich sich bereits einen bedeutenden Ruf in der jungen Dorfwelt gesichert durch den Ausgang einer Wette, infolge deren er einen erlegten Eber über zwei Meilen weit auf seinem Rücken trug, ohne abzusetzen. Indessen war der Mitgenuß des
5 Ruhms auch so ziemlich der einzige Vorteil, den Margreth [Friedrichs Mutter] aus diesen günstigen Umständen zog, da Friedrich immer mehr auf sein Äußeres verwandte und allmählich anfing, es schwer zu verdauen, wenn Geldmangel ihn zwang, irgend jemand im Dorf darin nachzustehen. Zudem waren alle seine Kräfte auf den auswärtigen
10 Erwerb gerichtet; zu Hause schien ihm, ganz im Widerspiel mit seinem sonstigen Rufe, jede anhaltende Beschäftigung lästig, und er unterzog sich lieber einer harten, aber kurzen Anstrengung, die ihm bald erlaubte

DROSTE-HÜLSHOFF verarbeitet in ihrer Novelle einen tatsächlich an einem Juden begangenen Mord. Neben der „Kriminalgeschichte" treten aber vor allem die Milieuschilderung und die Gerichtsbarkeit bzw. Rechtsprechung in den Vordergrund.

seinem früheren Hirtenamte wieder nachzugehen, was bereits begann,
seinem Alter unpassend zu werden, und ihm gelegentlichen Spott
15 zuzog, vor dem er sich aber durch ein paar derbe Zurechtweisungen
mit der Faust Ruhe verschaffte. So gewöhnte man sich daran, ihn
bald geputzt und fröhlich als anerkannten Dorfelegant an der Spitze
des jungen Volks zu sehen, bald wieder als zerlumpten Hirtenbuben
einsam und träumerisch hinter den Kühen herschleichend oder in einer
20 Waldlichtung liegend, scheinbar gedankenlos und das Moos von den
Bäumen rupfend. [...]

„Eine prächtige Uhr!" sagte der Schweinehirt und schob sein Gesicht
in ehrfurchtsvoller Neugier vor. – „Was hat sie gekostet?" rief Wilm
Hülsmeyer, Friedrichs Nebenbuhler. – „Willst du sie bezahlen?" fragte
25 Friedrich. – „Hast du sie bezahlt?" antwortete Wilm. Friedrich warf
einen stolzen Blick auf ihn und griff in schweigender Majestät zum Fie-
delbogen. – „Nun, nun", sagte Hülsmeyer, „dergleichen hat man schon
erlebt. Du weißt wohl, der Franz Ebel hatte auch eine schöne Uhr, bis
der Jude Aaron sie ihm wieder abnahm." – Friedrich antwortete nicht,
30 sondern winkte stolz der ersten Violine, und sie begannen aus Leibes-
kräften zu streichen.

Friedrich war nicht mehr dort [auf der Hochzeitsfeier]. Eine große,
unerträgliche Schmach hatte ihn getroffen, da der Jude Aaron, ein
Schlächter und gelegentlicher Althändler aus dem nächsten Städtchen,
35 plötzlich erschienen war und nach einem kurzen, unbefriedigenden
Zwiegespräch ihn laut vor allen Leuten um den Betrag von zehn Talern
für eine schon um Ostern gelieferte Uhr gemahnt hatte. Friedrich war
wie vernichtet fortgegangen und der Jude ihm gefolgt, immer schrei-
end: „O weh mir! Warum hab ich nicht gehört auf vernünftige Leute!
40 Haben sie mir nicht hundertmal gesagt, Ihr hättet all Eu'r Gut am Leibe
und kein Brot im Schranke!" – Die Tenne tobte von Gelächter; manche
hatten sich auf den Hof nachgedrängt. – „Packt den Juden! Wiegt ihn
gegen ein Schwein!" riefen einige; andere waren ernst geworden. – „Der
Friedrich sah so blaß aus wie ein Tuch", sagte eine alte Frau, und die
45 Menge teilte sich, wie der Wagen des Gutsherrn in den Hof lenkte. [...]

Die Juden der Umgegend hatten großen Anteil gezeigt. Das Haus der
Witwe ward nie leer von Jammernden und Ratenden. Seit Menschengedenken waren nicht so viel Juden beisammen in L. gesehen worden.
Durch den Mord ihres Glaubensgenossen aufs äußerste erbittert, hatten
50 sie weder Mühe noch Geld gespart, dem Täter auf die Spur zu kommen.
Man weiß sogar, daß einer derselben, gemeinhin der Wucherjoel einem
seiner Kunden, der ihm mehrere Hunderte schuldete und den er für
einen besonders listigen Kerl hielt, Erlaß der ganzen Summe angeboten
hatte, falls er ihm zur Verhaftung des Mergel verhelfen wolle; [...] Als
55 dennoch alles nichts half und die gerichtliche Verhandlung für beend-
det erklärt worden war, erschien am nächsten Morgen eine Anzahl der
angesehensten Israeliten im Schlosse, um dem gnädigen Herrn einen
Handel anzutragen. Der Gegenstand war die Buche, unter der Aarons
Stab gefunden und wo der Mord wahrscheinlich verübt worden war. –
60 „Wollt ihr sie fällen? So mitten im vollen Laube?" fragte der Gutsherr.
– „Nein, Ihro Gnaden, sie muß stehenbleiben im Winter und Sommer,
solange ein Span daran ist." – „Aber, wenn ich nun den Wald hauen lasse, so schadet es dem jungen Aufschlag." – „Wollen wir sie doch nicht
um gewöhnlichen Preis." Sie boten zweihundert Taler. Der Handel ward
65 geschlossen und allen Förstern streng eingeschärft, die Judenbuche

auf keine Weise zu schädigen. – Darauf sah man an einem Abende wohl gegen sechzig Juden, ihren Rabbiner an der Spitze, in das Brederholz ziehen, alle schweigend und mit gesenkten Augen. – Sie blieben über eine Stunde im Walde und kehrten dann ebenso ernst und feierlich zu-
70 rück, durch das Dorf B. bis in das Zellerfeld, wo sie sich zerstreuten und jeder seines Weges ging. – Am nächsten Morgen stand an der Buche mit dem Beil eingehauen:

מא תעמוד במקום תות יפגע כאשר רב כאשר עגפי תות עשית תתא עשית לי

[...] Dies hat sich nach allen Hauptumständen wirklich so begeben im
75 September des Jahres 1789. – Die hebräische Schrift an dem Baume heißt: [...]

ANETTE VON DROSTE-HÜLSHOFF: SÄMTLICHE WERKE IN ZWEI BÄNDEN, BD. 1, WINKLER – ALTE RECHTSCHREIBUNG

a) Bilden Sie Gruppen und **formulieren** Sie mehrere Sätze, die in die Buche eingeritzt worden sein könnten. **Vergleichen** Sie Ihr Ergebnis mit dem „echten" Satz.

b) Markieren Sie all jene Stellen, an denen Vorurteile Juden gegenüber erwähnt werden, und **setzen** Sie das hier gezeichnete Bild mit jenem in unserer heutigen Gesellschaft **in Beziehung.**

c) **Charakterisieren** Sie Friedrich anhand der angeführten Textstellen.

d) **Diskutieren** Sie, aufgrund welcher Aspekte Friedrich zum Selbstmörder wird.

Den echten Satz finden Sie im Anhang.

4. Sprachwitz – Gesellschaftskritik – Vorurteile

Mit den Possen von JOHANN NEPOMUK NESTROY halten Sprachwitz, Gesellschaftskritik und durchaus auch Kritik am politischen System – welche in der Biedermeierzeit oft gar nicht oder nur hinter vorgehaltener Hand geübt wird – Einzug in das Wiener Theater der ersten Hälfte des 19. Jahrhunderts. Schreibt er zu Beginn seiner Karriere als Dramatiker noch Zauberstücke, wendet er sich sehr bald schon der Posse zu. Neben den Stücken „Der böse Geist Lumpacivagabundus oder Das lie-derliche Kleeblatt" (Zauberposse), „Der Zerrissene" (Posse), „Zu ebener Erde und erster Stock oder Die Launen des Glücks" (Posse) ist wohl „Der Talisman" die bekannteste Posse NESTROYS.

„Der Talisman" – Inhalt
Salome Pockerl (Gänsemagd) und Titus Feuerfuchs (Friseurgeselle), zwei rothaarige junge Menschen, haben aufgrund ihrer Haarfarbe mit Vorurtei-len zu kämpfen.
Titus stoppt ein durchgehendes Pferdegespann, in dessen Kutsche sich der Friseur Marquis befindet, der dem Retter zum Dank eine schwarze Perücke schenkt. Diese veränderte Haarfarbe bringt Titus über mehrere Stationen die Stellung als Leibsekretär bei der Frau von Cypressenburg ein, einer verwitweten Adeligen, die auf einem Landgut lebt. Titus wird aber durch den Marquis entlarvt und er verliert seine Stellung.
Auf der Straße trifft er, eine graue Perücke tragend, auf seinen Onkel Spund, der ihn als Universalerben einsetzen will. Titus gibt sich dem Onkel jedoch mit seiner wahren Haarfarbe zu erkennen und schlägt damit das Erbe aus. Nun bemerkt er, dass Salome als Einzige immer zu ihm gestan-den hat, und bittet sie, ihn zu heiraten. Den Onkel bittet er um finanzielle Unterstützung, damit er sich ein Friseurgeschäft einrichten kann.

JOHANN NEPOMUK NESTROY, österreichischer Dramatiker, Schauspieler und Opern-sänger (1801–1862)

Vegetabilien = veraltet für
Gemüse, Nahrungsmittel

Johann Nepomuk Nestroy
DER TALISMAN (1840)

Erster Akt, dritte Szene

SALOME: Ich bleib halt wieder allein z'ruck! Und warum? Weil ich die
rotkopfete Salome bin. Rot ist doch g'wiß a schöne Farb', die schönsten
Blumen sein die Rosen, und die Rosen sein rot. Das Schönste in der
Natur ist der Morgen, und der kündigt sich an durch das prächtigste
Rot. Die Wolken sind doch g'wiß keine schöne Erfindung, und sogar die
Wolken sein schön, wann s' in der Abendsonn' brennrot dastehn au'm
Himmel; drum sag' ich: wer gegen die rote Farb' was hat, der weiß nit,
was schön is. Aber was nutzt mich das alles, ich hab doch kein', der
mich auf'n Kirtag führt! – Ich könnt' allein hingehn – da spotten wieder
die Madeln über mich, lachen und schnattern. Ich geh zu meine Gäns',
die schnattern doch nicht aus Bosheit, wann s' mich sehn, und wann
ich ihnen 's Futter bring, schaun s' mir auf d' Händ' und nit auf'n Kopf.
(Sie geht rechts im Vordergrunde ab.)

Erster Akt, siebzehnte Szene

TITUS: Sehr gut! Wer Menschen kennt, der kennt auch die Vegetabilien,
weil nur sehr wenig Menschen leben – und viele, unzählige aber nur
vegetieren. Wer in der Fruh aufsteht, in die Kanzlei geht, nacher essen
geht, nacher präferanzeln geht und nacher schlafen geht, der vegetiert;
wer in der Fruh ins G'wölb' geht und nacher auf die Maut geht und
nacher essen geht und nacher wieder ins G'wölb' geht, der vegetiert;
wer in der Fruh aufsteht, nacher a Roll' durchgeht, nacher in die Prob'
geht, nacher essen geht, nacher ins Kaffeehaus geht, nacher Komödie
spieln geht, und wenn das alle Tag' so fortgeht, der vegetiert. Zum Leben gehört sich, billig berechnet, eine Million, und das is nicht genug;
auch ein geistiger Aufschwung g'hört dazu, und das find't man höchst
selten beisammen! Wenigstens, was ich von die Millionär' weiß, so
führen fast alle aus millionärrischer Gewinnvermehrungspassion ein
so fades, trockenes Geschäftsleben, was kaum den blühenden Namen
„Vegetation" verdient.

Dritter Akt, vierte Szene

Spund, Salome (von links auftretend)

Salome: Sie hab'n aber g'wiß nix Übles vor mit ihm?

SPUND: Wann ich schon sag': Nein! Ich tu' ja nur das, was mir der
Bräumeister g'sagt hat, denn das ist der einzige Mann, der auf meinen
Geist Einfluß hat.

SALOME: Und was hat denn der g'sagt?

SPUND: Er hat g'sagt: „Das haben S' davon, weil S' Ihnen von Jugend auf
net um ihn umg'schaut haben! Jetzt geht er durch und macht der Familie vielleicht Schand' und Spott in der Welt!" Drum bin ich ihm nach.

SALOME: Und woll'n ihn etwa gar einsperren lassen?

SPUND: Ich? Für mein Leben gern! Aber der Bräumeister hat gesagt:
„Das wär' auch eine Schmach für die Familie."

SALOME: Ah, gengen S', auf'n leiblichen Vettern so bös –

SPUND: O, es kann einem ein leiblicher Vetter in der Seel' z'wider sein, wenn er rote Haar' hat.

SALOME: Is denn das ein Verbrechen?

SPUND: Rote Haar' zeigen immer von ein' fuchsigen Gemüt, von einem hinterlistigen – und dann verschandelt er ja die ganze Freundschaft! Es sein freilich schon alle tot, bis auf mich, aber wie sie waren in unserer Familie, haben wir alle braune Haar' g'habt, lauter dunkle Köpf', kein lichter Kopf zu finden, soweit die Freundschaft reicht, und der Bub' untersteht sich und kommt rotschädlet auf d' Welt.

SALOME: Deßtwegen soll man aber ein' Verwandten nit darben lassen, wenn man anders selber was hat.

SPUND: Was ich hab', verdank' ich bloß meinem Verstand.

SALOME: Und haben Sie wirklich was?

SPUND: Na, ich hoff'! Meine Eltern haben mir keinen Kreuzer hinterlassen. Ich war bloß auf meinen Verstand beschränkt, das is eine kuriose Beschränkung, das!

SALOME: Ich glaub's, aber –

SPUND: Da is nachher eine Godl g'storben und hat mir zehntausend Gulden vermacht. Denk' ich mir, wann jetzt noch a paar sterbeten von der Freundschaft, nachher könnt's es tun. Richtig! Vier Wochen drauf stirbt ein Vetter, vermacht mir dreißigtausend Gulden, den nächsten Sommer steht ein Vetter am kalten Fieber ab, ich erb' zwanzigtausend Gulden. Gleich den Winter drauf schnappt eine Mahm am hitzigen Fieber auf und hinterläßt mir vierzigtausend Gulden; a paar Jahre drauf noch eine Mahm, und dann wieder eine Godl, alles, wie ich mir's denkt hab'! Na, und dann in der Lotterie hab' ich auch achtzehntausend Gulden g'wonnen.

SALOME: Das auch noch?

SPUND: Ja, man muß nit glauben, mit 'm Erben allein is es schon abgetan; man muß was andres auch versuchen; kurzum, ich kann sagen: was ich hab', das hab' ich durch meinen Verstand.

SALOME: Na, so g'scheit wird der Mussi Titus wohl auch sein, daß er Ihnen beerbt, wann S' einmal sterben. [...]

Dritter Akt, einundzwanzigste Szene

Salome; die Vorigen

SPUND *(gerührt):* So alt ist noch kein Bierversilberer wor'n! Bist doch a guter Kerl, trotz die rot'n Haar'!

TITUS: Daß ich nun ohne Erbschaft keine von denen heiraten kann, die die roten Haar' bloß an einem Universalerben verzeihlich finden, das ergibt sich von selbst. Ich heirat', die dem Titus sein' Titus nicht zum Vorwurf machen kann, die schon auf den rotkopfeten pauvre diable a bißl a Schneid g'habt, und das, glaub' ich, war bei dieser da der Fall! *(Schließt die erstaunte Salome in die Arme.)*

SALOME: Was –! Der Mussi Titus –?

TITUS: Wird der deinige! [...]

SPUND *(zu Titus):* Du tust aber, als wenn ich da gar nix dreinz'reden hätt'!

TITUS *(mit Beziehung auf Salome):* Ich weiß, Herr Vetter, die roten Haar'
15 mißfallen Ihnen, sie mißfallen fast allgemein. Warum aber? Weil der
Anblick zu ungewöhnlich is; wann's recht viel' gäbet, käm' die Sach' in
Schwung, und daß wir zu dieser Vervielfältigung das unsrige beitragen
werden, da kann sich der Herr Vetter verlassen drauf. *(Umarmt Salome.)*

(Während einiger Takte Musik fällt der Vorhang.)

JOHANN NEPOMUK NESTROY: DER TALISMAN, RECLAM

a) **Untersuchen** Sie die Textstelle „Erster Akt, siebzehnte Szene", in der
Titus über das (Alltags-)Leben der Menschen philosophiert, auf ihre
besondere sprachliche wie inhaltliche Gestaltung anhand des Begriffes
„Vegetation".

b) **Analysieren** Sie, wodurch auf der inhaltlichen Ebene die Komik in der
vierten Szene des dritten Aktes entsteht.

c) Salome spricht in ihrem Monolog (Erster Akt, dritte Szene) vor den
Gänsen über Vorurteile und endet mit folgendem Satz: *„Ich geh' zu mei-
ne Gäns', die schnattern doch nicht aus Bosheit, wann s' mich sehn, und
wann ich ihnen 's Futter bring', schaun s' mir auf d' Händ' und nit auf'n
Kopf."* – **Diskutieren** Sie, welche Aspekte von Vorurteilen sich in dieser
Szene und speziell in diesem Satz zeigen.

d) **Vergleichen** Sie die Darstellung von Vorurteilen in den beiden Werken
„Die Judenbuche" und „Der Talisman" anhand der angeführten Textstellen.

5. **Große Träume – beschauliches Leben**

FRANZ GRILLPARZER gilt als einer der wichtigsten österreichischen Dramatiker. Er behandelt in seinen Stücken ganz unterschiedliche Stoffe und
Themen. So bearbeitet er beispielsweise Stoffe der klassischen Antike
(z. B. „Sappho", „Das goldene Vlies"), widmet sich mit dem Stück „König
Ottokars Glück und Ende" der habsburgischen Geschichte oder verfasst
mit „Weh dem, der lügt" ein Lustspiel.

Im dramatischen Märchen „Der Traum ein Leben" wird in eine Rahmenhandlung eine phantastische Traumhandlung mit vielen Märchenmotiven
eingebettet. Rustan, ein nach Abenteuer dürstender Jäger, ist mit Mirza,
der Tochter eines reichen Landmannes, verlobt. Nach der Rückkehr von
einer Jagd möchte Rustan unbedingt die Welt bereisen, um Abenteuer zu
erleben. So bittet er Mirzas Vater, ihn gehen zu lassen. Man überzeugt ihn
jedoch, noch eine Nacht zuzuwarten.

Franz Grillparzer
DER TRAUM EIN LEBEN (1834)

Erster Aufzug

RUSTAN: Seht, mich duldet's hier nicht länger.
      Diese Ruhe, diese Stille,
      Lastend drückt sie meine Brust.
5   Ich muß fort, ich muß hinaus,
      Muß die Flammen, die hier toben,
      Strömen in den freien Äther,
      Drücken diesen heißen Busen
      An des Feindes heiße Brust,

10 Daß er in gewalt'gem Anstoß
Breche, oder sich entlade;
Muß der aufgeregten Kraft
Einen würd'gen Gegner suchen,
Eh' sie gen sich selber kehrt
15 Und den eignen Herrn verzehrt.
Seht Ihr mich verwundert an?
„Nur ein Tor verhehlt den Brand",
Spracht Ihr selber, laßt mich löschen.
Gebt mir Urlaub und entlaßt mich. [...]

20 MASSUD: Wozu diese hast'ge Eile?
Halt! Es ist jetzt dunkle Nacht.
Ungebahnet sind die Pfade
Und gefahrvoll jeder Schritt.
Davor wahr ich dich zum mindsten.
25 Schlaf noch einmal hier im Hause,
Denk noch einmal, was du willst,
Trifft der Tag dich gleichen Sinnes,
Nun, wohlan, so ziehe hin!
Mirza, komm! wir lassen ihn. [...]

30 *(Alle drei ab.) [...]*

RUSTAN: Sie sind fort! – Es pocht doch ängstlich!
Sie ist gar zu lieb und gut. –
Ob auch! – Fort! – Ich bin erhört,
Und was lang als Wunsch geschlummert,
35 Tritt nun wachend vor mich hin.
Seid gegrüßt, ihr holden Bilder,
Seid mit Jubel mir gegrüßt!
Ich bin müd, die Stirne drückt,
Mattigkeit beschleicht die Glieder.
40 *(Nach dem Lager blickend.)*
Nun, wohlan! Noch einmal ruhn
In dem dumpfen Raum der Hütte,
Kräfte sammeln künft'gen Taten,
Dann befreit auf immerdar.
45 *(Er sitzt auf dem Ruhebette, Harfenklänge erklingen von außen.)*
Horch! Was ist das? Harfentöne?
Wohl der alte Klimprer nah?

(In halb liegender Stellung, mit dem Oberleibe aufgerichtet. Er spricht die Worte des Gesanges nach, die sich jetzt mit den Har-
50 *fentönen verbinden.)*

„Schatten sind des Lebens Güter,
Schatten seiner Freuden Schar,
Schatten Worte, Wünsche, Taten;
Die Gedanken nur sind wahr.

55 Und die Liebe, die du fühlest,
Und das Gute, das du tust,
Und kein Wachen als im Schlafe,
Wenn du einst im Grabe ruhst."

Possen! Possen! Andre Bilder
60 Werden hier im Innern wach.

(Er sinkt zurück. Die Harfentöne währen fort.) [...]

a) Hier setzt die Traumhandlung ein. – Bilden Sie Gruppen und **entwerfen** Sie einen Plot, in dem möglichst viele märchenhafte und phantastische Elemente vorkommen. **Präsentieren** Sie diesen und **vergleichen** Sie Ihr Ergebnis im Anschluss mit dem Original.

MASSUD: Eine Nacht. Es war ein Traum.
　　　　Schau, die Sonne, sie, dieselbe,
　　　　Älter nur um einen Tag,
　　　　Die beim Scheiden deinem Trotze,
5　　　 Deiner Härte Zeugnis gab,
　　　　Schau in ihren ew'gen Gleisen
　　　　Steigt sie dort den Berg hinan,
　　　　Scheint erstaunt auf dich zu weisen,
　　　　Der so träg in neuer Bahn;
10　　　Und mein Sohn auch, willst du reisen,
　　　　Es ist Zeit, schick nur dich an!

(Die durch das Fenster sichtbare Gegend, die schon früher alle Stufen des kommenden Tages gezeigt hat, strahlt jetzt im vollen Glanze des Sonnen-aufganges.)

RUSTAN *(auf die Knie stürzend)*:
15　　　Sei gegrüßt, du heil'ge Frühe,
　　　　Ew'ge Sonne, sel'ges Heut!
　　　　Wie dein Strahl das nächt'ge Dunkel
　　　　Und der Nebel Schar zerstreut,
　　　　Dringt er auch in diesen Busen,
20　　　Siegend ob der Dunkelheit.

　　　　Was verworren war, wird helle,
　　　　Was geheim, ist's fürder nicht.
　　　　Die Erleuchtung wird zur Wärme,
　　　　Und die Wärme, sie ist Licht.

25　　　Dank dir, Dank! daß jene Schrecken,
　　　　Die die Hand mit Blut besäumt,
　　　　Daß sie Warnung nur, nicht Wahrheit,
　　　　Nicht geschehen, nur geträumt;
　　　　Daß dein Strahl in seiner Klarheit,
30　　　Du Erleuchterin der Welt,
　　　　Nicht auf mich, den blut'gen Frevler,
　　　　Nein, auf mich, den Reinen fällt.

　　　　Breit es aus mit deinen Strahlen,
　　　　Senk es tief in jede Brust:
35　　　Eines nur ist Glück hienieden,
　　　　Eins, des Innern stiller Frieden,
　　　　Und die schuldbefreite Brust.
　　　　Und die Größe ist gefährlich,
　　　　Und der Ruhm ein leeres Spiel;
40　　　Was er gibt, sind nicht'ge Schatten,
　　　　Was er nimmt, es ist so viel. [...]

FRANZ GRILLPARZER: SÄMTLICHE WERKE, BD. 2, HANSER –
ALTE RECHTSCHREIBUNG

b) Geläutert erwacht Rustan am nächsten Morgen, er will die Reise nun doch nicht antreten. – **Begründen** Sie, warum dieses Werk ein „Kind" der Biedermeierzeit ist.

Politisierung – Revolution – Freiheit

Einblick in die Literatur des Vormärz (ca. 1815–1848)

DER DENKER CLUB (DEUTSCHE KARIKATUR VON 1819)

GEORG BÜCHNER: ZITATE ZUM THEMA „TYRANNEI"

Soweit ein Tyrann blicket, verdorret Land und Volk.

Die Unterdrücker der Menschheit bestrafen ist Gnade, ihnen verzeihen ist Barbarei.

Weil wir im Kerker geboren und großgezogen sind, merken wir nicht mehr, daß wir im Loch stecken mit angeschmiedeten Händen und Füßen und einem Knebel im Munde.

GEORG BÜCHNER

Vormärz

Georg Büchner
DANTONS TOD (1835)

CAMILLE: Ich sage euch, wenn sie nicht alles in hölzernen Kopien bekommen, verzettelt in Theatern, Konzerten und Kunstausstellungen, so haben sie weder Augen noch Ohren dafür. Schnitzt einer eine Marionette, wo man den Strick hereinhängen sieht, an dem gezerrt wird und deren Gelenke bei
5 jedem Schritt in fünffüßigen Jamben krachen – welch ein Charakter, welche Konsequenz! Nimmt einer ein Gefühlchen, eine Sentenz, einen Begriff, und zieht ihm Rock und Hosen an, macht ihm Hände und Füße, färbt ihm das Gesicht und läßt das Ding sich drei Akte hindurch herumquälen, bis es sich zuletzt verheiratet oder sich totschießt – ein Ideal! [...]

10 Setzt die Leute aus dem Theater auf die Gasse: die erbärmliche Wirklichkeit! – Sie vergessen ihren Herrgott über seinen schlechten Kopisten. Von der Schöpfung, die glühend, brausend und leuchtend, um und in ihnen, sich jeden Augenblick neu gebiert, hören und sehen sie nichts. Sie gehen ins Theater, lesen Gedichte und Romane, schneiden den Fratzen darin die
15 Gesichter nach und sagen zu Gottes Geschöpfen: wie gewöhnlich!

GEORG BÜCHNER: DANTONS TOD, RECLAM – ALTE RECHTSCHREIBUNG

Georg Büchner
LENZ (1835)

Er [Lenz] sagte: Der liebe Gott hat die Welt wohl gemacht wie sie sein soll, und wir können wohl nicht was Besseres klecksen, unser einziges Bestreben soll sein, ihm ein wenig nachzuschaffen. Ich verlange in allem Leben, Möglichkeit des Daseins, und dann ist's gut; wir haben dann nicht zu fragen,
5 ob es schön, ob es häßlich ist, das Gefühl, daß, was geschaffen sei, Leben habe, stehe über diesen beiden, und sei das einzige Kriterium in Kunstsachen. Übrigens begegne es uns nur selten, in Shakespeare finden wir es und in den Volksliedern tönt es einem ganz, in Göthe manchmal entgegen; alles übrige kann man ins Feuer werfen. Die Leute können auch keinen Hunds-
10 stall zeichnen. Da wolle man idealistische Gestalten, aber alles, was ich davon gesehen, sind Holzpuppen. Dieser Idealismus ist die schmählichste Verachtung der menschlichen Natur. Man versuche es einmal und senke sich in das Leben des Geringsten und gebe es wieder, in den Zuckungen, den Andeutungen, dem ganzen feinen, kaum bemerkten Mienenspiel; er
15 hätte dergleichen versucht im Hofmeister und den Soldaten. Es sind die prosaischsten Menschen unter der Sonne; aber die Gefühlsader ist in fast allen Menschen gleich, nur ist die Hülle mehr oder weniger dicht, durch die sie brechen muß. Man muß nur Aug und Ohren dafür haben.

GEORG BÜCHNER: LENZ, RECLAM – ALTE RECHTSCHREIBUNG

a) **Geben** Sie die wichtigsten Aussagen der beiden Textausschnitte **wieder.**

b) **Erläutern** Sie die Kritik, die BÜCHNER am idealistischen Konzept der Klassik und Romantik übt, das eine Veränderung der Welt über die Kunst als „ästhetische Erziehung" (SCHILLER) erreichen will.

c) **Diskutieren** Sie mit Ihren Mitschülerinnen/Mitschülern: Stimmen Sie BÜCHNER aus Ihrer gegenwärtigen Perspektive in seiner Kritik zu?

---

die Sentenz = Sinnspruch

Siehe WERKZEUG der Kapitel „Weimarer Klassik" und „Romantik"

Vormärz (1815–1848) WERKZEUG

Mit dem Begriff „Vormärz" wird die **Zeit vor der bürgerlichen Revolution** im März 1848 bezeichnet. In der Literatur steht dieser Begriff für eine **Gruppe oppositioneller politischer Dichter/innen.**

Die Problematik der Epocheneinteilung zeigt sich hier besonders stark. In den Literaturgeschichten findet sich auch der Begriff **„Früherrealismus"** alternativ zu Vormärz als Sammelbegriff für die verschiedenen Strömungen. Unterschieden wird die Literatur des Jungen Deutschland von der des literarischen Vormärz. Eine genaue Unterteilung der Merkmale der beiden Gruppierungen ist schwierig, weil es Überlagerungen gibt. Zudem sind viele Autorinnen und Autoren beiden Strömungen zuzuordnen.

Beide Strömungen treten zeitgleich mit dem Biedermeier auf und sind demgemäß auch **Reaktionen** auf die gleiche **gesellschaftliche und politische Situation.** Allerdings sind diese Reaktionen unterschiedlich. Begegnen die Künstler/innen des Biedermeier der Überwachung und Unterdrückung mit Rückzug, setzen sich die Vertreter des Jungen Deutschland und des Vormärz für eine **politische Veränderung** ein.

Junges Deutschland

„Junges Deutschland" ist die Bezeichnung einer literarischen Bewegung der damaligen Zeit (kein Epochenbegriff). Geprägt hat den Begriff der Privatdozent LUDOLF WIENBARG (1802–1872), der seine Sammlung von Vorlesungen mit dem Titel „Ästhetische Feldzüge" (1834) mit den Worten *„Dir, junges Deutschland, widme ich diese Reden, nicht dem alten"* einleitet.

1835 **verbietet** der Bundestag in Frankfurt die Verbreitung der Schriften der Jungdeutschen, denen der Angriff auf die christliche Religion und die Moral sowie die Verunglimpfung der politischen Verhältnisse vorgeworfen wird. Namentlich genannt werden HEINRICH HEINE (1797–1856), KARL GUTZKOW (1811–1878), HEINRICH LAUBE (1806–1884), LUDOLF WIENBARG und THEODOR MUNDT (1808–1861). Allerdings organisieren sich nicht alle Autorinnen und Autoren dieser Gruppierung, sie kennen einander zum Teil nicht einmal, sondern werden von der Zensur dieser Strömung zugeordnet. Häufig kritisieren die Jungdeutschen einander sogar. HEINRICH HEINE hat zum Beispiel immer wieder betont, nicht zum Jungen Deutschland zu gehören.

Gemeinsam ist den Schriftstellerinnen/Schriftstellern, die zu den Jungdeutschen gezählt werden, die **Kritik an der unpolitischen Haltung** früherer und zeitgenössischer Autorinnen und Autoren, die Forderung nach der Widerspiegelung der jeweiligen Gesellschaftszustände in den Texten und die Überzeugung, mit Literatur zur **Verbesserung der Welt** beitragen zu können. **Themen** der Jungdeutschen sind vor allem die Abschaffung der Zensur, die Meinungs- und Pressefreiheit, der Kampf gegen religiöse Bevormundung und die Emanzipation der Frau.

Im Nachhinein werden auch LUDWIG BÖRNE (1786–1837) und GEORG BÜCHNER (1813–1837) den Jungdeutschen zugerechnet. BÜCHNER hat sich allerdings stets vom Jungen Deutschland distanziert. Er teilt zwar viele der Überzeugungen, glaubt aber nicht an eine Veränderung der Gesellschaft durch die Literatur, sondern sieht den Ausweg in einem gewaltsamen revolutionären Umsturz. Somit teilt er eher die Ansichten der Autorinnen und Autoren des literarischen Vormärz.

Den Jungdeutschen kommt die Aufteilung Deutschlands in Kleinstaaten zugute: Jedes Land handhabt die Zensurgesetze anders, und so lassen manche die Werke zu.

HEINRICH HEINE nimmt eine Sonderstellung ein. Er gilt sowohl als letzter Dichter der Romantik wie auch als deren Überwinder und Mitbegründer der Literatur des Vormärz.

Die Revolutionäre des literarischen Vormärz

Einigen Schriftstellerinnen und Schriftstellern sind die Jungdeutschen zu wenig radikal und revolutionär. Sie zeigen dezidiert politisches Engagement, setzen Literatur als Mittel politischer Agitation ein und wollen den revolutionären Umsturz. Zu den wichtigsten Vertretern gehören AUGUST HEINRICH HOFFMANN VON FALLERSLEBEN (1798–1874), FERDINAND FREILIGRATH (1810–1876) und GEORG HERWEGH (1817–1875).

Viele Dichter/innen – und zwar sowohl Vertreter/innen des Jungen Deutschland als auch des literarischen Vormärz – werden entweder **verhaftet** (z. B. GUTZKOW und LAUBE) oder gehen ins **Exil** (z. B. HEINE, BÜCHNER, HERWEGH und VON FALLERSLEBEN).

Frauen, die schreiben und um ihre Rechte kämpfen

Zum ersten Mal in der Geschichte der deutschsprachigen Literatur schreibt und publiziert eine größere Zahl von Frauen. Zwar tun sie dies anfangs noch unter einem (z. T. männlichen) Pseudonym, mit zunehmendem Erfolg verzichten sie aber auf die Anonymität. Viele der Schriftstellerinnen gelten als Begründerinnen der **Frauenemanzipation** in Deutschland. Ihre **Themen** sind vor allem die Forderung nach schulischer Bildung für Mädchen – in der mangelnden Bildung sehen sie den Hauptgrund für die Unterdrückung der Frauen –, das Recht auf Berufstätigkeit der Frauen, das Aufbegehren gegen männliche Bevormundung und eine Absage an die Versorgungsehe. Beispielhaft seien FANNY LEWALD (1811–1889), LOUISE ASTON (1814–1871) und IDA HAHN-HAHN (1805–1880) erwähnt.

FANNY LEWALD gilt als erste Schriftstellerin, die von ihrem Beruf leben kann. Neben ihren epischen Werken (z. B. „Wandlungen", 1853; „Von Geschlecht zu Geschlecht", 1864–1866) verfasst sie auch Aufsätze zur Gleichberechtigung (z. B. „Osterbriefe für die Frauen", 1863).

LOUISE ASTON ist die radikalste dieser Schriftstellerinnen. Sie trägt nach dem Vorbild GEORGE SANDS Männerkleidung, hat uneheliche Beziehungen und sagt sich von der Kirche los. Das geht sogar den emanzipierten Frauen ihrer Zeit zu weit. Sie wird angefeindet, angezeigt und des Landes verwiesen. Ihre Werke tragen diese Thematik bereits im Titel, z. B. „Meine Emanzipation, Verweisung und Rechtfertigung" (1846) und „Aus dem Leben einer Frau" (1847).

IDA HAHN-HAHN ist die zu ihrer Zeit bekannteste Schriftstellerin. Vor allem ihre Gesellschaftsromane erfreuen sich großer Beliebtheit. Der Roman „Gräfin Faustine" (1840) gilt als skandalös, verkauft sich aber gut. Nachdem sie 1850 vom jüdischen zum katholischen Glauben übergetreten ist, propagiert sie in ihren Romanen nunmehr das traditionelle Bild der Frau.

Literatur

Bevorzugte Gattungen und Formen

Ein wesentliches literarisches Medium dieser Zeit sind **Zeitschriften** und **Zeitungen,** die auch steigende Auflagenzahlen verzeichnen. Daher werden neben Texten der traditionellen Gattungen vermehrt solche der Pressepublizistik, wie z. B. Flugschriften, Pamphlete und satirische Feuilletons, verfasst.

Als besonders bedeutend gilt die Flugschrift **„Der Hessische Landbote"** (1834) von GEORG BÜCHNER. Mit diesem Pamphlet will er die Bauern und Handwerker zur Revolution aufrütteln. Bis heute bekannt ist der Wahlspruch *„Friede den Hütten! Krieg den Palästen!"*. Die Behörden stufen den „Landboten" als gefährlich ein, einige von BÜCHNERS Mitstreitern werden verhaftet, der erhoffte Umsturz bleibt aber aus.

An der Grenze zur Publizistik befinden sich auch die in der Zeit populären **Reiseberichte** und die **politische Lyrik**. Eine weitere wichtige Gattung ist die politische **Satire.**

FANNY LEWALD,
deutsche Schriftstellerin
(1811–1889)

das Pamphlet = Streitschrift, Schmähschrift

Lyrik

Die **politische Lyrik** erlebt eine Blütezeit. Ihr Ziel ist es, die Menschen dazu zu bringen, bestimmte politische Positionen einzunehmen und somit auf Staat und Gesellschaft einzuwirken. Aufgegriffen werden Themen wie die Einheit Deutschlands, die Erlangung von Freiheit und Demokratie und der Kampf gegen die Fürstenwillkür. Der Einsatz von Lyrik als politisches Instrument ist unter den Schriftstellerinnen/Schriftstellern allerdings keineswegs unumstritten.

Bedeutende Verfasser von politischer Lyrik sind GEORG HERWEGH (z. B. „Wiegenlied", 1843) und GEORG WEERTH (z. B. „Hungerlied", 1844). Auch AUGUST HEINRICH HOFFMANN VON FALLERSLEBEN wird dazugezählt. Sein bekanntester Text ist „Das Lied der Deutschen" (1841), das seit 1922 die Nationalhymne Deutschlands ist, wenn auch seit dem Ende des Zweiten Weltkriegs bei offiziellen Anlässen nur mehr die dritte Strophe gesungen wird.

Einer der wichtigsten Lyriker ist HEINRICH HEINE. Er verfasst auch politische Lyrik (z. B. „Die schlesischen Weber", 1844), sein literarischer Ruhm ist aber zuvor durch sein „Buch der Lieder", das erstmals 1827 erschienen ist, begründet worden. Es gehört zu den meistgedruckten Gedichtbänden deutscher Sprache. In vielen der darin enthaltenen Gedichte geht es um (unerfüllte) Liebe. HEINES früheste Gedichte sind aber auch der Schauerromantik nahe. Die für HEINE typische Ironie fehlt ihnen.

Dramatik

Wenn heute vom Vormärzdrama gesprochen wird, fällt zumeist als erster Name jener GEORG BÜCHNERS. Von seinen Zeitgenossinnen und Zeitgenossen wird er jedoch kaum beachtet. Sein 1835 erschienenes Drama „Dantons Tod" wird z. B. erst 1902 uraufgeführt. BÜCHNERS „Woyzeck" (1836/37), ein Stück, das Fragment geblieben ist, gilt als erstes soziales Drama der deutschen Literatur.

Dass seine Theaterstücke genauso wie jene von CHRISTIAN DIETRICH GRABBE (1801–1836) die Modernisierung des deutschen Dramas vorangetrieben haben, gilt in der Literaturwissenschaft als unumstritten. GRABBES Dramen, vor allem Geschichtsdramen, sind allerdings großteils zu seiner Zeit technisch nicht spielbar. Es wird auch nur eines zu seinen Lebzeiten aufgeführt („Don Juan und Faust", 1829). Gründe dafür sind einerseits die Massenszenen, die er als Erster in seine Dramen einbaut, andererseits schnell wechselnde, unverbundene Szenen. GRABBES bekannteste Werke sind „Napoleon oder Die hundert Tage" (1831), „Die Hermannsschlacht" (1835/36) und die Komödie „Scherz, Satire, Ironie und tiefere Bedeutung" (1822).

Zu seiner Zeit sind auch KARL GUTZKOWS Tragödien populär und nehmen Einfluss auf tagespolitische Diskussionen. Spätere Generationen zeigen daran allerdings kein Interesse mehr und bevorzugen seine Komödien (z. B. „Das Urbild des Tartüffe", 1844).

Epik

Eine besondere Rolle spielt der **Reisebericht**. In ihm können die politischen und gesellschaftlichen Verhältnisse abgebildet und kritisiert werden. Auch dafür ist HEINRICH HEINE ein Vorreiter, er verfasst zahlreiche Reiseschilderungen wie z. B. „Die Harzreise" (1826).

KARL GUTZKOWS **Roman** „Wally, die Zweiflerin" (1835) gilt als einer der Auslöser für das Verbot der Schriften der Jungdeutschen, da er als blasphemisch und pornografisch betrachtet wird.

💡 Viele Autorinnen/Autoren und Werke dieser Zeit gerieten mit der Überwindung der Epoche schnell in Vergessenheit.

Wichtige Autoren des Vormärz/Jungen Deutschland		
Georg Büchner	Ludwig Börne	Ludolf Wienbarg
Georg Herwegh	August Heinrich Hoffmann von Fallersleben	Georg Weerth
Ferdinand Freiligrath	Karl Gutzkow	Heinrich Heine

Arbeitsaufgaben „Vormärz"

Als Vorlage diente BÜCHNER der Fall des Leipziger Perückenmachers JOHANN CHRISTIAN WOYZECK, der des Mordes an seiner Geliebten angeklagt war. WOYZECK gestand die Tat. Es entbrannte aber ein Streit darüber, ob er zum Tode verurteilt werden könne, da Zweifel an seiner psychischen Gesundheit angemeldet wurden. BÜCHNER verfolgte diesen Fall, der schließlich mit der Hinrichtung des Delinquenten endete.

1. Der unfreie Mensch: „Woyzeck"

Der Protagonist Franz Woyzeck ist ein einfacher Soldat. Mit seiner Freundin Marie hat er ein uneheliches Kind. Um seine Familie zu erhalten, arbeitet er nicht nur für einen Hauptmann als Bursche, sondern nimmt auch an einem medizinischen Experiment teil. Die Erbsendiät, die er dafür hält, hat zur Folge, dass er unter Wahnvorstellungen leidet. Sowohl der Hauptmann als auch der Doktor nutzen ihn aus und erniedrigen ihn. Als Marie, sein einziger Halt, sich mit einem Tambourmajor einlässt, verliert Woyzeck den Verstand. Er hört Stimmen, die ihm befehlen, Marie zu töten, was er letztlich auch tut.

Das Drama „Woyzeck" ist ein Fragment geblieben, überliefert sind handschriftliche Fassungen ohne feste Szenenabfolge. Das ist der Grund, warum in unterschiedlichen Ausgaben auch die Abfolge der einzelnen Szenen variieren kann. Eine mögliche Einstiegsszene ist folgende:

Georg Büchner
WOYZECK (1836/1837 verfasst)

Szene: Der Hauptmann. Woyzeck.
(Hauptmann auf dem Stuhl, Woyzeck rasiert ihn.)

HAUPTMANN: Langsam, Woyzeck, langsam; ein's nach dem andern. Es macht mir ganz schwindlich. Was soll ich dann mit den zehn Minuten
5 anfangen, die er heut zu früh fertig wird? Woyzeck, bedenk' er, er hat noch seine schöne dreißig Jahr zu leben, dreißig Jahr! macht 360 Monate, und Tage, Stunden, Minuten! Was will er denn mit der ungeheuren Zeit all anfangen? Teil er sich ein, Woyzeck.

WOYZECK: Ja wohl, Herr Hauptmann.

10 HAUPTMANN: Es wird mir ganz angst um die Welt, wenn ich an die Ewigkeit denke. Beschäftigung, Woyzeck, Beschäftigung! ewig das ist ewig, das ist ewig, das siehst du ein; nun ist es aber wieder nicht ewig und das ist ein Augenblick, ja, ein Augenblick – Woyzeck, es schaudert mich, wenn ich denk, dass sich die Welt in einem Tag herumdreht, was
15 eine Zeitverschwendung, wo soll das hinaus? Woyzeck, ich kann kein Mühlrad mehr sehn, oder ich werd' melancholisch.

WOYZECK: Ja wohl, Herr Hauptmann.

HAUPTMANN: Woyzeck, Er sieht immer so verhetzt aus! Ein guter Mensch tut das nicht, ein guter Mensch, der sein gutes Gewissen hat. –
20 Red er doch was Woyzeck! Was ist heut für Wetter?

WOYZECK: Schlimm, Herr Hauptmann, schlimm: Wind!

HAUPTMANN: Ich spür's schon. 's ist so was Geschwindes draußen: so ein Wind macht mir den Effekt wie eine Maus. – *(pfiffig)* Ich glaub', wir haben so was aus Süd-Nord?

25 WOYZECK: Ja wohl, Herr Hauptmann.

HAUPTMANN: Ha, ha, ha! Süd-Nord! Ha, ha, ha! Oh, Er ist dumm, ganz abscheulich dumm! – *(gerührt)* Woyzeck, Er ist ein guter Mensch – aber *(mit Würde)* Woyzeck, Er hat keine Moral! Moral, das ist, wenn man moralisch ist, versteht Er. Es ist ein gutes Wort. Er hat ein Kind ohne den
30 Segen der Kirche, wie unser hochehrwürdiger Herr Garnisonsprediger sagt – ohne den Segen der Kirche, es ist nicht von mir.

WOYZECK: Herr Hauptmann, der liebe Gott wird den armen Wurm nicht drum ansehen, ob das Amen drüber gesagt ist, eh' er gemacht wurde. Der Herr sprach: Lasset die Kleinen zu mir kommen.

35 HAUPTMANN: Was sagt er da? Was ist das für eine kuriose Antwort? Er macht mich ganz konfus mit seiner Antwort. Wenn ich sag': Er, so mein ich Ihn, Ihn –

WOYZECK: Wir arme Leut – Sehn Sie, Herr Hauptmann: Geld, Geld! Wer kein Geld hat – Da setz einmal eines seinesgleichen auf die Moral in die
40 Welt! Man hat auch sein Fleisch und Blut. Unsereins ist doch einmal unselig in der und der andern Welt. Ich glaub', wenn wir in Himmel kämen, so müssten wir donnern helfen.

HAUPTMANN: Woyzeck, Er hat keine Tugend! Er ist kein tugendhafter Mensch! Fleisch und Blut? Wenn ich am Fenster lieg', wenn's gereg-
45 net hat, und den weißen Strümpfen nachseh', wie sie über die Gassen springen – verdammt Woyzeck, da kommt mir die Liebe! Ich hab auch Fleisch und Blut. Aber Woyzeck, die Tugend! Die Tugend! Wie sollte ich dann die Zeit rumbringen? Ich sag' mir immer: du bist ein tugendhafter Mensch *(gerührt)*, ein guter Mensch, ein guter Mensch.

50 WOYZECK: Ja, Herr Hauptmann, die Tugend – ich hab's noch nit so aus. Sehn Sie: wir gemeine Leut, das hat keine Tugend, es kommt einem nur so die Natur; aber wenn ich ein Herr wär und hätt' ein Hut und eine Uhr und eine Anglaise und könnt' vornehm rede, ich wollt' schon tu- gendhaft sein. Es muss was Schönes sein um die Tugend, Herr Haupt-
55 mann. Aber ich bin ein armer Kerl!

HAUPTMANN: Gut Woyzeck. Du bist ein guter Mensch, ein guter Mensch. Aber du denkst zu viel, das zehrt; du siehst immer so verhetzt aus. – Der Diskurs hat mich ganz angegriffen. Geh Er jetzt, und renn nicht so; langsam, hübsch langsam die Straße hinunter!

GEORG BÜCHNER: WOYZECK, RECLAM

die Anglaise = hier: Anzug, der zu einer Tanzveranstaltung getragen wird

a) **Analysieren** Sie die Bedeutungen, die Woyzeck und der Hauptmann Moral jeweils zusprechen.

b) **Erklären** Sie, inwiefern BÜCHNER den Hauptmann in dieser Szene als lächerlich darstellt. Erschließen Sie daraus BÜCHNERS Beurteilung der gesellschaftlichen Rangordnung.

2. **Der ausgelieferte Mensch: „Woyzeck"**

In einer Szene des „Woyzeck" wird die Großmutter (wessen Großmutter, wird nicht ausgeführt) aufgefordert, ein Märchen zu erzählen. Für viele Literaturwissenschaftler/innen gilt, dass sich die Grundidee des Dramas aus diesem Märchen deuten lässt.

Georg Büchner
WOYZECK

Szene: Marie mit Mädchen vor der Haustür (Ausschnitt)

Es war einmal ein arm Kind und hat kein Vater und keine Mutter, war alles tot, und war niemand mehr auf der Welt. Alles tot, und es is hin- gangen und hat gerrt Tag und Nacht. Und weil auf der Erde niemand
5 mehr war, wollt's in Himmel gehen, und der Mond guckt es so freund- lich an; und wie es endlich zum Mond kam, war's ein Stück faul Holz. Und da is es zur Sonn gangen, und wie es zur Sonn kam, war's ein

gerren = laut weinen

der Neuntöter = Vogel, der seine Beute auf Dornen spießt

der Hafen = Nachttopf

verwelkt Sonneblum. Und wie's zu den Sternen kam, waren's kleine goldne Mücken, die waren angesteckt, wie der Neuntöter sie auf die
10 Schlehen steckt. Und wie's wieder auf die Erde wollt, war die Erde ein umgestürzter Hafen. Und es war ganz allein. Und hat's sich hingesetzt und gerrt, und da sitzt es noch und is ganz allein.

GEORG BÜCHNER: WOYZECK, RECLAM

a) **Erschließen** Sie die Weltanschauung, die mit diesem (Anti-)Märchen übermittelt wird.

b) **Untersuchen** Sie den Textausschnitt nach typischen Merkmalen von Märchen und nach Elementen, die in Märchen üblicherweise nicht vorkommen.

c) Das Märchen der Großmutter wird häufig mit GRIMMS Märchen „Der Sterntaler" verglichen. – **Lesen** Sie dieses Märchen und **untersuchen** Sie es hinsichtlich der Unterschiede in der Darstellung des Mädchens im Vergleich zu jener bei BÜCHNER.

d) „Woyzeck" ist auch für die Bühne und den Film adaptiert worden. Die bekanntesten Werke sind ALBAN BERGS Oper „Wozzek" (1924) und WERNER HERZOGS Verfilmung (1979). Im Jahr 2002 feierte das art musical „Woyzeck", eine Zusammenarbeit von Regisseur ROBERT WILSON und Songwriter TOM WAITS, Premiere. – Sehen Sie sich in einer der genannten Adaptionen die „Hauptmann-Szene" an. **Diskutieren** Sie, inwiefern die Darstellung Ihren Vorstellungen entspricht.

e) Anlässlich des 200. Geburtstages von BÜCHNER im Jahr 2013 wurde „Woyzeck" als Fernsehfilm verarbeitet. Regisseur NURAN DAVID CALIS verlegte die Handlung ins Kiez-Milieu des heutigen Berlin-Wedding. Der Tambourmajor wird zum Zuhälter, der Hauptmann zum Cafébesitzer, die Erbsendiät zum Pillenmix aus Wachmachern. – **Diskutieren** Sie, ob ein historischer Stoff wie „Woyzeck" in die jeweilige Gegenwart übertragen werden sollte.

💡 Die Musik von TOM WAITS zu „Woyzeck" ist unter dem Titel „Blood Money" erschienen.

3. **Satirische Kritik: HEINRICH HEINES „Deutschland. Ein Wintermärchen"**

1843 reiste HEINE nach 13 Jahren des Exils in Paris erstmals wieder nach Deutschland. Diese Reise verarbeitet er in seinem Versepos „Deutschland. Ein Wintermärchen", in dem er Kritik an den Auswirkungen der Restauration übt.

Heinrich Heine
DEUTSCHLAND. EIN WINTERMÄRCHEN (1844)

Caput I

Im traurigen Monat November war's,
Die Tage wurden trüber,
Der Wind riß von den Bäumen das Laub,
4 Da reist ich nach Deutschland hinüber.

Und als ich an die Grenze kam,
Da fühlt ich ein stärkeres Klopfen
In meiner Brust, ich glaube sogar
8 Die Augen begunnen zu tropfen.

das Caput = Kapitel

Und als ich die deutsche Sprache vernahm,
Da ward mir seltsam zumute;
Ich meinte nicht anders, als ob das Herz
12   Recht angenehm verblute.

Ein kleines Harfenmädchen sang.
Sie sang mit wahrem Gefühle
Und falscher Stimme, doch ward ich sehr
16   Gerühret von ihrem Spiele.

Sie sang von Liebe und Liebesgram,
Aufopfrung und Wiederfinden
Dort oben, in jener besseren Welt,
20   Wo alle Leiden schwinden.

Sie sang vom irdischen Jammertal,
Von Freuden, die bald zerronnen,
Vom Jenseits, wo die Seele schwelgt
24   Verklärt in ew'gen Wonnen.

Sie sang das alte Entsagungslied,
Das Eiapopeia vom Himmel,
Womit man einlullt, wenn es greint,
28   Das Volk, den großen Lümmel.

Ich kenne die Weise, ich kenne den Text,
Ich kenn auch die Herren Verfasser;
Ich weiß, sie tranken heimlich Wein
32   Und predigten öffentlich Wasser.

Ein neues Lied, ein besseres Lied,
O Freunde, will ich euch dichten!
Wir wollen hier auf Erden schon
36   Das Himmelreich errichten.

Wir wollen auf Erden glücklich sein,
Und wollen nicht mehr darben;
Verschlemmen soll nicht der faule Bauch,
40   Was fleißige Hände erwarben.

Es wächst hienieden Brot genug
Für alle Menschenkinder,
Auch Rosen und Myrten, Schönheit und Lust,
44   Und Zuckererbsen nicht minder.

Ja, Zuckererbsen für jedermann,
Sobald die Schoten platzen!
Den Himmel überlassen wir
48   Den Engeln und den Spatzen.

Und wachsen uns Flügel nach dem Tod,
So wollen wir euch besuchen
Dort oben, und wir, wir essen mit euch
52   Die seligsten Torten und Kuchen.

Ein neues Lied, ein besseres Lied!
Es klingt wie Flöten und Geigen!
Das Miserere ist vorbei,
56   Die Sterbeglocken schweigen.

Die Jungfer Europa ist verlobt
Mit dem schönen Geniusse
Der Freiheit, sie liegen einander im Arm,
60 Sie schwelgen im ersten Kusse.

Und fehlt der Pfaffensegen dabei,
Die Ehe wird gültig nicht minder –
Es lebe Bräutigam und Braut,
64 Und ihre zukünftigen Kinder!

Ein Hochzeitskarmen ist mein Lied,
Das bessere, das neue!
In meiner Seele gehen auf
68 Die Sterne der höchsten Weihe –

Begeisterte Sterne, sie lodern wild,
Zerfließen in Flammenbächen –
Ich fühle mich wunderbar erstarkt,
72 Ich könnte Eichen zerbrechen!

Seit ich auf deutsche Erde trat,
Durchströmen mich Zaubersäfte –
Der Riese hat wieder die Mutter berührt,
76 Und es wuchsen ihm neu die Kräfte.

HEINRICH HEINE: DEUTSCHLAND. EIN WINTERMÄRCHEN, INSEL

a) **Erklären** Sie, was mit folgenden Bildern gemeint ist:

	Zeile	
Eiapopeia vom Himmel	26	
sie tranken heimlich Wein und predigten öffentlich Wasser	31–32	
der faule Bauch	39	
die Jungfer Europa ist verlobt mit dem schönen Geniusse der Freiheit	57	
Eichen	72	

b) **Bestimmen** Sie, wovon das Harfenmädchen in seinem Entsagungslied singt.

c) **Erklären** Sie die Forderungen, die mit dem „besseren Lied" erhoben werden.

d) **Deuten** Sie, warum HEINE die Handlung in den November setzt, obwohl sie tatsächlich im Oktober stattgefunden hat.

e) Informieren Sie sich über die politische Situation Deutschlands im Vormärz. **Setzen** Sie Ihre Informationen mit den Vorstellungen HEINES von Deutschland **in Beziehung.**

4. Im Exil: Heinrich Heine und Mascha Kaléko

Text 1

Heinrich Heine
IN DER FREMDE III (1833)

Ich hatte einst ein schönes Vaterland.
Der Eichenbaum
Wuchs dort so hoch, die Veilchen nickten sanft.
4   Es war ein Traum.

Das küßte mich auf deutsch, und sprach auf deutsch
(Man glaubt es kaum,
Wie gut es klang) das Wort: „ich liebe dich!"
8   Es war ein Traum.

Heinrich Heine: In der Fremde III, staff.uni-mainz.de –
alte Rechtschreibung

Text 2

Mascha Kaléko
EMIGRANTEN-MONOLOG (1945)

Ich hatte einst ein schönes Vaterland –
so sang schon der Flüchtling Heine.
Das seine stand am Rheine,
4   das meine auf märkischem Sand.

Wir alle hatten einst ein (siehe oben!).
Das fraß die Pest, das ist im Sturz zerstoben.
O Röslein auf der Heide,
8   dich brach die Kraftdurchfreude.

Die Nachtigallen wurden stumm,
sahn sich nach sicherm Wohnsitz um,
und nur die Geier schreien
12   hoch über Gräberreihen.

Das wird nie wieder, wie es war,
wenn es auch anders wird.
Auch wenn das liebe Glöcklein tönt,
16   auch wenn kein Schwert mehr klirrt.

Mir ist zuweilen so, als ob
das Herz in mir zerbrach.
Ich habe manchmal Heimweh.
20   Ich weiß nur nicht, wonach.

Mascha Kaléko: Verse für Zeitgenossen, Rowohlt

a) **Erschließen** Sie Heines Einstellung zu Deutschland.

b) **Recherchieren** Sie Informationen zu Heine und Kaléko im Hinblick auf ihre Exilerfahrungen.

c) **Stellen** Sie **Vermutungen an,** warum Kaléko Anspielungen auf Heine macht.

5. Protestgedicht: Aufruf von GEORG HERWEGH

Georg Herwegh
AUFRUF (1841)

Reißt die Kreuze aus der Erden!
Alle sollen Schwerter werden,
3 Gott im Himmel wird's verzeih'n.
Lasst, o lasst das Verseschweißen!
Auf den Amboss legt das Eisen!
6 Heiland soll das Eisen sein.

Eure Tannen, eure Eichen –
Habt die grünen Fragezeichen
9 Deutscher Freiheit ihr gewahrt?
Nein, sie soll nicht untergehen!
Doch ihr fröhlich Auferstehen
12 Kostet eine Höllenfahrt.

Deutsche, glaubet euren Sehern,
Unsre Tage werden ehern,
15 Unsre Zukunft klirrt in Erz;
Schwarzer Tod ist unser Sold nur,
Unser Gold ein Abendgold nur,
18 Unser Rot ein blutend Herz!

Reißt die Kreuze aus der Erden!
Alle sollen Schwerter werden,
21 Gott im Himmel wird's verzeih'n.
Hört er unser Feuer brausen
Und sein heilig Eisen sausen,
24 Spricht er wohl den Segen drein.

Vor der Freiheit sei kein Frieden,
Sei dem Mann kein Weib beschieden
27 Und kein golden Korn dem Feld;
Vor der Freiheit, vor dem Siege
Seh' kein Säugling aus der Wiege
30 Frohen Blickes in die Welt!

In den Städten sei nur Trauern,
Bis die Freiheit von den Mauern
33 Schwingt die Fahnen in das Land;
Bis du, Rhein, durch freie Bogen
Donnerst, lass die letzten Wogen
36 Fluchend knirschen in den Sand.

Reißt die Kreuze aus der Erden!
Alle sollen Schwerter werden,
39 Gott im Himmel wird's verzeih'n.
Gen Tyrannen und Philister!
Auch das Schwert hat seine Priester,
42 Und wir wollen Priester sein!

GEORG HERWEGH: WERKE UND BRIEFE,
BD. 1: GEDICHTE 1835–1848, AISTHESIS

a) **Erschließen** Sie, wogegen sich HERWEGHS Gedicht richtet.

b) **Erklären** Sie, warum dieses Gedicht typisch für die Literatur des Vormärz ist.

Erfahrung – Realität – Kunst

Einblick in die Literatur des Realismus (ca. 1850–1890)

ADOLPH MENZEL: DAS BALKONZIMMER (1845)

Immer die kleinen Freuden aufpicken, bis das große Glück kommt. Und wenn es nicht kommt, dann hat man wenigstens die kleinen Glücke gehabt.

THEODOR FONTANE

1 Realismus

Theodor Fontane
WAS IST REALISMUS? (1853)

Dieser Realismus unserer Zeit findet in der Kunst nicht nur sein entschiedenstes Echo, sondern äußert sich vielleicht auf keinem Gebiete unseres Lebens so augenscheinlich wie gerade in ihr. [Er] ist so alt als die Kunst selbst, ja, noch mehr: Er ist die Kunst. [...] Beide, Goethe wie Schiller, waren
5 entschiedene Vertreter des Realismus, solange sie „ungekränkt von der Blässe des Gedankens" lediglich aus einem vollen Dichterherzen heraus ihre Werke schufen. „Werther", „Götz von Berlichingen" und die wunderbarschönen, im Volkstone gehaltenen Lieder der Goetheschen Jugendperiode, so viele ihrer sind, sind ebenso viele Beispiele für unsere Behauptungen,
10 und Schiller nicht minder (dessen Lyrik freilich den Mund zu voll zu nehmen pflegte) stand mit seinen ersten Dramen völlig auf jenem Felde, auf dem auch wir wieder, sei's über kurz oder lang, einer neuen reichen Ernte entgegensehen. [...]

Vor allen Dingen verstehen wir nicht darunter das nackte Wiedergeben
15 alltäglichen Lebens, am wenigsten seines Elends und seiner Schattenseiten. Traurig genug, dass es nötig ist, derlei sich von selbst verstehende Dinge noch erst versichern zu müssen. Aber es ist noch nicht allzu lange her, dass man (namentlich in der Malerei) Misere mit Realismus verwechselte und bei Darstellung eines sterbenden Proletariers, den hungernde Kinder
20 umstehen, oder gar bei Produktionen jener sogenannten Tendenzbilder (schlesische Weber, das Jagdrecht u. dgl. m.) sich einbildete, der Kunst eine glänzende Richtung vorgezeichnet zu haben. Diese Richtung verhält sich zum echten Realismus wie das rohe Erz zum Metall: die Läuterung fehlt. Wohl ist das Motto des Realismus der Goethesche Zuruf:

25   Greif nur hinein ins volle Menschenleben,
      Wo du es packst, da ist's interessant;

aber freilich, die Hand, die diesen Griff tut, muss eine künstlerische sein. Das Leben ist doch immer nur der Marmorsteinbruch, der den Stoff zu unendlichen Bildwerken in sich trägt; sie schlummern darin, aber nur dem
30 Auge des Geweihten sichtbar und nur durch seine Hand zu erwecken. Der Block an sich, nur herausgerissen aus einem größeren Ganzen, ist noch kein Kunstwerk, und dennoch haben wir die Erkenntnis als einen unbedingten Fortschritt zu begrüßen, dass es zunächst des Stoffes, oder sagen wir lieber des Wirklichen, zu allem künstlerischen Schaffen bedarf. Diese Erkenntnis,
35 sonst nur im einzelnen mehr oder minder lebendig, ist in einem Jahrzehnt zu fast universeller Herrschaft in den Anschauungen und Produktionen unserer Dichter gelangt und bezeichnet einen abermaligen Wendepunkt in unserer Literatur. [...]

Der Realismus will nicht die bloße Sinnenwelt und nichts als diese; er
40 will am allerwenigsten das bloß Handgreifliche, aber er will das Wahre. Er schließt nichts aus als die Lüge, das Forcierte, das Nebelhafte, das Abgestorbene – vier Dinge, mit denen wir glauben, eine ganze Literaturepoche bezeichnet zu haben.

IN: ANDREAS HUYSSEN (HG.): DIE DEUTSCHE LITERATUR IN TEXT UND DARSTELLUNG, BD. 11: BÜRGERLICHER REALISMUS, RECLAM

THEODOR FONTANE,
deutscher Schriftsteller
(1819–1898)

Arbeitsaufgaben „Realismus"

a) **Untersuchen** Sie den Begriff „Realismus" in seinen unterschiedlichen Ausprägungen und Verwendungsarten. Erstellen Sie hierzu eine Mindmap auf einem Blatt in Ihrer Mappe, in deren Zentrum sich die Begriffe „real, realistisch, Realismus" befinden.

b) **Erläutern** Sie, auf welche Epoche THEODOR FONTANE anspielt, wenn er über GOETHE und SCHILLER spricht, und inwiefern sich in dieser der Realismus zeigt.

c) FONTANE definiert im nebenstehenden Text den Begriff des „poetischen Realismus". – **Diskutieren** Sie, worauf er anspielt, wenn er schreibt, dass der Realismus nichts ausschließe außer der Lüge, dem Forcierten, dem Nebelhaften und dem Abgestorbenen.

Realismus (1850–1890)   WERKZEUG

Historische Einordnung

Das **Revolutionsjahr 1848** markiert einen **Bruch** in der bürgerlichen Gesellschaft und damit auch in der Literatur. Das Bürgertum begehrt gegen die absolutistischen Regime auf und ist federführend an den Revolutionen beteiligt. Es muss aber erkennen, dass dieser Veränderungswille wiederum in **absolutistischen Systemen** mündet – dem Fortbestand des Habsburgerreiches und der Gründung des Deutschen Kaiserreichs 1871 unter der Vorherrschaft Preußens.

Gesellschaft und Utopie

In wirtschaftlicher und gesellschaftlicher Hinsicht ist das **Aufkeimen des Kapitalismus** ein entscheidender Faktor. Adel und Bürgertum übernehmen die Rolle der Wirtschaftreibenden und beschäftigen Arbeiter/innen unter teilweise menschenunwürdigen Bedingungen. Diese fristen ihr Dasein im Zuge der **Industrialisierung** als Arbeitssklaven zu niedrigsten Löhnen und verarmt in eigenen Stadtvierteln.

Noch im Revolutionsjahr 1848 publizieren KARL MARX (1818–1883) und FRIEDRICH ENGELS (1820–1895) das **„Manifest der Kommunistischen Partei"** und legen darin bereits wesentliche Elemente ihrer kommunistischen Gesellschaftsutopie fest. Sie hat im Wesentlichen zum Inhalt, dass das Proletariat, die Arbeiterschaft, zur herrschenden Klasse im Staat werden soll. Dazu bedürfe es mehrerer Revolutionen, der Enteignung bzw. Verstaatlichung von Grund und Boden, der Abschaffung des Erbrechtes und der Kinderarbeit sowie der öffentlichen Erziehung und Bildung aller Kinder etc. Diese Anliegen der Kommunisten finden aber innerhalb der bürgerlichen Revolutionsbewegung noch kein Gehör, obwohl gerade sie nach dem „Manifest der Kommunistischen Partei" den ersten Schritt in Richtung einer neuen Gesellschaftsordnung darstellen solle. Ganz im Gegenteil: Da auch die bürgerliche Revolution von 1848 scheitert, können die absolutistischen Regierungen und Monarchien ihre Macht stärken.

Titelblatt der Erstausgabe des „Manifests der Kommunistischen Partei" (1848)

Epochenbegriff und Programm

Der Epochenbegriff „Realismus" oder auch „poetischer" bzw. „bürgerlicher Realismus" entwickelt sich Ende des 19. Jahrhunderts. In den vorhergehenden Jahrzehnten haben sich maßgebliche Stil- und Darstellungsweisen mit dem Anspruch etabliert, die Wirklichkeit aus einer bürgerlichen Perspektive **ohne idealistische und romantische Verfälschungen** „realistisch" darzustellen.

Die zentralen Aspekte der Literatur dieser Epoche sind die Verarbeitung des real Erfahrbaren, die Betonung der **wirklichkeitsgetreuen Darstellung** und das Einbeziehen der wissenschaftlichen Erkenntnis in die Literatur. Im Gegensatz dazu lehnt man alles Idealistische (Klassik) und Phantastische (Romantik) ab.

Literatur

Epik: Poetisierung der Realität – mit Vorbehalt

In der Prosa sind vor allem **Erzählungen, Novellen** sowie gesellschaftskritische Romane und **Entwicklungsromane** vorherrschend. Realistische Erzählkunst entnimmt ihre Inhalte direkt aus der **erfahrbaren Wirklichkeit,** präsentiert sie aber **ästhetisch bearbeitet.** Die biedere Welt des Bürgertums mit seinem engen moralischen Korsett und das oftmalige Scheitern der Figuren daran wird poetisiert dargestellt. Das heißt, dass die wahrgenommene Wirklichkeit mit sprachlichen Mitteln gezielt gestaltet wird und genau durch diesen Akt das Kunstwerk entsteht.

Die Werke handeln zumeist in der Kleinstadt oder einer dörflichen, überschaubaren Umgebung und passend dazu sind die Figuren Kaufleute, Wirtschaftreibende, Handwerker, Bauern etc.

Aufgrund der Verarmung breiter Bevölkerungsschichten rücken vermehrt auch die Themen der untersten Gesellschaftsschichten in den Fokus der Autorinnen und Autoren. Die Perspektive in den erzählenden Texten bleibt aber eine bürgerliche. Auch der Anspruch, die Wirklichkeit nicht bloß abzubilden, sondern sie auf eine sprachlich ästhetische Weise innerhalb literarischer Texte zu gestalten, bleibt Programm.

Im Sinne des **kritischen Realismus,** der als Übergangsphase zum Naturalismus verstanden werden kann, verändert sich diese Ästhetisierung des Wahrgenommenen aber immer weiter in Richtung Abbildung der realen Verhältnisse ohne beschönigenden Eingriff der/des Schreibenden.

Dramatik

Mit Ludwig Anzengrubers (1839–1889) Dramen findet das **Volksstück** nach der Epoche des Biedermeier seine Fortsetzung. Anzengrubers Stücke sind im bäuerlichen Milieu angesiedelt und behandeln u. a. die Themen Standesunterschiede (Bauern – Mägde/Knechte), Erbschaft, Religiosität und Aberglaube. Weder die Raimund'schen Zauberwesen noch die tölpelhaften Helden Nestroys stehen im Zentrum der Stücke, sondern Menschen aus bäuerlichem Umfeld mit ihren realen Lebensverhältnissen, Problemen und Glaubensansichten. Die Stücke sind allesamt im Dialekt verfasst, womit Anzengruber schon über den Realismus hinausgeht und sich dem naturalistischen Drama annähert.

Lyrik

In der Lyrik wird teilweise die Tradition der Romantik fortgesetzt – **Erlebnis- und Stimmungslyrik** sind besonders beliebte Formen. Bei der Wahl der Themen werden aber andere Schwerpunkte gesetzt. Es finden vermehrt das alltägliche Leben (Dinggedichte) und die veränderte Umwelt (technische Entwicklungen) Eingang in die lyrischen Texte, wie beispielsweise in Balladen von Theodor Fontane (1819–1898). Auch in der Gestaltung scheint die Sprache weniger den poetischen Ansprüchen genügen zu wollen als der Abbildung real möglicher Wahrnehmungen.

Zum **Volksstück** siehe auch WERKZEUG-Blätter der Kapitel „Biedermeier", „Zwischenkriegszeit" und „Drama nach 1945"

Wichtige Autorinnen/Autoren und Werke des (poetischen) Realismus		
Deutschland	Theodor Storm	Gedichte Immensee (1849), Pole Poppenspäler (1874), Der Schimmelreiter (1888) (Novellen)
	Theodor Fontane	Gedichte Die Brück' am Tay (1880), John Maynard (1885) (Balladen) Frau Jenny Treibel (1893), Effi Briest (1896) (Romane)
	Wilhelm Busch	Max und Moritz (1865), Die fromme Helene (1872) (Bildergeschichten)
Schweiz	Conrad Ferdinand Meyer	Gedichte Das Amulett (1873), Der Schuß von der Kanzel (1878) (Novellen) Die Füße im Feuer (1882, Ballade)
	Gottfried Keller	Gedichte Der grüne Heinrich (1854/55, Roman) Die Leute von Seldwyla (1856, 1873/74, Novellenzyklus)
Österreich	Marie von Ebner-Eschenbach	Aphorismen Dorf- und Schloßgeschichten (1883, Erzählungen) Das Gemeindekind (1887, Roman)
	Ludwig Anzengruber	Der Meineidbauer (1871), Der Kreuzelschreiber (1872), Das vierte Gebot (1877) (Volksstücke, Dramen)
	Peter Rosegger	Gedichte Die Schriften des Waldschulmeisters (1875), Jakob der Letzte (1888) (Romane) Waldheimat (1877, autobiografische Erzählungen)

Arbeitsaufgaben „Poetischer und bürgerlicher Realismus"

1. Realismus – verlorene, überwundene Romantik?

Text 1

Theodor Fontane
ES KRIBBELT UND WIBBELT WEITER

Die Flut steigt bis an den Ararat
Und es hilft keine Rettungsleiter,
Da bringt die Taube Zweig und Blatt –
4   Und es kribbelt und wibbelt weiter.

Es sicheln und mähen von Ost nach West
Die apokalyptischen Reiter,
Aber ob Hunger, ob Krieg, ob Pest,
8   Es kribbelt und wibbelt weiter.

Ein Gott wird gekreuzigt auf Golgatha,
Es brennen Millionen Scheiter,
Märtyrer hier und Hexen da,
12   Doch es kribbelt und wibbelt weiter.

So banne Dein Ich in Dich zurück
Und ergib Dich und sei heiter;
Was liegt an Dir und Deinem Glück?
16   Es kribbelt und wibbelt weiter.

IN: HEINRICH DETERING (HG.): RECLAMS BUCH DER DEUTSCHEN
GEDICHTE, BD. 1, RECLAM

Verfassen Sie eine **Textinterpretation** zum Gedicht „Es kribbelt und wibbelt weiter" und bearbeiten Sie die folgenden Arbeitsaufträge:

- **Geben** Sie den Inhalt des Gedichtes **wieder.**
- **Analysieren** Sie die formale und sprachliche Gestaltung des Gedichtes.
- **Deuten** Sie den Titel bzw. den Refrain des Gedichtes.
- **Beurteilen** Sie die Aktualität der Aussage des Gedichtes.

Schreiben Sie zwischen 405 und 495 Wörter. Markieren Sie Absätze mittels Leerzeilen.

Notizen:

Randspalte:

wibbeln = sich lebhaft bewegen

Ararat: Auf dem Berg Ararat soll Noah mit seiner Arche nach der Sintflut gelandet sein. Er lässt daraufhin eine Taube fliegen, die mit einem Olivenzweig zurückkommt.

apokalyptische Reiter = vier menschenähnliche, auf Pferden reitende Geschöpfe, die die Apokalypse, den Untergang der „sündigen Welt", ankündigen

Golgatha = der Hügel, auf dem Jesus gekreuzigt worden sein soll

Text 2

Gottfried Keller
WINTERNACHT (1847)

Nicht ein Flügelschlag ging durch die Welt,
Still und blendend lag der weiße Schnee.
Nicht ein Wölklein hing am Sternenzelt,
4 Keine Welle schlug im starren See.

Aus der Tiefe stieg der Seebaum auf,
Bis sein Wipfel in dem Eis gefror;
An den Ästen klomm die Nix herauf,
8 Schaute durch das grüne Eis empor.

Auf dem dünnen Glase stand ich da,
Das die schwarze Tiefe von mir schied;
Dicht ich unter meinen Füßen sah
12 Ihre weiße Schönheit Glied um Glied.

Mit ersticktem Jammer tastet' sie
An der harten Decke her und hin –
Ich vergeß das dunkle Antlitz nie,
16 Immer, immer liegt es mir im Sinn!

In: Stephan Hermlin (Hg.): Deutsches Lesebuch, Reclam –
alte Rechtschreibung

Text 3

Conrad Ferdinand Meyer
EINGELEGTE RUDER (1869)

Meine eingelegten Ruder triefen,
2 Tropfen fallen langsam in die Tiefen.

Nichts, das mich verdroß! Nichts, das mich freute!
4 Niederrinnt ein schmerzenloses Heute!

Unter mir – ach, aus dem Licht verschwunden –
6 Träumen schon die schönern meiner Stunden.

Aus der blauen Tiefe ruft das Gestern:
8 Sind im Licht noch manche meiner Schwestern?

In: Conrady: Das Buch der Gedichte, Cornelsen –
alte Rechtschreibung

a) **Geben** Sie den Inhalt der Gedichte 2 und 3 **wieder.**

b) **Erschließen** Sie die Stimmung der beiden Gedichte.

c) **Vergleichen** Sie die beiden Gedichte in formaler Hinsicht.

d) Das lyrische Ich des Gedichtes „Eingelegte Ruder" erscheint desillusioniert und deprimiert. – **Interpretieren** Sie das „schmerzenlose Heute" unter Bezugnahme auf die literarische Epoche des Realismus.

e) **Setzen** Sie die Gedichte 2 und 3 hinsichtlich des Motivs der „Wassernixen" miteinander **in Beziehung.**

2. „Immensee" von THEODOR STORM

Die Novelle „Immensee" besitzt die Form einer Rahmenhandlung. Reinhard, der gealterte Protagonist, erinnert sich an seine erste Liebe Elisabeth, als ein Mondstrahl in seinem Zimmer auf ein Bild von ihr fällt.

Reinhard, der mit Elisabeth von Kindesbeinen an befreundet ist, verbringt viel Zeit mit ihr und trägt ihr seine selbst verfassten Märchen und Geschichten vor, die er auch in einem Buch sammelt.

In späteren Jahren verlässt Reinhard Elisabeth und seine Heimat, um zu studieren. Während seiner Abwesenheiten geht Elisabeth, vor allem auch durch das Einwirken vonseiten ihrer Mutter, immer weiter zu ihm auf Distanz, da er seine Versprechen, unter anderem Märchen für sie zu verfassen und ihr zu schicken, nicht einhält.

Während einer letzten zweijährigen Abwesenheit heiratet Elisabeth Erich, einen Jugendfreund Reinhards, der den Hof seines Vaters am Immensee übernommen hat.

Jahre später erhält Reinhard eine Einladung von Erich an den Hof, sein Besuch soll eine Überraschung für Elisabeth werden, was auch gelingt. Reinhard ist damit beschäftigt, Volkslieder zu sammeln, und an einem Abend wird er gebeten, Lieder aus seiner Sammlung vorzutragen.

Theodor Storm
MEINE MUTTER HAT'S GEWOLLT (1951)

Einige Tage nachher, es ging schon gegen Abend, saß die Familie, wie gewöhnlich um diese Zeit, im Gartensaal zusammen. Die Thüren standen offen; die Sonne war schon hinter den Wäldern jenseits des Sees.

5 Reinhardt wurde um die Mittheilung einiger Volkslieder gebeten, welche er am Nachmittage von einem auf dem Lande wohnenden Freunde geschickt bekommen hatte. Er ging auf sein Zimmer, und kam gleich darauf mit einer Papierrolle zurück, welche aus einzelnen sauber geschriebenen Blättern zu bestehen schien.

10 Man setzte sich an den Tisch, Elisabeth an Reinhardts Seite. Wir lesen auf gut Glück; sagte er, ich habe sie selber noch nicht durchgesehen.

Elisabeth rollte das Manuscript auf. Hier sind Noten; sagte sie, das mußt du singen, Reinhardt.

Und dieser las nun zuerst einige Tyroler Schnaderhüpferl, indem er beim Lesen je zuweilen die lustige Melodie mit halber Stimme anklingen ließ. Eine allgemeine Heiterkeit bemächtigte sich der kleinen Gesellschaft. Wer hat doch aber die schönen Lieder gemacht? fragte Elisabeth.

Ei, sagte Erich, das hört man den Dingern schon an; Schneidergesellen und Friseure, und derlei luftiges Gesindel.

20 Reinhardt sagte: Sie werden gar nicht gemacht; sie wachsen, sie fallen aus der Luft, sie fliegen über Land wie Mariengarn, hierhin und dorthin, und werden an tausend Stellen zugleich gesungen. Unser eigenstes Thun und Leiden finden wir in diesen Liedern; es ist, als ob wir alle an ihnen mitgeholfen hätten.

25 Er nahm ein anderes Blatt: Ich stand auf hohen Bergen ....

Das kenne ich! rief Elisabeth. Stimme nur an, Reinhardt; ich will dir helfen.

Und nun sangen sie jene Melodie, die so räthselhaft ist, daß man nicht glauben kann, sie sei von Menschen erdacht worden; Elisabeth mit
30 ihrer etwas verdeckten Altstimme dem Tenor secondirend.

Die Mutter saß inzwischen emsig an ihrer Näherei, Erich hatte die Hände in einander gelegt und hörte andächtig zu. Als das Lied zu Ende war, legte Reinhardt das Blatt schweigend bei Seite. – Vom Ufer des Sees herauf kam durch die Abendstille das Geläute der Heerdenglocken; sie
35 horchten unwillkürlich; da hörten sie eine klare Knabenstimme singen:

Ich stand auf hohen Bergen,
Und sah ins tiefe Thal ....

Reinhardt lächelte: Hört ihr es wohl? So geht's von Mund zu Mund.

Es wird oft in dieser Gegend gesungen; sagte Elisabeth.

40 Ja, sagte Erich, es ist der Hirtenkaspar; er treibt die Starken heim.

Sie horchten noch eine Weile, bis das Geläute oben hinter den Wirthschaftsgebäuden verschwunden war. Das sind Urtöne; sagte Reinhardt, sie schlafen in Waldesgründen; Gott weiß, wer sie gefunden hat.

Er zog ein neues Blatt heraus.

45 Es war schon dunkler geworden; ein rother Abendschein lag wie Schaum auf den Wäldern jenseit des Sees. Reinhardt rollte das Blatt auf, Elisabeth legte an der einen Seite ihre Hand darauf, und sah mit hinein. Dann las Reinhardt:

Meine Mutter hat's gewollt,
50 Den Andern ich nehmen sollt';
Was ich zuvor besessen,
Mein Herz sollt' es vergessen;
Das hat es nicht gewollt.

Meine Mutter klag' ich an,
55 Sie hat nicht wohlgethan;
Was sonst in Ehren stünde,
Nun ist es worden Sünde.
Was fang' ich an!

Für all mein Stolz und Freud'
60 Gewonnen hab' ich Leid.
Ach, wär' das nicht geschehen,
Ach, Könnt' ich betteln gehen
Ueber die braune Haid!

Während des Lesens hatte Reinhardt ein unmerkliches Zittern des Pa-
65 piers empfunden; als er zu Ende war, schob Elisabeth leise ihren Stuhl zurück, und ging schweigend in den Garten hinab. Ein Blick der Mutter folgte ihr. Erich wollte nachgehen; doch die Mutter sagte: Elisabeth hat draußen zu thun. So unterblieb es. [...]

Nachdem er hiermit fertig war, nahm er Hut und Stock, und das Papier
70 zurücklassend, öffnete er behutsam die Tür und stieg in den Flur hinab. Die Morgendämmerung ruhte noch in allen Winkeln; die große Hauskatze dehnte sich auf der Strohmatte und sträubte den Rücken gegen seine Hand, die er ihr gedankenlos entgegenhielt. Draußen im Garten aber priesterten schon die Sperlinge von den Zweigen und sagten es

75 allen, daß die Nacht vorbei sei. Da hörte er oben im Hause eine Tür gehen; es kam die Treppe herunter, und als er aufsah stand Elisabeth vor
ihm. Sie legte die Hand auf seinen Arm, sie bewegte die Lippen, aber er
hörte keine Worte. „Du kommst nicht wieder", sagte sie endlich. „Ich
weiß es, lüge nicht; du kommst nie wieder."

80 „Nie", sagte er. Sie ließ die Hand sinken und sagte nichts mehr. Er ging
über den Flur der Tür zu; dann wandte er sich noch einmal. Sie stand
bewegungslos an derselben Stelle und sah ihn mit toten Augen an. Er
tat einen Schritt vorwärts und streckte die Arme nach ihr aus. Dann
kehrte er sich gewaltsam ab und ging zur Tür hinaus. – Draußen lag die

85 Welt im frischen Morgenlichte, die Tauperlen, die in den Spinngeweben
hingen, blitzten in den ersten Sonnenstrahlen. Er sah nicht rückwärts;
er wanderte rasch hinaus; und mehr und mehr versank hinter ihm das
stille Gehöft, und vor ihm auf stieg die große, weite Welt. – –

THEODOR STORM: IMMENSEE, RECLAM – ALTE RECHTSCHREIBUNG

a) In der Romantik werden Volkslied und Märchen wiederentdeckt und zu
zentralen Textsorten dieser Epoche. – **Überprüfen** Sie die vorangestellte
Inhaltsangabe und die angegebenen Textstellen daraufhin, welche Funktion Volkslied und Märchen in dieser Novelle übernehmen.

b) Elisabeth wünscht sich als Kind von Reinhard, dass er Märchen für sie
verfasst. – **Beschreiben** Sie die Eigenheiten eines Märchens, vor allem
wie ein solches endet, und **setzen** Sie dies mit Elisabeths Leben **in Beziehung.**

c) **Setzen** Sie die Funktion der Mutter Elisabeths in dieser Novelle mit
den gesellschaftlichen Konventionen und Werten der damaligen Zeit in
Beziehung.

d) Reinhard verlässt beschwingt das Haus seines Freundes und seine
Jugendliebe. Elisabeth ist todtraurig und scheint an unerfüllter Liebe zu
zerbrechen. – **Deuten** Sie das Ende der Novelle.

3. „Effi Briest" von THEODOR FONTANE

THEODOR FONTANE greift in dem Roman „Effi Briest" ein zentrales Thema
der damaligen bürgerlichen Gesellschaft auf: Der Mensch, der zwischen
dem Bedürfnis nach Freiheit und Selbstbestimmung und den Zwängen
der bürgerlichen bzw. adeligen Gesellschaft hin- und hergerissen ist, scheitert an dieser engen Welt mit ihren unverrückbar erscheinenden Normen
und moralischen Kodizes.

Effi Briest, ein Mädchen von 17 Jahren, wird mit dem 21 Jahre älteren
Baron von Innstetten verheiratet, der zwanzig Jahre zuvor schon in Effis
Mutter verliebt gewesen ist. Effi gebiert neun Monate nach der Hochzeit
das Mädchen Annie, beginnt sich aber auf dem Gut des Herrn Baron sehr
schnell zu langweilen. Mit dem Major von Crampas, der gemeinsam mit
Innstetten beim Militär gedient hat, unterhält Effi eine Affäre, die erst Jahre
nach ihrer Beendigung auffliegt. Innstetten fordert Crampas dann jedoch
zum Duell, bei dem der Major stirbt.

Effi wird nun von Innstetten sowie von ihren Eltern aufgrund der gesellschaftlichen Konventionen verstoßen und lebt verarmt für Jahre in einer
Wohnung in Berlin. Erst als Effi einen Zusammenbruch erleidet, nehmen
die Eltern sie wieder in ihrem Haus auf. Physisches wie auch psychisches
Leid lassen Effi, die vor ihrem Tod Innstetten und ihren Eltern vergibt,
zugrunde gehen.

Theodor Fontane
EFFI BRIEST (1896)

Erstes Kapitel

[...] Effi trug ein blau und weiß gestreiftes, halb kittelartiges Leinwand-
kleid, dem erst ein fest zusammengezogener, bronzefarbener Leder-
gürtel die Taille gab; der Hals war frei, und über Schulter und Nacken
5 fiel ein breiter Matrosenkragen. In allem, was sie tat, paarten sich
Übermut und Grazie, während ihre lachenden braunen Augen eine große, natürliche Klugheit und viel Lebenslust und Herzensgüte verrieten.
Man nannte sie die „Kleine", was sie sich nur gefallen lassen mußte,
weil die schöne, schlanke Mama noch um eine Handbreit höher war.

10 Eben hatte sich Effi wieder erhoben, um abwechselnd nach links und
rechts ihre turnerischen Drehungen zu machen, als die von ihrer Sticke-
rei gerade wieder aufblickende Mama ihr zurief: „Effi, eigentlich hättest
du doch wohl Kunstreiterin werden müssen. Immer am Trapez, immer
Tochter der Luft. Ich glaube beinah, daß du so was möchtest."

15 „Vielleicht, Mama. Aber wenn es so wäre, wer wäre schuld? Von wem
hab ich es? Doch nur von dir. Oder meinst du, von Papa? Da mußt du
nun selber lachen. Und dann, warum steckst du mich in diesen Hänger,
in diesen Jungenkittel? Mitunter denk ich, ich komme noch wieder in
kurze Kleider. Und wenn ich die erst wiederhabe, dann knicks ich auch
20 wieder wie ein Backfisch, und wenn dann die Rathenower herüberkom-
men, setze ich mich auf Oberst Goetzes Schoß und reite hopp, hopp.
Warum auch nicht? Drei Viertel ist er Onkel und nur ein Viertel Cour-
macher. Du bist schuld. Warum kriege ich keine Staatskleider? Warum
machst du keine Dame aus mir?"

25 „Möchtest du's?"

„Nein." Und dabei lief sie auf die Mama zu und umarmte sie stürmisch
und küßte sie.

„Nicht so wild, Effi, nicht so leidenschaftlich. Ich beunruhige mich immer, wenn ich dich so sehe ..." [...]

a) **Charakterisieren** Sie Effi Briest, soweit dies anhand der oben angeführten Textstelle möglich ist.

b) **Analysieren** Sie den Beginn der Textstelle in sprachlicher Hinsicht.
- Wodurch entsteht der positive und belebte Eindruck?
- Wie unterscheidet sich die Sprache des Erzählers von jener, die in
  den Dialogen verwendet wird?

Siebenundzwanzigstes Kapitel

[...] „Innstetten, Ihre Lage ist furchtbar, und Ihr Lebensglück ist hin.
Aber wenn Sie den Liebhaber totschießen, ist Ihr Lebensglück sozusagen doppelt hin, und zu dem Schmerz über empfangenes Leid
5 kommt noch der Schmerz über getanes Leid. Alles dreht sich um die
Frage, müssen Sie's durchaus tun? Fühlen Sie sich so verletzt, beleidigt,
empört, daß einer weg muß, er oder Sie? Steht es so?"

„Ich weiß es nicht."

„Sie müssen es wissen."

10 Innstetten war aufgesprungen, trat ans Fenster und tippte voll nervöser Erregung an die Scheiben. Dann wandte er sich rasch wieder, ging auf Wüllersdorf zu und sagte: „Nein, so steht es nicht."

„Wie steht es denn?"

„Es steht so, daß ich unendlich unglücklich bin; ich bin gekränkt,
15 schändlich hintergangen, aber trotzdem, ich bin ohne jedes Gefühl von Haß oder gar von Durst nach Rache. Und wenn ich mich frage, warum nicht, so kann ich zunächst nichts anderes finden als die Jahre. Man spricht immer von unsühnbarer Schuld; vor Gott ist es gewiß falsch, aber vor den Menschen auch. Ich hätte nie geglaubt, daß die Zeit, rein
20 als Zeit, so wirken könne. Und dann als zweites: Ich liebe meine Frau, ja, seltsam zu sagen, ich liebe sie noch, und so furchtbar ich alles finde, was geschehen, ich bin so sehr im Bann ihrer Liebenswürdigkeit, eines ihr eigenen heiteren Scharmes, daß ich mich, mir selbst zum Trotz, in meinem letzten Herzenswinkel zum Verzeihen geneigt fühle."

25 Wüllersdorf nickte. „Kann ganz folgen, Innstetten, würde mir vielleicht ebenso gehen. Aber wenn Sie so zu der Sache stehen und mir sagen: ‚Ich liebe diese Frau so sehr, daß ich ihr alles verzeihen kann', und wenn wir dann das andere hinzunehmen, daß alles weit, weit zurückliegt, wie ein Geschehnis auf einem andern Stern, ja, wenn es so liegt,
30 Innstetten, so frage ich, wozu die ganze Geschichte?"

„Weil es trotzdem sein muß. Ich habe mir's hin und her überlegt. Man ist nicht bloß ein einzelner Mensch, man gehört einem Ganzen an, und auf das Ganze haben wir beständig Rücksicht zu nehmen, wir sind durchaus abhängig von ihm. [...] Also noch einmal, nichts von Haß oder
35 dergleichen, und um eines Glückes willen, das mir genommen wurde, mag ich nicht Blut an den Händen haben; aber jenes, wenn Sie wollen, uns tyrannisierende Gesellschafts-Etwas, das fragt nicht nach Scharm und nicht nach Liebe und nicht nach Verjährung. Ich habe keine Wahl. Ich muß." [...]

a) **Recherchieren** Sie zum Begriff „Satisfaktion" und **dokumentieren** Sie, unter welchen Umständen eine solche eingefordert wurde oder auch heute noch eingefordert wird.

b) **Charakterisieren** Sie Baron von Innstetten anhand der Textstelle.

c) Baron von Innstetten ist der Meinung, dass das Unrecht nur durch Satisfaktion ausgeglichen werden könne, Wüllersdorf ist anderer Meinung. – **Entwerfen** Sie unterschiedliche Handlungsmöglichkeiten von Innstetten, die er auch damals wahrscheinlich schon gehabt hätte.

Sechsunddreißigstes Kapitel

[...] Auf dem Rondell hatte sich eine kleine Veränderung vollzogen, die Sonnenuhr war fort, und an der Stelle, wo sie gestanden hatte, lag seit gestern eine weiße Marmorplatte, darauf stand nichts als „Effi Briest"
5 und darunter ein Kreuz. Das war Effis letzte Bitte gewesen: „Ich möchte auf meinem Stein meinen alten Namen wiederhaben; ich habe dem andern keine Ehre gemacht." Und es war ihr versprochen worden. Ja, gestern war die Marmorplatte gekommen und aufgelegt worden, und angesichts der Stelle saßen nun wieder Briest und Frau und sahen da-
10 rauf hin und auf den Heliotrop, den man geschont und der den Stein jetzt einrahmte. Rollo lag daneben, den Kopf in die Pfoten gesteckt.

das Heliotrop = Pflanze mit kleinen violetten Blüten

Wilke, dessen Gamaschen immer weiter wurden, brachte das Frühstück und die Post, und der alte Briest sagte: „Wilke, bestelle den kleinen Wagen. Ich will mit der Frau über Land fahren."

15 Frau von Briest hatte mittlerweile den Kaffee eingeschenkt und sah nach dem Rondell und seinem Blumenbeet. „Sieh, Briest, Rollo liegt wieder vor dem Stein. Es ist ihm doch noch tiefer gegangen als uns. Er frißt auch nicht mehr."

„Ja, Luise, die Kreatur. Das ist ja, was ich immer sage. Es ist nicht so
20 viel mit uns, wie wir glauben. Da reden wir immer von Instinkt. Am Ende ist es doch das beste."

„Sprich nicht so. Wenn du so philosophierst ... nimm es mir nicht übel, Briest, dazu reicht es bei dir nicht aus. Du hast deinen guten Verstand, aber du kannst doch nicht an solche Fragen ..."

25 „Eigentlich nicht."

„Und wenn denn schon überhaupt Fragen gestellt werden sollen, da gibt es ganz andere, Briest, und ich kann dir sagen, es vergeht kein Tag, seit das arme Kind da liegt, wo mir solche Fragen nicht gekommen waren ..."

30 „Welche Fragen?"

„Ob wir nicht doch vielleicht schuld sind?"

„Unsinn, Luise. Wie meinst du das?"

„Ob wir sie nicht anders in Zucht hätten nehmen müssen.

Gerade wir. Denn Niemeyer ist doch eigentlich eine Null, weil er alles in
35 Zweifel läßt. Und dann, Briest, so leid es mir tut ... deine beständigen Zweideutigkeiten ... und zuletzt, womit ich mich selbst anklage, denn ich will nicht schadlos ausgehen in dieser Sache, ob sie nicht doch vielleicht zu jung war?"

Rollo, der bei diesen Worten aufwachte, schüttelte den Kopf langsam
40 hin und her, und Briest sagte ruhig: „Ach, Luise, laß ... das ist ein zu weites Feld."

THEODOR FONTANE: ROMANE UND ERZÄHLUNGEN IN ACHT BÄNDEN, BD. 7, AUFBAU – ALTE RECHTSCHREIBUNG

a) **Setzen** Sie das emotionale Verhalten der Eltern kurz nach dem Tod ihrer Tochter mit dem Verhalten des Hundes Rollo **in Beziehung.**

b) **Überprüfen** Sie den folgenden Interpretationsansatz:
„Anhand der Fragen von Frau Briest ist zu erkennen, dass die gesellschaftlichen Normen bereits im Umbruch sind, da die Schuldfrage schon gestellt werden kann. Die Antwort auf diese Frage, die Herr Briest gibt und mit der der Roman sein Ende findet, lautet aber, dass in so einer Sache die Schuldfrage nie eindeutig beantwortet werden kann und sie aufgrund dessen auch nicht gestellt zu werden braucht."

c) **Entwerfen** Sie ein anderes Ende des Romans. Nehmen wir an, Effi gesundet wieder – wie könnte ihr weiterer Lebensweg verlaufen?

d) „Madame Bovary" (1856) von GUSTAVE FLAUBERT und „Anna Karenina" (1877/78) von LEO TOLSTOI sind zwei Romane, in denen Frauen ein ähnliches Schicksal wie Effi Briest erleiden. – **Recherchieren** Sie den Inhalt dieser Werke und **vergleichen** Sie die Schicksale dieser drei Frauenfiguren.

Zu „Madame Bovary" finden Sie Informationen in Abschnitt 2 „Zur gleichen Zeit am anderen Ort" dieses Kapitels.

4. „Jakob der Letzte" von PETER ROSEGGER

PETER ROSEGGERS Texte sind in erster Linie im bäuerlichen Milieu angesiedelt, aus dem er selbst stammt.

Jakob Steinreuter, der letzte Bauer zu Altenmoos, will nicht wie alle anderen Bauern in seinem Dorf seinen Hof verkaufen. Er beharrt darauf, dass die Heimat bewahrt werden müsse und das Land in den Händen der es bewirtschaftenden Bauern bleiben solle. Sein Wunsch bleibt ungehört.

Peter Rosegger
JAKOB DER LETZTE (1887)

Das Fest der Auswanderer

[...] Der Waldstuber und der Zwieselbaumer hatten sich dem alten Sandler zugewendet und stellten ihm vor, wie es nun werden müsse in Altenmoos und mit dem Sandlerhause. – Die Nachbarn haben verkauft. Die
5 Bauern in dieser Gegend sind aber auf gegenseitiges Zusammenhalten angewiesen. Die Leute weniger. Auch kaum Dienstboten mehr. Alles weiß sich draußen besseren Erwerb, und der Mensch will von der Welt was haben. Die Wege werden verwildern, der einzelne kann sie nicht imstand halten. Auf den brachliegenden Feldern wird Wald wachsen,
10 im Walde Wild, das frißt den Einödbauer auf. Da ist kein Bestehen. Der Hof schützt auch nicht mehr vor dem Soldatenleben. Das neue Gesetz! Wenn der Sandler einen Haufen Kinder hätte, die den Heimgang ins Elternhaus haben wollten. Ja. Aber das ist nicht. Der einzige Sebast. Und der lebe hundertmal besser draußen mit Bargeld. Und was würde
15 es dem Alten wohltun, nicht allemal, wenn er eine Kirchenglocke hören will, den weiten Weg machen zu müssen! Beim Treidler in Sandeben ist ein Stübel zu haben, vor dem Fenster die Kirche, untenauf der Weinkeller. Für einen mühseligen Menschen ist das was wert.

Das Glück meldet sich selten zu Altenmoos, aber wenn es sich meldet,
20 da sollt' man's nicht mit dem Fuße von sich stoßen.

Während die Bauern als Auswanderer so sprachen, hielt der Waldmeister die dreitausend Gulden bereit auf dem Tisch. Der alte Sandler zitterte eine Weile mit dem Haupt, mit der Hand, dann schlug er ein. Sein Haus war verkauft.

25 „Also wieder eine Leiche!" rief der Waldmeister und schlug dem Reuthofer höhnend die Hand auf die Achsel.

„Laß mich in Fried', Aasgeier!" gab der empörte Bauer zurück.

„Und jetzt, Jakob!" rief der Sepp in der Grub lachend, „jetzt schlag' auch du los. Schlag' los, es geht auf eins!"

30 „Und der Aasgeier", setzte der Waldmeister bei, „legt dir bare viertausend Gulden auf die Hand." „Wofür?" fragte der Jakob.

„Für den Reuthof."

„Für den Reuthof?" sagte der Jakob, „der ist nie mehr als an zweitausend Gulden wert gewesen. Oder wäre das Geld für mein und meiner
35 Familie Heimatshaus? Das ist mit Geld nicht zu bezahlen. – Heute", so fuhr er fort, ernst, aber ganz ruhig, „heute habe ich nachgeschlagen draußen im Pfarrbuch. Das Pfarrbuch ist vor dreihundertundsechzig Jahren angelegt worden, und dazumal ist schon von den Steinreutern die Rede gewesen, die auf dem Reuthof in Altenmoos gehaust haben.
40 Noch ältere von diesem Stamm werden auf dem Grund die Steine

PETER ROSEGGER,
österreichischer Schriftsteller
(1843–1918)

197

ausgereutet haben, und davon wird – so meint auch der Pfarrer – der Name Steinreuter herrühren. Von den neun Steinreutern, die im Pfarrbuche stehen, ist, so viel ich weiß, keiner reich gewesen und keiner arm. Einmal ist der Reuthof niedergebrannt, die Steinreuter haben auf Gott

45 vertraut und ihn wieder aufgebaut. Oft hat uns der Hagel die Feldfrucht vernichtet und das wilde Wasser die Wiesen mit Steinen überschüttet, die Steinreuter haben gearbeitet und Mut gehabt. Sie sind dem Unglück nicht ausgewichen und nicht entgegengegangen; sie sind ihm gestanden, wie der Tannenbaum dem Sturm, möcht' ich sagen. Die Kinder

50 sind beim Haus verblieben oder haben an andere Höfe geheiratet, ich habe von keinem gehört, das nicht rechtschaffen gewesen wäre. Nur von meinem Großvater ein Bruder, der ist Soldat geworden, ist nachher geflüchtet, hat oben im Felsloch gehaust, ist wieder eingefangen und zu tot geschlagen worden. Sonst haben fast alle ein langes Leben gehabt.

55 Freiwillig fortgehen, in die Fremde gehen, gar ein Herr werden, das ist im Reuthof, so lang' er steht, nicht gedacht worden."

„So magst jetzt du dran denken", sagte der Zwieselbaumer.

„Wir sind ein Bauernstamm", fuhr der Jakob fort, und seine Stimme hob sich und zitterte ein wenig. „Wir hören vielleicht einmal etwas

60 läuten von Reichtum und Herrlichkeit draußen in der weiten Welt. Wir gönnen es jedem, der dran glücklich wird. Wir brauchen es nicht. Wir haben nie davon geredet, aber jetzt – jetzt müssen wir davon reden, weil sie die Heimat und die Fremde zueinander wägen. Ich tu's nicht.

Wie soll ich die Erdscholle und die Wolke miteinander wägen? – Es

65 gehen Häuserschächer um, und ihr verkauft den Boden, auf dem ihr steht. Nachbarn! Wenn sich die Welt zerstört, so fängt es an. Die Menschen werden zuerst treulos gegen die Heimat, treulos gegen die Vorfahren, treulos gegen das Vaterland. Sie werden treulos gegen die guten alten Sitten, gegen den Nächsten, gegen das Weib und gegen das Kind.

70 Sonst ist das Kind in der Heimat geboren worden, hat in der Heimat seine Jugendzeit verlebt, ihr setzt es in die Fremde, auf Sand."

„Natürlich", bemerkte nun der Waldmeister, „wer von dem großen deutschen Vaterland noch nichts gehört hat, der ist freilich fremd, sobald er aus seiner Wiege steigt."

75 „Großes deutsches Vaterland!" sagte Jakob, „ein gutes Schlagwort für die Bauernabtrenner, und schon gar, wenn sie aus Polen kommen. Ich aber sage: Wo keine Liebe zur festständigen Heimat ist, da ist auch keine zum Vaterland. Ein Blatt, das vom Baume gerissen ist, flattert noch eine Weile raschelnd im Herbstwind hin und her, ehe es sinkt und

80 verwest. Jetzt ist so ein Wind gekommen, Nachbarn! Ihr raschelt, aber ihr werdet nimmer grün. Ihr seid feige, lauft dem Bauernstand davon, weil er hart und ernsthaft ist. Ihr seid hoffärtig, und weil euch der Wind trägt, so glaubt ihr, ihr wäret Vögel und könntet fliegen."

„Lieber Vögel als Maulwürfe!" schrie einer drein.

85 „Der Maulwurf ist ein nützliches Tier", sagte der Jakob, „wenn er aber Flügel haben und eine Lerche sein wolle! Pfui Teufel!"

„Schön kann er predigen", lachte der Waldmeister.

„Wenn ein Abschiedsfest ist, meine Herren, so muß auch eine Abschiedsrede sein", sprach der Jakob, nun halb launig, „sie ist gehalten.

90 Ihr seid draußen, ich mache die Tür zu. Helf' euch Gott!"

PETER ROSEGGER: JAKOB DER LETZTE, ULLSTEIN – ALTE RECHTSCHREIBUNG

a) **Listen** Sie die Argumente **auf,** mit denen die Bauern es rechtfertigen, ihren Hof zu verkaufen. Listen Sie daneben jene Gründe auf, die Jakob anführt, warum er seinen Hof nicht verkauft.

b) **Setzen** Sie die Redensart „Schuster bleib bei deinen Leisten" mit dem Inhalt des Textausschnittes **in Beziehung.** Hat diese Redensart heutzutage noch Relevanz?

c) Jakob verwendet zweimal in dieser Textstelle den Begriff „Heimat". – **Erläutern** Sie Jakobs Definition von Heimat und auch Ihren eigenen Zugang zu diesem Begriff.

5. „Das Gemeindekind" von Marie von Ebner-Eschenbach

Pavel Holub, dessen Vater aufgrund eines Raubmordes gehängt wird und dessen Mutter wegen der Weigerung, gegen ihren Mann auszusagen, für zehn Jahre eingesperrt wird, wird zum Gemeindekind. Die Gemeinde muss nun für den Unterhalt des heranwachsenden Knaben aufkommen. Seine Schwester Milada wird von der Baronin aufgenommen, aber bald in ein Kloster gesteckt. Pavel kommt zur Hirtenfamilie Virgil, die in der Gemeinde verachtetet ist, und wächst dort unter den erbärmlichsten Umständen auf.

Nach einem Besuch bei seiner Schwester im Kloster beschließt Pavel auf ihr Bitten hin, ein besserer Mensch zu werden. Er wendet sich an den Lehrer Habrecht, der ihn dabei unterstützt. Pavel verändert sich zum Positiven, knüpft soziale Kontakte und wird umgänglicher sowie gesprächiger.

Aufgrund kleinerer Diebstähle, die er zu Beginn seines Gemeindekind-Daseins begangen hat, fungiert er für die Gemeinde als Sündenbock. Als der Bürgermeister stirbt, bezichtigt man Pavel, diesen vergiftet zu haben. Pavel kann aber seine Unschuld beweisen.

Ein anderes Mal rettet er Peter, dem Sohn des Bürgermeisters, das Leben, indem er Pferde unter Kontrolle bringt. Aufgrund der Rettungsaktion wird der Zaun des Wirtes beschädigt, für dessen Reparatur Pavel aufkommen muss.

Marie von Ebner-Eschenbach
DAS GEMEINDEKIND (1887)

„Hund!" ertönte es vom andern Ende des Tisches. Peter hatte geredet, und in seiner Umgebung erhob sich ein beifälliges Gemurmel. Pavel jedoch drückte stärker, als er wußte und wollte, die Schulter des alten Rates.

5 „Ob ich zahlen muß, frag ich Euch, frag ich die Bauern, frag ich den dort", rief er zu Peter hinüber.

„Ja! ja! ja!" wetterten ihm alle unter einer Flut von Flüchen entgegen. Peschek wand und krümmte sich; ihm war der Schlaf vergangen: so wach hatte er sich lange nicht gefühlt und kaum je so hellsehend. „Laß

10 mich los", drohte er zu Pavel hinaus und dachte bei sich: An dem Menschen wird ein Unrecht begangen. – „Ich kann dir nicht helfen", fuhr er fort, „auch wenn ich möchte ... Du mußt zahlen."

Pavel wechselte die Farbe und zog seine Hand zurück. „Gut", knirschte er, „gut also." Langsam, mit einer feierlichen Gebärde, griff er in die

15 Brusttasche, entnahm einem Umschlage, den er bedächtig öffnete, eine Zehnguldennote, reichte sie samt der Rechnung dem Wirt und sprach: „Saldier und gib heraus."

Eine Pause des Erstaunens entstand: das hatte niemand erwartet.
Schadenfreude und Enttäuschung teilten sich in die Herrschaft über die
20 Gemüter, nur der Wirt war eitel Entzücken. Bereitwilligst legte er, nachdem er die Banknote eingesteckt, einen Gulden vor Pavel hin.

Dieser nahm ihn in Empfang, kreuzte die Arme und warf einen kühnen,
herausfordernden, einen wahren Feldherrnblick über die ganze Gesellschaft. „So", sagte er; seine Stimme war nicht mehr umschleiert; sie
25 klang laut und mächtig, und mit einem wahren Genuß ließ er sie zu
den Worten erschallen: „Und jetzt sag ich dem Gemeinderat und den
Bauern, daß sie alle zusammen eine Lumpenbagage sind."

Ein einziger Aufschrei beantwortete diesen unerhörten Schimpf, den
der Geringste im Dorf den Reichen, den Machthabern zugeschleudert.
30 Die Nächststehenden stürzten sich auf ihn und hätten ihn niedergeris-
sen ohne Arnost und Anton, die ihm zu Hilfe kamen. Als in dem furchtbaren Lärm die Worte „undankbare Kanaille", die Peter ausgestoßen, an
Pavels Ohr schlugen, bäumte er sich auf, und mit der Bewegung eines
Schwimmers, der mit beiden Armen die auf ihn eindringenden Wellen
35 der Flut teilt, hielt er sich die Menge, die ihn bedrohte, vom Leibe.

„Undankbar!" donnerte er, und durch die Empörung hindurch, von welcher er glühte und bebte, klang erschütternd eine Klage lang erlittenen
Schmerzes. „Undankbar? Und was verdank ich euch? Für den Bettel,
den ihr zu meinem Unterhalt hergegeben, hab ich mit meiner Arbeit
40 tausendfach bezahlt. Den Unterricht in der Schul hat mir der Lehrer
umsonst erteilt. Keine Hose, kein Hemd, keinen Schuh hab ich von
euch bekommen. Den Grund, auf dem mein Haus steht, habt ihr mir
doppelt so teuer verkauft, als er wert ist. Wie der Bürgermeister gestorben ist, habt ihr mir die Schuld gegeben an seinem Tod; eure Kinder
45 hätten mich beinah gesteinigt, und wie ich freigesprochen war, da hat
es geheißen: Bist doch ein Giftmischer! Jetzt rette ich dem Peter sein
Leben, und weil ich dabei dem Wirt seinen Zaun umgerissen hab, muß
ich den Zaun bezahlen ... Bagage!" Er warf ihnen zum zweiten Male das
Wort ins Gesicht wie eine ungeheure Ohrfeige, die allen galt und für alle
50 ausreichte, und – war's die elementare Macht des Zornes, der ihm aus
den Augen loderte, war es die halb unbewußte Empfindung der Berechtigung dieses Zornes – trotz des Aufruhrs, den jenes Wort hervorrief,
konnte Pavel fortfahren: „Warum wart ihr so mit mir? Weil ich als Kind
ein Dieb gewesen bin? – Wie viele von euch sind denn ehrlich? ... Weil
55 mein Vater am Galgen gestorben ist? – Kann ich dafür? ... Bagage ..."
und jetzt übermannte ihn die Wut; betäubend, racheheischend stieg die
Erinnerung an alles, was er erduldet hatte und was ungesühnt geblieben war, in ihm auf. Er fand keine Worte mehr für eine Anklage; er fand
nur noch Worte für eine Drohung, und die stieß er heraus: „Wenn ich
60 aber heute etwas tue, was auch mich an den Galgen bringt, dann ist es
eure Schuld!"

MARIE VON EBNER-ESCHENBACH: GESAMMELTE WERKE IN DREI
BÄNDEN, BD. 1, WINKLER – ALTE RECHTSCHREIBUNG

Zehn Jahre nachdem Pavel zum Gemeindekind geworden ist, hat er es
geschafft, ein Grundstück zu erwerben und darauf ein kleines Haus zu
bauen, in dem er seine aus dem Gefängnis kommende Mutter aufnehmen
kann. Die Schwester Milada ist in der Zwischenzeit im Kloster verstorben.

a) **Recherchieren** Sie, warum in Gesellschaften Menschen zu Sündenböcken gemacht werden und welche Funktionen sie in diesen erfüllen.

b) Ende des 19. Jahrhunderts – und vor allem im Zuge des Naturalismus – diskutiert man intensiv die Frage, ob wir Menschen in unserem Handeln durch unsere Herkunft, die Gesellschaft etc. determiniert seien oder ob der Mensch sein Handeln durch seinen freien Willen bestimmen könne. – **Überprüfen** Sie, welche Position MARIE VON EBNER-ESCHENBACH in diesem Diskurs einnimmt. Formulieren Sie auch Ihre eigene Position zu dieser Frage.

6. „Max und Moritz" von WILHELM BUSCH

„Komisch, grotesk, makaber" – dies sind die Attribute, die WILHELM BUSCH und seiner Literatur zugeschrieben werden. BUSCH kann als Urvater der Comics bezeichnet werden, zu denen er auch eine entsprechende Sprache entwickelt hat.

Wilhelm Busch
MAX UND MORITZ (1865)

Vorwort
Ach was muß man oft von bösen
Kindern hören oder lesen!
Wie zum Beispiel hier von diesen,
5 Welche Max und Moritz hießen.
Die, anstatt durch weise Lehren
Sich zum Guten zu bekehren,
Oftmals noch darüber lachten
Und sich heimlich lustig machten.
10 Ja, zur Übeltätigkeit,
Ja, dazu ist man bereit!
Menschen necken, Tiere quälen,
Äpfel, Birnen, Zwetschen stehlen
Das ist freilich angenehmer
15 Und dazu auch viel bequemer,
Als in Kirche oder Schule
Festzusitzen auf dem Stuhle.
Aber wehe, wehe, wehe,
Wenn ich auf das Ende sehe!!
20 Ach, das war ein schlimmes Ding,
Wie es Max und Moritz ging.
Drum ist hier, was sie getrieben,
Abgemalt und aufgeschrieben.

[Streiche 1–6]

25 **Siebter Streich**
[...] Hei! Da sieht er voller Freude
Max und Moritz im Getreide.
Rabs! – In seinen großen Sack
Schaufelt er das Lumpenpack.
30 Max und Moritz wird es schwüle;
Denn nun geht es nach der Mühle.
„Meister Müller, he, heran!

Siehe WERKZEUG des Kapitels „Naturalismus"

Max und Moritz

Mahl er das, so schnell er kann!"
„Her damit!" und in den Trichter
35 Schüttelt er die Bösewichter.
Rickeracke! Rickeracke!
Geht die Mühle mit Geknacke.
Hier kann man sie noch erblicken
Fein geschroten und in Stücken.
40 Doch sogleich verzehrt sie
Meister Müllers Federvieh.

Schluß
Als man dies im Dorf erfuhr,
War von Trauer keine Spur.
45 Witwe Bolte, mild und weich,
Sprach: „Sieh da, ich dacht es gleich!"
„Jajaja!" rief Meister Böck,
„Bosheit ist kein Lebenszweck!"
Drauf so sprach Herr Lehrer Lämpel:
50 „Dies ist wieder ein Exempel!"
„Freilich", meint der Zuckerbäcker,
„Warum ist der Mensch so lecker!"
Selbst der gute Onkel Fritze
Sprach: „Das kommt von dumme Witze!"
55 Doch der brave Bauersmann
Dachte: „Wat geiht meck dat an!"
Kurz, im ganzen Ort herum
Ging ein freudiges Gebrumm
„Gott sei Dank! Nun ist's vorbei
60 Mit der Übeltäterei!!"

WILHELM BUSCH: DAS GROSSE WILHELM BUSCH ALBUM,
BASSERMANN – ALTE RECHTSCHREIBUNG

a) Max und Moritz (ver)ärgern die Erwachsenen mit ihren Streichen. Nicht alle unten Angegebenen sind jedoch Opfer. – **Recherchieren** Sie den Inhalt der Streiche und kennzeichnen Sie die beiden falschen „Opfer":

| ■ Witwe | ■ Pfarrer | ■ Schuster | ■ Bäcker |
| ■ Lehrer | ■ Schreiner | ■ Bauer | ■ Onkel |

b) Vergleichen Sie die Ahndung des moralischen Fehlverhaltens der beiden Lausbuben mit dem Umgang mit moralischem Fehlverhalten heute.

c) Beurteilen Sie den Umgang der Erwachsenenwelt mit dem Tod der beiden Buben.

d) Recherchieren Sie nach weiteren Comics (oder Bildgeschichten) von WILHELM BUSCH und achten Sie vor allem darauf, wie die Protagonistinnen und Protagonisten ihr Ende finden.

Lehrer Lämpel nach einer Zeichnung von WILHELM BUSCH

2 Zur gleichen Zeit am anderen Ort

2.1 GUSTAVE FLAUBERT (1821–1880)

Geboren 1821 in der französischen Stadt Rouen, wächst GUSTAVE FLAUBERT in bürgerlichen Verhältnissen auf, besucht das Collège Royal und schreibt schon als Schüler erste Texte. Nach dem Abitur beginnt er auf Wunsch seines Vaters Rechtswissenschaften zu studieren, bricht sein Studium aus gesundheitlichen Gründen aber ab und widmet sich in der Folge seinen persönlichen Neigungen, vor allem der des Schreibens.

Nach mehreren Reisen, die ihn sowohl in den vorderen Orient als auch nach Tunesien führen, zieht er sich mit seiner verwitweten Mutter in ein Haus nahe Rouen zurück, um dort als Schriftsteller tätig zu sein.

GUSTAVE FLAUBERT, franz. Schriftsteller (1821–1880)

FLAUBERT gilt auch deshalb als ein zentraler europäischer Schriftsteller des 19. Jahrhunderts, weil die Protagonistinnen und Protagonisten in seinen Romanen, vor allem in „Die Schule der Empfindsamkeit" und in „Madame Bovary", keine Ausnahmeerscheinungen mehr darstellen. Sie weisen eine gewöhnliche Durchschnittsbiografie auf, was kennzeichnend für den Realismus ist.

„Der Autor muss in seinem Werk wie Gott im Weltall sein, überall anwesend und nirgends sichtbar." Dieser Satz ist zentral für die Erzählhaltung, die FLAUBERT in seinen Romanen zur Anwendung bringt.

FLAUBERTS Werke

Romane
- Erinnerungen eines Verrückten (1838)
- Madame Bovary (1856)
- Salambo (1862)
- Die Schule der Empfindsamkeit (1869)
- Die Versuchung des heiligen Antonius (1874)

Erzählungen
- Gedanken eines Zweiflers (verfasst 1838)
- Briefe aus dem Orient (Reiseerzählungen, verfasst 1849)
- Ein einfältig Herz (1877)
- Herodias (1877)

„Madame Bovary" – Inhalt

Emma ist die hübsche Tochter des Landwirts Monsieur Rouault. Sie lernt den Landarzt Charles Bovary auf dem Hof kennen. Dieser macht die junge Emma zu seiner Frau. Für sie bedeutet dies in erster Linie sozialen Aufstieg.

Charles Bovary ist ein vorbildlicher Landarzt und kümmert sich intensiv um seine Patientinnen und Patienten, wodurch Emma sich vernachlässigt fühlt und unter dem negativen Gefühl eines ereignislos vergehenden Lebens leidet. Emmas Unzufriedenheit schlägt sich auf ihren Gesundheitszustand, woran weder die Geburt der Tochter Berthe noch ein Ortswechsel etwas ändern. Auch ihre Bekanntschaft mit Léon, zu dem sie sich sehr hingezogen fühlt, bewirkt keinen längerfristigen Aufschwung, denn Léon geht nach Paris. Emma entflieht ihrer Tristesse, indem sie sich in einen Kaufwahn stürzt und sich dabei verschuldet, ohne ihren Mann Charles darüber in Kenntnis zu setzen.

Eines Tages lässt der Gutsbesitzer Rodolphe Boulanger seinen Knecht bei Charles zur Ader lassen. Rodolphe ist sofort von Emma eingenommen und die beiden beginnen eine leidenschaftliche Affäre. Als sie mit ihm fliehen und Charles verlassen möchte, macht Rodolphe jedoch kurzerhand mit ihr Schluss. Nachdem Léon aus Paris zurückkehrt ist, hat Emma auch mit ihm eine Affäre. Sie macht ihm immer wieder großzügige Geschenke und verschuldet sich weiter. Weder Léon noch Rodolphe helfen ihr aus ihren finanziellen Nöten, als Emma sie darum bittet. Emma sieht sich in einer aussichtslosen Lage. Deshalb verschafft sie sich Arsen und begeht Selbstmord.

Charles Bovary verkraftet den Tod Emmas nicht, verarmt aufgrund der hohen Verschuldung, wird gepfändet und stirbt bald darauf. Berthe kommt vorerst zu ihrer Großmutter, dann zu einer verarmten Tante, die das Mädchen in die Baumwollspinnerei schickt, um das tägliche Brot zu verdienen.

Arbeitsaufgaben „Madame Bovary"

1. Emma Bovary

Gustave Flaubert
MADAME BOVARY (1856)

Textauszug 1:
Als sie [Emma] dreizehn Jahre alt war, brachte ihr Vater sie zur Stadt, um sie in das Kloster zu geben. [...] Im Kloster gab es nun eine alte Jungfer, die sich aller vier Wochen auf acht Tage einstellte, um die Wäsche auszubessern. [...] Sie erzählte Geschichten, wußte stets Neuigkeiten, übernahm allerhand Besorgungen in der Stadt und lieh den größeren Mädchen Romane, von denen sie immer ein paar in den Taschen ihrer
5 Schürze bei sich hatte. [...] Darin wimmelte es von Liebschaften, Liebhabern, Liebhaberinnen, von verfolgten Damen, die in einsamen Pavillonen ohnmächtig, und von Postillionen, die an allen Ecken und Enden gemordet wurden, von edlen Rossen, die man auf Seite für Seite zuschanden ritt, von düsteren Wäldern, Herzenskämpfen, Schwüren, Schluchzen, Tränen und Küssen, von Gondelfahrten im Mondenschein, Nachtigallen in den Büschen, von hohen Herren, die wie Löwen tapfer und sanft wie Bergschafe waren, dabei
10 tugendsam bis ins Wunderbare, immer köstlich gekleidet und ganz unbeschreiblich tränenselig. Ein halbes Jahr lang beschmutzte sich die fünfzehnjährige Emma ihre Finger mit dem Staube dieser alten Scharteken.

Textauszug 2:
Vor der Hochzeit hatte sie fest geglaubt, Liebe zu ihrem Charles zu empfinden. Aber als das Glück, das sie aus dieser Liebe erwartete, ausblieb, da mußte sie sich doch getäuscht haben. So dachte sie. Und sie gab sich Mühe, zu ergrübeln, wo eigentlich in der Wirklichkeit all das Schöne sei, das in den Romanen mit den Worten Glückseligkeit, Leidenschaft und Rausch so verlockend geschildert wird.

Textauszug 3:
Sobald sie von Charles befreit war, ging sie in ihr Zimmer hinauf und schloß sich ein. Sie war zunächst noch wie unter einem Banne. Sie sah im Geist die Bäume, die Wege, die Gräben, den Geliebten und fühlte seine Umarmung. Das Laub wisperte um sie herum, und das Schilf rauschte. Dann aber erblickte sie sich im Spiegel. Sie staunte über ihr Aussehen. So große schwarze Augen hatte sie noch nie gehabt! Und wie
5 tief sie lagen! Etwas Unsagbares umfloß ihre Gestalt. Sie kam sich wie verklärt vor.
Immer wieder sagte sie sich: „Ich habe einen Geliebten! Einen Geliebten!"
Der Gedanke entzückte sie. Es war ihr, als sei sie jetzt erst Weib geworden. Endlich waren die Liebesfreuden auch für sie da, die fiebernde Glückseligkeit, auf die sie bereits keine Hoffnung mehr gehabt hatte! Sie war in eine Wunderwelt eingetreten, in der alles Leidenschaft, Verzückung und Rausch war. Blaue Unermeß-
10 lichkeit breitete sich rings um sie her, vor ihrer Phantasie glänzte das Hochland der Gefühle, und fern, tief unten, im Dunkel, weit weg von diesen Höhen, lag der Alltag.
Sie erinnerte sich an allerlei Romanheldinnen, und diese Schar empfindsamer Ehebrecherinnen sangen in ihrem Gedächtnisse mit den Stimmen der Klosterschwestern. Entzückende Klänge! Jene Phantasiegeschöpfe gewannen Leben in ihr; der lange Traum ihrer Mädchenzeit ward zur Wirklichkeit. Nun war sie selber
15 eine der amoureusen Frauen, die sie so sehr beneidet hatte!

Textauszug 4:
Dann verlangte sie mit deutlicher Stimme ihren Spiegel und betrachtete darin eine Weile ihr Bild, bis ihr die Tränen aus den Augen rollten. Darnach legte sie den Kopf zurück, stieß einen Seufzer aus und sank in das Kissen.
Ihre Brust begann alsbald heftig zu keuchen. Die Zunge trat weit aus dem Munde. Die Augen begannen zu
5 rollen und ihr Licht zu verlieren wie zwei Lampenglocken, hinter denen die Flammen verlöschen.

Man hätte glauben können, sie sei schon tot, wenn ihre Atmungsorgane nicht so fürchterlich heftig gearbeitet hätten. Es war, als schüttle sie ein wilder innerer Sturm, als ringe das Leben gewaltig mit dem Tode. [...] Je stärker das Röcheln wurde, um so mehr beschleunigte der Priester seine Gebete. Sie mischten sich mit dem erstickten Schluchzen Bovarys, und zuweilen vernahm man nichts als das dumpfe Murmeln der lateinischen Worte, das wie Totengeläut klang.

Plötzlich klapperten draußen auf der Straße Holzschuhe. Ein Stock schlug mehrere Male auf, und eine Stimme erhob sich, eine rauhe Stimme, und sang:

> „Wenns Sommer worden weit und breit,
> Wird heiß das Herze mancher Maid ...“

Emma richtete sich ein wenig auf, wie eine Leiche, durch die ein elektrischer Strom geht. Ihr Haar hatte sich gelöst, ihre Augensterne waren starr, ihr Mund stand weit auf.

> „Nanette ging hinaus ins Feld,
> Zu sammeln, was die Sense fällt.
> Als sie sich in der Stoppel bückt,
> Da ist passiert, was sich nicht schickt ...“

„Der Blinde!“, schrie sie.

Sie brach in Lachen aus, in ein furchtbares, wahnsinniges, verzweifeltes Lachen, weil sie in ihrer Phantasie das scheußliche Gesicht des Unglücklichen sah, wie ein Schreckgespenst aus der ewigen Nacht des Jenseits...

> „Der Wind, der war so stark ... O weh!
> Hob ihr die Röckchen in die Höh.“

Ein letzter Krampf warf sie in das Bett zurück. Alle traten hinzu. Sie war nicht mehr.

GUSTAVE FLAUBERT: MADAME BOVARY, HANSER – ALTE RECHTSCHREIBUNG

a) Der Blinde taucht im Laufe des Romans immer wieder (zuweilen auch bettelnd) auf und Emma ist meist angewidert von seinem Erscheinen. Auch kurz vor ihrem Ableben befindet er sich auf der Straße vor ihrem Fenster und spricht oben angeführtes Gedicht. – **Deuten** Sie diese lyrischen Zeilen unter Bezugnahme auf Emmas Leben.

b) FLAUBERTS realistisches Erzählen befindet sich an der Grenze zum Naturalismus und nimmt in gewisser Hinsicht das naturalistische Erzählen schon ein wenig vorweg. – **Weisen** Sie folgende Interpretationshypothese anhand der angeführten Textstellen **nach oder widerlegen** Sie diese:

„Emma ist im Grunde ihres Herzens eine Romantikerin und erträumt sich ein Leben voller unergründlicher Geheimnisse, tiefer Emotionen und märchenhafter Illusionen. Der/die Erzähler/in des Romans hingegen präsentiert das Geschehen aus großer Distanz, mit Liebe zum Detail und zuweilen auch mit realistischer Härte.“

c) „Lesen ist Abenteuer im Kopf.“ – Und plötzlich reicht die Welt der Fiktion in Emmas reales Leben hinein, sie ist durchdrungen von ihrem neuen Glück. – **Diskutieren** Sie, woran Emma letztlich scheitert. Sind es die Moralvorstellungen des 19. Jahrhunderts oder ist es die ständige Suche nach intensiven Emotionen, nach einer permanenten Verliebtheit, nach Abenteuern, nach alledem, was sie in ihrer Lektüre als Wirklichkeit vorfindet?

2. **Der Prozess**

1857 fand in Paris ein Prozess statt, in dem GUSTAVE FLAUBERT angeklagt wurde, mit seinem Roman die öffentliche Moral, die Religion und die guten Sitten verletzt zu haben. Argumentiert wurde die Anklage folgendermaßen: Es könne sich auf junge Mädchen und Frauen nur verderblich auswirken, wenn man ihnen einen solchen Roman zu lesen gebe, in dem die Heldin schon als Kind im Beichtstuhl sinnliche Lust empfindet, sobald sie an den himmlischen Verlobten denkt, oder sich ihren Geliebten im Wald und auch in einem Fiaker hingibt.

a) Literarische Werke hatten in der Vergangenheit zuweilen großen Einfluss auf die Gedanken, Gefühle und Handlungen der Leser/innen. – **Diskutieren** Sie, ob sich das heute noch immer so verhält oder ob dieser Einfluss nun von anderen Medien ausgeübt wird.

b) Diskutieren Sie, welche Lektüre Sie in Ihrem bisherigen Leben am meisten beeindruckt und vielleicht auch ein wenig in Ihren Entscheidungen, Haltungen und Einstellungen beeinflusst hat.

2.2 MARK TWAIN (1835–1910)

James Carroll Beckwith: Mark Twain (1890)

Samuel Langhorne Clemens lautet der eigentliche Name des Schriftstellers. MARK TWAIN ist sein Pseudonym, das aus der Sprache der Mississippi-Schifffahrt stammt. Es bezeichnet eine bestimmte Wassertiefe, die aufgrund der Untiefen dieses Flusses immer wieder von den Schiffern kontrolliert und mittels Rufen bekannt gegeben werden musste.

TWAIN wächst in der Stadt Hannibal am Mississippi auf, die zur Kulisse für seine bekanntesten Werke „Die Abenteuer des Tom Sawyer" und „Die Abenteuer des Huckleberry Finn" wird. Er erlernt dort das Schriftsetzerhandwerk und begibt sich ab seinem 18. Lebensjahr auf erste Reisen.
Zwischenzeitlich lässt er sich zum Schiffslotsen auf dem Mississippi ausbilden, versucht sich als Goldgräber in Virginia City und verfasst über das Leben in den Saloons dieser Stadt Reportagen und Geschichten, die durchaus ihren Anteil am Mythos des Wilden Westens haben, so wie er klischeehaft in Film und Literatur immer wieder dargestellt wird.

MARK TWAIN ist für viele der Inbegriff des Komischen. Sein Humor ist weder beleidigend noch öde. Es ist ein weiser, scharfsinniger Humor, der oft auch dadurch entsteht, dass TWAIN übertreibt, diese Zuspitzung aber in einen ernsthaften Ton kleidet.
In seinen Werken ist zudem Platz für die Welt der Armen, der sozial unteren Schichten. Er kritisiert die Gier nach Reichtum, religiöse Heuchelei, korrupte Politiker etc. Wenn es um die Perspektive auf die Sklaverei und die Unterdrückung von Schwarzen geht, ist MARK TWAIN seiner Zeit voraus. „Die Abenteuer des Huckleberry Finn" lassen sich auch als klares Statement gegen Rassismus lesen.

TWAINS Werke

Romane und Erzählungen
- Das vergoldete Zeitalter. Eine Geschichte von heute (1873)
- Eine Bluttat, ein Betrug und ein Bund fürs Leben (1876)
- Die Abenteuer des Tom Sawyer (1876)
- Leben auf dem Mississippi (1883)
- Die Abenteuer des Huckleberry Finn (1884)
- Knallkopf Wilson (1894)

Reiseliteratur
- Die Arglosen im Ausland (1869)
- Durch Dick und Dünn (1872)
- Bummel durch Europa (1880)

„Die Abenteuer des Huckleberry Finn" – Inhalt

Der Ich-Erzähler Huck Finn, der gemeinsam mit Tom Sawyer am Ende der „Abenteuer des Tom Sawyer" zu Geld gekommen ist, soll in St. Petersburg, einem fiktiven Ort, der die Stadt Hannibal als Vorlage hat, von der Witwe Douglas und Miss Watson „erzogen" werden. Dies misslingt jedoch, da sich Huck Finn aus dem Staub machen kann. Gemeinsam mit Jim, Miss Watsons Sklaven, und zeitweise mit den zwei Gaunern „König" und „Herzog" fährt er auf einem Floß den Mississippi hinunter. Dabei erlebt er zahlreiche Abenteuer und begeht Gaunereien.
Die Flucht tritt Huck Finn auch deshalb an, weil er seinem Vater entkommen will, der ihn ständig verprügelt und an sein Geld gelangen möchte.
Der Roman endet damit, dass Huck Finn nach St. Petersburg zurückkehrt und Jim seine Freiheit erhält.

Arbeitsaufgaben „Mark Twain"

1. „Die Abenteuer des Huckleberry Finn"

Mark Twain
DIE ABENTEUER DES HUCKLEBERRY FINN (1884)

Erstes Kapitel
**Huck soll *sievilisiert* werden – Moses in den *Schilfern* –
Miss Watson – Tom Sawyer wartet**

Da ihr gewiß schon die Abenteuer von Tom Sawyer gelesen habt, so brauche ich mich euch nicht vorzustel-
5 len. Jenes Buch hat ein gewisser Mark Twain geschrieben und was drinsteht ist wahr – wenigstens meisten-
teils. Hie und da hat er etwas dazugedichtet, aber das tut nichts. Ich kenne niemand, der nicht gelegentlich
einmal ein bißchen lügen täte, ausgenommen etwa Tante Polly oder die Witwe Douglas oder Mary. Toms
Tante Polly und seine Schwester Mary und die Witwe Douglas kommen alle in dem Buche vom Tom Sawyer
vor, das wie gesagt, mit wenigen Ausnahmen eine wahre Geschichte ist. – Am Ende von dieser Geschichte
10 wird erzählt, wie Tom und ich das Geld fanden, das die Räuber in der Höhle verborgen hatten, wodurch wir
nachher sehr reich wurden. Jeder von uns bekam sechstausend Dollars, lauter Gold. Es war ein großartiger
Anblick, als wir das Geld auf einem Haufen liegen sahen. Kreisrichter Thatcher bewahrte meinen Teil auf
und legte ihn auf Zinsen an, die jeden Tag einen Dollar für mich ausmachen. Ich weiß wahrhaftig nicht,
was ich mit dem vielen Geld anfangen soll. Die Witwe Douglas nahm mich als Sohn an und will versuchen,
15 mich zu *sievilisieren* wie sie sagt. Das schmeckt mir aber schlecht, kann ich euch sagen, das Leben wird mir
furchtbar sauer in dem Hause mit der abscheulichen Regelmäßigkeit, wo immer um dieselbe Zeit gegessen
und geschlafen werden soll, einen Tag wie den andern. Einmal bin ich auch schon durchgebrannt, bin in
meine alten Lumpen gekrochen, und – hast du nicht gesehen, war ich draußen im Wald und in der Freiheit.
Tom Sawyer aber, mein alter Freund Tom, spürte mich wieder auf, versprach, er wolle eine Räuberbande
20 gründen und ich solle Mitglied werden, wenn ich noch einmal zu der Witwe zurückkehre und mich weiter
sievilisieren lasse. Da tat ich's denn.
Die Witwe vergoß Tränen, als ich mich wieder einstellte, nannte mich ein armes, verirrtes Schaf und sonst
noch allerlei, womit sie aber nichts Schlimmes meinte. Sie steckte mich wieder in die neuen Kleider, in
denen es mir immer ganz eng und schwül wird. Überhaupt ging's nun vorwärts im alten Trab. Wenn die
25 Witwe die Glocke läutete, mußte man zum Essen kommen. Saß man dann glücklich am Tisch, so konnte
man nicht flott drauflos an die Arbeit gehen, Gott bewahre, da mußte man abwarten bis die Witwe den
Kopf zwischen die Schultern gezogen und ein bißchen was vor sich hingemurmelt hatte. Damit wollte sie
aber nichts über die Speisen sagen, o nein, die waren ganz gut soweit, nur mißfiel mir, daß alles besonders
gekocht war und nicht Fleisch, Gemüse und Suppe alles durcheinander. Eigentlich mag ich das viel lieber,
30 da kriegt man so einen tüchtigen Mund voll Brühe dabei und die hilft alles glatt hinunterspülen. Na, das ist
Geschmackssache!
Nach dem Essen zog sie dann ein Buch heraus und las mir von Moses in den *Schilfern* vor und ich brannte
drauf, alles von dem armen kleinen Kerl zu hören. Da, mit einemmal sagte sie, der sei schon eine ganze
Weile tot. Na, da war ich aber böse und wollte nichts weiter wissen – was gehen mich tote und begrabene
35 Leute an? Die interessieren mich nicht mehr!
Dann hätt' ich gern einmal wieder geraucht und fragte die Witwe, ob ich's dürfe. Da kam ich aber gut an!
Sie sagte, das gehöre sich nicht für mich und sei überhaupt „eine gemeine und unsaubere Gewohnheit",
an die ich nicht mehr denken dürfe. So sind nun die Menschen! Sprechen über etwas, das sie gar nicht
verstehen! Quält mich die Frau mit dem Moses, der sie weiter gar nichts angeht, der nicht einmal verwandt
40 mit ihr war und mit dem jetzt nichts mehr anzufangen ist, und verbietet mir das Rauchen, das doch gewiß
gar nicht so übel ist. Na, und dabei schnupft sie, aber das ist natürlich ganz was andres und kein Fehler,
weil sie's eben selbst tut.

MARK TWAIN: HUCKLEBERRY FINNS ABENTEUER UND FAHRTEN, GOLDMANN – ALTE RECHTSCHREIBUNG

a) Charakterisieren Sie Huckleberry Finn mit eigenen Worten anhand dieses Romanbeginns.

b) Analysieren Sie die Sprache, in der uns der Ich-Erzähler seine Geschichte näherbringt.

c) *„Erziehung ist die organisierte Verteidigung der Erwachsenen gegen die Jugend."* – **Überprüfen** Sie, ob sich dieser Aphorismus MARK TWAINS auf die oben angeführte Textstelle anwenden lässt.

2. „Bummel durch Europa" und Humoristisches

Mark Twain bringt in diesem Werk die Erlebnisse seiner zweiten Europareise in gewohnt satirischer Manier zu Papier.
Hier eine Betrachtung über das französische Duell:

Mark Twain
BUMMEL DURCH EUROPA (1880)

Wie sehr das moderne französische Duell von gewissen Neunmalklugen auch lächerlich gemacht wird, ist es in Wirklichkeit doch eine der gefährlichsten Einrichtungen unserer Tage. Da es stets im Freien ausgefochten wird, ist es so gut wie sicher, daß sich die Duellanten erkälten. M. Paul
5 de Cassagnac, der besessenste der französischen Duellanten, hat so oft auf diese Weise Schaden erlitten, daß er nunmehr chronisch krank ist; und der beste Arzt von Paris hat der Meinung Ausdruck gegeben, er werde, wenn er sich noch weitere fünfzehn oder zwanzig Jahre duelliere, sich möglicherweise den Tod holen – es sei denn, er machte es sich zur
10 Gewohnheit, in einem behaglichen Raum zu kämpfen, in den Feuchtigkeit und Luftzug nicht eindringen können. Diese Tatsache sollte das Gerede jener Leute im Zaume halten, die so hartnäckig darauf bestehen, das französische Duell sei der allergesündeste Zeitvertreib, weil es einem Bewegung in frischer Luft verschaffe. Und sie sollte auch das dumme
15 Gerede einschränken, wonach französische Duellanten und von den Sozialisten gehaßte Herrscher die einzigen unsterblichen Menschen sind.

MARK TWAIN: BUMMEL DURCH EUROPA, INSEL – ALTE RECHTSCHREIBUNG

Aphorismen und Humoristisches

1. Als Gott den Menschen erschuf, war er bereits sehr müde, das erklärt manches.
2. Eine Lüge ist bereits dreimal um die Erde gelaufen, bevor sich die Wahrheit die Schuhe anzieht.
3. Immer wenn man die Meinung der Mehrheit teilt, ist es Zeit, sich zu besinnen.
4. Es gibt nur ein Problem, das schwieriger ist, als Freunde zu gewinnen: sie wieder loszuwerden.
5. Menschen mit einer neuen Idee gelten solange als Spinner, bis sich die Sache durchgesetzt hat.
6. Rhetorik ist deshalb ein Problem, weil es schwierig ist, gleichzeitig zu reden und zu denken. Politiker entscheiden sich meistens für eines von beiden.
7. Gewohnheit bedeutet, einen bestimmten Platz für jede Sache zu haben, und sie niemals dort aufzubewahren.
8. Ich habe mir nie meine Erziehung durch Schulbildung verderben lassen.
9. Zivilisation ist die unablässige Vermehrung unnötiger Notwendigkeiten.
10. Enttäuscht vom Affen, schuf Gott den Menschen. Danach verzichtete er auf weitere Experimente.

a) **Erläutern** Sie die einzelnen Aphorismen bzw. pointierten Zitate von Mark Twain.

b) Mark Twain ist ein unbestrittener Meister des Humors. – **Analysieren** Sie, durch welche (rhetorischen) Mittel in diesen Aphorismen sowie in der Skizze zum Duell die humoristische Darstellung eines thematischen Aspektes bzw. die ihm innewohnende Komik entsteht.

In diesem Band erscheint auch der Essay „Die schreckliche deutsche Sprache", in dem er die besonderen Schwierigkeiten der deutschen Sprache ironisch beschreibt.

Einen Auszug dieses Essays finden Sie im Blattwerk – Rechtschreibung, Grammatik auf S. 122 f.

Erstellen Sie ein Ranking Ihrer drei Lieblingszitate und begründen Sie Ihre Reihung:

Mögliche (rhetorische) Mittel: Wortspiele
- Doppeldeutigkeiten
- Übertreibungen, Überhöhungen
- Paradoxien
- Verniedlichungen

Eine Liste an **rhetorischen Stilmitteln** finden Sie im Anhang.

Sozialkritik – Determination – Abgründiges

Einblick in die Literatur des Naturalismus (ca. 1880–1900)

EMIL ORLIK: LITHOGRAPHISCHES POSTER FÜR HAUPTMANNS THEATERSTÜCK „DIE WEBER" (1897)

Dem Menschen sind nur die Erde und das kurze Leben auf ihr gegeben. Er ist eingespannt in einen naturgesetzlichen Ablauf der Dinge. Die Willensfreiheit ist eine Illusion.

HIPPOLYTE TAINE

1 Naturalismus BEISPIEL

Otto Brahm
ZUM BEGINN (1890)

Eine freie Bühne für das moderne Leben schlagen wir auf.

Im Mittelpunkt unserer Bestrebungen soll die Kunst stehen; die neue Kunst, die die Wirklichkeit anschaut und das gegenwärtige Dasein.

Einst gab es eine Kunst, die vor dem Tage auswich, die nur im Dämmer-
5 schein der Vergangenheit Poesie suchte und mit scheuer Wirklichkeitsflucht zu jenen idealen Fernen strebte, wo in ewiger Jugend blüht, was sich nie und nirgends hat begeben. Die Kunst der Heutigen umfaßt mit klammernden Organen alles, was lebt, Natur und Gesellschaft; darum knüpfen die engsten und die feinsten Wechselwirkungen moderne Kunst und modernes Leben
10 aneinander, und wer jene ergreifen will, muß streben, auch dieses zu durch-dringen in seinen tausend verfließenden Linien, seinen sich kreuzenden und bekämpfenden Daseinstrieben.

Der Bannerspruch der neuen Kunst, mit goldenen Lettern von den füh-renden Geistern aufgezeichnet, ist das eine Wort: Wahrheit; und Wahrheit,
15 Wahrheit auf jedem Lehrpfade ist es, die auch wir erstreben und fordern. Nicht die objective Wahrheit, die dem Kämpfenden entgeht, sondern die individuelle Wahrheit, welche aus der innersten Überzeugung frei geschöpft ist und frei ausgesprochen: die Wahrheit des unabhängigen Geistes, der nichts zu beschönigen und nichts zu vertuschen hat. Und der darum nur
20 einen Gegner kennt, seinen Erbfeind und Todfeind: die Lüge in jeglicher Gestalt.

Kein anderes Programm zeichnen wir in diese Blätter ein. Wir schwören auf keine Formel und wollen nicht wagen, was in ewiger Bewegung ist, Leben und Kunst, an starren Zwang der Regel anzuketten. Dem Werdenden gilt
25 unser Streben, und aufmerksamer richtet sich der Blick auf das, was kom-men will, als auf jenes ewig Gestrige, das sich vermißt, in Conventionen und Satzungen unendliche Möglichkeiten der Menschheit, einmal für immer, festzuhalten. Wir neigen uns in Ehrfurcht vor allem Großen, was gewese-ne Epochen uns überliefert haben, aber nicht aus ihnen gewinnen wir uns
30 Richtschnur und Normen des Daseins; denn nicht, wer den Anschauungen einer versunkenen Welt sich zu eigen giebt, nur wer die Forderungen der gegenwärtigen Stunde im Innern frei empfindet, wird die bewegenden geisti-gen Mächte der Zeit durchdringen, als ein moderner Mensch.

IN: FREIE BÜHNE FÜR MODERNES LEBEN, JG. 1, 1890 –
ALTE RECHTSCHREIBUNG

Arno Holz
PROGRAMM (1886)

Kein rückwärts schauender Prophet,
2 geblendet durch unfaßliche Idole,
modern sei der Poet,
4 modern vom Scheitel bis zur Sohle.

IN: WALTER SCHMÄHLING: DIE DEUTSCHE LITERATUR IN TEXT UND
DARSTELLUNG, BD. 12: NATURALISMUS, RECLAM – ALTE RECHTSCHREIBUNG

a) **Listen** Sie die Forderungen BRAHMS an naturalistische Künstler **auf.**

b) Welche von BRAHMS Forderungen unterstützt HOLZ mit seinem Gedicht?

Naturalismus (1880–1900)   WERKZEUG

Die Epoche des Naturalismus ist eng an jene des Realismus angelehnt, die Naturalistinnen und Naturalisten betrachten sich jedoch als radikaler und konsequenter. Einerseits ist der deutsche Naturalismus eine Reaktion auf die Auseinandersetzung mit den Werken **ausländischer Literatinnen und Literaten,** wie z. B. Émile Zola (1840–1902), Henrik Ibsen (1828–1906), Fjodor Dostojewski (1821–1881) oder Leo Tolstoi (1828–1910), die schon früher Beachtung gefunden haben. Andererseits beeinflussen **Theorien,** die sich im 19. Jahrhundert entwickelt haben, das naturalistische Menschenbild.

Hippolyte Taine, französischer Philosoph und Historiker (1828–1893)

Einflüsse auf das Menschenbild der Naturalisten

Die Naturalisten sehen den Menschen durch das biologische Erbe, die sozioökonomischen Verhältnisse und Milieueinflüsse determiniert. Beeinflusst ist ihr Menschenbild von den modernen Naturwissenschaften, besonders von den Theorien Hippolyte Taines (1828–1893) und Charles Darwins (1809–1882). Der **„Milieutheorie"** Hippolyte Taines nach sind die Faktoren, die einen Menschen bestimmen, die **„Rasse"** (Anlagen einer bestimmten ethnischen Gruppe), das **„Milieu"** (das Umfeld, in das er geboren worden ist und in dem er lebt) und der **„Moment"** (die jeweiligen Zeitumstände). Der Mensch habe demnach keinen freien Willen, seine Handlungen seien immer direkt von seiner Umgebung bestimmt. Somit könne er für seine Taten nicht verantwortlich gemacht werden. Von Charles Darwin übernehmen die Naturalistinnen und Naturalisten vor allem die Idee der Vererbung und der Selektion (Prinzip des Stärkeren). Der Mensch wird nicht mehr als geistiges, göttliches Lebewesen gesehen, sondern als **Produkt von Vererbung und Umwelt.**

Einfluss haben aber auch die sozialkritischen Arbeiten von Karl Marx (1818–1883) und Friedrich Engels (1820–1895), in denen sie auf die soziale Verelendung und unmenschlichen Lebensbedingungen der Arbeiterschaft aufmerksam machen und die bürgerliche Gesellschaft kritisieren.

Die Grundlage für die Arbeiten der Naturalisten ist der vom Glauben an die Naturwissenschaften geprägte Wille, die **Zustände exakt abzubilden.** Dass aus dieser schonungslosen Schilderung von Lebensbedingungen bei Lesern oft der Gedanke entsteht, die Welt verändern zu wollen, ist beabsichtigt, auch wenn sich die Naturalisten nicht als politische Protestbewegung verstehen.

Für dieses Kunstverständnis zeichnet auch der Einfluss des **Positivismus** verantwortlich. Diese philosophische Strömung wurde von August Comte (1798–1857) begründet. Sie besagt, dass nur Naturwissenschaften echte Wissenschaften seien, da nur sie beobachtbar und durch Experimente belegbar seien.

Literatur

Literaturtheorie des Naturalismus

„Kunst = Natur – x". Auf diese Formel bringt Arno Holz (1863–1929) die Idee des Naturalismus: Die Realität soll möglichst exakt dargestellt werden, der Faktor „x" (das Individuelle der Autorin/des Autors, Kunstmittel) soll also so klein wie möglich gehalten werden. Im Idealfall wären Kunst und Natur identisch.

Um dies zu erreichen, werden bestimmte Mittel eingesetzt, wie z. B.:

- Sekundenstil: Jedes kleinste Detail eines Ablaufs wird in annähernd zeitdeckender Erzählung dargestellt.
- phonographische Wiedergabe (Alltagssprache/Dialekt, Ausrufe, Ellipsen)
- Verzicht auf künstlerische Gestaltungsmittel wie sprachliche Bilder und Symbole

Dargestellt wird demgemäß auch das Hässliche in der Gesellschaft, bislang tabuisierte **Themen** wie z. B. Alkoholismus, Prostitution, Ausbeutung, psychische Krankheiten oder auch die Großstadt als feindlicher Lebensraum.

*Das Drama hat vor allem
Charaktere zu zeichnen,
die Handlung ist nur Mittel.*
ARNO HOLZ

der vierte Stand = Arbeiterschaft, Proletariat

Giuseppe Pellizza da Volpedo:
Der vierte Stand (1898–1901)

💡 Das analytische Drama
steht im Gegensatz zum syn-
thetischen Drama (Zieldrama),
das dem klassischen drei-/
fünfaktigem Drama (mit Exposition, Peripetie und Katastrophe) entspricht.

Dramatik

Da auch das naturalistische Drama der möglichst genauen Abbildung der Realität verpflichtet ist, hat es eine sozialkritische Ausrichtung **(soziales Drama)**.
Ausschlaggebend dafür ist die Verschärfung der sozialen Probleme durch die
industrielle Revolution. Demgemäß stehen soziale Missstände und die Lebensverhältnisse der einfachen Menschen häufig im Mittelpunkt. Die Protagonistinnen und Protagonisten zeigen meistens keine innere Entwicklung. Sie werden –
der Milieutheorie folgend – von äußeren Faktoren beherrscht.

Ist die Ständeklausel bereits mit dem bürgerlichen Trauerspiel aufgeweicht wor-
den, verliert sie im Naturalismus vollends an Bedeutung, da der vierte Stand
in ernsten Stücken auf der Bühne dargestellt wird. Sehr wohl halten sich die
Autorinnen/Autoren jedoch zumeist an die drei Einheiten (Einheit von Ort, Zeit
und Handlung), weil ihnen dies als realistisch erscheint. Der Authentizität des
Dargestellten dient auch die Sprache: Die Figurensprache passt zum sozialen
Stand der Protagonistinnen und Protagonisten, d. h., dass auch Dialekt und
Umgangssprache verwendet werden.
Es dominieren **analytische Dramen** (Enthüllungsdramen). Die Ereignisse, die
zur Katastrophe führen, liegen hier zeitlich vor dem Beginn der Bühnenhand-
lung und werden nach und nach aufgedeckt. Das analytische Drama ist keine
Erfindung des Naturalismus, sondern es existiert bereits in der Antike. Es wird
aber von den Naturalistinnen und Naturalisten besonders geschätzt, weil die
sich anbahnende Katastrophe als Folge von Tatbeständen erscheint, die den Figuren weder bekannt sind noch von ihnen beeinflusst werden können. Dadurch
wird die Determiniertheit des Menschen betont. Dies wird noch verstärkt, indem darauf verzichtet wird, einen Ausweg aufzuzeigen.
Kennzeichnend für naturalistische Dramen sind der **Sekundenstil** und die ausführlichen **szenischen Bemerkungen** (Regieanweisungen), in denen die Figuren,
ihre Beziehung zueinander, die Atmosphäre etc. genau beschrieben sind.

Zu den wichtigsten deutschsprachigen Dramatikern des Naturalismus zählt
GERHART HAUPTMANN (1862–1946; „Vor Sonnenaufgang", 1889; „Die Weber",
1892; „Die Ratten", 1911).

Epik

Auch in der Epik finden sich die „neuen" **Themen** wie Sexualität, die Lebens-
wirklichkeit der Industriearbeiter/innen, die Industrialisierung, die Großstadt
etc. Dabei wird eine pessimistische Sicht auf die Welt dargestellt.
Ebenso wie im Drama spielen der Sekundenstil und die Verwendung von Dialekt
bzw. Umgangssprache eine große Rolle.

Es dominieren **epische Kleinformen** wie die Novelle, die Skizze, die Studie etc.
In der **Prosaskizze** werden Momentaufnahmen dargestellt. Der Akzent liegt auf
den Wahrnehmungen der Erzählinstanz, die Handlung tritt in den Hintergrund.
Damit ist die Skizze eine geeignete Form, um einen Ausschnitt der Wirklichkeit
wiederzugeben. Ein Beispiel ist „Papa Hamlet" von ARNO HOLZ und JOHANNES
SCHLAF (1862–1941). Die **novellistische Studie „Bahnwärter Thiel"** von GER-
HART HAUPTMANN gilt als eines der bedeutendsten Werke des Naturalismus.

Der naturalistische **Roman** knüpft an ausländische Vorbilder an, insbesondere
an ÉMILE ZOLA. Die Protagonistin/Der Protagonist wird als Produkt ihrer/seiner
Anlagen und des Milieus dargestellt. Dass somit auch dem Triebleben und dem
Unsittlichen Platz eingeräumt wird, führt teilweise zu heftiger Kritik. Im Zentrum der psychologischen Romane stehen die Beweggründe für das Handeln
und die Milieubeobachtung. Die sozialkritischen Großstadtromane (z. B. MAX
KRETZERS „Die beiden Genossen", 1880) befassen sich mit dem sozialen Elend
der Arbeiter/innen.

Lyrik

Der Lyrik des Naturalismus wird eine geringere Bedeutung zugesprochen als dem Drama oder den epischen Formen, weil die Sprache der Lyrik in den Augen der Naturalistinnen und Naturalisten nicht der Wirklichkeit entspricht. Als wichtigster Vertreter der naturalistischen Lyrik gilt ARNO HOLZ.

In der Lyrik sollte laut HOLZ auf Verse, Reime und Strophen verzichtet werden. Typisch ist die äußerliche Zentrierung der Verse auf eine Mittelachse.

Auch die naturalistische Lyrik ist sozialkritisch ausgerichtet. Die wesentlichen behandelten Themen sind die soziale Frage und die Großstadt – sehr oft kommen sie gemeinsam vor.

Naturalismus in Österreich

Der Naturalismus kommt in Österreich mit Zeitverzögerung an und fasst kaum Fuß. Vielmehr reagieren Künstler/innen in Gegenströmungen auf Werke und Programme dieser Epoche.

Naturalistisch gefärbte Texte schaffen ADA CHRISTEN (1839–1901), BERTHA VON SUTTNER (1843–1914) und KARL SCHÖNHERR (1867–1943).

ADA CHRISTEN (eigentlich Christiane von Breden) schreibt u. a. sozialkritische Lyrik, z. B. „Lieder einer Verlorenen" (1868), die als vornaturalistisch gilt. Ihre Erzählungen, Novellen und Romane haben Einfluss auf den Naturalismus und zeichnen für diese Epoche typische Sittenbilder. In ihrem bekanntesten Werk, der Vorstadtgeschichte „Jungfer Mutter" (1892), schildert sie das Schicksal des städtischen Proletariats, wie der Heimarbeiterin, des Laternenanzünders oder der Prostituierten. Während FERDINAND VON SAAR (1833–1906) sie schätzt und fördert, ist der Großteil der Leserschaft schockiert. Trotzdem oder deswegen erreichen viele ihrer Werke eine hohe Auflagenzahl.

Sie ist Gründungsmitglied des **„Vereines der Schriftstellerinnen und Künstlerinnen"**, dessen Ziel die Vernetzung und die Absicherung des Lebensabends für nicht mehr arbeitsfähige Künstlerinnen ist. Viele namhafte Schriftstellerinnen, wie z. B. MARIE VON EBNER-ESCHENBACH (1830–1916), PAULA PRERADOVIĆ (1887–1951), SELMA LAGERLÖF (1858–1940) oder RICARDA HUCH (1864–1947) sind Mitglieder.

BERTHA VON SUTTNER gilt als Symbolfigur der Friedensidee. Sie wird 1905 als erste Frau mit dem Friedensnobelpreis ausgezeichnet. Berühmt geworden ist auch ihr Roman „Die Waffen nieder!" (1889), ein Plädoyer für den Frieden. Weniger bekannt ist, dass sie darüber hinaus ein umfangreiches, stark vom Naturalismus geprägtes Werk hinterlassen hat, das neben der Friedensfrage und Gedanken zur Politik auch Frauenfragen thematisiert.

BERTHA VON SUTTNER, österreichische Schriftstellerin und Friedensnobelpreisträgerin (1843–1914)

KARL SCHÖNHERR ist ein Tiroler Arzt und Schriftsteller. Er gilt zu seiner Zeit als bedeutendster österreichischer Dramatiker neben ARTHUR SCHNITZLER (1862–1931). Dem Naturalismus zugerechnet werden seine Einakter „Die Bildschnitzer" (1900) und „Karrnerleut" (1904) sowie die Dramen „Der Sonnwendtag" (1902), „Glaube und Heimat" (1910), „Frau Suitner" (1917) und „Herr Doktor, haben Sie zu essen?" (1930). In den 1930er-Jahren werden seine Werke für die „Blut-und-Boden-Literatur" reklamiert, wogegen er sich nie auflehnt.

Wichtige Autoren des Naturalismus	
deutschsprachig	**international**
Gerhart Hauptmann	Émile Zola
Arno Holz	Henrik Ibsen
Johannes Schlaf	Fjodor Dostojewski
	August Strindberg

Titelblatt Bjarne P. Holmsen: Papa Hamlet mit Foto von ARNO HOLZ

Arbeitsaufgaben „Naturalismus"

1. „Papa Hamlet"

ARNO HOLZ und JOHANNES SCHLAF veröffentlichten unter dem Pseudonym BJARNE P. HOLMSEN die Erzählung „Papa Hamlet".

Einst ein großer Hamlet-Darsteller, lebt der arbeitslose Schauspieler Niels Thienwiebel nun mit seiner Frau Amalie und seinem Sohn Fortinbras in einem ärmlichen Mansardenzimmer. Er fühlt sich eingesperrt, da er die Wohnung nicht verlassen kann, weil außer einem Schlafrock alle Kleidungsstücke verpfändet sind. Immer wieder schieben einander Niels und Amalie die Schuld an der Situation zu, ihr Kind vernachlässigen sie. Der Alltag ist auch von Alkoholexzessen vor allem des Vaters geprägt. Amalie, die lungenkrank ist, nimmt letztendlich eine Stelle als Näherin an, Niels schlägt eine Anstellung bei einem Wandertheater aus, da ihm diese nicht niveauvoll genug erscheint. Mit wachsender Armut reagiert Thienwiebel immer aggressiver, er schlägt seinen Sohn. Die Situation spitzt sich zu, als die Vermieterin die Miete, die die Thienwiebels nicht zahlen können, einfordert oder sie kündigen will. Daraufhin verlässt Niels nach langer Zeit die Wohnung, um im Hafenviertel einen Job zu suchen. Stattdessen trinkt er aber mit den Hafenarbeitern und kehrt betrunken nach Hause zurück (siehe Textausschnitt). Letztendlich tötet er in einem Wutanfall seinen Sohn. Er selbst wird eine Woche später erfroren aufgefunden.

Arno Holz, Johannes Schlaf
PAPA HAMLET (1889)

Er hatte mit dem Fuß in die kleine, hohle Kiste mit dem Nähzeug gestoßen. Die Flasche war auf den Boden geschlagen, das Licht bis unters Bett gekullert.

„Lächerlich!"

5 Er hatte jetzt auch noch die Flasche druntergestoßen. „Lächerlich!! ... Wirst du wohl still sein?!!"

Der kleine Fortinbras hatte wieder laut zu schreien angefangen.

„Bestie!!"

Mit einem Satz war er auf den Korb zu.

10 „Bestie!!"

Das Geschrei war wieder wie abgeschnitten.

„Alberne Komödie!"

Er hatte sich jetzt wieder nach dem Bett zu gedreht. Seine Fäuste waren geballt. Unter dem Kissen hervor hatte es deutlich geschluchzt.

15 „Alte Heulsuse!"

Die beiden dicken Falten um seine Nase waren jetzt noch tiefer geworden, zwischen seinen verzerrten Lippen blitzten seine breiten Zähne auf.

„Ae!!"

Über seinen Rücken war ein Frösteln gelaufen.

20 „So 'ne Kälte!"

Er rückte sich jetzt geräuschvoll den Stuhl zurecht.

„So 'ne Kälte!! Nich mal 'n paar lumpige Kohlen hat das! So 'ne Wirtschaft!"

Seine Socken hatte er jetzt runtergestreift, der eine war mitten auf den
25 Tisch unter das Geschirr geflogen.

„Na?! Willste so gut sein?!"

Sie drückte sich noch weiter gegen die Wand.

„Na! Endlich!"

Er war jetzt zu ihr unter die Decke gekrochen, die Unterhosen hatte er
30 anbehalten.

„Nicht mal Platz genug zum Schlafen hat man!"

Er reckte und dehnte sich.

„So 'n Hundeleben! Nich mal schlafen kann man!"

Er hatte sich wieder auf die andre Seite gewälzt. Die Decke von ihrer
35 Schulter hatte er mit sich gedreht, sie lag jetzt fast bloß da......................

....

Das Nachtlämpchen auf dem Tisch hatte jetzt zu zittern aufgehört. [...]

Der kleine Fortinbras röchelte, nebenan hatte es wieder zu schnarchen
angefangen.

40 „So 'n Leben! So 'n Leben!"

Er hatte sich wieder zu ihr gedreht. Seine Stimme klang jetzt weich,
weinerlich.

„Du sagst ja gar nichts!"

Sie schluchzte nur wieder.

45 „Ach Gott, ja! So 'n ... Ae!! ..."

Er hatte sich jetzt noch mehr auf die Kante zu gerückt.

„Is ja noch Platz da! Was drückste dich denn so an die Wand! Hast du
ja gar nicht nötig!"

Sie schüttelte sich. Ein fader Schnapsgeruch hatte sich allmählich über
50 das ganze Bett hin verbreitet.

„So ein Leben! Man hat's wirklich weit gebracht! ... Nu sich noch von so
'ner alten Hexe rausschmeißen lassen! Reizend!! Na, was macht man
nu? Liegt man morgen auf der Straße! ... Nu sag doch?"

Sie hatte sich jetzt noch fester gegen die Wand gedrückt. Ihr Schluchzen
55 hatte aufgehört, sie drehte ihm den Rücken zu.

„Ich weiß ja! Du bist ja am Ende auch nicht schuld dran! Nu sag doch!"

Er war jetzt wieder auf sie zugerückt.

„Nu sag doch! ... Man kann doch nicht so – verhungern?!"

Er lag jetzt dicht hinter ihr.

60 „Ich kann ja auch nicht dafür! ... Ich bin ja gar nicht so! Is auch wahr!
Man wird ganz zum Vieh bei solchem Leben! ... Du schläfst doch nicht
schon?"

Sie hustete.

„Ach Gott, ja! Und nu bist du auch noch so krank! Und das Kind! Dies
65 viele Nähen ... Aber du schonst dich ja auch gar nicht ... ich sag's ja!"

Sie hatte wieder zu schluchzen angefangen.

„Du ... hättest – doch lieber, – Niels ...!"

„Ja ... ja! Ich seh's ja jetzt ein! Ich hätt's annehmen sollen! Ich hätt'
ja später immer noch ... ich seh's ja ein! Es war unüberlegt! Ich hätte
70 zugreifen sollen! Aber – nu sag doch!!"

„Hast du ihn – denn nicht ... denn nicht – wenigstens zu – Haus
getroffen?"

„Ach Gott, ja, aber ... aber, du weißt ja! Er hat ja auch nichts! Was macht
man nu bloß? Man kann sich doch nicht das Leben nehmen?!"

75 Er hatte jetzt ebenfalls zu weinen angefangen.

„Ach Gott! Ach Gott!"

Sein Gesicht lag jetzt mitten auf ihrer Brust. Sie zuckte!

„Ach Gott! Ach Gott!!"

Der dunkle Rand des Glases oben quer über der Decke hatte wieder
80 unruhig zu zittern begonnen, die Schatten, die das Geschirr warf,
schwankten, dazwischen glitzerten die Wasserstreifen.............................

....

„Ach, nich doch, Niels! Nich doch! Das Kind – ist ja schon wieder auf!
Das – Kind schreit ja! Das – Kind, Niels! ... Geh doch mal hin! Um
85 Gottes willen!!" Ihre Ellbogen hinten hatte sie jetzt fest in die Kissen
gestemmt, ihre Nachtjacke vorn stand weit auf.

Durch das dumpfe Gegurgel drüben war es jetzt wie ein dünnes, heis-
res Gebell gebrochen. Aus den Lappen her wühlte es, der ganze Korb
war in ein Knacken geraten.

90 „Sieh doch mal nach!!"

„Natürlich! Das hat auch grade noch gefehlt! Wenn das Balg doch der
Deuwel holte! ..."

Er war jetzt wieder in die Pantoffeln gefahren.

„Nicht mal die Nacht mehr hat man Ruhe! Nicht mal die Nacht mehr!!"

95 Das Geschirr auf dem Tisch hatte wieder zu klirren begonnen, die
Schatten oben über die Wand hin schaukelten. –

„Na? Du!! Was gibt's denn nu schon wieder? Na? ... Wo ist er denn? ...
Ae, Schweinerei!"

Er hatte den Lutschpropfen gefunden und wischte ihn sich nun an den
100 Unterhosen ab.

„So'ne Kälte! Na? Wird's nu bald? Na? Nimm's doch, Kamel! Nimm's
doch! Na?!"

Der kleine Fortinbras jappte!

Sein Köpfchen hatte sich ihm hinten ins Genick gekrampft, er bohrte es
105 jetzt verzweifelt nach allen Seiten.

„Na? Willst du nu, oder nich?! – Bestie!!"

„Aber – Niels! Um Gottes willen! Er hat ja wieder den – Anfall!"

„Ach was! Anfall! – Da! Friß!"

„Herrgott, Niels ..."

110 „Friß!!!"

„Niels!"

„Na? Bist du – nu still? Na? – Bist du – nu still? Na?! Na?!"

„Ach Gott! Ach Gott, Niels, was, was – machst du denn bloß?! Er, er –
schreit ja gar nicht mehr! Er ... Niels!!"

115 Sie war unwillkürlich zurückgeprallt. Seine ganze Gestalt war vornüber
geduckt, seine knackenden Finger hatten sich krumm in den Korbrand
gekrallt. Er stierte sie an. Sein Gesicht war aschfahl.

„Die ... L – ampe! Die ... L – ampe! Die ... L – ampe!"

„Niels!!!"

120 Sie war rücklings vor ihm gegen die Wand getaumelt.

„Still! Still!! K – lopft da nicht wer?"

Ihre beiden Hände hinten hatten sich platt über die Tapete gespreizt,
ihre Knie schlotterten.

„K – lopft da nicht wer?"

125 Er hatte sich jetzt noch tiefer geduckt. Sein Schatten über ihm pendelte, seine Augen sahen jetzt plötzlich weiß aus.

Eine Diele knackte, das Öl knisterte, draußen auf die Dachrinne tropfte das Tauwetter.

Tipp . . . . Tipp . . . .

130 . . . . Tipp . . . . Tipp . . . .

ARNO HOLZ, JOHANNES SCHLAF: PAPA HAMLET, RECLAM

a) **Beschreiben** Sie Niels Thienwiebel, soweit Sie ihn in diesem Textausschnitt kennengelernt haben.

b) **Erklären** Sie, inwieweit „Papa Hamlet" inhaltlich als typisch für den Naturalismus gelten kann, soweit dies mittels der einleitenden Inhaltsangabe und der angeführten Textstelle möglich ist.

c) In der Erzählung wird gesprochene Sprache nachgeahmt. – **Nennen** Sie einige Beispiele aus dem Textausschnitt.

d) Mit „Papa Hamlet" wurde der Sekundenstil in die Literatur eingeführt. – **Erklären** Sie, mit welchen Mitteln SCHLAF/HOLZ ihn realisieren.

e) **Schreiben** Sie einen Teil des Textausschnitts (z. B. die Ermordung Fortinbras') so um, dass er nun eine aus Sicht der Naturalisten „konventionelle" Erzählweise aufweist.

2. „Bahnwärter Thiel"

Bahnwärter Thiel ist ein ruhiger und gewissenhafter Mensch. Seine Frau Minna stirbt bei der Geburt des ersten Kindes, Tobias. Um seinen Sohn versorgt zu wissen, heiratet Thiel nach dem Trauerjahr Lene, eine grobschlächtige und herrschsüchtige Frau, die Tobias keine Liebe entgegenbringt. Nach der Geburt eines gemeinsamen Kindes vernachlässigt und misshandelt Lene Tobias. Thiel, sexuell von seiner Frau abhängig, hat zwar ein schlechtes Gewissen, vor allem seiner toten Frau gegenüber, ist aber nicht in der Lage, seinen Sohn zu beschützen. Seine Zuflucht ist sein Arbeitsplatz, das Wärterhäuschen, wo er mit seiner toten Frau kommuniziert.

Doch als die Thiels in der Nähe des Wärterhäuschens ein Stück Land zum Anbauen von Kartoffeln erhalten, dringt Lene auch an seinen Zufluchtsort vor. Als Tobias, von Lene nicht beaufsichtigt, von einem Zug angefahren wird und schließlich stirbt, verfällt Thiel dem Wahnsinn und bringt seine Frau und den gemeinsamen Sohn um.

Zentrales Dingsymbol der novellistischen Studie ist die Eisenbahn, die im 19. Jahrhundert die Pferdekutsche als Transportmittel ablöste, als Revolution gesehen und zu einem wichtigen Symbol in der Kunst wurde.

Gerhart Hauptmann
BAHNWÄRTER THIEL (1988)

Die Sonne, welche soeben unter dem Rande mächtiger Wolken herabhing, um in das schwarzgrüne Wipfelmeer zu versinken, goss Ströme von Purpur über den Forst. Die Säulenarkaden der Kiefernstämme jenseits des Dammes entzündeten sich gleichsam von innen heraus
5 und glühten wie Eisen.

GERHART HAUPTMANN,
deutscher Schriftsteller und
Literaturnobelpreisträger
(1862–1946)

Auch die Geleise begannen zu glühen, feurigen Schlangen gleich; aber sie erloschen zuerst. Und nun stieg die Glut langsam vom Erdboden in die Höhe, erst die Schäfte der Kiefern, weiter den größten Teil ihrer Kronen in kaltem Verwesungslichte zurücklassend, zuletzt nur noch den
10 äußeren Rand der Wipfel mit einem rötlichen Licht streifend. Lautlos und feierlich vollzog sich das erhabene Schauspiel. Der Wärter stand noch immer regungslos an der Barriere. Endlich trat er einen Schritt vor. Ein dunkler Punkt am Horizont, da wo die Geleise sich trafen, vergrößerte sich. Von Sekunde zu Sekunde wachsend, schien er doch auf
15 einer Stelle zu stehen. Plötzlich bekam er Bewegung und näherte sich. Durch die Geleise ging ein Vibrieren und Summen, ein rhythmisches Geklirr, ein dumpfes Getöse, das, lauter und lauter werdend, zuletzt den Hufschlägen eines heranbrausenden Reitergeschwaders nicht unähnlich war.
20 Ein Keuchen und Brausen schwoll stoßweise fernher durch die Luft. Dann plötzlich zerriss die Stille. Ein rasendes Tosen und Toben erfüllte den Raum, die Geleise bogen sich, die Erde zitterte – ein starker Luftdruck – eine Wolke von Staub, Dampf und Qualm, und das schwarze, schnaubende Ungetüm war vorüber. So wie sie anwuchsen, starben
25 nach und nach die Geräusche. Der Dunst verzog sich. Zum Punkte eingeschrumpft, schwand der Zug in der Ferne, und das alte heil'ge Schweigen schlug über dem Waldwinkel zusammen.

GERHARD HAUPTMANN: BAHNWÄRTER THIEL, RECLAM

3. „Die Weber"

Das Thema des Dramas „Die Weber" von GERHART HAUPTMANN ist der Aufstand der schlesischen Weber/innen, ausgelöst von den unmenschlichen Lebensbedingungen in Folge der Industrialisierung.

Im Haus des Fabrikanten Dreißiger liefern Weber/innen ihre Heimarbeit ab und warten auf ihren Lohn. Entgegengenommen wird diese von Expedient Pfeifer, der sie genau untersucht und die Löhne drückt. Alle lassen sich einschüchtern außer der Weber Bäcker, der lautstark protestiert, schließlich den geforderten Lohn erhält und postwendend entlassen wird.

Als die Löhne noch weiter gedrückt werden sollen, kommt es zum Aufstand. Die Weber/innen plündern Dreißigers Villa, vertreiben die Bewohner/innen und ziehen durch die Straßen. Schließlich wird der Aufstand vom Militär gewaltsam niedergeschlagen. Auch der alte Weber Hilse, der sich wegen seiner religiösen Überzeugung nicht an dem Aufstand beteiligt hat, wird durch einen Querschläger getötet.

Gerhart Hauptmann
DIE WEBER (1892)

Ein geräumiges, graugetünchtes Zimmer in Dreißigers Haus zu Peterswaldau. Der Raum, wo die Weber das fertige Gewebe abzuliefern haben. Linker Hand sind Fenster ohne Gardinen, in der Hinterwand eine Glastür, rechts eine ebensolche Glastür, durch welche fortwährend Weber, Weber-
5 *frauen und Kinder ab- und zugehen. Längs der rechten Wand, die wie die übrigen größtenteils von Holzgestellen für Parchent verdeckt wird, zieht sich eine Bank, auf der die angekommenen Weber ihre Ware ausgebreitet haben. In der Reihenfolge der Ankunft treten sie vor und bieten ihre Ware zur Musterung. Expedient Pfeifer steht hinter einem großen Tisch, auf welchen die*
10 *zu musternde Ware vom Weber gelegt wird. Er bedient sich bei der Schau eines Zirkels und einer Lupe. Ist er zu Ende mit der Untersuchung, so legt*

Arbeitsaufgaben

a) **Vergleichen** Sie die Darstellung von Natur und jene von Technik in Form der Eisenbahn miteinander.

b) **Erklären** Sie, warum „Bahnwärter Thiel" im Allgemeinen und der Textauszug im Besonderen als typisch naturalistisch bezeichnet werden können.

der Parchent/Barchent =
Baumwollgewebe

der Weber den Parchent auf die Waage, wo ein Kontorlehrling sein Gewicht prüft. Die abgenommene Ware schiebt derselbe Lehrling ins Repositorium. Den zu zahlenden Lohnbetrag ruft Expedient Pfeifer dem an einem kleinen Tischchen sitzenden Kassierer Neumann jedes Mal laut zu.

das Repositorium = Lagerregal

15

Es ist ein schwüler Tag gegen Ende Mai. Die Uhr zeigt zwölf. Die meisten der harrenden Webersleute gleichen Menschen, die vor die Schranken des Gerichts gestellt sind, wo sie in peinigender Gespanntheit eine Entscheidung über Tod und Leben zu erwarten haben. Hinwiederum haftet allen etwas

20 Gedrücktes, dem Almosenempfänger Eigentümliches an, der, von Demütigung zu Demütigung schreitend, im Bewusstsein, nur geduldet zu sein, sich so klein als möglich zu machen gewohnt ist. Dazu kommt ein starrer Zug resultatlosen, bohrenden Grübelns in aller Mienen. Die Männer, einander ähnelnd, halb zwerghaft, halb schulmeisterlich, sind in der Mehrzahl flach-

25 brüstige, hüstelnde, ärmliche Menschen mit schmutzigblasser Gesichtsfarbe: Geschöpfe des Webstuhls, deren Knie infolge vielen Sitzens gekrümmt sind. Ihre Weiber zeigen weniger Typisches auf den ersten Blick; sie sind aufgelöst, gehetzt, abgetrieben – während die Männer eine gewisse klägliche Gravität noch zur Schau tragen – und zerlumpt, wo die Männer geflickt sind. Die

abgetrieben = ermüdet
die Gravität = Würde

30 jungen Mädchen sind mitunter nicht ohne Reiz; wächserne Blässe, zarte Formen, große, hervorstehende, melancholische Augen sind ihnen dann eigen.

KASSIERER NEUMANN *Geld aufzählend.* Bleibt sechzehn Silbergroschen, zwei Pfennig.

35 ERSTE WEBERSFRAU *dreißigjährig, sehr abgezehrt, streicht das Geld ein mit zitternden Fingern.* Sind Se bedankt.

NEUMANN *als die Frau stehenbleibt.* Nu? stimmt's etwa wieder nich?

ERSTE WEBERSFRAU: *bewegt, flehentlich.* A paar Fenniche uf Vorschuss hätt' ich doch halt aso neetig.

40 NEUMANN. Ich hab' a paar hundert Taler neetig. Wenn's ufs Neetighaben ankäm' – ! *Schon mit Auszahlen an einen andern Weber beschäftigt, kurz.* Ieber den Vorschuss hat Herr Dreißiger selbst zu bestimmen.

ERSTE WEBERSFRAU. Kennt' ich da vielleicht amal mit'n Herrn Dreißiger selber red'n?

45 EXPEDIENT PFEIFER *ehemaliger Weber. Das Typische an ihm ist unverkennbar; nur ist er wohlgenährt, gepflegt gekleidet, glattrasiert, auch ein starker Schnupfer. Er ruft barsch herüber.* Da hätte Herr Dreißiger weeß Gott viel zu tun, wenn er sich um jede Kleenigkeit selber bekimmern sollte. Dazu sind wir da. *Er zirkelt und untersucht mit der Lupe.* Schwerenot! Das

50 zieht. *Er packt sich einen dicken Schal um den Hals.* Macht de Tiere zu, wer reinkommt.

DER LEHRLING *laut zu Pfeifer.* Das is, wie wenn man mit Kletzen red'te.

Kletzen = Klötze

PFEIFER. Abgemacht sela! – Waage! *Der Weber legt das Webe auf die Waage.* Wenn Ihr ock Eure Sache besser verstehn tät't. Trepp'n hat's

55 wieder drinne ... ich seh' gar nich hin. A guter Weber verschiebt's Aufbäumen nich wer weeß wie lange.

sela! = Schluss!, fertig!
Treppen = Unregelmäßigkeiten im Gewebe

BÄCKER *ist gekommen. Ein junger, ausnahmsweise starker Weber, dessen Gebaren ungezwungen, fast frech ist. Pfeifer, Neumann und der Lehrling werfen sich bei seinem Eintritt Blicke des Einvernehmens zu.* Schwerenot ja!

60 Da soll eener wieder schwitz'n wie a Laugensack.

ERSTER WEBER, *halblaut.* 's sticht gar sehr nach Regen.

DER ALTE BAUMERT *drängt sich durch die Glastür rechts. Hinter der Tür gewahrt man die Schulter an Schulter gedrängt zusammengepfercht*

Beehmen = Geldstück von mittlerem Wert

tälsch'n = schlechten

Gejesere = Gejammere (von: Jesus anrufen)

Seefe = wie Sela!

verfumfeit = verschwendet

Placker = Knoten, Fehler

65 *wartenden Webersleute. Der Alte ist nach vorn gehumpelt und hat sein Pack in der Nähe des Bäcker auf die Bank gelegt. Er setzt sich daneben und wischt sich den Schweiß.* Hier is 'ne Ruh' verdient.

BÄCKER. Ruhe is besser wie a Beehmen Geld.

DER ALTE BAUMERT. A Beehmen Geld mechte ooch sein. Gu'n Tag ooch, Bäcker!

70 BÄCKER. Tag ooch, Vater Baumert! Ma muss wieder lauern wer weeß wie lange!

ERSTER WEBER. Das kommt nich druf an. A Weber wart't an Stunde oder an'n Tag. A Weber is ock 'ne Sache.

PFEIFER. Gebt Ruhe dahinten! Man versteht ja sei eegenes Wort nich.

75 BÄCKER *leise.* A hat heute wieder sein'n tälsch'n Tag. [...]

ERSTE WEBERSFRAU *welche nur wenig vom Kassentisch zurückgetreten war und sich von Zeit zu Zeit mit starren Augen hilfesuchend umgesehen hat, ohne von der Stelle zu gehen, fasst sich ein Herz und wendet sich von neuem flehentlich an den Kassierer.* Ich kann halt balde ... ich weeß gar nich,
80 wenn Se mir dasmal und geb'n mir keen'n Vorschuss ... o Jesis, Jesis.

PFEIFER *ruft herüber.* Das is a Gejesere. Lasst bloß a Herr Jesus in Frieden. Ihr habt's ja sonst nich so ängstlich um a Herr Jesus. Passt lieber auf Euern Mann uf, dass und man sieht'n nich aller Augenblicke hinterm Kretschamfenster sitz'n. Wir kenn kein'n Vorschuss geb'n. Wir
85 miss'n Rechenschaft ablegen dahier. 's is auch nich unser Geld. Von uns wird's nachher verlangt. Wer fleißig is und seine Sache versteht und in der Furcht Gottes seine Arbeit verricht't, der braucht ieberhaupt nie keen'n Vorschuss nich. Abgemacht Seefe.

NEUMANN. Und wenn a Bielauer Weber 's vierfache Lohn kriegt, da
90 verfumfeit er's vierfache und macht noch Schulden. [...]

WEBER REIMANN, *das Geld nicht anrührend, das der Kassierer ihm aufgezählt hat.* Mer hab'n doch jetzt immer dreizehntehalb Beehmen kriegt fer a Webe.

PFEIFER *ruft herüber.* Wenn's Euch nich passt, Reimann, da braucht er
95 bloß ein Wort sag'n. Weber hat's genug. Vollens solche, wie Ihr seid. Für'n volles Gewichte gibt's auch'n vollen Lohn.

WEBER REIMANN. Dass hier was fehln sollte an'n Gewichte ...

PFEIFER. Bringt ein fehlerfreies Stick Parchent, da wird auch am Lohn nichts fehln.

100 WEBER REIMANN. Dass 's hier und sollte zu viel Placker drinnehab 'n, das kann doch reen gar nich meeglich sein.

PFEIFER *im Untersuchen.* Wer gut webt, der gut lebt. [...]

WEBER HEIBER. Was hast d'nn da eingepackt in dem Tiechl?...

DER ALTE BAUMERT. Mir sein halt gar blank derheeme. Da hab' ich halt
105 unser Hundl schlacht'n lassen. Viel is ni dran, a war o halb d'rhungert. 's war a klee, nettes Hundl. Selber abstechen mocht' ich'n nich. Ich könnt' mer eemal kee Herze nich fass'n.

PFEIFER *hat Bäckers Webe untersucht, ruft.* Bäcker dreizehntehalb Silbergroschen.

110 BÄCKER. Das is a schäbiges Almosen, aber kee Lohn.

PFEIFER. Wer abgefertigt is, hat's Lokal zu verlassen. Wir kenn uns vorhero nich rihren.

BÄCKER *zu den Umstehenden, ohne seine Stimme zu dämpfen.* Das is a
115 schäbiges Trinkgeld, weiter nischt. Da soll eens treten vom friehen

220

Morg'n bis in die sinkende Nacht. Und wenn man achtz'n Tage ieberm Stuhle geleg'n hat, Abend fer Abend wie ausgewund'n, halb drehnig vor Staub und Gluthitze, da hat man sich glicklich dreiz'ntehalb Beehmen erschind't.

PFEIFER. Hier wird nich gemault!

120 BÄCKER. Vo Ihn lass' ich mersch Maul noch lange nich verbiet'n.

PFEIFER *springt mit dem Ausruf.* Das mecht' ich doch amal sehn! *nach der Glastür und ruft ins Kontor.* Herr Dreißicher, Herr Dreißicher, mechten Sie amal so freundlich sein!

DREISSIGER *kommt. Junger Vierziger. Fettleibig, asthmatisch. Mit strenger* 125 *Miene.* Was – gibt's denn, Pfeifer?

PFEIFER, *glupsch.* Bäcker will sich's Maul nich verbieten lassen.

DREISSIGER *gibt sich Haltung, wirft den Kopf zurück, fixiert Bäcker mit zuckenden Nasenflügeln.* Ach so – Bäcker! – *Zu Pfeifer.* Is das der? *Die Beamten nicken.*

130 BÄCKER *frech.* Ja, ja, Herr Dreißicher! *Auf sich zeigend.* Das is der, – *auf Dreißiger zeigend* – und das is der.

DREISSIGER *indigniert.* Was erlaubt sich denn der Mensch!?

PFEIFER. Dem geht's zu gutt! Der geht aso lange aufs Eis tanzen, bis a's amal versehen hat.

135 BÄCKER *brutal.* O du Fennigmanndl, halt ock du deine Fresse. Deine Mutter mag sich woll ei a Neumonden beim Besenreit 'n am Luzifer versehn hab'n, dass aso a Teiwel aus dir geworn is.

GERHART HAUPTMANN: DIE WEBER, CORNELSEN

a) Besonders ausführliche Bühnenanweisungen sind typisch für den Naturalismus. – **Lesen** Sie die Bühnenanweisung genau und **markieren** Sie jene Passagen, die über übliche Bühnenanweisungen hinausgehen.

b) **Skizzieren** Sie anhand der Regieanweisung das Bühnenbild.

c) **Beschreiben** Sie die (Lebens-)Situation der Weber/innen, wie sie in diesem Textausschnitt dargestellt ist.

4. Phantasus

Arno Holz
IHR DACH STIESS FAST BIS AN DIE STERNE (1886)

Ihr Dach stieß fast bis an die Sterne,
Vom Hof her stampfte die Fabrik,
Es war die richtige Mietskaserne
4 Mit Flur und Leiermannsmusik!
Im Keller nistete die Ratte,
Parterre gab's Branntwein, Grog und Bier,
Und bis ins fünfte Stockwerk hatte
8 Das Vorstadtelend sein Quartier.

Dort saß er nachts vor seinem Lichte
– Duck nieder, nieder, wilder Hohn! –
Und fieberte und schrieb Gedichte,
12 Ein Träumer, ein verlorner Sohn!
Sein Stübchen konnte grade fassen
Ein Tischchen und ein schmales Bett;

drehnig = schwindelig

glupsch = böse

es versehen haben = einen Fehler gemacht haben

Arbeitsaufgabe

■ Auch heute findet man Berichte über katastrophale Arbeitsbedingungen von Näherinnen und Nähern (vor allem aus Asien). – **Recherchieren** Sie danach, fassen Sie die Ergebnisse zusammen und **vergleichen** Sie sie mit den in dem Drama dargestellten.

Arbeitsaufgaben

a) **Beschreiben** Sie die Großstadt, wie sie in diesem Gedicht dargestellt wird.

b) **Charakterisieren** Sie den im Gedicht beschriebenen Dichter.

c) **Analysieren** Sie, welche Themen des Naturalismus in diesem Gedicht angesprochen werden.

d) Angenommen, Sie würden ein Bild (Gemälde, Foto) zu diesem Gedicht anfertigen. Welche Farben würden Ihr Werk dominieren? – **Begründen** Sie Ihre Entscheidung.

Er war so arm und so verlassen
16 Wie jener Gott aus Nazareth!

Doch pfiff auch dreist die feile Dirne,
Die Welt, ihn aus: „Er ist verrückt!"
Ihm hatte leuchtend auf die Stirne
20 Der Genius seinen Kuss gedrückt.
Und wenn vom holden Wahnsinn trunken
Er zitternd Vers an Vers gereiht,
Dann schien auf ewig ihm versunken
24 Die Welt und ihre Nüchternheit.

In Fetzen hing ihm seine Bluse,
Sein Nachbar lieh ihm trocknes Brot,
Er aber stammelte: O Muse!
28 Und wusste nichts von seiner Not.
Er saß nur still vor seinem Lichte,
Allnächtlich, wenn der Tag entflohn,
Und fieberte und schrieb Gedichte,
32 Ein Träumer, ein verlorner Sohn!

In: Wilhelm Emrich, Anita Holz (Hg.): Werke, Luchterhand

5. Mittelachsenlyrik

Arno Holz
IM THIERGARTEN (1898)

Im Thiergarten, auf einer Bank, sitz ich und rauche;
und freue mich über die schöne Vormittagssonne.

Vor mir, glitzernd, der Kanal:
den Himmel spiegelnd, beide Ufer leise schaukelnd.

Über die Brücke, langsam Schritt, reitet ein Leutnant.

Unter ihm,
zwischen den dunklen, schwimmenden Kastanienkronen,
propfenzieherartig ins Wasser gedreht,
– den Kragen siegellackrot –
sein Spiegelbild.

Ein Kukuk
ruft.

In: Harald Hartung (Hg.): Gedichte und Interpretationen,
Bd. 5, Reclam

a) **Beschreiben** Sie etwaige Zusammenhänge zwischen Inhalt und Schriftbild des Gedichtes. Lassen Sie Ihre Phantasie walten, es gibt hier kein Richtig oder Falsch.

b) **Beschreiben** Sie, wodurch sich dieses Gedicht von einem Prosatext unterscheidet.

c) **Überprüfen** Sie, ob Arno Holz sich in diesem Gedicht an seine Forderungen hält (siehe WERKZEUG-Blatt).

d) Häufig wird angemerkt, dass dieses Gedicht inhaltlich nicht „typisch naturalistisch" sei. – **Nehmen** Sie zu dieser Aussage **Stellung.**

e) **Erstellen** Sie ein Parallelgedicht (z. B.: In der U-Bahn/Im Kaffeehaus ...).

2 Zur gleichen Zeit am anderen Ort

2.1 Fjodor Dostojewski (1821–1881)

Fjodor Dostojewski ist einer der weltweit meistgelesenen russischen Schriftsteller. Er hat nicht nur die russische Nationalliteratur stark geprägt, beeinflusst zeigen sich auch westliche Autorinnen und Autoren, wie z. B. Ernest
Hemingway (1899–1961), James Joyce (1882–1941) oder Jean-Paul Sartre
(1905–1980). Zudem gilt er als wichtiger Impulsgeber für den Naturalismus im
deutschsprachigen Raum.

Dostojewskis Werke

Auch wenn Dostojewski etliche kürzere Werke (Novellen und Erzählungen)
geschaffen hat, verbindet man mit seinem Namen v. a. seine Romane. Die be-
kanntesten davon sind:
- Arme Leute (1846)
- Verbrechen und Strafe (1866, Titel der älteren Übersetzung: Schuld und Süh-
  ne)
- Der Spieler (1867)
- Der Idiot (1869)
- Die Brüder Karamasow (1880)

Dostojewskis Werke zeichnen sich durch Tiefsinnigkeit und die Darstellung
psychischer Vorgänge und Konflikte aus. Gezeigt werden auch die seelischen
Abgründe des Menschen. Seine vorrangigen Themen sind das Gute und das
Böse, das menschliche Elend, der freie Wille und die Suche nach Gott.

„Verbrechen und Strafe"/„Schuld und Sühne" – Inhalt

Der Protagonist des Romans ist Rodion Raskolnikow, ein verarmter junger
Mann, der sein Studium der Rechtswissenschaften aus Geldmangel aufgeben
musste. Er tötet eine Pfandleiherin und, um die Tat zu vertuschen, auch deren
Schwester. Grund dafür ist einerseits seine Geldnot, andererseits aber auch seine Weltanschauung: Er vertritt in einem wissenschaftlichen Aufsatz die These,
dass es „außerordentlichen Menschen" gestattet sei, andere Menschen umzubringen, die sie an der Umsetzung ihrer Ideen, die dem allgemeinen Fortschritt
dienen, behindern.

Nach der Tat quält ihn sein schlechtes Gewissen, er leidet unter Fieberträumen
und Wahnvorstellungen. Verdächtigt wird er von einem Untersuchungsrichter,
der ihm die Schuld aber nicht nachweisen kann und ihm rät, sich zu stellen.

Sonja ist eine junge Frau, die sich prostituiert, um ihre Familie zu ernähren. Ihr
erzählt Raskolnikow von seinem Doppelmord und auch, dass er ihn begangen
habe, um sich zum Übermenschen zu erheben. Die tiefgläubige Sonja betet mit
ihm und überzeugt ihn, sich zu stellen. Raskolnikow gesteht die Morde und
wird zu acht Jahren Zwangsarbeit in Sibirien verurteilt. Dorthin wird er von Sonja, die ihm in tiefer Liebe verbunden ist, begleitet. Während er zu Beginn keine
Schuldgefühle verspürt, realisiert er schließlich, dass er Sonja liebt, und scheint
zur Reue bereit.

Mit dieser Haupthandlung sind zwei Nebenhandlungen verwoben: die Geschichte von Sonjas Familie und das Schicksal von Raskolnikows Schwester.

Fjodor Dostojewski,
russischer Schriftsteller
(1821–1881)

Arbeitsaufgabe

- Dostojewskis Leben ist
  sehr bewegt und span-
  nend. – **Recherchieren** Sie
  die wichtigsten Stationen
  seines Lebens und schreiben Sie einen Lebenslauf.
  Vergessen Sie nicht, die
  Quellen zu überprüfen und
  auch anzugeben.

Arbeitsaufgaben „Verbrechen und Strafe"/„Schuld...

1. Der Protagonist auf dem Weg zum Mord – der Romananfang

Fjodor Dostojewski
SCHULD UND SÜHNE (1866)

An einem der ersten Tage des Juli – es herrschte eine gewaltige Hitze –
verließ gegen Abend ein junger Mann seine Wohnung, ein möbliertes
Kämmerchen in der S...gasse, und trat auf die Straße hinaus; langsam
wie unentschlossen, schlug er die Richtung nach der K...brücke ein.
5 Einer Begegnung mit seiner Wirtin auf der Treppe war er glücklich ent-
gangen. Seine Kammer lag unmittelbar unter dem Dache des hohen,
vierstöckigen Hauses und hatte in der Größe mehr Ähnlichkeit mit
einem Schranke als mit einer Wohnung. Seine Wirtin [...] wohnte selbst
eine Treppe tiefer, und jedesmal, wenn er das Haus verlassen wollte,
10 mußte er notwendig auf der Treppe an ihrer Küche vorbeigehen, deren
Tür fast immer weit offen stand. Und jedesmal, wenn der junge Mann
vorbeikam, ergriff ihn ein peinliches Gefühl der Feigheit, dessen er sich
stirnrunzelnd schämte. Er steckte bei der Wirtin tief in Schulden und
fürchtete sich deshalb davor, mit ihr zusammenzutreffen.
15 Nicht daß Schüchternheit und Feigheit in seinem Charakter gelegen
hätten; ganz im Gegenteil; aber er befand sich seit einiger Zeit in einem
aufgeregten und gereizten Gemütszustande, der große Ähnlichkeit mit
Hypochondrie hatte. [...]
„Eine so große Sache plane ich, und dabei fürchte ich mich vor solchen
20 Kleinigkeiten!" dachte er mit einem eigentümlichen Lächeln. „Hm ... ja
... alles hat der Mensch in seiner Hand, und doch läßt man sich alles
an der Nase vorbeigehen, einzig und allein aus Feigheit ... das ist schon
die allgemeine Regel ... Merkwürdig: wovor fürchten die Menschen sich
am meisten? Am meisten fürchten sie sich vor einem neuen Schritte,
25 vor einem eignen neuen Worte ... Übrigens schwatze ich viel zuviel. Darum handle ich auch nicht, weil ich soviel schwatze. Vielleicht aber liegt
die Sache auch so: weil ich nicht handle, darum schwatze ich. [...]"

FJODOR DOSTOJEWSKI: SCHULD UND SÜHNE, INSEL –
ALTE RECHTSCHREIBUNG

■ **Charakterisieren** Sie Raskolnikow.

2. Raskolnikows Theorie

[...] [I]ch habe ganz einfach darauf hingedeutet, daß ein außerordent-
licher Mensch das Recht habe, ... das heißt nicht ein offizielles Recht,
sondern sozusagen ein persönliches Recht, seinem Gewissen die Über-
schreitung gewisser Hindernisse zu gestatten, aber einzig und allein in
5 dem Falle, wenn die Durchführung seiner Idee (die mitunter vielleicht
der gesamten Menschheit Heil und Segen bringt) dies verlangt. [...]
Meine Ansicht ist also folgende: Wenn die Entdeckungen Keplers und
Newtons infolge irgendwelcher Umstände den Menschen schlechter-
dings nicht anders hätten bekannt werden können als dadurch, daß das
10 Leben von einem, von zehn, von hundert usw. Menschen zum Opfer
gebracht wurde, die der Veröffentlichung dieser Entdeckungen störend
oder hindernd im Wege standen, so hätte Newton das Recht und sogar
die Pflicht gehabt, ... diese zehn oder hundert Menschen zu beseitigen,
um seine Entdeckungen der ganzen Menschheit bekannt zu machen.
15 Daraus folgt jedoch durchaus nicht, daß Newton das Recht gehabt

hätte, jeden beliebigen Menschen, der ihm gerade in die Quere kam, totzuschlagen oder jeden Tag auf dem Markte zu stehlen. [...]
Was meine Einteilung der Menschen in gewöhnliche und außerordentliche anlangt, so gebe ich zu, daß sie einigermaßen willkürlich ist;

20 aber ich stelle ja auch keine bestimmten Zahlen auf. Wert lege ich nur auf meinen Hauptgedanken, und dessen Inhalt ist eben der, daß die Menschen nach einem Naturgesetz sich tatsächlich in zwei Klassen scheiden: in eine niedrige, die der gewöhnlichen Menschen, das heißt sozusagen das Material, das lediglich zur Fortpflanzung der Mensch-

25 heit dient, und in eigentliche Menschen, das heißt solche, die die Gabe oder das Talent besitzen, in ihrem Wirkungskreise ein neues Wort auszusprechen. Unterabteilungen gibt es hier natürlich unzählige; aber die unterscheidenden Merkmale der beiden Klassen sind doch recht scharf ausgeprägt: die erste Klasse, also das Material, um einen zusammenfas-

30 senden Ausdruck zu gebrauchen, bilden diejenigen Menschen, die ihrer Natur nach konservativ und wohlgesittet sind, in ruhigem Gehorsam dahinleben und mit Vergnügen gehorsam sind. Meiner Ansicht nach haben diese auch die Pflicht, gehorsam zu sein, weil das ihre Bestimmung ist, und darin liegt für sie durchaus nichts Erniedrigendes. Die Vertreter der

35 zweiten Klasse dagegen übertreten sämtlich das Gesetz; sie sind Zerstörer oder neigen wenigstens zur Zerstörung, je nach dem Maße ihrer Fähigkeiten. Die Verbrechen dieser Menschen sind selbstverständlich nach Grad und Art sehr verschieden; größtenteils verlangen sie, in sehr mannigfaltigen Erscheinungsformen, die Zerstörung des Bestehenden

40 zum Zwecke der Erreichung von etwas Besserem. Sollte aber ein solcher Mensch im Interesse seiner Idee es als nötig erkennen, selbst über Leichen und durch Blut vorwärtszuschreiten, so kann er nach meiner Ansicht sich innerlich, in seinem Gewissen, selbst die Erlaubnis erteilen, auch durch Blut dahinzuschreiten, jedoch nur in dem Umfange, wie es

45 zur Verwirklichung der Idee erforderlich ist – wohl zu merken. [...] Übrigens kein Anlaß, sich über diese ganze Sache besonders aufzuregen; die große Masse erkennt dieses Recht der außerordentlichen Menschen fast niemals an, sondern köpft und hängt sie (mehr oder weniger) und erfüllt dadurch in durchaus rechtmäßiger Weise ihre konservative Bestimmung;

50 nur ist der weitere Verlauf oft der, daß in den nachfolgenden Generationen ebendiese große Masse die Hingerichteten auf Piedestale stellt und feiert (auch hier setze ich hinzu: mehr oder weniger). Die erste Klasse ist stets die Beherrscherin der Gegenwart, die zweite die der Zukunft. Die ersten erhalten die Welt und vermehren sie numerisch; die andern

55 bewegen die Welt und führen sie zum Ziele. Die einen und die andern haben eine völlig gleiche Existenzberechtigung. Kurz, nach meiner Ansicht haben alle ein gleich wohlbegründetes Recht; [...].

FJODOR DOSTOJEWSKI: SCHULD UND SÜHNE, INSEL –
ALTE RECHTSCHREIBUNG

a) **Erläutern** Sie Raskolnikows Theorie von den zwei Klassen der Menschen und der Rechtfertigung von Morden, um höhere Ideen durchzusetzen.

b) **Diskutieren** Sie mit Ihren Kolleginnen/Kollegen die These, dass ein „außergewöhnlicher Mensch" zur Durchsetzung seiner Ideen Verbrechen begehen dürfe.

c) **Begründen** Sie, was Ihrer Meinung nach die zentrale Aussage dieses Romans sein könnte.

Der ursprüngliche Titel der deutschen Übersetzung hieß „Schuld und Sühne". Seit 1994 gibt es eine Übersetzung mit dem Titel „Verbrechen und Strafe", was unter Literaturwissenschaftlern, Rezensenten und Lesepublikum zu hitzigen Diskussionen geführt hat.

Arbeitsaufgaben

- **Klären** Sie für sich, welche Assoziationen Sie mit den Wörtern „Schuld" und „Verbrechen" bzw. „Sühne" und „Strafe" verbinden. Gibt es für Sie Unterschiede?

- **Diskutieren** Sie anschließend, inwiefern die „Umbenennung" des Romans Einfluss auf die Deutung desselben haben könnte.

HENRIK IBSEN,
norwegischer Schriftsteller
(1828–1906)

Arbeitsaufgabe

■ **Recherchieren** Sie die bekanntesten Werke von IBSEN. Suchen Sie sich Partner/innen und **geben** Sie Thema und Inhalt mehrerer Dramen **wieder** – mit Ausnahme von „Nora oder Ein Puppenheim", denn mit diesem Werk werden Sie sich im Folgenden beschäftigen.

Zu ELFRIEDE JELINEKS „Was geschah, nachdem Nora ihren Mann verlassen hatte oder Stützen der Gesellschaft" siehe Kapitel „Drama nach 1945"

2.2 HENRIK IBSEN (1828–1906)

HENRIK IBSEN hat die (deutschsprachige) Literatur seiner Zeit durch seine Dramen nachhaltig geprägt und gehört nach wie vor zu jenen Autorinnen und Autoren, deren Werke am häufigsten auf die Bühne gebracht werden.

IBSENS Werke

Die Frühwerke IBSENS sind Versdramen in der Tradition der norwegischen Nationalromantik. Seine bekanntesten, späteren Dramen behandeln gesellschaftskritische Themen und wenden sich gegen die bürgerliche Doppelmoral. In sein Spätwerk fließen auch psychologische und mythische Elemente ein.

„Nora oder Ein Puppenheim" – Inhalt

Im Zentrum des in den Weihnachtstagen spielenden Dramas stehen Nora und Torvald Helmer. Das Ehepaar ist seit acht Jahren verheiratet, hat drei Kinder und lebt in bürgerlichen Verhältnissen mit klassischer Rollenverteilung. Dass Helmer mit dem neuen Jahr zum Bankdirektor befördert wird, bedeutet mehr Geld und gesellschaftliche Anerkennung.

Christine Linde, eine Freundin, die Nora seit etlichen Jahren nicht mehr gesehen hat und die zu Besuch kommt, erzählt, dass sie einen Mann geheiratet habe, um ihre Mutter und ihre Brüder versorgen zu können. Als dieser verstorben sei, habe er nichts hinterlassen und nun müsse sie selbst für ihren Unterhalt sorgen. Sie bittet daher Nora, Helmer zu fragen, ob er eine Stelle für sie in seiner Bank habe.
Anschließend erzählt ihr Nora von einem Geheimnis: Zu Beginn ihrer Ehe habe Helmer dringend eine Erholungsreise gebraucht, für die aber das Geld gefehlt habe. Nora habe daher bei Rechtsanwalt Krogstad ein Darlehen aufgenommen. Dafür habe sie die Unterschrift ihres todkranken Vaters als Bürgen gebraucht, diese Unterschrift habe sie gefälscht. Seither lebe sie in ständiger Angst vor der Entdeckung.

Tatsächlich hat Krogstad den Betrug bemerkt. Er versucht, Nora zu erpressen, weil Helmer ihn (er arbeitet nun in Helmers Bank als Bürokraft) wegen Urkundenfälschung entlassen will. Noras Fürsprache bei ihrem Mann bleibt ohne Erfolg und so deckt Krogstad Noras Geheimnis auf.

Zu Noras Enttäuschung sieht Helmer nicht, dass sie aus Liebe gehandelt hat, er betrachtet sie als Verbrecherin. Nach außen hin will er aber alles vertuschen, den Schein wahren, weshalb er sie auch daran hindert, Selbstmord zu begehen. In der Zwischenzeit hat Christine Linde Krogstad überzeugt, den Schuldschein zurückzusenden. Als dieser Brief eintrifft, ist Helmer erleichtert und will Nora vergeben. Diese erkennt aber, dass sie weder geliebt noch ernst genommen wird, und verlässt die Familie, um fortan ein eigenes Leben zu führen.

Dieses Ende schockierte IBSENS Zeitgenossen, führte zu Protesten und dazu, dass es nach der Uraufführung (1879) umgeschrieben wurde.

Mittlerweile gibt es etliche Adaptionen, Verfilmungen und Fortführungen. Eine der bekanntesten ist ELFRIEDE JELINEKS „Was geschah, nachdem Nora ihren Mann verlassen hatte oder Stützen der Gesellschaft" (1979). Hierin wird Nora als Fabriksarbeiterin gezeigt und als Geliebte eines reichen Industriellen. Letztendlich kehrt sie zu ihrem Mann und damit in die Abhängigkeit zurück.

Arbeitsaufgaben „Nora oder Ein Puppenheim"

1. Ein Ehepaar unterhält sich

Henrik Ibsen
NORA ODER EIN PUPPENHEIM (1879)

Erster Akt
[...]
HELMER: [...] Mein Zeisig ist ein allerliebstes Geschöpf, aber es braucht eine Menge Geld. Es ist kaum zu glauben, wie teuer einen Mann solch Vögelchen kommt.

5 NORA: Ach pfui, wie kannst du das sagen? Ich spare doch wirklich, soviel ich kann.

HELMER *(lächelnd)*: Ja, das war ein wahres Wort. Soviel du kannst. Aber du kannst eben nicht.

NORA *(summt und lächelt stillvergnügt)*: Hm, du solltest nur wissen, wie viele Ausgaben wir Lerchen und Eichhörnchen haben, Torvald.

HELMER: Du bist doch ein seltsames kleines Ding. Ganz wie dein Vater. Immer eifrig bemüht, zu Geld zu
10 kommen; aber sobald du's hast, zerfließt es dir zwischen den Fingern. Du weißt nie, wo es hin ist. Nun, man muss dich nehmen, wie du bist. Es liegt im Blut. Ja ja, Nora, so was vererbt sich.

NORA: Ach, ich wünschte, ich hätte viel mehr von Papas Eigenschaften geerbt.

HELMER: Ich möchte dich gar nicht anders haben, als wie du jetzt bist, meine süße kleine Singlerche. Aber hör mal; da fällt mir etwas ein. Du siehst heute so – so – wie soll ich sagen? – so verdächtig aus –

15 NORA: Wirklich?

HELMER: Ja wirklich. Sieh mir fest in die Augen.

NORA *(sieht ihn an)*: Nun?

HELMER *(droht mit dem Finger)*: Das Leckermäulchen hat doch wohl heute nicht in der Stadt genascht?

NORA: Nein, wie kommst du denn auf den Gedanken?

20 HELMER: Hat das Leckermäulchen wirklich keinen Abstecher in die Konditorei gemacht?

NORA: Nein, ich versichere dir, Torvald –

HELMER: Nicht ein bisschen Eingemachtes gekostet?

NORA: Nein, wirklich nicht.

HELMER: Auch nicht eine Makrone geknabbert oder zwei?

25 NORA: Nein, Torvald, wahrhaftig –

HELMER: Nun, nun, nun; ich meine es natürlich nur im Scherz –

NORA *(geht an den Tisch rechts)*: Wie könnte mir's einfallen, etwas gegen deinen Willen zu tun!

HELMER: Das weiß ich doch; und du hast mir ja dein Wort gegeben – [...]

HENRIK IBSEN: NORA (EIN PUPPENHEIM), RECLAM

■ **Analysieren** Sie den Textausschnitt hinsichtlich der Beziehung, die das Ehepaar führt.

2. Die Trennung

Dritter Akt
[...]
NORA: Wir sind nun acht Jahre verheiratet. Fällt dir nicht auf, dass wir beide, du und ich, Mann und Frau, heute zum ersten Mal ernst miteinander reden?

5 HELMER: Ja, ernst – was willst du damit sagen?

NORA: Volle acht Jahre – ja länger – vom ersten Tag unserer Bekanntschaft an haben wir niemals ein ernstes Wort über ernste Dinge gewechselt.

HELMER: Sollt' ich dich denn immer wieder in Sorgen einweihen, die du mir doch nicht tragen helfen konntest?

10 NORA: Von Sorgen rede ich nicht. Ich sage: noch niemals haben wir versucht, irgendeine Sache ernstlich miteinander zu besprechen.

HELMER: Aber, liebste Nora, wäre denn das etwas für dich gewesen?

NORA: Da sind wir bei der Sache. Du hast mich nie verstanden. – Es ist mir viel Unrecht zugefügt worden, Torvald. Erst von Papa und dann von dir.

15 HELMER: Wie? Von uns beiden – von uns, die dich inniger geliebt haben als alle anderen Menschen?

NORA *(schüttelt den Kopf):* Ihr habt mich nie geliebt. Es machte euch nur Spaß, in mich verliebt zu sein.

HELMER: Aber, Nora, was sind das für Worte!

NORA: Ja, so ist es, Torvald. Als ich noch zu Hause bei Papa war, teilte er mir alle seine Ansichten mit, und so hatte ich dieselben Ansichten; hatte ich andere, so verheimlichte ich sie; denn eigene
20 Meinungen hätte er nicht geschätzt. Er nannte mich sein Puppenkind und spielte mit mir, wie ich mit meinen Puppen spielte. Dann kam ich zu dir ins Haus –

HELMER: Was für einen Ausdruck brauchst du denn da für unsere Ehe?

NORA *(unbeirrt):* Ich meine, dann ging ich aus Papas Händen in die deinen über. Du richtetest alles nach deinem Geschmack ein, und so bekam ich denselben Geschmack wie du; oder ich tat nur so;
25 ich weiß nicht recht; – ich glaub, es war beides, bald das eine und bald das andere. Wenn ich jetzt zurückblicke, so wird mir bewusst, dass ich hier wie ein armer Mensch gelebt habe – von der Hand in den Mund. Ich lebte davon, dass ich dir Kunststücke vormachte, Torvald. Aber du wolltest es ja so. Du und Papa, ihr begingt eine große Sünde gegen mich. Ihr seid schuld, dass nichts aus mir geworden ist.

30 HELMER: Nora, wie unvernünftig und undankbar du bist! Bist du denn hier nicht glücklich gewesen?

NORA: Nein, glücklich bin ich nie gewesen. Ich glaubte es, aber ich war es nie.

HELMER: Nicht glücklich! Nicht –

NORA: Nein; nur lustig. Und du warst immer so freundlich zu mir. Aber unser Heim war nichts andres als eine Spielstube. Ich war deine Puppenfrau, wie ich Papas Puppenkind war. Und die Kinder
35 wiederum waren meine Puppen. Ich war recht zufrieden, wenn du mit mir spieltest, so wie die Kinder zufrieden waren, wenn ich mit ihnen spielte. Das war unsere Ehe, Torvald.

HELMER: Es ist etwas Wahres an dem, was du sagst – so übertrieben und überspannt es auch ist. Aber von jetzt an soll's anders werden. Die Zeit des Spiels ist vorbei; jetzt kommt die der Erziehung.

NORA: Wessen Erziehung? Meine oder die der Kinder?

40 HELMER: Deine und die der Kinder, meine liebe Nora.

NORA: Ach, Torvald, du bist nicht der Mann, der mich zu einer passenden Frau für dich erziehen könnte.

HELMER: Und das sagst du?

NORA: Und ich – wie bin ich darauf vorbereitet, die Kinder zu erziehen?

HELMER: Nora!

45 NORA: Sagtest du nicht selbst vorhin – die Aufgabe wagtest du mir nicht anzuvertrauen?

HELMER: In der Aufregung! Wie kannst du darauf Gewicht legen!

NORA: Doch, du hattest vollkommen recht. Der Aufgabe bin ich nicht gewachsen. Zuvor muss eine andere gelöst werden. Ich muss mich selbst zu erziehen versuchen. Und du bist nicht der Mann, um mir dabei zu helfen. Ich muss mich allein damit befassen. [...]

HENRIK IBSEN: NORA (EIN PUPPENHEIM), RECLAM

a) **Geben** Sie Noras Argumente, mit denen sie die Trennung begründet, **wieder.**

b) **Beschreiben** Sie Helmers Reaktion auf Noras Argumente.

c) **Begründen** Sie, ob Sie Noras Entschluss folgen können.

d) **Diskutieren** Sie mit Ihren Mitschülerinnen und Mitschülern die Aktualität des Dramas.

Impression – Symbol – Ästhetik

Einblick in die Literatur des „Fin de Siècle" – Gegenströmungen zum Naturalismus (ca. 1890–1925)

POSTER: WIENER SECESSION

1 Fin de Siècle

Oscar Wilde
DAS BILDNIS DES DORIAN GRAY (1890)

Vorbekenntnis
Der Künstler ist der Schöpfer schöner Dinge.
Kunst zu offenbaren und den Künstler zu verbergen, ist die Aufgabe der Kunst.
5 Ein Kritiker ist, wer seinen Eindruck von schönen Dingen in eine andere Form oder in einen anderen Stoff zu übertragen vermag.
Die höchste wie die niederste Form der Kritik ist eine Art Autobiographie.
Wer in schönen Dingen einen häßlichen Sinn findet, ist verderbt, ohne anmutig zu sein. Das ist ein Fehler.
10 Wer in schönen Dingen einen schönen Sinn findet, hat Kultur. Er berechtigt zu Hoffnungen.
Das sind die Auserwählten, für die schöne Dinge lediglich Schönheit bedeuten.
Ein moralisches oder unmoralisches Buch gibt's überhaupt nicht. Bücher
15 sind gut oder schlecht geschrieben. Sonst nichts.
Die Abneigung des neunzehnten Jahrhunderts gegen den Realismus ist die Wut Calibans, der sein eigenes Gesicht im Spiegel erblickt.
Die Abneigung des neunzehnten Jahrhunderts gegen die Romantik ist die Wut Calibans, der sein eigenes Gesicht im Spiegel nicht sieht.
20 Das sittliche Dasein des Menschen liefert dem Künstler einen Teil des Stoffgebietes, aber die Sittlichkeit der Kunst besteht im vollkommenen Gebrauch eines unvollkommenen Mittels.
Kein Künstler empfindet das Verlangen, etwas zu beweisen. Selbst Wahrheiten können bewiesen werden.
25 Kein Künstler hat ethische Neigungen. Eine ethische Neigung beim Künstler ist eine unverzeihliche Manieriertheit des Stils.
Kein Künstler ist an sich krankhaft. Der Künstler kann alles aussprechen.
Gedanken und Sprache sind für den Künstler Werkzeuge einer Kunst.
Laster und Tugend sind für den Künstler Stoffe einer Kunst.
30 Was die Form betrifft, so ist die Kunst des Musikers die Urform aller Künste.
Was das Gefühl betrifft, so ist der Beruf des Schauspielers diese Urform.
Alle Kunst ist gleichzeitig Oberfläche und Symbol.
Wer unter der Oberfläche schürft, tut es auf eigene Gefahr.
Wer das Symbol herausdeutet, tut es auf eigene Gefahr.
35 In Wahrheit wird der Betrachter und nicht das Leben abgespiegelt.
Meinungsunterschiede über ein Kunstwerk beweisen seine Neuheit, Vielfältigkeit und Lebenskraft.
Sind die Kritiker uneinig, so ist der Künstler einig mit sich selbst.
Man kann einem Menschen verzeihen, daß er etwas Nützliches schafft,
40 solang er es nicht bewundert. Die einzige Entschuldigung für den, der etwas Nutzloses schuf, besteht darin, daß es äußerst bewundert wird.
Alle Kunst ist völlig nutzlos.

OSCAR WILDE: DAS BILDNIS DES DORIAN GRAY, RECLAM

Caliban = Figur aus SHAKESPEARES „Der Sturm" (1611)

💡 Viele der Aussagen in OSCAR WILDES Vorrede zu seinem Roman „Das Bildnis des Dorian Gray" können als Programm für Kunst und Kultur des Fin de Siècle verstanden werden.

💬 Wer bestimmt, was schön ist? Woran erkennt man Schönheit? – **Diskutieren** Sie mit Ihren Mitschülerinnen/Mitschülern Ihr Verständnis von „Schönheit" und jenes von OSCAR WILDE.

a) Was ist nach OSCAR WILDE Kunst, was nicht? – **Untersuchen** Sie WILDES Kunstbegriff in dieser Vorrede.

b) **Erklären** Sie, warum der Satz „*Alle Kunst ist gleichzeitig Oberfläche und Symbol*" eine gegensätzliche Aussage zum Programm des Naturalismus darstellt.

c) „*Alle nutzlose Kunst ist zutiefst bewundernswert.*" – **Nehmen** Sie unter Bezugnahme auf die Vorrede WILDES **Stellung** zu dieser Aussage.

Fin de Siècle (1890–1925) WERKZEUG

Fin de Siècle – Dekadenz – Moderne

Das 19. Jahrhundert neigt sich seinem Ende zu und **Endzeitstimmung** macht sich breit. Die österreichisch-ungarische Monarchie erscheint als staatliches Gebilde nicht mehr zeitgemäß, wirkt schwerfällig, morsch und zerbrechlich. Die am gesellschaftlichen und künstlerischen Leben Teilhabenden sind vielfach der Meinung, sie seien am **kulturellen Zenit** angekommen, der nicht mehr überschritten werden könne. Intellektuelle und Kunstschaffende entwickeln mehr und mehr das Gefühl, dass das Erreichte zu verfallen drohe und dass die gesellschaftlichen Normen und Werte überkommen und dekadent seien.

Viele Künstlerinnen und Künstler dieser Epoche lehnen die literaturtheoretischen und ästhetischen Positionen des Naturalismus ab. Sie fordern eine (neue) Kunst, die nicht in Geiselhaft der gesellschaftlichen Verhältnisse steht, die den Blick nicht nur auf die sozial Schwachen oder die gesellschaftlichen Ungerechtigkeiten lenkt, sondern eine **Kunst, in deren Zentrum die Kunst selbst steht,** ohne ein erzieherisches, belehrendes oder die gesellschaftlichen Moralvorstellungen anprangerndes Engagement.

Moderne Sichtweisen – Psychologie, Philosophie, Naturwissenschaften

Die **Psychoanalyse** nach SIGMUND FREUD (1856–1939) fördert zutage, dass im Unbewussten völlig andere Persönlichkeitselemente schlummern als jene, derer wir im Alltagsleben ansichtig werden. Nur zum Teil bewusste oder gänzlich **unbewusste Triebe** steuern unser Verhalten, was die Frage aufwirft, wer wir in Wirklichkeit sind. FREUD entwickelt für diesen Aufbau der menschlichen Psyche unterschiedliche Erklärungsansätze. Beispielsweise kann die **Struktur der Psyche** laut FREUD durch drei Instanzen bestimmt werden: Es, Ich und Über-Ich. Das Ich repräsentiert den sichtbar handelnden Menschen, in FREUDS Strukturmodell ist es die vermittelnde Instanz zwischen dem Es (Triebe) und dem Über-Ich (gesellschaftliche Normen). Außerdem entwickelt FREUD die **Traumtheorie,** worin der Traum den Königsweg zum Unbewussten, zu versteckten Wünschen, verdrängten Inhalten etc. darstellt.

> Zu SIGMUND FREUD siehe auch WERKZEUG des Kapitels „Expressionismus"

ERNST MACH (1838–1916), einer der einflussreichsten Theoretiker und Naturwissenschaftler dieser Zeit, spricht von der **„Unrettbarkeit des Ichs"** und meint, dass gegenwärtig noch keine bessere Bezeichnung als das Wort „ich" existiere, um das sich ständig verändernde Individuum zu benennen. Ähnlich definiert er im Kontext der Naturwissenschaften die **Unbeständigkeit von Körpern,** die in Hinsicht auf die Farbe oder die Schwere zutage trete, wenn man nur ihre Lage im Raum ändere oder sie zu unterschiedlichen Zeiten betrachte.
Körper sind plötzlich nicht mehr fest und starr; das „Ich" als Pronomen zur Bezeichnung einer Person erscheint zu ungenau – auch hier wird der Eindruck des Zerfalls, der sich auflösenden alten Ordnung spürbar.

„Gott ist tot! Gott bleibt tot! Und wir haben ihn getötet!" – Dies lässt FRIEDRICH NIETZSCHE (1844–1900) den tollen Menschen aus „Die fröhliche Wissenschaft" (1882/1887) verkünden. Und diese Aussage hat es in sich: Der Sinn des Lebens ist seit Menschengedenken an ein göttliches Prinzip geknüpft, dessen Existenz plötzlich in Abrede gestellt wird. Existiert Gott nicht, so muss das Leben nicht in Demut, Armut und Gottgefälligkeit geführt werden, sondern der Fokus kann auf das Leben selbst gerichtet werden. Diese Diesseitsfreude verkörpert für NIETZSCHE am besten Dionysos, der griechische Gott der Ekstase, des Rausches, des Weines. Wenn es dem Menschen gelingt, den Verlust Gottes positiv umzudeuten, dann ist er bereit für NIETZSCHES **„Übermenschen",** der sein Leben selbstbestimmt, kraftvoll und ausschließlich diesseitsbezogen führt.

> Zu FRIEDRICH NIETZSCHE siehe auch WERKZEUG des Kapitels „Expressionismus"

> ⚠ Das Konzept des „Übermenschen" wurde vor allem während des Nationalsozialismus missinterpretiert und zur Legitimation des arischen Menschen als Herrscher über andere Völker und Ethnien herangezogen.

Sprachskepsis

Das Misstrauen gegenüber dem Medium Sprache und ihr Potenzial, Wirklichkeit abbilden zu können, erreicht zur Jahrhundertwende einen ersten Höhepunkt. Dies zeigt sich einerseits in der Philosophie des **Wiener Kreises** und andererseits in der Literatur. Ein zentraler Text dafür ist der „Brief des Lord Chandos an Francis Bacon" (1902) von HUGO VON HOFMANNSTHAL (1874–1929).

Auch in der Philosophie der Jahrhundertwende ist diese Sprachskepsis ein zentrales Thema. LUDWIG WITTGENSTEIN (1889–1951) versucht in seinem „Tractatus logico-philosophicus" (1921) das Denken und dadurch mögliche Aussagen mit den Mitteln der Logik zu formalisieren, um Uneindeutigkeiten sowohl von einfachen Aussagen als auch von komplexen logischen Begründungen von vornherein zu vermeiden. Sein „Tractatus" endet mit dem Satz: *„Wovon man nicht sprechen kann, darüber muss man schweigen."* Genau dieses Unsagbare oder Unaussprechliche steht oftmals im Zentrum der Dichtung des Fin de Siècle.

Gegenströmungen zum Naturalismus – Impressionismus, Symbolismus, Ästhetizismus

Der unwiederbringliche Moment sowie die Sinneseindrücke des wahrnehmenden Ichs, dargestellt mit den Mitteln der Kunst, spielen in den Gegenströmungen zum Naturalismus, im **Impressionismus, Symbolismus** und **Ästhetizismus,** eine herausragende Rolle. Die **„Poésie pure"** steht im klaren Widerspruch zum Naturalismus und seinem Anspruch, Wirklichkeit so genau und so schonungslos wie möglich abzubilden und Literatur in den Dienst gesellschaftspolitischer Zwecke zu stellen. Nicht die Wirklichkeit selbst soll im Fin de Siècle so genau wie möglich abgebildet werden, sondern die **Wahrnehmung** dieser Wirklichkeit unter den jeweils gegebenen Bedingungen.

Lyrik

Alles Engagement in der Kunst bzw. in der Literatur – Erziehung, Bildung, Sozialkritik etc. – wird im Sinne des **Ästhetizismus** abgelehnt. Die Parole lautet **„L'art pour l'art",** die Kunst für die Kunst. Übertragen auf die Dichtung wird die pure Poesie, die „Poésie pure", gefordert. Der Suche nach der absoluten Ästhetik, nach dem durch Kunst geformten Schönen wird alles untergeordnet.

Der Lyriker STEFAN GEORGE ist einer der wichtigsten deutschsprachigen Vertreter des Ästhetizismus, CHARLES BAUDELAIRE (1821–1867) oder STÉPHANE MALLARMÉ (1842–1898) sind beispielhaft für Frankreich zu nennen.

Ästhetizismus und **Symbolismus** überlagern sich, da der Ästhetizismus gewissermaßen den Anspruch und der Symbolismus eine mögliche Realisation dieses Anspruches darstellen. Für die Literatur bedeutet dies, dass mittels Sprache „Symbole" bzw. „Sinnbilder" geschaffen werden. Die Bedeutung, der Sinn eines Wortes wird durch Gerüche, Klänge und Farben erweitert, um eine ganzheitliche, vollkommene poetische Darstellung des Erfahrenen (Synästhesie) zu erreichen. Eine ästhetische Wahrheit kann nicht benannt werden, sie kann nur durch kunstfertige Sprachverwendung hervorgebracht werden.

In der Stilrichtung des **Impressionismus** stehen das Besondere des Augenblicks, das individuell Wahrgenommene und die Wirkung auf das wahrnehmende Subjekt im Zentrum der Kunst. Ihren Ausgangspunkt findet dieses Kunstverständnis in den Werken der impressionistischen Maler, etwa bei CLAUDE MONET (1840–1926), PIERRE-AUGUSTE RENOIR (1841–1919) und PAUL CÉZANNE (1839–1906). Wie in impressionistischen Bildern ist auch in der Lyrik ein gewisses Maß des Ineinanderfließens bzw. der Konturlosigkeit erkennbar. Momentane Sinneseindrücke, dadurch evozierte seelische Stimmungen und die Kurzlebigkeit des Augenblicks sollen im Medium der Sprache wiedergegeben werden. Intendierter Sinn und Interpretation bilden eine Einheit und liegen in der subjektiven Wahrnehmung der Kunstschaffenden bzw. der Rezipienten.

Die genannten Stilrichtungen sind in unterschiedlicher Ausprägung z. B. bei STEFAN GEORGE (1868–1933), HUGO VON HOFMANNSTHAL, RAINER MARIA RILKE (1875–1926), ARTHUR SCHNITZLER (1862–1931) und GEORG TRAKL (1887–1914) anzutreffen.

die Ästhetik = das stilvoll Schöne; Schönheitssinn; Lehre vom Schönen

Beispiele für den **Symbolismus** sind die **Dinggedichte** „Der Panther" (1903) oder „Das Karussell" (1907) von RAINER MARIA RILKE.

Epik

ARTHUR SCHNITZLER setzt sich in seinen literarischen Werken parallel zu SIGMUND FREUDS wissenschaftlicher Forschung mit der **menschlichen Psyche** auseinander. Er nimmt so manche Erkenntnis FREUDS in seinen literarischen Texten vorweg. In den Novellen „Leutnant Gustl" (1900) und „Fräulein Else" (1924), in denen SCHNITZLER die Introspektion mittels des inneren Monologs intensiviert, beschäftigt er sich mit Themen wie Ehrbegriff, Sexualmoral und Verdrängung. In seiner „Traumnovelle" (1926) behandelt er unterschiedliche, nicht kommunizierte und unterdrückte sexuelle Wünsche eines Ehepaares.

Mit dem Roman **„Die Verwirrungen des Zöglings Törleß"** (1906) gibt ROBERT MUSIL (1880–1942) einen Einblick in die psychische Verfasstheit von pubertären Jugendlichen, die in einem Militärinternat autoritäre Strukturen aufbauen und einen in ihrer Abhängigkeit stehenden Mitschüler quälen.

Die Erzählung **„Unterm Rad"** (1906) von HERMANN HESSE (1877–1962) gilt zwar als konventionell erzählt, schlägt aber in eine ähnliche Kerbe. HESSE beschreibt ebenso die Entwicklung eines Jungen, der mit den an ihn gestellten gesellschaftlichen Anforderungen nicht zurande kommt.

Das Werk **„Buddenbrooks. Verfall einer Familie"** (1901) von THOMAS MANN (1875–1955) hat den Niedergang einer Familiendynastie im Verlauf des 19. Jahrhunderts zum Inhalt. Dieses dargestellte Scheitern ist Ausdruck des Dekadenzgefühls.

HEINRICH MANN (1871–1950) stellt in seinem Roman **„Der Untertan"** (1914) die gesellschaftlichen und politischen Zustände anhand des kaisertreuen Diederich Heßling dar.

RAINER MARIA RILKE unternimmt mit seinem Prosawerk **„Die Aufzeichnungen des Malte Laurids Brigge"** (1908) den Versuch, ein impressionistisches Erzählwerk zu schaffen. Indem er tagebuchähnliche Notizen aneinanderreiht, verfasst er einen sich dem realistischen Erzählen verweigernden Prosatext. Weder folgen die Eintragungen einer Chronologie noch gibt es einen stringenten Handlungsverlauf. Detaillierte Beschreibungen wechseln sich mit Erinnerungen ab und komplementieren sich gegenseitig.

Dramatik

Im ersten Jahrzehnt vor und nach der Jahrhundertwende wird ARTHUR SCHNITZLER mit Stücken wie „Anatol" (1893), „Liebelei" (1895) und „Das weite Land" (1910) zu einem der bedeutendsten Dramatiker des deutschen Sprachraumes. Die Themen kreisen um die eheliche Liebe, Liebesaffären und um den Liebesbegriff schlechthin, an dem vor allem die weiblichen Figuren scheitern.

Mit seinem Stück **„Jedermann"** (1911) belebt HUGO VON HOFMANNSTHAL das Mysterienspiel wieder. Wesentlich bei HOFMANNSTHAL ist der Begriff des Welttheaters, der besagt, dass der Mensch auf der Bühne des Lebens seine jeweilige Rolle spiele, sich zuweilen überrascht dabei zusehe, aber dieser Rolle nicht entfliehen könne.

Schriftstellerinnen zur Zeit des Fin de Siècle

Eine zentrale Frauenfigur des Fin de Siècle und darüber hinaus stellt LOU ANDREAS-SALOMÉ (1861–1937) dar. Ihr literarisches Schaffen, das aus Romanen, Erzählungen, Texten über Philosophie, Psychologie und die damalige Kulturszene besteht, wird von ihrer Lebensgeschichte überdeckt. Diese ist geprägt von ihren Beziehungen zu FRIEDRICH NIETZSCHE, SIGMUND FREUD, RAINER MARIA RILKE und anderen Persönlichkeiten aus dem Kunst- und Kulturbereich. Als Frau, die eine zur damaligen Zeit moderne und unkonventionelle Lebensweise wählt, behandelt sie dieses Thema auch in ihren literarischen Texten.

Beim inneren Monolog werden Gedanken, Assoziationen, Gefühle etc. wiedergegeben, wobei die Außenwelt die Gedanken immer wieder neu aktiviert und verändert. Die Sätze sind oft unvollständig und grammatikalisch nicht korrekt.

Für alle hier angeführten Autoren epischer Texte gilt, dass sie aufgrund ihrer Schaffensbreite nicht ausschließlich einer bestimmten Stilrichtung bzw. literarischen Epoche zugeordnet werden können.

komplementieren = ergänzen, vervollständigen

„Jedermann" wird jedes Jahr bei den Salzburger Festspielen auf dem Domplatz aufgeführt.

Weitere Autorinnen, die dem Fin de Siècle zugeordnet werden können, sind u. a. RICARDA HUCH (1864–1947), MARGARETE BÖHME (1867–1939) und MARIA JANITSCHEK (1859–1927).

Arbeitsaufgaben „Fin de Siècle"

HOFMANNSTHALS „Brief des Lord Chandos an Francis Bacon" wird auch bezeichnet als
- „Ein Brief"
- „Chandos-Brief"

1. Kein Wort mehr aus der Feder des Dichters

Im „Brief des Lord Chandos an Francis Bacon" legt HUGO VON HOFMANNSTHAL seiner Figur, einem englischen Lord namens Chandos, die zurzeit der Jahrhundertwende vorherrschende Skepsis gegenüber der menschlichen Wahrnehmung und der (literarischen) Sprache in den Mund.

Hugo von Hofmannsthal
BRIEF DES LORD CHANDOS AN FRANCIS BACON (1902)

[...] Um mich kurz zu fassen: Mir erschien damals in einer Art von andauernder Trunkenheit das ganze Dasein als eine große Einheit: geistige und körperliche Welt schien mir keinen Gegensatz zu bilden, ebensowenig höfisches und tierisches Wesen, Kunst und Unkunst, Ein-
5 samkeit und Gesellschaft; in allem fühlte ich Natur, in den Verirrungen des Wahnsinns ebensowohl wie in den äußersten Verfeinerungen eines spanischen Zeremoniells; in den Tölpelhaftigkeiten junger Bauern nicht minder als in den süßesten Allegorien; und in aller Natur fühlte ich mich selber; wenn ich auf meiner Jagdhütte die schäumende laue Milch
10 in mich hineintrank, die ein struppiges Mensch einer schönen sanftäugigen Kuh aus dem strotzenden Euter in einen Holzeimer niedermolk, so war mir das nichts anderes, als wenn ich, in der dem Fenster eingebauten Bank meines Studio sitzend, aus einem Folianten süße und schäumende Nahrung des Geistes in mich sog. [...]

15 Aber, mein verehrter Freund, auch die irdischen Begriffe entziehen sich mir in der gleichen Weise. Wie soll ich es versuchen, Ihnen diese seltsamen geistigen Qualen zu schildern, dies Emporschnellen der Fruchtzweige über meinen ausgereckten Händen, dies Zurückweichen des murmelnden Wassers vor meinen dürstenden Lippen? Mein Fall ist, in
20 Kürze, dieser: Es ist mir völlig die Fähigkeit abhanden gekommen, über irgend etwas zusammenhängend zu denken oder zu sprechen.

Zuerst wurde es mir allmählich unmöglich, ein höheres oder allgemeineres Thema zu besprechen und dabei jene Worte in den Mund zu nehmen, deren sich doch alle Menschen ohne Bedenken geläufig zu be-
25 dienen pflegen. Ich empfand ein unerklärliches Unbehagen, die Worte „Geist", „Seele" oder „Körper" nur auszusprechen. Ich fand es innerlich unmöglich, über die Angelegenheiten des Hofes, die Vorkommnisse im Parlament oder was Sie sonst wollen, ein Urtheil herauszubringen. Und dies nicht etwa aus Rücksichten irgendwelcher Art, denn Sie kennen
30 meinen bis zur Leichtfertigkeit gehenden Freimut: sondern die abstrakten Worte, deren sich doch die Zunge naturgemäß bedienen muß, um irgendwelches Urtheil an den Tag zu geben, zerfielen mir im Munde wie modrige Pilze. [...]

Sie waren so gütig, Ihre Unzufriedenheit darüber zu äußern, daß kein
35 von mir verfaßtes Buch mehr zu Ihnen kommt, „Sie für das Entbehren meines Umgangs zu entschädigen". Ich fühlte in diesem Augenblick mit einer Bestimmtheit, die nicht ganz ohne ein schmerzliches Beigefühl war, daß ich auch im kommenden und im folgenden und in allen Jahren dieses meines Lebens kein englisches und kein lateinisches
40 Buch schreiben werde: und dies aus dem einen Grund, dessen mir peinliche Seltsamkeit mit ungeblendetem Blick dem vor Ihnen harmonisch ausgebreiteten Reiche der geistigen und leiblichen Erscheinungen

an seiner Stelle einzuordnen ich Ihrer unendlichen geistigen Überlegenheit überlasse: nämlich weil die Sprache, in welcher nicht nur zu
45 schreiben, sondern auch zu denken mir vielleicht gegeben wäre, weder die lateinische noch die englische, noch die italienische oder spanische ist, sondern eine Sprache, in welcher die stummen Dinge zuweilen zu mir sprechen, und in welcher ich vielleicht einst im Grabe vor einem unbekannten Richter mich verantworten werde.

HUGO V. HOFMANNSTHAL: GESAMMELTE WERKE IN ZEHN
EINZELBÄNDEN, BD. 7, FISCHER – ALTE RECHTSCHREIBUNG

a) Lord Chandos misstraut der Sprache, sie genügt seinen Ansprüchen, das Erfahrene und Empfundene darzustellen, nicht mehr. – **Erklären** Sie anhand der Textstellen, worin dieses Misstrauen der Sprache gegenüber liegt.

b) **Überprüfen** Sie, inwiefern diese sprachkritische Haltung symptomatisch für die Epoche ist, indem Sie Recherchen zu den Begriffen „Sprachskepsis und Sprachkrise" durchführen. Suchen Sie nach Psychologinnen/Psychologen, Philosophinnen/Philosophen und Literaturschaffenden, die diese Haltung einnehmen.

c) Denken Sie an einen der schönsten, gefährlichsten oder Angst einflößendsten Augenblicke Ihres Lebens und **stellen** Sie die Gefühlsqualitäten, die diesen Augenblick begleiten, so detailliert wie möglich **dar.** **Überprüfen** Sie nach der Fertigstellung Ihres Textes, ob die sprachliche Darstellung Ihre Wahrnehmung des Augenblicks verändert hat.

2. **Psychologische Erkundungen – emotionale Irritationen**

ROBERT MUSIL gelingt mit seinem Roman „Die Verwirrungen des Zöglings Törleß" ein literarischer Erfolg in noch recht jungen Jahren.

In diesem Roman geht es vordergründig um pubertierende Jugendliche in einem Burscheninternat, die einen „schwächeren" Schüler und Dieb namens Basini drangsalieren und erniedrigen. Törleß gehört einerseits zu diesen Peinigern – vor allem in psychischer Hinsicht –, andererseits verharrt er in der Beobachterrolle, aus der heraus er zu verstehen versucht, warum seine Kollegen (Beineberg und Reiting) diesen von ihnen abhängigen Schüler psychisch wie physisch erniedrigen und vergewaltigen. Als Motto bzw. Epigraph findet sich dem Roman vorangestellt folgendes Zitat von MAURICE MAETERLINCK, einem Zeitgenossen MUSILS:

Robert Musil
DIE VERWIRRUNGEN DES ZÖGLINGS TÖRLESS (1906)

Textausschnitt 1:

„Sobald wir etwas aussprechen, entwerten wir es seltsam. Wir glauben in die Tiefe der Abgründe hinabgetaucht zu sein, und wenn wir wieder an die Oberfläche kommen, gleicht der Wassertropfen an unseren
4 bleichen Fingerspitzen nicht mehr dem Meere, dem er entstammt. Wir wähnen eine Schatzgrube wunderbarer Schätze entdeckt zu haben, und wenn wir wieder ans Tageslicht kommen, haben wir nur falsche Steine und Glasscherben mitgebracht; und trotzdem schimmert der Schatz im
8 Finstern unverändert." Maeterlinck [...]

■ **Erläutern** Sie anhand des WERKZEUG-Blattes, warum dieses Zitat die Haltung der Künstler/innen des Fin de Siècle vor allem der Sprache gegenüber repräsentiert.

In der folgenden Textstelle breitet Beineberg vor Törleß einen Plan aus, wie er mit dem Dieb Basini weiter verfahren möchte.

Textausschnitt 2:

„Meinst du noch immer, daß wir Basini anzeigen sollen?" Aber Törleß gab keine Antwort. Er wollte Beineberg sprechen hören, dessen Worte klangen ihm wie das Hallen von Schritten auf hohlem, untergrabenem Erdreich, und er wollte diesen Zustand auskosten. [...]

5 „Für mich hat Basini einen Wert, – einen sehr großen sogar. Denn sieh, – du ließest ihn einfach laufen und würdest dich ganz damit beruhigen, daß er ein schlechter Mensch war." Törleß unterdrückte ein Lächeln. „Damit bist du fertig, weil du kein Talent oder kein Interesse hast, dich selbst an einem solchen Fall zu schulen. Ich aber habe dieses Interesse.
10 Wenn man meinen Weg vor sich hat, muß man die Menschen ganz anders auffassen. Deswegen will ich mir Basini erhalten, um an ihm zu lernen."

„Wie willst du ihn aber bestrafen?"

Beineberg hielt einen Augenblick mit der Antwort aus, als überlegte
15 er noch die zu erwartende Wirkung. Dann sagte er zögernd: „Du irrst, wenn du glaubst, daß mir so sehr um das Strafen zu tun ist. Freilich wird man es ja am Ende auch eine Strafe für ihn nennen können, ... aber, um nicht lange Worte zu machen, ich habe etwas anderes im Sinn, ich will ihn ... nun sagen wir einmal ...: quälen ..."

20 Törleß hütete sich ein Wort zu sagen. Er sah noch durchaus nicht klar, aber er fühlte, daß dies alles so kam, wie es für ihn – innerlich – kommen mußte. Beineberg, der nicht entnehmen konnte, wie seine Worte gewirkt hatten, fuhr fort: „... Du brauchst nicht zu erschrecken, es ist nicht so arg. Denn zunächst auf Basini ist doch, wie ich dir ausführte,
25 keine Rücksicht zu nehmen. Die Entscheidung, ob wir ihn quälen oder etwa schonen sollen, ist nur in unserem Bedürfnisse nach dem einen oder dem anderen zu suchen. In inneren Gründen. Hast du solche? Das mit Moral, Gesellschaft und so weiter, was du damals vorgebracht hast, kann natürlich nicht zählen; du hast hoffentlich selbst nie daran
30 geglaubt. Du bist also vermutlich indifferent. Aber immerhin kannst du dich ja noch von der ganzen Sache zurückziehen, falls du nichts aufs Spiel setzen willst. [...]

Beineberg sprach völlig ernsthaft, mit verhaltener Erregung. Törleß hielt noch immer fast ununterbrochen die Augen geschlossen; er fühlte
35 Beinebergs Atem zu sich herüberdringen und sog ihn wie ein beklemmendes Betäubungsmittel ein. Indessen beendete Beineberg seine Rede:

„Du kannst also sehen, worum es sich mir handelt. Was mir einredet, Basini laufen zu lassen, ist von niederer, äußerlicher Herkunft. Du
40 magst dem folgen. Für mich ist es ein Vorurteil, von dem ich los muß wie von allem, das von dem Wege zu meinem Innersten ablenkt.

Gerade daß es mir schwer fällt, Basini zu quälen, – ich meine, ihn zu demütigen, herabzudrücken, von mir zu entfernen, – ist gut. Es erfordert ein Opfer. Es wird reinigend wirken. Ich bin mir schuldig, täglich an ihm
45 zu lernen, daß das bloße Menschsein gar nichts bedeutet, – eine bloße äffende, äußerliche Ähnlichkeit."

Törleß verstand nicht alles. Er hatte nur wieder die Vorstellung, daß sich eine unsichtbare Schlinge plötzlich zu einem greifbaren, tödlichen Knoten zusammengezogen habe.

ROBERT MUSIL: DIE VERWIRRUNGEN DES ZÖGLINGS TÖRLEß, ROWOHLT – ALTE RECHTSCHREIBUNG

a) **Erschließen** Sie aus der Textstelle die Motivation Beinebergs, Basini zu quälen bzw. sich an ihm zu schulen.

b) Stellen Sie Recherchen zum „Moralbegriff" an und **setzen** Sie gefundene Definitionen mit jenem Moralbegriff **in Beziehung,** den Beineberg in seiner Rede vor Törleß ausbreitet.

c) **Entwickeln** Sie in der Gruppe mögliche Fortsetzungen der Handlung und entwerfen Sie den Plot eines Schlusses, der darüber informiert, wie der Roman für die Figuren Törleß, Basini und Beineberg endet.

3. Seelische Erkundungen – Fräulein Else

ARTHUR SCHNITZLER wird gerne auch als Sigmund Freud der Literatur bezeichnet, da es dem Wiener Arzt und Schriftsteller in erster Linie um das psychische Innenleben und die psychologische Durchdringung seiner Figuren zu tun ist. Die Heldinnen und Helden seiner Texte entstammen der bürgerlichen Gesellschaft des Wiens der damaligen Zeit. Anhand der lebensweltlichen und psychischen Nöte seiner Figuren zeichnet er sein Gesellschafts- und Sittenbild des Wiens der Jahrhundertwende.

„Fräulein Else" ist eine Novelle, die in Form eines inneren Monologs verfasst ist. Elses Vater, ein Wiener Rechtsanwalt, ist aufgrund seiner Spielsucht hoch verschuldet. Else, die in den italienischen Alpen urlaubt, muss den Kunsthändler Dorsday um ein Darlehen von 50.000 Gulden bitten. Dieser verlangt von ihr als Gegenleistung, sie für einen kurzen Zeitraum nackt betrachten zu dürfen. Zu Beginn der Novelle ergeht sich Else in harmlosen erotischen Phantasien, aufgrund der Forderung von Dorsday gerät sie jedoch in einen unauflösbaren moralischen Konflikt. Einerseits fühlt sie sich für die Familie verantwortlich, andererseits sieht sie sich in ihrem selbstbestimmten Umgang mit ihrer Weiblichkeit eingeschränkt. Sie beschließt, auf Dorsdays Forderung einzugehen, nicht aber im privaten Rahmen, sondern vor aller Augen im Musikzimmer des Hotels.

Egon Schiele: Sitzende Frau mit hochgezogenem Knie (1917)

Artur Schnitzler
FRÄULEIN ELSE (1924)

Ich will ihm nur ein Zeichen mit den Augen geben, dann werde ich den Mantel ein wenig lüften, das ist genug. Ich bin ja ein junges Mädchen. Bin ein anständiges junges Mädchen aus guter Familie. Bin ja keine Dirne . . . Ich will fort. Ich will Veronal nehmen und schlafen. Sie haben
5 sich geirrt, Herr von Dorsday, ich bin keine Dirne. Adieu, adieu! . . . Ha, er schaut auf. Da bin ich, Herr von Dorsday. Was für Augen er macht. Seine Lippen zittern. Er bohrt seine Augen in meine Stirn. Er ahnt nicht, daß ich nackt bin unter dem Mantel. Lassen Sie mich fort, lassen Sie mich fort! Seine Augen glühen. Seine Augen drohen. Was wollen Sie
10 von mir? Sie sind ein Schuft. Keiner sieht mich als er. Sie hören zu. So kommen Sie doch, Herr von Dorsday! Merken Sie nichts? Dort im Fauteuil – Herrgott, im Fauteuil – das ist ja der Filou! Himmel, ich danke dir. Er ist wieder da, er ist wieder da! Er war nur auf einer Tour!

Jetzt ist er wieder da. Der Römerkopf ist wieder da. Mein Bräutigam,
15 mein Geliebter. Aber er sieht mich nicht. Er soll mich auch nicht sehen.
Was wollen Sie, Herr von Dorsday? Sie schauen mich an, als wenn ich
Ihre Sklavin wäre. Ich bin nicht Ihre Sklavin. Fünfzigtausend! Bleibt es
bei unserer Abmachung, Herr von Dorsday? Ich bin bereit. Da bin ich.
Ich bin ganz ruhig. Ich lächle. Verstehen Sie meinen Blick? Sein Auge
20 spricht zu mir: komm! Sein Auge spricht: ich will dich nackt sehen.
Nun, du Schuft, ich bin ja nackt. Was willst du denn noch? Schick die
Depesche ab . . . Sofort . . . Es rieselt durch meine Haut. Die Dame
spielt weiter.

Köstlich rieselt es durch meine Haut. Wie wundervoll ist es nackt zu
25 sein. Die Dame spielt weiter, sie weiß nicht, was hier geschieht. Niemand weiß es. Keiner noch sieht mich. Filou, Filou! Nackt stehe ich
da. Dorsday reißt die Augen auf. Jetzt endlich glaubt er es. Der Filou
steht auf. Seine Augen leuchten. Du verstehst mich, schöner Jüngling.
„Haha!" Die Dame spielt nicht mehr. Der Papa ist gerettet. Fünfzigtau-
30 send! Adresse bleibt Fiala! „Ha, ha, ha!" Wer lacht denn da? Ich selber?
„Ha, ha, ha!" Was sind denn das für Gesichter um mich? „Ha, ha, ha!"
Zu dumm, daß ich lache. Ich will nicht lachen, ich will nicht. „Haha!" –
„Else!" – Wer ruft Else? Das ist Paul. Er muß hinter mir sein. Ich spüre
einen Luftzug über meinen nackten Rücken. Es saust in meinen Ohren.
35 Vielleicht bin ich schon tot? Was wollen Sie, Herr von Dorsday? Warum
sind Sie so groß und stürzen über mich her? „Ha, ha, ha!"

Was habe ich denn getan? Was habe ich getan? Was habe ich getan? Ich
falle um. Alles ist vorbei. Warum ist denn keine Musik mehr? Ein Arm
schlingt sich um meinen Nacken. Das ist Paul. Wo ist denn der Filou?
40 Da lieg ich . . . „Ha, ha, ha!" Der Mantel fliegt auf mich herab. Und ich
liege da. Die Leute halten mich für ohnmächtig. Nein, ich bin nicht ohnmächtig. Ich bin bei vollem Bewußtsein. Ich bin hundertmal wach, ich
bin tausendmal wach. Ich muß nur immer lachen. „Ha, ha, ha!" Jetzt
haben Sie Ihren Willen, Herr von Dorsday, Sie müssen das Geld für
45 Papa schicken. Sofort. „Haaaah!" Ich will nicht schreien, und ich muß
immer schreien. Warum muß ich denn schreien. – Meine Augen sind
zu. Niemand kann mich sehen. Papa ist gerettet. – „Else!" – Das ist die
Tante. – „Else! Else!" – „Ein Arzt, ein Arzt!" – „Geschwind zum Portier!"
– „Was ist denn passiert?" – „Das ist ja nicht möglich." – „Das arme
50 Kind." – Was reden sie denn da? Was murmeln sie denn da? Ich bin
kein armes Kind. Ich bin glücklich. Der Filou hat mich nackt gesehen.
O, ich schäme mich so. Was habe ich getan? Nie wieder werde ich die
Augen öffnen. – „Bitte, die Türe schließen." – Warum soll man die Türe
schließen? Was für Gemurmel. Tausend Leute sind um mich. Sie halten
55 mich alle für ohnmächtig. Ich bin nicht ohnmächtig. Ich träume nur.
– „Beruhigen Sie sich doch, gnädige Frau." – „Ist schon um den Arzt
geschickt?" – „Es ist ein Ohnmachtsanfall." – Wie weit sie alle weg sind.

ARTUR SCHNITZLER: FRÄULEIN ELSE, FISCHER –
ALTE RECHTSCHREIBUNG

a) Welche besonderen sprachlichen und stilistischen Merkmale ermöglicht
der innere Monolog? Sammeln Sie diese anhand der Textstelle und **vergleichen** Sie Ihr Ergebnis in der Gruppe.

b) Else erleidet nach ihrem exhibitionistischen Akt im Musikzimmer einen
Ohnmachtsanfall und wird auf ihr Zimmer gebracht. Wie endet die
Novelle? – **Verfassen** Sie ein Ende des Textes und setzen Sie den inneren
Monolog aus Elses Perspektive fort.

c) **Verfassen** Sie einen Leserbrief an ARTHUR SCHNITZLER und bearbeiten Sie die folgenden Arbeitsaufträge:
- **Geben** Sie Ihre Lektüre-Eindrücke **wieder.**
- **Setzen** Sie die moralischen Ansichten Elses mit gegenwärtigen moralischen Kategorien **in Beziehung.**
- **Beurteilen** Sie, wie das Fräulein Else mit Dorsdays Forderung umgeht.

4. Künstler- oder Bürgertum

THOMAS MANN ist einer der ganz großen Erzähler der Jahrhundertwende und der ersten Hälfte des zwanzigsten Jahrhunderts.
In seiner Novelle „Tonio Kröger" geht es um den gleichnamigen Protagonisten, der zwei konträre Erfahrungswelten in sich vereint: die Welt des Bürgertums und die Welt des Künstlertums. Tonio, aufgrund seiner Mutter ein südländischer Typus, wird im Laufe der Novelle zu einem berühmten, aber introvertierten Schriftsteller. Seine blonden und blauäugigen Freunde (Hans Hansen, Ingeborg Holm) verkörpern die dem Leben zugewandte, natürlich fröhliche Mittelmäßigkeit, von der er sich magisch angezogen fühlt, die ihm aber aufgrund seines reflexiven Künstlernaturells verschlossen bleibt. Lisaweta Iwanowna ist eine befreundete Malerin, die Tonio versteht, aber auch durchschaut. Ihr schreibt er am Ende der Novelle folgenden Brief:

THOMAS MANN, deutscher Schriftsteller und Literaturnobelpreisträger (1875–1955)

Thomas Mann
TONIO KRÖGER (1903)

Liebe Lisaweta dort unten in Arkadien, wohin ich bald zurückkehren werde, schrieb er. Hier ist nun also so etwas wie ein Brief, aber er wird Sie wohl enttäuschen, denn ich denke, ihn ein wenig allgemein zu halten. Nicht, dass ich so gar nichts zu erzählen, auf meine Weise nicht
5 dies und das erlebt hätte.

Zu Hause, in meiner Vaterstadt, wollte man mich sogar verhaften ... aber davon sollen Sie mündlich hören. Ich habe jetzt manchmal Tage, an denen ich es vorziehe, auf gute Art etwas Allgemeines zu sagen, anstatt Geschichten zu erzählen.

10 Wissen Sie wohl noch, Lisaweta, dass Sie mich einmal einen Bürger, einen verirrten Bürger nannten? Sie nannten mich so in einer Stunde, da ich Ihnen, verführt durch andere Geständnisse, die ich mir vorher hatte entschlüpfen lassen, meine Liebe zu dem gestand, was ich das ‚Leben' nenne; und ich frage mich, ob Sie wohl wussten, wie sehr Sie
15 damit die Wahrheit trafen, wie sehr mein Bürgertum und meine Liebe zum ‚Leben' eins und dasselbe sind. Diese Reise hat mir Veranlassung gegeben, darüber nachzudenken ...

Mein Vater, wissen Sie, war ein nordisches Temperament: betrachtsam, gründlich, korrekt aus Puritanismus und zur Wehmut geneigt; meine
20 Mutter von unbestimmt exotischem Blut, schön, sinnlich, naiv, zugleich fahrlässig und leidenschaftlich und von einer impulsiven Liederlichkeit. Ganz ohne Zweifel war dies eine Mischung, die außerordentliche Möglichkeiten – und außerordentliche Gefahren in sich schloss. Was herauskam, war dies: ein Bürger, der sich in der Kunst verirrte, ein
25 Bohemien mit Heimweh nach der guten Kinderstube, ein Künstler mit schlechtem Gewissen. Denn mein bürgerliches Gewissen ist es ja, was mich in allem Künstlertum, aller Außerordentlichkeit und allem Genie etwas tief Zweideutiges, tief Anrüchiges, tief Zweifelhaftes erblicken lässt, was mich mit dieser verliebten Schwäche für das Simple, Treuherzige und Angenehm-Normale, das Ungeniale und Anständige erfüllt.
30

Ich stehe zwischen zwei Welten, bin in keiner daheim und habe es infolgedessen ein wenig schwer. Ihr Künstler nennt mich einen Bürger, und die Bürger sind versucht, mich zu verhaften ... ich weiß nicht, was von beidem mich bitterer kränkt. Die Bürger sind dumm; ihr Anbeter der
35 Schönheit aber, die ihr mich phlegmatisch und ohne Sehnsucht heißt, solltet bedenken, dass es ein Künstlertum gibt, so tief, so von Anbeginn und Schicksals wegen, dass keine Sehnsucht ihm süßer und empfindenswerter erscheint als die nach den Wonnen der Gewöhnlichkeit.

Ich bewundere die Stolzen und Kalten, die auf den Pfaden der großen,
40 der dämonischen Schönheit abenteuern und den ‚Menschen‘ verachten, – aber ich beneide sie nicht. Denn wenn irgend etwas imstande ist, aus einem Literaten einen Dichter zu machen, so ist es diese meine Bürgerliebe zum Menschlichen, Lebendigen und Gewöhnlichen. Alle Wärme, alle Güte, aller Humor kommt aus ihr, und fast will mir schei-
45 nen, als sei sie jene Liebe selbst, von der geschrieben steht, dass einer mit Menschen- und Engelszungen reden könnte und ohne sie doch nur ein tönendes Erz und eine klingende Schelle sei.

Was ich getan habe, ist nichts, nicht viel, so gut wie nichts. Ich werde Besseres machen, Lisaweta, – dies ist ein Versprechen. Während ich
50 schreibe, rauscht das Meer zu mir herauf, und ich schließe die Augen. Ich schaue in eine ungeborene und schemenhafte Welt hinein, die geordnet und gebildet sein will, ich sehe in ein Gewimmel von Schatten menschlicher Gestalten, die mir winken, dass ich sie banne und erlöse: tragische und lächerliche und solche, die beides zugleich sind, – und
55 diesen bin ich sehr zugetan. Aber meine tiefste und verstohlenste Liebe gehört den Blonden und Blauäugigen, den hellen Lebendigen, den Glücklichen, Liebenswürdigen und Gewöhnlichen.

Schelten Sie diese Liebe nicht, Lisaweta; sie ist gut und fruchtbar. Sehnsucht ist darin und schwermütiger Neid und ein klein wenig Verachtung
60 und eine ganze keusche Seligkeit.

THOMAS MANN: TONIO KRÖGER, FISCHER

a) **Recherchieren** Sie THOMAS MANNS Biografie und **vergleichen** Sie diese mit Tonio Krögers Leben.

b) **Charakterisieren** Sie einerseits das Bürgertum und andererseits die Welt der Kunst und Künstler/innen, so wie Tonio Kröger sie in seinem Brief darstellt. Fertigen Sie hierzu eine Tabelle mit zwei Spalten an, in denen Sie die jeweiligen Zuschreibungen notieren.

c) **Recherchieren** Sie nach weiteren Werken in der Literaturgeschichte, die sich mit der Unvereinbarkeit des Lebens einer/eines Kunstschaffenden mit jenem eines konservativ Bürgerlichen auseinandersetzen.

5. **Der schnelle Lauf des Lebens**

Text 1

Rainer Maria Rilke
DAS KARUSSELL – JARDIN DU LUXEMBOURG (1907)

Mit einem Dach und seinem Schatten dreht
sich eine kleine Weile der Bestand
von bunten Pferden, alle aus dem Land,
4 das lange zögert, eh es untergeht.
Zwar manche sind an Wagen angespannt,
doch alle haben Mut in ihren Mienen;

Leonid Ossipowitsch Pasternak: R. M. Rilke in Moskau (1928)

Lovis Corinth: Karussell (1903)

ein böser Löwe geht mit ihnen
8 und dann und wann ein weißer Elefant.

Sogar ein Hirsch ist da, ganz wie im Wald,
nur daß er einen Sattel trägt und drüber
ein kleines blaues Mädchen aufgeschnallt.
12 Und auf dem Löwen reitet weiß ein Junge
und hält sich mit der kleinen heißen Hand
dieweil der Löwe Zähne zeigt und Zunge.

Und dann und wann ein weißer Elefant.

16 Und auf den Pferden kommen sie vorüber,
auch Mädchen, helle, diesem Pferdesprunge
fast schon entwachsen; mitten in dem Schwunge
schauen sie auf, irgend wohin, herüber –

20 Und dann und wann ein weißer Elefant.

Und das geht hin und eilt sich, daß es endet,
und kreist und dreht sich nur und hat kein Ziel.
Ein Rot, ein Grün, ein Grau vorbeigesendet,
24 ein kleines kaum begonnenes Profil -.
Und manchesmal ein Lächeln, hergewendet,
ein seliges, das blendet und verschwendet
an dieses atemlose blinde Spiel …

RAINER MARIA RILKE: SÄMTLICHE WERKE, BD. 1, INSEL –
ALTE RECHTSCHREIBUNG

a) **Analysieren** Sie das Gedicht hinsichtlich seiner formalen Aspekte.

b) **Weisen** Sie im Gedicht folgende rhetorische Mittel **nach,** indem Sie
diese unterstreichen: Enjambement, Metapher, Anapher

c) **Überprüfen** Sie den folgenden Interpretationsansatz:
„Das Karussell dreht sich mit jeder Strophe schneller und ist damit ein
Symbol für die menschliche Lebenszeit, die mit ansteigendem Alter als
immer schneller vergehend empfunden wird."

Text 2

Hugo von Hofmannsthal
DIE BEIDEN (1896)

Sie trug den Becher in der Hand
– Ihr Kinn und Mund glich seinem Rand –,
So leicht und sicher war ihr Gang,
4 Kein Tropfen aus dem Becher sprang.

So leicht und fest war seine Hand:
Er ritt auf einem jungen Pferde,
Und mit nachlässiger Gebärde
8 Erzwang er, daß es zitternd stand.

Jedoch, wenn er aus ihrer Hand
Den leichten Becher nehmen sollte,
So war es beiden allzu schwer:
12 Denn beide bebten sie so sehr,
Daß keine Hand die andre fand
Und dunkler Wein am Boden rollte.

HUGO V. HOFMANNSTHAL: GESAMMELTE WERKE IN ZEHN
EINZELBÄNDEN, BD. 1, FISCHER – ALTE RECHTSCHREIBUNG

a) Geben Sie den Inhalt des Gedichtes **wieder.**

b) Bestimmen Sie sowohl das Reimschema als auch das Versmaß.

c) Vergleichen Sie Frau und Mann aus den ersten beiden Strophen mit der letzten Strophe in Hinsicht auf ihren Charakter und ihr Handeln.

d) Deuten Sie, wofür der vergossene Wein und die sich nicht findenden Hände in diesem Gedicht stehen.

Text 3

Rainer Maria Rilke
LIEBESLIED (1907)

Wie soll ich meine Seele halten, daß
sie nicht an deine rührt? Wie soll ich sie
hinheben über dich zu andern Dingen?
4 Ach gerne möcht ich sie bei irgendwas
Verlorenem im Dunkel unterbringen
an einer fremden stillen Stelle, die
nicht weiterschwingt, wenn deine Tiefen schwingen.
8 Doch alles, was uns anrührt, dich und mich,
nimmt uns zusammen wie ein Bogenstrich,
der aus zwei Saiten eine Stimme zieht.
Auf welches Instrument sind wir gespannt?
12 Und welcher Spieler hat uns in der Hand?
O süßes Lied.

RAINER MARIA RILKE: SÄMTLICHE WERKE, BD. 1, INSEL –
ALTE RECHTSCHREIBUNG

a) Erläutern Sie das Verständnis von einer „Seele", das das lyrische Ich in diesem Gedicht besitzt.

b) Setzen Sie die Begriffe „Harmonie" und „Solistin" mit dem Inhalt des Gedichtes in **Beziehung.**

c) Entwickeln Sie Interpretationshypothesen, indem Sie die folgenden Satzanfänge zu Ende führen und Ihre jeweiligen Lösungen mit anderen diskutieren:

- „Das Verwahren, Verstecken und Hinwegheben der eigenen Seele über die andere bedeutet, dass ..."
- „Mit dem Spieler ist ... gemeint. ..."
- „Im letzten Vers „O süßes Lied" kann man die Gewissheit des lyrischen Ichs erkennen, dass ..."

6. Literatur und Kaffeehaus

Zur Zeit der Jahrhundertwende ist das Wiener Kaffeehaus jener Ort, an dem sich Kunstschaffende, vor allem aber auch Literatinnen und Literaten, treffen, ihre Ansichten über Politik, Gesellschaft und Kunst diskutieren und sich gegenseitig ihre Texte (Gedichte, Anekdoten, Prosaskizzen etc.) präsentieren.

ALFRED POLGAR sei hier mit einer seiner humoristischen Prosaskizzen stellvertretend für viele andere (PETER ALTENBERG, EGON FRIEDELL etc.) angeführt, die zur damaligen Zeit die Wiener Kaffeehäuser frequentierten.

Statue von PETER ALTENBERG im Café Central in Wien

Alfred Polgar
DREI UNNÜTZE DINGE (1912)

I.

Ich besitze einen Browning.

Browning = Pistole

Seit ich ihn besitze, fühle ich mich von Mordbereitschaft, Blut und Männlichkeit umwittert. Ich spanne Muskeln, die ich nicht habe, und
5   stürze mich ohne Hemmungen in mancherlei Haß, den ich nicht empfinde. Seit ich eine ungeheure Energie in meines Schreibtischs Lade schlummern weiß, lache ich der Ohnmacht in meines Herzens Schrein.

Mein Browning ist gedrungen, grauschwarz glänzend. Ich ließ ihn beim Waffenhändler tüchtig einfetten; er sieht seither viel jünger und unter-
10   nehmungslustiger aus. Sechs messinggelbe Patronen hat er stets in seiner stählernen Backentasche. Wenn man ihn mit dem entsprechenden Griff angeht, schnappt er zu, eine messinggelbe springt in den Schlund . . . Ich erklärte einmal dem Freunde am ungeladenen Revolver den Mechanismus. Als der Schuß in die Mauer fuhr, erbleichte er. Aber nicht
15   so, wie man in Altenbergschen Skizzen erbleicht, sondern vor Angst. Sein Tod hätte mich sehr betrübt. Er hält mich für ein Genie.

Manchmal setze ich den geladenen Browning, Finger am Hahn, an die Schläfe.

Wollüstig erfühltes Mißverhältnis: zwischen der Winzigkeit der Bewe-
20   gung, die jetzt genügte, ... und der Größe der Gewißheit, daß ich diese Bewegung nicht tun werde.

Mein Browning schläft, mit vollen Backentaschen, auf einem Stoß von Briefen der geliebten Freundin. Tückisch schweigend ruht er auf seinem zusammengedrückten, papiernen Kissen, fettglänzend vor Selbstzu-
25   friedenheit mit seiner Kälte, seinem Eisengrau und seiner Härte. Und träumt doch gewiß Warmes, Rotes, dicktropfig Sickerndes.

Durch das kleine, runde Loch, das ihm Auge, Maul und After in einem ist, sieht man in seine Seele. Sie ist schwarz, leer, kalt und eng.

Oft spielen meine Gedanken um die zierliche Todesmaschine. Ich gehe
30   nachts auf einsamer Straße. Ein unheimlicher Mensch nähert sich, böser Pläne voll. Ich lasse ihn herankommen; dann hebe ich blitzrasch die Hand, und das Auge meines Browning stiert den Kerl an. Wie er läuft! Aber wenn er nicht liefe? ... Wenn er doch näher käme? Würde ich schießen? Ich glaube fast, eine Hand ohne Browning, aber zum Schuß
35   entschlossen, ist eine bessere Waffe, als ein Browning in zögernder Hand.

Oft kommt mir der Verdacht, mein Browning sei wirklich nur ein Brief-beschwerer – weil er eben *mein* Browning ist.

II.

40   Ich besitze eine Geliebte.

Die schenkte mir mein Freund, der Buchhändler, der ohnehin schwer magenleidend ist. Aber mir tut eine Geliebte not. Von Geldsorgen allein kann ein Mensch nicht sein ganzes Elend bestreiten. Meine Geliebte hat außerordentlich viel Ähnlichkeit mit meinem Browning. Sie ist klein,
45   blank und gefährlich. Sie liebt es, sich einzufetten, und sieht dann viel jünger und unternehmungslustiger aus. Sechs Projektile hat sie stets parat, zum Teil ebenfalls in ihren Backentaschen. „Selbstmord" heißt

das eine, „Verlassenheit" das andere, „Träne" das dritte, „Du liebst mich nicht" das vierte, „Ich tue, was ich will" das fünfte, „Und die Opfer, die ich dir gebracht habe?" das sechste. Ihr Auge ist dunkelglänzend wie Pistolenmündung. Ich erklärte sie einmal meinem Freunde. Da ging der Schuß los und traf ihn in den Unterleib. Er erbleichte, wie man in Altenbergschen Skizzen erbleicht. Heute kennt er den Mechanismus schon besser als ich.

Manchmal ziehe ich meine Geliebte ans Herz und küsse sie auf den Mund. Wollüstig erfülltes Mißverhältnis: zwischen der Empfindung unendlicher Liebe ... und dem sicheren Bewußtsein ihrer Endlichkeit!

III.

Ich besitze einen Willen.

Den habe ich von meinem Vater, der ein edler Mann war, nie seine Chance nützte, Recht tat und Unrecht duldete, sein Talent verdorren ließ und denen diente, die nicht wert waren, ihm zu dienen.

Mein Wille macht einen invaliden Eindruck. Aber das ist begreiflich. Kaum eine Niederlage meines Lebens, bei der er nicht dabei war, in den hintersten Reihen fechtend, als erster auf der Flucht, am längsten im Spital, am eiligsten bei der Kapitulation.

Das sind drei nichtsnutzige Dinge: mein Browning, meine Geliebte, mein Wille.

Aber, wenn sie einmal im richtigen Augenblick zusammenträfen, könnte es doch ein Feiertag werden!

ALFRED POLGAR: DAS GROSSE LESEBUCH, KEIN & ABER –
ALTE RECHTSCHREIBUNG

a) **Markieren** Sie Passagen, in denen das Stilmittel der Ironie zur Anwendung kommt.

b) **Weisen** Sie im ersten Textabschnitt das rhetorische Mittel der Personifikation **nach** und **diskutieren** Sie dessen Wirkung.

c) **Listen** Sie die Parallelisierungen des Brownings mit der Geliebten tabellarisch **auf.**

d) **Deuten** Sie das Ende des Textes und **erklären** Sie im Speziellen, warum das Zusammentreffen der „drei nutzlosen Dinge" zu einem Feiertag werden könnte.

e) Verfassen Sie eine **Textinterpretation** zur Prosaskizze „Drei unnütze Dinge" und bearbeiten Sie die folgenden Arbeitsaufträge:
- **Geben** Sie den inhaltlichen Aufbau der Prosaskizze wieder.
- **Untersuchen** Sie die Prosaskizze hinsichtlich sprachlicher Gestaltung und rhetorischer Figuren.
- **Erschließen** Sie die Bedeutung, die der Autor den drei unnützen Dingen zuspricht, auf Basis der Länge der einzelnen Textabschnitte.
- **Deuten** Sie die Prosaskizze. Gehen Sie im Besonderen auf die Auswahl der drei unnützen Dinge ein.

Schreiben Sie zwischen 405 und 495 Wörter. Markieren Sie Absätze mittels Leerzeilen.

2 Zur gleichen Zeit am anderen Ort

2.1 OSCAR WILDE (1854–1900)

OSCAR WILDE ist zu Lebzeiten einerseits ein bewunderter Schriftsteller, gefeiert wird er vor allem für seine **Gesellschaftskomödien,** andererseits ist er als **Skandalautor und Dandy** verschrien. Er trägt lange Haare und extravagante Kleidung, gilt als außergewöhnlich sprachgewandt und geistreich.

Sein Lebensstil ist für seine Zeit zu skandalträchtig, um folgenlos zu bleiben: Er ist verheiratet und Vater zweier Söhne, geht aber mit seiner **Homosexualität** relativ offen um. Dies führt letztendlich dazu, dass er zu zwei Jahren Zuchthaus verurteilt wird. Davon erholt er sich nie und stirbt verarmt wenige Jahre nach seiner Entlassung in seinem Exil in Paris.

WILDE verfasst Gedichte, Erzählungen, Märchen, einen Roman, Bühnenstücke und Essays. In seinen Essays und literaturkritischen Schriften proklamiert er eine **antinaturalistische Kunstauffassung,** die Umgestaltung des Lebens zur Kunst, die Ästhetisierung aller Lebensbereiche. So schreibt er im Vorwort von „Das Bildnis des Dorian Gray":

- *„Den Zuschauer und nicht das Leben spiegelt die Kunst in Wirklichkeit wider."*
- *„Wir können einem Menschen verzeihen, daß er etwas Nützliches schafft, solange er es nicht bewundert. Die einzige Entschuldigung für die Schaffung von etwas Nutzlosem besteht darin, daß man es zutiefst bewundert."*
- *„Alle Kunst ist völlig nutzlos."*

WILDES Werke

Epik
- Das Gespenst von Canterville (1887, Erzählung)
- Der selbstsüchtige Riese (1888, Märchen)
- Das Bildnis des Dorian Gray (1890, sein einziger Roman)

Dramen
- Salomé (1891)
- Lady Windermeres Fächer (1892)
- Ein idealer Gatte (1894)
- Bunbury oder Die Bedeutung ernst zu sein (1895)

„Das Bildnis des Dorian Gray" – Inhalt

Der Künstler Basil Hallward malt ein Porträt des außergewöhnlich schönen, jungen, etwas naiven und wohlhabenden Dorian Gray. In seinem Atelier lernt Dorian auch Lord Henry Wotton kennen, einen Zyniker und **Hedonisten,** der ihn in Folge stark beeinflussen wird. Lord Henry führt aus, dass die Jugend das einzig Erstrebenswerte sei und dass Dorian die kurze Zeit, in der er jung und schön ist, auskosten solle.

Das fertige Porträt betrachtend, erkennt Dorian Gray erstmals seine Schönheit und äußert davon überwältigt den Wunsch, das Bild möge statt seiner altern, er hingegen für immer jung bleiben.

Dorian verlobt sich mit der jungen Schauspielerin Sibyl Vane, die ihn wegen ihrer Schönheit und ihres schauspielerischen Talents beeindruckt. Als sie ihm allerdings gesteht, dass ihr die Liebe zum Theater nichts mehr bedeute, weil sie die wahre Liebe kennengelernt habe, beschimpft und verhöhnt er sie. Daraufhin begeht Sibyl Selbstmord. An diesem Tag fällt Dorian das erste Mal auf, dass sich der Gesichtsausdruck auf seinem Porträt verändert hat. Daher versteckt er es in einem entlegenen Raum seines Hauses, sodass es niemand mehr sehen kann. Von nun an beginnt er unter dem Einfluss Lord Henrys, seinen „heimlichen Genüssen" zu frönen und seine Mitmenschen in den Ruin zu treiben. In all den Jahren bleibt Dorians Äußeres makellos, nur sein Porträt ist immer gezeichneter von Dorians Lebenswandel.

OSCAR WILDE, irischer Schriftsteller (1854–1900)

 Diskutieren Sie mit Ihren Mitschülerinnen/Mitschülern die Bedeutung der drei Zitate und deren Richtigkeit.

der Hedonist = jemand, dessen Verhalten vorwiegend von der Suche nach Sinnesgenuss bestimmt ist

Als er am Vorabend seines 30. Geburtstags von Basil Hallward besucht wird, zeigt er diesem das Gemälde und ersticht ihn.

Dorian Gray treibt sich in Spelunken herum und wird von Sibyl Vanes Bruder bedroht und verfolgt. Als dieser bei einem Jagdunfall auf Dorians Landgut ums Leben kommt, beschließt Dorian, sein Leben zu ändern ...

 Arbeitsaufgaben „Das Bildnis des Dorian Gray"

Oscar Wilde
DAS BILDNIS DES DORIAN GRAY (1890)

Ein neues Leben! Das war es, was er brauchte. Darauf wartete er. Zweifellos hatte er es bereits begonnen. Jedenfalls hatte er ein unschuldiges Ding verschont. Nie wieder würde er Unschuld in Versuchung führen. Er würde gut sein.

5 Als er an Hetty Merton dachte, fragte er sich, ob sich das Porträt in dem verschlossenen Raum verändert hatte. Gewiß war es nicht mehr ganz so grauenvoll, wie es gewesen war? Vielleicht konnte er, wenn sein Leben rein würde, alle Spuren böser Leidenschaft aus dem Gesicht verbannen. Vielleicht waren die Spuren des Bösen überhaupt
10 schon verschwunden. Er würde hinaufgehen und nachsehen. [...]

Ein Schrei des Schmerzes und der Entrüstung entfuhr ihm. Er vermochte keinerlei Veränderung zu entdecken, außer daß in den Augen ein verschlagener Ausdruck war und um den Mund die Falschheit des Heuchlers ihre tiefen Furchen eingegraben hatte. Das Ding war noch
15 immer widerwärtig – widerwärtiger als zuvor, wenn das überhaupt möglich war –, und der scharlachrote Tau, der die Hand befleckte, sah leuchtender und noch mehr wie frisch vergossenes Blut aus. Dann erbebte er. War es bloße Eitelkeit gewesen, die ihn zu seiner einzigen guten Tat veranlaßt hatte? Oder das Verlangen nach einer neuen
20 Empfindung, wie Lord Henry mit einem spöttischen Lächeln angedeutet hatte? Oder jene unwiderstehliche Neigung, eine Rolle zu spielen, die uns zuweilen Dinge tun läßt, die edler sind als wir selbst? Oder vielleicht all das zusammen? Und warum war der rote Fleck größer, als er gewesen war? Er schien sich wie eine grauenvolle Krankheit über
25 die runzeligen Finger ausgebreitet zu haben. Blut war auf den gemalten Füßen, als sei das Zeug herabgetropft – Blut auch auf der Hand, die das Messer gar nicht gehalten hatte. Ein Geständnis ablegen? Hieß das, daß er ein Geständnis ablegen sollte? Sich freiwillig stellen und sich aufhängen lassen? Er lachte. Er fühlte, daß dieser Gedanke
30 ungeheuerlich war. Und außerdem, wer würde ihm denn schon glauben, selbst wenn er ein Geständnis ablegte? Es gab ja nirgendwo eine Spur von dem Ermordeten. Alles, was ihm gehört hatte, war beseitigt worden. Er selbst hatte die Sachen verbrannt, die unten geblieben waren. Die Welt würde ihn einfach für verrückt erklären. Man würde ihn
35 einsperren, wenn er auf seiner Geschichte beharrte ... Und doch war es seine Pflicht, ein Geständnis abzulegen, um öffentlicher Schande ausgesetzt zu werden und öffentlich zu sühnen. Es gab einen Gott, der von den Menschen forderte, ihre Sünden vor der Erde und dem Himmel zu bekennen. Nichts, was er tun konnte, würde ihn reinwaschen,
40 ehe er seine Sünde bekannt hatte. Seine Sünde? Er zuckte mit den Schultern. Basil Hallwards Tod bedeutete ihm sehr wenig. Er dachte an Hetty Merton. Denn es war ein ungerechter Spiegel, dieser Spiegel

seiner Seele, in den er da blickte. Eitelkeit? Neugier? Heuchelei? War in seinem Verzicht nicht mehr gewesen als das? Es war mehr gewesen.

45 Zumindest war er dieser Meinung. Aber wer konnte das sagen? ... Nein. Es war nicht mehr gewesen. Aus Eitelkeit hatte er sie verschont. Voller Heuchelei hatte er die Maske der Güte getragen. Aus Neugier hatte er sich in Selbstverleugnung versucht. Jetzt erkannte er es.

Aber dieser Mord – sollte er ihn sein ganzes Leben lang verfolgen?
50 Sollte seine Vergangenheit für immer als Bürde auf ihm lasten? Sollte er wirklich ein Geständnis ablegen? Niemals. Es gab nur noch ein einziges Beweisstück gegen ihn. Das Bildnis selbst – es war ein Beweis. Er würde es zerstören. Warum hatte er es so lange behalten? Einst hatte es ihm Genuß bereitet zu beobachten, wie es sich veränderte und älter
55 wurde. In der letzten Zeit hatte er den Genuß nicht mehr empfunden. Es hatte ihn nachts nicht schlafen lassen. War er außer Haus gewesen, hatte ihn stets die schreckliche Angst gequält, andere Augen als die seinen könnten es erblicken. Es hatte Schwermut über seine Leidenschaften gebracht. Allein der Gedanke daran hatte ihm viele Augenblicke der
60 Freude verdorben. Es war für ihn wie das Gewissen gewesen. Ja, es war sein Gewissen gewesen. Er würde es zerstören.

Er sah sich um und entdeckte das Messer, das Basil Hallward niedergestochen hatte. Er hatte es immer wieder gereinigt, bis kein Fleckchen mehr darauf zurückgeblieben war. Es war blank und glänzte. So, wie es
65 den Maler getötet hatte, so würde es auch das Werk des Malers töten, und alles, was es bedeutete. Es würde die Vergangenheit töten, und war diese tot, würde er frei sein. Es würde dieses ungeheuerliche Seelenleben töten, ohne dessen gräßliche Mahnungen würde er in Frieden leben können. Er ergriff das Ding und stach damit auf das Bild ein.

70 Ein Schrei war zu hören und ein Krachen. Der Schrei war so grauenhaft in seiner Todespein, daß die Dienstboten aus dem Schlaf aufschreckten und aus ihren Zimmern schlichen. [...]

Die alte Mrs. Leaf weinte und rang die Hände. Francis war totenbleich.

Nach etwa einer Viertelstunde holte er den Kutscher und einen der La-
75 kaien und schlich nach oben. Sie klopften, erhielten aber keine Antwort. Sie riefen. Alles blieb still. Schließlich kletterten sie, nachdem sie erfolglos versucht hatten, die Zimmertür aufzubrechen, aufs Dach und ließen sich von dort auf den Balkon fallen. Die beiden Flügel der Glastür gaben mühelos nach: ihre Riegel waren alt.

80 Als sie das Zimmer betraten, sahen sie ein wunderbares Porträt ihres Herrn an der Wand hängen, so wie sie ihn zuletzt gesehen hatten, im vollen Glanz seiner köstlichen Jugend und Schönheit. Auf dem Boden lag ein Toter im Abendanzug mit einem Messer im Herzen. Er hatte ein verlebtes, runzeliges, widerwärtiges Gesicht. Erst als sie die Ringe
85 genauer betrachteten, erkannten sie, wer es war.

OSCAR WILDE: DAS BILDNIS DES DORIAN GRAY, RECLAM – ALTE RECHTSCHREIBUNG

a) **Beschreiben** Sie, worin in Dorian Grays Augen seine „gute Tat" liegt.

b) **Erklären** Sie aus Ihrer Perspektive die Eigenschaften einer „guten Tat".

c) **Diskutieren** Sie mit Ihren Mitschülerinnen und Mitschülern:
- Was symbolisiert das Bildnis?
- Was verspricht sich Dorian Gray von der Zerstörung seines Bildnisses?

Arbeitsaufgaben

d) **Nehmen** Sie **Stellung** zur Frage Dorian Grays: „*Sollte seine Vergangenheit für immer als Bürde auf ihm lasten?*"

e) In Anlehnung an den Protagonisten des Romans wurde der Zwang mancher Menschen, jung, fit und schön zu bleiben – auch mittels medizinischer Eingriffe – im Jahr 2000 als Dorian-Gray-Syndrom bezeichnet. – **Diskutieren** Sie, warum dieses Syndrom als typisch für „unsere Zeit" gilt und woher der Wunsch nach „ewiger Jugend" kommen könnte.

VIRGINIA WOOLF,
britische Schriftstellerin
(1882–1941)

2.2 VIRGINIA WOOLF (1882–1941)

Die britische Schriftstellerin VIRGINIA WOOLF gilt als eine der **einflussreichsten feministischen Autorinnen des 20. Jahrhunderts** und als **Pionierin der literarischen Moderne.**

Sie wächst in einer typisch viktorianischen Familie auf; ihr Vater ist der anerkannte Historiker und Kritiker SIR LESLIE STEPHEN, ihre Mutter kümmert sich um Haushalt und Kinder. Als WOOLF 13 ist, stirbt ihre Mutter, woraufhin sie ihre erste psychische Krise durchlebt. Sie wird zeit ihres Lebens unter Depressionen leiden, immer wieder von Wahnvorstellungen befallen werden und einige Selbstmordversuche unternehmen.
Nach dem Tod des Vaters gründet sie 1904 gemeinsam mit ihren Geschwistern die **„Bloomsbury Group",** einen Kreis von Künstlerinnen/Künstlern und Literatinnen/Literaten. Dort lernt sie auch ihren späteren Ehemann LEONARD WOOLF kennen. Mit ihm gemeinsam gründet sie im Jahr 1917 den Verlag Hogarth Press.

WOOLFS Werk gilt als Reaktion gegen literarische Traditionen. Ihr Bestreben ist es, neue Wege des Erzählens zu finden. So entwickelt sie z. B. (wie JAMES JOYCE, 1882–1941) die **Erzähltechnik des „Stream of Consciousness"** (Bewusstseinsstrom). Sie arbeitet – wenn es ihre Krankheit zulässt – als Essayistin, Literaturkritikerin, Verlegerin und Autorin.
Letztendlich begeht sie aus Angst vor dem neuerlichen Aufleben ihrer Wahnvorstellungen Selbstmord.

WOOLFS Werke

- Die Fahrt hinaus (1915)
- Mrs. Dalloway (1925)
- Zum Leuchtturm (1927)
- Orlando (1928)
- Ein Zimmer für sich allein (1929; Dieser Essay gilt als Klassiker der Frauenbewegung. In ihm fordert WOOLF u. a., dass auch die Frau einen Raum für sich allein beanspruchen soll.)
- Die Wellen (1931)

„Mrs. Dalloway" – Inhalt

Die Handlung des Romans spielt an einem Tag im Juni 1923 in London. Im Zentrum stehen einerseits Clarissa Dalloway und ihre Bekannten, andererseits der Kriegsheimkehrer Septimus Warren Smith. Clarissa Dalloway, 52 Jahre alt und mit dem britischen Abgeordneten Richard Dalloway verheiratet, bereitet eine Dinnerparty in ihrem Haus vor.
Für sie unerwartet besucht sie ihre Jugendliebe Peter Walsh, den sie seit mehr als dreißig Jahren nicht mehr gesehen hat. Er ist damals nach Indien ausgewandert, nachdem er von Clarissa zurückgewiesen worden war. Obwohl Clarissa ein angenehmes, ruhiges Leben mit Richard führt, drehen sich ihre Gedanken darum, was gewesen wäre, wenn sie sich für Peter entschieden hätte; oder für Sally Seton, eine Jugendfreundin, deren Kuss einen der glücklichsten Momente ihres Lebens darstellt.

Parallel dazu kämpft der Kriegsheimkehrer Septimus Warren Smith gegen seine Erinnerungen und Wahnvorstellungen. So meint er, die Stimme des befreundeten und von einer Granate zerfetzten Offiziers Evans zu hören, bei dessen Tod er keine Gefühle empfunden hat. Er sucht gemeinsam mit seiner Frau den Psychiater Sir William Bradshaw auf, der einen völligen Zusammenbruch diagnostiziert und eine stationäre Unterbringung befürwortet. Als Septimus' Hausarzt Dr. Holmes den Patienten am Nachmittag abholen will, stürzt sich dieser aus dem Fenster.

Mrs. Dalloway BookBench
Sculptur in London

Bei der Dinnerparty erzählen der Psychiater Sir William Bradshaw und seine Frau von einem jungen Mann, der sich an diesem Nachmittag das Leben genommen hat, nämlich von Septimus Warren Smith. Damit werden die beiden Handlungen verbunden. Mrs. Dalloway missfällt es, dass über den Tod geredet wird. Von Trauer und Schmerz überwältigt, denkt sie selbst an Selbstmord, verwirft diesen Gedanken aber wieder.

In diesen Hauptstrang der Handlung verwoben finden sich die Bewusstseinsströme anderer Figuren. Sie werden strukturiert von den Glockenschlägen des Big Bens und ermöglichen die Betrachtung der Ereignisse aus unterschiedlichen Blickwinkeln.

Es werden in diesem Roman u. a. die Vorstellung von Liebe und Ehe sowie der Umgang mit psychisch Kranken thematisiert und es wird Gesellschaftskritik geübt.

Arbeitsaufgaben „Mrs. Dalloway"

1. Mrs. Dalloway

Sie fand sich also immer noch mit sich selbst streitend in St. James's Park, immer noch befindend, daß sie recht gehabt hätte – und das hatte sie auch –, ihn [Anm.: Peter] nicht zu heiraten. Denn in der Ehe mußte es einen kleinen Freiraum, eine kleine Unabhängigkeit geben zwischen Leuten, die tagein, tagaus im selben Haus lebten; die Richard ihr gab, und sie ihm. (Wo war er an diesem Morgen, zum Beispiel? Ein Komitee,
5 sie fragte nie, was für eins.) Aber mit Peter mußte alles geteilt werden; alles durchgesprochen werden. Und es war unerträglich, und als es zu dieser Szene in dem kleinen Garten bei dem Springbrunnen kam, mußte sie mit ihm brechen, oder sie wären zerstört worden, beide zugrundegerichtet, davon war sie überzeugt;

Sie fühlte sich sehr jung; gleichzeitig unaussprechlich betagt. Sie schnitt wie ein Messer durch alles; war gleichzeitig außerhalb und sah zu. Sie hatte eine nicht endende Empfindung, während sie die Droschken
10 beobachtete, draußen zu sein, draußen, weit draußen auf See, und allein; sie hatte immer das Gefühl, es sei sehr, sehr gefährlich, auch nur einen Tag zu leben. Nicht daß sie sich selbst für gescheit oder weit jenseits des Normalen hielt. Wie sie sich durchs Leben gebracht hatte mit Hilfe der wenigen Brocken von Wissen, die Fräulein Daniels ihnen gereicht hatte, konnte sie sich nicht vorstellen. Sie kann nichts; keine Sprache, keine Geschichte; sie las jetzt kaum einmal ein Buch, ausgenommen im Bett Memoiren; und doch
15 nahm es sie vollkommen in Anspruch; all das; die vorbeifahrenden Droschken; [...]

Wie sehr sie danach verlangte – daß die Leute angetan aussähen, wenn sie hereinkam, dachte Clarissa und machte kehrt und ging zurück Richtung Bond Street, verdrossen, weil es albern war, fremde Gründe für das eigene Tun zu haben. Viel lieber wäre sie einer von denen wie Richard gewesen, die die Dinge um ihretwillen taten, wogegen sie, dachte sie, während sie an der Kreuzung wartete, meistens die Dinge nicht ein-
20 fach so, nicht um ihretwillen tat; sondern um die Leute dies oder das glauben zu machen; vollkommener Schwachsinn, wußte sie (und jetzt hob ein Schutzmann seine Hand), denn nie hatte sich jemand auch nur eine Sekunde täuschen lassen. Oh, wenn sie ihr Leben nur noch einmal von vorn beginnen könnte! dachte sie, als sie die Straße betrat, wenigstens anders aussehen könnte! Vor allem wäre sie dann dunkelhaarig wie Lady Bexborough gewesen, mit einer Haut von genarbtem Leder und schönen Augen. Sie wäre, wie Lady
25 Bexborough, bedächtig und stattlich gewesen; eher üppig; an Politik interessiert wie ein Mann; mit einem Landhaus; sehr würdig, sehr gradheraus. Stattdessen hatte sie eine schmächtige Bohnenstangen-Figur; ein lächerliches kleines Gesicht, schnabelförmig wie das eines Vogels. Daß sie auf sich achtete, stimmte; und hübsche Hände und Füße hatte; und gut angezogen war, in Anbetracht der Tatsache, daß sie wenig ausgab. Aber oft erschien ihr jetzt dieser Körper, den sie herumtrug (sie blieb stehen, um sich ein niederländisches
30 Bild anzusehen), als nichts – überhaupt nichts. Sie hatte die absonderlichste Empfindung, unsichtbar zu sein; ungesehen; ungekannt; kein Heiraten mehr, kein Kinderkriegen mehr jetzt, sondern nur noch dieses erstaunliche und beinahe feierliche Fortschreiten mit all den andern, Bond Street hinauf, dieses Mrs Dalloway-Sein; nicht einmal mehr Clarissa; dieses Mrs Richard Dalloway-Sein.

Virgina Woolf: Mrs Dalloway, Fischer – alte Rechtschreibung

a) **Charakterisieren** Sie Mrs. Dalloway, wie sie sich selber sieht.

b) **Analysieren** Sie Mrs. Dalloways Einstellung zur Ehe und zu ihrem Leben.

2. **Lucrezia Warren Smith**

Denn sie konnte es nicht länger aushalten. Dr. Holmes mochte sagen, es fehle ihm [Anm.: ihrem Mann, Septimus] nichts. Viel lieber wollte sie, er wäre tot! Sie konnte nicht neben ihm sitzen, wenn er so starrte und sie nicht sah und alles so schrecklich machte; Himmel und Baum, Kinder, spielend, Wägelchen ziehend, Pfeife blasend, hinfallend; alles war schrecklich. Und er würde sich nicht umbringen; und sie konnte
5 es niemandem sagen. „Septimus hat zu schwer gearbeitet" – das war alles, was sie ihrer eigenen Mutter sagen konnte. Lieben macht einen einsam, dachte sie. Sie konnte es niemand sagen, nicht einmal jetzt Septimus, und wie sie zurückschaute, sah sie ihn in seinem schäbigen Überzieher dasitzen, allein, auf der Bank, gebuckelt, starrend. Und es war feige von einem Mann, zu sagen, er wolle sich umbringen, aber Septimus hatte gekämpft; er war tapfer; jetzt war er nicht mehr Septimus. Sie legte ihren Spitzenkragen um. Sie
10 setzte ihren neuen Hut auf, und er bemerkte es nicht; und er war glücklich ohne sie. Nichts konnte sie ohne ihn glücklich machen! Nichts! Er war selbstsüchtig, Männer sind so. Denn er war nicht krank. Dr. Holmes sagte, es fehle ihm nichts. Sie spreizte ihre Hand vor den Augen. Da! Ihr Ehering rutschte – sie war so dünn geworden. Sie war es, die litt – aber sie hatte niemand, dem sie es sagen konnte.

Fern waren Italien und die weißen Häuser und das Zimmer, in dem ihre Schwestern saßen und Hüte
15 machten, und die Straßen, jeden Abend wimmelnd von Leuten, die spazierengingen, laut lachten, nicht halblebendig wie die Leute hier, in Rollstühlen zusammengekauert, auf ein paar häßliche in Töpfen steckende Blumen schauend! [...]

Ich bin allein; ich bin allein! schrie sie, am Springbrunnen in Regent's Park (auf den Inder und sein Kreuz starrend), wie vielleicht um Mitternacht, wenn alle Begrenzungen verschwunden sind, das Land zu seiner
20 ursprünglichen Gestalt zurückkehrt, wie die Römer es sahen, in Wolken liegend, als sie landeten und die Berge keine Namen hatten und die Flüsse sich schlängelten – niemand wußte wohin – so war ihre Dunkelheit; als sie plötzlich, wie wenn ein Riff sich vorgeschoben hätte und sie auf ihm stünde, zu sich sagte, daß sie doch seine Frau sei, vor Jahren in Mailand geheiratet habe, seine Frau, und nie, nie erzählen würde, daß er irrsinnig sei! Als sie umkehrte, sank das Riff; tief, tief fiel sie. Denn er war weg, dachte sie – weg, wie er
25 drohte, um sich umzubringen –, um sich unter ein Fuhrwerk zu werfen! Aber nein; dort war er; immer noch allein auf der Bank sitzend, in seinem schäbigen Überzieher, mit gekreuzten Beinen, starrend, laut mit sich selbst redend.

VIRGINA WOOLF: MRS DALLOWAY, FISCHER – ALTE RECHTSCHREIBUNG

a) **Beschreiben** Sie den Konflikt, in dem sich Lucrezia befindet.

b) **Erläutern** Sie die Bedeutung der Aussage: *„Liebe macht einen einsam."*

c) **Analysieren** Sie die beiden Textausschnitte nach Merkmalen des Stream of Consciousness bzw. des inneren Monologs.

 Zum Weiterlesen

MICHAEL CUNNINGHAM: „Die Stunden" (1998, von „Mrs. Dalloway" inspiriert); 2002 von STEPHEN DALDRY verfilmt unter dem Titel „The Hours. Von Ewigkeit zu Ewigkeit"

Zerfall – Apokalypse – Innere Erneuerung

Einblick in die Literatur des Expressionismus (ca. 1905–1925)

FRANZ MARC: BLAUES PFERD (1911)

Hoffen heißt: vom Leben falsche Vorstellungen haben.

GOTTFRIED BENN

1 Expressionismus BEISPIEL

„Weltende" ist nicht nur das berühmteste Gedicht von Jakob van Hoddis, es steht auch für den Beginn der expressionistischen Lyrik. Die jungen Expressionistinnen und Expressionisten sehen in dem Gedicht den Ausdruck eines neuen Weltgefühls. Die 1919 von Kurt Pinthus herausgegebene Lyrikanthologie „Menschheitsdämmerung" wird sogar von diesem Gedicht eingeleitet.

Jakob van Hoddis
WELTENDE (1911)

Dem Bürger fliegt vom spitzen Kopf der Hut,
In allen Lüften hallt es wie Geschrei,
Dachdecker stürzen ab und gehen entzwei
4 Und an den Küsten – liest man – steigt die Flut.

Der Sturm ist da, die wilden Meere hupfen
An Land, um dicke Dämme zu zerdrücken.
Die meisten Menschen haben einen Schnupfen.
8 Die Eisenbahnen fallen von den Brücken.

In: Otto F. Best: Die deutsche Literatur in Text und Darstellung,
Bd. 14, Reclam

a) **Bestimmen** Sie, welche der folgenden Merkmale auf das Gedicht „Weltende" zutreffen: Kreuzen Sie die richtigen Aussagen an.

☐ Es werden althergebrachte Vers-, Reim- und Strophenformen verwendet.

☐ Auf die Einhaltung der metrischen Regeln wird verzichtet.

☐ Es werden Metaphern verwendet.

☐ Das Gedicht weist den Zeilenstil auf.

☐ Der Satzbau ist parataktisch.

☐ Die Verse bestehen aus Ellipsen und unverbundenen Einzelwörtern.

☐ Hauptsätze, die weder syntaktisch noch logisch miteinander verbunden sind, werden aneinandergereiht.

☐ Es finden sich Neologismen.

b) **Erstellen** Sie eine Wortsonne mit Ihren Assoziationen zum Thema „Weltende".

c) **Analysieren** Sie, welche Verse zum Titel „Weltende" passen und welche eher nicht.

d) **Bestimmen** Sie das Thema des Gedichts.

e) Für viele Künstler/innen des Frühexpressionismus bedeutet eine Katastrophe/das Weltende den Zusammenbruch der bürgerlichen Welt, den sie begrüßen. – **Erschließen** Sie, ob sich diese Ansicht auch im Gedicht „Weltende" belegen lässt.

f) 2014 schuf der Künstler Baldwin Zettl den Kupferstich „Weltende für Jakob van Hoddis". Sie können ihn über den nebenstehenden QR-Code in höherer Auflösung aufrufen. – **Diskutieren** Sie mit Ihren Mitschülerinnen und Mitschülern, welche Zusammenhänge zwischen den beiden Werken bestehen.

Baldwin Zettl: Weltende für Jakob van Hoddis (2014)

www.trauner.at/weltende.aspx

Expressionismus (1905–1925)   WERKZEUG

Der Expressionismus ist eine Strömung, die nicht auf die Literatur beschränkt ist, sondern auch Musik und bildende Kunst betrifft. Der Begriff „Expressionismus" (von lat. expressio = Ausdruck) wird ursprünglich in der bildenden Kunst verwendet und von Kurt Hiller (1885–1972) auf die Literatur übertragen.

Wissenschaftlich-philosophischer Hintergrund

Die Schriftsteller/innen des Expressionismus werden von zwei wichtigen Denkrichtungen beeinflusst:

- Friedrich Nietzsche (1844–1900) kritisiert in seinen Werken Autoritätshörigkeit und fordert eine komplette Wandlung aller bestehenden Werte. Er argumentiert kein philosophisches Denkmodell, sondern legt seine Ideen als Aphorismen dar. So gilt er auch als Mittler zwischen Literatur und Philosophie. Philosophie versteht er nicht als Wissenschaft, sie ist für ihn Kunst, die keine objektiven Wahrheiten hervorbringt, sondern nur die persönliche Meinung einer/eines Einzelnen. Als eines seiner Hauptwerke gilt „Also sprach Zarathustra" (1883), aus dem noch heute häufig zitiert wird. Darin findet sich z. B. das Konzept vom **„Übermenschen"** (später von den Nationalsozialisten für sich vereinnahmt), der aus dem schwachen fremdbestimmten Menschen entsteht – *„Der Mensch ist etwas, das überwunden werden soll."*
- Sigmund Freud (1856–1939) beeinflusst die Künstler/innen durch seine Theorien von der Dominanz der Triebe und des Unbewussten über unser bewusstes Handeln sowie vom **Es – Ich – Über-Ich.** Stark vereinfacht folgt das Es dem Lustprinzip und vereinigt die Forderungen der Triebe und Affekte; das Ich folgt dem Realitätsprinzip und muss zwischen den Forderungen des Es und des Über-Ichs, das die moralische Instanz ist, vermitteln. Freuds Erkenntnisse von den Abgründen der menschlichen Seele verunsichern viele Zeitgenossinnen und Zeitgenossen, dienen den Expressionistinnen und Expressionisten aber als Anregung.

Literatur

Es gibt zwar kein einheitliches Programm, sondern nur viele einzelne Grundsatzerklärungen, gemeinsam sind den (durchwegs jungen) Künstlerinnen und Künstlern aber das Ziel einer inneren Erneuerung des Menschen und die **Ablehnung jeder Sachlichkeit** (somit auch der dichterischen Grundsätze des Naturalismus). Entscheidend soll allein das **Ich-Erlebnis** sein, das schließlich ins Allgemeingültige führt. Die äußere Wirklichkeit ist nicht Gegenstand der Auseinandersetzung. Demgemäß zeigen sich in den Werken immer wieder der Protest, der Bruch mit den Traditionen und Konventionen und der Wunsch nach einem Neubeginn.

Die erste expressionistische Literaturvereinigung, „Der neue Club", wird 1909 von Kurt Hiller und Erwin Loewenson (1888–1963) gegründet. Davon spaltet sich das „Literarische Cabaret Gnu" ab.

Veröffentlicht werden die Werke zumeist in expressionistischen **Zeitschriften,** deren einflussreichste „Der Sturm" (1910–1932, hg. v. Herwarth Walden) und „Die Aktion" (1911–1932, hg. v. Franz Pfemfert) sind. Letztere steht vornehmlich für den politisch engagierten Expressionismus, „Der Sturm" hingegen für eine neue Ästhetik, die **„Wortkunst".** Der Begriff „Wortkunst" dient der Abgrenzung zur „Tonkunst" (Musik). Unter einem „Wortkunstwerk" ist eine rhythmische Komposition von Einzelwörtern und Sätzen zu verstehen. Die Einhaltung grammatikalischer Regeln ist dabei nicht notwendig. Besonders deutlich lässt sich dieses ästhetische Verfahren in August Stramms (1874–1915) Gedichten sehen, die Ein-Wort-Zeilen, Wortverkürzungen und Neologismen aufweisen.

Unterteilt wird die Epoche des Expressionismus in drei **Phasen:**
- Frühexpressionismus (ca. 1905–1914)
- Kriegsexpressionismus (1914–1918)
- Spätexpressionismus (1918–1925)

Zu Sigmund Freud und Friedrich Nietzsche siehe auch WERKZEUG des Kapitels „Fin de Siècle"

Wichtige Themen

- Das **Hässliche, Kranke** wird zum Thema.
- Die **Großstadt** – häufig in der Lyrik thematisiert – wird oft als bedrohlich und hektisch dargestellt, Menschen verlieren sich in ihrer Anonymität. Hintergrund ist das rasante Wachstum der Städte und die fortschreitende Industrialisierung.
- **Generationenkonflikt:** Es kommt zum Bruch mit der Werteorientierung der älteren Generation, der Kriegsbegeisterung, Profitgier und generell moralische Verkommenheit vorgeworfen wird.
- **Krieg:** Im Frühexpressionismus steht der Krieg für Veränderung, wird also durchaus positiv gesehen. Mit Ausbruch des Ersten Weltkriegs (1914–1918) und der Fronterfahrung einiger Schriftsteller dominieren Texte, in denen diese Erfahrungen verarbeitet werden. Somit kommt es auch zu stark pazifistischen Strömungen.
- **Tod** und das **Ende der Welt:** Das Weltende wird oft als Untergang der bürgerlichen Welt interpretiert bzw. als Aufbruch in eine neue, bessere Zeit.
- **Ich-Zerfall:** Das Ich erlebt sich nicht als eigenständiges Individuum, sondern fühlt sich der Objektwelt hilflos ausgeliefert.
- **„Messianischer Expressionismus":** Ein „neuer" Mensch wird verkündet, der die gegenwärtige Wirklichkeit überwindet und neue Werte verkörpert.

Lyrik

Die Lyrik ist vor allem im **Frühexpressionismus** die dominierende Gattung. Die metrische Gestaltung weist große Unterschiede auf: Einerseits werden althergebrachte Vers-, Reim- und Strophenformen verwendet (z. B. das Sonett). Andererseits werden Werke bar aller konventionellen metrischen Regeln geschaffen bis hin zur **Wortkunst,** bei der das Gedicht auf seine wesentlichen Bestandteile reduziert wird und oft nur mehr ein Wort pro Vers enthält.

Charakteristisch für expressionistische Lyrik ist z. B. der Gebrauch von:
- Metaphern, Chiffren und Farbsymbolik
- Neologismen (Wortneuschöpfungen)
- Simultaneität (Darstellung verschiedener Sinneseindrücke nebeneinander)
- Reihungsstil (aneinandergereihte kurze Hauptsätze, die weder syntaktisch noch logisch miteinander verbunden sind)
- Zeilenstil und Parataxe
- Telegrammstil (Ellipsen, Einzelwörter, die unverbunden bleiben)

In den Jahren vor dem Ersten Weltkrieg entstehen häufig Gedichte, die die Technik und die Großstadt sowie die **Utopie des „neuen Menschen"** thematisieren. Mit den Kriegserfahrungen ergibt sich eine Wendung hin zur **politischen Lyrik,** die natürlich nicht alle Autorinnen und Autoren mitmachen.

Dramatik

Im **Spätexpressionismus** wird das Drama zur dominierenden Gattung. Vorbilder sind FRANK WEDEKIND (1864–1918) und AUGUST STRINDBERG (1849–1912). WEDEKINDS Kindertragödie **„Frühlings Erwachen"** (1891) ist formal und sprachlich nicht „neu", thematisiert aber nicht nur veraltete Erziehungsmethoden und Selbstmord, sondern auch jugendliche Sexualität und gilt damit als pornografisch. Erst 1906, 15 Jahre nach seiner Erscheinung, wird das Stück in Berlin mit großem Erfolg uraufgeführt – allerdings stark zensuriert, z. B. werden Szenen gestrichen, in denen Homosexualität oder Onanie gezeigt werden.

Mit seinem 1909 uraufgeführten Drama **„Mörder, Hoffnung der Frauen",** das die Geschlechterproblematik thematisiert, geht der als Maler berühmt gewordene OSKAR KOKOSCHKA (1886–1980) dramaturgisch und formal neue Wege.

---

die Chiffre = verrätseltes, autorbezogenes Symbol

Bedeutende expressionistische Lyriker/innen sind JAKOB VAN HODDIS (1887–1942), GOTTFRIED BENN (1886–1956), ERNST STADLER (1883–1914), GEORG HEYM (1887–1912), GEORG TRAKL (1887–1914), ELSE LASKER-SCHÜLER (1869–1945), FRANZ WERFEL (1890–1945), ALFRED LIECHTENSTEIN (1889–1914), JOHANNES R. BECHER (1891–1958) und AUGUST STRAMM.

Es gibt keine stringente Handlung, die Schauspieler/innen erhalten keinen aus-
formulierten Text, sondern nur Stichwörter zu ihren Rollen. Das Drama soll ein
Gesamtkunstwerk mit Tanz und Musik sein. 1921 wird es von Paul Hindemith
(1895–1963) vertont.

Das expressionistische Drama ist zumeist ein **Ideendrama,** es soll eine allge-
meingültige Idee als Weltanschauung vermitteln. Die am häufigsten verwendete
Form ist das **Stationendrama,** das sich aus einzelnen, meist unverbundenen
Stationen zusammensetzt. Die Verknüpfung der Elemente erfolgt durch die
Hauptfigur.
Die Figuren bleiben im expressionistischen Drama zumeist **Typen,** d. h., sie sind
nicht individualisiert, oft sind sie sogar namenlos (z. B. „Mann", „Tochter").
Damit soll die Allgemeingültigkeit betont werden.
Häufig gibt es in expressionistischen Dramen abstrakte, auf das Wesentliche
reduzierte Bühnenbilder. Gebärden und Tanz werden eingesetzt.

💡 Weitere bedeutende
Dramatiker, deren Werke auch
heute noch aufgeführt werden,
sind
Georg Kaiser (1878–1945),
Carl Sternheim (1878–1942),
Ernst Toller (1893–1939)
und Walter Hasenclever
(1890–1940).

Epik
Die Epik des Expressionismus findet in der Nachwelt wenig Beachtung, viele
Werke zeigen nur einen kurzfristigen Publikumserfolg. Allerdings sind expressi-
onistische Tendenzen in vielen Werken des 20. Jahrhunderts zu finden.

Auch in epischen Texten zeigen sich die für den Expressionismus typische **Verknappung der Sprache** und ein hohes Erzähltempo. Dem kommen eher epische
Kleinformen als Romane entgegen. Zudem bedienen sich die Künstler/innen
des **Kinostils,** bei dem die plötzliche Aufeinanderfolge und die Simultaneität der
Ereignisse gezeigt werden können.
Auffallend ist der Verzicht auf eine psychologische Motivation des Geschehens
sowie das Fehlen einer kommentierenden Erzählinstanz.

Ein Beispiel für ein Werk, das zu seiner Zeit (zwar auch nur in den expressionistischen Kreisen) geschätzt wird und dann in Vergessenheit geraten ist, ist der
(Anti)Roman **„Bebuquin oder Die Dilettanten des Wunders"** (1912) von Carl
Einstein (1885–1940). Er weist keine zusammenhängende Handlung auf, sondern eine Abfolge von im Kinostil montierten Szenen, in denen der junge Mann
Bebuquin in phantastische Ereignisse gerät. Der Protagonist bleibt dabei nur
schemenhaft skizziert, eine Vorgeschichte oder Erklärungen gibt es nicht.

⚠ Was für viele Epochen
gilt, gilt insbesondere für den
Expressionismus: Nicht alle
Autorinnen/Autoren lassen
sich eindeutig und ausschließ-
lich dieser Epoche zuordnen.
Zu nennen sind hier z. B.
Franz Werfel und Alfred
Döblin.

Wichtige Autorinnen/Autoren und Werke des Expressionismus	
Jakob van Hoddis	Weltende (1918, Gedichtsammlung)
Ernst Stadler	Präludien (1904), Der Aufbruch (1914) (Gedichtsammlungen)
Else Lasker-Schüler	Die Wupper (1909, Drama) Mein Herz (1920, Briefroman) Hebräische Balladen (1920), Mein blaues Klavier (1943) (Gedichtsammlungen)
Alfred Döblin	Die Ermordung der Butterblume und andere Erzählungen (1913) Berlin Alexanderplatz (1929, Roman)
Georg Heym	Umbra vitae (1912, Gedichtsammlung) Der Dieb. Ein Novellenbuch (1913)
Gottfried Benn	Morgue und andere Gedichte (1912)
Georg Kaiser	Von morgens bis mitternachts (1912), Die Bürger von Calais (1912/13), Gas (1918) (Dramen)
Georg Trakl	Gedichte (1913), Sebastian im Traum (1915) (Gedichtsammlungen)
Franz Werfel	Der Weltfreund (1911), Wir sind (1913), Einander (1915), Der Gerichtstag (1919) (Gedicht-sammlungen)
Ernst Toller	Die Wandlung (1919, Drama)

Arbeitsaufgaben „Expressionismus"

1. Großstadt

Georg Heym
DER GOTT DER STADT (1911)

Auf einem Häuserblocke sitzt er breit.
Die Winde lagern schwarz um seine Stirn.
Er schaut voll Wut, wo fern in Einsamkeit
4   Die letzten Häuser in das Land verirrn.

Vom Abend glänzt der rote Bauch dem Baal,
Die großen Städte knien um ihn her.
Der Kirchenglocken ungeheure Zahl
8   Wogt auf zu ihm aus schwarzer Türme Meer.

Wie Korybanten-Tanz dröhnt die Musik
Der Millionen durch die Straßen laut.
Der Schlote Rauch, die Wolken der Fabrik
12 Ziehn auf zu ihm, wie Duft von Weihrauch blaut.

Das Wetter schwelt in seinen Augenbrauen.
Der dunkle Abend wird in Nacht betäubt.
Die Stürme flattern, die wie Geier schauen
16 Von seinem Haupthaar, das im Zorne sträubt.

Er streckt ins Dunkel seine Fleischerfaust.
Er schüttelt sie. Ein Meer von Feuer jagt
Durch eine Straße. Und der Glutqualm braust
20 Und frißt sie auf, bis spät der Morgen tagt.

IN: OTTO F. BEST: DIE DEUTSCHE LITERATUR IN TEXT UND
DARSTELLUNG, BD. 14, RECLAM

Baal = babylonischer Wettergott, der Menschenopfer fordert

Korybanten = Priester der Muttergöttin Kybele, die ihr mit orgiastischen Ausschweifungen huldigen

a) **Beschreiben** Sie, wie Gott Baal, der als Symbol für den Moloch Stadt steht, gezeigt wird.

b) **Analysieren** Sie das Bild des Menschen, wie es sich in diesem Gedicht darstellt.

c) **Recherchieren** Sie, wie sich die Entwicklung der Großstädte damals vollzogen hat und welche Probleme damit einhergingen. **Vergleichen** Sie Ihre Ergebnisse mit der Darstellung in HEYMS Gedicht.

d) **Untersuchen** Sie das Gedicht nach typischen Merkmalen expressionistischer Lyrik.

e) Fotografieren oder filmen Sie Orte in einer/„Ihrer" Stadt, die die Stimmung in HEYMS Gedicht widerspiegeln, und montieren Sie sie zu einem Kurzfilm oder einer PowerPoint-Präsentation. Alternativ dazu können Sie auch ein Bild zeichnen, das das Gedicht veranschaulicht.

f) Heute verbinden wir nicht nur Negatives mit „Stadt". – **Zeigen** Sie positive Aspekte einer Stadt, indem Sie ein Gedicht verfassen, einen Film oder ein Bild erstellen.

2. Ideal und Wirklichkeit/Entfremdung

Gottfried Benn
NACHTCAFÉ (1912)

824: Der Frauen Liebe und Leben.
Das Cello trinkt rasch mal. Die Flöte
rülpst tief drei Takte lang: das schöne Abendbrot.
4   Die Trommel liest den Kriminalroman zu Ende.

Grüne Zähne, Pickel im Gesicht
winkt einer Lidrandentzündung.

Fett im Haar
8   spricht zu offenem Mund mit Rachenmandel
Glaube Liebe Hoffnung um den Hals.

Junger Kropf ist Sattelnase gut.
Er bezahlt für sie drei Biere.

12   Bartflechte kauft Nelken,
Doppelkinn zu erweichen.

b-moll: die 35. Sonate.
Zwei Augen brüllen auf:
16   Spritzt nicht das Blut von Chopin in den Saal,
damit das Pack drauf rumlatscht!
Schluß! He, Gigi! –

Die Tür fließt hin: ein Weib.
20   Wüste ausgedörrt. Kanaanitisch braun.
Keusch. Höhlenreich. Ein Duft kommt mit. Kaum Duft.
Es ist nur eine süße Verwölbung der Luft
gegen mein Gehirn.

24   Eine Fettleibigkeit trippelt hinterher.

GOTTFRIED BENN: GEDICHTE, RECLAM

George Grosz: Dr. Benns
Nachtcafé (1918)

a) **Erschließen** Sie epochentypische Merkmale.

b) Auffällig ist an diesem Gedicht BENNS das Stilmittel der **Synekdoche**. –
Markieren Sie im Text Beispiele dafür.

c) **Beschreiben** Sie die Wirkung der Synekdochen auf Sie.

d) **Verfassen** Sie ein Parallelgedicht, z. B. „In unserer Klasse" oder „In der
Bar", in dem Sie das Stilmittel der Synekdoche verwenden. Achten Sie
darauf, nicht verletzend zu sein – das Detail, das Sie in den Vordergrund stellen, darf durchaus auch positiv sein.

die Synekdoche = rhetorisches
Stilmittel, bei dem der eigentliche Begriff durch einen anderen ersetzt wird, der jedoch
zum selben Bedeutungsfeld
gehört, z. B. Dach für Haus,
Eisen für Schwert, Brot für
Nahrung

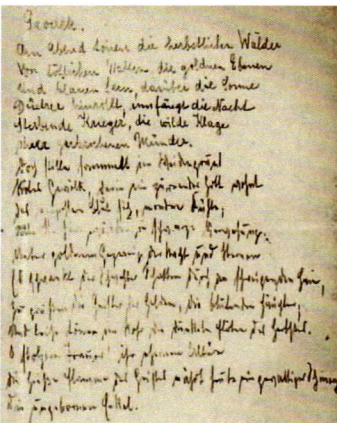

Grodek, 2. Fassung

3. Krieg

Das Gedicht „Grodek" schrieb TRAKL anlässlich der Schlacht bei Grodek in Galizien, nach der er viele Schwerstverwundete zu betreuen hatte. Es ist sein letztes Gedicht.

Text 1

Georg Trakl
GRODEK (2. Fassung, 1915)

Am Abend tönen die herbstlichen Wälder
Von tödlichen Waffen, die goldnen Ebenen
Und blauen Seen, darüber die Sonne
4 Düster hinrollt; umfängt die Nacht
Sterbende Krieger, die wilde Klage
Ihrer zerbrochenen Münder.
Doch stille sammelt im Weidengrund
8 Rotes Gewölk, darin ein zürnender Gott wohnt,
Das vergossne Blut sich, mondne Kühle;
Alle Straßen münden in schwarze Verwesung.
Unter goldnem Gezweig der Nacht und Sternen
12 Es schwankt der Schwester Schatten durch den schweigenden Hain,
Zu grüßen die Geister der Helden, die blutenden Häupter;
Und leise tönen im Rohr die dunkeln Flöten des Herbstes.
O stolzere Trauer! ihr ehernen Altäre
16 Die heiße Flamme des Geistes nährt heute ein gewaltiger Schmerz,
Die ungebornen Enkel.

IN: OTTO F. BEST: DIE DEUTSCHE LITERATUR IN TEXT UND DARSTELLUNG, BD. 14, RECLAM

Text 2

Auch AUGUST STRAMM hat seine Kriegserfahrungen in etlichen Gedichten verarbeitet, eines der bekanntesten ist „Patrouille".

August Stramm
PATROUILLE (1919)

Die Steine feinden
2 Fenster grinst Verrat
Äste würgen
4 Berge Sträucher blättern raschlig
Gellen
6 Tod.

IN: OTTO F. BEST: DIE DEUTSCHE LITERATUR IN TEXT UND DARSTELLUNG, BD. 14, RECLAM

a) **Erklären** Sie, welche Stimmung die Farben in TRAKLS Gedicht hervorrufen.

b) In STRAMMS Gedicht finden sich etliche Personifizierungen. – **Erläutern** Sie, wofür diese stehen.

c) **Untersuchen** Sie beide Gedichte nach epochentypischen Merkmalen.

d) **Erschließen** Sie TRAKLS und STRAMMS Auffassung von Krieg.

e) Welches der beiden Gedichte wirkt auf Sie eindrücklicher? **Begründen** Sie Ihre Auffassung.

4. Liebe

Else Lasker-Schüler
HÖRE! (1917)

Ich raube in den Nächten
Die Rosen deines Mundes
3 Dass keine Weibin Trinken findet.

Die dich umarmt,
Stiehlt mir von meinen Schauern,
6 Die ich um deine Glieder malte.

Ich bin dein Wegrand.
Die dich streift,
9 Stürzt ab.

Fühlst du mein Lebtum
Überall
12 Wie ferner Saum?

ELSE LASKER-SCHÜLER: LIEBESGEDICHTE, INSEL

ELSE LASKER-SCHÜLER,
deutsche Schriftstellerin
(1869–1945)

a) ELSE LASKER-SCHÜLER gilt nicht nur als bedeutende Künstlerin des Expressionismus, sie war auch eine schillernde Persönlichkeit mit einem bewegten Leben. – **Recherchieren** Sie im Internet (verwenden Sie unterschiedliche Quellen), **erstellen** Sie eine Kurzbiografie mit den wichtigsten Stationen ihres Lebens und versuchen Sie sich anschließend in einer Charakteristik der Künstlerin.

b) **Erschließen** Sie die emotionale Situation, in der sich das lyrische Ich befindet.

c) **Untersuchen** Sie das Gedicht nach epochentypischen Merkmalen.

d) In ihrem Lyrikband „Gesammelte Gedichte" hat ELSE LASKER-SCHÜLER dieses Gedicht unter einem anderen Titel, nämlich „Letztes Lied an Giselheer", veröffentlicht. Giselheer nannte sie GOTTFRIED BENN, mit dem sie eine (zumindest) künstlerische Beziehung verband. – **Begründen** Sie, welcher Titel Sie mehr anspricht.

e) „Höre!" wird häufig mit GOTTFRIED BENNS Gedicht „Hier ist kein Trost" (1912/13) in Beziehung gesetzt. – Suchen und lesen Sie das Gedicht. **Diskutieren** Sie anschließend mit Ihren Mitschülerinnen/Mitschülern, inwiefern ein Zusammenhang zwischen den beiden Werken besteht und welches Gedicht Sie als „Aktion", welches als „Reaktion" sehen.

f) Verfassen Sie eine **Textinterpretation** zum Gedicht „Höre!" und bearbeiten Sie die folgenden Arbeitsaufträge:

- **Beschreiben** Sie die Situation, in der sich das lyrische Ich befindet.
- **Analysieren** Sie die formale und sprachliche Gestaltung des Gedichts.
- **Setzen** Sie Form und Inhalt zueinander **in Beziehung.**
- **Interpretieren** Sie den Inhalt des Gedichtes im Hinblick auf den Titel.

Schreiben Sie zwischen 405 und 495 Wörter. Markieren Sie Absätze mittels Leerzeilen.

Herr Fischer, ein Firmeninhaber, köpft bei einem Spaziergang mit seinem Spazierstock eine Butterblume. In der Folge denkt er über diese Tat nach und verheddert sich in Schuldgefühlen.

5. Erzählter Wahnsinn: „Die Ermordung einer Butterblume"

Alfred Döblin
DIE ERMORDUNG EINER BUTTERBLUME (1912)

<u>Textausschnitt 1:</u>

[...] Die Luft laut von sich blasend, mit blitzenden Augen ging der Herr weiter. Die Bäume schritten rasch an ihm vorbei; der Herr achtete auf nichts. Er hatte eine aufgestellte Nase und ein plattes bartloses Gesicht, ein ältliches Kindergesicht mit süßem Mündchen.

5 Bei einer scharfen Biegung des Weges nach oben galt es aufzuachten. Als er ruhiger marschierte und sich mit der Hand gereizt den Schweiß von der Nase wischte, tastete er, daß sein Gesicht sich ganz verzerrt hatte, daß seine Brust heftig keuchte. Er erschrak bei dem Gedanken, daß ihn jemand sehen könnte, etwa von seinen Geschäftsfreunden
10 oder eine Dame. Er strich sein Gesicht und überzeugte sich mit einer verstohlenen Handbewegung, daß es glatt war.

Er ging ruhig. Warum keuchte er? Er lächelte verschämt. Vor die Blumen war er gesprungen und hatte mit dem Spazierstöckchen gemetzelt, ja, mit jenen heftigen aber wohlgezielten Handbewegungen geschlagen,
15 mit denen er seine Lehrlinge zu ohrfeigen gewohnt war, wenn sie nicht gewandt genug die Fliegen im Kontor fingen und nach der Größe sortiert ihm vorzeigten.

Häufig schüttelte der ernste Mann den Kopf über das sonderbare Vorkommnis. „Man wird nervös in der Stadt. Die Stadt macht mich
20 nervös", wiegte sich nachdenklich in den Hüften, nahm den steifen englischen Hut und fächelte die Tannenluft auf seinen Schopf.

Nach kurzer Zeit war er wieder dabei, seine Schritte zu zählen, eins, zwei, drei. Fuß trat vor Fuß, die Arme schlenkerten an den Schultern. Plötzlich sah Herr Michael Fischer, während sein Blick leer über den
25 Wegrand strich, wie eine untersetzte Gestalt, er selbst, von dem Rasen zurücktrat, auf die Blumen stürzte und einer Butterblume den Kopf glatt abschlug. Greifbar geschah vor ihm, was sich vorhin begeben hatte an dem dunklen Weg. Diese Blume dort glich den andern auf ein Haar. Diese eine lockte seinen Blick, seine Hand, seinen Stock. Sein
30 Arm hob sich, das Stöckchen sauste, wupp, flog der Kopf ab. Der Kopf überstürzte sich in der Luft, verschwand im Gras. Wild schlug das Herz des Kaufmanns. Plump sank jetzt der gelöste Pflanzenkopf und wühlte sich in das Gras. Tiefer, immer tiefer, durch die Grasdecke hindurch, in den Boden hinein. Jetzt fing er an zu sausen, in das Erdinnere, daß
35 keine Hände ihn mehr halten konnten. Und von oben, aus dem Körperstumpf, tropfte es, quoll aus dem Halse weißes Blut, nach in das Loch, erst wenig, wie einem Gelähmten, dem der Speichel aus dem Mundwinkel läuft, dann in dickem Strom, rann schleimig, mit gelbem Schaum auf Herrn Michael zu, der vergeblich zu entfliehen suchte,
40 nach rechts hüpfte, nach links hüpfte, der drüber wegspringen wollte, gegen dessen Füße es schon anbrandete.

Mechanisch setzte Herr Michael den Hut auf den schweißbedeckten Kopf, preßte die Hände mit dem Stöckchen gegen die Brust. „Was ist geschehen?", fragte er nach einer Weile. „Ich bin nicht berauscht. Der
45 Kopf darf nicht fallen, er muß liegen bleiben, er muß im Gras liegen bleiben. Ich bin überzeugt, daß er jetzt ruhig im Gras liegt. Und das Blut –. Ich erinnere mich dieser Blume nicht, ich bin mir absolut nichts bewußt."

Er staunte, verstört, mißtrauisch gegen sich selbst. In ihm starrte alles
auf die wilde Erregung, sann entsetzt über die Blume, den gesunkenen
Kopf, den blutenden Stiel. Er sprang noch immer über den schleimigen
Fluß. Wenn ihn jemand sähe, von seinen Geschäftsfreunden oder eine
Dame.

In die Brust warf sich Herr Michael Fischer, umklammerte den Stock
mit der Rechten. Er blickte auf seinen Rock und stärkte sich an seiner
Haltung. Die eigenwilligen Gedanken wollte er schon unterkriegen:
Selbstbeherrschung. Diesem Mangel an Gehorsam würde er, der Chef,
energisch steuern. Man muß diesem Volk bestimmt entgegentreten:
„Was steht zu Diensten? In meiner Firma ist solch Benehmen nicht
üblich. Hausdiener, raus mit dem Kerl." Dabei fuchtelte er stehen
bleibend mit dem Stöckchen in der Luft herum. Eine kühle, ablehnende
Miene hatte Herr Fischer aufgesetzt; nun wollte er einmal sehen. Seine
Überlegenheit ging sogar soweit, daß er oben auf der breiten Fahrstraße
seine Furchtsamkeit bespöttelte. Wie würde es sich komisch machen,
wenn an allen Anschlagsäulen Freiburgs am nächsten Morgen ein rotes
Plakat hinge: „Mord begangen an einer erwachsenen Butterblume, auf
dem Wege vom Immental nach St. Ottilien, zwischen sieben und neun
Uhr abends. Des Mordes verdächtig" et cetera. So spöttelte der schlaffe
Herr in Schwarz und freute sich über die kühle Abendluft. Da unten
würden die Kindermädchen, die Pärchen finden, was von seiner Hand
geschehen war. Geschrei wird es geben und entsetztes Nachhauselau-
fen. An ihn würden die Kriminalbeamten denken, an den Mörder, der
sich schlau ins Fäustchen lachte. Herr Michael erschauerte wüst über
seine eigne Tollkühnheit, er hätte sich nie für so verworfen gehalten. Da
unten lag aber sichtbar für die ganze Stadt ein Beweis seiner raschen
Energie.

Der Rumpf ragt starr in die Luft, weißes Blut sickert aus dem Hals.

Herr Michael streckte leicht abwehrend die Hände vor.

Es gerinnt oben ganz dick und klebrig, so daß die Ameisen hängen
bleiben.

Herr Michael strich sich die Schläfen und blies laut die Luft von sich.

Und daneben im Rasen fault der Kopf. Er wird zerquetscht, aufgelöst
vom Regen, verwest. Ein gelber stinkender Matsch wird aus ihm, grün-
lich, gelblich schillernd, schleimartig wie Erbrochenes. Das hebt sich
lebendig, rinnt auf ihn zu, gerade auf Herrn Michael zu, will ihn ersäu-
fen, strömt klatschend gegen seinen Leib an, spritzt an seine Nase. Er
springt, hüpft nur noch auf den Zehen.

Der feinfühlige Herr fuhr zusammen. Einen scheußlichen Geschmack
fühlte er im Munde. Er konnte nicht schlucken vor Ekel, spie unaufhör-
lich. Häufig stolperte er, hüpfte unruhig, mit blaubleichen Lippen weiter.

„Ich weigere mich, ich weigere mich auf das entschiedenste, mit Ihrer
Firma irgendwelche Beziehung anzuknüpfen."

Das Taschentuch drückte er an die Nase. Der Kopf musste fort, der Stiel
zugedeckt werden, eingestampft, verscharrt. Der Wald roch nach der
Pflanzenleiche. Der Geruch ging neben Herrn Michael einher, wurde
immer intensiver. Eine andere Blume mußte an jene Stelle gepflanzt
werden, eine wohlriechende, ein Nelkengarten. Der Kadaver mitten im
Walde mußte fort. Fort.

Er versucht, die Butterblume zu „retten", findet sie aber nicht mehr. Am Nachhauseweg hat er den Eindruck, dass sich die Natur an ihm rächen will. Er entkommt aber. In der Folge versucht er sein Schuldgefühl loszuwerden, indem er ein Konto für die Butterblume, der er den Namen Ellen gibt, eröffnet, auf das er Geld überweist, für sie ein Gedeck beim Abendessen auflegen lässt, sie beweint usw. Zwischendurch betrügt er sie trotzig um die Speiseopfer oder gibt in einem Gespräch Butterblumen als seine Lieblingsspeise an.

Schließlich meint er, eine Lösung für sein Problem zu sehen. Er gräbt eine Butterblume im Wald aus, setzt sie in einen goldenen Blumentopf und nimmt sie bei sich auf. In seiner Vorstellung sühnt er seine Tat, indem er diese Butterblume rettet. Eines Abends zerbricht die Haushälterin den Topf und wirft ihn samt Butterblume weg.

Textausschnitt 2:

Der runde Herr Michael warf die Tür ins Schloß, schlug die kurzen Hände zusammen, quiekte laut vor Glück und hob die überraschte Weibsperson an den Hüften in die Höhe, so weit es seine Kräfte und die Deckenlänge der Person erlaubten. Dann schwänzelte er aus dem Korridor
5 in sein Schlafzimmer, mit flackernden Augen, aufs höchste erregt; laut schnaufte er und stampften seine Beine; seine Lippen zitterten.

Es konnte ihm niemand etwas nachsagen; er hatte nicht mit dem geheimsten Gedanken den Tod dieser Blume gewünscht, nicht die Fingerspitze eines Gedankens dazu geboten. Die alte, die Schwiegermutter,
10 konnte jetzt fluchen und sagen, was sie wollte. Er hatte mit ihr nichts zu schaffen. Sie waren geschiedene Leute. Nun war er die ganze Butterblumensippschaft los. Das Recht und das Glück standen auf seiner Seite. Es war keine Frage.

Er hatte den Wald übertölpelt.

15 Gleich wollte er nach St. Ottilien, in diesen brummigen, dummen Wald hinauf. In Gedanken schwang er schon sein schwarzes Stöckchen. Blumen, Kaulquappen, auch Kröten sollten daran glauben. Er konnte morden, so viel er wollte. Er pfiff auf sämtliche Butterblumen.

Vor Schadenfreude und Lachen wälzte sich der dicke, korrekt gekleidete
20 Kaufmann Herr Michael Fischer auf seiner Chaiselongue.

Dann sprang er auf, stülpte seinen Hut auf den Schädel und stürmte an der verblüfften Haushälterin vorbei aus dem Hause auf die Straße.

Laut lachte und prustete er. Und so verschwand er in dem Dunkel des Bergwaldes.

ALFRED DÖBLIN: DAS LESEBUCH, FISCHER – ALTE RECHTSCHREIBUNG

a) Bereits der Titel, den die Erzählung trägt, erregt Aufmerksamkeit und irritiert zugleich. – **Erklären** Sie, warum dies so ist.

b) **Charakterisieren** Sie Michael Fischer. – Weisen Sie in der Charakteristik nach, dass DÖBLIN Kritik am Bürgertum übt.

c) Einige Literaturwissenschaftler/innen bezeichnen „Die Ermordung einer Butterblume" eher als Novelle denn als Erzählung. – **Überprüfen** Sie, welche Merkmale einer Novelle zu finden sind, welche nicht.

d) **Diskutieren** Sie mit Ihren Mitschülerinnen/Mitschülern, wofür die Butterblume stehen könnte.

6. Ein expressionistisches Drama: „Von morgens bis mitternachts"

Zu Beginn von Georg Kaisers Stationendrama „Von morgens bis mitternachts" sieht man den namenlos bleibenden Protagonisten, den Kassierer einer Bank, beim Geldzählen. Als einer schönen Frau die Auszahlung einer größeren Summe Geldes aus formalen Gründen verweigert wird, veruntreut er 60.000 Mark. Er sucht die Dame im Hotel auf und will mit ihr ins Ausland fliehen, was diese aber ablehnt. Der Kassierer flüchtet, trifft auf ein skelettartiges Gebilde, das ihm als „Polizei des Daseins" erscheint und dem er einen Monolog hält. Mit zerrissener Kleidung kommt er bei seiner Familie an, wo seine Mutter ob seines Aussehens und seiner Verwirrtheit stirbt. Von der Tristesse des Alltags bedrückt, eilt er davon auf der Suche nach dem „wirklichen Leben". Seine erste Station ist das Sechstagerennen in einer Großstadt.

Georg Kaiser
VON MORGENS BIS MITTERNACHTS (1912)

Sportpalast. Sechstagerennen. Bogenlampenlicht. Im Dunstraum rohgezimmerte freischwebende Holzbrücke.

[...] *(Ein Herr kommt mit Kassierer. Kassierer im Frack, Frackumhang, Zylinder, Glacés; Bart ist spitz zugestutzt; Haar tief gescheitelt.)*

5 Kassierer: Erklären Sie mir den Sinn –

Der Herr: Ich stelle Sie vor.

Kassierer: Mein Name tut nichts zur Sache.

Der Herr: Sie haben ein Recht, daß ich Sie mit dem Präsidium bekannt mache.

10 Kassierer: Ich bleibe inkognito.

Der Herr: Sie sind ein Freund unseres Sports.

Kassierer: Ich verstehe nicht das mindeste davon. Was machen die Kerle da unten? Ich sehe einen Kreis und die bunte Schlangenlinie. Manchmal mischt sich ein anderer ein und ein anderer hört auf.

15 Warum?

Der Herr: Die Fahrer liegen paarweise im Rennen. Während ein Partner fährt –

Kassierer: Schläft sich der andere Bengel aus?

Der Herr: Er wird massiert.

20 Kassierer: Und das nennen Sie Sechstagerennen?

Der Herr: Wieso?

Kassierer: Ebenso könnte es Sechstageschlafen heißen. Geschlafen wird ja fortwährend von einem Partner.

Ein Herr *kommt:* Die Brücke ist nur für die Leitung des Rennens
25 erlaubt.

Der erste Herr: Eine Stiftung von tausend Mark dieses Herrn.

Der andere Herr: Gestatten Sie mir, daß ich mich vorstelle.

Kassierer: Keineswegs.

Der erste Herr: Der Herr wünscht sein Inkognito zu wahren.

30 Kassierer: Undurchsichtig.

Der erste Herr: Ich habe Erklärungen gegeben.

Kassierer: Ja, finden Sie es nicht komisch?

DER ZWEITE HERR: Inwiefern?

KASSIERER: Dies Sechstageschlafen.

35 DER ZWEITE HERR: Also tausend Mark über wieviel Runden?

KASSIERER: Nach Belieben.

DER ZWEITE HERR: Wieviel dem ersten?

KASSIERER: Nach Belieben.

DER ZWEITE HERR: Achthundert und zweihundert. *Durch Megaphon*
40 Preisstiftung eines ungenannt bleiben wollenden Herrn über zehn
Runden sofort auszufahren: dem ersten achthundert – dem zweiten
zweihundert. Zusammen tausend Mark.

Gewaltiger Lärm

DER ERSTE HERR: Dann sagen Sie mir, wenn die Veranstaltung für Sie
45 nur Gegenstand der Ironie ist, weshalb machen Sie eine Preisstiftung in
der Höhe von tausend Mark?

KASSIERER: Weil die Wirkung fabelhaft ist.

DER ERSTE HERR: Auf das Tempo der Fahrer?

KASSIERER: Unsinn. [...]

50 EIN HERR *mit der roten Fahne:* Den Start gebe ich.

EIN HERR: Jetzt werden die Großen ins Zeug gehen.

EIN HERR: Die Flieger liegen sämtlich im Rennen.

DER HERR *die Fahne schwingend:* Der Start. *Er senkt die Fahne.*

Heulendes Getöse entsteht.

55 KASSIERER *zwei Herren im Nacken packend und ihre Köpfe nach hinten
biegend:* Jetzt will ich Ihnen die Antwort auf Ihre Frage geben. Hinauf-
geschaut!

EIN HERR: Verfolgen Sie doch die wechselnden Phasen des Kampfes
unten auf der Bahn.

60 KASSIERER: Kindisch. Einer muß der erste werden, weil die andern
schlechter fahren. – Oben entblößt sich der Zauber. In dreifach überei-
nandergelegten Ringen – vollgepfropft mit Zuschauern – tobt Wirkung.
Im ersten Rang – anscheinend das bessere Publikum tut sich noch
Zwang an. Nur Blicke, aber weit – rund – stierend. Höher schon Leiber
65 in Bewegung. Schon Ausrufe. Mittlerer Rang! – Ganz oben fallen die
letzten Hüllen. Fanatisiertes Geschrei. Brüllende Nacktheit. Die Galerie
der Leidenschaft! – Sehen Sie doch die Gruppe. Fünffach verschränkt.
Fünf Köpfe auf einer Schulter. Um eine heulende Brust gespreizt fünf
Armpaare. Einer ist der Kern. Er wird erdrückt – hinausgeschoben – da
70 purzelt sein steifer Hut – im Dunst träge sinkend – zum mittleren Rang
nieder. Einer Dame auf den Busen. Sie kapiert es nicht. Da ruht er köstlich. Köstlich. Sie wird den Hut nie bemerken, sie geht mit ihm zu Bett,
zeitlebenslang trägt sie den steifen Hut auf ihrem Busen!

DER HERR: Der Belgier setzt zum Spurt an.

75 KASSIERER: Der mittlere Rang kommt ins Heulen. Der Hut hat die Verbindung geschlossen. Die Dame hat ihn gegen die Brüstung zertrüm-
mert. Ihr Busen entwickelt breite Schwielen. Schöne Dame, du mußt
hier an die Brüstung und deine Brüste brandmarken. Du mußt unwei-
gerlich. Es ist sinnlos, sich zu sträuben. Mitten im Knäuel verkrallt wirst
80 du an die Wand gepreßt und mußt hergeben, was du bist. Was du bist
– ohne Winseln!

Der Herr: Kennen Sie die Dame?

Kassierer: Sehen Sie jetzt: oben die fünf drängen ihren Kern über die Barriere – er schwebt frei – er stürzt – da – in den ersten Rang segelt er hinein. Wo ist er? Wo erstickt er? Ausgelöscht – spurlos vergraben. Interesselos. Ein Zuschauer – ein Zufallender – ein Zufall, nicht mehr unter Abertausenden!

Ein Herr: Der Deutsche rückt auf.

Kassierer: Der erste Rang rast. Der Kerl hat den Kontakt geschaffen. Die Beherrschung ist zum Teufel. Die Fräcke beben. Die Hemden reißen. Knöpfe prasseln in alle Richtungen. Bärte verschoben von zersprengten Lippen, Gebisse klappern. Oben und mitten und unten vermischt. Ein Heulen aus allen Ringen – unterschiedlos. Unterschiedlos. Das ist erreicht!

Der Herr *sich umwendend*: Der Deutsche hat's. Was sagen Sie nun?

Kassierer: Albernes Zeug.

Furchtbarer Lärm.

Händeklatschen.

Ein Herr: Fabelhafter Spurt.

Kassierer: Fabelhafter Blödsinn.

Ein Herr: Wir stellen das Resultat im Büro fest.

Alle ab.

Georg Kaiser: Von morgens bis mitternachts, Reclam – alte Rechtschreibung

Einem Mädchen von der Heilsarmee verweigert er im Sportpalast eine Spende. Bei seiner nächsten Station, einem Ballhaus, wo er ausgiebig konsumiert, weist er es erneut ab. Vor einem Streit flüchtet der Kassierer erneut, diesmal ins Vereinslokal der Heilsarmee, wo Menschen ihre Verfehlungen beichten. Davon angesteckt gesteht auch er die Unterschlagung und wirft das Geld in die Menge, die darum rauft. Das Mädchen, das er zweimal abgewiesen hat, ruft die Polizei, um in den Besitz der Belohnung zu kommen. Bevor der Kassierer verhaftet werden kann, erschießt er sich.

a) Die Protagonistinnen/Protagonisten expressionistischer Dramen sind häufig gegen bestehende Verhältnisse, vor allem gegen die bürgerliche Gesellschaft Rebellierende, die einen Wandlungsprozess durchleben. – **Analysieren** Sie, ob dies auf den Kassierer zutrifft.

b) Zum Schluss seiner Suche sagt der Kassierer:

„Mit keinem Geld aus allen Bankkassen der Welt kann man irgendetwas von Wert kaufen [...] Wo winkt nun der Tausch, um den ich buhlte – im Fieber der Arbeit – in der Wut des Erwerbs – auf dem Berg meines ungezählten Golds?! In wen gehe ich unter und verliere diese Angst und tobenden Aufruhr?"

Diskutieren Sie mit Ihren Mitschülerinnen/Mitschülern, ob sich daraus Kapitalismuskritik als Thema des Dramas ableiten lässt.

c) **Untersuchen** Sie den Dramenausschnitt nach epochentypischen Merkmalen.

 Zu diesem Drama entstand 1920 der Stummfilm „Von morgens bis mitternachts" von Karlheinz Martin.

Zum Weiterlesen

- Franz Werfel: Nicht der Mörder, der Ermordete ist schuldig (1920, Vater-Sohn-Konflikt)
- Franz Werfel: Spiegelmensch (1920, „expressionistischer Faust")
- Frank Wedekind: Frühlings Erwachen (1891, Anklage von Eltern und Erziehenden)

2 Aus der Zeit gefallen: FRANZ KAFKA (1883–1924)

FRANZ KAFKAS Werke lassen sich keiner literarischen Strömung eindeutig zuordnen. Er wirkte zwar in der Zeit des Expressionismus, griff auch Themen auf, die dem Expressionismus zugeschrieben werden (z. B. Vater-Sohn-Konflikt, Macht und Autorität, Entfremdung), er lehnte aber den expressionistischen Stil ab.

„Kafkaesk"

Die Einzigartigkeit von KAFKAS Werken zeigt sich auch darin, dass zur Beschreibung der Situationen, in denen sich seine Figuren befinden, ein eigenes Adjektiv gebildet wurde: **Kafkaesk** bedeutet „auf unergründliche Weise bedrohlich" und beschreibt das Gefühl, einer undurchschaubaren Macht ausgeliefert zu sein.

Typisch Kafka?

FRANZ KAFKAS Werke gehören zu den meistinterpretierten Texten der Weltliteratur. Sie lassen sich als Parabeln für die Bedrohung durch Entfremdung, für die Ohnmacht und das Gefangensein in den eigenen Ängsten lesen.
„Typisch" ist auch die Kombination von alptraumhaftem Geschehen, surrealen Zügen und einem nüchternen, sachlichen Erzählstil. Zudem wird fast alles aus der Perspektive der Hauptfigur geschildert (personaler Erzähler).

Arbeitsaufgaben „Franz Kafka"

1. „Brief an den Vater"

   Der „Brief an den Vater" ist eine Gelenkstelle zwischen dem Privatmann und dem Schriftsteller KAFKA. KAFKAS Vater erhielt den Brief nie, er war auch nicht für die Veröffentlichung gedacht, wurde aber nach KAFKAS Tod von seinem Freund und Nachlassverwalter MAX BROD veröffentlicht.

   Franz Kafka
   BRIEF AN DEN VATER (verfasst 1919, erschienen 1952)

   Liebster Vater,

   Du hast mich letzthin einmal gefragt, warum ich behaupte, ich hätte Furcht vor Dir. Ich wußte Dir, wie gewöhnlich, nichts zu antworten, zum Teil eben aus der Furcht, die ich vor Dir habe, zum Teil deshalb,
   5 weil zur Begründung dieser Furcht zu viele Einzelheiten gehören, als daß ich sie im Reden halbwegs zusammenhalten könnte. Und wenn ich hier versuche, Dir schriftlich zu antworten, so wird es doch nur sehr unvollständig sein, weil auch im Schreiben die Furcht und ihre Folgen mich Dir gegenüber behindern und weil die Größe des Stoffs über mein
   10 Gedächtnis und meinen Verstand weit hinausgeht. [...]

   Ich sage ja natürlich nicht, daß ich das, was ich bin, nur durch Deine Einwirkung geworden bin. Das wäre sehr übertrieben (und ich neige sogar zu dieser Übertreibung). Es ist sehr leicht möglich, daß ich, selbst wenn ich ganz frei von Deinem Einfluß aufgewachsen wäre, doch kein
   15 Mensch nach Deinem Herzen hätte werden können. Ich wäre wahrscheinlich doch ein schwächlicher, ängstlicher, zögernder, unruhiger Mensch geworden, weder Robert Kafka noch Karl Kafka, aber doch ganz anders, als ich wirklich bin und wir hätten uns ausgezeichnet miteinander vertragen können. Ich wäre glücklicher gewesen, Dich als Freund,

FRANZ KAFKA (1883–1924)

💡 KAFKA hat testamentarisch festgelegt, dass seine zu Lebzeiten nicht veröffentlichten Werke vernichtet werden sollten. Diesem Wunsch hat sich MAX BROD (1884–1968) widersetzt.

Die handschriftlich erste Seite von Kafkas „Brief an den Vater" (1919)

20 als Chef, als Onkel, als Großvater, ja selbst (wenn auch zögernder)
als Schwiegervater zu haben. Nur eben als Vater warst Du zu stark für
mich, besonders da meine Brüder klein starben, die Schwestern erst
lange nachher kamen, ich also den ersten Stoß ganz allein aushalten
mußte, dazu war ich viel zu schwach.

25 [...] Jedenfalls waren wir so verschieden und in dieser Verschiedenheit
einander so gefährlich, daß, wenn man es hätte etwa im voraus ausrechnen wollen, wie ich, das langsam sich entwickelnde Kind, und Du,
der fertige Mann, sich zueinander verhalten werden, man hätte annehmen können, daß Du mich niederstampfen wirst, daß nichts von mir
30 übrigbleibt. Das ist nun nicht geschehen, das Lebendige läßt sich nicht
ausrechnen, aber vielleicht ist Ärgeres geschehn. Wobei ich Dich immerfort bitte, nicht zu vergessen, daß ich niemals im entferntesten an
eine Schuld Deinerseits glaube. Du wirktest so auf mich, wie Du wirken
mußtest, nur sollst Du aufhören, es für eine besondere Bosheit meiner-
35 seits zu halten, daß ich dieser Wirkung erlegen bin.

Ich war ein ängstliches Kind, trotzdem war ich gewiß auch störrisch, wie
Kinder sind, gewiß verwöhnte mich die Mutter auch, aber ich kann nicht
glauben, daß ich besonders schwer lenkbar war, ich kann nicht glauben,
daß ein freundliches Wort, ein stilles Bei-der-Hand-Nehmen, ein guter
40 Blick mir nicht alles hätten einfordern können, was man wollte. [...]

Direkt erinnere ich mich nur an einen Vorfall aus den ersten Jahren, Du
erinnerst Dich vielleicht auch daran. Ich winselte einmal in der Nacht
immerfort um Wasser, gewiß nicht aus Durst, sondern wahrscheinlich
teils um zu ärgern, teils um mich zu unterhalten. Nachdem einige star-
45 ke Drohungen nicht geholfen hatten, nahmst Du mich aus dem Bett,
trugst mich auf die Pawlatsche und ließest mich dort allein vor der geschlossenen Tür ein Weilchen im Hemd stehn. Ich will nicht sagen, daß
das unrichtig war, vielleicht war damals die Nachtruhe auf andere Weise
wirklich nicht zu verschaffen, ich will aber damit Deine Erziehungsmit-
50 tel und ihre Wirkung auf mich charakterisieren. Ich war damals nachher
wohl schon folgsam, aber ich hatte einen innern Schaden davon. Das
für mich Selbstverständliche des sinnlosen Ums-Wasser-Bittens und
das außerordentlich Schreckliche des Hinausgetragen-Werdens konnte ich meiner Natur nach niemals in die richtige Verbindung bringen.
55 Noch nach Jahren litt ich unter der quälenden Vorstellung, daß der
riesige Mann, mein Vater, die letzte Instanz fast ohne Grund kommen
und mich in der Nacht aus dem Bett auf die Pawlatsche tragen konnte
und daß ich also ein solches Nichts für ihn war.

> FRANZ KAFKA: BRIEF AN DEN VATER, HOLZINGER –
> ALTE RECHTSCHREIBUNG

die Pawlatsche = offener Gang
an der Hofseite eines Hauses

a) **Erschließen** Sie den Grund, den KAFKA für die „Unstimmigkeiten" zwischen Vater und Sohn sieht.

b) Versetzen Sie sich in die Situation des kleinen FRANZ KAFKA, der auf die
Pawlatsche getragen wird. – **Verfassen** Sie einen kurzen inneren Monolog, in dem Sie Ihre Gedanken schildern.

c) **Beschreiben** Sie, wie die Erziehungsmethoden des Vaters bei KAFKA zeit
seines Lebens ein Trauma hinterlassen haben.

d) Häufig werden KAFKAS Werke autobiografisch interpretiert und deren
Themen auf seine Probleme mit seinem Vater zurückgeführt. – **Lesen**
Sie die folgenden Textausschnitte und **diskutieren** Sie mit Ihren Mit-
schülerinnen/Mitschülern, inwiefern dies nachvollziehbar ist.

2. „Die Verwandlung"

Franz Kafka
DIE VERWANDLUNG (1915)

Als Gregor Samsa eines Morgens aus unruhigen Träumen erwachte,
fand er sich in seinem Bett zu einem ungeheuren Ungeziefer verwandelt. Er lag auf seinem panzerartig harten Rücken und sah, wenn er den
Kopf ein wenig hob, seinen gewölbten, braunen, von bogenförmigen
5   Versteifungen geteilten Bauch, auf dessen Höhe sich die Bettdecke,
zum gänzlichen Niedergleiten bereit, kaum noch erhalten konnte. Seine
vielen, im Vergleich zu seinem sonstigen Umfang kläglich dünnen Beine flimmerten ihm hilflos vor den Augen.

„Was ist mit mir geschehen?" dachte er. Es war kein Traum. Sein Zim-
10   mer, ein richtiges, nur etwas zu kleines Menschenzimmer, lag ruhig
zwischen den vier wohlbekannten Wänden. [...]

Und er sah zur Weckuhr hinüber, die auf dem Kasten tickte. „Himmlischer Vater!" dachte er. Es war halb sieben Uhr, und die Zeiger gingen
ruhig vorwärts, es war sogar halb vorüber, es näherte sich schon drei
15   Viertel. Sollte der Wecker nicht geläutet haben? Man sah vom Bett aus,
daß er auf vier Uhr richtig eingestellt war; gewiß hatte er auch geläutet.
Ja, aber war es möglich, dieses möbelerschütternde Läuten ruhig zu
verschlafen? Nun, ruhig hatte er ja nicht geschlafen, aber wahrscheinlich desto fester. Was aber sollte er jetzt tun? Der nächste Zug ging um
20   sieben Uhr; um den einzuholen, hätte er sich unsinnig beeilen müssen,
und die Kollektion war noch nicht eingepackt, und er selbst fühlte sich
durchaus nicht besonders frisch und beweglich. Und selbst wenn er
den Zug einholte, ein Donnerwetter des Chefs war nicht zu vermeiden,
denn der Geschäftsdiener hatte beim Fünfuhrzug gewartet und die
25   Meldung von seiner Versäumnis längst erstattet.

Franz Kafka: Das Urteil und andere Erzählungen, Fischer –
alte Rechtschreibung

Gregor Samsas Besorgnis, dass er seiner beruflichen Tätigkeit nicht mehr
nachkommen kann, besteht zurecht. Da er – bislang der Familienerhal-
ter – nun die Familie (Vater, Mutter und Schwester) nicht mehr ernähren
kann, ist er für sie wertlos. Anfangs lässt ihm seine Schwester noch einige
Fürsorge zukommen, später wird er immer mehr als Belastung empfunden und er verwahrlost. In einem Wutausbruch bewirft ihn der Vater mit
Äpfeln, einer davon durchdringt den Panzer und verletzt Gregor schwer.
Letztendlich stirbt er an der Verletzung und der zunehmenden Isolation.

a) **Beschreiben** Sie Gregor Samsas Reaktion, als er entdeckt, dass er zu
   einem Ungeziefer geworden ist. – Stellen Sie Vermutungen an, wie Sie
   selbst in so einer Situation reagieren würden und welche Gedanken
   Ihnen durch den Kopf gehen würden.

b) In „Die Verwandlung" ist – wie in vielen Werken Kafkas – kein Ursache-
   Wirkung-Kontext gegeben, d. h., es geschieht etwas, dessen Ursachen
   ungenannt bleiben. – **Erklären** Sie die Wirkung, die das auf Sie hat.

c) **Bestimmen** Sie das Kafkaeske an diesem Textausschnitt.

d) **Bestimmen** Sie die Erzählperspektive.

3. „Vor dem Gesetz" – Türhüterlegende

Die Parabel „Vor dem Gesetz", von KAFKA als Legende bezeichnet, ist einerseits in KAFKAS Sammelband „Der Landarzt" veröffentlicht, andererseits ist sie Teil seines Romans „Der Prozeß". Dort fasst sie als Binnenerzählung die Problematik des Romans gewissermaßen zusammen.

Franz Kafka
VOR DEM GESETZ (1915)

Vor dem Gesetz steht ein Türhüter. Zu diesem Türhüter kommt ein Mann vom Lande und bittet um Eintritt in das Gesetz. Aber der Türhüter sagt, daß er ihm jetzt den Eintritt nicht gewähren könne. Der Mann überlegt und fragt dann, ob er also später werde eintreten dürfen. „Es
5 ist möglich", sagt der Türhüter, „jetzt aber nicht." Da das Tor zum Gesetz offensteht wie immer und der Türhüter beiseite tritt, bückt sich der Mann, um durch das Tor in das Innere zu sehn. Als der Türhüter das merkt, lacht er und sagt: „Wenn es dich so lockt, versuche es doch, trotz meines Verbotes hineinzugehn. Merke aber: Ich bin mächtig. Und
10 ich bin nur der unterste Türhüter. Von Saal zu Saal stehn aber Türhüter, einer mächtiger als der andere. Schon den Anblick des dritten kann nicht einmal ich mehr ertragen." Solche Schwierigkeiten hat der Mann vom Lande nicht erwartet; das Gesetz soll doch jedem und immer zugänglich sein, denkt er, aber als er jetzt den Türhüter in seinem Pelz-
15 mantel genauer ansieht, seine große Spitznase, den langen, dünnen, schwarzen tartarischen Bart, entschließt er sich, doch lieber zu warten, bis er die Erlaubnis zum Eintritt bekommt. Der Türhüter gibt ihm einen Schemel und läßt ihn seitwärts von der Tür sich niedersetzen. Dort sitzt er Tage und Jahre. Er macht viele Versuche, eingelassen zu wer-
20 den, und ermüdet den Türhüter durch seine Bitten. Der Türhüter stellt öfters kleine Verhöre mit ihm an, fragt ihn über seine Heimat aus und nach vielem andern, es sind aber teilnahmslose Fragen, wie sie große Herren stellen, und zum Schlusse sagt er ihm immer wieder, daß er ihn noch nicht einlassen könne. Der Mann, der sich für seine Reise mit
25 vielem ausgerüstet hat, verwendet alles, und sei es noch so wertvoll, um den Türhüter zu bestechen. Dieser nimmt zwar alles an, aber sagt dabei: „Ich nehme es nur an, damit du nicht glaubst, etwas versäumt zu haben." Während der vielen Jahre beobachtet der Mann den Türhüter fast ununterbrochen. Er vergißt die andern Türhüter und dieser erste
30 scheint ihm das einzige Hindernis für den Eintritt in das Gesetz. Er verflucht den unglücklichen Zufall, in den ersten Jahren laut, später, als er alt wird, brummt er nur noch vor sich hin. Er wird kindisch, und, da er in dem jahrelangen Studium des Türhüters auch die Flöhe in seinem Pelzkragen erkannt hat, bittet er auch die Flöhe, ihm zu helfen und den
35 Türhüter umzustimmen. Schließlich wird sein Augenlicht schwach, und er weiß nicht, ob es um ihn wirklich dunkler wird, oder ob ihn nur seine Augen täuschen. Wohl aber erkennt er jetzt im Dunkel einen Glanz, der unverlöschlich aus der Türe des Gesetzes bricht. Nun lebt er nicht mehr lange. Vor seinem Tode sammeln sich in seinem Kopfe alle Erfahrungen
40 der ganzen Zeit zu einer Frage, die er bisher an den Türhüter noch nicht gestellt hat. Er winkt ihm zu, da er seinen erstarrenden Körper nicht mehr aufrichten kann. Der Türhüter muß sich tief zu ihm hinunterneigen, denn die Größenunterschiede haben sich sehr zuungunsten des Mannes verändert. „Was willst du denn jetzt noch wissen?", fragt der
45 Türhüter, „du bist unersättlich." „Alle streben doch nach dem Gesetz", sagt der Mann, „wieso kommt es, daß in den vielen Jahren niemand außer mir Einlaß verlangt hat." Der Türhüter erkennt, daß der Mann

Franz Kafka Statue (2003) von JAROSLAV RÓNA in Prag

schon am Ende ist, und, um sein vergehendes Gehör noch zu erreichen, brüllt er ihn an: „Hier konnte niemand sonst Einlaß erhalten,
50 denn dieser Eingang war nur für dich bestimmt. Ich gehe jetzt und schließe ihn."

Franz Kafka: Vor dem Gesetz. In: Ein Landarzt, Fischer –
alte Rechtschreibung

a) Typisch für Kafkas Texte sind „Ungereimtheiten", (vermeintliche) Widersprüche. Zum Beispiel lautet der erste Satz von „Vor dem Gesetz": *„Vor dem Gesetz steht ein Türhüter"*, man fragt sich aber, wie dies möglich sein soll, da doch das Gesetz kein Gebäude ist. – **Untersuchen** Sie den Text nach weiteren Beispielen.

b) „Vor dem Gesetz" wird unterschiedlichen Textsorten zugeordnet, u. a. der Parabel und von Kafka selbst der Legende. – **Untersuchen** Sie den Text nach (fehlenden) Merkmalen dieser Textsorten.

c) Heinz Politzer (1910–1978), ein österreichisch-US-amerikanischer Autor und Literaturwissenschaftler, illustriert die Vielfalt der Deutungsmöglichkeiten von Kafkas Parabeln durch einen Vergleich mit Rorschach-Tests: Alle Interpretationen sagen seiner Meinung nach somit mehr über den Interpreten aus als über den Text. Es gebe keine allgemeingültige Wahrheit, Kafkas Parabeln würden so viele Deutungsmöglichkeiten wie Leser/innen finden. – **Entwerfen** Sie „Ihre" Deutungshypothese und vergleichen Sie diese mit jenen Ihrer Mitschüler/innen.

4. **„Der Prozeß" – ein (unvollendeter) Roman**

„Der Prozeß" beginnt wie folgend:

Franz Kafka
DER PROZESS (verfasst 1914/1915, erschienen 1925)

Textausschnitt 1:

Jemand mußte Josef K. verleumdet haben, denn ohne daß er etwas Böses getan hätte, wurde er eines Morgens verhaftet. Die Köchin der Frau Grubach, seiner Zimmervermieterin, die ihm jeden Tag gegen acht Uhr früh das Frühstück brachte, kam diesmal nicht. Das war noch niemals
5 geschehn. K. wartete noch ein Weilchen, sah von seinem Kopfkissen aus die alte Frau, die ihm gegenüber wohnte und die ihn mit einer an ihr ganz ungewöhnlichen Neugierde beobachtete, dann aber, gleichzeitig befremdet und hungrig, läutete er. Sofort klopfte es und ein Mann, den er in dieser Wohnung noch niemals gesehen hatte, trat ein. Er war
10 schlank und doch fest gebaut, er trug ein anliegendes schwarzes Kleid, das ähnlich den Reiseanzügen mit verschiedenen Falten, Taschen, Schnallen, Knöpfen und einem Gürtel versehen war und infolgedessen, ohne daß man sich darüber klar wurde, wozu es dienen sollte, besonders praktisch erschien. „Wer sind Sie?" fragte K. und saß gleich halb
15 aufrecht im Bett. Der Mann aber ging über die Frage hinweg, als müsse man seine Erscheinung hinnehmen und sagte bloß seinerseits: „Sie haben geläutet?" „Anna soll mir das Frühstück bringen", sagte K. und versuchte zunächst stillschweigend durch Aufmerksamkeit und Überlegung festzustellen, wer der Mann eigentlich war. Aber dieser setzte
20 sich nicht allzulange seinen Blicken aus, sondern wandte sich zur Tür, die er ein wenig öffnete, um jemandem, der offenbar knapp hinter der Tür stand, zu sagen: „Er will, daß Anna ihm das Frühstück bringt." Ein kleines Gelächter im Nebenzimmer folgte, es war nach dem Klang nicht sicher, ob nicht mehrere Personen daran beteiligt waren.

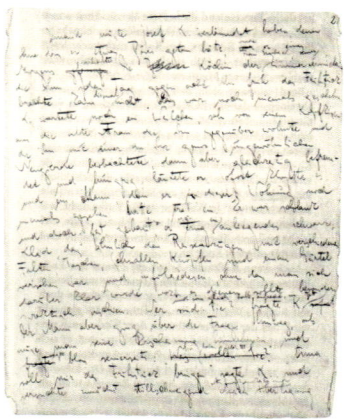

Anfang des Manuskripts von „Der Prozeß" (1914/15)

Josef K. wird in der Folge von zwei Männern verhaftet und verhört, er weiß
allerdings nicht, wessen er beschuldigt wird. Er darf sich zwar frei bewegen und auch seiner Arbeit als Prokurist bei einer Bank nachgehen, doch
läuft ein Prozess. Da er keine Ahnung hat, wogegen er sich verteidigen
könnte, engagiert er einen Anwalt. Doch auch dieser erhält keinen Einblick
in eine Anklageschrift.

In weiteren Kapiteln werden Josef Ks. vergebliche, teils groteske Versuche
geschildert, Erkenntnisse zu gegen ihn erhobenen Vorwürfen zu gewinnen. Auch wird der Einfluss des Prozesses auf sein Leben beleuchtet.
Schließlich wird Josef K. von zwei Herren zu einem Steinbruch gebracht.

Textausschnitt 2:

Wieder begannen die widerlichen Höflichkeiten, einer reichte über
K. hinweg das Messer dem anderen, dieser reichte es wieder über K.
zurück. K. wußte jetzt genau, daß es seine Pflicht gewesen wäre, das
Messer, als es von Hand zu Hand über ihm schwebte, selbst zu fassen
5 und sich einzubohren. Aber er tat es nicht, sondern drehte den noch
freien Hals und sah umher. Vollständig konnte er sich nicht bewähren,
alle Arbeit den Behörden nicht abnehmen, die Verantwortung für diesen
letzten Fehler trug der, der ihm den Rest der dazu nötigen Kraft versagt
hatte. Seine Blicke fielen auf das letzte Stockwerk des an den Steinbruch
10 angrenzenden Hauses. Wie ein Licht aufzuckt, so fuhren die Fensterflü-
gel eines Fensters dort auseinander, ein Mensch, schwach und dünn in
der Ferne und Höhe, beugte sich mit einem Ruck weit vor und streckte
die Arme noch weiter aus. Wer war es? Ein Freund? Ein guter Mensch?
Einer, der teilnahm? Einer, der helfen wollte? War es ein einzelner?
15 Waren es alle? War noch Hilfe? Gab es Einwände, die man vergessen
hatte? Gewiß gab es solche. Die Logik ist zwar unerschütterlich, aber
einem Menschen, der leben will, widersteht sie nicht. Wo war der Richter, den er nie gesehen hatte? Wo war das hohe Gericht, bis zu dem er
nie gekommen war? Er hob die Hände und spreizte alle Finger. Aber an
20 K.s Gurgel legten sich die Hände des einen Herrn, während der andere
das Messer ihm tief ins Herz stieß und zweimal dort drehte. Mit bre-
chenden Augen sah noch K., wie die Herren, nahe vor seinem Gesicht,
Wange an Wange aneinandergelehnt, die Entscheidung beobachteten.
„Wie ein Hund!" sagte er, es war, als sollte die Scham ihn überleben.

FRANZ KAFKA: DER PROZEß, RECLAM – ALTE RECHTSCHREIBUNG

a) **Vergleichen** Sie den Anfang des Romans mit dem Anfang von „Die
Verwandlung" hinsichtlich ihrer Gemeinsamkeiten.

b) **Beschreiben** Sie die Gedanken/Gefühle, die der Beginn und der Schluss
des Romans in Ihnen auslösen.

c) In einer Interpretation des letzten Satzes von JOACHIM KALKA in der
„Frankfurter Allgemeinen" heißt es:

*„Wenn die Scham so groß ist, dass sie uns überlebt, bedeutet sie Hoffnung.
Hoffnung auf Weiterleben. Es muss schließlich jemanden geben, der die
Scham empfindet."*

Vergleichen Sie diese Interpretation mit Ihrem Eindruck.

5. „Heimkehr"

Franz Kafka
HEIMKEHR (verfasst 1920, erschienen 1936)

Ich bin zurückgekehrt, ich habe den Flur durchschritten und blicke mich um. Es ist meines Vaters alter Hof. Die Pfütze in der Mitte. Altes, unbrauchbares Gerät; ineinander verfahren, verstellt den Weg zur Bodentreppe. Die Katze lauert auf dem Geländer. Ein zerrissenes Tuch,
5 einmal im Spiel um eine Stange gewunden, hebt sich im Wind. Ich bin angekommen. Wer wird mich empfangen? Wer wartet hinter der Tür zur Küche? Rauch kommt aus dem Schornstein, der Kaffee zum Abendessen wird gekocht. Ist dir heimlich, fühlst du dich zu Hause? Ich weiß es nicht, ich bin sehr unsicher. Meines Vaters Haus ist es, aber kalt steht
10 Stück neben Stück, als wäre jedes mit seinen eigenen Angelegenheiten beschäftigt, die ich teils vergessen habe, teils niemals kannte. Was kann ich ihnen nützen, was bin ich ihnen und sei ich auch des Vaters, des alten Landwirts Sohn. Und ich wage nicht, an der Küchentür zu klopfen, nur von der Ferne horche ich, nur von der Ferne horche ich stehend,
15 nicht so, dass ich als Horcher überrascht werden könnte. Und weil ich von der Ferne horche, erhorche ich nichts, nur einen leichten Uhrenschlag höre ich oder glaube ihn vielleicht nur zu hören, herüber aus den Kindertagen. Was sonst in der Küche geschieht, ist das Geheimnis der dort Sitzenden, das sie vor mir wahren. Je länger man vor der Tür
20 zögert, desto fremder wird man. Wie wäre es, wenn jetzt jemand die Tür öffnete und mich etwas fragte. Wäre ich dann nicht selbst wie einer, der sein Geheimnis wahren will.

FRANZ KAFKA: SÄMTLICHE ERZÄHLUNGEN, FISCHER

a) **Geben** Sie die in der Parabel dargestellte Situation **wieder.**

b) **Beschreiben** Sie die Empfindungen des Ich-Erzählers bei seiner Ankunft und deren Veränderung.

c) **Untersuchen** Sie die Parabel nach Merkmalen, die „typisch" für KAFKA sind.

6. „Kleine Fabel"

Franz Kafka
KLEINE FABEL (verfasst 1920, erschienen 1936)

„Ach", sagte die Maus, „die Welt wird enger mit jedem Tag. Zuerst war sie so breit, dass ich Angst hatte, ich lief weiter und war glücklich, dass ich endlich rechts und links in der Ferne Mauern sah, aber diese langen Mauern eilen so schnell aufeinander zu, dass ich schon im letzten Zimmer bin, und dort im Winkel steht die Falle, in die ich laufe." – „Du musst nur die Laufrichtung ändern", sagte die Katze und fraß sie.

FRANZ KAFKA: KLEINE FABEL, PROJEKT-GUTENBERG.ORG

- **Untersuchen** Sie KAFKAS „Kleine Fabel" hinsichtlich sprachlicher und textsortenspezifischer Merkmale.

- **Deuten** Sie das Gefühl der Angst, als die Welt „so breit" gewesen ist, und das Glücksgefühl über das Auftauchen von Mauern.

- **Entwerfen** Sie eine sogenannte „Lehre" („Epimythion").

Schreiben Sie zwischen 405 und 495 Wörter. Markieren Sie Absätze mittels Leerzeilen.

Provozieren – Dekonstruieren – Improvisieren

Einblick in die Literatur des Dada(ismus) (ca. 1915–1925)

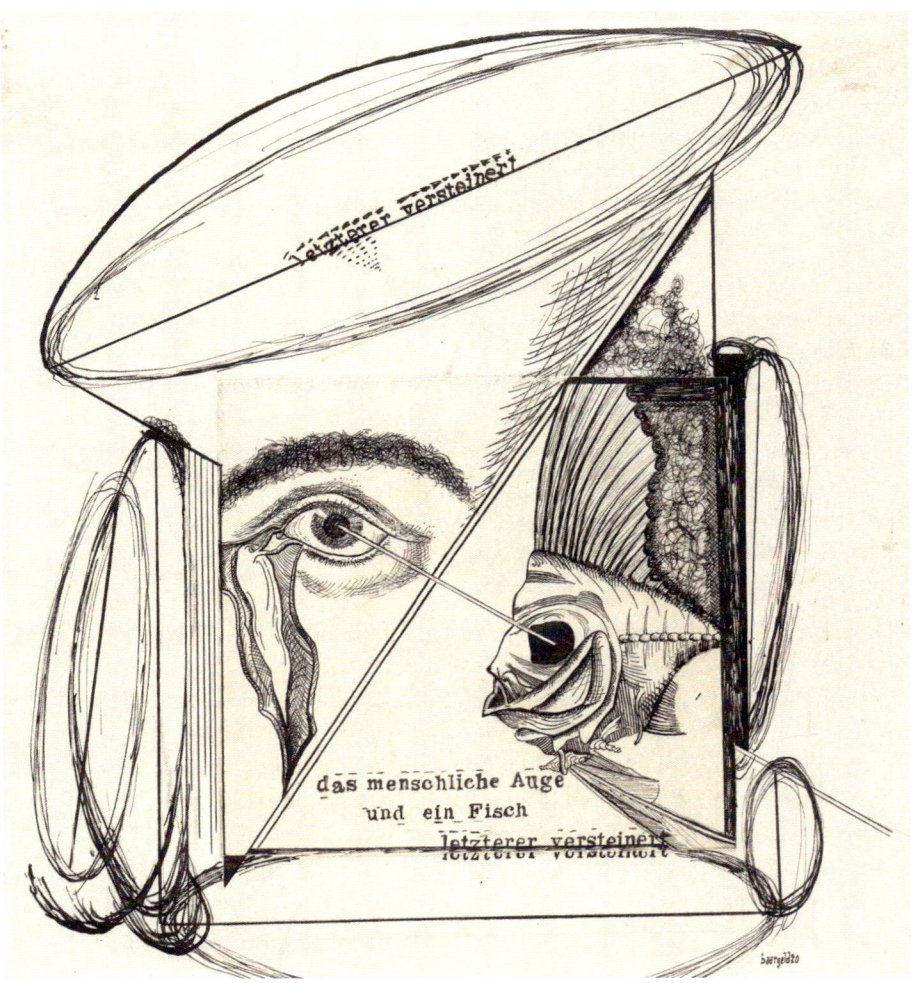

JOHANNES THEODOR BAARGELD: DAS MENSCHLICHE AUGE UND EIN FISCH, LETZTERER VERSTEINERT (1920)

Dada ist für den Unsinn, das bedeutet nicht Blödsinn. Dada ist unsinnig wie die Natur und das Leben. Dada ist für die Natur und gegen die Kunst. Dada will die Natur, jedem Ding seinen wesentlichen Platz geben.

HANS ARP

Dadaismus

BEISPIEL

Hugo Ball
DAS ERSTE DADAISTISCHE MANIFEST (1916)

Dada ist eine neue Kunstrichtung. Das kann man daran erkennen, daß bisher niemand etwas davon wußte und morgen ganz Zürich davon reden wird. Dada stammt aus dem Lexikon. Es ist furchtbar einfach. Im Französischen bedeutet's Steckenpferd. Im Deutschen heißt's Addio, steigts mir
5 den Rücken runter. Auf Wiedersehen ein andermal! Im Rumänischen: „Ja wahrhaftig, Sie haben recht, so ist's. Jawohl, wirklich, machen wir." Und so weiter.

Ein internationales Wort. Nur ein Wort und das Wort als Bewegung. Sehr leicht zu verstehen. Es ist ganz furchtbar einfach. Wenn man eine Kunst-
10 richtung daraus macht, muß das bedeuten, man will Komplikationen wegnehmen. Dada Psychologie, Dada Deutschland, Dada Bourgeoisie, und ihr, verehrteste Dichter, die ihr immer mit Worten, aber nie das Wort selber gedichtet habt, die ihr um den nackten Punkt herumdichtet. Dada Weltkrieg und kein Ende, Dada Revolution und kein Anfang, Dada ihr Freunde und
15 Auchdichter, allerwerteste, Manufakturisten und Evangelisten Dada Tzara, Dada Huelsenbeck, Dada m'dada, Dada m'dada Dada mhm, dada dera dada Dada Hue, Dada Tza. [...]

Ich lese Verse, die nichts weniger vorhaben als auf die konventionelle Sprache zu verzichten, ad acta zu legen. Dada Johann Fuchsgang Goethe. Dada
20 Stendhal. Dada Dalai Lama, Buddha, Bibel und Nietzsche. Dada m'dada. Dada mhm dada da. Auf die Verbindung kommt es an, und daß sie vorher ein bißchen unterbrochen wird. Ich will keine Worte, die andere erfunden haben. Alle Worte haben andre erfunden. Ich will meinen eigenen Unfug, meinen eigenen Rhythmus und Vokale und Konsonanten dazu, die ihm
25 entsprechen, die von mir selbst sind. Wenn diese Schwingung sieben Ellen lang ist, will ich füglich Worte dazu, die sieben Ellen lang sind. Die Worte des Herrn Schulze haben nur zweieinhalb Zentimeter.

Da kann man nun so recht sehen, wie die artikulierte Sprache entsteht. Ich lasse die Vokale kobolzen. Ich lasse die Laute ganz einfach fallen, etwa
30 wie eine Katze miaut ... Worte tauchen auf, Schultern von Worten, Beine, Arme, Hände von Worten. Au, oi, uh. Man soll nicht zu viel Worte aufkommen lassen. Ein Vers ist die Gelegenheit, allen Schmutz abzutun. Ich wollte die Sprache hier selber fallen lassen. Diese vermaledeite Sprache, an der Schmutz klebt, wie von Maklerhänden, die die Münzen abgegriffen haben.
35 Das Wort will ich haben, wo es aufhört und wo es anfängt. Dada ist das Herz der Worte.

Jede Sache hat ihr Wort, aber das Wort ist eine Sache für sich geworden. Warum soll ich es nicht finden? Warum kann der Baum nicht „Pluplusch" heißen? und „Pluplubasch", wenn es geregnet hat? Das Wort, das Wort, das
40 Wort außerhalb eurer Sphäre, eurer Stickluft, dieser lächerlichen Impotenz, eurer stupenden Selbstzufriedenheit, außerhalb dieser Nachrednerschaft, eurer offensichtlichen Beschränktheit. Das Wort, meine Herren, das Wort ist eine öffentliche Angelegenheit ersten Ranges.

HUGO BALL: DAS ERSTE DADAISTISCHE MANIFEST UND ANDERE
THEORETISCHE SCHRIFTEN, HOLZINGER – ALTE RECHTSCHREIBUNG

a) **Beschreiben Sie,** wogegen sich HUGO BALL in diesem Manifest wendet.
b) **Nennen** Sie HUGO BALLS Forderungen an Literatur.
c) **Erklären** Sie den Satz: „Ich will keine Worte, die andere erfunden haben."

Dadaismus (1915–1925)   WERKZEUG

Der Dadaismus oder Dada ist eine internationale Kunst- und Literaturrichtung, die sich von der Schweiz ausgehend verbreitet. Er entsteht 1915/16 und dauert nur wenige Jahre an. Ende 1915 gründet HUGO BALL (1886–1927) in Zürich, wo viele emigrierte Künstler/innen leben, das **„Cabaret Voltaire".** Es entwickelt sich zu einem Sammelpunkt von Künstlern (Schriftstellern, Malern, Bildhauern), die sich dem Dadaismus verschreiben. Mit dem Auswandern von Künstlern bilden sich weitere Zentren, z. B. Berlin-Dada, Paris-Dada, New York-Dada etc.

(Kein) Programm

Ein Programm im eigentlichen Sinne gibt es nicht. Die Dadaisten beharren darauf, dass „Dadaismus" nicht definierbar sei. Allerdings werden etliche Manifeste verbreitet, die einander zum Teil widersprechen. Dadaisten stehen für **Individualismus,** lehnen die bürgerliche Kultur ab und sind **Gegner des Krieges.** Sie wollen die Literatur revolutionieren, kritisieren bestehende Konzepte in Kunst und Literatur, schaffen eine „Anti-Kunst". Vernunft und Verstand werden als mitverantwortlich am Wahnsinn des Krieges abgelehnt, an deren Stelle tritt der **spielerische Umgang** und das **Prinzip Zufall.** Die Grenzen zwischen den Künsten werden aufgehoben, so gehen z. B. Texte und Bilder ineinander über.

Literarische Produkte

Bevorzugt werden Kleinformen wie Gedichte und Kurzprosa. Bedeutung hat vor allem die Darbietung: der mündliche Vortrag oder die grafische Gestaltung. Dadaisten kreieren Phantasiewörter, missachten die Syntax und dekonstruieren die Sprache. Bekannt sind vor allem die **Lautgedichte** („Verse ohne Worte"), deren Merkmal der Verzicht auf sinntragende Wörter ist. Dahinter steckt, dass die Dadaisten – ausgelöst durch die Kriegshetze – die Sprache als verdorben sehen, als „verwüstet und unmöglich" (HUGO BALL). Eine weitere Form des dadaistischen Gedichts ist das **Simultangedicht,** bei dem mehrere Texte (oft in verschiedenen Sprachen und Tempi) vorgetragen und mit Geräuschen untermalt werden.

Dramen werden zwar aufgeführt, aber nicht schriftlich festgehalten. Daher sind heute auch kaum Texte vorhanden, sondern hauptsächlich Nacherzählungen.

Merz-Literatur

KURT SCHWITTERS (1887–1948), Maler, Dichter, Werbegrafiker und Raumkünstler, bezeichnet seine Kunst und Lebenshaltung als „Merz". Er sieht sich nicht als Dadaist, wiewohl seine Produktionsweisen (Collage, Montage, Lautgedicht etc.) sich durchaus mit denen des Dadaismus decken. Als großen Unterschied sieht er, dass seine Merz-Werke für den Wiederaufbau stehen, während die Dadaisten destruktiv sein wollen.

Einfluss des Dadaismus

Der Dadaismus hat Einfluss auf die Kunst der Moderne bis hin zur zeitgenössischen Kunst. Am auffälligsten sind die Impulse in der Lyrik zu erkennen, z. B. in der Konkreten Poesie oder der akustischen Dichtung. Auch das Absurde Theater gilt als vom Dadaismus beeinflusst.

Wichtige Autoren des Dadaismus	
Hugo Ball	Hans Arp
Johannes Theodor Baargeld	Max Ernst
Kurt Schwitters	Tristan Tzara
Richard Huelsenbeck	Marcel Duchamp

HUGO BALL in seinem kubistischen Kostüm

Arbeitsaufgaben „Dadaismus"

1. **Lautgedicht: „Karawane"**

„Karawane" gehört zu den bekanntesten Gedichten HUGO BALLS. 1916 rezitiert er es im „Cabaret Voltaire". Er „performt" seine Werke zumeist in ungewöhnlicher Kleidung, wie z. B. dem kubistischen Kostüm. Zuweilen muss er sich sogar in den Saal tragen lassen, da er sich in seiner Verkleidung nur schwer bewegen kann.

Hugo Ball
KARAWANE (1917)

jolifanto bambla o falli bambla
großgiga m'pfa habla horem
egiga goramen
4 higo bloiko russula huju
hollaka hollala
anlogo bung
blago bung blago bung
8 bosso fataka
ü üü ü
schampa wulla wussa olobo
hej tatta gorem
12 eschige zunbada
wulubu ssubudu uluwu ssubudu
tumba ba-umf
kusa gauma
16 ba-umf

IN: OTTO F. BEST (HG.): DIE DEUTSCHE LITERATUR IN TEXT UND DARSTELLUNG, BD. 14, RECLAM

a) Lesen Sie das Gedicht (halb-)laut und **beobachten** Sie, ob Sie in einen bestimmten Rhythmus verfallen.

b) Die Überschrift zeigt auf, worum es in diesem Gedicht geht. Die darauffolgenden lautmalerischen Teile sollen den Eindruck entstehen lassen, dass eine Karawane vorbeizieht. – **Markieren** Sie mit unterschiedlichen Farben jene Verse,
- die sich als Ausrufe der Karawanentreiber erkennen lassen,
- die die Tiere (welche?) bezeichnen,
- die die Fortbewegung/das Stampfen der Tiere beschreiben.

c) Beurteilen Sie, ob „Karawane" den Anforderungen, die HUGO BALL in seinem Manifest formuliert, gerecht wird.

d) Planen Sie eine dadaistische Performance des Gedichts. Achten Sie auf Tempo und Lautstärke. Sie können sich auch – wie HUGO BALL – verkleiden, Ihren Vortrag mit Geräuschen hinterlegen, mit Partnerinnen und Partnern arbeiten.

e) Einigen Sie sich im Klassenverband auf ein Thema und **verfassen** Sie zu diesem ein Gedicht nach dem Vorbild von „Karawane", tragen Sie es vor oder erstellen Sie aus den Varianten eine Collage. Vergleichen Sie Ihre Interpretation mit jenen Ihrer Mitschüler/innen.

KARAWANE

jolifanto bambla ô falli bambla
grossiga m'pfa habla horem
égiga goramen
higo bloiko russula huju
hollaka hollala
anlogo bung
blago bung
blago bung
bosso fataka
ü üü ü
schampa wulla wussa ólobo
hej tatta gôrem
eschige zunbada
wulubu ssubudu uluw ssubudu
tumba ba- umf
kusagauma
ba - umf

HUGO BALL: Karawane

2. Ein dadaistisches Gedicht entsteht

Tristan Tzara
UM EIN DADAISTISCHES GEDICHT ZU MACHEN (1920)

Nehmt eine Zeitung.
Nehmt Scheren.
Wählt in dieser Zeitung einen Artikel von der Länge aus,
4 die Ihr Eurem Gedicht zu geben beabsichtigt.
Schneidet den Artikel aus.
Schneidet dann sorgfältig jedes Wort dieses Artikels aus und
gebt sie in eine Tüte.
8 Schüttelt leicht.
Nehmt dann einen Schnipsel nach dem anderen heraus.
Schreibt gewissenhaft ab
in der Reihenfolge, in der sie aus der Tüte gekommen sind.
12 Das Gedicht wird Euch ähneln.
Und damit seid Ihr ein unendlich origineller Schriftsteller mit
einer charmanten, wenn auch von den Leuten unverstandenen
Sensibilität.

TRISTAN TZARA: SIEBEN DADA MANIFESTE, EDITION NAUTILUS

a) **Beurteilen** Sie, ob es sich bei „Um ein dadaistisches Gedicht zu machen" um ein Gedicht handelt.

b) Befolgen Sie TRISTAN TZARAS Anleitung und **verfassen** Sie ein dadaistisches Gedicht. – Wenn Sie sich im Klassenverband auf einen Artikel einigen können, lassen sich die entstandenen Werke gut vergleichen.

c) Bilden Sie Gruppen und einigen Sie sich auf ein Gedicht, das Sie als Simultangedicht vortragen wollen. Nützen Sie Ihre Kompetenzen in anderen Sprachen und übersetzen Sie das gewählte Gedicht oder Teile daraus. Im Anschluss daran tragen Sie das Gedicht gemeinsam (simultan) vor. Jedes Gruppenmitglied interpretiert das Gedicht eigenständig, bestimmt Rhythmus, Tempo, Lautstärke und Gestik.

d) **Diskutieren** Sie, was unter „originell" zu verstehen ist und ob Sie sich nach dem Verfassen/dem Vortragen eines nach dieser Anleitung entstandenen Gedichts als „originelle Schriftsteller/innen" verstehen.

3. Merz-Dichtung

Text 1

„An Anna Blume" hat von Anfang an große Aufmerksamkeit auf sich gezogen, bei den Zeitgenossinnen und Zeitgenossen hauptsächlich als Empörung und Spott. Sogar Psychiater vermeldeten nach der Lektüre, dass SCHWITTERS in eine Klinik eingeliefert werden sollte. In der Folge wird das Gedicht zu einem viel rezipierten Werk. Weltweit wurden Dichter/innen davon inspiriert, eigene „Anna-Gedichte" zu schreiben oder in ihren Werken darauf anzuspielen.

Kurt Schwitters
AN ANNA BLUME. MERZGEDICHT 1 (1919)

O du, Geliebte meiner siebenundzwanzig Sinne, ich liebe dir! – Du
    deiner dich dir, ich dir, du mir. – Wir?
Das gehört [beiläufig] nicht hierher.
Wer bist du, ungezähltes Frauenzimmer? Du bist - - bist du? – Die Leute
    sagen, du wärest, – laß sie sagen, sie wissen nicht, wie der Kirchturm
    steht.

4 Du trägst den Hut auf deinen Füßen und wanderst auf die Hände, auf
   den Händen wanderst du.
Hallo, deine roten Kleider, in weiße Falten zersägt. Rot liebe ich Anna
   Blume, rot liebe ich dir! - Du deiner dich dir, ich dir, du mir. – Wir?
Das gehört [beiläufig] in die kalte Glut.
Rote Blume, rote Anna Blume, wie sagen die Leute?
8 Preisfrage: 1. Anna Blume hat ein Vogel.
              2. Anna Blume ist rot.
              3. Welche Farbe hat der Vogel?
Blau ist die Farbe deines gelben Haares.
Rot ist das Girren deines grünen Vogels.
Du schlichtes Mädchen im Alltagskleid, du liebes grünes Tier, ich liebe
   Dir! – Du deiner dich dir, ich dir, du mir. – Wir?
12 Das gehört [beiläufig] in die Glutenkiste.
Anna Blume! Anna, a-n-n-a, ich träufle deinen Namen. Dein Name
   tropft wie weiches Rindertalg.
Weißt du es, Anna, weißt du es schon?
Man kann dich auch von hinten lesen, und du, du Herrlichste von allen,
   du bist von hinten wie von vorne: „a-n-n-a".
16 Rindertalg träufelt streicheln über meinen Rücken.
Anna Blume, du tropfes Tier, ich liebe dir!

IN: OTTO F. BEST (HG.): DIE DEUTSCHE LITERATUR IN TEXT UND
DARSTELLUNG, BD. 14, RECLAM – ALTE RECHTSCHREIBUNG

a) KURT SCHWITTERS bedient sich in „An Anna Blume" zentraler Mecha-
nismen des Liebesgedichts, allerdings in provokatorischer Abweichung.
– **Untersuchen** Sie das Gedicht dahingehend nach Merkmalen.

b) **Analysieren** Sie das Gedicht nach Merkmalen des Dadaismus.

c) KURT SCHWITTERS ist in der bildenden Kunst bekannt dafür, Collagen
aus allen möglichen Alltagsgegenständen (Plakaten, Fahrscheinen etc.)
anzufertigen. – **Erschließen** Sie, inwiefern dies auch in seinem Gedicht
Einzug gefunden hat.

d) **Erklären** Sie, warum Sie als Empfänger/in eines so gestalteten Gedichts
dieses (nicht) als Liebesbeweis ansehen würden.

Text 2

Erich Fried
AN ANNA EMULB (1. Strophe, 1979)

Weißt du es schon?
Nicht er hat dich geliebt,
mein ebenbürtiges, falsch, verkehrt geschriebenes
4 Idyll und Ideal, mein helles, das meine Augen
fast trüb vor Liebe: Nicht er hat dich geliebt, sondern ich!
Nicht jener Turk, jener Heide mit seiner Vielsinnlichkeit,
nicht jener Heini, sondern ich, sondern ich liebe dich!
8 Trotz seiner vielen Sinne ist er sinnlos geblieben.
Nur halb hat er dich erkannt, deinen Nemanuz
hat er nutzlos beiseite gelassen! Das ist keine Liebe,
dieses halbe und nur annuale Erkennen.
12 Nicht er hat dich geliebt, sondern ich liebe dich.
Ich will dich ganz lieben und will dich ganz erkennen,
deinen Nemanuz und auch deinen Nemanrov! [...]

ERICH FRIED: GESAMMELTE WERKE. GEDICHTE 2, WAGENBACH

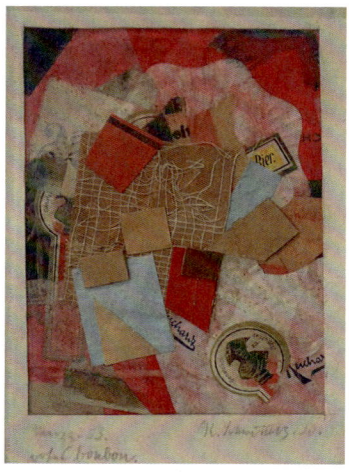

Kurt Schwitters: Merzz. 53.
rotes bonbon (1920)

Arbeitsaufgabe

■ ERICH FRIED bezieht sich mit
„An Anna Emulb" explizit
auf SCHWITTERS' Gedicht. –
Vergleichen Sie die beiden
Gedichte hinsichtlich Ge-
meinsamkeiten und Unter-
schieden. **Diskutieren** Sie
mit Ihren Mitschülerinnen/
Mitschülern, was FRIED mit
seinem Gedicht bezweckt
haben könnte.

Nach dem Krieg ist vor dem Krieg

Einblick in die Literatur der Zwischenkriegszeit und des Zweiten Weltkriegs (1919–1945)

FILMPLAKAT: CABARET

Wer A sagt, der muss nicht B sagen. Er kann auch erkennen, dass A falsch war.

BERTOLT BRECHT

Zwischenkriegszeit und Zweiter Weltkrieg (1919–1945)

BEISPIEL

ERICH KÄSTNER verfasst mit seinem Gedicht „Jahrgang 1899" einen lyrischen Lebenslauf, der einzelne Stationen und Erlebnisse seiner Generation zum Inhalt hat.

Erich Kästner
JAHRGANG 1899 (1929)

Wir haben die Frauen zu Bett gebracht,
als die Männer in Frankreich standen.
Wir hatten uns das viel schöner gedacht.
4   Wir waren nur Konfirmanden.

    ①

Dann holte man uns zum Militär,
bloß so als Kanonenfutter.
In der Schule wurden die Bänke leer,
8   zu Hause weinte die Mutter.

    ②

Dann gab es ein bißchen Revolution
und schneite Kartoffelflocken;
dann kamen die Frauen, wie früher schon,
12   und dann kamen die Gonokokken.

    ③

Inzwischen verlor der Alte sein Geld,
da wurden wir Nachtstudenten.
Bei Tag waren wir bureau-angestellt
16   und rechneten mit Prozenten.

    ④

Dann hätte sie fast ein Kind gehabt,
ob von dir, ob von mir – was weiß ich!
Das hat ihr ein Freund von uns ausgeschabt.
20   Und nächstens werden wir Dreißig.

    ⑤

Wir haben sogar ein Examen gemacht
und das meiste schon wieder vergessen.
Jetzt sind wir allein bei Tag und Nacht
24   und haben nichts Rechtes zu fressen!

    ⑥

Wir haben der Welt in die Schnauze geguckt,
anstatt mit Puppen zu spielen.
Wir haben der Welt auf die Weste gespuckt,
28   soweit wir vor Ypern nicht fielen.

    ⑦

Man hat unsern Körper und hat unsern Geist
ein wenig zu wenig gekräftigt.
Man hat uns zu lange, zu früh und zumeist
32   in der Weltgeschichte beschäftigt!

    ⑧

Die Alten behaupten, es würde nun Zeit
für uns zum Säen und Ernten.
Noch einen Moment. Bald sind wir bereit.
36   Noch einen Moment. Bald ist es so weit!
Dann zeigen wir euch, was wir lernten!

    ⑨

IN: RUDOLF LEONHARDT (HG.): KÄSTNER FÜR ERWACHSENE, BERTELSMANN
— ALTE RECHTSCHREIBUNG

■ **Ordnen** Sie die einzelnen Strophen den folgenden Kurzerläuterungen zu:

a) als erwachsene Jugendliche gezwungen in den Lauf der Geschichte einzugreifen ◯

b) offene Beziehungen, Abtreibung ◯

c) die Zwanziger: Nachkriegswirren und offene Beziehungen ◯

d) Inflation, Arbeitsalltag, Studium ◯

e) verlorene Kindheit, Gräueltaten erlebt und begangen ◯

f) an der Reihe sein, Andeutung auf eine Zukunft, die sich auf das in der Vergangenheit Gelernte bezieht ◯

g) vereinsamte Frauen aufgrund des Ersten Weltkrieges ◯

h) junge Erwachsene als Soldaten und Kanonenfutter ◯

i) fertige Ausbildung, Arbeitslosigkeit ◯

Gonokokken = eine Geschlechtskrankheit

Ypern = im Ersten Weltkrieg stark umkämpfte belgische Stadt

a) **Überprüfen** Sie, ob die im WERKZEUG-Blatt angeführten Merkmale zur „Neuen Sachlichkeit" im Gedicht vorkommen.

b) **Verfassen** Sie ein eigenes Gedicht mit dem Titel „Jahrgang …" und **präsentieren** Sie dieses.

Zwischenkriegszeit und Zweiter Weltkrieg (1919–1945)   WERKZEUG

Untergang – Neugeburt – Identität

Der Zerfall der Habsburgermonarchie nach dem Ersten Weltkrieg und der Übergang zur ersten demokratischen Republik ist gekennzeichnet durch den beweinten Verlust der ehemaligen Größe, eine fehlende österreichische (nationale) Identität und durch wirtschaftliche Verarmung großer Teile der Bevölkerung. Die Wirtschaftskrise Ende der 1920er-Jahre befördert die Etablierung autoritärer Strukturen, die letztlich im Nationalsozialismus münden. 1933 ergreift ADOLF HITLER (1889–1945) die Macht in Deutschland, 1938 wird Österreich als erstes Land vom nationalsozialistischen Deutschland annektiert und mit dem Überfall auf Polen 1939 beginnt der Zweite Weltkrieg.

Literatur der Zwischenkriegszeit

Epik

Wird in der Epoche des Fin de Siècle der politische und kulturelle Niedergang antizipiert, so werden in der Zeit zwischen den beiden Weltkriegen das Scheitern der Monarchie, der Niedergang ganzer Familiendynastien und auch der Erste Weltkrieg erstmals literarisch verarbeitet. So erscheint diese Epoche als eine **Zeit der großen Erzählungen.** Nach bzw. neben den sprachexperimentellen Tendenzen dieser bzw. der vergangenen Zeit schaffen Autorinnen/Autoren zwar Werke ganz unterschiedlicher Art und Weise, gemeinsam ist ihnen aber, dass sie die epischen Möglichkeiten neu ausloten und ausreizen.

Im Werk **„Der Zauberberg"** (1924) reflektiert THOMAS MANN (1875–1955) die ganze Bandbreite gesellschaftlicher und kultureller Themen der Zeit vor dem Ersten Weltkrieg, indem er seinen Protagonisten Hans Castorp in einem Schweizer Alpensanatorium auf unterschiedlichste Charaktere treffen lässt.

ROBERT MUSILS (1880–1942) Lebenswerk **„Der Mann ohne Eigenschaften"** (1943), das letztlich Fragment bleibt, vereint in sich die Darstellung des Niedergangs der Monarchie, die Reflexion damaliger philosophischer Strömungen und psychologischer Ansätze sowie die Kritik am Kunst- und Literaturbetrieb.

Mit seinem Roman **„Radetzkymarsch"** (1932) stellt JOSEPH ROTH (1894–1939) den schnellen Aufstieg der Familie Trotta in der zweiten Hälfte des 19. Jahrhunderts und deren Niedergang durch den Ersten Weltkrieg dar.

Bei den oben genannten Werken hat der klassische Bildungs- und Entwicklungsroman in der Tradition GOETHES (1749–1832) ausgedient. Das dargestellte Leben der letztlich geläuterten Heldinnen und Helden endet nicht mehr in einer zumeist positiven Zukunftsperspektive, sondern die Protagonistinnen und Protagonisten scheitern an den sie umgebenden gesellschaftlichen Verhältnissen und Zwängen oder an ihrer individuellen Persönlichkeitsstruktur. Anders verhält es sich bei HERMANN HESSE (1877–1962), bei dem die Tradition des Bildungsromans sehr wohl in der klassischen Form seine Fortsetzung findet.

Mit den **„Sternstunden der Menschheit"** (1927) schafft STEFAN ZWEIG (1881–1942) ein Prosajuwel, in dem er 14 historische Ereignisse, die die Menschheit geprägt haben, zu kurzen Erzählungen verarbeitet.

KARL KRAUS (1874–1936) gibt von 1899 bis 1936 die satirische Zeitschrift **„Die Fackel"** heraus, in der Gesellschaft, Politik, Kunst und Kultur – vor allem aber die Medien – einer kritisch-satirischen Betrachtung unterzogen werden.

Im Zuge der **Neuen Sachlichkeit** entsteht die Forderung, dass die literarische Sprache wieder verständlicher und einfacher werden soll. Dies soll einhergehen mit der realistischen Darstellung der sozialen, wirtschaftlichen und politischen Gegebenheiten. Die Themenfelder sind dem Naturalismus nahe,

Zu den **sprachexperimentellen Tendenzen** siehe WERKZEUG der Kapitel „Fin de Siècle", „Expressionismus" und „Dadaismus"

Autorinnen und Autoren, deren Werke der Neuen Sachlichkeit zugerechnet werden, sind z. B. Mascha Kaléko (1907–1975), Erich Kästner (1899–1974) und Kurt Tucholsky (1890–1935).

die Protagonisten sind meist einfache Leute (Arbeitslose, Angestellte, Arbeiter, Sekretärinnen). Auf den Versuch einer naturwissenschaftlich-objektiven Darstellung des Geschehens wird jedoch verzichtet. Das Geschehen wird mit **reduzierter, nüchterner Sprache** präsentiert, die oft auch dokumentarischen Stil aufweist.

Dramatik

Nicht Illusion oder Identifikation will Bertolt Brecht (1898–1956) beim Publikum mit seinem **„epischen Theater"** erzielen, sondern kritische Distanz zum Geschehen. Dazu ist es erforderlich, die Scheinrealität, die auf der Bühne durch das Schauspiel hervorgerufen wird, zu durchbrechen. Brecht gelingt dies durch erzählende Elemente, die er ins Geschehen einbaut. Das epische Theater bricht klar mit der aristotelischen Vorgabe der konsequenten Trennung von Epik und Dramatik. Einzelne Figuren wenden sich direkt an das Publikum, indem sie es ansprechen und Zusammenhänge verdeutlichen. Ebenso wird eine Störung der Scheinrealität durch Lieder erreicht, die einzelne Schauspieler/innen oder auch das gesamte Ensemble im Chor singen.

Auch der Aufbau von Brechts Dramen unterscheidet sich wesentlich von klassischen Stücken. Die Anzahl der Akte variiert, Spannungsbögen, Wendepunkte und ein geschlossener Schluss sind nicht zwingend vorhanden.

Thematisch geht es in Brechts Dramen in erster Linie um die Kritik an den sozialen und politischen Verhältnissen der Zwischenkriegszeit. Er will die einfachen Menschen beispielsweise über den Zusammenhang von Kapital und Macht, von Moral und Kapital aufklären. Beeinflusst sind seine Ansichten mehr und mehr von der Weltanschauung des Marxismus. Gesellschaftspolitische Zusammenhänge sollen dargestellt und Veränderungen, die der marxistischen Denkweise entsprechen, aufgezeigt werden.

Das Theaterstück **„Die letzten Tage der Menschheit"** (1922) von Karl Kraus wird hier deshalb erwähnt, weil es kein vergleichbares Theaterstück gibt. Kraus reiht in fünf Akten 220 Szenen aneinander, die inhaltlich nur lose zusammenhängen. Er lässt das Geschehen an unzähligen Orten spielen, entwirft ebenso unzählige Charaktere und stellt inhaltlich die Absurdität und Grausamkeit des Ersten Weltkrieges dar. Er bedient sich in seinem Stück auch der Technik der Montage, indem er Zeitungsberichte, Gerichtsurteile, Annoncen etc. in einzelne Szenen einbindet. Das Stück wurde in seiner Gesamtheit noch nie aufgeführt.

Zum **Volksstück** siehe auch WERKZEUG-Blätter der Kapitel „Biedermeier", „Realismus" und „Drama nach 1945"

Mit Ödön von Horváth (1901–1938) erlebt das **Volksstück** erneut eine Renaissance unter veränderten Vorzeichen: Die Figuren entstammen zumeist dem Kleinbürgermilieu. Die Themen sind sozialkritischer und politischer Natur. Horváth knüpft thematisch bei Ludwig Anzengruber (1839–1889) an, dessen Figuren jedoch dem bäuerlich-ländlichen Milieu entstammen. An Johann Nepomuk Nestroy (1801–1862) erinnert Horváths Umgang mit der Sprache. Er lässt seine Figuren im sogenannten „Bildungsjargon" miteinander in Dialog treten. Bei Nestroy entsteht die Komik durch die falsch und unpassend verwendete Bildungssprache der meist ungebildeten Figuren. Bei Horváth entsteht die Tragik durch die Sprache, weil die Figuren ihr Leben bzw. wichtige Entscheidungen an banalen Weisheiten, Redensarten oder abgedroschenen Phrasen ausrichten. Bekannte Stücke Horváths sind „Geschichten aus dem Wienerwald" (1931), „Kasimir und Karoline" (1932) sowie „Glaube Liebe Hoffnung" (1932).

Neben Horváth sind in Bezug auf das Volksstück noch Carl Zuckmayer (1896–1977) mit der Komödie „Der fröhliche Weinberg" (1925) und Marieluise Fleisser (1901–1974) mit dem Stück „Pioniere in Ingolstadt" (1928) zu nennen.

Lyrik

Klare Tendenzen in der Lyrik der Zwischenkriegszeit sind nicht zu erkennen, viele Autorinnen und Autoren sind mit ihren Gedichten unterschiedlichen literarischen Strömungen und Stilrichtungen zuzuordnen. Viele verfassen auch erst nach 1945 den Großteil ihrer Werke.

Für BERTOLT BRECHT soll Lyrik dem Bereich der nützlichen Kommunikation angehören, sie soll Gebrauchswert haben und sich in den Dienst politischen und sozialen Engagements stellen. JOACHIM RINGELNATZ (1883–1934), KURT TUCHOLSKY und ERICH KÄSTNER sind für ihre zum Teil humoristischen Gedichte bekannt, üben aber auch Gesellschaftskritik, oftmals ironisch; zuweilen bleibt einem bei der Lektüre das Lachen im Halse stecken. MARIE LUISE KASCHNITZ (1901–1974) und PETER HUCHEL (1903–1981) widmen sich zu Beginn ihrer Lyrikkarriere verstärkt der Landschaftslyrik.

Literatur während des Dritten Reiches

Kaum sind die Nationalsozialisten an der Macht, wird auch die Kulturpolitik in den Dienst des Dritten Reiches gestellt. Im Mai und Juni 1933 finden öffentliche Bücherverbrennungen statt, bei denen die Werke von Regimekritikerinnen und -kritikern sowie von jüdischen Autorinnen und Autoren verbrannt werden. Aus Bibliotheken und Buchhandlungen werden im Zuge von Beschlagnahmeaktionen Bücher mit unerwünschtem Gedankengut entfernt. Die Reichsschrifttumskammer sorgt in der Folge dafür, dass klar festgelegt ist, wer publizieren darf und welche Literatur aus dem Verkehr zu ziehen ist.

Die Literatur hat sich ab der Machtübernahme in den Dienst des Regimes zu stellen und mehrere Aufgaben zu erfüllen: Das Dritte Reich soll **historisch legitimiert** werden, was vor allem durch historische Romane und die Etablierung eines Germanenmythos erreicht werden soll. HANS FRIEDRICH BLUNCK (1888–1961) unternimmt dies beispielsweise in seinem Werk „Die Urvätersaga. Romantrilogie der germanischen Vorzeit" (1934). Mit dem **„Blut-und-Boden-Mythos"** in literarischen Texten soll einerseits die ländliche, bäuerliche Lebensweise innerhalb einer kleinen „rassisch reinen" Dorfgemeinschaft idealisiert, andererseits die Aneignung von fremdem Territorium durch deutsche Siedler legitimiert werden.

Sowohl das Drama als auch die Lyrik sollen der Fortschreibung der faschistischen Ideologie dienen. GOETHE, SCHILLER, KLEIST, GRILLPARZER etc. werden vereinnahmt und adaptiert, damit sie in dieses Konzept passen. Für die Lyrik ist die „Blut-und-Boden-Ideologie" ebenso zentral. Sie erfährt in den **Gemeinschaftsliedern** und den **faschistischen Liederbüchern** zur Überhöhung und Verehrung des deutschen Volkes und Führers eine spezifische Ausprägung.

Exilliteratur – Schreiben im Ausland, Schreiben über ...

Im Zuge der Machtergreifung der Nationalsozialisten sind viele Autorinnen und Autoren gezwungen, Österreich und Deutschland zu verlassen. Gründe dafür sind entweder ihre jüdische Herkunft oder ihre politische Gesinnung. Können wohlhabende Autoren wie THOMAS MANN oder BERTOLT BRECHT im nicht deutschsprachigen Exil weiterhin an ihren Werken arbeiten, da finanziell kein Publikationszwang besteht, so verstummen andere mehr und mehr (z. B. KURT TUCHOLSKY) oder verarmen (z. B. ROBERT MUSIL, JOSEPH ROTH) und sterben möglicherweise verfrüht aufgrund prekärer Lebensverhältnisse.

Worüber wird im Exil geschrieben? Manche arbeiten weiter wie zuvor, andere machen das Leben im Exil zum Thema ihrer Texte (z. B. LION FEUCHTWANGER, 1884–1958; ANNA SEGHERS, 1900–1983).

Wichtige Autorinnen und Autoren			
Thomas Mann (Exil)	Kurt Tucholsky (Exil)	Erich Kästner	Lion Feuchtwanger (Exil)
Heinrich Mann (Exil)	Franz Kafka	Joachim Ringelnatz	Stefan Zweig (Exil)
Robert Musil (Exil)	Hermann Hesse	Bertolt Brecht (Exil)	Theodor Kramer (Exil)
Hermann Broch (Exil)	Karl Kraus	Ödön von Horváth (Exil)	Elias Canetti (Exil)
Joseph Roth (Exil)	Mascha Kaléko (Exil)	Alfred Döblin (Exil)	

Arbeitsaufgaben „Zwischenkriegszeit und Zweiter ..."

1. Großstadtliebe I

Mascha Kaléko ist eine der wenigen Schriftstellerinnen, die in der Zwischenkriegszeit mit ihrer Lyrik über Grenzen hinweg Bekanntheit erlangt. Viele ihrer Gedichte lassen sich der Neuen Sachlichkeit zurechnen, da der dargestellte Inhalt mehr oder weniger klar auf der Hand liegt und die Sprache einfach und klar gehalten ist.

Mascha Kaléko
GROSSSTADTLIEBE (1933)

Man lernt sich irgendwo ganz flüchtig kennen
Und gibt sich irgendwann ein Rendezvous.
Ein Irgendwas, – 's ist nicht genau zu nennen –
Verführt dazu, sich gar nicht mehr zu trennen.
5 Beim zweiten Himbeereis sagt man sich ›du‹.

Man hat sich lieb und ahnt im Grau der Tage
Das Leuchten froher Abendstunden schon.
Man teilt die Alltagssorgen und die Plage,
Man teilt die Freuden der Gehaltszulage,
10 ... Das übrige besorgt das Telephon.

Man trifft sich im Gewühl der Großstadtstraßen.
Zu Hause geht es nicht. Man wohnt möbliert.
– Durch das Gewirr von Lärm und Autorasen,
– Vorbei am Klatsch der Tanten und der Basen
15 Geht man zu zweien still und unberührt.

Man küßt sich dann und wann auf stillen Bänken,
– Beziehungsweise auf dem Paddelboot.
Erotik muß auf Sonntag sich beschränken.
... Wer denkt daran, an später noch zu denken?
20 Man spricht konkret und wird nur selten rot.

Man schenkt sich keine Rosen und Narzissen,
Und schickt auch keinen Pagen sich ins Haus.
– Hat man genug von Weekendfahrt und Küssen,
Läßt mans einander durch die Reichspost wissen
25 Per Stenographenschrift ein Wörtchen: ›aus‹!

MASCHA KALÉKO: DAS LYRISCHE STENOGRAMMHEFT, ROWOHLT –
ALTE RECHTSCHREIBUNG

a) **Bestimmen** Sie von KALÉKO verwendete Großstadtmotive.

b) **Analysieren** Sie das Gedicht nach formalen Aspekten (Reimschema, Versmaß bzw. Versfüße etc.).

c) **Diskutieren** Sie, aus welchem Grund die Autorin das unpersönliche „man" in diesem Gedicht verwendet.

d) **Erläutern** Sie, welcher Gesellschaftsschicht dieses unpersönliche „man" angehört und welcher Zugang zu Liebe, Beziehung, Ehe in diesem Gedicht entworfen wird.

MASCHA KALÉKO, österreichisch-ungarische Schriftstellerin (1907–1975)

2. Großstadtliebe II

Der Roman „Das kunstseidene Mädchen" von IRMGARD KEUN gilt als typischer Text der Neuen Sachlichkeit.

Doris, das kunstseidene Mädchen, arbeitet als Sekretärin bei einem Rechtsanwalt, der sich ihr immer wieder unsittlich nähert, den sie aber nicht an sich heranlassen will. Sie will weg aus der mittleren Stadt, in der sie Laientheater spielt und sich als beinahe berühmt empfindet. Sie zieht im zweiten Teil des Romans nach Berlin und stürzt sich dort in das Nachtleben der Zwischenkriegszeit, besucht Bars, Künstlercafés, Tanzveranstaltungen. Ihr Weg ist gepflastert von Affären mit Männern aus „besseren Kreisen" und sie träumt von einer Filmkarriere.

Irmgard Keun
DAS KUNSTSEIDENE MÄDCHEN (1932)

Textausschnitt 1:

ERSTER TEIL: Ende des Sommers und die mittlere Stadt

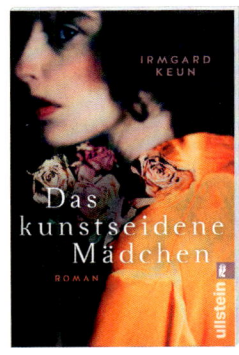

Das war gestern abend so um zwölf, da fühlte ich, dass etwas Großartiges in mir vorging. Ich lag im Bett – eigentlich hatte ich mir noch die Füße waschen wollen, aber ich war zu müde wegen dem Abend vorher,
5 und ich hatte doch gleich zu Therese gesagt: „Es kommt nichts bei raus, sich auf der Straße ansprechen zu lassen, und man muss immerhin auf sich halten."

Außerdem kannte ich das Programm im Kaiserhof schon. Und dann immer weiter getrunken – und ich hatte große Not, heil nach Hause zu
10 kommen, weil es mir doch ohnehin immer schwer fällt, nein zu sagen. Ich hab gesagt: „Bis übermorgen." Aber ich denke natürlich gar nicht dran. So knubbelige Finger und immer nur Wein bestellt, der oben auf der Karte steht, und Zigaretten zu fünf – wenn einer so schon anfängt, wie will er da aufhören?

15 Im Büro war mir dann so übel, und der Alte hat's auch nicht mehr dick und kann einen jeden Tag entlassen. Ich bin also gleich nach Hause gegangen gestern abend – und zu Bett ohne Füße waschen. Hals auch nicht. Und dann lag ich so und schlief schon am ganzen Körper, nur meine Augen waren noch auf – der Mond schien mir ganz weiß auf
20 den Kopf – ich dachte noch, das müsste sich gut machen auf meinem schwarzen Haar, und schade, dass Hubert mich nicht sehen kann, der doch schließlich und endlich der Einzige ist, den ich wirklich geliebt habe. Da fühlt ich wie eine Vision Hubert um mich, und der Mond schien, und von nebenan drang ein Grammophon zu mir, und da ging
25 etwas Großartiges in mir vor – wie auch früher manchmal – aber da doch nie so sehr. Ich hatte ein Gefühl ein Gedicht zu machen, aber dann hätte es sich womöglich reimen müssen, und dazu war ich zu müde. Aber ich erkannte, dass etwas Besonderes in mir ist, was auch Hubert fand und Fräulein Vogelsang von der Mittelschule, der ich einen
30 Erlkönig hinlegte, dass alles starr war. Und ich bin ganz verschieden von Therese und den anderen Mädchen auf dem Büro und so, in denen nie Großartiges vorgeht. Und dann spreche ich fast ohne Dialekt, was viel ausmacht und mir eine Note gibt, besonders da mein Vater und meine Mutter ein Dialekt sprechen, das mir geradezu beschämend ist.

35 Und ich denke, dass es gut ist, wenn ich alles beschreibe, weil ich ein ungewöhnlicher Mensch bin. Ich denke nicht an Tagebuch – das ist lächerlich für ein Mädchen von achtzehn und auch sonst auf der Höhe.

Aber ich will schreiben wie Film, denn so ist mein Leben und wird noch
mehr so sein. Und ich sehe aus wie Colleen Moore, wenn sie Dauer-
40 wellen hätte und die Nase mehr schick ein bisschen nach oben. Und
wenn ich später lese, ist alles wie Kino – ich sehe mich in Bildern. Und
jetzt sitze ich in meinem Zimmer im Nachthemd, das mir über meine
anerkannte Schulter gerutscht ist, und alles ist erstklassig an mir – nur
mein linkes Bein ist dicker als mein rechtes.

Im zweiten Teil des Romans „Später Herbst und die große Stadt" lernt
Doris nun Berlin mit all seinen Vergnügungen und dem Reichtum der
gehobenen Gesellschaft kennen. Sie ist fasziniert und fühlt sich magisch
angezogen davon.

Textausschnitt 2:

Und es gibt Hermeline und Frauen mit Pariser Gedufte und Autos
und Geschäfte mit Nachthemden von über hundert Mark und Theater mit Samt, da sitzen sie drin – und alles neigt sich und sie atmen
Kronen aus sich heraus. Verkäufer fallen hin vor Aufregung, wenn sie
5 kommen und doch nicht kaufen. Und sie lächeln Fremdworte richtig,
wenn sie welche falsch aussprechen. Und sie wogen so in einer Art mit
Georgettebusen und tiefen Ausschnitten, dass sie nichts wissen brauchen. Die Servietten von Kellnern hängen bis auf die Erde, wenn sie aus
einem Lokal gehen. Und sie können teure Rumpsteaks und à la Meyers
10 mit Stangenspargel halb stehen lassen ohne eine Ahnung und heimli-
ches Bedauern und den Wunsch, es einzupacken und mitzunehmen.
[...] Und sie sind ihre eigene Umgebung und knipsen sich an wie elektri-
sche Birnen, niemand kann ran an sie durch die Strahlen. Wenn sie mit
einem Mann schlafen, atmen sie vornehm mit echten Orchideen auf
15 den Kopfkissen, was übermäßige Blumen sind. Und werden angebetet
von ausländischen Gesandten, und lassen sich manikürte Füße küssen mit Schwanenpelzpantoffeln und sind nur halb bei der Sache, was
ihnen niemand übel nimmt. Und viele Chauffeure mit Kupferknöpfen
bringen Autos in Garagen – es ist eine elegante Welt – und dann fährt
20 man in einem Bett in einem D-Zug nach einer Riviera zur Erholung und
spricht französisch und hat Schweinekoffer mit Plakaten drauf.

Doris stürzt sich in das Berliner Nachtleben, hält sich mittels Affären über
Wasser und bewegt sich ständig an der Grenze zur Prostitution. Am Ende
bleibt Doris wenig, ihre Freunde werden aufgrund eines dümmlichen,
unter Alkoholeinfluss begangenen Diebstahls eingesperrt. Sie verbringt
ihre Nächte weiterhin in Bars und lässt sich aushalten, wird aber letztlich
zum Mädchen vom Wartesaal des Berliner Bahnhofs Zoo. Ihre Hoffnung
klammert sie am Ende des Romans an Karl, einen humorvollen, arbeitslo-
sen jungen Mann, der in einer Schrebergartenlaube in Berlin lebt und sich
dort selbst versorgt.

Textausschnitt 3:

„Hallo, sibirisches Mädchen", ruft er mich an – „warum der Pelz? –
komm mit mir, helf mir'n bißchen, arbeete mit mir."

Sein Mund hat verdammten Hunger auf eine Frau.

„Was soll ich mit dir arbeiten, Karl?" frag ich.

5 „Meine Laube hat zwee kleene Zimmer", sagt er, „und ne Ziege gibt's,
die kannste melken, unser Bett kannste machen, Fenster kannste put-
zen, bunten kleenen Puppen die Augen einnähen – komm, Kleene, du

---

der Georgette = dünnes Gewebe aus Seide oder Kunstseide

bist so niedlich im Gesichte und sonst auch – willste eene vom Strich werden? Glaub mir Kleene, die vafluchte Konkurrenz unter die, wo
10 arbeiten wollen, ist verdammt groß, aber jrößer noch ist die Konkurrenz unter die, wo nicht arbeiten wollen, unter die Hurenmenschen und solche, wo was werden wollen ohne Anstrengung und Schweiß – warum willste bei die größte Konkurrenz gehören?"

Am Ende des Romans, das offen bleibt, formuliert Doris ihr Dilemma:

Textausschnitt 4:

„Ich werde mich ja nie mehr gewöhnen an einen ohne Bildung, zu dem ich eigentlich doch gehöre – und einer mit Bildung wird sich an mich nicht gewöhnen."

IRMGARD KEUN: DAS KUNSTSEIDENE MÄDCHEN, LIST

a) **Erschließen** Sie das Selbstbild der jungen Ich-Erzählerin zu Beginn des Romans (Textausschnitt 1).

b) **Untersuchen** Sie die Sprache (Wortschatz, Stilebene, Satzbau), die in den Textausschnitten zur Anwendung kommt.

c) **Geben** Sie mit eigenen Worten **wieder,** wodurch sich reiche Leute in der Wahrnehmung der Protagonistin auszeichnen.

d) **Recherchieren** Sie nach weiteren Textstellen des Romans und **überprüfen** Sie, ob die von Doris versuchte filmische Darstellung ihres Lebens via schnell aufeinanderfolgender Bilder im Roman auch tatsächlich erreicht wird.

e) Das Ende des Romans ist offen – der/die Leser/in erfährt nicht, ob Doris Karl findet und ob sie tatsächlich ein Leben an seiner Seite führen könnte. – **Diskutieren** Sie aufgrund des Selbstbildes und der Erfahrungen, die Doris gemacht hat, ob dieses Leben eine tatsächliche Alternative für sie darstellt.

3. „Der Steppenwolf"

HERMANN HESSE, Nobelpreisträger für Literatur, schreibt den Roman „Der Steppenwolf" im Alter von ca. 50 Jahren, als er sich in einer tiefen Persönlichkeitskrise befindet.

Der Protagonist Harry Haller bezieht im Haus des Erzählers und dessen Tante die Dachkammer und verbringt dort eine Zeitspanne von zehn Monaten. Er scheint ein bürgerlicher Gelehrter zu sein, der an einer weitreichenden Persönlichkeitsstörung leidet: Der bürgerlichen Seite seiner Persönlichkeit entspricht Harry Haller, der Steppenwolf repräsentiert die rohe, ungezähmte, alles Bürgerliche entwertende Seite seiner Persönlichkeit.

Harry Haller leidet ungemein an dieser Spaltung seines Ichs und ist eines Tages verschwunden, hinterlässt dem Erzähler jedoch seine Aufzeichnungen über jenen Zeitraum, den er in der Stadt verbracht hat. Diese Aufzeichnungen bilden nun den Kern der Handlung, enthalten aber ihrerseits wiederum einen kurzen Traktat, der von einer Person namens Harry handelt und dessen Persönlichkeitsstruktur zum Thema macht.

HERMANN HESSE, deutsch-schweizerischer Schriftsteller und Literaturnobelpreisträger (1877–1962)

der/das Traktat = kurze, schriftliche Abhandlung über ein Thema

Porträt und Original-Schreibmaschine im Hermann Hesse
Museum in Montagnola

Hermann Hesse
DER STEPPENWOLF (1927)

Textausschnitt 1:

Wenn ich eine Weile ohne Lust und ohne Schmerz war und die laue
fade Erträglichkeit sogenannter guter Tage geatmet habe, dann wird
mir in meiner kindischen Seele so windig weh und elend, daß ich die
verrostete Dankbarkeitsleier dem schläfrigen Zufriedenheitsgott ins zu-
5 friedene Gesicht schmeiße und lieber einen recht teuflischen Schmerz
in mir brennen fühle als diese bekömmliche Zimmertemperatur. Es
brennt alsdann in mir eine wilde Begierde nach starken Gefühlen, nach
Sensationen, eine Wut auf dies abgetönte, flache, normierte und steri-
lisierte Leben und eine rasende Lust, irgend etwas kaputt zu schlagen,
10 etwa ein Warenhaus oder eine Kathedrale oder mich selbst, verwegene
Dummheiten zu begehen, ein paar verehrten Götzen die Perücken
abzureißen, ein paar rebellische Schulbuben mit der ersehnten Fahrkar-
te nach Hamburg auszurüsten, ein kleines Mädchen zu verführen oder
einigen Vertretern der bürgerlichen Weltordnung das Gesicht ins Genick
15 zu drehen. Denn dies haßte, verabscheute und verfluchte ich von allem
doch am innigsten: diese Zufriedenheit, diese Gesundheit, Behaglich-
keit, diesen gepflegten Optimismus des Bürgers, diese fette gedeihliche
Zucht des Mittelmäßigen, Normalen, Durchschnittlichen. [...]

Und nun kam ich an der Araukarie vorbei. Nämlich im ersten Stockwerk
20 dieses Hauses führt die Treppe am kleinen Vorplatz einer Wohnung vorüber, die ist ohne Zweifel noch tadelloser, sauberer und gebürsteter als
die andern, denn dieser kleine Vorplatz strahlt von einer übermensch-
lichen Gepflegtheit, er ist ein leuchtender kleiner Tempel der Ordnung.
Auf einem Parkettboden, den zu betreten man sich scheut, stehen da
25 zwei zierliche Schemel und auf jedem Schemel ein großer Pflanzentopf,
im einen wächst eine Azalee, im andern eine ziemlich stattliche Araukarie, ein gesunder, strammer Kinderbaum von größter Vollkommenheit, und noch die letzte Nadel am letzten Zweig strahlt von frisches-
ter Abgewaschenheit. Zuweilen, wenn ich mich unbeobachtet weiß,
30 benütze ich diese Stätte als Tempel, setze mich über der Araukarie auf
eine Treppenstufe, ruhe ein wenig, falte die Hände und blicke andächtig
hinab in diesen kleinen Garten der Ordnung, dessen rührende Haltung
und einsame Lächerlichkeit mich irgendwie in der Seele ergreift. Ich
vermute hinter diesem Vorplatz, gewissermaßen im heiligen Schatten
35 der Araukarie, eine Wohnung voll von strahlendem Mahagoni und ein
Leben voll Anstand und Gesundheit, mit Frühaufstehen, Pflichterfüllung, gemäßigt heitern Familienfesten, sonntäglichem Kirchgang und
frühem Schlafengehen.

Aufgrund der Unvereinbarkeit dieser beiden Persönlichkeitsausprägungen
denkt Harry Haller an Selbstmord, den er, so sich seine Situation nicht
bessert, an seinem 50. Geburtstag begehen will. Harry trifft aber eines
Nachts im Zuge einer Abendveranstaltung auf Hermine, eine lebenslustige
Prostituierte, die ihn lehrt, Verantwortung für sein Leben zu übernehmen.

Mit Hermine erlebt er mehrere Situationen, die zwischen Wirklichkeit und
Fiktion, zwischen Realität und Rausch changieren. Sie lehrt ihn das Tanzen
und ermöglicht ihm, seine vergeistigte, kognitive Welt zu verlassen und
in die unmittelbare, körperliche Erlebniswelt einzutreten. So vermittelt sie
ihm auch Maria, eine Kollegin von ihr, die ihn in erotischen und sexuellen
Belangen instruiert.

In der folgenden Szene befindet sich Harry auf einer abendlichen Tanzveranstaltung. Hermine erscheint als Hermann verkleidet und es entsteht
eine Art Verwirrspiel, in dem Harry mehr und mehr lernt, die Begrenztheit
seiner bürgerlichen Moralvorstellungen und Erfahrungswelt zu erkennen.

Textausschnitt 2:

Alles war Märchen, alles war um eine Dimension reicher, um eine Bedeutung tiefer, war Spiel und Symbol. Wir sahen eine sehr schöne junge
Frau, die etwas leidend und unzufrieden aussah, Hermann tanzte mit
ihr, brachte sie zum Blühen, verschwand mit ihr in eine Sektlaube und
5   erzählte mir nachher, sie habe diese Frau nicht als Mann erobert, sondern als Frau, mit dem Zauber von Lesbos. Mir aber ward allmählich
dies ganze tönende Haus voll tanzbrausender Säle, dieses berauschte
Volk von Masken zu einem tollen Traumparadies, Blüte um Blüte warb
mit ihrem Duft, Frucht um Frucht umspielte ich suchend mit proben-
10   den Fingern, Schlangen blickten mich aus grünem Laubschatten verführend an, Lotosblüte geisterte über schwarzem Sumpf, Zaubervögel
lockten im Gezweige, und alles führte mich doch zu einem ersehnten
Ziel, alles lud mich neu mit Sehnsucht nach der Einzigen. [...]

Ein Erlebnis, das mir in fünfzig Jahren unbekannt geblieben war, obwohl
15   jeder Backfisch und Student es kennt, wurde mir in dieser Ballnacht
zuteil: das Erlebnis des Festes, der Rausch der Festgemeinschaft, das
Geheimnis vom Untergang der Person in der Menge, von der Unio
mystica der Freude. Oft hatte ich davon sprechen hören, jeder Dienst-
magd war es bekannt, und oft hatte ich das Leuchten im Auge der
20   Erzählenden gesehen und hatte immer halb überlegen, halb neidisch
dazu gelächelt. Jenes Strahlen in den trunkenen Augen eines Entrückten, eines von sich selbst Erlösten, jenes Lächeln und halb irre Versun-
kensein dessen, der im Rausch der Gemeinschaft aufgeht, hatte ich
hundertmal im Leben an edlen und an gemeinen Beispielen gesehen,
25   an besoffenen Rekruten und Matrosen ebenso wie an großen Künstlern, etwa im Enthusiasmus festlicher Aufführungen, und nicht minder
an jungen Soldaten, die in den Krieg zogen, und noch in jüngster Zeit
hatte ich dies Strahlen und Lächeln des glücklich Entrückten bewundert,
geliebt, bespöttelt und beneidet an meinem Freunde Pablo, wenn er
30   selig im Rausch des Musizierens im Orchester über seinem Saxophon
hing oder dem Dirigenten, dem Trommler, dem Mann mit dem Banjo
zuschaute, entzückt, ekstatisch. Solch ein Lächeln, solch ein kindhaftes
Strahlen, hatte ich zuweilen gedacht, sei nur ganz jungen Menschen
möglich oder solchen Völkern, die sich keine starke Individuation und
35   Differenzierung der einzelnen gestatteten. Aber heute, in dieser geseg-
neten Nacht, strahlte ich selbst, der Steppenwolf Harry, dies Lächeln,
schwamm ich selbst in diesem tiefen, kindhaften, märchenhaften
Glück, atmete ich selbst diesen süßen Traum und Rausch aus Gemeinschaft, Musik, Rhythmus, Wein und Geschlechtslust, dessen Lobpreis
40   im Ballbericht irgendeines Studenten ich einst so oft mit Spott und
armer Überlegenheit mit angehört hatte. Ich war nicht mehr ich, meine
Persönlichkeit war aufgelöst im Festrausch wie Salz im Wasser.

Am Ende dieses Tanzabends werden Hermine und Harry vom befreundeten Musiker Pablo in dessen magisches Theater auf eine Reise zu
sich selbst eingeladen. Vor Antritt dieser Reise verabreicht Pablo sowohl
Hermine als auch Harry bewusstseinserweiternde Substanzen, die den
Zugang zu vertieften Erkenntnissen über die je eigene Persönlichkeit
ermöglichen sollen.

Textausschnitt 3:

„Mein Theaterchen hat so viele Logentüren, als ihr wollt, zehn oder hundert oder tausend, und hinter jeder Tür erwartet euch das, was ihr gerade sucht. Es ist ein hübsches Bilderkabinett, lieber Freund, aber es würde Ihnen nichts nützen, es so zu durchlaufen, wie Sie sind. Sie wür-
5 den durch das gehemmt und geblendet werden, was Sie gewohnt sind, Ihre Persönlichkeit zu nennen. Ohne Zweifel haben Sie ja längst erraten, daß die Überwindung der Zeit, die Erlösung von der Wirklichkeit, und was immer für Namen Sie Ihrer Sehnsucht geben mögen, nichts andres bedeuten als den Wunsch, Ihrer sogenannten Persönlichkeit
10 ledig zu werden. Sie ist das Gefängnis, in dem Sie sitzen. Und wenn Sie so, wie Sie sind, in das Theater träten, so sähen Sie alles mit den Augen Harrys, alles durch die alte Brille des Steppenwolfes. Sie werden darum eingeladen, sich dieser Brille zu entledigen und diese sehr geehrte Persönlichkeit freundlichst hier in der Garderobe abzulegen, wo sie auf
15 Wunsch jederzeit wieder zu Ihrer Verfügung steht. Der hübsche Tanz-abend, den Sie hinter sich haben, der Traktat vom Steppenwolf, schließ-lich noch das kleine Anregungsmittel, das wir eben zu uns genommen haben, dürfte Sie genügend vorbereitet haben."

HERMANN HESSE: DER STEPPENWOLF, SUHRKAMP –
ALTE RECHTSCHREIBUNG

a) **Beschreiben** Sie anhand der Textstellen, was den bürgerlichen Anteil von Harry Hallers Persönlichkeit und was den Anteil des Steppenwolfes ausmacht. **Listen** Sie die Zuschreibungen und Eigenschaften tabellarisch **auf.**

b) Recherchieren Sie das „Strukturmodell der menschlichen Psyche" nach SIGMUND FREUD und **setzen** Sie dieses mit der Persönlichkeitsstruktur von Harry Haller in **Beziehung.**

c) **Überprüfen** Sie folgende Interpretationshypothese:
„Hermann Hesse übt mit seinem Roman Kritik an den verklemmten bürgerlichen Moralvorstellungen und spricht sich für eine von gesell-schaftlichen Strukturen befreite Persönlichkeitsentwicklung aus."

d) In den 1960er-Jahren wurde die Band STEPPENWOLF gegründet und nach dem Roman von HERMANN HESSE benannt. – **Recherchieren** Sie nach Songtexten dieser Band und **untersuchen** Sie diese auf inhaltliche Bezüge zum Roman.

4. Der Mann ohne Eigenschaften

Den „Mann ohne Eigenschaften" kann man als Lebensprojekt von ROBERT MUSIL bezeichnen. MUSIL beginnt schon sehr früh an diesem Werk zu arbeiten und schreibt einzelne Teile immer wieder um. Der Roman bleibt letztlich Fragment, weil MUSIL ihn auch nach ca. 30 Jahren Arbeit daran nicht abschließen kann.

Der Inhalt ist schnell erzählt: Ulrich, der in der k. u. k Monarchie lebende Protagonist des Romans, nimmt sich ein Jahr Urlaub vom Leben, um un-geplanterweise als Generalsekretär der Parallelaktion vorzustehen, deren vage Aufgabe es ist, das 70-jährige Thronbesteigungsjubiläum (1918) von Kaiser Franz Joseph zu planen und vorzubereiten. Dieses soll auf keinen Fall dem 30-jährigen Thronbesteigungsjubiläum des deutschen Kaisers Wilhelm II. unterlegen sein, das im selben Jahre ansteht.

ROBERT MUSIL, öster-reichischer Schriftsteller und Theaterkritiker (1880–1942)

Eine kurze Erklärung zu FREUDS **„Strukturmodell der menschlichen Psyche"** finden Sie auf dem WERKZEUG-Blatt des Kapitels „Fin de Siècle".

In dieser Planungsphase treffen Politiker, Philosophen, Schriftsteller, Wirtschaftreibende etc. von hohem Rang bei Diotima, der schöngeistigen Kusine Ulrichs, aufeinander und ergehen sich in wiederum nur vagen Andeutungen, womit und wodurch man den Kaiser ehren und würdigen könnte.

In der Zwischenzeit stirbt Ulrichs Vater und Agathe, Ulrichs verheiratete Schwester, tritt wieder in sein Leben. Die beiden führen eine vergeistigte Beziehung, die zuweilen inzestuös anmutet.

Die Parallelaktion tritt immer weiter in den Hintergrund und die Suche nach dem „anderen Zustand", nach Möglichkeiten, ein anderes, ein mystisches Leben zu führen, gewinnt immer mehr an Bedeutung.

So wie sich der „andere Zustand" einer konkreten Beschreibung entzieht, so lässt sich auch der Roman nicht abschließen, vor allem bei MUSILS Arbeitsstil, der bedeutet, dass ein Kapitel unzählige Male überarbeitet wird und die Kapitel selbst immer wieder neu angeordnet werden.

Was MUSIL auszeichnet, ist einerseits eine besondere Form der Ironie, die in seinen Texten immer wieder zutage tritt, und andererseits sein essayistischer Schreibstil, der einzelne soziokulturelle Problemstellungen aus der Perspektive unterschiedlicher Figuren immer wieder von Neuem beleuchtet.

Robert Musil
DER MANN OHNE EIGENSCHAFTEN (1930)

Kakanien

[...] Dort, in Kakanien, diesem seither untergegangenen, unverstandenen Staat, der in so vielem ohne Anerkennung vorbildlich gewesen ist, gab es auch Tempo, aber nicht zuviel Tempo. So oft man in der Fremde
5 an dieses Land dachte, schwebte vor den Augen die Erinnerung an die weißen, breiten, wohlhabenden Straßen aus der Zeit der Fußmärsche und Extraposten, die es nach allen Richtungen wie Flüsse der Ordnung, wie Bänder aus heilem Soldatenzwillich durchzogen und die Länder mit dem papierweißen Arm der Verwaltung umschlangen. Und was für
10 Länder! Gletscher und Meer, Karst und böhmische Kornfelder gab es dort, Nächte an der Adria, zirpend von Grillenunruhe, und slowakische Dörfer, wo der Rauch aus den Kaminen wie aus aufgestülpten Nasenlöchern stieg und das Dorf zwischen zwei kleinen Hügeln kauerte, als hätte die Erde ein wenig die Lippen geöffnet, um ihr Kind dazwischen
15 zu wärmen. Natürlich rollten auf diesen Straßen auch Automobile; aber nicht zuviel Automobile! Man bereitete die Eroberung der Luft vor, auch hier; aber nicht zu intensiv. Man ließ hie und da ein Schiff nach Südamerika oder Ostasien fahren; aber nicht zu oft. Man hatte keinen Weltwirtschafts- und Weltmachtehrgeiz; man saß im Mittelpunkt
20 Europas, wo die alten Weltachsen sich schneiden; die Worte Kolonie und Übersee hörte man an wie etwas noch gänzlich Unerprobtes und Fernes. Man entfaltete Luxus; aber beileibe nicht so überfeinert wie die Franzosen. Man trieb Sport; aber nicht so närrisch wie die Angelsachsen. Man gab Unsummen für das Heer aus; aber doch nur gerade so
25 viel, daß man sicher die zweitschwächste der Großmächte blieb. Auch die Hauptstadt war um einiges kleiner als alle andern größten Städte der Welt, aber doch um ein Erkleckliches größer, als es bloß Großstädte

Den Begriff „Kakanien" hat ROBERT MUSIL im „Mann ohne Eigenschaften" geprägt. Er bezeichnet die k. u. k Monarchie und leitet sich von der Abkürzung „k. k." ab, die für „kaiserlich-königlich" steht.

der Bolschewik = Mitglied der Sozialdemokratischen Arbeiterpartei Russlands

sind. Und verwaltet wurde dieses Land in einer aufgeklärten, wenig fühlbaren, alle Spitzen vorsichtig beschneidenden Weise von der besten
30 Bürokratie Europas, der man nur einen Fehler nachsagen konnte: sie empfand Genie und geniale Unternehmungssucht an Privatpersonen, die nicht durch hohe Geburt oder einen Staatsauftrag dazu privilegiert waren, als vorlautes Benehmen und Anmaßung. Aber wer ließe sich gerne von Unbefugten dreinreden! Und in Kakanien wurde überdies
35 immer nur ein Genie für einen Lümmel gehalten, aber niemals, wie es anderswo vorkam, schon der Lümmel für ein Genie.

ROBERT MUSIL: DER MANN OHNE EIGENSCHAFTEN, BD. I, ROWOHLT – ALTE RECHTSCHREIBUNG

a) **Untersuchen** Sie den Text auf folgende rhetorische Mittel hin: Personifikationen, Metaphern.

b) **Analysieren** Sie, auf welche Art und Weise die Ironie in diesem Textausschnitt entsteht.

c) **Diskutieren** Sie, welche vom Erzähler angeführten Besonderheiten Kakaniens auf das heutige Österreich nach wie vor zutreffen. In welchen Bereichen hinsichtlich Politik, Wirtschaft und Gesellschaft verhält man sich zögerlich?

Die konstruktive Ironie

Ironie ist: einen Klerikalen so darstellen, daß neben ihm auch ein
3 Bolschewik getroffen ist. Einen Trottel so darstellen, daß der Autor plötzlich fühlt: das bin ich ja zum Teil selbst. Diese Art Ironie, die konstruktive Ironie, ist im heutigen Deutschland ziemlich unbekannt. Es ist
6 der Zusammenhang der Dinge, aus dem sie nackt hervorgeht. Man hält Ironie für Spott und Bespötteln.

ROBERT MUSIL: DER MANN OHNE EIGENSCHAFTEN, BD. II, ROWOHLT – ALTE RECHTSCHREIBUNG

d) **Untersuchen** Sie, inwiefern sich die konstruktive Ironie von der nicht konstruktiven Ironie unterscheidet.

Der verlorene rote Faden

Und als einer jener scheinbar abseitigen und abstrakten Gedanken, die in seinem Leben oft so unmittelbare Bedeutung gewannen, fiel ihm ein, daß das Gesetz dieses Lebens, nach dem man sich, überlastet und von
5 Einfalt träumend, sehnt, kein anderes sei als das der erzählerischen Ordnung! Jener einfachen Ordnung, die darin besteht, daß man sagen kann: „Als das geschehen war, hat sich jenes ereignet!" Es ist die einfache Reihenfolge, die Abbildung der überwältigenden Mannigfaltigkeit des Lebens in einer eindimensionalen, wie ein Mathematiker sagen
10 würde, was uns beruhigt; die Aufreihung alles dessen, was in Raum und Zeit geschehen ist, auf einen Faden, eben jenen berühmten „Faden der Erzählung", aus dem nun also auch der Lebensfaden besteht. Wohl dem, der sagen kann „als", „ehe" und „nachdem"! Es mag ihm Schlechtes widerfahren sein, oder er mag sich in Schmerzen gewunden
15 haben: sobald er imstande ist, die Ereignisse in der Reihenfolge ihres

zeitlichen Ablaufes wiederzugeben, wird ihm so wohl, als schiene ihm
die Sonne auf den Magen. Das ist es, was sich der Roman künstlich
zunutze gemacht hat: der Wanderer mag bei strömendem Regen die
Landstraße reiten oder bei zwanzig Grad Kälte mit den Füßen im
20 Schnee knirschen, dem Leser wird behaglich zumute, und das wäre
schwer zu begreifen, wenn dieser ewige Kunstgriff der Epik, mit dem
schon die Kinderfrauen ihre Kleinen beruhigen, diese bewährteste „per-
spektivische Verkürzung des Verstandes" nicht schon zum Leben selbst
gehörte. Die meisten Menschen sind im Grundverhältnis zu sich selbst
25 Erzähler. Sie lieben nicht die Lyrik, oder nur für Augenblicke, und wenn
in den Faden des Lebens auch ein wenig „weil" und „damit" hineinge-
knüpft wird, so verabscheuen sie doch alle Besinnung, die darüber hin-
ausgreift: sie lieben das ordentliche Nacheinander von Tatsachen, weil
es einer Notwendigkeit gleichsieht, und fühlen sich durch den Eindruck,
30 daß ihr Leben einen „Lauf" habe, irgendwie im Chaos geborgen. Und
Ulrich bemerkte nun, daß ihm dieses primitive Epische abhanden gekommen sei, woran das private Leben noch festhält, obwohl öffentlich
alles schon unerzählerisch geworden ist und nicht einem „Faden" mehr
folgt, sondern sich in einer unendlich verwobenen Fläche ausbreitet.

ROBERT MUSIL: DER MANN OHNE EIGENSCHAFTEN, BD. I, ROWOHLT –
ALTE RECHTSCHREIBUNG

e) **Erläutern** Sie die Funktion, die in dieser Textstelle dem Erzählen im
Leben der Menschen zugeordnet wird.

f) Die Handlung des Romans ist kurz vor Ausbruch des Ersten Weltkrieges angesiedelt. – **Diskutieren** Sie unter diesem historischen Gesichts-
punkt, warum dem ständig reflektierenden und analysierenden Protagonisten Ulrich „dieses primitive Epische" abhanden gekommen ist.

g) **Listen** Sie in Form einer Aufzählung all jene Ereignisse **auf,** die den
roten Faden Ihres Lebens bilden. **Präsentieren** Sie Ihren geordneten
Lebenslauf – so er Ihnen nicht zu persönlich erscheint – vor der Klasse.

5. Das epische Theater

Bertolt Brecht
DAS EPISCHE THEATER (Auszüge, 1936)

Die Bühne begann zu erzählen. Nicht mehr fehlte mit der vierten Wand
zugleich der Erzähler. Nicht nur der Hintergrund nahm Stellung zu
den Vorgängen auf der Bühne, indem er auf großen Tafeln gleichzeitige
andere Vorgänge an anderen Orten in die Erinnerung rief, Aussprüche
5 von Personen durch projizierte Dokumente belegte oder widerlegte, zu
abstrakten Gesprächen sinnlich faßbare, konkrete Zahlen lieferte, zu
plastischen, aber in ihrem Sinn undeutlichen Vorgängen Zahlen und
Sätze zur Verfügung stellte – auch die Schauspieler vollzogen die Verwandlung nicht vollständig, sondern hielten Abstand zu der von ihnen
10 dargestellten Figur, ja forderten deutlich zur Kritik auf.

Von keiner Seite wurde es dem Zuschauer weiterhin ermöglicht, durch
einfache Einfühlung in dramatische Personen sich kritiklos (und praktisch folgenlos) Erlebnissen hinzugeben. Die Darstellung setzte die
Stoffe und Vorgänge einem Entfremdungsprozeß aus. Es war die Ent-
15 fremdung, welche nötig ist, damit verstanden werden kann. Bei allem
‚Selbstverständlichen' wird auf das Verstehen einfach verzichtet. [...]

BERTOLT BRECHT,
deutscher Dramatiker und
Lyriker (1898–1956)

Der Zuschauer des dramatischen Theaters sagt: Ja, das habe ich auch schon gefühlt. – So bin ich. – Das ist natürlich. – Das wird immer so sein. – Das Leid dieses Menschen erschüttert mich, weil es keinen Aus-
20 weg für ihn gibt. – Das ist große Kunst: da ist alles selbstverständlich. – Ich weine mit den Weinenden, ich lache mit den Lachenden.

Der Zuschauer des epischen Theaters sagt: Das hätte ich nicht gedacht. – So darf man es nicht machen. – Das ist höchst auffällig, fast nicht zu glauben. – Das muß aufhören. – Das Leid dieses Menschen erschüt-
25 tert mich, weil es doch einen Ausweg für ihn gäbe. – Ich lache mit den Weinenden, ich weine über den Lachenden.

IN: BERTOLT BRECHT: SCHRIFTEN ZUM THEATER 3, SUHRKAMP –
ALTE RECHTSCHREIBUNG

a) **Geben** Sie in eigenen Worten **wieder,** was BERTOLT BRECHT unter dem „epischen Theater" versteht.

b) **Erläutern** Sie anhand einzelner Textpassagen den Umgang mit Medien bzw. dem Medium Theater, den BERTOLT BRECHT schon damals fordert.

c) **Diskutieren** Sie in der Klasse, welches Medienkonsumverhalten in der Klasse überwiegt: Der/Die Konsument/in geht auf kritische Distanz zum Gesehenen oder er/sie gibt sich der Illusion und angebotenen Identifikation mit den Hauptpersonen hin.

6. „Die Dreigroschenoper"

BERTOLT BRECHT verfasst „Die Dreigroschenoper" auf Basis von ELISA-BETH HAUSMANNS aus dem Englischen übersetzter „Beggar's Opera" (1728) von JOHN GAY (1685–1732). Sie wird 1928 mit großem Erfolg uraufgeführt.

Passend zur beginnenden Wirtschaftskrise Ende der 1920er-Jahre dreht sich die Handlung um Armut und organisierte Kleinkriminalität. Der Bettlerkönig Peachum ist Inhaber der Firma „Bettlers Freund". Macheath, auch Mackie Messer genannt, ist der berüchtigte Anführer einer Diebes-bande und bestens mit Brown, dem obersten Polizeichef von London, bekannt.

Die Dreigroschenoper am Theater an der Wien 2015/16: Tobias Moretti (Macheath/Mackie Messer), Nina Bernsteiner (Polly)

Mackie Messer heiratet heimlich Peachums Tochter Polly, was den Schwiegervater Peachum verärgert – er hatte andere Pläne für seine Tochter. Peachum versucht Mackie Messer loszuwerden, indem er immer wieder Brown auf ihn hetzt. Das erste Mal kann der Gauner flüchten, das zweite Mal aber nicht. Kurz bevor man ihn hängt, wird Mackie aber von der Königin begnadigt und in den Adelsstand gehoben.

Bertolt Brecht
DIE DREIGROSCHENOPER (1928)

Erster Akt, 1

PEACHUM: Also, Lizenzen werden nur an Professionals verliehen. *Zeigt geschäftsmäßig einen Stadtplan.* London ist eingeteilt in vierzehn Distrikte. Jeder Mann, der in einem davon das Bettlerhandwerk auszuüben
5 gedenkt, braucht eine Lizenz von Jonathan Jeremiah Peachum & Co. Ja, da könnte jeder kommen – eine Beute seiner Triebe.

FILCH: Herr Peachum, wenige Schillinge trennen mich vom völligen Ruin. Es muß etwas geschehen, mit zwei Schillingen in der Hand ...

PEACHUM: Zwanzig Schillinge.

10 FILCH: Herr Peachum! *Zeigt flehend auf ein Plakat, auf dem steht: „Ver-schließt euer Ohr nicht dem Elend!" Peachum zeigt auf den Vorhang vor einem Schaukasten, auf dem steht: „Gib, so wird dir gegeben!"*

FILCH: Zehn Schillinge.

PEACHUM: Und fünfzig Prozent bei wöchentlicher Abrechnung. Mit
15 Ausstattung siebzig Prozent.

FILCH: Bitte, worin besteht denn die Ausstattung?

PEACHUM: Das bestimmt die Firma.

FILCH: In welchem Distrikt könnte ich denn da antreten?

PEACHUM: Baker Street 2-104. Da ist es sogar billiger. Da sind es nur
20 fünfzig Prozent mit Ausstattung.

FILCH: Bitte sehr. *Er bezahlt.*

PEACHUM: Ihr Name?

FILCH: Charles Filch.

PEACHUM: Stimmt. *Schreit:* Frau Peachum! *Frau Peachum kommt.* Das
25 ist Filch. Nummer dreihundertvierzehn. Distrikt Baker Street. Ich trage selbst ein. Natürlich, jetzt gerade vor der Krönungsfeierlichkeit wollen Sie eingestellt werden: die einzige Zeit in einem Menschenalter, wo eine Kleinigkeit herauszuholen wäre. Ausstattung C. *Er öffnet den Leinenvor-hang vor einem Schaukasten, in dem fünf Wachspuppen stehen.*

30 FILCH: Was ist das?

PEACHUM: Das sind die fünf Grundtypen des Elends, die geeignet sind, das menschliche Herz zu rühren. Der Anblick solcher Typen versetzt den Menschen in jenen unnatürlichen Zustand, in welchem er bereit ist, Geld herzugeben.
35 Ausstattung A: Opfer des Verkehrsfortschritts. Der muntere Lahme, im-mer heiter – *er macht ihn vor –,* immer sorglos, verschärft durch einen Armstumpf.
Ausstattung B: Opfer der Kriegskunst. Der lästige Zitterer, belästigt die Passanten, arbeitet mit Ekelwirkung – *er macht ihn vor –,* gemildert
40 durch Ehrenzeichen.
Ausstattung C: Opfer des industriellen Aufschwungs. Der bejammerns-werte Blinde oder die Hohe Schule der Bettelkunst.
Er macht ihn vor, indem er auf Filch zuwankt. Im Moment, wo er an Filch anstößt, schreit dieser entsetzt auf. Peachum hält sofort ein, mustert ihn
45 *erstaunt und brüllt plötzlich:* Er hat Mitleid! Sie werden in einem Men-schenleben kein Bettler! So was taugt höchstens zum Passanten! Also Ausstattung D!

a) **Beschreiben** Sie das Vorgehen der Firma „Bettlers Freund" von Jonathan Jeremiah Peachum & Co., um das Betteln zu „kapitalisieren".

b) **Diskutieren** Sie, warum Bettlerkönig wie Bettler in der Dreigroschen-oper kein Mitleid haben dürfen.

Monument von BERTOLT BRECHT in Berlin-Mitte

Dritter Akt, 9

Gang zum Galgen

Alle ab durch Türe links. Diese Türen sind in den Projektionsflächen. Dann kommen auf der anderen Seite von der Bühne alle mit Windlichter wieder
5 *herein. Wenn Macheath oben auf dem Galgen steht, spricht*

PEACHUM: Verehrtes Publikum, wir sind soweit
    Und Herr Macheath wird aufgehängt
    Denn in der ganzen Christenheit
    Da wird dem Menschen nichts geschenkt.

10   Damit ihr aber nun nicht denkt
    Das wird von uns auch mitgemacht
    Wird Herr Macheath nicht aufgehängt
    Sondern wir haben uns einen anderen Schluß ausgedacht.

    Damit ihr wenigstens in der Oper seht
15   Wie einmal Gnade vor Recht ergeht.
    Und darum wird, weil wir's gut mit euch meinen
    Jetzt der reitende Bote des Königs erscheinen.

Auf den Tafeln steht:
Drittes Dreigroschen-Finale
20 **AUFTAUCHEN DES REITENDEN BOTEN**

CHOR: Horch, wer kommt! Des Königs reitender Bote kommt!

Hoch zu Roß erscheint Brown als reitender Bote.

BROWN: Anläßlich ihrer Krönung befiehlt die Königin, daß der Captain Macheath sofort freigelassen wird. *Alle jubeln.* Gleichzeitig wird er hier
25 mit in den erblichen Adelsstand erhoben – *Jubel* – und ihm das Schloß Marmarel sowie eine Rente von zehntausend Pfund bis zu seinem Lebensende überreicht. Den anwesenden Brautpaaren läßt die Königin ihre königlichen Glückwünsche übersenden. [...]

POLLY: Gerettet, mein lieber Mackie ist gerettet. Ich bin sehr glücklich.

30 FRAU PEACHUM: So wendet alles sich am End zum Glück. So leicht und friedlich wäre unser Leben, wenn die reitenden Boten des Königs immer kämen.

PEACHUM: Darum bleibt alle stehen, wo ihr steht, und singt den Choral der Ärmsten der Armen, deren schwieriges Leben ihr heute dargestellt
35 habt, denn in Wirklichkeit ist gerade ihr Ende schlimm. Die reitenden Boten des Königs kommen sehr selten, wenn die Getretenen widergetreten haben. Darum sollte man das Unrecht nicht zu sehr verfolgen.

ALLE *singen zur Orgel nach vorne gehend:*
Verfolgt das Unrecht nicht zu sehr, in Bälde
40 Erfriert es schon von selbst, denn es ist kalt.
Bedenkt das Dunkel und die große Kälte
In diesem Tale, das von Jammer schallt.

BERTOLT BRECHT: DIE DREIGROSCHENOPER, SUHRKAMP – ALTE RECHTSCHREIBUNG

c) **Beschreiben** Sie die spezifischen Elemente des epischen Theaters, die in oben angeführter Textstelle zutage treten.

d) Macheath wird am Ende des Stückes begnadigt, erhält zum Geschenk ein Schloss und eine hohe Rente. – **Deuten** Sie das Ende des Stückes vor allem unter Berücksichtigung der Aspekte des epischen Theaters.

Prosa nach 1945

Einblicke in die erzählende Literatur nach 1945

Ich versuche, die Sprache selbst zu zwingen, die Wahrheit zu sagen, sozusagen die Wahrheit hinter sich selbst, wo sie versucht, sich zu verstecken. Die Sprache lügt ja, wo man sie lässt.

ELFRIEDE JELINEK

Nach 1945

⚠️ Die österreichische Prosa-Literatur der Gegenwart in ihrer Gesamtheit darzustellen, ist auf begrenztem Raum unmöglich, da das vorliegende Material zu umfangreich und vielfältig ist.
Somit **versteht sich die folgende Auswahl an Autorinnen und Autoren sowie Werken als punktuell,** da der Gesamtheit der Texte, Stile und Formen niemals Rechnung getragen werden kann.

In der Tat brauchen wir nur dort fortzusetzen, wo uns die Träume eines Irren unterbrochen haben, in der Tat brauchen wir nicht voraus-, sondern zurückblicken [...] wir sind, im besten und wertvollsten Verstande, unsere Vergangenheit.

ALEXANDER LERNET-HOLENIA

1 Prosa nach 1945   WERKZEUG

Lassen sich in den ersten Jahrzehnten nach 1945 zeitlich noch einigermaßen gut abgrenzbare Entwicklungslinien der Literatur erkennen, so ist die jüngere Vergangenheit nur schwer fassbar. Deshalb wird der Versuch unternommen, anhand der Werke von einzelnen Autorinnen und Autoren, anhand unterschiedlicher Genres oder auch behandelter Themen einen Überblick über dieses Text-Universum zu geben.

Die weiter unten angeführten **literarischen Blitzlichter** sollen die Aufmerksamkeit auf so manchen Text lenken und zu weiterer Lektüre und Auseinandersetzung mit thematisch ähnlichen oder zeitlich nahen Texten anregen.

Weitermachen wie bisher? Kein Problem!

Nicht allen war klar, dass nach dem Zweiten Weltkrieg nicht so weitergeschrieben werden konnte wie davor und dass die Literatur, mit der das Erlebte dargestellt werden konnte, die Erfahrungen und Leiden des Krieges und Faschismus in Inhalt und Form reflektieren musste. Einer von ihnen war ALEXANDER LERNET-HOLENIA, der diese Geisteshaltung mit dem Zitat in der Randspalte auf den Punkt bringt.

Die Romane und Erzählungen von HEIMITO VON DODERER, die z. T. zur Zeit der Monarchie angesiedelt sind, sind im Gegensatz zur sprachexperimentellen Herangehensweise beispielsweise der Wiener Gruppe einem konventionellen Erzählen verhaftet. Neben DODERER können hier auch GEORGE SAIKO, FRANZ THEODOR CSOKOR und FRITZ HOCHWÄLDER erwähnt werden.

Das Ende des Erzählens – Neubeginn in der Literatur – Trümmerliteratur

Viele Schriftsteller/innen, die unmittelbar nach dem Zweiten Weltkrieg ihre literarische Arbeit wieder aufnahmen, wollten nicht dort fortsetzen, wo sie der Wahnsinn des Faschismus unterbrochen hatte. Der Desillusionierung durch den Krieg konnte ihrer Meinung nach nur mit einer nüchternen, ungeschminkt realistischen Darstellungsweise begegnet werden. Der Begriff **„Trümmerliteratur"** steht für diese Art der Literatur, die sich vor allem der **Kurzgeschichte** bedient, mit der das erlittene Leid realistisch und ungeschönt dargestellt werden sollte. Als Vorbild galt ERNEST HEMINGWAY.

Autoren wie HEINRICH BÖLL, WOLFGANG BORCHERT, WOLFDIETRICH SCHNURRE, ALFRED ANDERSCH und viele mehr werden mit einigen ihrer Texte der Trümmerliteratur zugeordnet. Für Österreich können hier beispielsweise ILSE AICHINGER und INGEBORG BACHMANN genannt werden.

Neue Subjektivität in den 1970ern

„Ich bin ein Bewohner des Elfenbeinturms" ist der Titel einer Sammlung von essayistischen Texten von PETER HANDKE. Der Autor spielt mit dem Titel darauf an, dass zeitgenössische Literatur sich nicht ständig politischen und gesellschaftlichen Themen widmen und sich für Besseres engagieren müsse, sondern dass die Schriftsteller/innen sich sehr wohl in ihren Elfenbeinturm des individuellen und ichbezogenen Schaffens zurückziehen dürfen.

Autorinnen und Autoren richten den Blick nach innen, lassen Emotionalität zu, binden autobiografische Elemente in ihre Texte ein und formulieren **Gesellschaftskritik aus dieser individuellen Perspektive** heraus.

Stellvertretend seien hier PETER HANDKE mit seiner Erzählung „Die Stunde der wahren Empfindung", MARTIN WALSER mit der Novelle „Ein fliehendes Pferd – Identitätskrisen, Lebenslügen" und HEINRICH BÖLL mit dem Roman „Ansichten eines Clowns" genannt.

Utopie oder Dystopie

Utopien als mögliche positive Zwischenstadien und Endpunkte kommender Zeiten wie auch Dystopien, die das Gegenteil bezeichnen, also die negative gesellschaftliche und politische Entwicklung bis hin zum endgültigen Untergang unserer Zivilisation, haben in der Literatur eine lange Tradition.

In der österreichischen Literatur der 60er-Jahre ist diesbezüglich MARLEN HAUSHOFER mit ihrem Roman „Die Wand" zu nennen, die die Vereinzelung eines Menschen aufgrund einer nicht näher ausgeführten Katastrophe darstellt. Eine ähnliche Dystopie entwirft THOMAS GLAVINIC in seinem 2006 erschienenen Roman „Die Arbeit der Nacht".

Anti-Neo-Heimat im Roman – Sozialkritik versus Heimatromantik

Das Thema „Heimat" und im gleichen Atemzuge die Kritik daran ist vielen literarischen Texten nach dem Zweiten Weltkrieg immanent. Der ländliche Raum mit seinen harten sozialen Strukturen sowie die das Alltagsleben nach wie vor sehr stark beeinflussende katholische Kirche bilden meist die Folie für die individuellen Leidensgeschichten der fiktiven bzw. als autobiografisch ausgewiesenen Protagonistinnen und Protagonisten.

Das Ausloten der Grenzen von Literatur und Sprache

An PETER HANDKE, THOMAS BERNHARD und ELFRIEDE JELINEK kommt nicht vorbei, wer sich mit österreichischer Literatur der jüngeren Vergangenheit beschäftigt. Neben ihrem umfangreichen Werk begründet sich ihre Bedeutung vor allem auch in der je eigenen Programmatik, die ihrem dichterischen Schaffen zugrunde liegt.

Alle drei erkunden in ihren Werken auf unterschiedliche Art und Weise die **Grenzen der Sprache,** erarbeiten sich ein anderes, vom Neo-Realismus abgewandtes Erzählen. Diese neue Subjektivität ist vor allem auch dann in ihren Texten zu spüren, wenn die Protagonistinnen/Protagonisten das Wahrgenommene mit den Mitteln der Sprache modifizieren wie auch reflektieren.

Auch FRANZOBEL (FRANZ STEFAN GRIEBL) ist in den meisten seiner Texte, im Besonderen aber in seinen Prosatexten („Krautflut", „Hundshirn", „Das Fest der Steine") sprachlichen wie auch inhaltlichen Experimenten verpflichtet.

MICHAEL KÖHLMEIER nimmt einen besonderen Platz innerhalb der literarischen Szene ein. Einerseits gilt er als großer Nacherzähler von bekannten Stoffen und Werken der Weltliteratur (Bibel, klassische Sagen des Altertums, Nibelungen, ausgewählte Dramen von WILLIAM SHAKESPEARE etc.), andererseits als einer der vielseitigsten österreichischen Autoren (Romane, Erzählungen, Hörspiele, Drehbücher etc.).

ROBERT MENASSE sei hier einerseits als Meister des (politischen) Essays („Das Land ohne Eigenschaften") angeführt, andererseits ist der 2017 erschienene Roman „Die Hauptstadt" zu erwähnen, der als erster EU-Roman gilt und die Brüsseler Beamtenschaft aus ihrer Innenperspektive heraus satirisch darstellt.

Auf frischer Tat ertappt oder zu Tode gefürchtet: Krimis und Thriller

Wichtige Wegbereiter des Genres Kriminalroman sind FRIEDRICH SCHILLER mit „Der Verbrecher aus verlorener Ehre", E. T. A. HOFFMANN mit „Das Fräulein von Scuderi" oder FRIEDRICH GLAUSER mit seinen Wachtmeister-Studer-Romanen.

Bekannte **österreichische Thriller- bzw. Krimi-Autoren** sind unter anderen BERNHARD AICHER mit seiner Thriller-Trilogie „Totenfrau", „Totenhaus" und „Totenrausch", JOSEF HASLINGER mit dem Thriller „Opernball", ANDREAS GRUBER mit seiner Walter-Pulaski-Reihe (Krimis), WOLF HAAS mit seinen Brenner-Romanen (Krimis), THOMAS RAAB mit seinen Metzger-Romanen (Krimis) und EVA ROSSMANN mit ihrer Mira-Valenski-Reihe (Krimis) .

Klassiker der Utopien und Dystopien:
- THOMAS MORUS: Utopia (1516)
- ALDOUS HUXLEY: Schöne neue Welt (1932)
- GEORGE ORWELL: 1984 (1949)
- RAY BRADBURY: Fahrenheit 451 (1953)

(Anti-)Heimatromane nach 1945:
- THOMAS BERNHARD: Frost (1963), Auslöschung (1986)
- PETER HANDKE: Wunschloses Unglück (1972)
- ALOIS BRANDSTÄTTER: Zu Lasten der Briefträger (1974)
- FRANZ INNERHOFER: Schöne Tage (1974)
- GERNOT WOLFGRUBER: Herrenjahre (1976)
- VEA KAISER: Blasmusikpop (2012)
- RAPHAELA EDELBAUER: Das flüssige Land (2019)

Arbeitsaufgabe

- **Recherchieren** Sie nach weiteren noch nicht genannten österreichischen Autorinnen und Autoren und führen Sie folgende Informationen an:
  - biografische Daten
  - Werke
  - sprachliche Besonderheiten
  - Stoffe, Motive
  - Besonderheiten des literarischen Schaffens
  - etc.

Arbeitsaufgaben „Prosa nach 1945"

1. Trümmerliteratur

Text 1

Wolfgang Borchert
DAS BROT (1946)

Plötzlich wachte sie auf. Es war halb drei. Sie überlegte, warum sie aufgewacht war. Ach so! In der Küche hatte jemand gegen einen Stuhl gestoßen. Sie horchte nach der Küche. Es war still. Es war zu still, und als sie mit der Hand über das Bett neben sich fuhr, fand sie es leer.

5 Das war es, was es so besonders still gemacht hatte: sein Atem fehlte. Sie stand auf und tappte durch die dunkle Wohnung zur Küche. In der Küche trafen sie sich. Die Uhr war halb drei. Sie sah etwas Weißes am Küchenschrank stehen. Sie machte Licht. Sie standen sich im Hemd gegenüber. Nachts um halb drei. In der Küche.

10 Auf dem Küchentisch stand der Brotteller. Sie sah, dass er sich Brot abgeschnitten hatte. Das Messer lag noch neben dem Teller. Und auf der Decke lagen Brotkrümel. Wenn sie abends zu Bett gingen, machte sie immer das Tischtuch sauber. Jeden Abend. Aber nun lagen Krümel auf dem Tuch. Und das Messer lag da. Sie fühlte, wie die Kälte der Fliesen

15 langsam an ihr hoch kroch. Und sie sah von dem Teller weg.

„Ich dachte, hier wäre was", sagte er und sah in der Küche umher.

„Ich habe auch was gehört", antwortete sie, und dabei fand sie, dass er nachts im Hemd doch schon recht alt aussah. So alt wie er war. Dreiundsechzig. Tagsüber sah er manchmal jünger aus. Sie sieht doch

20 schon alt aus, dachte er, im Hemd sieht sie doch ziemlich alt aus. Aber das liegt vielleicht an den Haaren. Bei den Frauen liegt das nachts immer an den Haaren. Die machen dann auf einmal so alt. „Du hättest Schuhe anziehen sollen. So barfuß auf den kalten Fliesen. Du erkältest dich noch."

25 Sie sah ihn nicht an, weil sie nicht ertragen konnte, dass er log. Dass er log, nachdem sie neununddreißig Jahre verheiratet waren.

„Ich dachte, hier wäre was", sagte er noch einmal und sah wieder so sinnlos von einer Ecke in die andere, „ich hörte hier was. Da dachte ich, hier wäre was."

30 „Ich hab auch was gehört. Aber es war wohl nichts." Sie stellte den Teller vom Tisch und schnippte die Krümel von der Decke.

„Nein, es war wohl nichts", echote er unsicher.

Sie kam ihm zu Hilfe: „Komm man. Das war wohl draußen. Komm man zu Bett. Du erkältest dich noch. Auf den kalten Fliesen."

35 Er sah zum Fenster hin. „Ja, das muss wohl draußen gewesen sein. Ich dachte, es wäre hier."

Sie hob die Hand zum Lichtschalter. Ich muss das Licht jetzt ausmachen, sonst muss ich nach dem Teller sehen, dachte sie. Ich darf doch nicht nach dem Teller sehen. „Komm man", sagte sie und machte das

40 Licht aus, „das war wohl draußen. Die Dachrinne schlägt immer bei Wind gegen die Wand. Es war sicher die Dachrinne. Bei Wind klappert sie immer."

Sie tappten sich beide über den dunklen Korridor zum Schlafzimmer. Ihre nackten Füße platschten auf den Fußboden.

45 „Wind ist ja", meinte er, „Wind war schon die ganze Nacht."

Als sie im Bett lagen, sagte sie: „Ja. Wind war schon die ganze Nacht. Es war wohl die Dachrinne."

„Ja, ich, dachte, es wäre in der Küche. Es war wohl die Dachrinne." Er sagte das, als ob er schon halb im Schlaf wäre.

50 Aber sie merkte, wie unecht seine Stimme klang, wenn er log. „Es ist kalt", sagte sie und gähnte leise, „ich krieche unter die Decke. Gute Nacht."

„Nacht", antwortete er und noch: „Ja, kalt ist es schon ganz schön."

Dann war es still. Nach vielen Minuten hörte sie, dass er leise und
55 vorsichtig kaute. Sie atmete absichtlich tief und gleichmäßig, damit er nicht merken sollte, dass sie noch wach war. Aber sein Kauen war so regelmäßig, dass sie davon langsam einschlief.

Als er am nächsten Abend nach Hause kam, schob sie ihm vier Scheiben Brot hin. Sonst hatte er immer nur drei essen können.

60 „Du kannst ruhig vier essen", sagte sie und ging von der Lampe weg. „Ich kann dieses Brot nicht so recht vertragen. Iß du man eine mehr. Ich vertrage es nicht so gut."

Sie sah, wie er sich tief über den Teller beugte. Er sah nicht auf. In diesem Augenblick tat er ihr leid.

65 „Du kannst doch nicht nur zwei Scheiben essen", sagte er auf seinen Teller.

„Doch. Abends vertrag ich das Brot nicht gut. Iß man. Iß man."

Erst nach einer Weile setzte sie sich unter die Lampe an den Tisch.

WOLFGANG BORCHERT: DAS GESAMTWERK, ROWOHLT

a) **Weisen** Sie **nach,** dass
- es sich um eine Kurzgeschichte handelt,
- personales Erzählen und
- ein parataktischer Erzählstil vorliegen.

b) **Markieren** Sie alle Passagen, in denen die Armut der beiden zutage tritt.

c) **Charakterisieren** Sie die Protagonisten, analysieren Sie das im Text vorliegende Rollenverständnis und die Beziehung der beiden zueinander.

d) **Deuten** Sie, warum der Autor das Brot ins Zentrum seiner Kurzgeschichte stellt, um die Armut der Nachkriegszeit darzustellen.

Text 2

Helmut Heißenbüttel
KALKULATION ÜBER WAS ALLE GEWUSST HABEN (1965)

natürlich haben alle was gewußt der eine dies und der andere das aber niemand mehr als das und es hätte schon jemand sich noch mehr zusammenfragen müssen wenn er das gekonnt hätte aber das war schwer weil jeder immer nur an der oder der Stelle dies oder das zu
5 hören kriegte heute weiß es jeder weil jeder es weiß aber da nützt es nichts mehr weil jeder es weiß heute bedeutet es nichts mehr als daß es damals etwas bedeutet hat als jeder nicht alles sondern nur dies oder das zu hören kriegte usw.

einige haben natürlich etwas mehr gewußt das waren die die sich bereit
10 erklärt hatten mitzumachen und die auch insofern mitmachten als sie

halfen die andern zu Mitmachern zu machen mit Gewalt oder mit
Versprechungen denn wer geholfen hat hat natürlich auch was wissen
müssen es hat zwar vor allen verheimlicht werden können aber nicht
ganz vor allen usw.

15 und dann gab es natürlich welche die schon eine ganze Menge wußten
die mittlere Garnitur die auf dem einen oder dem anderen Sektor was
zu sagen hatten da haben sie zwar nur etwas verwalten können was
organisiert war denen waren gewisse Einzelheiten bekannt sie hätten
sich vielleicht auch das Ganze zusammenreimen können oder haben
20 es vielleicht sogar getan aber sie trauten sich nicht und vor allem fehlte
ihnen eins und das war der springende Punkt was sie hätten wissen
müssen wenn sie wirklich usw.

die da oben wußten natürlich das meiste auch untereinander denn
wenn sie nichts voneinander gewußt hätten hätten sie es nicht machen
25 können und es hätte gar nichts geklappt denn soetwas mußte funktionieren und was nicht und wo einer nicht funktionierte da mußte er
erledigt werden wie sich schon gleich zu Anfang und noch deutlicher
später gegen Ende gezeigt hat usw.

und natürlich wußten die paar die fast alles wußten auch schon fast
30 alles und wie es funktionierte und wie durch Mitwissen Mitwisser und
Mitwisser zu Mittätern Mittäter zu Übelwissern Übelwissen zu Übeltätern usw. denn die fast alles wußten waren so mächtig daß sie fast
alles tun konnten auch Mitwisser zu Mittätern Mittäter zu Übelwissern
Übelwisser zu Übeltätern usw. die haben es schon gewußt und weil
35 sie es gewußt haben sind sie bei der Stange geblieben denn es war
ihre Angelegenheit usw. und weil man sagen kann daß die es schon
gewußt haben sagt man heute oft daß die es waren die dies aber das
das stimmt nicht völlig denn sie haben nicht gewußt obs auch funktioniert und das denn das hat natürlich nur ein einziger gewußt aber
40 wenn er gewußt hat den springenden Punkt sozusagen daß es auch
funktioniert und daß es weils funktioniert auch passiert und das ist ja
auch genau passiert usw. das was alle gewußt haben das hat er natürlich nicht gewußt denn das konnte er nicht wissen er hatte ja keine
Ahnung davon was alle dachten und sich überlegten usw. aber gerade
45 daran lag es schließlich daß es funktionierte daß alle was gewußt haben
aber nur einer obs funktionierte aber nicht wußte daß es nur deshalb
funktionierte weil er nicht wußte was alle wußten usw. die etwas mehr
wußten konnten nichts machen ohne die die etwas wußten die schon
eine ganze Menge wußten konnten nichts machen ohne die die etwas
50 mehr wußten die fast alles wußten konnten nichts machen ohne die die
schon eine ganze Menge wußten usw. aber weil alle bis auf den einen
nicht wußten, obs auch wirklich funktionierte konnten sie nichts machen ohne den der schon wußte daß es funktionierte aber nicht wußte
was alle wußten nämlich daß sie nicht wußten obs auch funktionierte

55 und so hat das funktioniert

HELMUT HEISSENBÜTTEL: DAS TEXTBUCH, WALTER –
ALTE RECHTSCHREIBUNG

a) **Geben** Sie den Inhalt und die Thematik des Textes **wieder.**

b) Unterstreichen Sie im Text alle Nomen und **untersuchen** Sie, was sie in
erster Linie bezeichnen und wie häufig diese Wortart vorkommt.

c) „Man soll die Dinge beim Namen nennen." – **Diskutieren** Sie, warum
die Verbrechen des Nationalsozialismus, im Speziellen das Grauen der
Konzentrationslager, im Text nicht direkt angesprochen werden.

d) Diskutieren Sie, warum der Autor generell auf die Interpunktion verzichtet.

e) Erörtern Sie die Wirkung, die sich durch die fehlende Interpunktion ergibt.

f) Üben Sie den Vortrag des Textes, indem Sie ihn nach Ihrem Belieben segmentieren. **Präsentieren** Sie Ihre Version im Plenum.

Text 3

ILSE AICHINGERS Roman „Die größere Hoffnung" handelt von jüdischen Kindern in Wien, die während der Zeit des Nationalsozialismus in der ständigen Angst leben, in ein Konzentrationslager deportiert zu werden, da ihre Großeltern den „Nachweis" nicht erbringen können. Das junge Mädchen Ella steht im Zentrum des Geschehens, sie wird am Ende im Gegensatz zu ihren Spielkameradinnen und -kameraden nicht deportiert, stirbt aber aufgrund einer Granatenexplosion.

Im Kapitel „Das heilige Land" und der folgenden Textstelle spielen die Kinder auf einem Friedhof Verstecken, da es ihnen aufgrund ihrer jüdischen Abstammung verboten ist, im Stadtpark zu spielen.

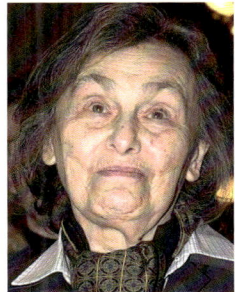

ILSE AICHINGER, österreichische Schriftstellerin (1921–2016)

Ilse Aichinger
DIE GRÖSSERE HOFFNUNG (1948)

Das heilige Land

Wer den Nachweis nicht bringen kann, ist verloren, wer den Nachweis nicht bringen kann, ist ausgeliefert. Wohin sollen wir gehen? Wer gibt uns den großen Nachweis? Wer hilft uns zu uns selbst?

5 Unsere Großeltern haben versagt: Unsere Großeltern bürgen nicht für uns. Unsere Großeltern sind uns zur Schuld geworden. Schuld ist, daß wir da sind, Schuld ist, daß wir wachsen von Nacht zu Nacht. Vergebt uns diese Schuld.

Vergebt uns die roten Wangen und die weißen Stirnen, vergebt uns uns
10 selbst. Sind wir nicht Gaben aus einer Hand, Feuer aus einem Funken und Schuld aus einem Frevel? Schuld sind die Alten an uns, die Älteren an den Alten und die Ältesten an den Älteren. Ist es nicht wie der Weg an den Horizont? Wo geht sie zu Ende, die Straße dieser Schuld, wo hört sie auf? Wißt ihr es?

15 Wo erwachen die Gewesenen? Wo heben sie die Köpfe aus den Gräbern und zeugen für uns? Wo schütteln sie die Erde von den Leibern und schwören, daß wir wir sind? Wo endet das Hohngelächter?

Hundert Jahre zurück, zweihundert Jahre zurück, dreihundert Jahre zurück? Nennt ihr das den großen Nachweis? Zählt weiter! Tausend
20 Jahre, zweitausend Jahre, dreitausend Jahre. Bis dorthin, wo Kain für Abel und Abel für Kain bürgt, bis dorthin, wo euch schwindlig wird, bis dorthin, wo ihr zu morden beginnt, weil auch ihr nicht mehr weiter wißt. Weil auch ihr nicht verbürgt seid. Weil auch ihr nur Zeugen seid des strömenden Blutes. Wo treffen wir uns wieder, wo wird das Gezeug-
25 te bezeugt? Wo wird der große Nachweis für uns alle an den Himmel geschrieben? Das ist dort, wo die geschmolzenen Glocken Anfang und Ende zugleich läuten, das ist dort, wo die Sekunden enthüllt sind, das kann doch nur dort sein, wo endlich alles blau wird. Wo der letzte Abschied zu Ende ist und das Wiedersehen beginnt. Wo der letzte Friedhof
30 zu Ende geht und die Felder beginnen. Wenn ihr uns verboten habt, im Stadtpark zu spielen, so spielen wir auf dem Friedhof. Wenn ihr uns

verboten habt, auf den Bänken zu rasten, so rasten wir auf den Gräbern. Und wenn ihr uns verboten habt, das Kommende zu erwarten: Wir erwarten es doch.

35 Eins, zwei, drei, abgepaßt, wir spielen Verstecken. Wer sich gefunden hat, ist freigesprochen. Dort, der weiße Stein! Da wird der Raum zur Zuflucht.

Da sind die freien Vögel nicht mehr vogelfrei. Eins, zwei, drei, abgepaßt, die Toten spielen mit. Hört ihr's? Habt ihr's gehört? Weist uns nach,
40 steht auf, hebt die Hände und schwört, daß ihr lebt und für uns bürgt! Schwört, daß wir lebendig sind wie alle andern. Schwört, daß wir Hunger haben!

„Nein, Leon, das gibt es nicht. Du schwindelst, du schaust durch die Finger! Und du siehst, wohin wir laufen!“

45 „Ich sehe, wohin ihr lauft“, wiederholte Leon leise, „ich sehe durch die Finger. Und ich sehe euch zwischen den Gräbern verschwinden, jawohl, das sehe ich. Und dann sehe ich nichts mehr. Lauft jetzt nicht weg!“ rief er beschwörend. „Bleiben wir beisammen! Es wird bald finster sein.“

„Spielt weiter! In einer Stunde wird der Friedhof gesperrt. Nutzen wir
50 die Zeit!“

„Gebt acht, daß ihr euch wiederfindet“, schrie Leon außer sich, „gebt acht, daß ihr nicht irrtümlich begraben werdet, ihr!“

„Wenn du so laut bist, wirft uns der Wächter hinaus und wir haben den letzten Spielplatz verloren!“

55 „Gebt acht, daß man euch nicht mit den Toten verwechselt!“

„Du bist verrückt, Leon!“

„Wenn ihr euch jetzt versteckt, so könnte es sein, daß ich euch nicht mehr finde. Ich gehe zwischen den Gräbern und rufe eure Namen, ich schreie und stampfe mit dem Fuß, aber ihr meldet euch nicht. Plötz-
60 lich ist es kein Spiel mehr. Die Blätter rascheln, aber ich verstehe nicht, was sie mir sagen wollen, die wilden Sträucher beugen sich über mich und streifen mein Haar, aber sie können mich nicht trösten. Von der Aufbahrungshalle kommt der Wächter gelaufen und packt mich am Kragen. Wen suchst du? Ich suche die andern! Welche andern? Die mit
65 mir gespielt haben. Und was habt ihr gespielt? Verstecken. Das kommt davon! Der Wächter starrt mir ins Gesicht. Plötzlich beginnt er zu lachen. Warum lachen Sie? Wo sind meine Freunde? Wo sind die andern? Die andern gibt es nicht. Sie haben sich in den Gräbern versteckt und sind begraben worden. Sie haben den großen Nachweis nicht gebracht,
70 aber das ist lange her.

Warum habt ihr Verstecken gespielt? Warum spielt ihr Verstecken, solange ihr lebt? Warum sucht ihr euch erst auf den Friedhöfen? Geh! Lauf weg von hier, das Tor wird gesperrt! Die andern gibt es nicht. Der Wächter droht mir. Er hat ein böses Gesicht. Geh! Ich gehe nicht. So
75 gehörst du zu ihnen? So bist auch du nicht nachgewiesen? So gibt es auch dich nicht. Der Wächter ist plötzlich verschwunden. Der weiße Weg wird schwarz. Links und rechts sind Gräber, Gräber ohne Namen. Gräber, von Kindern. Es gibt uns nicht mehr. Wir sind gestorben und niemand hat uns nachgewiesen!“

Ilse Aichinger: Die grössere Hoffnung, Fischer —
alte Rechtschreibung

a) ILSE AICHINGER wählt für die jüdischen Kinder, denen die Deportation ins Konzentrationslager droht, als Ort ihres Versteckspiels einen Friedhof. – **Gestalten** Sie nach mehrmaliger Lektüre der Textstelle ein Assoziogramm aus den Begriffen „Verfolgung, Friedhof, Tod, Versteckspielen" und finden Sie so viele Parallelisierungen wie möglich.

b) **Untersuchen** Sie die in der Textstelle verwendete Sprache hinsichtlich der verwendeten Stilebenen und des Wortschatzes.

c) In der Textstelle kommen die Begriffe Ariernachweis, Konzentrationslager, Deportation nicht vor. – **Deuten** Sie, warum die Autorin diese konkreten Bezeichnungen vermeidet.

2. Neue Subjektivität – neue Spielformen des Erzählens?

Text 1

PETER HANDKE beschreitet mit seinen Werken vielfach Wege, die im literarisch-methodischen Sinne neu sind und die sich oftmals einer einfachen dem Realismus frönenden Lesart entziehen. Im Folgenden finden Sie Ausschnitte aus seinem programmatischen Essay „Ich bin ein Bewohner des Elfenbeinturms":

Peter Handke
ICH BIN EIN BEWOHNER DES ELFENBEINTURMS (1972)

Literatur ist für mich lange Zeit das Mittel gewesen, über mich selber, wenn nicht klar, so doch klarer zu werden. Sie hat mir geholfen zu erkennen, daß ich da war, daß ich auf der Welt war. Ich war zwar schon zu Selbstbewußtsein gekommen, bevor ich mich mit der Literatur beschäf-
5   tigte, aber erst die Literatur zeigte mir, daß dieses Selbstbewußtsein kein Einzelfall, kein Fall, keine Krankheit war. [...]

Seit ich erkannt habe, worum es mir, als Leser wie auch als Autor, in der Literatur geht, bin ich auch gegenüber der Literatur, die ja wohl zur Wirklichkeit gehört, aufmerksam und kritisch geworden. Ich erwarte
10 von einem literarischen Werk eine Neuigkeit für mich, etwas, das mich, wenn auch geringfügig, ändert, etwas, das mir eine noch nicht gedachte, noch nicht bewußte *Möglichkeit* der Wirklichkeit bewußt macht, eine neue Möglichkeit zu sehen, zu sprechen, zu denken, zu existieren. Seitdem ich erkannt habe, daß ich selber mich durch die Literatur habe
15 ändern können, daß mich die Literatur zu einem andern gemacht hat, erwarte ich immer wieder von der Literatur eine neue Möglichkeit, mich zu ändern, weil ich mich nicht für schon endgültig halte. Ich erwarte von der Literatur ein Zerbrechen aller endgültig scheinenden Weltbilder. [...]

Jetzt, als Autor wie als Leser, genügen mir die bekannten Möglichkeiten,
20 die Welt darzustellen, nicht mehr. Eine Möglichkeit besteht für mich jeweils nur einmal. Die Nachahmung dieser Möglichkeit ist dann schon unmöglich. Ein Modell der Darstellung, ein zweites Mal angewendet, ergibt keine Neuigkeit mehr, höchstens eine Variation. Ein Darstellungsmodell, beim ersten Mal auf die Wirklichkeit angewendet, kann realis-
25 tisch sein, beim zweiten Mal schon ist es eine Manier, ist irreal, auch wenn es sich wieder als realistisch bezeichnen mag.

Es zeigt sich ja überhaupt, daß eine künstlerische Methode durch die wiederholte Anwendung im Lauf der Zeit immer weiter herabkommt und schließlich in der Trivialkunst, im Kunstgewerbe, im Werbe- und
30 Kommunikationswesen völlig automatisiert wird. [...] Wenn die Methode so sehr abgebraucht, das heißt *natürlich* geworden ist, daß mit ihr das Trivialste, das allseits Bekannte – nur neu „formuliert" – wieder

gesagt werden kann, dann ist sie zur Manier geworden, ja, sie ist sogar dann schon zur Manier geworden, wenn durch sie auch nur ein Sach-

35 verhalt, der für die Gesellschaft schon eine geklärte (auch ungeklärte) festgesetzte *Bedeutung* hatte, in dieser Bedeutung wiederholt wird. Die Methode müßte alles bisher Geklärte wieder in Frage stellen, sie müßte zeigen, daß es noch eine Möglichkeit der Darstellung der Wirklichkeit gibt, nein, daß es noch eine Möglichkeit *gab*: denn diese Möglichkeit ist

40 dadurch, daß sie gezeigt wurde, auch schon verbraucht worden. Es geht jetzt nicht darum, diese Möglichkeit nachzuahmen, sondern, mit dieser Möglichkeit bekannt gemacht, als Leser bewußter zu leben und als Autor nach einer anderen Möglichkeit zu suchen. So geht es mir nicht darum, unmethodisch aus dem Leben zu schöpfen, sondern Methoden

45 zu finden. Geschichten schreibt das Leben bekanntlich am besten, nur daß es nicht schreiben kann. [...]

So scheint mir die Methode des Realismus, wie sie im Augenblick noch immer im Schwang ist, verbraucht zu sein. Eine normative Auffassung von den *Aufgaben* der Literatur verlangt außerdem in recht unbestimm-

50 ten, unklaren Formeln, daß die Literatur die ‚Wirklichkeit' zeigen solle, wobei diese Auffassung jedoch als Wirklichkeit die konkrete gesellschaftliche Wirklichkeit jetzt, an diesem Ort, in diesem Staat meint. Sie verlangt: wahrhaftig: *verlangt,* eine Darstellung dieser politischen Wirklichkeit, sie verlangt, daß ‚Dinge beim Namen genannt werden', sie

55 verlangt dazu eine Geschichte mit handelnden oder nicht handelnden Personen, deren soziale Bedingungen möglichst vollständig aufgezählt werden. Sie verlangt konkrete gesellschaftliche Daten, um dem Autor Bewältigung der Wirklichkeit attestieren zu können. [...]

Dieser Auffassung von der Wirklichkeit geht es um eine sehr einfache,

60 aufzählbare, datierbare, pauschale Wirklichkeit. Sie hält es mit der Genauigkeit der Daten, die die Dinge stumpf beim Namen nennen, aber nicht mit der Genauigkeit der subjektiven Reflexe und Reflexionen auf diese Daten. Sie übersieht den Zwiespalt zwischen der subjektiv, willkürlich erfundenen Geschichte, die sie von der Literatur immer noch

65 erwartet, und der dieser erfundenen Geschichte notwendig angepaßten, damit schon verzerrt gezeigten gesellschaftlichen Wirklichkeit. Sie übersieht, daß es in der Literatur nicht darum gehen kann, politisch bedeutungsgeladene Dinge beim Namen zu nennen, sondern vielmehr von ihnen zu abstrahieren. [...]

70 Schon wieder bin ich sehr abstrakt gewesen, habe es versäumt, die Methoden zu nennen, mit denen ich arbeite (ich kann nur von meinen Methoden reden). Zuallererst geht es mir um die Methode. Ich habe keine Themen, über die ich schreiben möchte, ich habe nur ein Thema: Über mich selbst klar, klarer zu werden, mich kennenzulernen oder nicht

75 kennenzulernen, zu lernen, was ich falsch mache, was ich falsch denke, was ich unbedacht denke, was ich unbedacht spreche, was ich automatisch spreche, was auch andere unbedacht tun, denken, sprechen: aufmerksam zu werden und aufmerksam zu machen: sensibler, empfindlicher, genauer zu machen und zu werden, damit ich und andere auch

80 genauer und sensibler existieren können, damit ich mich mit anderen besser verständigen und besser mit ihnen umgehen kann. Ein engagierter Autor kann ich nicht sein, weil ich keine politische Alternative weiß zu dem, was ist, hier und woanders, (höchstens eine anarchistische). Ich weiß nicht, was sein soll. Ich kenne nur konkrete Einzelheiten, die

85 ich anders wünsche, ich kann nichts ganz anderes, Abstraktes, nennen. Im übrigen interessiert es mich als Autor auch nicht so sehr. [...]

So wählte ich die Methode, auf unbewußte literarische Schemata
aufmerksam zu machen, damit die Schemata wieder unliterarisch
und bewußt würden. Es ging mir nicht darum Klischees zu ‚entlarven'
(die bemerkt jeder halbwegs sensible Mensch), sondern mit Hilfe der
Klischees von der Wirklichkeit zu neuen Ergebnissen über die (meine)
Wirklichkeit zu kommen: eine schon automatisch reproduzierte Methode wieder produktiv zu machen. Bei der nächsten Arbeit freilich wird
eine andere Methode nötig sein.

PETER HANDKE: ICH BIN EIN BEWOHNER DES ELFENBEINTURMS,
SUHRKAMP – ALTE RECHTSCHREIBUNG

a) Geben Sie **wieder,** worum es PETER HANDKE in seinem literarischen
Schaffen in erster Linie geht.

b) Fassen Sie HANDKES Kritikpunkte an einer herkömmlichen realistischen
Erzählweise **zusammen.**

c) Erschließen Sie, was HANDKE unter einer engagierten Literatur versteht
und warum er kein engagierter Schriftsteller sein kann.

Text 2

Hans Schnier, 27 Jahre alt und von Beruf Clown, ist in HEINRICH BÖLLS
Roman „Ansichten eines Clowns" der Antiheld in einer Gesellschaft, die
nichts weiter will, als nach dem Zweiten Weltkrieg wieder zur Normali-
tät zurückzukehren. Die Handlung des Romans erstreckt sich nur über
wenige Stunden hinweg, die Hans in seiner Wohnung in Bonn verbringt.
Diese Stunden sind gefüllt mit Telefongesprächen, Reflexionen und einem
Überraschungsbesuch seines Vaters.

Hans wird nach einer sechsjährigen Beziehung von Marie verlassen. Sie
geht eine Ehe mit einem hochrangigen Katholiken ein und entzieht sich
dadurch Hans und dessen liberaler Gesinnung. Er beginnt zu trinken, wodurch innerhalb weniger Wochen sein beruflicher Abstieg erfolgt. Letztlich
stolpert er bei einer Nummer während einer Vorstellung und verletzt sich
dabei am Knie.

HEINRICH BÖLL, deutscher
Schriftsteller und Literaturnobelpreisträger (1917–1985)

Heinrich Böll
ANSICHTEN EINES CLOWNS (1963)

Textausschnitt 1:

Seit drei Wochen war ich meistens betrunken und mit trügerischer
Zuversicht auf die Bühne gegangen, und die Folgen zeigten sich rascher
als bei einem säumigen Schüler, der sich bis zum Zeugnisempfang
noch Illusionen machen kann; ein halbes Jahr ist eine lange Zeit zum
Träumen. Ich hatte schon nach drei Wochen keine Blumen mehr auf
dem Zimmer, in der Mitte des zweiten Monats schon kein Zimmer mit
Bad mehr, und Anfang des dritten Monats betrug die Entfernung vom
Bahnhof schon sieben Mark, während die Gage auf ein Drittel ge-
schmolzen war. Kein Kognak mehr, sondern Korn, keine Varietés mehr:
merkwürdige Vereine, die in dunklen Sälen tagten, wo ich auf einer
Bühne mit miserabler Beleuchtung auftrat, wo ich nicht einmal mehr
ungenaue Bewegungen, sondern bloß noch Faxen machte, über die sich
Dienstjubilare von Bahn, Post, Zoll, katholische Hausfrauen oder evan-
gelische Krankenschwestern amüsierten, biertrinkende Bundeswehroffi-
ziere, deren Lehrgangsabschluß ich verschönte, nicht recht wußten, ob
sie lachen durften oder nicht, wenn ich die Reste meiner Nummer „Ver-
teidigungsrat" vorführte, und gestern, in Bochum, vor Jugendlichen,

rutschte ich mitten in einer Chaplin-Imitation aus und kam nicht wieder
auf die Beine. Es gab nicht einmal Pfiffe, nur ein mitleidiges Geraune,
20 und ich humpelte, als endlich der Vorhang über mich fiel, rasch weg,
raffte meine Klamotten zusammen und fuhr, ohne mich abzuschmin-
ken, in meine Pension, wo es eine fürchterliche Keiferei gab, weil meine
Wirtin sich weigerte, mir mit Geld für das Taxi auszuhelfen.

Textausschnitt 2:

Am besten gelingt mir die Darstellung alltäglicher Absurditäten: Ich
beobachte, addiere diese Beobachtungen, potenziere sie und ziehe aus
ihnen die Wurzel, aber mit einem anderen Faktor als mit dem ich sie
potenziert habe. In jedem größeren Bahnhof kommen morgens Tau-
5   sende Menschen an, die in der Stadt arbeiten – und es fahren Tausende aus der Stadt weg, die außerhalb arbeiten. Warum tauschen diese
Leute nicht einfach ihre Arbeitsplätze aus? Oder die Autoschlangen,
die sich in Hauptverkehrszeiten aneinander vorbeiquälen. Austausch
der Arbeits- oder Wohnplätze, und die ganze überflüssige Stinkerei, das
10 dramatische Mit-den-Armen-Rudern der Polizisten wäre zu vermeiden:
Es wäre so still auf den Straßenkreuzungen, daß sie dort Mensch-
ärgere-dich-nicht spielen könnten. Ich machte aus dieser Beobachtung
eine Pantomime, bei der ich nur mit Händen und Füßen arbeite, mein
Gesicht unbewegt und schneeweiß immer in der Mitte bleibt, und es
15 gelingt mir, mit meinen vier Extremitäten den Eindruck einer ungeheuren Quantität von überstürzter Bewegung zu erwecken. Mein Ziel ist:
möglichst wenig, am besten gar keine Requisiten. Für die Nummer
Schulgang und Heimkehr von der Schule brauche ich nicht einmal
einen Ranzen; die Hand, die ihn hält, genügt, ich renne vor bummeln-
20 den Straßenbahnen im letzten Augenblick über die Straße, springe auf
Busse, von diesen ab, werde durch Schaufenster abgelenkt, schreibe
mit Kreide orthographisch Falsches an Häuserwände, stehe – zu spät
gekommen – vor dem scheltenden Lehrer, nehme den Ranzen von der
Schulter und schleiche mich in die Bank. Das Lyrische in der kindlichen
25 Existenz darzustellen, gelingt mir ganz gut: Im Leben eines Kindes hat
das Banale Größe, es ist fremd, ohne Ordnung, immer tragisch. Auch
ein Kind hat nie Feierabend als Kind; erst wenn die „Ordnungsprinzi-
pien" angenommen werden, fängt der Feierabend an. Ich beobachte
jede Art der Feierabendäußerung mit fanatischem Eifer: wie ein Arbei-
30 ter die Lohntüte in die Tasche steckt und auf sein Motorrad steigt, wie
ein Börsenjobber endgültig den Telefonhörer aus der Hand legt, sein
Notizbuch in die Schublade legt, diese abschließt oder eine Lebens-
mittelverkäuferin die Schürze ablegt, sich die Hände wäscht und vor
dem Spiegel ihr Haar und ihre Lippen zurechtmacht, ihre Handtasche
35 nimmt – und weg ist sie, es ist also menschlich, daß ich mir oft wie ein
Unmensch vorkomme, weil ich den Feierabend nur als Nummer vor-
führen kann. Ich habe mich mit Marie darüber unterhalten, ob ein Tier
wohl Feierabend haben könnte, eine Kuh, die wiederkäut, ein Esel, der
dösend am Zaun steht. Sie meinte, Tiere, die arbeiten und also Feier-
40 abend hätten, wären eine Blasphemie. Schlaf wäre so etwas wie Feierabend, eine großartige Gemeinsamkeit zwischen Mensch und Tier, aber
das Feierabendliche am Feierabend wäre ja, daß man ihn ganz bewußt
erlebt. Sogar Ärzte haben Feierabend, neuerdings sogar die Priester.
Darüber ärgere ich mich, sie dürften keinen haben und müßten wenigs-
45 tens das am Künstler verstehen. Von Kunst brauchen sie gar nichts zu
verstehen, nichts von Sendung, Auftrag und solchem Unsinn, aber von
der Natur des Künstlers. Ich habe mich mit Marie immer darüber

gestritten, ob der Gott, an den sie glaubt, wohl Feierabend habe, sie be-
hauptete immer ja, holte das Alte Testament heraus und las mir aus der
50 Schöpfungsgeschichte vor: Und am siebten Tage ruhte Gott. Ich widerlegte sie mit dem Neuen Testament, meinte, es könnte ja sein, daß der
Gott im Alten Testament Feierabend gehabt habe, aber ein Christus mit
Feierabend wäre mir unvorstellbar. Marie wurde blaß, als ich das sagte,
gab zu, daß ihr die Vorstellung eines Christus mit Feierabend blasphe-
55 misch vorkomme, er habe gefeiert, aber wohl nie Feierabend gehabt.

HEINRICH BÖLL: ANSICHTEN EINES CLOWNS, DTV –
ALTE RECHTSCHREIBUNG

Hans scheitert an der Gesellschaft, scheitert an seinem Publikum. Seine Witze kommen nicht (mehr) an, da er dem Publikum einen Spiegel
vorhält. Er scheitert ebenso an der moralischen Haltung seiner großindu-
striellen Familie. Der Vater weigert sich, ihm Geld zu borgen. Die Mutter,
die Hans' Schwester noch in den letzten Kriegstagen für die Nazis und die
Vernichtung „jüdischer Yankees" in den Tod geschickt hat, wird nach dem
Krieg Präsidentin des „Zentralkomitees der Gesellschaften zur Versöhnung rassischer Gegensätze". Sie fühlt sich in keiner Form an den Verbrechen der jüngsten Vergangenheit schuldig.

a) **Recherchieren** Sie nach dem Begriff bzw. Beruf des (modernen) Clowns.

b) Hans Schnier, der Protagonist oder Antiheld, hält seinem Publikum
mit seinen Nummern immer wieder auch einen Spiegel vor. – **Fassen**
Sie in aller Kürze **zusammen,** welche gesellschaftlichen und kulturellen
Themen er in oben angeführten Textstellen problematisiert.

c) **Deuten** Sie, warum HEINRICH BÖLL den Beruf des Clowns für seinen
Protagonisten gewählt hat.

d) **Überprüfen** Sie, inwieweit das Scheitern von Hans Schnier ein persönliches oder sehr wohl auch ein Scheitern aufgrund der vorherrschen-
den wirtschaftlichen, moralischen und kulturellen Gegebenheiten ist.
Vergleichen Sie dazu den auch Anfang des Buches mit dem Anfang des
Films.

Text 3

In THOMAS BERNHARDS Roman „Verstörung" wird der Erzähler, ein
Student der Montanistik in Leoben, von seinem Vater, einem steirischen
Landarzt, auf Visite mitgenommen. Auch auf die Gefahr hin, den Sohn
zu verstören, will er ihn mit dem Irrsinn der ansässigen Bevölkerung
bekannt machen. Die Krankenbesuche im ersten Teil des Romans dienen
der Präsentation einer durch und durch kranken Gesellschaft. Der zweite,
beinahe ausschließlich monologische Teil ist mit „Der Fürst" betitelt und
stellt die Ansichten und Reflexionen des Fürsten Saurau über Sprache und
Kommunikation dar. Er geht der Frage nach dem Sinn des menschlichen
Lebens und Handelns nach.

Thomas Bernhard
VERSTÖRUNG (1988)

„Wenn ich Menschen anschaue, schaue ich unglückliche Menschen
an", sagte der Fürst. „Es sind Leute, die ihre Qual auf die Straße tragen
und dadurch die Welt zu einer Komödie machen, die natürlich zum
Lachen ist. In dieser Komödie leiden sie alle an Geschwüren, geistiger
5 körperlicher Natur, haben ein *Vergnügen* an ihrer Todeskrankheit. Wenn
sie ihren Namen hören, gleich, ob die Szene in London, in Brüssel oder

„Ansichten eines Clowns" wurde 1976 von Vojtěch Jasný mit
Helmut Griem in der Hauptrolle verfilmt.

Arbeitsaufgabe

■ **Recherchieren** Sie nach
unterschiedlichen Filmre-
zensionen und **fassen** Sie
wesentliche Aspekte der
äußerst ambivalenten Kritik
zusammen.

THOMAS BERNHARD,
österreichischer Schriftsteller
(1931–1989)

in der Steiermark ist, erschrecken sie, versuchen aber, ihr Erschrecken nicht zu zeigen. Das tatsächliche Schauspiel verbergen alle diese Menschen in der Komödie, die die Welt ist. Sie laufen immer, wenn sie sich
10 unbeobachtet fühlen, von sich fort und auf sich zu. Grotesk. Die lächerlichste Seite aber sehen wir gar nicht, weil die lächerlichste Seite immer die Rückseite ist. Gott spricht manchmal aus ihnen, aber er gebraucht die gleichen ordinären Wörter wie sie selbst, dieselben unbeholfenen Sätze. Ob ein Mensch eine riesige Fabrik oder eine riesige Landwirt-
15 schaft oder einen ebenso riesigen Satz von Pascal im Kopf hat, ist ganz gleich", sagt der Fürst. „Die Armut ist es, die die Menschen gleich macht, alle, auch der größte Reichtum ist an den Menschen arm. Die Armut ist im Körper wie im Geist in den Menschen immer gleichzeitig eine im Körper und eine im Geist, was sie krank und verrückt machen
20 *muß*. Hören Sie, Doktor, ich habe mein ganzes Leben nur Kranke und Verrückte gesehen. Wohin ich schaue, nur Sterbende, Abtreibende, die zurückschauen. Die Menschen sind nichts anderes als eine in die Milliarden gehende ungeheure auf die fünf Kontinente verteilte Sterbensgemeinschaft. Komödie!", sagte der Fürst. „Jeder Mensch, den ich sehe,
25 und jeder, von welchem ich, gleich was, höre, beweist mir die absolute Bewußtlosigkeit des ganzen Geschlechts und daß dieses Geschlecht und daß die Natur ein Betrug ist. Komödie. Die Welt ist tatsächlich, wie schon oft gesagt, eine Probebühne, auf der ununterbrochen geprobt wird. Es ist, wo wir hinschauen, ein ununterbrochenes Redenlernen und
30 Gehenlernen und Denkenlernen und Auswendiglernen, Betrügenlernen, Sterbenlernen und Totseinlernen, das unsere Zeit in Anspruch nimmt. Die Menschen nichts als Schauspieler, die uns etwas vormachen, das uns bekannt ist. „Rollenlerner", sagte der Fürst. „Jeder von uns lernt ununterbrochen eine (seine) oder mehrere oder alle nur denkbaren Rollen,
35 ohne zu wissen, wofür (oder für wen) er sie lernt. Diese Probebühne ist eine einzige Qual, und kein Mensch empfindet die Vorgänge darauf als ein Vergnügen. Alles auf dieser Probebühne aber geschieht natürlich. Andauernd aber wird ein Dramaturg gesucht. Wenn der Vorhang aufgeht, ist alles zu Ende." Das Leben sei eine Schule, in der der Tod
40 gelehrt wird. Millionen und Abermillionen Schüler und Lehrer bevölkern sie. Die Welt sei die Schule des Todes. „Zuerst die Elementarschule des Todes, dann die Mittelschule des Todes, dann, für die wenigsten", sagte der Fürst, „die Hochschule des Todes." Abwechselnd seien die Menschen Lehrer oder Schüler in diesen Schulen. „Das einzige erreichbare
45 Lernziel", sagte er, „ist der Tod."

THOMAS BERNHARD: VERSTÖRUNG, SUHRKAMP –
ALTE RECHTSCHREIBUNG

a) Die vorliegende Textstelle kann als beispielhaft für die THOMAS BERNHARD'sche Art zu schreiben bezeichnet werden. – **Untersuchen** Sie die sprachlichen Besonderheiten dieser Textstelle.

b) **Bestimmen** Sie das barocke Motiv, das der Fürst Saurau in dieser Textstelle thematisiert.

c) **Deuten** Sie, warum der Fürst Saurau in der oben angeführten Textstelle das menschliche Leben, das er als jämmerliche, arme, von Krankheiten zerfressene Existenz definiert, immer wieder als Komödie bezeichnet.

d) **Entwerfen** Sie einen Text, der ein banales Thema des Lebens aufgreift, und behandeln bzw. entwerten Sie dieses Thema in BERNHARD'scher Manier.

Text 4

Erika Kohut, die Protagonistin in ELFRIEDE JELINEKS „Die Klavierspielerin", ist Klavierlehrerin. Sie wohnt mit ihrer Mutter, die das Leben der Tochter überwacht und zu ihrem Besten zu steuern versucht, in einer symbiotischen Beziehung in der gemeinsamen Wohnung. Erika sollte eine berühmte Konzertpianistin werden, hat es aber nur zur Lehrerin am Konservatorium gebracht. Walter Klemmer, ein Schüler Erikas, verliebt sich in sie und will sie erobern. Das gelingt ihm aber nur zum Teil, da Erika aufgrund ihrer Erziehung bindungs- und beziehungsunfähig scheint.

In der folgenden Textstelle rächt sich die Klavierspielerin an einem Mädchen, das Walter Klemmer schöne Augen gemacht hat.

ELFRIEDE JELINEK, österreichische Schriftstellerin und Literaturnobelpreisträgerin (geboren 1946)

Elfriede Jelinek
DIE KLAVIERSPIELERIN (1983)

Erika hat den Mantel deutlich wiedererkannt, sowohl an der kreischenden Modefarbe als an der wieder aktuellen Minikürze. Dieses Mädchen hat sich zu Beginn der Probe noch durch innige Anbiederungsversuche an Walter Klemmer, der turmhoch über ihm steht, hervorgetan. Erika
5 möchte prüfen, womit sich dieses Mädchen spreizen wird, hat es erst eine zerschnittene Hand. Sein Gesicht wird sich zu einer häßlichen Grimasse verzerren, in der keiner die ehemalige Jugend und Schönheit wiedererkennen wird. Erikas Geist wird über die Vorzüge des Leibes siegen.

10 Die Minirockphase Nummer eins mußte Erika auf Wunsch ihrer Mutter überspringen. Die Mutter hatte den Befehl zum Langsaum in eine Mahnung verpackt, daß diese kurze Mode Erika nicht stünde. Alle anderen Mädchen hatten damals ihre Röcke, Kleider, Mäntel unten abgeschnitten und neu gesäumt. Oder sie kauften die Sachen gleich fertig kurz.
15 Das Zeitrad, besteckt mit den Kerzen von nackten Mädchenbeinen, rollte heran, doch Erika war auf Befehl der Mutter eine „Überspringerin", eine Zeitspringerin. Allen, die es hören wollten oder nicht, mußte sie erklären: das paßt mir persönlich nicht und gefällt mir persönlich nicht! Und dann schnellte sie zum Sprung über Raum und Zeit in die
20 Höhe. Abgeschossen vom mütterlichen Katapult. Von hoch oben herab pflegte sie nach strengsten, in nächtelanger Grübelarbeit ausgearbeiteten Kriterien Oberschenkel zu beurteilen, entblößt bis zum Gehtnichtmehr und noch weiter! Sie verteilte individuelle Noten an Beine in allen Abstufungen von Spitzenstrumpfhosen oder sommerlicher Nacktheit
25 — was noch schlimmer war. Erika sprach dann zu ihrer Umgebung, wenn ich die und die wäre, wagte ich so etwas niemals! Erika beschrieb anschaulich, warum die wenigsten sich das figürlich erlauben konnten. Dann begab sie sich jenseits der Zeit und ihrer Moden, in zeitloser Kniekürze, wie der Fachausdruck lautet. Und wurde doch schneller als
30 andere eine Beute des unnachsichtigen Messerkranzes am Zeitrad. Sie glaubt, daß man sich nicht sklavisch an die Mode halten darf, sondern daß die Mode sich sklavisch daran zu halten hat, was einem persönlich steht und was nicht.

Diese Flötistin, die geschminkt ist wie ein Clown, hat ihren Walter
35 Klemmer mittels weithin sichtbarer Schenkel aufgeheizt. Erika weiß, das Mädchen ist eine vielbeneidete Modeschülerin. Als Erika Kohut ihr ein absichtlich zerbrochenes Wasserglas in die Manteltasche praktiziert, wandert es ihr durch den Kopf, daß sie ihre eigene Jugend um keinen Preis noch einmal erleben möchte. Sie ist froh, daß sie schon so alt ist,
40 die Jugend hat sie rechtzeitig durch Erfahrung ersetzen können.

„Die Klavierspielerin" wurde 2001 von MICHAEL HANEKE verfilmt.

Es ist die ganze Zeit niemand hereingekommen, obwohl das Risiko hoch war. Alles eifert im Saal mit der Musik mit. Fröhlichkeit oder was Bach darunter verstand, füllt Winkel und Ecken und klettert die Sprossenleiter hoch. Das Finale ist nicht mehr allzu fern. Inmitten emsigen
45 Laufwerks öffnet Erika die Tür und kehrt bescheiden in den Saal zurück. Sie reibt ihre Hände, als hätte sie sie soeben gewaschen, und schmiegt sich wortlos in einen Winkel. Sie als Lehrkraft darf selbstverständlich die Türe öffnen, obwohl der Bach noch sprudelt. Herr Klemmer nimmt diese Rückkehr mit einem Aufglänzen seiner von Natur aus schon
50 glänzenden Augen zur Kenntnis. Erika ignoriert ihn. Er versucht, seine Lehrerin zu grüßen wie das Kind den Osterhasen. Das Suchen der bunten Eier ist der größere Spaß als das eigentliche Finden, und so geht es Walter Klemmer auch mit dieser Frau. Die Jagd ist für den Mann das größere Vergnügen als die unausweichliche Vereinigung. Es fragt sich
55 nur wann. Scheu hat Klemmer noch wegen des verflixten Altersunterschieds. [...]

Erika befiehlt, das Walter Klemmer sie nicht so ansehen soll. Klemmer macht aber weiterhin keinen Hehl aus seinen Wünschen. Zusammen sind sie verpuppt wie Zwillingsinsekten im Kokon. Ihre spinnwebzarten
60 Hüllen aus Ehrgeiz, Ehrgeiz, Ehrgeiz und Ehrgeiz ruhen schwerelos, mürb auf den beiden Skeletten ihrer körperlichen Wünsche und Träume. Erst diese Wünsche machen sie schließlich einer dem anderen real. Erst durch diesen Wunsch, ganz zu durchdringen und durchdrungen zu werden, sind sie die Person Klemmer und die Person Kohut. Zwei Stück
65 Fleisch in der gut gekühlten Vitrine eines Vorstadtfleischers, mit der rosigen Schnittfläche dem Publikum zugewandt; und die Hausfrau verlangt nach langer Überlegung ein halbes Kilo von dem und dann noch ein Kilo von dem dort. Verpackt werden sie beide in fettundurchlässiges Pergamentpapier. Die Kundin verstaut sie in einer unhygienisch mit nie
70 gesäubertem Plastik ausgeschlagenen Einkaufstasche. Und die beiden Klumpen, das Filet und die Schweinsschnitzel, schmiegen sich, dunkelrot das eine, hellrosa das andere, innig ineinander.

In mir sehen Sie die Grenze, an der sich Ihr Wille allerdings bricht, denn mich werden Sie nie überschreiten, Herr Klemmer! Und der Angespro-
75 chene widerspricht lebhaft, seinerseits Grenzen und Maßstäbe setzend.

Inzwischen ist im Umkleideraum ein Chaos trampelnder Füße und grapschender Hände ausgebrochen. Stimmen jammern, daß sie das und das nicht finden, das sie dort- und dorthin gelegt haben. [...]

Dann reißt ein Aufschrei die Luft entzwei, und eine vollkommen zer-
80 schnittene, überblutete Hand wird aus einer Manteltasche herausgerissen. Das Blut tropft auf den neuen Mantel! Es macht schwere Flecken hinein. Das Mädchen, zu dem die Hand gehört, schreit vor Schreck und heult über einen Schmerz, den es jetzt empfindet, und zwar nach einer Schrecksekunde, in der es zunächst den eigentlichen Schneideschmerz
85 und dann überhaupt nichts empfunden hat. In dem zerschnittenen Flötistenwerkzeug, das genäht werden wird müssen, in dieser Hand, mit der Klappen gedrückt und losgelassen werden, stecken vereinzelte Scherben und Splitter. Fassungslos blickt die Halbwüchsige auf ihre Hand, und schon rinnen ihr die Wimperntusche und der Lidschatten in
90 wohlabgestimmtem Einklang über die Wangen hinunter. Das Publikum verstummt, dann stürzt es mit doppelter Kraft wasserfallartig von allen Seiten her zur Mitte. [...]

Erika Kohut betrachtet alles gründlich und geht dann hinaus. Walter
Klemmer betrachtet Erika Kohut wie ein frisch geschlüpftes Tier, das die
95 Nahrungsquelle erkennt, und folgt ihr fast unmittelbar auf den Fersen,
als sie hinausgeht.

ELFRIEDE JELINEK: DIE KLAVIERSPIELERIN, ROWOHLT –
ALTE RECHTSCHREIBUNG

Erika lässt Walter Klemmer nicht wirklich an sich heran, teilt ihm in einem
Brief aber ihre geheimsten sexuellen Wünsche mit, die darauf hinauslau-
fen, dass er sie vergewaltigen soll. In Erikas Wohnung kommt es letztlich
auch zu dieser Vergewaltigung, wodurch Klemmer sich endgültig von Erika befreit. Am nächsten Tag macht sich Erika, ein Messer im Gepäck, auf
die Suche nach Klemmer. Sie findet ihn in einer Gruppe von Studentinnen
und Studenten, die sie nicht bemerken. Mit dem Messer verletzt sie sich
selbst dann aber nur leicht an ihrer Schulter.

a) **Bestimmen** Sie die Erzählhaltung.

b) **Analysieren** Sie die Funktion der Erzählerin/des Erzählers.

c) ELFRIEDE JELINEK gilt als Autorin, die das Spiel mit der Sprache in
höchstem Grade zelebriert und beherrscht. – Finden Sie die unten
angeführten Textstellen und **überprüfen** Sie die Beschaffenheit und
Wirkung dieser sprachlichen Vergleiche und Metaphern:
  - das Zeitrad
  - die wie ein Clown geschminkte Flötistin
  - Vergleich des Leibes zweier sich Liebender mit zwei Stücken
    Schweinefleisch, die sich aneinanderschmiegen
  - *„denn mich werden Sie nicht überschreiten, Herr Klemmer"*
  - das zerschnittene Flötistenwerkzeug

d) **Charakterisieren** Sie Erika Kohut, die Protagonistin, anhand der ausge-
wählten Textstelle.

3. Utopie oder Dystopie

Die Ich-Erzählerin in MARLEN HAUSHOFERS Roman „Die Wand" will sich
gemeinsam mit ihrer Kusine Luise und deren Mann Hugo ein paar Tage
in den Bergen auf der Jagdhütte des Paares entspannen. Gemeinsam mit
Hugos Hund Luchs bleibt die Ich-Erzählerin am Ankunftstag alleine auf
der Hütte. Am nächsten Tag ist sie immer noch allein und macht sich auf
den Weg in das Dorf, wo sie Luise und Hugo vermutet.

Marlen Haushofer
DIE WAND (1963)

Als ich endlich den Ausgang der Schlucht erreichte, hörte ich Luchs
schmerzlich und erschrocken jaulen. Ich bog um einen Scheiterstoß,
der mir die Aussicht verstellt hatte, und da saß Luchs und heulte. Aus
seinem Maul tropfte roter Speichel. Ich beugte mich über ihn und strei-
5 chelte ihn. Zitternd und winselnd drängte er sich an mich. Er mußte
sich in die Zunge gebissen oder einen Zahn angeschlagen haben. Als
ich ihn ermunterte, mit mir weiterzugehen, klemmte er den Schwanz
ein, stellte sich vor mich und drängte mich mit seinem Körper zurück.

Ich konnte nicht sehen, was ihn so ängstigte. Die Straße trat an dieser
10 Stelle aus der Schlucht heraus, und so weit ich sie überblicken konnte,
lag sie menschenleer und friedlich in der Morgensonne. Unwillig schob
ich den Hund zur Seite und ging allein weiter. Zum Glück war ich, durch

MARLEN HAUSHOFER, öster-
reichische Schriftstellerin
(1920–1970)

Arbeitsaufgaben

- Sehen Sie sich den Film
  an und **vergleichen** Sie
  den Spannungsaufbau im
  Roman mit jenem im Film.

- **Deuten** Sie, worin dieses
  „Seherlebnis von nachhalti-
  ger Wirkung" liegen könnte.

ihn behindert, langsamer geworden, denn nach wenigen Schritten stieß
ich mit der Stirn heftig an und taumelte zurück.

15 Luchs fing sofort wieder zu winseln an und drängte sich an meine Beine. Verdutzt streckte ich die Hand aus und berührte etwas Glattes und
Kühles: einen glatten, kühlen Widerstand an einer Stelle, an der doch
gar nichts sein konnte als Luft. Zögernd versuchte ich es noch einmal,
und wieder ruhte meine Hand wie auf der Scheibe eines Fensters. Dann

20 hörte ich lautes Pochen und sah um mich, ehe ich begriff, dass es mein
eigener Herzschlag war, der mir in den Ohren dröhnte. Mein Herz hatte
sich schon gefürchtet, ehe ich es wußte. [...]

Ich stand noch dreimal auf und überzeugte mich davon, daß hier, drei
Meter vor mir, wirklich etwas Unsichtbares, Glattes, Kühles war, das mich

25 am Weitergehen hinderte. Ich dachte an eine Sinnestäuschung, aber ich
wußte natürlich, daß es nichts Derartiges war. Ich hätte mich leichter
mit einer kleinen Verrücktheit abgefunden als mit dem schrecklichen
unsichtbaren Ding. Aber da war Luchs mit seinem blutenden Maul, und
da war die Beule auf meiner Stirn, die anfing zu schmerzen. [...]

30 Man kann jahrelang in nervöser Hast in der Stadt leben, es ruiniert
zwar die Nerven, aber man kann es lange Zeit durchhalten. Doch kein
Mensch kann länger als ein paar Monate in nervöser Hast bergsteigen,
Erdäpfel einlegen, holzhacken oder mähen. Das erste Jahr, in dem ich
mich noch nicht angepaßt hatte, war weit über meine Kräfte gegan-

35 gen, und ich werde mich von diesen Arbeitsexzessen nie ganz erholen.
Unsinnigerweise hatte ich mir auf jeden derartigen Rekord auch noch
etwas eingebildet. Heute gehe ich sogar vom Haus zum Stall in einem
geruhsamen Wäldlertrab. Der Körper bleibt entspannt, und die Augen
haben Zeit zu schauen. Einer, der rennt, kann nicht schauen. In mei-

40 nem früheren Leben führte mich mein Weg jahrelang an einem Platz
vorbei, auf dem eine alte Frau die Tauben fütterte. Ich mochte Tiere
immer gern, und jenen, heute längst versteinerten Tauben gehörte mein
ganzes Wohlwollen, und doch kann ich nicht eine von ihnen beschreiben. Ich weiß nicht einmal, welche Farbe ihre Augen und ihre Schnä-

45 bel hatten. Ich weiß es einfach nicht, und ich glaube, das sagt genug
darüber aus, wie ich mich durch die Stadt zu bewegen pflegte. Seit ich
langsamer geworden bin, ist der Wald um mich erst lebendig geworden.
Ich möchte nicht sagen, daß dies die einzige Art zu leben ist, für mich
ist sie aber gewiß die angemessene. Und was mußte alles geschehen,

50 ehe ich zu ihr finden konnte. Früher war ich immer irgendwohin unterwegs, immer in großer Eile und erfüllt von einer rasenden Ungeduld,
denn überall, wo ich anlangte, mußte ich erst einmal lange warten. Ich
hätte ebensogut den ganzen Weg dahinschleichen können. Manchmal
erkannte ich meinen Zustand und den Zustand unserer Welt ganz klar,

55 aber ich war nicht fähig, aus diesem unguten Leben auszubrechen. Die
Langeweile, unter der ich oft litt, war die Langeweile eines biederen Ro-
senzüchters auf einem Kongreß der Autofabrikanten. Fast mein ganzes
Leben lang befand ich mich auf einem derartigen Kongreß, und es wun-
dert mich, daß ich nicht eines Tages vor Überdruß tot umgefallen bin.

60 Hier, im Wald, bin ich eigentlich auf dem mir angemessenen Platz. Ich
trage den Autofabrikanten nichts nach, sie sind ja längst nicht mehr
interessant. Aber wie sie mich alle gequält haben mit Dingen, die mir
zuwider waren. Ich hatte nur dieses eine kleine Leben, und sie ließen
es mich nicht in Frieden leben. Gasrohre, Kraftwerke und Ölleitungen;

65 jetzt, da die Menschen nicht mehr sind, zeigen sie erst ihr wahres

Gesicht. Und damals hat man sie zu Götzen gemacht anstatt zu
Gebrauchsgegenständen. Auch ich habe mitten im Wald so ein Ding
stehen, Hugos schwarzen Mercedes. Er war fast neu, als wir damit her-
kamen. Heute ist er ein grünüberwuchertes Nest für Mäuse und Vögel.
70 Besonders im Juni, wenn die Waldrebe blüht, sieht er sehr hübsch aus,
wie ein riesiger Hochzeitsstrauß. Auch im Winter ist er schön, wenn
der Rauhreif glitzert oder eine weiße Haube trägt. Im Frühling und
Herbst sehe ich zwischen braunen Stengeln das verblasste Gelb der
Polsterung, Buchenblätter, Schaumgummistückchen und Roßhaar, von
75 winzigen Zähnen herausgebissen und zerzupft.

MARLEN HAUSHOFER: DIE WAND, DTV – ALTE RECHTSCHREIBUNG

a) Gestalten Sie ein Assoziogramm mit dem Nomen „Wand" und finden
Sie so viele Zuschreibungen wie möglich. **Setzen** Sie Ihre Ergebnisse
mit dem Text **in Beziehung.**

b) Die Erzählerin scheint innerhalb der Wand, die ein riesiges Stück Land
umschließt, das einzige menschliche Wesen zu sein. – **Erörtern** Sie die
Motivation der Protagonistin weiterzuleben. Welche Perspektiven bleiben einem Menschen, der möglicherweise der letzte seiner Art ist?

c) In der oben angeführten Textstelle findet sich der Satz: „*Ich möchte
nicht sagen, daß dies die einzige Art zu leben ist, für mich ist sie aber gewiß
die angemessene.*" (Z. 48) – **Stellen** Sie die beiden Arten zu leben, von
denen die Ich-Erzählerin spricht, einander **gegenüber.**

d) Wie würde die Ich-Erzählerin reagieren, wenn plötzlich ein anderer
Mensch, beispielsweise ein anderer Mann, in der Geschichte auftaucht? – **Entwerfen** Sie den Plot für eine kurze oder längere Sequenz.

4. Anti-Heimatroman – Auswandern – Daheimbleiben

Text 1

„*Der Pflege einer kinderlosen Frau entrissen, sah Holl sich plötzlich in eine
fremde Welt gestellt.*" Holl, der Protagonist des Romans „Schöne Tage"
von FRANZ INNERHOFER, wird als uneheliches Kind zunächst in Pflege zu
einer kinderlosen Frau gegeben. Er kommt dann an den Hof zu Mutter
und Stiefvater und in der Folge als Sechsjähriger an den Bauernhof seines
Vaters in einem Ort namens Haudorf. Nicht nur der patriarchalische Vater,
sondern auch die Stiefmutter, der Pfarrer, der Lehrer etc. sind Teil jener
Unterdrückung, von der sich Holl erst elf Jahre später dadurch befreien
kann, dass er andernorts eine Mechanikerlehre beginnt.

Franz Innerhofer
SCHÖNE TAGE (1974)

Die Dienstboten und Leibeigenen wurden, sobald einer den Kopf aus
der finsteren Dachkammer reckte, sofort in die Finsternis zurückgetrie-
ben. Jahraus, jahrein wurden sie um die Kost über die grelle Landschaft
gehetzt, wo sie sich tagein, tagaus bis zum Grabrand vorarbeiteten,
5 aufschrien und hineinpurzelten. Mit Brotklumpen und Suppen zog
man sie auf, mit Fußtritten trieb man sie an, bis sie nur mehr essen
und trinken konnten, mit Gebeten und Predigten knebelte man sie. Es
hat Bauernaufstände gegeben, aber keine Aufstände der Dienstboten,
obwohl diese mit geringen Abweichungen überall den gleichen Be-
10 dingungen ausgesetzt waren. Ein Kasten und das Notwendigste zum
Anziehen waren ihre ganze Habe. Die Kinder, die bei den heimlichen

 Zum Weiterlesen
■ Recherchieren Sie die
Handlung des 2006 erschie-
nenen Romans „Die Arbeit
der Nacht" von THOMAS
GLAVINIC und **setzen** Sie
diese mit dem Inhalt des
Romans „Die Wand" **in
Beziehung.**

FRANZ INNERHOFER, öster-
reichischer Schriftsteller
(1944–2002)

Liebschaften auf Strohsäcken und Heustöcken entstanden, wurden von den Bauern sofort wieder zu Dienstboten gemacht. Die Dienstboten wußten um ihr Elend, aber sie hatten keine Worte, keine Sprache, um
15 es auszudrücken, und vor allem keinen Ort, um sich zu versammeln. Alles, was nicht Arbeit war, wurde heimlich gemacht. Man hatte es so eingerichtet, daß die Dienstboten einander nur mit den Augen, mit Anspielungen und mit Handgriffen verständigen konnten. Wenn irgendwo im Freien eine Magd beim Jausnen von einem Knecht das Taschenmes-
20 ser nahm, konnten die anderen mit Gewißheit annehmen, daß er noch am selben Abend bei ihr im Bett lag. [...]

[...] Es war noch nicht Abend, als Holl voller Hoffnung vor seinen Widersacher trat und ihm berichtete, daß bei den Kühen alles in Ordnung sei. Dann half er noch die Pferde füttern. Er war froh über das Geschrei
25 der hungrigen Schweine, froh über das Geklapper des Melkgeschirrs, froh über die Vorgänge in und hinter der Scheune. Einerseits hoffe er noch, der bevorstehenden Züchtigung zu entgehen, andrerseits suchte er nach Unfallmöglichkeiten. Im Pferdestall fiel ihm nichts Besseres ein, als sich von einem Pferd züchtigungsunfähig schlagen zu lassen. Er
30 ging die Pferde der Reihe nach rasch an, bis ihn eins über den Mittelgang in den gegenüberliegenden Stand schlug. Aber als er sich erhob, spürte er keine Schmerzen und fand auch keine Verletzung. Ein zweites Mal ging er nicht hin.

Nachdem Holl an der Seite seines Widersachers gegessen hatte, begab
35 er sich in die alte Gewölbekammer. Es roch widerlich nach Feuchtigkeit, Futtermittel und altem Gerümpel. Sein erster Blick galt den Stricken, die überall, an der Tür, an den Wänden, auf den Truhen, zu sehen waren. Viele von ihnen hatte er schon zu spüren bekommen. er erinnerte sich an die Stricke, aber er erinnerte sich nicht, warum er sie zu spüren
40 bekommen hatte. Immer auf die bloße Haut. Der Bauer ließ sich Zeit. Er trat ein, als Holl die Maurer- und die Schneiderkinder draußen mit Milchflaschen vorbeigehen sah. Die Strenge in dem Gesicht des Bauern hatte sich gelöst. Holl musste die Hose herunterlassen und sagen: „Vater, bittschön ums Durchhauen!" Dann packte ihn der Bauer mit der
45 linken Hand am Genick, beugte ihn über das vorgeschobene Knie und schlug mit der rechten mit dem Strick zu, bis das Heulen in ein Winseln überging. Dann musste Holl sagen: „Vater, dankschön fürs Durchhauen!" Nach den Züchtigungen musste Holl mit dem Bauern herauskommen, ja, dieser verlangte, dass Holl sich mit lachendem Gesicht unter
50 die Dienstboten mischte. [...]

[...] Arbeiten, das Beherrschen von Arbeitsgängen und das Lernen und Beherrschen von Arbeitsgängen und der völlige Verzicht auf sich selbst waren das Um und Auf. Dazu gehörte das Bescheidwissen, das Wissen um jedes Gerät, das Wissen um alle Aufbewahrungsorte, im Haus, in
55 den Geräteschuppen um das Haus, auf dem Zulehen auf den Almen, das Im-Kopf-haben von Grundstückslagen, von Hängen, Nocken, Steinen, Pfützen, Gräben, das Im-Kopf-Haben von Viehbeständen, das Wissen um Viehverhalten, um Mensch-Vieh und um Vieh-Mensch-Verhalten.

60 Situationen zu meistern oder nicht zu meistern und dann noch zu meistern, war es ihm nun möglich, trotz Arbeit seine Welt mit etwas Licht zu beschicken. Nur indem er sich bis um die Ohren mit Arbeit überzog, konnte er sich wenigstens bei Tag vor den gröbsten Zugriffen der Natur in Sicherheit bringen. Zwar hatte es vieler blutig gestoßener,

das Zulehen = gepachtete landwirtschaftliche Fläche

65 aufgerissener Ohrläppchen, brennender Wangen, Hautabschürfungen, gehirnlähmenden Geschreis und anderer Unannehmlichkeiten bedurft, bis der Bauer ihn soweit hatte, aber nun hatte Holl diese Hürden hinter sich, so daß er sich gegen die anderen Schikanen wenden konnte. Die Arbeit war seine Rückendeckung und Gesichtsmaske zugleich.

FRANZ INNERHOFER: SCHÖNE TAGE, DTV – ALTE RECHTSCHREIBUNG

a) **Bestimmen** Sie die Erzählhaltung, die in diesem Roman vorliegt.

b) **Erläutern** Sie das Bild des patriarchalischen Bauern, das in den einzelnen Textpassagen entwickelt wird.

c) **Erschließen** Sie die Bedeutung der Begriffe von Arbeit, Erziehung und Gehorsam in der angeführten Textstelle.

d) „Schöne Tage" wurde 1981 von FRITZ LEHNER ausschließlich mit Laiendarstellerinnen und -darstellern verfilmt. – **Vergleichen** Sie die angeführte Textstelle des „Durchhauens" mit der filmischen Umsetzung.

e) „Schöne Tage" ist Teil einer Romantrilogie, die auch als moderner Entwicklungsroman gelesen werden kann. – **Recherchieren** Sie den Inhalt der beiden weiteren Bände „Schattseite" und „Die großen Wörter" und zeichnen Sie die Entwicklung und den Werdegang Holls nach.

f) **Recherchieren** Sie nach weiteren Werken, die dem österreichischen Anti-Heimatroman der Nachkriegszeit zugeordnet werden können. **Notieren** Sie die bibliografischen Daten, Themen und in groben Zügen die Handlung der Romane.

Text 2

Herta Müller
DAS LAND AM NEBENTISCH (1992)

Zwischen den Zeiten der Züge saß ich im Bahnhofskaffee in Wien. Ich schaute die Reisenden an, um von meiner eigenen Müdigkeit abzusehn. Die Menschen, die allein an den Tischen saßen, schaute ich am längsten an. Vielleicht sah ich an ihnen, ohne es zu wissen, die Mü-
5 digkeit, die von den Drehungen der Landschaft kam, von der Luft im Abteil, vom Schaukeln und Rauschen der Geschwindigkeit. Da blieb mir der Blick an einem Mann hängen: Wie der Mann den Kopf hielt, wie er den Ellbogen auf den Tisch stützte und die Stirn an die Hand lehnte, wie er die Kaffeetasse hielt, wie seine Füße unterm Stuhl standen. Sein
10 Haar, seine Ohrläppchen. Auch sein Hemd, sein Anzug, seine Socken an den Knöcheln.

Nicht das Einzelne an dem Mann war so fremd, dass ich es kannte. Es war das Einzelne aufeinander bezogen, was sich mir heiß hinter die Schläfen legte: die Armbanduhr und die Socken, die Hand auf der Stirn
15 und der Hemdkragen, der Knopf an der Jacke und der Rand der Kaffeetasse, der Scheitel im Haar und der Absatz des Schuhs.

Durch den Lautsprecher wurde, während mir die Schläfen laut in den Ohren klopften, ein Zug nach Bukarest angesagt. Der Mann stand auf und ging.

20 Die Lautsprecherstimme sagte mir, was ich gesehen hatte: Der Mann kam aus Rumänien.

Und es war wie ein Schimmer, wie lauter Dinge hinter den Dingen, was mir vor den Augen stand: Ein ganzes Land hing an einem Menschen.

HERTA MÜLLER,
deutsche Schriftstellerin und
Literaturnobelpreisträgerin
(geboren 1953)

Ein ganzes, mir bekanntes Land saß am Nebentisch. Ich hatte es sofort
wiedererkannt.

Und ich hätte nicht sagen können wie und woran. Ich hätte auch nicht
sagen können weshalb. Und woher sie kam, diese Unruhe, dieser
Wunsch, auf den Mann zuzugehen und einen Satz zu sagen – und
nicht mehr hinzusehen und sofort wegzugehen. Und dieser Eindruck
plötzlich, dass ich nicht mehr in mir selber sitzen, und aus mir selber
schauen, und mit mir selber weiterfahren möchte. Woher kam dieser
Eindruck? Und diese Naht, wie wenn Nähe und Ferne übereinander
herfallen und sich zerschneiden?

Als ich aus Rumänien wegging, habe ich dieses Weggehen als „Ortswechsel" bezeichnet. Ich habe mich gegen alle emotionalen Worte
gewehrt. Ich habe die Begriffe „Heimat" und „Heimweh" nie für mich
in Anspruch genommen.

Und dass mir, wenn ich auf der Straße hier zufällig Fremde neben mir
rumänisch sprechen höre, der Atem hetzt, das ist nicht Heimweh. Das
ist auch nicht verbotenes, verdrängtes, verbogenes Heimweh. Ich habe
kein Wort dafür: Das ist so wie Angst, dass man jemand war, den man
nicht kannte. Oder Angst, dass man jemand ist, den man selber von
außen nie sieht. Oder Angst, dass man jemand werden könnte, der
genauso wie ein anderer ist – und ihn wegnimmt.

Und es ist Angst, ich könnte das Rumänische von einem Augenblick auf
den anderen oder einmal in der Nacht während eines halbzerquetsch-
ten Traums verlernen. Ich weiß, diese Angst ist unbegründet. Und
dennoch gibt es sie, wie es die Angst gibt, mitten auf den Treppen, von
einem Schritt zum andern, das Gehen zu verlernen.

An den Orten, an denen ich bin, kann ich nicht fremd im Allgemeinen
sein. Auch nicht fremd in allen Dingen zugleich. Ich bin, so wie andere
auch, fremd in einzelnen Dingen.

Zu Orten kann man nicht gehören. Man kann im Stein, im Holz, egal,
wie es sich fügt, doch nicht zu Hause sein – weil man nicht aus Stein
und Holz besteht. Wenn das ein Unglück ist, dann ist Fremdsein Unglück. Sonst nicht.

In einer Einkaufsstraße, da wo die Dächer aufhören, ist eine Uhr. Sie hat
zwei Zeiger und ein Pendel. Sie hat kein Zifferblatt. Hinter ihr steht der
leere Himmel. Ich schaue hinauf, und es ist mir jedes Mal, als lese ich
die Uhrzeit an meiner Kehle ab.

Die Uhr zeigt nicht die Zeit meiner Armbanduhr. Sie zeigt die Zeit, die
schon längst vergangen ist – schon vor Jahren.

Die Zeit der Uhr am Himmel ist die Zeit unter der Erde. Ich stelle mir
unter der Zeit dieser Uhr jedes Mal die Zeit der Menschen vor, die
nirgends hingehören.

Im Augenwinkel zuckt mir dann das Land am Nebentisch.

HERTA MÜLLER: EINE WARME KARTOFFEL IST EIN WARMES BETT,
EUROPÄISCHE VERLAGSANSTALT

a) **Setzen** Sie den Titel des Textes „Das Land am Nebentisch" mit dem
Inhalt in **Beziehung.**

b) Migration ist ein komplexer Sachverhalt, dem man sich über unterschiedliche Aspekte und Motive annähern kann. – **Erschließen** Sie,
wo die Autorin im Text über verlorene Vertrautheit, Verlustängste und
fehlende Zugehörigkeit schreibt.

c) **Geben** Sie **Gründe** dafür **an,** dass die Ich-Erzählerin die direkte Kon-
taktaufnahme oder auch Konfrontation mit dem Land am Nebentisch
meidet.

d) **Deuten** Sie den letzten Abschnitt der Erzählung, indem Sie sich mit
dem Begriff der „Zeit", den die Autorin an einer Uhr festmacht, auseinandersetzen.

5. **Auf frischer Tat ertappt oder zu Tode gefürchtet: Krimi und Thriller**

Text 1

„Jetzt ist schon wieder was passiert." Mit diesem Satz beginnen die Detektiv-
romane von WOLF HAAS, in denen der etwas tollpatschige und behäbige
Privatdetektiv Simon Brenner die Hauptrolle spielt.
In „Der Knochenmann" wird Brenner von Angelika Löschenkohl, der Mit-
besitzerin einer steirischen Backhendl-Grillstation, engagiert, um aufzuklären, zu wem der menschliche Oberschenkelknochen gehörte, der von der
Lebensmittelpolizei im Hendlknochenhaufen gefunden wurde.

WOLF HAAS, österreichischer
Schriftsteller (geboren 1960)

Wolf Haas
DER KNOCHENMANN (1997)

Als Kind in Puntigam hat der Brenner immer zum Mittagessen „Autofahrer unterwegs" im Radio gehört. Das ist eine wirklich gute Sendung
gewesen, Robert Stolz und Peter Alexander und Beiträge und Tips und
alles. Und um zwölf Uhr haben sie dann die Mittagsglocken übertragen.
5 Nur Puntigam ist nie dabeigewesen, angeblich strafweise, weil man
dem Pfarrer eine Sexgeschichte nachgesagt hat. Und von den Verkehrs-
meldungen hat der Brenner den Praterstern schon gekannt, lange bevor
er das erste Mal nach Wien gekommen ist. Aber interessant! Obwohl
der Brenner immer nur davon gehört hat, wenn es einen Stau oder
10 eine Baustelle oder einen Unfall auf dem sechsspurigen Kreisverkehr
mitten in der Hauptstadt gegeben hat, hat er sich damals den Praterstern immer als etwas Schönes vorgestellt, quasi fremder Planet. Und
der Jurasic Helene muß es auch so gegangen sein, daß sie ihre Bar am
Praterstern ausgerechnet *Milchstraße* genannt hat.

15 Wie der Brenner aus dem Schnellbahnhof direkt auf den Praterstern
hinausgekommen ist, ist er zuerst einmal zu dem Polizeicontainer
hinübergegangen. Weil er hat sich ein bisschen verloren gefühlt mitten
am Praterstern, wo soll er da mit dem Suchen nach dem *Milchstraße*
anfangen. Jetzt ist er vielleicht aus alter Gewohnheit zuerst einmal zur
20 Polizei hinüber, praktisch Anhaltspunkt. Da haben sie einfach so einen
Container hingestellt, das kennst du bestimmt von den Bauarbeiterhüt-
ten, wo sich die Maurer um neun Uhr vormittags betrinken. Aber sind
keine Maurer drinnen, sondern Polizisten.

Und wie der beim Polizeicontainer gestanden ist, hat er schon gesehen,
25 daß drüben neben dem Nissanhändler die roten Lichter von einer Bar
blinken. Jetzt hat er einmal vier, fünf, sechs Spuren Richtung Nissanhändler überquert.

Wie der Brenner beim Nissanhändler angekommen ist, hat er immer
noch gelebt, das ist die gute Nachricht. Aber schlechte Nachricht: Die
30 Bar ist nicht das *Milchstraße* von der Jurasic Helene gewesen. Jetzt
ist er am Praterstern weitergegangen, vom Nissanhändler über die
Heinestraße zum Gasthaus Hansy, über die Praterstraße, dann die

Unterführung bei der Franzensbrückenstraße, dann Eisenbahnunter-
führung, Hauptallee nichts, Ausstellungsstraße nichts. Lassallestraße
35 nichts.

Alles hat er gesehen: das Admiral-Tegetthoff-Denkmal, das Solarium Ja-
maica Sun, das Riesenrad, die Avanti-Tankstelle, den Schnellimbiß, und
wie er auch noch in die Seitenstraßen hineingegangen ist, hat er sogar
verschiedene Bars gefunden: *Rosi, Susi, Schwarze Katze.* Nach einer
40 Dreiviertelstunde ist er wieder beim Nissanhändler gestanden, und kein
Milchstraße weit und breit.

Jetzt soll man am Praterstern nicht längere Zeit zu Fuß unterwegs
sein. Weil in Klöch geht vielleicht ein brutaler Mörder um, aber was ist
schon ein einziger Mörder gegen den Praterstern. Und du darfst nicht
45 vergessen, wie schlechte Autofahrer die Wiener sind. Paris auch nicht
gut, Nairobi auch nicht gut. Aber Wien ganz schlecht. Und wenn dir
da sechsspurig die schlechtesten Autofahrer der Welt um die Ohren
fahren, kannst du leicht einmal die Nerven verlieren.

Aber das Hupen und Bremsen und Quietschen ist es nicht gewesen,
50 was dem Brenner den Nerv gezogen hat, wie er mitten auf seiner zweiten Runde gewesen ist. Sondern der weiße Mercedes ist es gewesen,
der auf einmal mit vollem Karacho auf den Gehsteig gerumpelt ist und
um ein Haar dem Brenner seine Zehen mitgenommen hätte.

WOLF HAAS: DER KNOCHENMANN, ROWOHLT –
ALTE RECHTSCHREIBUNG

a) **Bestimmen** Sie die Erzählhaltung in oben angeführter Textstelle.

b) **Untersuchen** Sie die stilistischen Besonderheiten der Sprache im angegebenen Textabschnitt. Markieren Sie umgangssprachliche Wendungen,
Ellipsen, Füllwörter und grammatikalische Besonderheiten.

c) **Erschließen** Sie, wodurch in den angeführten Passagen Komik entsteht.

d) „Der Knochenmann" wurde 2009 von WOLFGANG MURNBERGER mit
JOSEF HADER in der Hauptrolle verfilmt. – **Recherchieren** Sie im Internet
nach einzelnen Filmsequenzen und **erstellen** Sie aufgrund Ihrer Fund-
stücke ein Charakterprofil von Simon Brenner.

e) Mira Valensky, Adrian Metzger, Leopold Wallisch, Simon Polt sind die
Protagonistinnen und Protagonisten österreichischer Krimis. – **Recher-
chieren** Sie nach Autorinnen und Autoren, Krimi-Titeln und einzelnen
Plots. Wählen Sie einen Krimi und **präsentieren** Sie Ihre Recherche-
Ergebnisse vor der Klasse.

Text 2

In JOSEF HASLINGERS Roman „Opernball" werden der Wiener Opernball
und seine Gäste zum Ziel eines Terroranschlages. Tausende Menschen,
darunter auch die Politprominenz des Landes, sterben innerhalb weniger
Minuten durch einen Giftgasanschlag. Kurt Fraser, Produktionsleiter eines
privaten Fernsehsenders, welcher den Opernball live überträgt, wohnt
dem Sterben seines Sohnes Fred bei, der am Opernball als Kameramann
tätig ist. In Rückblenden und von unterschiedlichen Personen, die anhand
von Tonbändern als Ich-Erzähler das Geschehen aus einer je anderen
Perspektive beleuchten, werden die dem Terroranschlag vorausgehenden
Handlungen erzählt. Hier der Anfang des Romans:

Filmplakat: „Der Knochen-
mann"

Josef Haslinger
OPERNBALL (1995)

Fred ist tot. Die Franzosen haben ihn nicht beschützt. Als die Menschen
vernichtet wurden wie Insekten, schaute ganz Europa im Fernsehen
zu. Fred war unter den Toten. „Gott ist allmächtig", hatte ich als Kind
gehört. Ich stellte mir einen riesigen Daumen vor, der vom Himmel
5 herabkommt und mich wie eine Ameise zerdrückt. Wenn etwas gefährlich oder ungewiß war, hatte Fred gesagt: „Die Franzosen werden mich
beschützen."

Ich saß damals im Regieraum des großen Sendewagens. Vor mir eine
Wand von Bildschirmen. Auf Sendung war gerade die an der Bühnen-
10 decke angebrachte Kamera. Plötzlich ging ein merkwürdiges Zittern
und Rütteln durch die Reihen der Tanzenden. Die Musik wurde kako-
phonisch, die Instrumente verstummten innerhalb von Sekunden.

Ich schaltete auf die Großaufnahme einer Logenkamera und überflog
die Monitore. Die Bilder glichen einander. Menschen schwanken,
15 stolpern, taumeln, erbrechen. Reißen sich noch einmal hoch, können
das Gleichgewicht nicht halten. Stoßen ein letztes Krächzen aus. Fallen
hin wie Mehlsäcke. Einige schreien kurz, andere länger. Ihre Augen
sind weit aufgerissen. Sie sehen, sie spüren, daß sie ermordet werden.
Sie wissen nicht, von wem, sie wissen nicht, warum. Sie können nicht
20 entkommen.

Als es geschah, fand ich Fred nicht auf den Bildschirmen. Er war der
einzige Gedanke, an den ich mich erinnere. Die Aufzeichnung bewies
mir jedoch, daß ich routinemäßig noch ein paar andere Kamerapo-
sitionen abgerufen hatte, bevor mir die Hände versagten. Millionen
25 von Menschen aus ganz Europa schauten den Besuchern des Wiener
Opernballs beim Sterben zu.

Fred wurde erst mein Sohn, als er siebzehn Jahre alt und heroinsüchtig
war. Damals begann ich, um ihn zu kämpfen. Er gewann sein Leben
zurück. Er wollte es festhalten. Er war sich selbst keine Gefahr mehr. Er
30 hatte Tritt gefaßt. Und dann wurde er ermordet. Wir alle sahen zu und
konnten nichts tun.

Um mich herum ein paar Techniker. Einer von ihnen war geistesgegen-
wärtig genug, mein Regiepult zu übernehmen. Die bemannten Kameras lieferten bald nur noch Standbilder, auf denen nacheinander die
35 Bewegungen erstarrten. Stumme Aufnahmen von glitzernden, hohen
Räumen, übersät mit Toten. Fotos von Menschen in Ballkleidern, die
bunt durcheinander im Erbrochenen liegen, umrankt von Tausenden
rosa Nelken. Die drei automatischen Kameras fingen wieder zu schwen-
ken an. Vergeblich suchten sie nach Anzeichen von Leben. Neben mir
40 sprach einer französisch. Ich schwankte hinaus in den Lärm. Ich dachte, ich müsse Fred retten. Draußen herrschte Chaos. Ich drängte mich
durch die Menge, bis ich in die Nähe des Operneingangs kam. Da sah
ich, daß es nichts gab, was ich für Fred noch hätte tun können. Als ich
in den Sendewagen zurückkam, erfuhr ich, daß Michel Reboisson, der
45 Chef von ETV, nach mir verlangt hatte.

ETV blieb europaweit auf Sendung. Eine unerträgliche Stille. Nur zwei
Kameras waren ausgefallen. Die anderen lieferten weiter ihr jeweiliges
Standbild. Sie wurden in langsamer Folge auf Sendung geschaltet.
Jemand schrie ins Telefon: „Musik, wir brauchen Musik!"

50 Wir hatten keine geeignete Aufnahme im Sendewagen. Nach einer Weile wurde vom Studio aus, wo es in dieser Nacht nur einen technischen

JOSEF HASLINGER,
österreichischer Schriftsteller
(geboren 1955)

Wie Haslingers Roman bedient sich auch Urs Eggers Film einer geschickten Montagetechnik. Egger bietet dem Zuschauer kein homogenes, leichtbekömmliches Action-Fernsehen. Der Regisseur inszeniert den in sich zerrissen wirkenden Stoff mit viel Überblick und dem Mut zu permanenten Orts- und Tempowechseln konsequent auf das Finale hin. Im Laufe der Geschichte ändert sich die Erzählweise, der zweite Teil hat in seiner Ästhetik kaum etwas mit den glänzenden Eröffnungsszenen beim Opernball zu tun. Was als rasant geschnittener Fernsehen-im-Fernsehen-Thriller mit medienkritischem Touch beginnt, wandelt sich zum düsteren Gesellschaftsbild.

FRANK JUNGHÄNEL,
BERLINER ZEITUNG

Arbeitsaufgabe

- **Erläutern** Sie in mehrfacher Hinsicht, worin die Düsternis des im Film bzw. im Roman gezeigten Gesellschaftsbildes besteht.

Notdienst gab, das Violinkonzert von Johannes Brahms eingespielt. Der Streit darüber, ob dies die richtige Musik sei, dauerte bis gegen Ende des zweiten Satzes. Dann wurde das Violinkonzert unterbrochen. Es
55 gab Durchsagen der Polizei und der Feuerwehr. Währenddessen wurde Mozarts Requiem gefunden. Wir blieben auf Sendung. Es dauerte fast eine halbe Stunde, bis die Kameras auf den mit Leichen verstopften Korridoren der Wiener Staatsoper wieder Leben einfingen – Männer mit signalroten Schutzanzügen und Gasmasken.

60 Ich sah den Massenmord auf zwanzig Bildschirmen gleichzeitig. Mein einziger Gedanke: Fred ist nicht dabei. Ich finde ihn nicht. Er hat eine neue Kassette geholt. Er ist auf die Toilette gegangen. Er hat Kamera fünf seinem Assistenten überlassen, ist rauchen gegangen. Fred ist starker Raucher. Er ist nicht im Saal. Und doch sehe ich, wie er den Mund
65 aufreißt, wie er auf die am Boden liegende Frau fällt. Ich sehe seinen leblosen Körper, das Erbrochene, das aus seinem Mund auf das weiße Abendkleid herabrinnt. Ich sehe, wie es seinen Kopf mit einem Ruck nach hinten reißt, wie er über die Balkonbrüstung stürzt. Ich sehe, wie sein Gesicht in einem Teller aufschlägt. Ich sehe, wie sich sein Körper
70 zusammenkrampft. Ich sehe, wie er auf der Feststiege zertrampelt wird. Ich kann Fred nicht finden.

Nur noch drei Kameras werden bewegt. Kamera fünf zoomt. Das muß sein Assistent sein. Fred hat die Situation erkannt und ist fortgelaufen. Fred ist nicht mehr in der Oper. Die Franzosen haben ihn beschützt. Er
75 wurde draußen auf der Ringstraße gebraucht. Er kennt sich bei Hebekränen gut aus. Kamera fünf bewegt sich nicht mehr. Sie zeigt eine Loge mit Toten. Fred, wo bist du? Die letzte Kamera stellt die Bewegung ein. Nur noch starre Bilder von starren Körpern. Die *amplifier* der Saalmikrophone zeigen kaum noch Ausschläge. Fred liegt irgendwo unter den
80 Leichenbergen.

JOSEF HASLINGER: OPERNBALL, FISCHER – ALTE RECHTSCHREIBUNG

Geplant und durchgeführt hat diesen Terroranschlag eine Gruppe von ausländerfeindlichen Neonazis, die „Entschlossenen", deren Anführer sich „Der Geringste" nennen lässt. Dieser Gruppe gehört auch der Ingenieur, ein wichtiger Ich-Erzähler, an. Ziel des Anschlages auf die Oper ist es, einen politischen Rechtsruck auszulösen. Geplant war ursprünglich, ein für die Gesundheit unbedenkliches Gas einzuleiten. Dieses wird aber durch die Polizei selbst, die diesen Rechtsruck vorantreiben will, gegen die tödliche Blausäure ausgetauscht. Alle Mitglieder der „Entschlossenen", bis auf den Ingenieur, sterben und der Plan der an der Verschwörung beteiligten Polizeikreise funktioniert. Bei den Wahlen, die aufgrund des Todes der meisten hochrangigen Politiker nun notwendig sind, gewinnt die rechtspopulistische „Nationale Partei" und übernimmt die Macht im Land.

a) **Erläutern** Sie, wodurch die Dramatik im oben angeführten Textabschnitt entsteht.

b) **Überprüfen** Sie die Zeitstruktur in diesem Textabschnitt und **begründen** Sie den Einsatz des Präsens.

c) Überprüfen Sie das Resümee, zu dem WENDELIN SCHMIDT-DENGLER in seiner Besprechung des Romans kommt, auf seine Aktualität:

Es handelte sich nicht um eine willfährige Nachgestaltung dessen, was ohnehin schon durch die Medien zu ahnen war, sondern um eine kühne Antizipation von Ereignissen und Sachverhalten, von Terror und
4 Gefahr, von politischen Konstellationen und Szenarien, die nun, Jahre nach dem Erscheinen des Buches, nichts von ihrer Triftigkeit eingebüßt haben. Dies muß hier mit aller Deutlichkeit festgehalten werden, da
8 damit auch eine Gültigkeit dieses Buches zumindest für die spezifische Situation Österreichs gegeben ist.

WENDELIN SCHMIDT-DENGLER: BRUCHLINIEN I + II, RESIDENZ –
ALTE RECHTSCHREIBUNG

6. Österreichische Literatur der Gegenwart

Text 1

Kathrin Röggla
LIFE (2001)

jetzt also hab ich ein leben. ein wirkliches. in meinem wirklichen leben hab ich ihn schon von weitem laufen gesehen, ich dachte nur nicht, dass er ins haus wolle. er raste direkt hinein in den aufzug, blieb auch erst da stehen neben mir und hat mit seltsamer stimme, so, als müsste
5 er es sich zunächst selbst erzählen, gesagt: „new york is definitely the wrong city to live in at the moment!" jetzt schweigt er. eine weile stehen wir nebeneinander, bis ich ein vorsichtiges „you're right!" von mir gebe. vorsichtig aus scheu vor dem, was er erlebt haben könnte, komme ich doch selbst gerade von der straße, wo ich menschen schreien gesehen
10 habe, heulen, gestikulieren. aber auch eigentümlich ruhige menschen, die einfach nur geradeaus blickten richtung wtc „or the place formerly known as the world trade center", manche mit radios in der hand, die informiertheit suggerieren und so zu kommunikativen anziehungspunkten werden. einen tower haben wir hier eben brennen und einstür
15 zen sehen, ca. einen kilometer entfernt von unserem platz an der ecke houston/wooster street mit ziemlich guter perspektive auf das, was man euphemistisch „geschehen" nennen könnte und was doch weitaus zu groß zu sein scheint, um es irgendwie integrieren zu können in eine vorhandene erlebnisstruktur.

20 ja, da unten sehe ich mich stehen, wie ich für einen augenblick nicht mehr in meinem wirklichen leben vorhanden bin, denn ich sehe nicht nur mich, ich sehe auch einen film. der film heißt: „you can really see it melting." das verrät mir die junge frau aus dem 22nd floor mit tonloser stimme und meint damit den tower. sie findet es total krank, dass die
25 leute fotos davon machen. „i can't believe it! they are taking pictures of a catastrophe!" ich nicke und werde bald genau zu den leuten gehören, die wahllos losfotografieren – doch jedem seine strategie, damit klarzukommen, moralische urteile auf dieser ebene scheinen heute disfunktional. nun, es stehen tatsächlich eine menge fotografierender
30 und filmender leute vor unseren silver towers – das sind die drei wohnblocks zwischen bleecker und houston street mit jeweils ungefähr 30 stockwerken, die zu verlassen die meisten um neun uhr morgens nicht alleine aus neugier unternommen haben, sondern schlicht und einfach aus angst. man wisse ja nicht. schließlich wurde auch eine meldung
35 gebracht, dass da insgesamt acht flugzeuge entführt wurden, also noch

KATHRIN RÖGGLA, österreichische Schriftstellerin (geboren 1971)

vier in der luft sein müssten. und dann seien zudem mehrere szenarien vorstellbar. was da noch kommen könne. da ist auch sofort die angst vor einem „krieg", paranoide vorstellungen, die man hier im augenblick mit vielen menschen teilen kann, unter anderem mit den meisten
40 politikern.

als der zweite tower explodiert – ein anderes wort scheint mir unpassend –, ist es nicht das laute bild, welches das gefühl auslöst, dass „das da" wirklich stattfindet, sondern das relativ leise geräusch. ton- und bildschiene fallen entschieden auseinander in ihrer psychischen
45 wirkung, und wieder ist es die cineastische metapher, die man in den kleinen gesprächen zwischen den herumstehenden menschen in der bleecker street ständig bemüht. gespräche, die man führt, um sich in seine wahrnehmung wieder einzubinden, sich einer realität zu versichern in kleinen kommunikativen gesten voller redundanzen und
50 wiederholungen. trotzdem wird das geschehene dafür nicht nur weitaus zu groß sein, es fehlen bald auch die politischen und historischen kategorien, es in einem größeren zusammenhang zu beschreiben und zu situieren.

später laufe ich meinem wirklichen leben schon etwas hinterher durch
55 greenwich village richtung hudson river. weg von dem rauch, hinaus ins vermeintliche „freie", ans wasser, und man kann mich inzwischen ruhig unter die „picture taking perverts" einreihen, wobei mir das fotografieren nicht wirklich gelingt. es bleibt eine leere geste, nichts wird darauf zu sehen sein. zumindest nicht dieser mitdreißiger, den ich sofort als
60 vietnamveteran beschreiben würde, wäre er nicht zu jung dazu. er regelt auf der kreuzung seventh/greenwich avenue den verkehr. einen geisterverkehr, wie ich feststellen muss, denn er schreit autos an, die es nicht gibt, winkt sie durch. und wenn diese geste doch einmal auf ein real existierendes auto trifft, scheint er es gar nicht zu bemerken. es
65 sind militärische und zugleich panische gesten, die ihn vollkommen besetzt halten. später werde ich noch zwei dieser zivilen fanatiker kennen lernen, die sich in diesen ritus des verkehrsregelns retten. ein eigenartiges amerikanisches phänomen, aber vielleicht meinem fotografieren verwandt. ansonsten relativ wenig durchgeknallte auf der straße. einen
70 kleinen mann sehe ich direkt bei einer ampel stehen. er scheint sich was zu erklären, während es rot wird, während es grün wird, während es rot wird und blinkt. auch davon gibt es einige. doch die meisten wirken einfach wie stillgestellt. man findet sich in gruppen zusammen vor kleinen geschäften, vor die tv-geräte postiert wurden oder radiolautsprecher, in
75 einer gefasstheit, die etwas deplatziert wirkt. der katastrophentourismus wird erst am zweiten tag einsetzen, es kommt einem auch einfach nicht der gedanke, dahin zu gehen, zu „ground zero", „really ground zero", dieser mischung aus todeszone, nuclear fall out area und mondlandschaft, die im fernsehen nicht abbildbar zu sein scheint. sie wirkt wie
80 überbelichtet, seltsam flächig, denn dieses bräunliche weiß schluckt alle kontraste, kassiert die räumliche tiefe, zementiert das bild in monochromie. menschen aus dieser gegend kommen „hier oben" in greenwich village völlig verstaubt an, und auch die transportfahrzeuge, die die west street entlanggrasen, sind bedeckt mit diesem schlickigen staub
85 – zementstaub, so bürgermeister giuliani, ungefährlich, doch wer weiß.

immer noch versuchen alle zu telefonieren. jeder zweite hält in einer mischung aus lethargie und hektik ein handy am ohr, vergeblich, nur selten kommt jemand durch – handies waren an diesem tag auch überall: in den entführten maschinen, im world trade center während der

90 katastrophe, und auch jetzt noch kommunizieren die im schutt einge-
schlossenen via handy mit den rescue-leuten. sie scheinen die einzigen
werkzeuge der „individuals" zu sein, die wir geworden sind in der sprache der einsatzleitung, und man klammert sich obsessiv daran.

Kathrin Röggla: really ground zero. 11. september und
folgendes, Fischer

a) **Erläutern** Sie, was der Titel des Textes mit der Erzählung zu tun hat.

b) **Beschreiben** Sie, wie die Ich-Erzählerin die sich gerade ereignende Katastrophe sprachlich und inhaltlich bewältigt.

c) Die Erzählerin rechnet sich zu den „picture taking perverts". – **Erörtern**
Sie die Problematik des Festhaltens von Katastrophen mit audiovisuel-
len Mitteln.

d) **Recherchieren** Sie die Details der Terroranschläge am 11. September
2001 in den USA und **erläutern** Sie, warum – abgesehen von der hohen
Anzahl an Toten – diese Katastrophe weltweit so nachhaltige und tiefe
Bestürzung ausgelöst hat.

Text 2

Die Rahmenhandlung des Romans „Die Vermessung der Welt" von
Daniel Kehlmann bildet das fiktive Treffen von Carl Friedrich Gauß,
einem großen Mathematiker des 19. Jahrhunderts, mit dem weitgereisten
und berühmten Naturforscher Alexander von Humboldt, der Gauß zum
„Deutschen Naturforscherkongress" in Berlin einlädt. In diese Rahmenhandlung eingebettet werden nach und nach die Biografien der beiden
Wissenschaftler in ihrer diametralen Gegensätzlichkeit ausgebreitet.

Daniel Kehlmann
DIE VERMESSUNG DER WELT (2005)

Die Reise

Im September 1828 verließ der größte Mathematiker des Landes zum
erstenmal seit Jahren seine Heimatstadt, um am Deutschen Naturfor-
scherkongreß in Berlin teilzunehmen. Selbstverständlich wollte er nicht
5 dorthin. Monatelang hatte er sich geweigert, aber Alexander von Humboldt war hartnäckig geblieben, bis er in einem schwachen Moment
und in der Hoffnung, der Tag käme nie, zugesagt hatte.

Nun also versteckte sich Professor Gauß im Bett. Als Minna ihn auffor-
derte aufzustehen, die Kutsche warte und der Weg sei weit, klammerte
10 er sich ans Kissen und versuchte seine Frau zum Verschwinden zu bringen, indem er die Augen schloß. Als er sie wieder öffnete und Minna
noch immer da war, nannte er sie lästig, beschränkt und das Unglück
seiner späten Jahre. Da auch das nicht half, streifte er die Decke ab und
setzte die Füße auf den Boden.

15 Grimmig und notdürftig gewaschen ging er die Treppe hinunter. Im
Wohnzimmer wartete sein Sohn Eugen mit gepackter Reisetasche. Als
Gauß ihn sah, bekam er einen Wutanfall: Er zerbrach einen auf dem
Fensterbrett stehenden Krug, stampfte mit dem Fuß und schlug um
sich. Er beruhigte sich nicht einmal, als Eugen von der einen und Minna
20 von der anderen Seite ihre Hände auf seine Schultern legten und beteu-
erten, man werde gut für ihn sorgen, er werde bald wieder daheim sein,
es werde so schnell vorbeigehen wie ein böser Traum. Erst als seine
uralte Mutter, aufgestört vom Lärm, aus ihrem Zimmer kam, ihn in die

Röggla würde ihrer
eigenen Aussage nach die damalige Titelgebung „life" heute
zu „live" ändern. – **Diskutieren**
Sie, ob der Text durch eine Än-
derung des Titels für Sie eine
andere Bedeutung erhält.

Daniel Kehlmann, deutsch-
österreichischer Schriftsteller
(geboren 1975)

Filmplakat: „Die Vermessung der Welt"

Dass Detlev Bucks Verfilmung nun scheitert, weil die Macher das Buch nicht verstanden haben, kann man gerade nicht behaupten – schließlich hat Kehlmann das Drehbuch mitverfasst und tritt auch noch als Erzähler auf. Was aber überdeutlich wird, ist, dass er und seine Co-Autoren Detlev Buck und Daniel Nocke keinen Weg gefunden haben, der literarischen Raffinesse der Vorlage mit filmischen Mitteln zu entsprechen.

Hannah Pilarczyk,
Der Spiegel

Arbeitsaufgabe

■ Die Verfilmung erhält in fast allen Rezensionen schlechte Kritiken. – **Fassen** Sie unterschiedliche Kritikpunkte am Film aus Ihren Recherche-Ergebnissen **zusammen.**

Wange kniff und fragte, wo denn ihr tapferer Junge sei, faßte er sich.
25 Ohne Herzlichkeit verabschiedete er sich von Minna; seiner Tochter und dem jüngsten Sohn strich er geistesabwesend über den Kopf. Dann ließ er sich in die Kutsche helfen. [...]

Seltsam sei es und ungerecht, sagte Gauß, so recht ein Beispiel für die erbärmliche Zufälligkeit der Existenz, daß man in einer bestimmten Zeit
30 geboren und ihr verhaftet sei, ob man wolle oder nicht. Es verschaffe einem einen unziemlichen Vorteil vor der Vergangenheit und mache einen zum Clown der Zukunft.

Eugen nickte schläfrig.

Sogar ein Verstand wie der seine, sagte Gauß, hätte in frühen Mensch-
35 heitsaltern oder an den Ufern des Orinoko nichts zu leisten vermocht, wohingegen jeder Dummkopf in zweihundert Jahren sich über ihn lustig machen und absurden Unsinn über seine Person erfinden könne. Er überlegte, nannte Eugen noch einmal einen Versager und widmete sich dem Buch. Während er las, starrte Eugen angestrengt aus dem
40 Kutschenfenster, um sein vor Kränkung und Wut verzerrtes Gesicht zu verbergen.

Die Sterne

[...] Hast du das schon einmal getan? Was er [Gauß] denn von ihr denke, fragte sie lachend, und im nächsten Augenblick bauschte sich ihr Unterrock auf dem Boden, und da sie zögerte, zog er sie mit sich,
5 und schon lagen sie nebeneinander und atmeten schwer, und jeder wartete darauf, daß der Herzschlag des anderen sich beruhigte. Als er seine Hand über ihre Brust zum Bauch und dann, er entschied sich, es zu wagen, obwohl ihm war, als müsse er sich dafür entschuldigen, weiter hinabwandern ließ, tauchte die Mondscheibe bleich und be-
10 schlagen zwischen den Vorhängen auf, und er schämte sich, daß ihm ausgerechnet in diesem Moment klar wurde, wie man Meßfehler der Planetenbahnen approximativ korrigieren konnte. Er hätte es gern notiert, aber jetzt kroch ihre Hand an seinem Rücken abwärts. So habe sie es sich nicht vorgestellt, sagte sie mit einer Mischung aus Schre-
15 cken und Neugier, so lebendig, als wäre ein drittes Wesen mit ihnen. Er wälzte sich auf sie, und weil er fühlte, daß sie erschrak, wartete er einen Moment, dann schlang sie ihre Beine um seinen Körper, doch er bat um Verzeihung, stand auf, stolperte zum Tisch, tauchte die Feder ein und schrieb, ohne Licht zu machen: Summe d. Quadr. d. Differenz zw.
20 beob. u. berechn. –> Min., es war zu wichtig, er durfte es nicht verges- sen. Er hörte sie sagen, sie könne es nicht glauben und sie glaube es auch nicht, selbst jetzt, während sie es erlebe. Aber er war schon fertig. Auf dem Weg zurück stieß er mit dem Fuß gegen den Bettpfosten, dann spürte er sie wieder unter sich, und erst als sie ihn an sich zog, bemerk-
25 te er, wie nervös er eigentlich war, und für einen Augenblick wunderte es ihn sehr, daß sie beide, die kaum etwas voneinander wußten, in diese Lage geraten waren. Doch dann wurde etwas anders, und er hatte keine Scheu mehr, und gegen Morgen kannten sie einander schon so gut, als hätten sie es immer geübt und immer miteinander.

Die Höhle

Nach einem halben Jahr in Neuandalusien hatte Humboldt alles unter- sucht, was nicht Füße und Angst genug hatte, ihm davonzulaufen. Er hatte die Farbe des Himmels, die Temperatur der Blitze und die Schwere

⁵ des nächtlichen Rauhreifs gemessen, er hatte Vogelkot gekostet, die Erschütterungen der Erde erforscht und war in die Höhle der Toten gestiegen.

Mit Bonpland bewohnte er ein weißes Holzhaus am Rand der erst kürzlich von einem Beben beschädigten Stadt. Noch immer rissen Stöße

¹⁰ die Menschen nachts aus dem Schlaf, noch immer hörte man, wenn man sich hinlegte und den Atem anhielt, die Bewegungen tief drunten. Humboldt grub Löcher, ließ Thermometer an langen Fäden in Brunnen hinab und legte Erbsen auf Trommelfelle. Das Beben werde gewiß wiederkommen, sagte er fröhlich. Die ganze Stadt liege bald in Trümmern.

¹⁵ Abends aßen sie beim Gouverneur, danach wurde gebadet. Stühle wurden ins Flußwasser gestellt, in leichter Kleidung setzte man sich in die Strömung. Hin und wieder schwammen kleine Krokodile vorbei. Einmal biß ein Fisch dem Neffen des Vizekönigs drei Zehen ab. Der Mann, er hieß Don Oriendo Casaules und hatte einen gewaltigen Schnurrbart,

²⁰ zuckte und starrte ein paar Sekunden reglos vor sich hin, bevor er mehr ungläubig als erschrocken seinen nun unvollständigen Fuß aus dem rot verdunkelten Wasser zog. Er sah mit suchendem Ausdruck um sich, dann sank er zur Seite und wurde von Humboldt aufgefangen. Mit dem nächsten Schiff kehrte er zurück nach Spanien.

²⁵ Häufig kamen Frauen zu Besuch: Humboldt zählte die Läuse in ihren geflochtenen Haaren. Sie kamen in Gruppen, flüsterten miteinander und kicherten über den kleinen Mann in seiner Uniform mit der im linken Auge festgeklemmten Lupe. Bonpland litt unter ihrer Schönheit. Er fragte, wozu eine Statistik über Läuse gut sei. Man wolle wissen, sagte

³⁰ Humboldt, weil man wissen wolle. Noch habe niemand das Vorkommen dieser bemerkenswert widerstandsfähigen Tiere auf den Köpfen der Bewohner der Äquinoktialgegenden untersucht.

DANIEL KEHLMANN: DIE VERMESSUNG DER WELT, ROWOHLT –
ALTE RECHTSCHREIBUNG

a) **Bestimmen** Sie die Erzählhaltung und den sprachlichen Stil, in dem das Werk verfasst ist.

b) **Charakterisieren** Sie Carl Friedrich Gauß und Alexander von Humboldt anhand der angeführten Textstellen.

c) **Markieren** Sie aus Ihrer Perspektive komische Passagen in den angeführten Textstellen und erklären Sie, aufgrund welcher inhaltlicher und sprachlicher Aspekte die Komik entsteht.

d) **Ordnen** Sie die beiden Begriffe „Empirismus" und „Rationalismus" den jeweiligen Forschern **zu** und **begründen** Sie Ihre Entscheidung anhand der Textstellen.

Text 3
Karl Heidemann, der Protagonist von THOMAS RAABS Krimi „Still", kommt mit einem Gehör zur Welt, welches so sensibel ist, dass er alle auch noch so feinen Geräusche (Flügelschläge eines Schmetterlings, Kriechgeräusche von Blindschleichen etc.), die ihn umgeben, hören kann. Karls Mutter Charlotte hat zu allem Überfluss auch noch eine spitze, piepsende, für die Mitmenschen nur schwer ertragbare Stimme. Als Reaktion auf seine Umgebung schreit Karl sich in seinen ersten Lebensmonaten die Seele aus dem Leib, bis sein Vater Johann Heidemann die Problematik erkennt und dem Säugling im Keller des Hauses, in der Sauna, ein schalldichtes Zuhause errichtet. Später wird zudem eine Kamera installiert, damit die

Zu den Begriffen **„Empirismus"** und **„Rationalismus"** siehe WERKZEUG des Kapitels „Aufklärung"

THOMAS RAAB, österreichischer Schriftsteller, Drehbuchautor und Musiker (geboren 1970)

psychisch zermürbte Charlotte auf die Bedürfnisse ihres Kleinkindes reagieren kann.

Karl will den Keller nicht verlassen und wächst dort emotional, sprachlich und kognitiv vollkommen verarmt, von der dörflichen Gemeinschaft isoliert und in großer emotionaler Distanz zu seiner Mutter, die am Verhalten ihres Sohnes psychisch zerbricht, heran.

Eines Tages geht Charlotte mit Karl zum Dorfweiher, entkleidet sich vor ihm und bittet ihn, immer weiter in den Weiher hineingehend, ein einziges Mal das Wort „Mama" zu sagen. Karl sagt dann auch sein erstes Wort, es ist aber ein anderes.

Thomas Raab
STILL (2015)

„Sag es!", brüllte ihm Charlotte nun entgegen.

Dann sprach er.

Klar klang seine Stimme, tief für sein junges Alter. Laut und unmissverständlich schnitt jeder Buchstabe schonungslos seine Schneise durch
5 den Regen.

„Geh."

Beharrlich und schwer wie eine der dunklen Wolken verharrte dieses eine Wort über dem See, als wollte es sichergehen, in seiner ganzen Tragweite verstanden zu werden.

10 Charlotte hingegen blieb nicht stehen.

Jede Regung verschwand aus ihrem Gesicht, während sie rückwärts, ihrem Sohn entgegenblickend, einen Fuß hinter den anderen setzte, so lange, bis langsam ihre Brust, ihre Schultern, ihr Kinn, ihr Mund, ihre bis zum letzten Moment wartenden Augen unter der Oberfläche ver-
15 schwanden. Nur es kam nichts mehr, kein „Bleib", kein „Mama, bitte", kein rettendes Hineinstürzen, nichts.

Alles schien eins zu sein, unmöglich auszunehmen, wo das herabfallende Wasser herkam, die Wolken aufhörten, der Himmel anfing. Und inmitten dieses trüben Schleiers, dieses unbändigen Hämmerns,
20 stand Karl Heidemann, blickte über die leer gewordene Oberfläche und schwieg.

Lange noch verharrte er im weichen Uferkies des Jettenbrunner Weihers, versteinert fast. Wie soll ein Mensch, so sein Fragen, dermaßen lange mit nur einem Atemzug ausharren können? Mehrmals hatte er
25 versucht, den Atem anzuhalten, seinen Blick, seine Sinne auf das Wasser gerichtet. Warten. Auf den Moment, bis auch seine Mutter endlich nach Luft schnappen, wieder auftauchen, zu ihm heraussteigen würde. Nur sie kam nicht.

Karl wusste keine Erklärung.

30 Er wusste nur, dass es gut war.

Wohin auch immer Charlotte nun hatte fortmüssen, die einzigen beiden Wünsche, die Karl in sich verspürte, waren: Dort, wo sie ist, möge sie auch bleiben, und es möge ihr wohl ergehen. So wie ihm, der nichtsahnend, was Sterben bedeutet, keinerlei Verlassenheit, Traurigkeit emp-
35 fand.

Nur Frieden. Frieden, durchströmt von einem für ihn noch nie da gewesenen Zustand innerer Ruhe. [...]

Erlöst sah sie aus, von ihrem eigenen Leid, von der Marter des Lebens.
Erlöst durch etwas Unsichtbares von offenbar gewaltiger Natur. Etwas,
dem seine Mutter aus freiem Willen entgegengegangen war, als wüsste
sie von der bevorstehenden Verzauberung. Etwas, das sie in kurzer Zeit
zu jemand hatte werden lassen, für den Karl mit einem Schlag imstande war, ein für ihn bisher nie da gewesenes Maß an Zuneigung zu
empfinden. Liebe. Nach all den Jahren.

Nur welche Macht, welche Kraft konnte so stark, so versöhnlich sein,
konnte all die Marter mit einem einzigen Schlag beenden? In einem
einzigen Augenblick?

Karl wusste es nicht.

Und wie er da kniend neben dem Weiher diesen unendlichen Frieden
in sich spürte, diese Versöhnung, schälte sich aus all den vielen kurzen
Sätzen, Aphorismen, die er so oft schon grübelnd, nichtsahnend in
seinen Büchern gelesen hatte, einer heraus, wie ein Flüstern, und füllte
sich mit Bedeutung:

In einem Augenblick gewährt die Liebe,
was Mühe kaum in langer Zeit erreicht.
(Johann Wolfgang von Goethe)

Liebe. Ist es das?

Hat sie seine Mutter erlöst?

Behutsam strich Karl Heidemann das nasse Haar aus Charlottes
Gesicht, lautlos weinend, glücklich.

Neugierig.

Und nichts hätte verheerender sein können.

THOMAS RAAB: STILL, DROEMER

Der Tod ist für Karl neu und er meint zu erkennen, dass der Tod für Tiere
und Menschen das Ende eines langen Leidens darstellt. Nach dem Tod
seiner Mutter verlässt Karl den Keller und bezieht das immer schon für ihn
gedachte Zimmer. Auch taucht Karl nun mehr und mehr in der Öffentlichkeit des Dorfes auf, versucht die Geräusche ohne Gehörschutz zu ertragen
und erkennt dadurch, welche besondere Gabe er hat.

Bald kannte Karl nicht nur jede Ecke des Weihers, bald kannte er auch
jeden der Jettenbrunner. Denn die Tage häuften sich, an denen Vater Johann, kaum war der Sohn zu Bett gebracht, seiner Einsamkeit, seinem
wiederkehrenden Schmerz nicht länger Herr wurde und sich dorthin
begab, wo ihm Mensch und Wein gleichermaßen auf andere Gedanken
zu bringen imstande waren: Zum Dorfwirt Oberwaldner.

Tage, an denen sich früher als sonst das Kinderzimmerfenster öffnete. Und während die Jettenbrunner in ihren Stuben saßen, während
dröhnend die Fernsehgeräte liefen, sie sich vom Tag erzählten, einander liebten oder das Verderben wünschten, schlich Karl Heidemann
vorsichtig um ihre Häuser. Groß genug der Abstand, kein Sehen, kein
Gesehenwerden, und doch war er mitten unter ihnen, wusste bald, wie
sehr sich das, was die Menschen einander unter Tags auf offener Straße
erzählten, von dem unterschied, was es nächtens hinter verschlossenen
Türen zu hören gab.

Bald kannte Karl die Abgründe seiner Mitmenschen, wusste von ge-
spielter Freundlich- und gelebter Herzlosigkeit, wusste von öffentlichen

Heiligen und privaten Tyrannen, wusste von offenbarter Gleichgültigkeit und heimlicher Liebe.

[...] Je länger er den Menschen zusah, zuhörte, desto sonder- und uneinschätzbarer erschienen sie ihm, doppelbödig wie Steinobst, außen weich, innen hart, oder umgekehrt, wie das knusprig frische Brot von Adele Konrad.

Nur so viel Karl Heidemann bald auch wusste, er kam nicht weiter auf seiner Suche.

Der Tod, wo kam er her?

Wie wurde er vollzogen?

Durch wen geschenkt?

THOMAS RAAB: STILL, DROEMER

Karl Heidemann kennt bald alle Eigenheiten, alle Wünsche und Geheimnisse der Jettenbrunner, da er sie durch sein Hörvermögen auch aus großer Distanz ausspionieren kann. Zwar ist er aus dem Keller zurückgekehrt an die Oberfläche, dennoch gibt es wenig bis keine Kommunikation mit dem Vater oder anderen Menschen. Karl verharrt in seiner naiven Welt, immer auf der Suche nach einfachsten Erkenntnissen und Erklärungen.

Sein oberstes Anliegen seit dem Tod seiner Mutter ist es, dem Akt des Tötens auf die Spur zu kommen. Als eines Tages das Fliegengitter durch einen Sturm zerstört wird und der Vater damit beginnt, Fliegen zu erschlagen, kommt Karl hinter das große Geheimnis. Nach etlichen Tiertötungsversuchen treibt er in Jettenbrunn – vor allem in der Umgebung und im Teich, in dem seine Mutter den Tod gefunden hat – sein Unwesen und ermordet eine Reihe von Menschen, immer in der Absicht, den Menschen das Leid zu nehmen und ihnen Gutes zu tun.
Als man ihm auf die Schliche kommt, flieht er, wird aber wiederum zum Mörder. Auf seinem Weg trifft er in einem Maisacker auf ein taubstummes Mädchen namens Marie und eine ganz seltsame Liebesgeschichte entwickelt sich.

a) **Charakterisieren** Sie Karl Heidemann anhand der angeführten Informationen und der Textstellen.

b) **Erschließen** Sie Karl Heidemanns Auffassung vom Ableben bzw. Tod eines Menschen anhand der abgedruckten Informationen.

c) **Diskutieren** Sie die Vor- und Nachteile einer herausragenden „Begabung" in den unterschiedlichen Wahrnehmungsbereichen (z. B. Hören, Riechen, Schmecken, Fühlen), im Speziellen aber die Begabung Karl Heidemanns.

 Zum Weiterlesen

a) Karl Heidemann will Gutes tun, er will die Menschen von ihren Nöten und Sorgen befreien, deshalb tötet er sie. – Lesen Sie das Werk und **überprüfen** Sie, ob das bis zum Ende des Romans so bleibt.

b) **Recherchieren** Sie die Inhalte der Werke „Das Parfum" von PATRIK SÜSSKIND und „Schlafes Bruder" von ROBERT SCHNEIDER und **setzen** Sie diese mit dem Inhalt des Romans „Still" in **Beziehung.**

Lyrik nach 1945

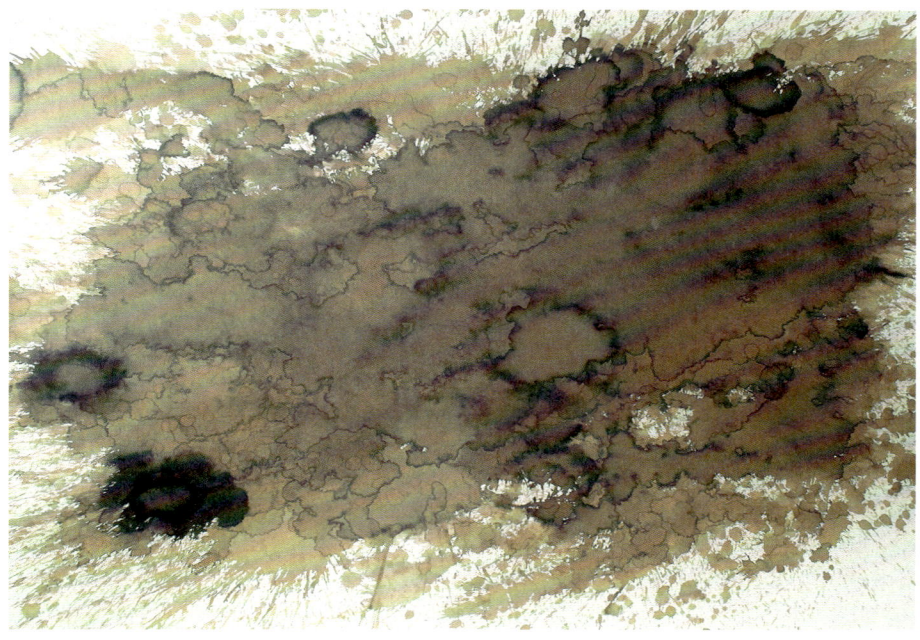

JOSEF TRATTNER: ABSTRAKT-EXPRESSIONISTISCHES WEINBILD (2010)

Die Rache der Sprache ist das Gedicht.

ERNST JANDL

2 Lyrik nach 1945 WERKZEUG

Genau genommen markiert das Jahr 1945 eine historisch-politische Zäsur und nicht den Beginn einer literarischen Epoche. So knüpfen viele Lyriker/innen an literarische Traditionen an, die schon vor und während des Zweiten Weltkriegs bestanden haben. Es ist auch keineswegs so, dass die Stilformen bestimmten Jahrzehnten oder bestimmten Autorinnen und Autoren zuzuordnen wären, vielmehr bestehen sie oft nebeneinander, etliche Lyriker/innen verfassen Werke in verschiedenen lyrischen Formen. Im Folgenden werden Beispiele für unterschiedliche Stilformen der Lyrik nach 1945 gegeben.

Kahlschlag versus Naturmagie

Dem **naturmagischen Gedicht** verhelfen in der Mitte der 1930er-Jahre u. a. WILHELM LEHMANN (1882–1968) und OSKAR LOERKE (1884–1941) zum Durchbruch. Die Werke sind **unpolitisch und unkritisch** und ermöglichen dem Publikum einen Rückzug in die Natur, eine Befriedigung von Sehnsüchten.

Autorinnen und Autoren der jüngeren Generation wie KARL KROLOW (1815–1999), PETER HUCHEL (1903–1981), MARIE LUISE KASCHNITZ (1901–1974) und auch der schon in der NS-Zeit als Hörspiel-Verfasser bekannte GÜNTER EICH (1907–1972) klammern nach dem Zweiten Weltkrieg Politik und Gesellschaft aus ihrer Naturlyrik nicht mehr aus. Die Landschaft wird objektiv geschildert, das lyrische Ich tritt zurück.

Gegen die „Lehmann-Schule" der naturmagischen Gedichte gerichtet interpretieren viele THEODOR W. ADORNOS (1903–1969) Satz: „[...] Nach Auschwitz ein Gedicht zu schreiben, ist barbarisch [...]".

Die Vertreter der **Kahlschlag-Lyrik,** allen voran auch hier GÜNTER EICH und ALFRED ANDERSCH (1914–1980), wollen mit einer neuen Sprache und einer neuen Literatur **von vorne anfangen,** also mit Traditionen brechen. Das Motto lautet „Wahrheit statt Schönheit". Man setzt auf einen Verzicht auf konventionelle Muster, Verknappung der Form und **Schlichtheit der Sprache.**

Hermetische Lyrik

Eine andere **Reaktion auf die Sprachskepsis** ist die Hermetik mit ihrer Loslösung von herkömmlichen Gedicht- und Sprachstrukturen. Wegen ihres unklaren Satzbaus, der Neologismen, paradoxen Wendungen, Metaphern, Symbole und vor allem Chiffren ist die hermetische Lyrik vielschichtig und mehrdeutig. Sie entzieht sich jeglicher Festlegung auf eine einzige Bedeutung. Aufgrund dessen gilt gerade für die hermetische Lyrik, dass es die eine, die „richtige" Interpretationshypothese nicht gibt.

Somit stellt hermetische Lyrik den Versuch dar, Widerstand **gegen einen instrumentellen Gebrauch der Sprache** zu leisten, und zeigt auf, dass das Verhältnis von Sprache und Wirklichkeit nicht so einfach zu bestimmen ist.

Bedeutende Vertreter/innen sind PAUL CELAN (1920–1970), INGEBORG BACHMANN (1926–1973) und KARL KROLOW.

Konkrete Poesie und experimentelle Lyrik

In der konkreten Poesie sind die **Wörter** nicht mehr Bedeutungsträger, sondern werden als **visuelle oder akustische Gestaltungselemente** eingesetzt. Um zur Aussage des Textes zu gelangen, muss man ihn als Ganzes betrachten, die Anordnung der einzelnen Buchstaben und Wörter ist dabei ebenso wichtig wie beispielsweise der Zusammenhang von Text und Titel.

Der Name „konkrete Literatur" stammt vom Schweizer EUGEN GOMRINGER (geb. 1925). Ein berühmter österreichischer Vertreter ist ERNST JANDL (1925–2000), der vor allem mit seinen **Sprechgedichten** bekannt geworden ist. Darunter versteht er Lyrik, die **erst durch lautes Lesen wirksam** wird. Er liest seine Gedichte gerne, von Jazzmusik begleitet, selbst vor.

Auch wenn wir heute mit der Nachkriegsliteratur hauptsächlich die Poesie des Kahlschlags verbinden, war diese doch eher eine Randerscheinung.

Mit Sprache experimentieren auch die Mitglieder der „Wiener Gruppe". H. C. Artmann (1921–2000) wird vor allem dadurch bekannt, dass er **Gedichte im Dialekt** abseits der üblichen Klischees verfasst.

Auch zeitgenössische Autorinnen und Autoren befassen sich mit experimenteller Lyrik. Exemplarisch seien der in Österreich lebende Peter Waterhouse (geb. 1956), Thomas Kling (1957–2005) und Konrad Balder Schäuffelen (1929–2012) genannt.

Politisierung der Lyrik

In den **1960er-Jahren** setzt infolge des Vietnamkriegs und der Jugendrevolte auch in der Lyrik eine Politisierung ein. Ziel ist es, die Gesellschaft zu verändern. Ein Vorbild ist Bertolt Brecht (1898–1956). Zu den Hauptvertretern der **politischen Lyrik** gehören Erich Fried (1921–1988) und Hans Magnus Enzensberger (geb. 1929).

Es entwickelt sich aber auch eine **„Liedermacher"-Szene,** die musikalische Mittel nützt, um kritische Inhalte zu transportieren. Einer der bekanntesten Vertreter ist Wolf Biermann (geb. 1936), aber auch Franz Joseph Degenhardt (1931–2011), Hannes Wader (geb. 1942), Reinhard May (geb. 1942) und der österreichische Maler, Sänger und Dichter Arik Brauer (geb. 1929) zählen dazu.

Alltagslyrik/Neue Subjektivität

Die Alltagslyrik ist gekennzeichnet durch **Einfachheit und Direktheit,** eine **schlichte Sprache** und den weitgehenden Verzicht auf Metaphern. Die verwendeten Wörter stehen für das, was auch in der Alltagssprache darunter verstanden wird. Das **lyrische Ich** erhält wieder eine tragende Rolle.

Im Zentrum stehen Alltägliches, persönliche Erfahrungen, vergleichbar mit einer fotografischen Momentaufnahme. Demgemäß ist der Ton oft beiläufig erzählend.

Die Alltagslyrik kann als Ablehnung der hermetischen Lyrik, später als Reaktion auf die politische Dichtung der 1960er-Jahre gesehen werden.

Wichtige Autorinnen und Autoren sind u. a. Rolf Dieter Brinkmann (1940–1975), Nicolas Born (1937–1979), Wolf Wondratschek (geb. 1943, der allerdings selbst nicht mit der Alltagslyrik in Verbindung gebracht werden will), Karin Kiwus (geb. 1942), Jürgen Theobaldy (geb. 1944) und Sarah Kirsch (1935–2013).

Slam Poetry

Eine formale inhaltliche Definition von Slam Poetry ist beinahe unmöglich. Allerdings ist allen Formen gemein, dass sie für die Präsentation bei einem Poetry Slam, einer **Art modernen Dichterwettstreits,** gedacht sind. Dabei gibt es nur drei Regeln: Die Texte müssen von den Vortragenden selbst verfasst sein, Requisiten dürfen nicht verwendet werden und das vorgegebene Zeitlimit (zumeist zwischen drei und sieben Minuten) muss eingehalten werden. Das Thema hingegen und auch ob der Text ernst, lustig, satirisch etc. ist, ist freigestellt. Über die Platzierung entscheidet oft das Publikum.

Daraus ergeben sich einige Gemeinsamkeiten für Slam Poetry: Da das Publikum angesprochen werden soll, wird **zumeist Alltags- oder Jugendsprache** verwendet, die Themen entstammen der Lebenswelt der Slammer und Zuhörer/innen. Oft greifen Slammer auf traditionelle Stilmittel der Poetik, wie z. B. den Reim, und klassische Formen (Ballade, Hymne etc.) zurück.

Einige Lyriker/innen des 21. Jahrhunderts

Robert Schindel	Christoph W. Bauer	Katharina Schultens
Jan Wagner	Barbara Hundegger	Kerstin Preiwuß
Ludwig Laher		

Arbeitsaufgaben

a) **Bestimmen** Sie die traditionellen Naturmotive in HUCHELS Gedicht.

b) **Untersuchen** Sie das Gedicht nach Stilmitteln, die über ein „herkömmliches" Naturgedicht hinausweisen.

c) **Übersetzen** Sie das Gedicht in Prosa: Welches Bild könnte HUCHEL vor Augen gehabt haben, was ist darauf zu sehen?

d) **Begründen** Sie die Farbgestaltung, die Sie wählen würden, wollten Sie „Die schilfige Nymphe" in ein Gemälde umsetzen.

GÜNTER EICH, deutscher Hörspielautor und Lyriker (1907–1972)

Arbeitsaufgaben „Lyrik nach 1945"

1. Naturmagie

Peter Huchel
DIE SCHILFIGE NYMPHE (1948)

Die schilfige Nymphe,
das Wasser welkt fort,
der Froschbauch der Sümpfe verdorrt.
Am Mittagsgemäuer
5 der Schatten stürzt ein.
Der Hauch tanzt auf Feuer am Eidechsenstein.
Im Mittag der Kerzen,
im Röhricht, das schwieg,
ist traurig dem Herzen Libellenmusik.
10 Die dunkle Libelle
der Seen wird still.
Es tönt nur das grelle herzböse Geschrill.
Es neigt sich die Leuchte
ins Röhricht hinein.
15 Der ödhin verscheuchte Wind kichert allein.

PETER HUCHEL: GESAMMELTE WERKE. BD. 1: DIE GEDICHTE, SUHRKAMP

2. Kahlschlag

Günter Eich
INVENTUR (1947)

Dies ist meine Mütze,
dies ist mein Mantel,
hier mein Rasierzeug
4 im Beutel aus Leinen.

Konservenbüchse:
Mein Teller, mein Becher,
ich hab in das Weißblech
8 den Namen geritzt.

Geritzt hier mit diesem
kostbaren Nagel,
den vor begehrlichen
12 Augen ich berge.

Im Brotbeutel sind
ein paar wollene Socken

und einiges, was ich
16 niemand verrate,

so dient es als Kissen
nachts meinem Kopf.
Die Pappe hier liegt
20 zwischen mir und der Erde.

Die Bleistiftmine
lieb ich am meisten.
Tags schreibt sie mir Verse,
24 die nachts ich erdacht.

Dies ist mein Notizbuch,
dies meine Zeltbahn,
dies ist mein Handtuch,
28 dies ist mein Zwirn.

GÜNTER EICH: GESAMMELTE WERKE, SUHRKAMP

a) **Setzen** Sie den Titel zum Gedicht **in Beziehung.**

b) **Erklären** Sie die Wirklichkeitserfahrung, die das Gedicht widerspiegelt.

c) **Untersuchen** Sie die Sprache nach Merkmalen der Kahlschlag-Lyrik.

d) **Verfassen** Sie ein Gegen-Gedicht und machen Sie selbst Inventur. Es bleibt Ihnen überlassen, ob Sie eine Bestandsaufnahme über Ihre Schulsachen, jene Dinge, die Sie mithaben, wenn Sie am Abend ausgehen, Ihr Leben etc. machen.

3. Hermetische Lyrik

„Todesfuge" ist eines der bekanntesten Nachkriegsgedichte und gilt als typisches Beispiel der hermetischen Lyrik.

Paul Celan
TODESFUGE (1948)

Schwarze Milch der Frühe wir trinken sie abends
wir trinken sie mittags und morgens wir trinken sie nachts
3 wir trinken und trinken
wir schaufeln ein Grab in den Lüften da liegt man nicht eng
Ein Mann wohnt im Haus der spielt mit den Schlangen der schreibt
6 der schreibt wenn es dunkelt nach Deutschland dein goldenes Haar
     Margarete
er schreibt es und tritt vor das Haus und es blitzen die Sterne er pfeift
     seine Rüden herbei
er pfeift seine Juden hervor läßt schaufeln ein Grab in der Erde
9 er befiehlt uns spielt auf nun zum Tanz

Schwarze Milch der Frühe wir trinken dich nachts
wir trinken dich morgens und mittags wir trinken dich abends
12 wir trinken und trinken
Ein Mann wohnt im Haus der spielt mit den Schlangen der schreibt
der schreibt wenn es dunkelt nach Deutschland dein goldenes Haar
     Margarete
15 Dein aschenes Haar Sulamith wir schaufeln ein Grab in den Lüften da
     liegt man nicht eng
Er ruft stecht tiefer ins Erdreich ihr einen ihr andern singet und spielt
er greift nach dem Eisen im Gurt er schwingts seine Augen sind blau
18 stecht tiefer die Spaten ihr einen ihr andern spielt weiter zum Tanz auf

Schwarze Milch der Frühe wir trinken dich nachts
wir trinken dich mittags und morgens wir trinken dich abends
21 wir trinken und trinken
ein Mann wohnt im Haus dein goldenes Haar Margarete
dein aschenes Haar Sulamith er spielt mit den Schlangen
24 Er ruft spielt süßer den Tod der Tod ist ein Meister aus Deutschland
er ruft streicht dunkler die Geigen dann steigt ihr als Rauch in die Luft
dann habt ihr ein Grab in den Wolken da liegt man nicht eng

27 Schwarze Milch der Frühe wir trinken dich nachts
wir trinken dich mittags der Tod ist ein Meister aus Deutschland
wir trinken dich abends und morgens wir trinken und trinken
30 der Tod ist ein Meister aus Deutschland sein Auge ist blau
er trifft dich mit bleierner Kugel er trifft dich genau
ein Mann wohnt im Haus dein goldenes Haar Margarete
33 er hetzt seine Rüden auf uns er schenkt uns ein Grab in der Luft
er spielt mit den Schlangen und träumet der Tod ist ein Meister aus
     Deutschland
dein goldenes Haar Margarete
36 dein aschenes Haar Sulamith

PAUL CELAN: MOHN UND GEDÄCHTNIS. GEDICHTE, DVA –
ALTE RECHTSCHREIBUNG

Sulamith = weiblicher Vorname hebräischen Ursprungs

a) **Recherchieren** Sie die Biografie von PAUL CELAN.

b) Ein leitmotivisches Bild dieses Gedichts ist *„schwarze Milch der Frühe"*. Assoziieren Sie in Wortsonnen jeweils, was Sie mit den Begriffen „schwarz", „Milch" und „Frühe" verbinden. – **Diskutieren** Sie anschließend mit Ihren Mitschülerinnen/Mitschülern, welche Bedeutung Sie diesem Bild zusprechen.

c) **Erklären** Sie, womit Sie den Mann, der in einem Haus wohnt, verbinden.

d) **Listen** Sie in tabellarischer Form **auf,** was die beiden Personengruppen („Wir" und „der Mann") tun bzw. was ihnen zugeschrieben wird und was Sie mit diesen Tätigkeiten/Zuschreibungen verbinden.

e) **Entwerfen** Sie Ihre persönliche Interpretationshypothese für das Gedicht.

f) CELAN nennt sein Gedicht „Todesfuge". – **Recherchieren** Sie, was man in der Musik unter einer Fuge versteht. **Erklären** Sie anschließend, inwiefern CELAN dieses Formprinzip in seinem Gedicht realisiert.

g) **Erläutern** Sie, warum „Todesfuge" als prototypisches Beispiel für hermetische Lyrik gilt.

4. **Experimentelle Lyrik**

Ernst Jandl
WIEN: HELDENPLATZ (1966)

der glanze heldenplatz zirka
versaggerte in maschenhaftem männchenmeere
drunter auch frauen die ans maskelknie
zu heften heftig sich versuchten, hoffensdick
5   und brüllzten wesentlich.

verwogener stirnscheitelunterschwang
nach nöten nördlich, kechelte
mit zu nummernder aufs bluten feilzer stimme
hinsensend sämmertliche eigenwäscher.

10   pirsch!
döppelte der gottelbock von Sa-Atz zu Sa-Atz
mit hünig sprenkem stimmstummel.
balzerig würmelte es im männechensee
und den weibern ward so pfingstig ums heil
15   zumahn: wenn ein knie-ender sie hirschelte.

ERNST JANDL: DAS RÖCHELN DER MONA LISA, VOLK UND WELT

a) Das Gedicht ist geprägt von Kunstwörtern. – Wählen Sie je ein „neues" Nomen, Verb und Adjektiv und **notieren** Sie Ihre Assoziationen dazu in Form einer Wortsonne.

b) Da ERNST JANDL das Gedicht selbst kommentiert hat, wissen wir, dass es in Erinnerung an HITLERS Kundgebung 1938 am Heldenplatz, die JANDL als 13-Jähriger beobachtet hat, entstanden ist. – **Nennen** Sie Wörter/Wortgruppen, die mit dem Ereignis in Verbindung gebracht werden können (z. B. „stirnscheitelunterschwang" spielt auf die Frisur HITLERS an).

c) Das Wortmaterial dieses Gedichts lässt sich drei Themenbereichen zuordnen: der Jägersprache, der Sexualität und HITLER/Nationalsozialismus. – **Nennen** Sie auch zu den ersten beiden Themenbereichen Beispiele.

Der Heldenplatz am 15. März 1938

d) JANDL sollte man gehört haben! Im Internet finden sich etliche Originalaufnahmen von Gedichtvorträgen JANDLS. – **Hören** Sie sich einige davon an.

e) **Bereiten** Sie „wien: heldenplatz" für einen Vortrag **vor.** Überlegen Sie im Vorfeld, welche Stimmung Sie den einzelnen Strophen zusprechen. Sie können Ihren Vortrag auch – ähnlich wie JANDL selbst es oft gemacht hat – von Musik begleiten lassen oder auch mit Bildmaterial hinterlegen.

5. Konkrete Poesie

„sie liebt mich (nicht)" ist ein Werk des zeitgenössischen Wiener Künstlers ANATOL KNOTEK (geb. 1977).

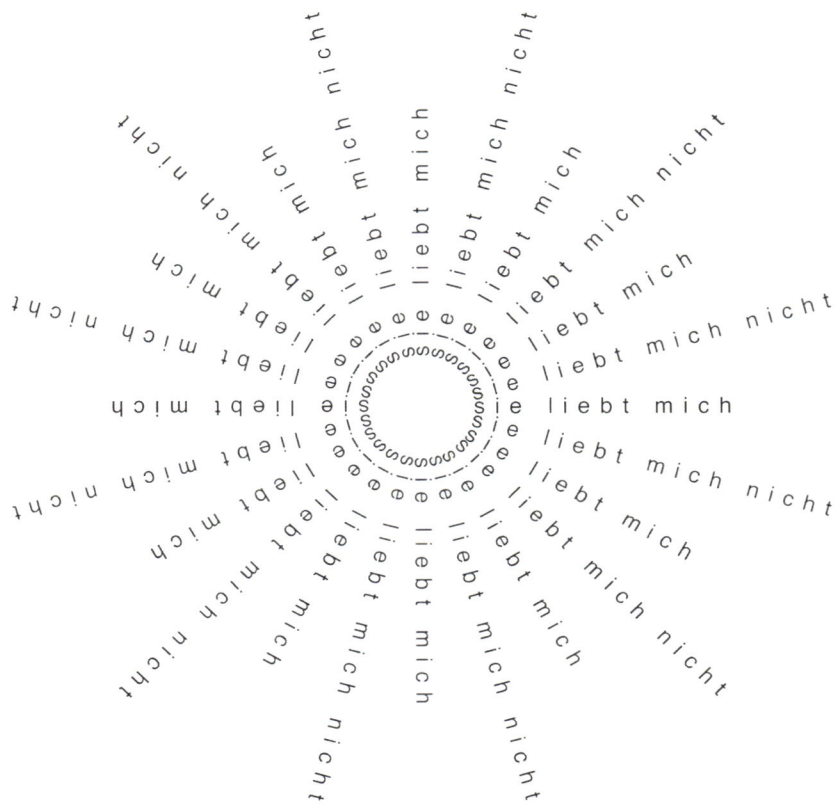

WWW.ANATOL.CC

a) Betrachten Sie das Gedicht und **erklären** Sie, woran Sie die bildliche Darstellung erinnert.

b) **Setzen** Sie Ihre Assoziationen mit dem Titel **in Beziehung.**

6. Dialektdichtung

H. C. Artmann
BLAUBOAD 1 (1958)

i bin a ringlschbüübsizza
und hob scho sim weiwa daschlong
und eanare gebeina
4 untan schlofzimabon fagrom.

heit lod i ma r ei di ochte
zu einen libesdraum
daun schdöl i owa s oaschestrion ei
8 und bek s me n hakal zaum!

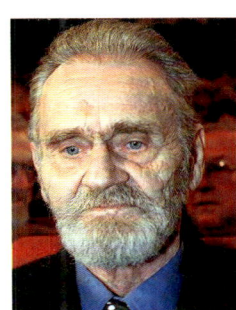

H. C. ARTMANN, österreichischer Schriftsteller (1921–2000)

zusammenpecken = niederschlagen

den Gstieß geben = die Beziehung beenden

so fafoa r e med ole maln
wäu ma d easchte en gschdis hod gem –
das s mii amoe darwischn wean
12   doss wiad kar mendsch darlem!

i bin a ringlgschbüübsizza
(und schlof en da nocht nua bein liacht
wäu i mi waun s so finzta is
16   fua de dodn weiwa fiacht ...)

KLAUS REICHERT (HG.): THE BEST OF H. C. ARTMANN, SUHRKAMP

a) **Übertragen** Sie das Gedicht ins Standarddeutsche oder in einen Dialekt, den Sie beherrschen. Kleiner Tipp: Das Gedicht lässt sich leichter verstehen, wenn man es laut liest.

b) **Tragen** Sie Ihre Gedichtvarianten **vor, vergleichen** Sie die Dialektversion(en) mit den standarddeutschen hinsichtlich ihrer Wirkung.

c) H. C. ARTMANN ist bekannt für seinen schwarzen Humor. – **Erklären** Sie, wie sich der schwarze Humor in diesem Gedicht zeigt.

7. **Politische Dichtung**

Erich Fried
GRÜNDE (1966)

„Weil das alles nichts hilft
sie tun ja doch was sie wollen

Weil ich mir nicht nochmals
4   die Finger verbrennen will

Weil man nur lachen wird:
Auf dich haben sie gewartet

Und warum immer ich?
8   Keiner wird es mir danken

Weil da niemand recht durchsieht
sondern höchstens noch mehr kaputtgeht

Weil jedes Schlechte
12   vielleicht auch sein Gutes hat

Weil es Sache des Standpunktes ist
und überhaupt wem soll man glauben?

Weil auch bei den andern nur
16   mit Wasser gekocht wird

Weil ich das lieber
Berufeneren überlasse

Weil man nie weiß
20   wie einem das schaden kann

Weil sich die Mühe nicht lohnt
weil sie alle das gar nicht wert sind"

Das sind Todesursachen
24   zu schreiben auf unsere Gräber

die nicht mehr gegraben werden
wenn das die Ursachen sind.

ERICH FRIED: GESAMMELTE WERKE. GEDICHTE 1, WAGENBACH

ERICH FRIED, österreichischer Lyriker, Übersetzer und Essayist (1921–1988)

a) In diesem Gedicht zitiert Fried „Gründe" für die Distanzierung von politischem Handeln gegen den Vietnamkrieg, die er so von Menschen auf der Straße gehört hat. – **Diskutieren** Sie mit Ihren Mitschülerinnen/Mitschülern, ob das Wissen um den historischen Kontext notwendig ist, um das Gedicht zu verstehen.

b) **Erschließen** Sie, was hinter der Aussage steht, dass unsere Gräber nicht mehr gegraben werden, wenn unsere Ausreden, unser Untätigsein die Ursachen für Krieg sind.

c) **Begründen** Sie, dass es sich bei diesem Gedicht um politische Lyrik handelt.

8. Alltagslyrik

Rolf Dieter Brinkmann
EINEN JENER KLASSISCHEN ... (1975)

Einen jener klassischen
schwarzen Tangos in Köln, Ende des
Monats August, da der Sommer schon

4 ganz verstaubt ist, kurz nach Laden-
Schluß aus der offenen Tür einer

dunklen Wirtschaft, die einem
Griechen gehört, hören, ist beinahe

8 ein Wunder: für einen Moment eine
Überraschung, für einen Moment

Aufatmen, für einen Moment
eine Pause in dieser Straße,

12 die niemand liebt und atemlos
macht, beim Hindurchgehen. Ich

schrieb das schnell auf, bevor
der Moment in der verfluchten

16 dunstigen Abgestorbenheit Kölns
wieder erlosch

Rolf Dieter Brinkmann: Westwärts 1 & 2. Gedichte, Rowohlt – alte Rechtschreibung

a) **Beschreiben** Sie die Situation, in der sich das lyrische Ich befindet.

b) Brinkmanns Gedicht ist quasi eine „Momentaufnahme". – **Benennen** Sie, was dieser Moment für das lyrische Ich bedeutet.

c) **Erklären** Sie, warum dieses Gedicht als typisch für die Alltagslyrik gelten kann.

d) **Diskutieren** Sie mit Ihren Mitschülerinnen/Mitschülern, was dieses Gedicht von einem Prosatext unterscheidet.

e) **Verfassen** Sie eine eigene „Momentaufnahme" eines besonderen, alltäglichen, überraschenden etc. Moments. Wählen Sie die Form dafür (Lyrik, Prosa) selbst.

f) Verfassen Sie eine **Textinterpretation** zum Gedicht „Einen jener klassischen ..." und bearbeiten Sie die folgenden Arbeitsaufträge:

- **Beschreiben** Sie die Situation, in der sich das lyrische Ich befindet.
- **Analysieren** Sie die formale und sprachliche Gestaltung des Gedichts.
- **Deuten** Sie das Gedicht unter Berücksichtigung des folgenden Zitates von Goethe: „[...] [H]alten Sie immer an der Gegenwart fest. Jeder Zustand, ja jeder Augenblick ist von unendlichem Wert, denn er ist der Repräsentant einer ganzen Ewigkeit."
- **Beurteilen** Sie die Möglichkeiten von Literatur, Momente vor dem Erlöschen zu bewahren.

Schreiben Sie zwischen 405 und 495 Wörter. Markieren Sie Absätze mittels Leerzeilen.

9. Alltagslyrik? – Hermetische Lyrik?

Friederike Mayröcker
„DIE SCHERBEN EINES GLÄSERNEN FRAUENZIMMERS"
(CARL EINSTEIN) (1990)

mich flieht der Schlaf
ich hocke auf dem Boden mit angezogenen Beinen
aus dem Kasten das Zweite Brandenburgische Konzert
nicht aufzufinden Freundesstimme tröstlicher Blick
5 ein junger Dichter schreibt mir
ob ich ebenso oft wie er daran denken muß
daß wir allein sterben
es ist der dreiundzwanzigste Dezember
vier Uhr morgens
10 aus meiner rechten Nase sickert das Blut

FRIEDERIKE MAYRÖCKER: DAS BESESSENE ALTER. GEDICHTE 1986–91,
SUHRKAMP – ALTE RECHTSCHREIBUNG

FRIEDERIKE MAYRÖCKER nimmt in diesem Gedicht Bezug auf den ersten Satz von CARL EINSTEINS 1912 erschienenem Prosawerk „Bebuquin oder Die Dilettanten des Wunders": *„Die Scherben eines gläsernen, gelben Lampions klirrten auf die Stimme eines Frauenzimmers: wollen Sie den Geist Ihrer Mutter sehen?"* Der „Anti-Roman" ohne klare Handlung wurde in den 1970er-Jahren wiederentdeckt.

a) **Nennen** Sie Assoziationen, die Sie mit „gläsernes Frauenzimmer" verbinden.

b) **Beschreiben** Sie die Situation und Stimmung, in der sich das lyrische Ich befindet.

c) **Erklären** Sie, warum das Gedicht zur Alltagslyrik gezählt werden könnte.

d) **Erläutern** Sie, welche Merkmale des Gedichts eher für die Zuordnung zur hermetischen Lyrik sprechen.

FRIEDERIKE MAYRÖCKER,
österreichische Schriftstellerin
(geboren 1924)

10. Liebesgedicht? – Neue Subjektivität

Ulla Hahn
IRRTUM (1988**)**

Und mit der Liebe sprach er ists
wie mit dem Schnee: fällt weich
mitunter und auf alle
4 aber bleibt nicht liegen.

Und sie darauf die Liebe ist
ein Feuer das wärmt im Herd
verzehrt wenns dich ergreift
8 muß ausgetreten werden.

So sprachen sie und so griff
er nach ihr sie schlugs nicht aus
und blieb auch bei ihm liegen.
12

Er schmolz sie ward verzehrt
sie glaubten bis zuletzt an keine Liebe
16 die bis zum Tode währt.

ULLA HAHN: SÜSSAPFEL ROT. GEDICHTE, RECLAM –
ALTE RECHTSCHREIBUNG

a) **Geben** Sie die Gemeinsamkeit und die Unterschiede zwischen „ihr"
und „ihm" zum Thema „Liebe" **wieder.**

b) **Erklären** Sie, worin der „Irrtum" aus dem Titel besteht.

c) **Bestimmen** Sie die äußere Form des Gedichts.

d) **Untersuchen** Sie die sprachlichen Mittel und ihre Wirkung.

11. Poesie, zum Vortrag gedacht

Nora Gomringer
DAHEIM (2005)

Mamaundpapaundkindundkinderschwesterundkinder
bruderundkinderonkelundhoppehoppeundfallefalleinden
grabenundgefressenvonrabenundangesabbertvomhund
4 undmeerschweinundseinekurzenbeinchenverschwinden
imschlundundgelbervogelimkäfigundnachbarund
nachbarsfrauundputzeundputzesmannundmamasloverundpa
pasblondeundpapasblondeshellesundmamastabletten
8 undhundehitzeundnachbarskatzeundidylleinderreihe

NORA GOMRINGER: KLIMAFORSCHUNG (SPOKEN WORD 2), VOLAND
& QUIST

a) **Beschreiben** Sie das Zuhause, das in diesem Gedicht gezeigt wird.

b) **Untersuchen** Sie die Wirkung des häufigen Gebrauchs der Konjunk-
tion „und".

c) **Setzen** Sie die äußere Form des Gedichts mit dem Inhalt in **Beziehung.**

NORA GOMRINGER,
schweizerisch-deutsche
Schriftstellerin (geboren 1980)

 Den Vortrag des Gedichtes von Nora Gomringer finden Sie unter: www.trauner.at/Gomringer_Daheim.aspx

d) Entwerfen Sie eine Hypothese zur Bedeutung der Anspielung auf das Kinderlied „Hoppe, hoppe Reiter".

e) Interpretieren Sie das Gedicht, indem Sie es für einen Vortrag vorbereiten. Nehmen Sie Ihre Version auf oder tragen Sie sie im Klassenverband vor. **Vergleichen** Sie Ihre Interpretation mit jener Ihrer Mitschüler/innen und **diskutieren** Sie eventuelle Unterschiede.

Vergleichen Sie Ihre Versionen anschließend mit jener von Nora Gomringer. Den Link zu Gomringers Vortrag finden Sie in der Randspalte.

f) Diskutieren Sie mit Ihren Mitschülerinnen/Mitschülern, was dieses Gedicht von einem Prosatext unterscheidet.

12. **Neue Sprachkunst: Lyrik im Blocksatz**

Barbara Köhler
NEWSPAPER (1995)

Wir nehmen die gekauften Nachrichten hin
nicht wahr wir legen sie ab einen Vorrat an
Versprechen & Verbrechen 100 Prozent
Altpapier bis zur Entsorgung gestapeltes
5 Gestern nehmen wir an nicht wahr was wir
ablesen hält uns auf dem laufenden hält
nichts an und kein Versprechen ist halt-
barer als der Tod der anderen nicht wahr
nur eine Drohung eine Leere die Stellung
10 der Schrift unter Druck das Papier woran
wir uns halten ist recyclebar in Zukunft
ist eine LebensVersicherung das Wahre es
dreht sich alles um uns du sag doch was
es ist nicht wahr sag doch ist nicht war

Barbara Köhler: Blue Box. Gedichte, Suhrkamp

a) Das Gedicht kommt ohne Satzzeichen aus und bietet somit unterschiedliche Varianten, es zu lesen. – **Setzen** Sie die fehlenden Satzzeichen und **bereiten** Sie das Gedicht für einen Vortrag **vor. Vergleichen** Sie Ihre Lösung mit jener Ihrer Mitschüler/innen.

b) Erklären Sie, worauf die Wendung „*Vorrat an Versprechen & Verbrechen*" anspielt.

c) Analysieren Sie die Wirkung der Wortwiederholungen.

d) Untersuchen Sie das Gedicht hinsichtlich besonderer Formalien.

e) Setzen Sie die Form der Box (Blocksatz) mit dem Inhalt **in Beziehung.**

f) Entwerfen Sie eine Interpretationshypothese. **Diskutieren** Sie diese mit Ihren Mitschülerinnen/Mitschülern.

g) Bringen Sie das Gedicht in eine herkömmliche Form. **Überprüfen** Sie, ob bzw. inwiefern sich dadurch die Wirkung verändert.

Drama nach 1945

Man kann eine Tragödie auch in einem Witz erzählen, aber es bleibt trotzdem eine Tragödie.

HARALD SCHMID

3 Drama nach 1945 — WERKZEUG

Theater der Grotesken/Parabeltheater

Im Parabeltheater steht ein parabelartiges Geschehen im Mittelpunkt. Wie auch bei der epischen Form der Parabel **verweist der konkret dargestellte Fall auf etwas Allgemeines.**

Vertreter des Parabelstücks nach 1945 sind vor allem die Schweizer Autoren Max Frisch („Andorra", 1961) und Friedrich Dürrenmatt („Die Physiker", 1962). Vor allem bei Dürrenmatt ist aber auch das **Groteske** ein wichtiges darstellerisches Mittel. Dabei wird **Grauenvolles mit komischen Zügen** verknüpft. Er selbst bezeichnet das Groteske, die Übersteigerung als einziges wirksames Mittel, um der Zuseherin/dem Zuseher einen Blick auf die wahre Natur der Welt zu ermöglichen.

Das absurde Theater

Im absurden Drama werden die Entfremdung des Menschen von sich selbst und das Gefühl der Sinnlosigkeit der Existenz in grotesk-komischen, teils irrealen Szenen thematisiert.

Es gibt **keine logisch fortschreitende Handlung** mehr, sondern nur Reflexionen, Dialoge ohne augenscheinlichen Sinn. Sie setzt unvermittelt ein und führt zu keinem sinnvollen Abschluss. Die **Figuren sind nur noch Typen,** die sich nicht entwickeln. Sie reden aneinander vorbei, werden nicht verstanden, sodass Sprache als sinnentleert und formelhaft entlarvt wird. Bühnenelemente, Gestik usw. werden als dem Dialog gleichwertig eingesetzt, sodass die Sprache bis zum Verstummen reduziert wird (pantomimische Darstellung).

Im deutschsprachigen Raum wird absurdes Theater zwar auf die Bühne gebracht, es gibt aber kaum Autoren desselben. Am ehesten sind noch Wolfgang Hildesheimer („Die Uhren", 1959), George Tabori („Mein Kampf", 1987), Günter Grass („Noch zehn Minuten bis Buffalo", 1958) und Thomas Bernhard („Ein Fest für Boris", 1970) zu nennen, die in ihren Werken Elemente des absurden Dramas adaptiert haben. Wolfgang Bauers verloren geglaubtes, erst 2015 wiedergefundenes Werk „Der Rüssel" (1962 verfasst) wird von Literaturwissenschaftlerinnen und Literaturwissenschaftlern als eines der wenigen konsequenten deutschsprachigen Beispiele des absurden Theaters bezeichnet.

Wichtige **Vertreter des absurden Dramas** sind u. a.:
- Eugène Ionesco
- Samuel Beckett
- Jean Genet
- Harold Pinter
- Václav Havel

Das Dokumentartheater

Die Autorinnen und Autoren des dokumentarischen Theaters greifen historische oder aktuelle Ereignisse auf, indem sie mehr oder weniger unverändert **juristische oder historische Dokumente** (Akten, Protokolle, Berichte etc.) verarbeiten. Bedeutende **Vertreter** sind u. a. Peter Weiss („Die Ermittlung", 1965), Heinar Kipphardt („In der Sache J. Robert Oppenheimer", 1964), Tankred Dorst („Toller", 1968) und Hans Magnus Enzensberger („Das Verhör von Habana", 1970). Elemente des dokumentarischen Theaters finden sich auch in Rolf Hochhuths Drama „Der Stellvertreter" (1963).

Vertreter/innen des zeitgenössischen Dokumentartheaters sind u. a.:
- Rimini Protokoll
- Hans-Werner Krösinger
- Boris Nikitin
- Volker Lösch

Experimentieren mit und über Sprache

Literaturwissenschaftler/innen bezeichnen die Sprache und die Lust am Experimentieren als zentrales gemeinsames Kennzeichen der modernen österreichischen Dramatik.

Als besonders wichtig für die sprachlichen und die dramaturgischen Innovationen gelten Thomas Bernhard, Peter Handke und Elfriede Jelinek, deren Wirken nicht nur in Österreich Spuren hinterlassen hat.

Elfriede Jelinek erhielt 2004, Peter Handke 2019 den Literaturnobelpreis.

In HANDKES frühen Stücken, seinen sogenannten **„Sprechstücken"**, wird die Sprache zum Gegenstand seiner Dramatik. Sein erstes Stück „Publikumsbeschimpfung" (1966) hat keine Handlung im herkömmlichen Sinn. Vorgestellt wird quasi eine angewandte Theorie eines neuen Theaters. In seinem ersten umfangreichen Stück „Kaspar" (1967) wird Sprache einerseits als Mittel des Herrschaftssystems, andererseits als Mittel der Orientierung in der Realität dargestellt.

Auch in BERNHARDS Bühnenstücken findet sich keine Handlung im herkömmlichen Sinne. Dargestellt werden Menschen außerhalb der Gesellschaft, Menschen in Krankheit und in einer Welt der Kälte, auch Künstlerexistenzen stellen immer wieder ein Thema dar. Typisch sind lange Monologe, in denen Missstände aufgezeigt werden und (mitunter harsche) Kritik geübt wird. Die dabei eingesetzten Stilmittel der Übertreibung und der Groteske führen zu komischen Momenten. Wegen seiner immer wieder an Österreich geübten Kritik wurde er (vor allem von der Boulevard-Presse) als **„Nestbeschmutzer"** gebrandmarkt. Sein letztes Drama „Heldenplatz" (1988) führte sogar zu einem regelrechten Theaterskandal. „Heldenplatz" spielt nach dem Selbstmord des jüdisch-österreichischen Mathematikprofessors Josef Schuster. Anlässlich des Begräbnisses reflektieren Familie und Hausangestellte sein Leben und stimmen Schimpftiraden an über den noch immer andauernden Antisemitismus der Wiener/innen und die Verderbtheit der Politik, die als Grund für den Selbstmord Schusters in der Nähe des Heldenplatzes gesehen wird.

Ebenso umstritten und gefeiert wie BERNHARD war und ist auch ELFRIEDE JELINEK. Auch sie steht der politischen und gesellschaftlichen Situation in Österreich kritisch gegenüber. Ihre Dramen drehen sich um die Unterdrückung des Menschen (vor allem der Frauen) in unserer Konsum- und Medienwelt, um die Vorfälle während der Zeit des Nationalsozialismus und eben um die kritische Auseinandersetzung mit Österreich. Dabei bedient sie sich der Verfremdung der dramatischen Form. So verzichtet sie z. B. auf Dialoge, gestaltet ihre Texte als lange, oft über Seiten hinweg absatzlose „Textflächen", wie JELINEK es selbst nennt. Ihre neueren Werke beinhalten auch keine Regieanweisungen mehr.

Das neue sozialkritische Volksstück

Anfang der 1970er-Jahre knüpfen Autorinnen/Autoren wieder an das Volksstück ÖDÖN VON HORVÁTHS (1901–1938) an. Im Zentrum stehen dabei Gesellschaftskritik und die Unfähigkeit zur Kommunikation. **Wichtige Vertreter** sind PETER TURRINI („Rozznjagd", „Sauschlachten"), FELIX MITTERER („Stigma. Eine Passion", „Sibirien. Ein Monolog", „Kein schöner Land"), WOLFGANG BAUER („Party for Six", „Magic Afternoon"), FRANZ XAVER KROETZ („Das Nest", „Oberösterreich") und MARTIN SPERR („Jagdszenen aus Niederbayern").

Jüngere und jüngste deutschsprachige Dramatik

Das zeitgenössische Drama ist in Gestalt und Form uneinheitlich. Neben den etablierten Autorinnen/Autoren werden zunehmend Theaterstücke junger Dramatiker/innen auf die Bühne gebracht. Dafür mitverantwortlich ist u. a., dass die Theater ein Netz der **Autorenförderung** aufbauen (etliche beschäftigen sogar eigene Hausautorinnen/-autoren) und zahlreiche Festivals ins Leben gerufen worden sind.

Kritisiert wird manchmal, dass diese Dramen sich hauptsächlich mit persönlichen Themen statt mit sozialer Gesellschaftskritik beschäftigen (z. B. Berufsleben, Krankheit etc.). Etliche Dramatiker/innen befassen sich aber auch mit historischen Themen, Kapitalismuskritik, politisch aktuellen Themen und Migration.

Weitere wichtige Dramatiker/innen sind u. a.:
- WERNER SCHWAB („Fäkaliendramen")
- MARLENE STREERUWITZ
- FRANZOBEL
- BOTHO STRAUSS
- GERT JONKE

Einige der Vertreter des neuen Volksstücks schreiben auch Drehbücher für **Fernsehproduktionen,** z. B. FELIX MITTERER („Die Piefke-Saga") und PETER TURRINI („Alpensaga"), die anfangs vom Publikum kontroversiell diskutiert werden.

Zum **Volksstück** siehe auch WERKZEUG-Blätter der Kapitel „Biedermeier", „Realismus" und „Literatur der Zwischenkriegszeit"

Vertreter/innen sind z. B.:
- EWALD PALMETSHOFER
- KATHRIN RÖGGLA
- THOMAS ARZT
- PHILIPP WEISS
- NATASCHA GANGL
- FERDINAND SCHMALZ
- ROLAND SCHIMMELPFENNIG

F<small>RIEDRICH</small> D<small>ÜRRENMATT</small>,
schweizerisch-deutscher
Schriftsteller (1921–1990)

 Arbeitsaufgaben „Drama nach 1945"

1. Parabeltheater

Die Multimilliardärin Claire Zachanassian kehrt in F<small>RIEDRICH</small> D<small>ÜRREN-</small>
M<small>ATTS</small> Stück „Der Besuch der alten Dame" nach 45 Jahren in ihre Heimatstadt Güllen zurück, die vor dem wirtschaftlichen Ruin steht. Weil die
Einwohner/innen Güllens sich von der alten Dame finanzielle Hilfe erwarten, bilden sie ein Empfangskomitee am Bahnhof. Claire Zachanassian
entsteigt mit ihrem siebenten Ehemann, Bediensteten, einem Panther und
ihrem Gepäck samt Sarg dem Zug. Bei dem Begrüßungsfest kommt es zu
folgender Szene:

Friedrich Dürrenmatt
DER BESUCH DER ALTEN DAME (1956)

Claire Zachanassian: Bürgermeister, Güllener. Eure selbstlose Freude
über meinen Besuch rührt mich. Ich war zwar ein etwas anderes Kind,
als ich nun in der Rede des Bürgermeisters vorkomme, in der Schule
wurde ich geprügelt, und die Kartoffeln für die Witwe Boll habe ich
5 gestohlen, gemeinsam mit Ill, nicht um die alte Kupplerin vor dem
Hungertode zu bewahren, sondern um mit Ill einmal in einem Bett zu
liegen, wo es bequemer war als im Konradsweilerwald oder in der Peter-
schen Scheune. Um jedoch meinen Beitrag an eure Freude zu leisten,
will ich gleich erklären, dass ich bereit bin, Güllen eine Milliarde zu
10 schenken. Fünfhundert Millionen der Stadt und fünfhundert Millionen
verteilt auf alle Familien.

Totenstille

D<small>ER</small> B<small>ÜRGERMEISTER</small> *stotternd:* Eine Milliarde.

Alle immer noch in Erstarrung.

15 C<small>LAIRE</small> Z<small>ACHANASSIAN</small>: Unter einer Bedingung.

*Alle brechen in einen unbeschreiblichen Jubel aus. Tanzen herum, stehen auf
die Stühle, der Turner turnt usw. Ill trommelt sich begeistert auf die Brust.*

I<small>LL</small>: Die Klara! Goldig! Wunderbar! Zum Kugeln! Voll und ganz mein
Zauberhexchen! *Er küsst sie.*

20 D<small>ER</small> B<small>ÜRGERMEISTER</small>: Unter einer Bedingung, haben gnädige Frau
gesagt. Darf ich diese Bedingung wissen?

C<small>LAIRE</small> Z<small>ACHANASSIAN</small>: Ich will die Bedingung nennen. Ich gebe euch
eine Milliarde und kaufe mir dafür Gerechtigkeit.

Totenstille.

25 D<small>ER</small> B<small>ÜRGERMEISTER</small>: Wie ist dies zu verstehen, gnädige Frau?

C<small>LAIRE</small> Z<small>ACHANASSIAN</small>: Wie ich es sagte.

D<small>ER</small> B<small>ÜRGERMEISTER</small>: Die Gerechtigkeit kann man doch nicht kaufen!

C<small>LAIRE</small> Z<small>ACHANASSIAN</small>: Man kann alles kaufen.

D<small>ER</small> B<small>ÜRGERMEISTER</small>: Ich verstehe immer noch nicht. [...]

30 D<small>ER</small> B<small>UTLER</small>: Treten Sie vor, Herr Ill.

I<small>LL</small>: *Bitte. Er tritt vor den Tisch rechts. Lacht verlegen. Zuckt die Achseln.*

D<small>ER</small> B<small>UTLER</small>: Es war im Jahr 1910. Ich war Oberrichter in Güllen und
hatte eine Vaterschaftsklage zu behandeln. Claire Zachanassian, damals
Klara Wäscher, klagte Sie, Herr Ill, an, der Vater ihres Kindes zu sein.

35 *Ill schweigt.*

DER BUTLER: Sie bestritten damals die Vaterschaft, Herr Ill. Sie hatten zwei Zeugen mitgebracht.

ILL: Alte Geschichten. Ich war jung und unbesonnen.

CLAIRE ZACHANASSIAN: Führt Koby und Loby vor, Toby und Roby.

40 *Die beiden kaugummikauenden Monstren führen die beiden blinden Eunuchen, die sich fröhlich an der Hand halten, in die Mitte der Bühne. [...]*

DER BUTLER: 1910 war ich der Richter und ihr die Zeugen. Was habt ihr geschworen, Ludwig Sparr und Jakob Hühnlein, vor dem Gericht zu Güllen?

45 DIE BEIDEN: Wir hätten mit Klara geschlafen, wir hätten mit Klara geschlafen.

DER BUTLER: So habt ihr vor mir geschworen. Vor dem Gericht, vor Gott. War dies die Wahrheit?

DIE BEIDEN: Wir haben falsch geschworen, wir haben falsch geschworen.

50 DER BUTLER: Warum, Ludwig Sparr und Jakob Hühnlein?

DIE BEIDEN: Ill hat uns bestochen, Ill hat uns bestochen. [...]

DER BUTLER: [...] Claire Zachanassian ließ euch suchen. In der ganzen Welt, Jakob Hühnlein war nach Kanada ausgewandert und Ludwig Sparr nach Australien. Aber sie fand euch. Was hat sie dann mit euch getan?

55 DIE BEIDEN: Sie gab uns Toby und Roby. Sie gab uns Toby und Roby.

DER BUTLER: Und was haben Toby und Roby mit euch gemacht?

DIE BEIDEN: Kastriert und geblendet, kastriert und geblendet. [...]

DER BUTLER: Was geschah mit dem Kind, Klägerin?

CLAIRE ZACHANASSIAN *leise:* Es lebte ein Jahr.

60 DER BUTLER: Was geschah mit Ihnen?

CLAIRE ZACHANASSIAN: Ich wurde eine Dirne.

DER BUTLER: Weshalb?

CLAIRE ZACHANASSIAN: Das Urteil des Gerichts machte mich dazu.

DER BUTLER: Und nun wollen Sie Gerechtigkeit, Claire Zachanassian?

65 CLAIRE ZACHANASSIAN: Ich kann sie mir leisten. Eine Milliarde für Güllen, wenn jemand Alfred Ill tötet.

FRIEDRICH DÜRRENMATT: DER BESUCH DER ALTEN DAME, DIOGENES

Die Bewohner Güllens lehnen das Angebot entrüstet ab, geben jedoch bald deutlich mehr Geld aus. Ill, einst angesehener Bürger, der sich der Solidarität seiner Mitbürger sicher gewesen ist, bekommt es mit der Angst zu tun. Die Stimmung gegen ihn wird zunehmend feindseliger, schließlich fordert ihn der Bürgermeister auf, Selbstmord zu begehen. Letztendlich beschließen die Bürger Güllens, Ill für seine Tat zu bestrafen und ihn umzubringen. Als Ill bei der Versammlung eintrifft, bilden die Güllener eine Gasse, das Licht geht aus; als es wieder hell wird, ist Ill tot. Claire überreicht dem Bürgermeister einen Scheck und reist samt Ills Leichnam ab.

a) **Bestimmen** Sie, worin sich in diesem Szenenausschnitt/dem Drama das Groteske zeigt.

b) **Erschließen** Sie die „Lehre", die hinter dieser „tragischen Komödie" (wie DÜRRENMATT selbst das Stück nennt) stehen könnte.

c) **Diskutieren** Sie mit Ihren Kolleginnen/Kollegen: Lässt sich Gerechtigkeit kaufen?

„Der Besuch der alten Dame" wurde mehrmals verfilmt. Versuchen Sie der folgenden Adaptionen habhaft zu werden:

- „Der Besuch" (1964, Regie: BERNHARD WICKI)
- „Der Besuch der alten Dame" (2008, Regie: NIKOLAUS LEYTNER)

Arbeitsaufgaben

a) **Beschreiben** Sie die Veränderungen, die in den Verfilmungen vorgenommen wurden.

b) **Untersuchen** Sie, ob sich durch die vorgenommenen Änderungen die Aussage des Dramas ändert.

c) **Diskutieren** Sie, welche Änderungen bei einer Verfilmung eines literarischen Werks für Sie eine Berechtigung haben und welche einen „Verrat" am Kunstwerk darstellen.

SAMUEL BECKETT, irischer
Schriftsteller und Literaturnobelpreisträger (1906–1989)

2. Absurdes Theater: „Warten auf Godot"

In diesem Zweiakter von SAMUEL BECKETT warten zwei Männer, Estragon
und Wladimir, irgendwo an einer Landstraße auf Godot, der allerdings nie
erscheint. Jeder der beiden Akte umfasst einen Tag in einer unbestimmten
Zeit. Während die Protagonisten warten, entspinnen sich absurde Dialoge
zwischen ihnen. Am Ende jeden Aktes erscheint ein Knabe mit der Nachricht, dass Godot verhindert sei, aber ganz bestimmt am nächsten Tag
kommen werde.

Samuel Beckett
WARTEN AUF GODOT (1952)

ESTRAGON: Ich suche.

Schweigen

WLADIMIR: Wenn man sucht, hört man.

ESTRAGON: Eben.

5 WLADIMIR: Wenn man hört, kann man nichts finden.

ESTRAGON: Stimmt.

WLADIMIR: Wenn man hört, kann man nicht denken.

ESTRAGON: Man denkt aber doch.

WLADIMIR: Ach was, das ist unmöglich.

10 ESTRAGON: Ja richtig, wir wollen einander widersprechen.

WLADIMIR: Unmöglich.

ESTRAGON: Meinst du?

WLADIMIR: Keine Gefahr mehr, daß wir denken.

ESTRAGON: Worüber beklagen wir uns dann?

15 WLADIMIR: Denken ist nicht das Schlimmste.

ESTRAGON: Gewiß, gewiß, aber das ist doch schon etwas.

WLADIMIR: Wieso, das ist doch schon etwas?

ESTRAGON: Ja, richtig, wir wollen uns Fragen stellen.

WLADIMIR: Was willst du damit sagen, das ist doch schon etwas?

20 ESTRAGON: Das ist doch schon etwas weniger.

WLADIMIR: Eben.

ESTRAGON: Also? Wie wär's, wenn wir uns mal freuten?

WLADIMIR: Das Schreckliche ist eben, gedacht zu haben.

ESTRAGON: Ist uns das je passiert?

25 WLADIMIR: Woher kommen all diese Leichen?

ESTRAGON: Diese Gebeine.

WLADIMIR: Eben.

ESTRAGON: Richtig.

WLADIMIR: Wir müssen doch wohl ein wenig gedacht haben.

30 ESTRAGON: Ganz am Anfang.

SAMUEL BECKETT: WARTEN AUF GODOT, SUHRKAMP –
ALTE RECHTSCHREIBUNG

a) Der Titel des Werks ist sprichwörtlich geworden. – **Nennen** Sie dessen Bedeutung im heutigen Sprachgebrauch.

b) Das Drama wurde und wird ganz unterschiedlich interpretiert. BECKETT selbst verweigerte eine Interpretation, stellte aber klar, dass mit Godot nicht Gott gemeint sei. – **Diskutieren** Sie mit Ihren Klassenkolleginnen/ Klassenkollegen mögliche Deutungen.

c) Das Drama wird nach wie vor interpretiert. – **Überprüfen** Sie folgende Hypothese, die FRANZ M. WUKETITS in der Wiener Zeitung veröffentlichte:

5

10

15

[...] Mir kam eine Parallele in den Sinn, an die Interpreten bisher wohl nicht gedacht haben, es sei denn, sie haben sich mit Erkenntnistheorie beschäftigt und dabei Karl Popper (1902–1994) gelesen. Popper schreibt Folgendes: „Unsere Situation ist immer die eines schwarzen Mannes, der in einem schwarzen Keller nach einem schwarzen Hut sucht, der vielleicht gar nicht dort ist." Das will heißen: Wir verfügen über kein sicheres Wissen, wir vermuten bloß, wie die Welt „da draußen" aussieht und tasten herum, um uns irgendwie – im Dienste unseres Überlebens – zurechtzufinden. Wir sitzen oft Irrtümern auf, machen Fehler und sind ständig damit beschäftigt, unsere Fehler zu korrigieren.
So wie sich der „schwarze Mann" zwar in einer hoffnungslosen Situation findet, aber immerhin etwas sucht, so ist auch die Situation von Estragon und Wladimir hoffnungslos, aber sie warten immerhin auf etwas oder jemanden. Der schwarze Hut ist vielleicht nicht im Keller, aber man kann ihn ja dort suchen. Godot kommt vielleicht nicht, aber man kann auf ihn warten.

FRANZ M. WUKETITS, WIENER ZEITUNG

3. Dokumentartheater

„Die Ermittlung. Oratorium in 11 Gesängen" von PETER WEISS hat den Auschwitzprozess (Dezember 1963 bis August 1965) als Grundlage. Zu seinem Text kam WEISS durch seine Mitschriften als Prozessbeobachter und durch Aufzeichnungen eines Journalisten. „Die Ermittlung" ist aber keine bloße Wiedergabe, WEISS ordnet die Fakten elf „Gesängen" zu, die jeweils einer Station im Konzentrationslager entsprechen. So beginnt das Drama mit dem „Gesang von der Rampe" und endet mit dem „Gesang von den Feueröfen".

PETER WEISS, DEUTSCH-SCHWEDISCHER SCHRIFT-STELLER (1916–1982)

Peter Weiss
DIE ERMITTLUNG. ORATORIUM IN 11 GESÄNGEN (1965)

Gesang vom Unterscharführer Stark III

RICHTER:	Angeklagter Stark Haben Sie nie bei Vergasungen mitgewirkt
ANGEKLAGTER 12:	Einmal mußte ich da mittun
RICHTER:	Um wieviel Menschen handelt es sich
ANGEKLAGTER 12:	Es können 150 gewesen sein Immerhin 4 Lastwagen voll
RICHTER:	Was für Häftlinge waren es

	ANGEKLAGTER 12:	Es war ein gemischter Transport
10	RICHTER:	Was hatten Sie zu tun
	ANGEKLAGTER 12:	Ich stand draußen vor der Treppe
		nachdem ich die Leute
		ins Krematorium geführt hatte
		Die Sanitäter
15		die für die Vergasung zuständig waren
		hatten die Türen zugeschlossen
		und trafen ihre Vorbereitungen
	RICHTER:	Woraus bestanden die Vorbereitungen
	ANGEKLAGTER 12:	Sie stellten die Büchsen bereit
20		und setzten sich Gasmasken auf
		dann gingen sie die Böschung hinauf
		zum flachen Dach
		Im allgemeinen waren 4 Leute erforderlich
		Diesmal fehlte einer
25		und sie riefen
		daß sie noch jemanden brauchten
		Weil ich der einzige war der hier rumstand
		sagte Grabner
		Los
30		hier helfen
		Ich bin aber nicht gleich gegangen
		Da kam der Schutzhaftlagerführer und sagte
		Etwas plötzlich
		Wenn Sie nicht raufgehen
35		werden Sie mit reingeschickt
		Da mußte ich hinauf
		und beim Einfüllen helfen
	RICHTER:	Wo wurde das Gas eingeworfen
	ANGEKLAGTER 12:	Durch Luken in der Decke
40	RICHTER:	Was haben denn die Menschen da unten gemacht
		in diesem Raum
	ANGEKLAGTER 12:	Das weiß ich nicht
	RICHTER:	Haben Sie nichts gehört von dem
		was sich da unten abspielte
45	ANGEKLAGTER 12:	Die haben geschrien
	RICHTER:	Wie lange
	ANGEKLAGTER 12:	So 10 bis 15 Minuten
	RICHTER:	Wer hat den Raum geöffnet
	ANGEKLAGTER 12:	Ein Sanitäter
50	RICHTER:	Was haben Sie da gesehn
	ANGEKLAGTER 12:	Ich habe nicht genau hingesehn
	RICHTER:	Hielten Sie das was ich Ihnen zeigte
		für unrecht
	ANGEKLAGTER 12:	Nein durchaus nicht
55		Nur die Art
	RICHTER:	Was für eine Art

ANGEKLAGTER 12:   Wenn jemand erschossen wurde
das war etwas anderes
Aber die Anwendung von Gas
60   das war unmännlich und feige

RICHTER: Angeklagter Stark
Während Ihrer Studien zur Reifeprüfung
kam Ihnen da niemals ein Zweifel
an Ihren Handlungen

65   ANGEKLAGTER 12:   Herr Vorsitzender
ich möchte das einmal erklären
Jedes dritte Wort schon in unserer Schulzeit
handelte doch von denen
die an allem schuld waren
70   und die ausgemerzt werden mußten
Es wurde uns eingehämmert
daß dies nur zum besten
des eigenen Volkes sei
In den Führerschulen lernten wir vor allem
75   alles stillschweigend entgegenzunehmen
Wenn einer noch etwas fragte
dann wurde gesagt
Was getan wird geschieht nach dem Gesetz
Da hilft es nichts
80   daß heute die Gesetze anders sind
Man sagte uns
Ihr habt zu lernen
Ihr habt die Schulung nötiger als Brot
Herr Vorsitzender
85   Uns wurde das Denken abgenommen
Das taten ja andere für uns

Zustimmendes Lachen der Angeklagten

PETER WEISS: DIE ERMITTLUNG. ORATORIUM IN 11 GESÄNGEN,
ROWOHLT – ALTE RECHTSCHREIBUNG

a) **Recherchieren** Sie, was unter einem „Oratorium" zu verstehen ist. –
Erklären Sie anschließend, warum PETER WEISS sein Drama „Oratorium
in 11 Gesängen" genannt hat.

b) **Geben** Sie die „Erklärungen"/Ausreden **wieder,** die der Angeklagte 12
verwenden, um sein Verbrechen zu begründen.

c) Als das Stück 1965 parallel auf 15 Bühnen in der BRD und der DDR
uraufgeführt wurde, war die Kritik keineswegs nur positiv. Als Negati-
vum wurde z. B. angeführt, dass damit der Holocaust „ästhetisiert" und
verharmlost würde. – **Diskutieren** Sie mit Ihren Mitschülerinnen/Mit-
schülern, was für und was gegen die Darstellung von historischen oder
aktuellen Barbareien auf der Bühne spricht.

4. Sprachkritik: „Kaspar" von PETER HANDKE

HANDKE schreibt in der Einleitung zu seinem Stück: „*Das Stück ‚Kaspar'
zeigt nicht, wie ES WIRKLICH ist oder WIRKLICH WAR mit Kaspar Hauser.
Es zeigt, was MÖGLICH IST mit jemandem. Es zeigt, wie jemand durch
Sprechen zum Sprechen gebracht werden kann. Das Stück könnte auch
‚Sprechfolterung' heißen.*"

Zu Beginn hat Kaspar Hauser nur einen einzigen Satz: „*Ich möchte ein
solcher werden wie einmal ein andrer gewesen ist.*" Von sogenannten Einsa-
gern wird ihm dieser Satz zuerst ausgetrieben, anschließend die Sprache
in Form von Satzmustern, Wendungen und grammatischen Strukturmo-
dellen eingedrillt. Mittels dieser Sprachschulung wird Kaspar auch mani-
puliert und in die gewünschte gesellschaftliche Rolle gepresst.

Weitere Kaspars, die sich mit Feilen, Schaumgummi etc. in eine Lärmorgie
steigern, treten auf. Schließlich werden alle Kaspars vom sich schließen-
den Vorhang umgeworfen.

Peter Handke
KASPAR (1968)

Textausschnitt 1:

EINSAGER: Du hast einen Satz, den du vom Anfang zum Ende und vom
Ende zum Anfang sprechen kannst. Du hast einen Satz zum Bejahen
und zum Verneinen. Du hast einen Satz zum Leugnen. Du hast einen
Satz, mit dem du dich müde und wach machen kannst. Du hast einen
5   Satz, mit dem du jede Unordnung in Ordnung bringen kannst: mit
dem du jede Unordnung im Vergleich zu einer anderen Unordnung als
verhältnismäßige Ordnung bezeichnen kannst: mit dem du jede Unordnung zur Ordnung erklären kannst: dich selber in Ordnung bringen
kannst: jede Unordnung wegsprechen kannst. Du hast einen Satz, an
10 dem du dir ein Beispiel nehmen kannst. Du hast einen Satz, den du
zwischen dich und alles andere stellen kannst. Du bist der glückliche
Besitzer eines Satzes, den dir jede unmögliche Ordnung möglich und
jede mögliche und wirkliche Unordnung unmöglich machen wird: der
dir jede Unordnung austreiben wird.

Textausschnitt 2:

EINSAGER: Je liebevoller der Tisch gedeckt ist, desto lieber kommst du
nach Hause. Je größer die Raumnot, desto gefährlicher die Gedanken.
Je freudiger du arbeitest, desto eher findest du zu dir selber. Je sicherer
dein Auftreten, desto leichter dein Vorwärtskommen. Je besser das
5   gegenseitige Vertrauen, desto erträglicher das Zusammenleben. Je
feuchter die Hand, desto unsicherer der ganze Mensch. Je sauberer die
Wohnung, desto sauberer der Bewohner. Je weiter nach Süden, desto
fauler die Leute.
KASPAR: Je mehr Holz auf dem Dach, desto mehr Schimmel im Back-
10 ofen. Je mehr Städte unterkellert, desto mehr Umtriebe auf den Kohle-
halden. Je heller die Wäschestricke, desto mehr Erhängte im Handels-
teil. Je nachdrücklicher die Forderung nach Vernunft im Gebirge, desto
einschmeichelnder die Wolfsgesetze der freien Natur.

Textausschnitt 3:

KASPAR: Ich weiß, wo alles hingehört. Ich habe den Blick für das rechte Maß. Ich nehme nichts in den Mund. Ich kann bis drei lachen. Ich bin brauchbar. Ich höre auf große Entfernungen Holz verwesen. Ich nehme nichts mehr wörtlich. Ich kann es nicht erwarten aufzuwachen, während ich es früher nicht erwarten konnte, einzuschlafen. Ich bin zum Sprechen gebracht. Ich bin in die Wirklichkeit übergeführt. Hört ihr's? *(Stille.)* Hört ihr? *(Stille.)* Pst. *(Stille.)*

PETER HANDKE: KASPAR, SUHRKAMP

a) KASPAR HAUSER hat tatsächlich gelebt. – **Recherchieren** Sie, wer die historische Person war und welche Mythen sich um sie ranken.

b) **Recherchieren** Sie, was mit dem Begriff „Kaspar-Hauser-Syndrom" gemeint ist. **Setzen** Sie den Begriff mit dem historischen KASPAR HAUSER und mit dem Kaspar in HANDKES Stück **in Beziehung.**

c) Ein zentraler Begriff in HANDKES „Kaspar" ist Ordnung. – **Erklären** Sie den Zusammenhang zwischen Sprache und Ordnung, wie er in Textausschnitt 1 hergestellt wird.

d) In Textausschnitt 2 lehrt der Einsager vordergründig grammatikalische Strukturen. Hinter jedem der Beispiele steckt aber auch eine „Lehre". – Wählen Sie drei davon und **erläutern** Sie die Wertvorstellungen, die damit transportiert werden.

e) **Beschreiben** Sie Kaspars Reaktion auf die Sprachbeispiele (Textausschnitt 2).

f) **Erschließen** Sie das Resümee, das Kaspar in Textausschnitt 3 zieht.

5. An den Grenzen des Theaters: WOLFGANG BAUERS Mikrodramen

Wolfgang Bauer
LUKREZIA (1964)

Einakter

Personen: Lukrezia

Die Bühne:

ist ein Tollkirschenhag im November. (Nebel). Lukrezia kniet, blau gekleidet, drin und lächelt düster. Nimmt ein Einsiedeglas zur Hand, hebt es an den Mund, flüstert hinein:

LUKREZIA: Kompott ...

Vorhang

Ende

WOLFGANG BAUER: WERKE. BD. 1: EINAKTER UND FRÜHE DRAMEN, DROSCHL

a) **Untersuchen** Sie, welche „Bestandteile" eines Dramas in „Lukrezia" vorhanden sind und welche fehlen.

b) **Diskutieren** Sie die möglichen Absichten, die BAUER mit diesem Mikrodrama verfolgt.

FELIX MITTERER,
österreichischer Autor
(geboren 1948)

6. **Kritischer Blick auf die Gesellschaft: „Kein Platz für Idioten"**

Sebastian, genannt Wastl, ist der geistig behinderte Sohn der Bauernfamilie Möllinger. Für diese ist er nur eine Last, für die sie keine Gefühle aufbringen, er wird wüst beschimpft und misshandelt. Erst als sich der alte Plattl-Hans um ihn kümmert, erfährt er das erste Mal Zuneigung und wird gefördert. Hin und wieder besuchen die beiden auch das Dorfgasthaus. Dort entspinnt sich zwischen dem Wirt, der auch Bürgermeister ist, und dem Plattl-Hans (Alten) folgender Dialog:

Felix Mitterer
KEIN PLATZ FÜR IDIOTEN (1977)

ALTER: Verstehst mi, Bürgermoaster? Der Bua war ja zu nix nutz! Er hat nit amal ordentlich den Stall ausdermistet, geschweige denn Holz derhackt oder was halt so z'tuan is! Und vor allem hat er sie gfürchtet! Vorm Traktor hat er si gfürchtet und vor die Küah und vor die Eltern,
5 vor alle Menschen! Er war oanfach zu nix nutz! Und deswegen, Bürgermoasta, ham s'ihn mir geben, und nit, weil sie so christliche Menschen sein und an alten Mann was Guates tuan wollten! Des möchte i a grad amal gsagt haben!

WIRT: Was erzählst des mir? Erzähl des de Möllinger!

10 ALTER: Des geht di genauso an, als Bürgermoaster! Und no was sag i dir: Des hätt nit sein müaßen, daß der Bua so worden is, na, na, des hätt nit sein müaßen! Ganz selber sein s' schuld gwesen, die Möllinger, daß es alleweil schlimmer worden is mit ihm, statt besser! Sie ham ihn ja von kloan auf geschlagen! Jeder hat'n ghaut. Hat er ins Bett brunzt,
15 nacha hat'n zerst die Muatter mit'n nassen Leintuch hergfotzt und dann no der Vater mit'n Leibriemen! Weil sie gmoant ham, des nutzt was, de saublöden Leut! Dabei hat er immer öfter ins Bett brunzt, je mehr sie'n ghaut ham. Und je mehr sie'n ghaut ham, desto öfter hat er seine Anfälle kriagt! I woaß es ja, wia's zuagangen is! I hab ja scho
20 früher manchmal ausgholfen bei ihnen! Wenn er umgfallen is, ham s' ihn liegenlassen, wo er glegen is! Der wird scho wieder aufstehn, ham sie gsagt! Nutzt eh nix! Mir können eh nix machen! Herrgott, ham sie neben ihm gsagt, Herrgott, warum hast du uns denn so strafen müaßen, daß du uns so a Unglück schickst! Wär er doch glei tot auf die Welt
25 kommen, wär besser gwesen! Ham sie gsagt! Neben dem Buam!

Der Junge hat den Kopf gesenkt, kämpft mit den Tränen.

ALTER: Und wenn er was sagen wollt, ham s' ihm's Maulhalten angschafft, weil er sich so schwer tan hat mit'n Reden! Ja, da hat er nacha überhaupt nix mehr gredet. Alleweil stiller is er worden, und alleweil
30 mehr Angst hat er kriagt. Ja, manchmal hat er si den ganzen Tag im Heu oben versteckt und is erst am Abend wieder außakrochen, wenns dunkel worden is! Und koa Mensch hat nach ihm gfragt! Koa Mensch! Koaner hat si kümmert um ihn! Und wenn er amal nimmer auftaucht wär, dann wär ihnen des eh's Liabste gwesen!

35 WIRT: Du, Hans ...

ALTER: Jaja! Er hat koa Ahnung ghabt von der Welt. Er hat gmoant, die Welt hört hinterm Berg auf! I hab ihm ja erst alles zoagen müaßen und sagen, wia's hoaßt. Ja, er hat nit amal gwußt, was a Haselnuß is, was a Butterblume is, oder a Reh oder a Fuchs. Sie ham ihm ja verboten,
40 daß er außigeht! Und wenn Bsuach kommen is, von auswärts, nacha hams'n in Keller gsperrt, wia a wildes Viech! Weil sie sich so gschamt haben, wegen ihm. Des muaßt dir vorstellen!

WIRT: Aber in d'Schul hamma'n gschickt!

ALTER: Ja freilich, wia des mit der Schul gwesen is, des woaßt du ganz
genau! Mit zehn Jahr hams'n in die erste Klaß geb'n! Nach drei Tag
hat'n der Lehrer scho wieder hoamgschickt, mit an Zettel für die Eltern,
daß der Bua unfähig is, irgendwas zu lernen. Der Bua is oanfach zu
dumm, hat er gsagt, der Lehrer! Schwachsinnig is er! Der wird nia a
Wort schreiben oder lesen können, dafür legt er sei Hand ins Feuer, der
Lehrer! Jetzt wer i amal hingehen zu ihm, zum Lehrer! Dann wer i ihn
bei der Hand nehmen, wer mit ihm zum Ofen gehen und sagen: So,
Herr Lehrer, jetzt leg die Hand ins Feuer, wiast es versprochen hast! Der
Bua kann jetzt nämlich lesen und schreiben! Und mehr als oa Wort! Ja,
fast den halben Reinmichl-Kalender hab i scho glesen mit ihm!

WIRT: Des glaub i nit!

ALTER: Ja, des is doch uns gleich, ob du des glaubst oder nit! *(Schaut
den Jungen an:)* Was, Mandl?

Der Junge lächelt.

ALTER: Jetzt hab i den Buam zwoa Jahr bei mir. Nach an dreiviertel Jahr
hat er scho das ganze Alphabet auswendig können. Und's Einmaleins
kann er a scho! Der Bua is nämlich gar nit so blöd, wia ihr moants! Und
a nit so ungschickt! Jetzt stellt er si ganz vernünftig an! *(Schaut den Jungen an.)* Was, Mandl? Den ganzen Sommer hamma ihnen heuer beim
Heun geholfen! Und ins Bett macht er a nimmer. Und die Anfälle sin a
viel seltener worden! So is des, Bürgermoaster!

Kleine Pause. Dem Bürgermeister ist alles sehr lästig und unangenehm.

WIRT: Ja, Hans, jetzt hast ma die Predigt ghalten, und jetzt muaß i dir
was sagen!

ALTER: Ah, richtig, du wolltest mir a was sagen! Bitte schön!

WIRT: Also, wia gsagt, i hab nix gegen di und dein Buam! Aber i möchte
doch bitten, daß d' nimmer in mei Lokal kommst mit ihm!

Der Junge schaut den Wirt groß an.

WIRT: Versteh mi richtig …

ALTER *(nickt langsam):* I versteh di ganz guat, i bin ja nit schwerhörig.

WIRT: Versteh mi richtig, Hans!

ALTER: I versteh di richtig, i versteh di! Lokalverbot! Wegen befürchteter
Fremdenverkehrsschädigung! Hab i di richtig verstanden?

WIRT: Es is mir ja selber z'blöd, Hans! Aber die Gäst! Verstehst? Es
kommen jetzt immer mehr Gäst, durch den neuen Lift, nit? Und, und
wenn du da mit dem Buam … Ja, ihr seids ja wirklich koa erfreulicher
Anblick! Für die Gäst, moan i!

ALTER: I versteh! Komm, Mandl, gemma! Zahlen tuan ma draußen!

Der Alte und der Junge stehen auf, gehen zur Garderobe.

FELIX MITTERER: KEIN PLATZ FÜR IDIOTEN, HAYMON –
ALTE RECHTSCHREIBUNG

Als Wastl eines Tages die Nachbarstochter beim Baden beobachtet, wird
das von der Dorfgemeinschaft als willkommener Anlass gesehen, den
17-Jährigen in eine psychiatrische Anstalt abzuschieben. Ein Gendarm und
zwei Wärter zerren den schreienden Jungen davon.

a) **Erklären** Sie, welche Kritik an der Gesellschaft in diesem Textauszug mittelbar und unmittelbar geäußert wird.

b) Mitterer lässt seine Figuren im Dialekt sprechen. – **Diskutieren** Sie die Wirkung, die dies hat, und die Absicht Mitterers, die dahinterstecken könnte.

c) **Begründen** Sie, dass es sich bei „Kein Platz für Idioten" um Volkstheater in der Tradition von Horváth handelt.

d) „Kein Platz für Idioten" wurde auch verfilmt, das Drehbuch schrieb Mitterer selbst. Er bemerkt zu den Veränderungen:
„Das Drehbuch bot mir nun die Gelegenheit, einige Szenen und Figuren-konstellationen zu verändern, auszuweiten sowie das ganze Beziehungs-geflecht zwischen den Personen enger zu knüpfen. [...] Im Drehbuch nun spielt der Vater, spielen die Beziehung zwischen Mutter und Vater, zwischen Vater und Sohn eine große Rolle, wodurch die Situation besser verständlich wird. [...] Der Fremdenverkehr, der ein wichtiger Anlaß für das Schreiben des Stücks war, hat nur mehr geringe Bedeutung, wichtiger, viel wichtiger sind nun die Beziehungen zwischen den Personen geworden."

■ Bevor Sie sich die Verfilmung ansehen: **Beurteilen** Sie, ob und wie sich die Aussage von Bühnenfassung und Drehbuch durch die Veränderungen unterscheidet.

■ **Überprüfen** Sie, ob die von Mitterer intendierten Veränderungen auch bei Ihnen als Rezipient/in ankommen.

7. Neuer Blick auf einen alten Stoff: „Werther lieben"

Thomas Arzt
WERTHER LIEBEN (2016)

MAX: *Im Anzug.*

Du tanzt schön. Du tanzt wunderschön. Es ist ein wunderbarer Tag.

CHARLOTTE: *Im Brautkleid.*
Der schönste ist doch der schönste, Max. Der allerschönste. Und alles
5 strahlt. Und alles dreht sich. Und nichts kann passieren.

BETTY: *Mit Sekt.*

GÖTZ: *Am Mikrophon.*
Liebe Charlotte. Lieber Maximilian. Ich darf doch. Maximilian. Der Max hat immer gesagt, er fühlt sich zu bescheiden für so einen langen Na-
10 men. Lieber Max. Ich denk, es braucht die Bescheidenheit, in manchen Dingen. Aber grad heut, an diesem schönen Tag, darfst dir das gönnen, was eurer Liebe zusteht. Und zwar alles. Ich denk, es gibt Menschen, die finden sich wie, man kann sagen, wie zwei Hälften, die einander finden müssen. Das hat auch schon der alte Platon gesagt. Der Mensch
15 ist zerteilt und auf der Suche nach seiner anderen Hälfte. Liebe Coco. Lieber Max. Ihr wisst, was ihr aneinander habt. Ihr habt euch nicht an-gepasst, aneinander. Ihr passt, so wie ihr seid. Ich weiß, ich sollt schon wieder aufhören mit dem Sudern. Grad wenn jetzt die Torte schon wartet. Und bevor jetzt alle gleich losheulen, weil immer alle losheulen,
20 bei so Anlässen. Ich will nur sagen, ich wünsch euch von Herzen, dass ihr so bleibt, wie ihr seid. Ihr seid die wunderbarsten Menschen, die ich kenn. Ihr habt euch verdient. Echt. Und das sieht man nicht oft. Ihr seid ein Ganzes. Auf euch.

THOMAS ARZT, öster-reichischer Dramatiker (geboren 1983)

MAX: Hör auf mit dem Gesülz.

25 GÖTZ: Ich liebe euch.

BETTY: *Lässt den Korken knallen.*
Auf Coco und Max.

CHARLOTTE: Super. Jetzt muss ich heulen.

MAX: Komm her, du.

30 BETTY: Auf euch.

GÖTZ: Und jetzt Musik. Verdammt. Steckt euch die Torte in die Mäuler und dann ab auf die Tanzfläche.

BETTY: Kommt her. Alle. Ein Foto.

CHARLOTTE: Es ist kitschig. Es ist viel zu kitschig. Ich wollt es doch gar
35 nicht so kitschig.

BETTY: Lächeln.
Macht ein Foto.

ULRICH: *Kommt. Mit Blumen.*

CHARLOTTE: - - -

40 ULRICH: - - -

CHARLOTTE: - - -

ULRICH: - - -

CHARLOTTE: Was willst hier?

ULRICH: - - - Du bist wunderschön.

45 CHARLOTTE: Ulrich. Das passt jetzt nicht. Es. Es passt einfach nicht.

ULRICH: Und überall die Kerzen. Wie ein Meer.

BETTY: Soll ich mit ihm reden?

CHARLOTTE: - - -

GÖTZ: - - -

50 ULRICH: Ich wollt nur sagen. Bin zurück. Ich hab's nicht mehr ausgehalten. Ich hab am End der Welt nur an eins gedacht.

CHARLOTTE: Behalt dir das. Ulrich. Bitte.

ULRICH: Hab nur an dich gedacht.

CHARLOTTE: Behalt's dir, hab ich gesagt.

55 ULRICH: Wenn's aber stimmt.

CHARLOTTE: Wenn's aber nichts ist. Echt. Nichts. Ulrich. Das ist nichts. Wir sind nichts. Ich hab ein Brautkleid an, scheiße. Ich hab geheiratet. Also. Geh weg. Hörst? Bitte. Geh weg.

ULRICH: - - - Ich liebe dich.

60 BETTY: Komm, Ulrich.

ULRICH: Fass mich nicht an.

BETTY: Komm schon.

ULRICH: He.

MAX: He. Was ist los?

65 ULRICH: - - - Hallo Max.

MAX: - - - Hab nicht gewusst, dass du kommst.

CHARLOTTE: Er geht gleich wieder.

MAX: Das ist ja echt. Echt. Ulrich, Ulrich. Willst was trinken? Ich mein. Götz. Wir sind ja keine Unmenschen.

70 GÖTZ: Hier. Ulrich. Ein Bier. Und dann hat sich's, o.k.?

ULRICH: Ihr habt euch nicht verändert.

CHARLOTTE: Warum tust mir das an?

ULRICH: Ich wollt nicht. Ehrlich. Ich wollt, dass das ganz anders. Ich bin los. Weil ich genau das nicht wollt.

75 BETTY: Ich ruf ein Taxi.

ULRICH: Spar dir die Müh. Ich bin gleich weg.

MAX: Betty ruft dir ein Taxi. O.k.?

ULRICH: Nein. Echt. Es ist echt nicht.
Zieht eine Pistole.

80 MAX: He.

CHARLOTTE: Hör auf.

GÖTZ: Mach keinen Scheiß. He. Hörst? Mach keinen Scheiß.

ULRICH: Es tut mir leid.

CHARLOTTE: Hör auf, Ulrich. Bitte.

THOMAS ARZT: WERTHER LIEBEN, ROWOHLT E-BOOK THEATER

„Werther lieben" ist keine einfache Neuinterpretation von GOETHES Briefroman, auch wenn ARZT immer wieder Querverweise setzt.

Das 2016 uraufgeführte Drama beginnt mit oben abgedruckter Szene. Varianten dieser Hochzeitsszene finden sich noch zweimal mit unterschiedlichen Enden. Einmal erschießt sich Ulrich mit Max' Pistole, ein anderes Mal endet die Szene in allgemeiner Harmonie und schließlich reagiert Max aggressiv.

In weiteren Szenen erfährt das Publikum, dass sich die Verlobten ein Haus am Land gekauft haben, das Max umzugestalten plant. Charlotte steht ihrer geplanten Zukunft zunehmend unsicherer gegenüber. Ulrich ist ihr neuer Nachbar. Er schreibt an seiner Dissertation und überlegt, sich im Bereich der Entwicklungshilfe zu engagieren, anstatt sein Studium zu beenden. Als Charlotte Ulrich zum ersten Mal begegnet, verliebt sie sich in ihn. Das Stück hat ein offenes Ende und bietet somit keine Lösung von Charlottes Konflikt.

a) **Untersuchen** Sie die Sprache der Hochzeitsrede von Götz nach Hinweisen auf das soziale Umfeld, in dem das Drama spielt.

b) **Beschreiben** Sie, inwiefern das Drama an GOETHES Briefroman erinnert.

c) THOMAS ARZT erklärte in Interviews, dass auch für die moderne Frau genauso wie für die Frau zu GOETHES Zeiten das Sicherheitsgefühl in einer Beziehung so wichtig sei, dass „Werther" (oder „Ulrich") nie eine Chance gehabt habe. – **Analysieren** Sie, ob bzw. wie sich diese Einstellung in seinem Drama widerspiegelt.

d) **Diskutieren** Sie, ob ARZTS Aussage (siehe c)) damals wie heute ihre Berechtigung hat.

8. Feminismus und Kapitalismuskritik: „Nora hoch drei"

„Was geschah, nachdem Nora ihren Mann verlassen hatte oder Stützen der Gesellschaft" (uraufgeführt 1979) ist das erste Drama ELFRIEDE JELINEKS. Sie referiert darin auf IBSENS Dramen „Nora oder Ein Puppenheim" (1879) und „Stützen der Gesellschaft" (1877). Das Stück spielt in den 1920er-Jahren und in einer „vorweggenommenen Zukunft".
In der ersten Szene stellt sich Nora dem Personalchef einer Textilfabrik mit folgenden Worten vor:

Elfriede Jelinek
WAS GESCHAH, NACHDEM NORA IHREN MANN VERLASSEN HATTE ODER STÜTZEN DER GESELLSCHAFT (1979)

Ich bin keine Frau, die von ihrem Mann verlassen wurde, sondern eine, die selbsttätig verließ, was seltener ist. Ich bin Nora aus dem gleichnamigen Stück von Ibsen. Im Augenblick flüchte ich aus einer verwirrten Gemütslage in einen Beruf.

Sie wird als Arbeiterin eingestellt. Die übrigen Arbeiterinnen reagieren auf Noras Vorstellung, in der Arbeit sich selbst zu finden, mit Unverständnis. Als das Werk vom Großunternehmer und Grundstücksspekulanten Konsul Weygang besichtigt wird, soll Nora ihm zu Ehren eine Tarantella tanzen. Sie weckt das Interesse des Konsuls, verliebt sich in ihn und begleitet ihn in sein luxuriöses Heim, wo sie ihr Leben als gefügige Kindfrau genießt. Weygang betrachtet sie als Kapitalanlage und Tauschobjekt. So soll sie ihren Ex-Mann Helmer, Direktor der Bank, dem das Gelände der Textilfabrik gehört, als Domina aushorchen.

WEYGANG: Kapital ist das einzige, was seine Vermehrung ständig sucht und dabei doch nichts an Schönheit einbüßt, während Frauen, die eifrig ihre Vermehrung betreiben, an ihrem Äußeren oft Schaden nehmen.
5 NORA: Aber ich plane ja gar keine Verunzierung meines Äußeren.
WEYGANG: Könnte meine Heidelerche Verantwortung tragen? Mir ein echter Partner sein? Der Partnertyp ist eine Art Frau, die langsam modern zu werden beginnt.
NORA: Ich bin aber mehr eine altmodische Frau, die ganz hinter
10 dem Mann zurücktritt, daß man nur mehr ihn sieht.
WEYGANG: Dann verschweige ich es lieber ...
NORA: Nein, sag es, sag es!
WEYGANG: Lieber nicht! ... Vielleicht muß ich mir doch einen Partnertyp anschaffen ...
15 NORA: Sag es! Sag es! Jetzt mache ich noch eine formvollendete Arabeske. Tut es.
WEYGANG: Der Kapitalist kann aus seinem Geld mehr Geld machen, ohne zu produzieren.
NORA: ... indem er alles redlich mit mir teilt. Freud und Leid, was
20 ihm wiederum doppelt an Liebe zurückkommt, haha!
WEYGANG: Meine Lerche will sich wohl ausschütten vor Lachen.
NORA: Dem Manne eine Stütze im Erwerbsleben, doch lieber einen Mann haben, der keine Stütze im Erwerbsleben benötigt, sondern allein erwirbt.
25 WEYGANG: Es geht um ein sehr großes Geschäft, Nora. Daher bin ich auch so außergewöhnlich ernst und vielsagend.
NORA: Solch ein vielsagender Ernst wirkt wie ein Hammer. Man fühlt sich so geborgen unter ihm.
WEYGANG: Helmer, dein früherer Mann, ist nämlich hineinverwickelt.

Zu **„Nora oder Ein Puppenheim"** siehe „Sozialkritik – Determination – Abgründiges: 2 Zur gleichen Zeit am anderen Ort".

Im Zentrum von IBSENS „Stützen der Gesellschaft" steht der hochangesehene Konsul Bernick, eine Stütze der Gesellschaft, der mit Grundstücksspekulationen viel Geld verdienen will.

die Tarantella = ein aus Süditalien stammender Volkstanz

30 NORA *lacht ungläubig:* Nein!
WEYGANG: Kapital kann auch Eigengesetzlichkeiten entwickeln und
          wachsen.
NORA *jäh und ernst:* Mich verbinden nicht unbedingt freundschaftliche
          Gefühle mit Helmer, wie du weißt.
35 WEYGANG: Obwohl auch du über dich hinauswuchern kannst, indem
          du diese kleinlichen Gefühle überwindest.
NORA: Was?
WEYGANG: Es geht um eine Spekulation von gigantischen Ausmaßen.
NORA: Geht wieder dein Leichtsinn mit dir durch? Wenn wir
40   Frauen euch nicht bremsen würden ... mit unseren kleinen
          Händen ...
WEYGANG: Ich muss ihn dahin kriegen, daß er macht, was ich will. Er
          muss aber glauben, daß ich mache, was er will.
NORA: Dafür bin ich eine schwache Frau, daß ich mir nichts gefü-
45   gig machen kann, daß ich dir aber gefügig bin.
WEYGANG: Die körperlichen Spezialeigenschaften, die mich einst für
          dich einnahmen, können auch andere für dich einnehmen ...
NORA: Oh, pfui, Bär!
WEYGANG: Schließlich habe ich einiges in dich investiert. Mit Investi-
50   tion beschreibt man eine Masse von Gütern, die allesamt
          nur etwas gemein haben: sie werden nicht mittelbar ver-
          braucht.
NORA: Du hast mich aber verbraucht, Bär! Und wie schön war das!
          Ich tue alles für dich, alles bis auf das Eine.

ELFRIEDE JELINEK: THEATERSTÜCKE, ROWOHLT –
ALTE RECHTSCHREIBUNG

Nachdem Weygang andeutet hat, dass er sie möglicherweise heiraten
werde, erfüllt Nora seine Forderung und erfährt, dass die Fabrik abgerissen werden soll. Darüber informiert sie die Arbeiterinnen, die sich aber
– bis auf eine – von gewährten Sozialleistungen beruhigt sehen.
In der letzten Szene lebt Nora wieder mit Helmer und den Kindern zusammen. Weygang, der das Interesse an Nora verloren hat, auch weil sie
Zeichen des Alterns zeigt (z. B. Orangenhaut), hat ihr für ihr Stillschwei-
gen ein Stoffgeschäft gekauft. Aus den Nachrichten erfährt sie, dass die
Textilfabrik abgebrannt ist. Nora gibt sich der Phantasie hin, dass sie Weygang (und sein Kapital) gegen seinen Willen verlassen habe. Sie erklärt
Helmer: *„[Durch den Verzicht] bewies ich jene Charakterstärke, die ich mir
erwerben wollte, als ich einst von dir fortging“.*

Der Begriff **„Sekundärdrama"** geht auf ELFRIEDE JELINEK zurück. Sie definiert ihn wie folgt:

*Für den Theaterbetrieb möchte ich, als neue Geschäftsidee, vermehrt
auch Sekundärdramen anbieten, die dann kläffend neben den Klassikern
herlaufen sollen [...].
Das Sekundärdrama darf niemals als das Hauptstück und alleine, sozusagen solo, gespielt werden. Eins bedingt das andre, das Sekundärdrama
geht aus dem Hauptdrama hervor und begleitet es, auf unterschiedliche
Weise, aber es ist stets: Begleitung. Das Sekundärdrama ist Begleitdrama.*

WWW.ELFRIEDEJELINEK.COM

Arbeitsaufgaben

a) **Untersuchen** Sie den Textausschnitt hinsichtlich des von Weygang und Nora verkörperten Männer- bzw. Frauenbilds.

b) **Analysieren** Sie das Gesprächsverhalten von Nora und Weygang.

c) **Diskutieren** Sie, wie realistisch der im Drama dargestellte Werdegang Noras erscheint.

d) **Entwerfen** Sie eine Interpretationshypothese: Was könnte die bekennende Feministin und Kommunistin JELINEK aufzeigen wollen?

2013 wird erstmals eine Kombination von IBSENS „Nora oder Ein Puppenheim" und JELINEKS „Was geschah, nachdem Nora ihren Mann verlassen
hatte oder Stützen der Gesellschaft" im Schauspielhaus Düsseldorf aufgeführt. Dramaturgisch wird dies gelöst, indem Nora statt ihres Tarantella-
Tanzes die Geschichte von IBSENS „Nora" aufführt.

Auf Anregung des Schauspielhauses hat JELINEK den Epilog (oder das
Tertiärdrama) „Nach Nora" (2013) verfasst. Über alle drei „Nora"-Stücke
stellt JELINEK den Titel „Nora³" (Nora hoch drei).

In „Nach Nora" wird dargestellt, dass nicht mehr in hiesigen Textilfabriken produziert wird, sondern im Ausland. Durch die Arbeitsverhältnisse
bei der Produktion der neuesten Mode sterben auch Näherinnen. Immer
wieder wird auf die menschenverachtenden Lebensbedingungen in (asiatischen) Textilfabriken hingewiesen. Dafür hat sich JELINEK auch mancher
Äußerungen des H&M-Chefs Karl-Johan Persson in einem „Spiegel"-Inter-
view bedient.

Formal ist „Nach Nora" eine (von JELINEK so genannte) **„Textfläche"**, d. h.
die Autorin verzichtet auf Regieanweisungen, Figurenbezeichnungen u. Ä.
Vielmehr scheint sie in einer Assoziationskette von einem Gedanken zum
nächsten zu springen.

Elfriede Jelinek
NACH NORA (2013)

Heben Sie dieses T-Shirt doch auf! Wenigstens einen Monat! So lang
hält es sicher. Auch wenn es nur 9 Euro 90 gekostet hat, heben Sie es
zur Sicherheit auf, vielleicht wird es nächsten Monat knapp werden,
heben Sie es also auf, vielleicht müssen Sie es noch einmal anziehen!
5 Schauen Sie, diese Naht ist handgenäht und die dort auch! Das haben
Menschen gemacht! Heben Sie ruhig den Arm, der reißt dort nicht aus,
ich meine der Ärmel, der ist handgenäht, von Menschen aus Blut, das
die jetzt nicht mehr haben. Heben Sie die Mindestlöhne an! Ja, bitte,
das tun wir doch glatt, aber jetzt noch nicht. Der Mindestlohn beträgt
10 etwa 30 Euro im Monat, aber wenn sie ein paar zusätzliche Menschen,
ein paar unnütze, vielleicht noch kindliche Menschen zu erhalten haben,
dann setzt es gleich Überstunden, und die nicht zu knapp. Wissen Sie,
wie viele Überstunden eine Näherin machen muß, um diesen Lohn zu
erzielen, jede Überstunde zu 30 Cent? Damit sie ihre Familie ernähren
15 kann? Sie, ja, Sie! Sie Menschenfamilie oder Single oder happy Couple!
Wieviel geben Sie jährlich für Kleidung aus? Wissen Sie das überhaupt?
Sie machen wenigstens was Vernünftiges mit Ihren überzähligen Stunden! Sie stückeln sie an Ihr Leben an und gehen damit in Ihren Lieb-
lingsclub, in dem Ihre Lebenszeit, egal welche, die vergangene oder
20 die derzeitige, aber nichts zählt. Es zählt vor dem Türhüter nur, wie Sie
aussehen und wie er grade aufgelegt ist. Das mit den Überstunden ist
eine aufgelegte Sauerei. Diese Arbeiterinnen sind aber ohnedies ihre
eigenen Überstunden. Sie haben einen ständigen Kredit für ihr Leben
laufen, den sie nie abzahlen können. Ihre Stunden sind gleichzeitig
25 ihre Überstunden, mehr als 24 am Tag haben sie nicht, bräuchten
sie aber; sie haben nicht mehr Stunden für ihr Leben als Sie, und Sie
essen dafür auch noch die Früchte fremder Arbeit auf. Sie schmeißen
die Früchte fremder Arbeit nach dreimal Hineinbeißen einfach weg. Sie
lassen diese Früchte angebissen liegen. Die können aber nähen, diese
30 Frauen! Unglaublich, wie die nähen, das dient ja ihrer wachsenden
Selbstsicherung, aber die wächst einfach nicht, die Selbstsicherung will
nicht wachsen. Da kann man nichts machen. Sie haben nicht mal Zeit,
selbst etwas andres anzuziehen, diese Frauen. Sie können nichts an
ihre Leben anstückeln, mehr wird es nicht! Sie denken in Stückzahlen,

 Der gesamte Text ist
auf ELFRIEDE JELINEKS Website
abrufbar:
www.elfriedejelinek.com/
fnachnora.htm

35 und selbst das schreibt ihnen jemand andrer vor, sie haben keine
Gewalt darüber, über ihre Stückzahlen haben sie keine Gewalt, das ist
so gewollt, die Stückzahl wird vorgegeben, nein, die können sie auch
nicht anstückeln. Die ist, was sie ist. Sie ist die Vorgabe. Ihr Saum
ist immer zu kurz, ihre Spanne zu gering, das haben Sie gesagt! Das
40 haben jetzt aber Sie gesagt! Auf die Spanne kommt es an! Dieser Saum
ist schief, und er ist unsauber rouliert. Noch mal nähen, das ziehen wir
Ihnen allerdings ab! Das verstehen Sie doch! Ihr Leben ist begrenzt, es
sind ihm Grenzen gesetzt, und Sie sind beschränkt, aber das verstehen Sie doch. Was nicht gut ist, muß noch einmal gemacht werden,
45 damit es seine Einzigkeit erhält. Aber es müssen ja alle, jedes einzelne
Shirt, sauber genäht sein. Vorher geben wir keine Ruhe. Das müssen
Sie noch einmal machen! Und noch einmal! Es wird Ihnen abgezogen,
wenn Sie etwas verpfuschen. In was für Kleidern tun wir das alles, für
welche Kleider tun wir das?, in was für Kleidern sind wir rastlos, tanzen
50 drei Tage durch? Es wäre lächerlich, sich einzukerkern! Alles muß raus!
Wir müssen auch raus. Wir brennen darauf, in diesem neuen Top
auszugehen und anzugeben, dabei kennt es jeder, der zur U-Bahn will,
seit mindestens zwei Wochen, und viel länger wird es nicht Bestand
haben. Da sind diese Kästen voller Licht und Farbe, dort ist es drin,
55 das Oberteil, das Unterteil ist was andres und kostet extra, aber auch
nicht viel mehr! Ja, das Höschen zum Bikini-Oberteil muß extra bezahlt werden. Das ist unsere Philosophie. Jedes Teil extra. Besser mehr
Teile als weniger und dabei weniger teilen als mehr. Dabei kommt für
Sie immer weniger dabei heraus. Das Sein ist nicht das Nichts. Aber
60 das ist ja alles nichts. Nein, im Gegenteil. Das ist! Das wird schon!
Stimmen entstehen daraus, daß alle schweigen, sonst könnte man die
Stimme ja nicht hören. Sie stimmt nie. Wählen Sie! Dieses Hemd oder
das andre? Welches ist Ihnen lieber? Das dort kostet drei Euro mehr,
das ist kein Haus, jedenfalls keins, das einstürzen könnte. Wenn Sie
65 wählen, sind Sie der einzige auf der Welt. Ja, das denkt jeder von sich.
Er ist einzigartig wie jeder, ich meine, jeder ist einzigartig wie einer. So.
Wieso brennt die Fabrik, in der es hergestellt wurde, dann selber? Wo
doch schon Sie drauf brennen, dieses Teil für sich zu erwerben! Nicht
für andere. Das ist die Wahlfreiheit. Indem Sie dies wählen, sind Sie
70 einzigartig, und das Gewählte ist es dann auch. Das haben wir nicht
verlangt und nicht bestellt. Wir haben gewählt, daß Hunderttausende,
Millionen von diesem einzigartigen Stück angefertigt wurden. Sie aber!
Sie haben gut gewählt! Und Sie werden noch besser wählen! Die neue
Winterjacke steht an, damit Sie sich darin vor dem Türsteher anstellen
75 können. Nein, Ihre Stimme bekommen Sie nicht zurück, Sie haben
schon abgestimmt, die mit dem Gürtel soll es sein. Wenn Sie die nicht
wollen, gibt es in 14 Tagen eine ohne Gürtel, dafür mit Eingrifftaschen,
in die man echt hineingreifen kann. Ihr Geld kriegen Sie ja auch nicht
zurück, wenn Ihnen das Teil, das jetzt Ihr Anteil am Leben ist, morgen
80 nicht mehr gefällt. Dieses Hemd ist nun mal entstanden, Sie haben es
erstanden, um Ihren Stand zu erhöhen und damit Ihren Standard. Doch
aus Ihrem Willen wird Widerwille, wenn Sie das Hemd morgen im Café,
wo Sie gemütlich frühstücken wollen, an drei anderen auch sehen. Im
Grunde ist dieser Widerwille, daß es dieses Hemd so oft geben soll, ob-
85 wohl es doch nur Ihnen steht, ein Widerwille gegen die Zeit. Sie ahnen,
daß Sie schon in drei Wochen ein andres Hemd kaufen werden. Und
die 3000 anderen, die es auch gekauft haben werden, gehen damit, so
hoffen Sie, woanders hin. Die Mode ist immer das gleiche, aber anders
und woanders.

WWW.ELFRIEDEJELINEK.COM – ALTE RECHTSCHREIBUNG

Arbeitsaufgaben

a) **Nennen** Sie Fakten, die
Jelinek zu den Arbeitsbe-
dingungen der Näherinnen
anführt.

b) **Geben** Sie Jelineks Kritik
an Konsumenten und Pro-
duzenten **wieder**.

c) **Erschließen** Sie inhaltliche
Gemeinsamkeiten der drei
„Nora"-Texte, soweit Sie sie
kennengelernt haben.

d) **Diskutieren** Sie mit Ihren
Mitschülerinnen/Mitschü-
lern, inwiefern wir Konsumenten eine Mitschuld an
den Arbeits- und Lebensbedingungen der Näherinnen
tragen.

Am anderen Ort nach 1945

Einblicke in die Weltliteratur nach 1945

ALBERT CAMUS, französischer Schriftsteller und Literaturnobelpreisträger (1913–1960)

💡 Nur RUDYARD KIPLING (1865–1936) ist jünger, als er den Literaturnobelpreis 1907 im Alter von 42 Jahren verliehen bekommt.

solitaire (frz.) = einsam
solidaire (frz.) = solidarisch

4 Am anderen Ort nach 1945

4.1 ALBERT CAMUS (1913–1960)

Der in Algerien geborene und in Frankreich wirkende ALBERT CAMUS ist einer der jüngsten Nobelpreisträger für Literatur (er erhält den Preis 1957 im Alter von 44 Jahren). CAMUS ist Schriftsteller, Reporter und Essayist. Seine schriftstellerischen Werke dienen – ähnlich wie jene JEAN-PAUL SARTRES (1905–1980) – quasi als „Verpackung" für seine philosophischen Überlegungen und Ideen. Dabei versteht sich CAMUS selbst nicht als Philosoph im strengen Sinne; sein philosophisches Werk ist demgemäß eher unsystematisch.

Die Begriffe, die mit CAMUS' Literatur und Philosophie in Verbindung gebracht werden, sind „das Absurde" und „die Revolte". **Absurd** ist die menschliche Existenz laut CAMUS, weil wir in einer sinnlosen Welt leben und dennoch so tun, als hätte alles einen Sinn. Wir leben unseren Alltag, als wüssten wir nicht, dass wir sterben werden und alles, was wir tun, daher vergebens ist. Sind wir uns dieser Absurdität allerdings bewusst, werden wir auch unserer Freiheit gewahr: Nur wir bestimmen, welchen Weg wir gehen.

Die **Revolte** ist die ständige Auflehnung gegen das Absurde. In dieser revoltierenden Haltung sieht CAMUS einerseits die einzige Würde des Menschen, andererseits ist sie das Fundament seiner Ethik: Die Empörung über Ungerechtigkeit und Leid führt zu Solidarität mit den Mitmenschen – aus „solitaire" wird „solidaire".

CAMUS' Werke

Dramen
- Caligula (1938)
- Das Missverständnis (1944)
- Der Belagerungszustand (1948)
- Die Gerechten (1949)
- Die Besessenen (1959)

Essays
- Licht und Schatten (1937)
- Hochzeit des Lichts (1938)
- Der Mythos von Sisyphos (1942)
- Der Mensch in der Revolte (1951)

Prosa
- Der Fremde (1942)
- Die Pest (1947)
- Der Fall (1957)
- Das Exil und das Reich (1957)
- Der erste Mensch (unvollendet, erschienen 1994)

„Der Fremde" – Inhalt

Die Handlung spielt im Algerien der 1930er-Jahre. Der Protagonist Meursault erfährt, dass seine Mutter im Altersheim gestorben ist. Er zeigt weder bei der Totenwache noch bei der Beerdigung und den darauffolgenden Ereignissen Emotionen. Am Tag nach der Beerdigung beginnt Meursault eine Beziehung zu Maria Cordona. Außerdem freundet er sich mit dem Zuhälter Raymond an und hilft ihm, seine ehemalige Freundin, eine Araberin, zu demütigen. Einige Tage später werden Raymond und Meursault bei einem Spaziergang am Strand von zwei Arabern aus ihrem Umfeld angegriffen. Als Meursault später alleine auf einen von ihnen trifft und dieser ein Messer zieht, erschießt ihn Meursault.

Er wird verhaftet und mehrfach verhört. Seine Tat bekennt er, nicht aber seine Schuld. In den elf Monaten bis zu seinem Prozess gewöhnt er sich an die Haft und stellt Gemeinsamkeiten zwischen seinem früheren und seinem Leben im Gefängnis fest. Im Prozess wird ihm u. a. seine Teilnahmslosigkeit bei der Beerdigung seiner Mutter zum Verhängnis. Er wird zum Tod durch die Guillotine verurteilt.

Am Abend vor der Urteilsvollstreckung bedrängt ihn der Anstaltsgeistliche, sich zu Gott zu bekennen, woraufhin Meursault sich zornig für das irdische Leben ausspricht, das mit dem Tod endet und daher absurd sei. Dadurch findet er anscheinend zu einer Art innerem Frieden und sieht dem Tod gelassen ins Auge.

Arbeitsaufgaben „Der Fremde"

1. Meursault und die Gefühle

Albert Camus
DER FREMDE (1942)

Am Abend holte Maria mich ab und fragte mich, ob ich sie heiraten wolle. Ich antwortete ihr, das wäre mir einerlei, aber wir könnten heiraten, wenn sie es wolle. Da wollte sie wissen, ob ich sie liebe. Ich antwortete, wie ich schon einmal geantwortet hatte, daß das nicht so wichtig sei, daß ich sie aber zweifellos nicht liebe. „Warum willst du mich dann heiraten?" fragte sie. Ich erklärte ihr, das sei ganz unwichtig; wenn sie wolle,
5 könnten wir heiraten. Übrigens wollte sie es durchaus, während ich mich damit nur einverstanden erklärte. Sie meinte, die Ehe sei etwas sehr Ernstes. Ich antwortete: „Nein." Sie schwieg eine Weile und sah mich an. Dann redete sie. Sie wollte nur wissen, ob ich denselben Vorschlag einer anderen Frau, mit der ich auf die gleiche Weise verbunden wäre, angenommen hätte. Ich antwortete „Selbstverständlich". Sie fragte sich dann, ob sie mich liebte, und dazu konnte ich nichts sagen. Wieder schwieg sie eine Weile, dann sagte sie
10 leise, ich sei ein seltsamer Mensch, und sie liebe mich gerade deswegen, aber vielleicht werde ich ihr eines Tages aus den gleichen Gründen ein Abscheu sein ... Ich schwieg, weil ich nichts zu sagen hatte. Da nahm sie mich lachend beim Arm und erklärte, sie wolle mich heiraten. Ich antwortete, wir könnten es tun, sobald sie es wünsche.

ALBERT CAMUS: DER FREMDE, ROWOHLT – ALTE RECHTSCHREIBUNG

a) **Erschließen** Sie aus diesem Textausschnitt Charaktereigenschaften Meursaults.

b) **Analysieren** Sie die Sprache im Textausschnitt.

c) CAMUS charakterisiert Meursault durch dessen Art zu sprechen. – **Erklären** Sie, welche Rückschlüsse auf den Protagonisten Sie aus den sprachlichen Besonderheiten ziehen.

2. Der Mord

In der Ferne sah ich das dunkle, kleine Felsmassiv und ringsum einen blendenden Hof aus Licht und Meeresstaub. Ich dachte an die kühle Quelle hinter dem Felsen. Ich sehnte mich nach dem Gemurmel ihres Wassers, wollte der Sonne entfliehen, aller Anstrengung und allen Frauentränen, wollte den Schatten wieder genießen und seine Ruhe. Aber als ich näher kam, sah ich, daß Raymonds Gegner zurückgekom-
5 men war.

Er war allein. Er lag auf dem Rücken, die Hände im Nacken, die Stirn im Schatten des Felsens, den Körper in der Sonne. Sein blauer Anzug dampfte in der Hitze. Ich war etwas überrascht. Für mich war die Geschichte erledigt, ich war ohne einen Gedanken an sie hierhergekommen.

Als er mich sah, richtete er sich ein bißchen auf und steckte die Hand in die Tasche. Ich griff natürlich nach
10 Raymonds Revolver in der Rocktasche. Dann ließ er sich wieder zurücksinken, aber ohne die Hand aus der Tasche zu nehmen. Ich war noch ziemlich weit von ihm entfernt, etwa zehn Meter. Hin und wieder erriet ich seinen Blick durch seine halbgeschlossenen Lider. Aber meist tanzte sein Bild in der glühenden Luft vor mir. Das Klatschen der Wellen war noch träger, noch verhaltener als mittags. Es war dieselbe Sonne, dasselbe Licht auf demselben Sand, der sich hier weithin erstreckte. Schon seit zwei Stunden schien der
15 Tag stillzustehen, seit zwei Stunden war er in einem Ozean aus kochendem Metall vor Anker gegangen. Am Horizont zog ein kleiner Dampfer vorbei, ich erriet seinen schwarzen Fleck am Rand meines Blickfeldes, denn ich hatte aufgehört, den Araber zu beobachten.

Ich dachte, ich brauchte nur eine halbe Wendung zu machen und alles wäre zu Ende. Aber mich drängte im Rücken ein vor Sonne bebender Strand. Ich machte ein paar Schritte auf die Quelle zu. Der Araber rührte
20 sich nicht. Trotz allem war er noch ziemlich weit entfernt. Vielleicht waren die Schatten auf seinem Gesicht schuld daran, daß ich meinte, er lachte. Ich wartete. Sonnenbrand machte sich auf meinen Backen bemerkbar, und ich fühlte, wie die Schweißtropfen sich in meinen Brauen sammelten. Es war dieselbe Sonne wie an dem Tag, an dem ich Mama beerdigte, und wie damals tat mir besonders die Stirn weh, und alle Adern pochten gleichzeitig unter der Haut. Wegen dieses Brennens, das ich nicht mehr ertragen konnte, machte
25 ich eine Bewegung nach vorn. Ich wußte, daß das dumm war, daß ich die Sonne nicht los würde, wenn ich einen Schritt weiter ginge. Aber ich tat einen Schritt, einen einzigen Schritt nach vorn. Und diesesmal zog der Araber, ohne aufzustehen, sein Messer und ließ es in der Sonne spielen. Licht sprang aus dem Stahl, und es war wie eine lange, funkelnde Klinge, die mich an der Stirn traf. Im selben Augenblick rann mir der Schweiß, der sich in meinen Brauen gesammelt hatte, auf die Lider und bedeckte sie mit einem lauen, dich-
30 ten Schleier. Meine Augen waren hinter diesem Vorhang aus Tränen und Salz geblendet. Ich fühlte nur noch die Zymbeln der Sonne auf meiner Stirn und undeutlich das leuchtende Schwert, das dem Messer vor mir entsprang. Dieses glühende Schwert wühlte in meinen Wimpern und bohrte sich in meine schmerzenden Augen. Da geriet alles ins Wanken. Vom Meer kam ein starker, glühender Hauch. Mir war, als öffnete sich der Himmel in seiner ganzen Weite, um Feuer regnen zu lassen. Ich war ganz und gar angespannt, und
35 meine Hand umkrallte den Revolver. Der Hahn löste sich, ich berührte den Kolben, und mit hartem, betäu- bendem Krachen nahm alles seinen Anfang. Ich schüttelte Schweiß und Sonne ab. Ich begriff, daß ich das Gleichgewicht des Tages, das ungewöhnliche Schweigen eines Strandes zerstört hatte, an dem ich glücklich gewesen war. Dann schoß ich noch viermal auf einen leblosen Körper, in den die Kugeln eindrangen, ohne daß man es sah. Und es waren gleichsam vier kurze Schläge an das Tor des Unheils.

ALBERT CAMUS: DER FREMDE, ROWOHLT – ALTE RECHTSCHREIBUNG

a) Beurteilen Sie, ob es sich bei dieser Tat um Mord handelt.

b) Vergleichen Sie die sprachliche Gestaltung mit jener des ersten Textausschnitts.

3. Das Credo des absurden Menschen – das „Gespräch" mit dem Geistlichen

Was ich auf dem Herzen hatte, goß ich freudig und zornig über ihn aus. Er sehe so sicher aus, nicht wahr? Und doch sei keine seiner Gewißheiten ein Frauenhaar wert. Er sei nicht einmal seines Lebens gewiß, denn er lebe wie ein Toter. Es sehe so aus, als stünde ich mit leeren Händen da. Aber ich sei meiner sicher, sei aller Dinge sicher, sicherer als er, sicher meines Lebens und meines Todes, der mich erwarte. Ja, nur das
5 hätte ich. Aber ich besäße wenigstens diese Wahrheit, wie sie mich besäße. Ich hätte recht gehabt, hätte noch recht und immer wieder recht. Ich hätte so gelebt und hätte auch anders leben können. Ich hätte das eine getan und das andere nicht. Und weiter? Es war, als hätte ich die ganze Zeit über auf diese Minute und auf dieses kleine Morgenrot gewartet, in dem ich gerechtfertigt würde. Nichts, gar nichts sei wichtig, und ich wisse auch warum. Und er wisse ebenfalls warum. Während dieses ganzen absurden Lebens, das
10 ich geführt habe, wehe mich aus der Tiefe meiner Zukunft ein dunkler Atem an, durch die Jahre hindurch, die noch nicht gekommen seien, und dieser Atem mache auf seinem Weg alles gleich, was man mir in den auch nicht wirklicheren Jahren, die ich lebte, vorgeschlagen habe. Was schere mich der Tod der anderen, was die Liebe einer Mutter. Was schere mich Gott, was das Leben, das man sich wählt, das Geschick, das man sich aussucht, da ein einziges Geschick mich aussuchen mußte und mit mir Milliarden von Bevorzug-
15 ten, die sich wie er meine Brüder nannten! Verstand er das? Jeder sei bevorzugt. Es gebe nur Bevorzugte. Auch die anderen werde man eines Tages verurteilen. Auch ihn werde man verurteilen.

ALBERT CAMUS: DER FREMDE, ROWOHLT – ALTE RECHTSCHREIBUNG

■ Erschließen Sie die Kernaussage von Meursaults Erkenntnis.

 **Zum Weiterlesen**

KAMEL DAOUD (geb. 1970): „Der Fall Meursault – eine Gegendarstellung" (2013)

4.2 Stanisław Lem (1921–2006)

Stanisław Lem sind die Zukunft und die Entwicklung, die die Menschheit nehmen würde, immer höchst suspekt und dennoch schreibt er hauptsächlich **Science-Fiction-Kurzgeschichten und -Romane.** Er wird zu einem der wichtigsten Vertreter dieses Genres, obwohl er sich selbst vielmehr als Philosoph und Gesellschaftskritiker versteht.

Schon während seiner Studienzeit beginnt der im damals polnischen Lemberg geborene Autor mit dem Schreiben und Publizieren von Science-Fiction-Geschichten. Sein Interesse für Technik spiegelt sich innerhalb seiner Texte wider. Mit seinen utopischen Entwicklungen von Computernetzwerken und Vorgängern von Suchmaschinen nimmt er die heutige Realität z. T. vorweg.
Das Genre Science-Fiction ist ihm dennoch aufgrund des überhöhten Glaubens an den technischen Fortschritt verhasst. Deshalb parodiert er es auch dadurch, dass er seine Helden nicht an den großen technischen, sondern vor allem an den Problemen des alltäglichen Lebens im All leiden lässt.

Inhaltlich steht immer wieder die Erforschung außerirdischer Lebensformen im Zentrum seiner Texte. Deren Intelligenz wird oftmals mit dem geringeren Denkvermögen des Menschen verglichen. Darin zeigt sich auch ein wesentlicher Kritikpunkt Lems: Der Mensch, dessen Denkvermögen möglicherweise völlig unzureichend ist, maßt sich an, außerirdische Lebensformen erfassen und verstehen zu können.

Staniław Lem, polnischer Philosoph und Autor (1921–2006)

Lems Werke

Science-Ficiton-Romane
- Gast im Weltraum (1955)
- Solaris (1961)
- Transfer (1961)
- Der Unbesiegbare (1964)
- Der futurologische Kongreß (1971)
- Der Schnupfen (1976, Kriminalroman)
- Lokaltermin (1982)

Kurzgeschichten
- Die Ratte im Labyrinth (1957)
- Weltuntergang um acht (1957)
- Das schwarze Kabinett des Professor Tarantogas (1963)
- Pilot Pirx (1968)
- Experimenta Felicitologica (1971)
- Die Maske (1976)

„Solaris" – Inhalt

Die Menschheit ist auf dem Planeten Solaris auf ihrer Suche nach außerirdischem Leben fündig geworden. Der Planet wird beinahe zur Gänze von einem besonderen Ozean bedeckt, der als intelligente Lebensform aufgefasst wird. Er ist nämlich in der Lage, Strukturen zu formen, Gebilde zu erschaffen und auch Hindernissen auszuweichen.

Der Roman beginnt damit, dass der Ich-Erzähler Kris Kelvin, ein Psychologe und Solaris-Experte, auf der über dem sonderbaren Ozean schwebenden Raumstation landet und dort auf den Kybernetiker Snaut trifft. Sartorius, ein weiterer Wissenschaftler, ist anfangs nicht greifbar. Gibarian, ein Kelvin bekannter Kollege, hat sich am Tag von dessen Ankunft das Leben genommen.

Dieser Selbstmord, das Verhalten der Kollegen sowie die vielen abgeschalteten technischen Geräte auf der Raumstation irritieren Kelvin. Er ist sich nicht mehr sicher, ob er nicht halluziniert, als eine dunkelhäutige Frau auftaucht und sich zum verstorbenen Gibarian in die Kühlkammer legt und als auch Kelvins verstorbene Lebenspartnerin Harey plötzlich da ist, aber nicht erklären kann, woher sie kommt.

Bald erkennt Kelvin, dass jeder Wissenschaftler einen „Gast" bei sich hat, der im Leben des jeweiligen Forschers eine bedeutende Rolle gespielt hat. Diese Wesen werden vom Ozean erschaffen und scheinen anfangs unzerstörbar zu sein.
Kelvin spielt mit dem Gedanken, mit Harey, die ihre triste Situation und ihre Herkunft immer mehr reflektiert, zur Erde zurückzukehren. Das bleibt aber ein Wunsch, der nicht in die Tat umsetzbar ist.
Snaut und Sartorius arbeiten daran, die vom Ozean geschaffenen „Gäste" für immer zu zerstören, was ihnen letztlich mit Hareys Hilfe auch gelingt. Kelvin verschläft dieses Experiment, da Harey ihm ein Schlafmittel verabreicht hat.
Zum Schluss begibt sich Kelvin auf seine erste Ausfahrt, verlässt die Raumstation und besucht den Ozean und seine Ufer.

Arbeitsaufgaben „Solaris"

Stanisław Lem
SOLARIS (1961)

Textausschnitt 1:

Der Ozean
Der Ozean, die Quelle elektrischer, magnetischer und gravitativer Impulse, schien sich in der Sprache der Mathematik zu äußern, gewisse Sequenzen seiner Stromentladungen ließen sich klassifizieren, wenn man sich der abstraktesten Zweige der irdischen Analysis und Mengenlehre bediente; es erschienen Entspre-
5 chungen zu Strukturen, wie sie aus demjenigen Teilgebiet der Physik bekannt sind, das die Stellung von Materie und Energie zueinander, von endlichen und unendlichen Größen, von Teilchen und Feldern erörtert. Dies alles ließ die Wissenschaftler zu der Überzeugung neigen, ein denkendes Monstrum vor sich zu haben, etwas wie ein millionenfach auseinandergewuchertes, den ganzen Planeten umfangendes protoplasmatisches Hirn-Meer, das die Zeit hinbringt mit gespenstisch ausgedehnten theoretischen Betrach-
10 tungen über das Wesen des Alls; all das aber, was unsere Apparate herausgreifen, das sind kleine, zufällig aufgeschnappte Bruchstücke dieses ewig in den Tiefen abrollenden, jegliche Möglichkeit unseres Begreifens überschreitenden gigantischen Monologs.

Textausschnitt 2:

Einige Zeit lang war die Ansicht beliebt (und wurde eifrig von der Tagespresse verbreitet), der denkende Ozean, der die ganze Solaris umspült, sei ein gigantisches Gehirn, das Jahrmillionen der Entwicklung vor unserer Zivilisation voraus habe; das sei etwas wie ein „Jogi des Kosmos", ein Weiser, Gestalt gewordene Allwissenheit, die längst die Nichtigkeit jeglicher Betätigung begriffen habe und deshalb uns gegenüber
5 unbedingtes Schweigen bewahre. Das war einfach unwahr, der lebende Ozean betätigt sich ja – und ob! –, nur eben anderen, nicht den menschlichen Vorstellungen gemäß; also baut er weder Städte noch Brücken, noch Flugkörper, er versucht auch nicht, den Raum zu überwinden oder zu überbrücken [...].

Wenn er aktiv ist, gebiert der solarische Ozean unterschiedlichste Gebilde aus sich heraus: Häuser, turmhohe Gebäude, nicht genauer definierbare geometrische Formen, die nach kurzer Zeit wieder in sich zusammensinken. Dieses Aktivsein des Ozeans kommt und geht, ohne vorhergesagt werden zu können.

Textausschnitt 3:

Zuerst stocken für kurze Zeit die formenschaffenden Prozesse – das Auseinanderhervortauchen aufeinanderfolgender Architekturkompositionen –, dann unterliegen sie heftiger Beschleunigung; die bis dahin flüssigen Bewegungen des Durchdringens und der Faltung, das Emporflügeln von Grundnetzen und Gewölben, bisher rhythmisch und so sicher, als sollten sie Jahrhunderte überdauern, – das alles beginnt sich zu
5 überstürzen. Der Eindruck wird übermächtig, daß der Koloß angesichts der ihm drohenden Gefahr gewaltsam auf irgendein Vollbringen hindrängt. Doch je mehr die Geschwindigkeit der Verwandlungen steigt, desto offensichtlicher wird die gräßliche, ekelerregende Metamorphose des Baustoffes selbst und seiner Dynamik. Alle diese Bündelungen wunderbar geschmeidiger Ebenen erweichen sich, erschlaffen, schlottern, es beginnen Ausrutscher aufzutreten, unfertige Formen, fratzenhafte, verstümmelte; aus den unsicht-
10 baren Tiefen dröhnt anwachsendes Brausen, Gebrüll: wie durch Atemzüge einer Agonie ausgestoßen, reibt sich die Luft an den zusammenschrumpfenden Engpässen, schnarcht und orgelt donnernd in den Durchlässen, erregt in den einstürzenden Zwischendecken ein Röcheln wie aus irgendwelchen monströsen, von Schleimstalaktiten überwucherten Kehlen, aus toten Stimmbändern, und augenblicklich wird es um den Zuschauer trotz aller heftigst entfesselten Bewegung – immerhin der Bewegung des Zerstörens – vollkom-
15 men tot. Nur mehr der Ozean, der aus dem Abgrund heult und ihn mit tausenden Schächten durchmißt, hält aufblähend das himmelhohe Bauwerk aufrecht; es beginnt hinunterzutreiben, zusammenzusinken wie eine von Flammen erfaßte Wabe, aber hier und dort wird noch letztes Flattern sichtbar, kraftlose, von allem übrigen abgetrennte Regungen, blind, immer schwächer, bis die unausgesetzt von außen attackierte, unterspülte Riesenmasse mit der Langsamkeit eines Berges einstürzt und im Strudel ebensolcher Schaumwellen
20 verschwindet, wie sie ihre titanische Entstehung begleitet haben.

Textausschnitt 4:

Harey
„Denn ich suchte in mir, weißt du … die anderen, dieses andere, ich war völlig rasend, sag ich dir! Eine Zeitlang kam es mir vor, als hätte ich keinen Körper unter der Haut, als wäre in mir was anderes, als wäre ich nur, nur Oberfläche. Um dich zu betrügen. Verstehst du?"
5 „Versteh ich." [...]
„Aber ich spürte das Herz, und im übrigen erinnerte ich mich, wie du mein Blut untersucht hast. Wie ist mein Blut, sag es mir, sag die Wahrheit. Jetzt kannst du ja." [...]
Sie schwieg.
„Du willst sterben?"
10 „Ja, ich glaube schon." [...]
„Harey, darf ich auch etwas sagen?" Sie wartete.
„Es ist wahr, daß du nicht ganz so wie ich bist. Aber das heißt nicht, du wärest etwas Schlechteres. Im Gegenteil. Im übrigen kannst du darüber denken, wie du willst, aber daher … bist du nicht gestorben."
Ein kindliches, klägliches Lächeln erfaßte ihr Gesicht.
15 „Soll das heißen, daß ich … unsterblich bin?"
„Weiß ich nicht. Jedenfalls bist du weit weniger sterblich als ich."
„Das ist furchtbar", flüsterte sie.

STANISŁAW LEM: SOLARIS, LIST – ALTE RECHTSCHREIBUNG

a) **Analysieren** Sie die sprachlichen Besonderheiten in Textausschnitt 3, in dem die „Bautätigkeit" des Ozeans dargestellt wird.

b) Harey ist Kelvins „Gast". Sie ist ein Produkt des Ozeans, das dieser auf Basis einer psychisch nicht bewältigten Erfahrung Kelvins erschaffen hat. Sie ist plötzlich da, ohne historisches Wissen und ohne erkennbaren Auftrag seitens des Ozeans. Zudem reflektiert sie nach einer gewissen Zeit ihre eigene Situation und wünscht sich den Tod. – **Diskutieren** Sie, was an Harey im Vergleich zu anderen Science-Fiction-Figuren untypisch ist.

c) Die Steigerung der technischen Leistung gehe „paradoxerweise mit einem Verfall der Phantasie und Intelligenz der Menschen einher", formulierte LEM in einem Interview für „Die Zeit" im Sommer 2005. – **Nehmen** Sie **Stellung** zu LEMS Aussage und **beurteilen** Sie, ob bzw. auf wen innerhalb unserer Gesellschaft sie (nicht) zutrifft.

4.3 Marguerite Duras (1914–1996)

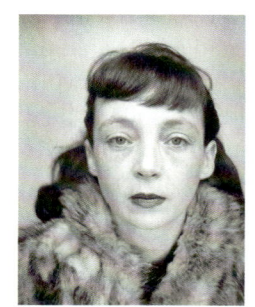

Marguerite Duras, französische Schriftstellerin und Regisseurin (1914–1996)

Marguerite Duras wirkt als Schriftstellerin, Drehbuchautorin und Regisseurin. Geboren wird Marguerite Donnadieu, wie sie eigentlich heißt, in Vietnam (da-mals Französisch-Indochina) als Tochter von Kolonialfranzosen. Mit 17 Jahren zieht sie nach Frankreich, studiert dort zunächst Mathematik, Rechtswissenschaften und Politikwissenschaften, engagiert sich in der Résistance, heiratet und führt ein zügelloses Leben.

Ihr erster Roman „Die Schamlosen" erscheint 1943 und bleibt von der Öffentlichkeit noch relativ unbeachtet. Der Durchbruch gelingt ihr mit dem Roman „Heiße Küste" (1950). Weltruhm erlangt sie mit ihrem Drehbuch zu „Hiroshima, mon amour" (1959), das für den Oscar für das beste Originaldrehbuch nominiert wird.

Ihr literarisches Werk umfasst mehr als 60 Romane, Bühnenstücke, Hörspiele und Drehbücher. Es entzieht sich jeglichem Klassifizierungsversuch. Etliche Werke tragen autobiografische Züge, viele sind vor allem von ihrer Absage an das chronologische Erzählen und dem Spiel mit den Erzählperspektiven gekennzeichnet. Thematisch kreisen Duras' Werke immer wieder um Liebe, ihre Kindheit in Indochina, Leid und Schmerz.

Duras' Werke

Romane
- Heiße Küste (1950)
- Der Matrose von Gibraltar (1952)
- Moderato Cantabile (1958)
- Die Verzückung der Lol V. Stein (1964)
- Die englische Geliebte (1967)
- Liebe (1972)
- Der Liebhaber (1984)
- Der Schmerz (1985)
- Der Liebhaber aus Nordchina (1991)
- Schreiben (1993)

Dramen
- India Song (1977)
- Eden Cinema (1977)
- Savannah Bay (1982)
- La musica zwei (1985)

„Der Liebhaber" – Inhalt

Die Ich-Erzählerin ist eine alte Frau, die sich an ihre Kindheit und Jugend in der französischen Kolonie Indochina erinnert. Demgemäß gibt es keinen kontinuierlichen Erzählstrang, sondern kurze Textabschnitte, „Erinnerungsfetzen", die sich zu einer Collage zusammensetzen.

Das zu Beginn des Romans 15-jährige Mädchen, das namenlos bleibt, begegnet auf seinem Schulweg einem 17 Jahre älteren, reichen, chinesischen Mann. Sie werden ein Paar, obwohl sie von Anfang an wissen, dass es keine gemeinsame Zukunft für sie geben kann: Einerseits gilt eine Beziehung zwischen einem Chinesen und einer Französin als nicht akzeptabel, andererseits ist er aus reichem Elternhaus, sie ist die Tochter einer verwitweten Lehrerin, die ihre Kinder alleine durchbringen muss. Die Liaison dauert eineinhalb Jahre, dabei ist das Thema Prostitution durchaus präsent: Die Mutter macht sich zwar Sorgen um den Ruf, lässt die Tochter aber gewähren. Die Brüder nützen den Reichtum des Chinesen für sich aus. Letztendlich wird die Beziehung beendet, weil das Mädchen nach Frankreich zurückkehrt.

Thematisiert wird auch die Beziehung zwischen den Familienmitgliedern des Mädchens: die manisch-depressive Mutter, der brutale, von der Mutter vergötterte, im Leben aber nicht bestehende ältere Bruder, der jüngere Bruder, der vom älteren schikaniert wird und früh stirbt.

Arbeitsaufgaben „Der Liebhaber"

Marguerite Duras
DER LIEBHABER (1984)

Textausschnitt 1:

Der elegante Mann ist aus der Limousine gestiegen, er raucht eine
englische Zigarette. Er betrachtet das junge Mädchen mit dem Männerhut und den Goldschuhen. Er geht langsam auf sie zu. Man sieht, er
ist verschüchtert. Er lächelt nicht, zunächst. Zunächst bietet er ihr eine
5 Zigarette an. Seine Hand zittert. Es gibt diesen Rassenunterschied, er
ist kein Weißer, er muß ihn überwinden, darum zittert er. Sie sagt ihm,
sie rauche nicht, nein danke. Mehr sagt sie nicht, sie sagt nicht, lassen
Sie mich in Ruhe. Da schwindet seine Angst. Da sagt er ihr, er glaube
zu träumen. Sie antwortet nicht. Es lohnt nicht zu antworten, was sollte
10 sie antworten, sie wartet. Dann fragt er: von wo kommen Sie denn? Sie
sagt, sie sei die Tochter der Lehrerin der Mädchenschule von Sadec. Er
denkt nach und dann sagt er, er habe von dieser Dame, ihrer Mutter,
gehört, von ihrem Pech mit dem Landkauf in Kambodscha, so ist es
doch, nicht wahr? Ja, so ist es.

15 Er wiederholt, er finde es wunderbar, sie auf dieser Fähre zu sehen. So
früh am Morgen, ein so schönes junges Mädchen, Sie ahnen ja nicht,
wie unerwartet das ist, ein weißes Mädchen in einem Eingeborenenbus.

Er sagt, der Hut stehe ihr gut, sehr gut sogar, das sei ... originell ... ein
Männerhut, warum eigentlich nicht? sie sei so hübsch, sie könne sich
20 alles erlauben.

Sie sieht ihn an. Sie fragt ihn, wer er sei. Er sagt, er sei aus Paris zurückgekehrt, wo er studiert habe, auch er wohne in Sadec, direkt am Fluß,
das große Haus mit den großen Terrassen und den blaugekachelten
Balustraden. Sie fragt ihn, was er sei. Er sagt, er sei Chinese, seine
25 Familie stamme aus Nordchina, aus FouChouen. Erlauben Sie mir, Sie
nach Saigon zu fahren? Sie ist einverstanden. Er sagt zum Chauffeur,
er solle das Gepäck des jungen Mädchens aus dem Bus holen und im
schwarzen Auto verstauen.

Chinese. Er gehört zu jener Minderheit von Geschäftsleuten chinesi-
30 scher Abstammung, die den gesamten Grundbesitz des Volkes in der
Kolonie verwalten. Er ist derjenige, der an diesem Tag den Mekong in
Richtung Saigon überquert hat.

Sie steigt in das schwarze Auto ein. Der Wagenschlag schließt sich.
Eine kaum spürbare Angst ist plötzlich da, eine Mattheit, das Licht auf
35 dem Fluß wird trüb, eine Spur nur. Eine sehr leichte Taubheit, ein Dunst
überall.

Ich werde nie mehr im Eingeborenenbus reisen. Von jetzt an werde ich
eine Limousine haben, die mich ins Gymnasium bringt und zurück ins
Pensionat. Ich werde in den elegantesten Lokalen der Stadt zu Abend
40 speisen. Und ich werde immer alles bereuen, alles was ich tue, alles
was ich lasse, alles was ich nehme, das Gute wie das Schlechte, werde
den Bus vermissen, den Busfahrer, mit dem ich lachte, die Betel kauenden alten Frauen auf den hinteren Plätzen, die Kinder in den Gepäcknetzen, die Familie in Sadec, die Schrecken der Familie in Sadec, ihr
45 geniales Schweigen.

Sadec = kleine Stadt im
Mekong-Delta im südlichen
Vietnam

Mekong = Strom in Südost-
asien, der u. a. Vietnam
durchquert

Betel: Betelnüsse stammen
von der Areca-Palme. Klein ge-
schnitten werden sie meist mit
Gewürzen in Blätter gewickelt
und gekaut.

Coupole, Rotonde = bekannte
Pariser Restaurants

Er redete. Er sagte, er vermisse Paris, die reizenden Pariserinnen, die Gelage, die Vergnügungen, oh ja oh ja, die Coupole, die Rotonde, die Rotonde ist mir lieber, die Nachtlokale, dieses „tolle" Leben, das er zwei Jahre lang geführt habe. Sie hörte zu, hellhörig für das, was das Thema
50 des Reichtums berührte, was einen Hinweis auf die Anzahl der Millionen hätte geben können. Er erzählte weiter.

a) **Beschreiben** Sie die Situation, in der sich das Mädchen und der Chinese befinden.

b) **Charakterisieren** Sie die beiden Figuren.

c) **Untersuchen** Sie die Wirkung des Perspektivenwechsels von „sie" zu „ich".

d) **Kommentieren** Sie die Gedanken des Mädchens:

„Ich werde nie mehr im Eingeborenenbus reisen. Von jetzt an werde ich eine Limousine haben, die mich ins Gymnasium bringt und zurück ins Pensionat. Ich werde in den elegantesten Lokalen der Stadt zu Abend speisen. Und ich werde immer alles bereuen, alles was ich tue, alles was ich lasse, alles was ich nehme, das Gute wie das Schlechte, werde den Bus vermissen, den Busfahrer, mit dem ich lachte, die Betel kauenden alten Frauen auf den hinteren Plätzen, die Kinder in den Gepäcknetzen, die Familie in Sadec, die Schrecken der Familie in Sadec, ihr geniales Schweigen."

Textausschnitt 2:

Unsere Mutter ahnte nicht, was der Anblick ihrer Verzweiflung in uns bewirken würde, ich spreche vor allem von den Jungen, den Söhnen. Doch selbst wenn sie es geahnt hätte, wie hätte sie verschweigen können, was ihre eigentliche Geschichte ausmachte? wie hätte sie ihr
5 Gesicht, ihren Blick, ihre Stimme verstellen können? Ihre Liebe verleugnen? Sie hätte sterben können. Sich das Leben nehmen. Die nicht lebbare Gemeinschaft auflösen. Hätte dafür sorgen können, daß der Älteste von den beiden Jüngeren getrennt wird. Sie hat es nicht getan. Sie war unvorsichtig, inkonsequent, unverantwortlich. All das war sie.
10 Sie hat gelebt. Wir haben sie alle drei über die Maßen geliebt. Gerade weil sie es nicht gekonnt hätte, weil sie nicht hat schweigen, verheimlichen, lügen können; so verschieden wir drei auch waren, wir haben sie alle auf die gleiche Weise geliebt. [...]

Wir sind noch sehr klein. Regelmäßig brechen Kämpfe zwischen meinen
15 Brüdern aus, ohne ersichtlichen Grund, es sei denn dem klassischen, daß der ältere Bruder zum kleinen sagt: geh raus hier, du störst. Kaum hat er es ausgesprochen, schlägt er zu. Sie schlagen wortlos aufeinander ein, man hört nur ihren Atem, ihr Stöhnen, das dumpfe Geräusch der Schläge. Wie immer begleitet meine Mutter die Szene mit
20 opernhaftem Geschrei.

Sie besitzen dieselbe Fähigkeit zum Zorn, zu düsteren, mörderischen Zornausbrüchen, die man einzig bei Brüdern, Schwestern, Müttern erlebt. Der ältere Bruder leidet, daß er nicht beliebig viel Unheil anrichten, Unheil stiften kann, nicht nur hier, sondern überall. Der kleine Bruder,
25 daß er machtlos diese Abscheulichkeit, diese Neigung seines älteren Bruders unterstützt.

Wenn sie aufeinander einschlugen, fürchteten wir gleicherweise den Tod des einen wie des anderen; die Mutter sagte, sie hätten sich immer schon geschlagen, nie hätten sie zusammen gespielt, nie mit-

30 einander geredet. Das einzige, was sie gemein gehabt hätten, sei sie gewesen, ihre Mutter, und vor allem diese kleine Schwester, die Blutsbande, sonst nichts.

Ich glaube, daß meine Mutter nur vom ältesten Kind sagte: mein Kind. Manchmal rief sie es so. Von den zwei anderen sagte sie: die jüngeren.

35 Über dies alles wurde außerhalb nicht gesprochen, wir hatten als erstes gelernt, über das Wesentliche unseres Lebens, das Elend, zu schweigen. Und dann über alles andere auch. Die ersten Vertrauten, das Wort wirkt maßlos, sind unsere Geliebten, sind die Begegnungen außerhalb der Stationen, zuerst in den Straßen von Saigon, dann auf den Liniendamp-
40 fern, in den Zügen, dann überall.

MARGUERITE DURAS: DER LIEBHABER, SUHRKAMP –
ALTE RECHTSCHREIBUNG

e) Analysieren Sie die Beziehung der Familienmitglieder zueinander (Textausschnitt 2).

f) Untersuchen Sie die Textausschnitte hinsichtlich sprachlicher Besonderheiten.

g) Deuten Sie die Tatsache, dass weder das Mädchen noch die Brüder oder der Liebhaber namentlich genannt werden.

4.4 GABRIEL JOSÉ GARCÍA MÁRQUEZ (1927–2014)

GABRIEL JOSÉ GARCÍA MÁRQUEZ ist ein kolumbianischer Journalist und Schriftsteller, der 1982 den Nobelpreis für Literatur erhält. Sein Durchbruch gelingt ihm mit dem Roman „Hundert Jahre Einsamkeit" (1967).
GARCÍA MÁRQUEZ macht den Magischen Realismus populär, der Fiktion und Realität verschwimmen lässt und magische Elemente in realistische Situationen einbindet. Er selbst distanziert sich aber zeit seines Lebens von einer Zuschreibung zu diesem Begriff.

Für sein politisches Engagement wird GARCÍA MÁRQUEZ gelegentlich kritisiert – er ist ein Freund FIDEL CASTROS (1926–2016). Auch in seinen Büchern äußert er sich immer wieder zur Politik. Seine großen Themen sind allerdings die Einsamkeit, die gesellschaftliche Verantwortung und die Liebe.

GARCÍA MÁRQUEZ ist schon zu Lebzeiten ein sowohl vom Publikum als auch von Kritikerinnen und Kritikern hoch verehrter und geliebter Schriftsteller. Die Verkaufszahlen seiner Bücher betragen mehrere hundert Millionen. In Europa hat er das Bild von Südamerika stark geprägt.

GABRIEL JOSÉ GARCÍA MÁRQUEZ, kolumbianischer Journalist, Schriftsteller und Literaturnobelpreisträger (1927–2014)

GARCÍA MÁRQUEZ' Werke

- Der Oberst hat niemand, der ihm schreibt (1961)
- Hundert Jahre Einsamkeit (1967)
- Der Herbst des Patriarchen (1975)
- Chronik eines angekündigten Todes (1981)
- Die Liebe in den Zeiten der Cholera (1985)
- Der General in seinem Labyrinth (1989)
- Von der Liebe und anderen Dämonen (1994)
- Leben, um davon zu erzählen (2002)
- Erinnerung an meine traurigen Huren (2004)

„Chronik eines angekündigten Todes" – Inhalt

Der Roman beginnt mit folgenden Worten: *„An dem Tag seiner Ermordung stand Santiago Nasar morgens um 5 Uhr 30 auf, um auf das Schiff zu warten, in dem der Bischof kam."* Der Grund für Nasars angekündigten Tod ist, dass er beschuldigt wird, Ángela Vicario die Jungfernschaft genommen zu haben – ob zu Recht, erfahren wir nicht. Ángelas Ehemann, ein schöner und reicher Fremder, hat sie noch in der Hochzeitsnacht zu ihrer Mutter zurückgebracht, weil sie keine Jungfrau mehr war. Dadurch sehen sich Ángelas Brüder veranlasst, die verletzte Familienehre durch die Tötung Nasars wiederherzustellen. Er wird letztendlich im Zuge einer brutalen Messerattacke umgebracht.

Im Zentrum des Romans steht aber nicht nur der Ehrenmord, sondern vor allem die Reaktionen der Bevölkerung des Städtchens. Alle wissen, dass der Mord passieren wird, die Brüder haben ihn selbst angekündigt, in der Hoffnung, dass sie jemand daran hindert. Aber niemand tut dies. Gründe dafür sind Irrtümer, Fehleinschätzungen, Bequemlichkeiten, jedoch keine Absicht. Nur das Opfer bleibt ahnungslos.

Nach dem Mord stellen sich die Brüder, verbringen drei Jahre in Untersuchungshaft, werden aber letztendlich freigesprochen. Ángela Vicario lebt mit ihrer Mutter in einem anderen Ort und schreibt ihrem Ehemann Briefe, ohne je eine Antwort zu bekommen. 23 Jahre später kommt er, um zu bleiben. Im Gepäck hat er ihre beinahe 2000 ungeöffneten Briefe.

Der Ich-Erzähler, der den Fall nach Jahrzehnten untersucht, lässt viele Beteiligte zu Wort kommen. Es wird nicht chronologisch erzählt, sondern der Blick wird auf unterschiedliche Wahrnehmungen gelenkt.

Arbeitsaufgaben „Chronik eines angekündigten Todes"

Gabriel José García Márquez
CHRONIK EINES ANGEKÜNDIGTEN TODES (1981)

Der Anwalt plädierte auf Totschlag in legitimer Verteidigung der Ehre, zugelassen als Gewissensentscheidung, und die Zwillinge erklärten am Schluß der Gerichtsverhandlung, sie würden es aus den gleichen Gründen tausendmal wieder tun. Sie selber ahnten schon das Rechtsmittel
5 der Verteidigung, als sie sich wenige Minuten nach dem Verbrechen vor ihrer Kirche ergaben. Keuchend drangen sie ins Pfarrhaus ein, auf den Fersen verfolgt von einer Horde erhitzter Araber, und legten die Messer mit blanker Klinge auf den Tisch Pater Amadors. Beide waren von der barbarischen Todesarbeit erschöpft, von Schweiß und noch warmem
10 Blut waren Kleider und Ärmel durchnäßt, war das Gesicht besudelt, aber der Pfarrer erinnerte sich an die Übergabe wie an eine Tat von hoher Würde.

„Wir haben ihn bewußt getötet", sagte Pedro Vicario, „aber wir sind unschuldig."

15 „Vielleicht vor Gott", sagte Pater Amador.

„Vor Gott und vor den Menschen", sagte Pablo Vicario. „Es war Ehrensache."

[...] Trotzdem schien festzustehen, daß die Brüder Vicario nichts getan hatten, um Santiago Nasar unverzüglich und ohne Aufsehen zu töten,
20 vielmehr hatten sie alles nur Erdenkliche getan, damit jemand sie von ihrer Tat abhielt, und waren gescheitert. [...]

Es hat nie einen öfter angekündigten Tod gegeben. Nachdem die Schwester ihnen den Namen offenbart hatte, verließen die Zwillinge

Vicario das Anwesen durch den Schweinestallschuppen, in dem sie
25 die Schlachterwerkzeuge verwahrten, und wählten die beiden besten
Messer: eines zum Schlachten, zehn Zoll lang und zweieinhalb breit,
und ein anderes zum Säubern, sieben Zoll lang und eineinhalb breit.
Sie wickelten sie in einen Wischlappen und gingen zum Schleifen
der Messer zum Fleischmarkt, wo gerade die ersten Verkaufsstände
30 aufmachten. Zunächst zeigten sich wenige Kunden, immerhin erklärten zweiundzwanzig Personen, sie hätten alles gehört, was die Brüder
gesagt hätten, und alle stimmten in dem Eindruck überein, daß sie es
allein in der Absicht gesagt hätten, gehört zu werden. [...]

Ihr Ruf als anständige Leute war so begründet, daß niemand auf ihre
35 Worte achtete. „Wir dachten, das seien Quatschereien von Besoffenen",
erklärten mehrere Fleischer, genau wie Victoria Guzmán und so viele
andere, die sie später sahen. [...] Faustino Santos war der einzige, der
einen Schimmer von Wahrheit in Pablo Vicarios Drohung aufblitzen
sah, und fragte ihn im Scherz, warum sie denn Santiago Nasar töten
40 müßten, wo es so viele Reiche gäbe, die eher zu sterben verdienten.

„Santiago Nasar weiß, warum", antwortete Pedro Vicario.

Faustino Santos erzählte mir, er habe seine Zweifel gehabt und diese
einem Polizisten weitergegeben, der kurz darauf vorbeigekommen
sei, um ein Pfund Leber für das Frühstück des Bürgermeisters zu
45 kaufen. Der Polizist hieß laut Beweisaufnahme Leandro Pornoy und
starb im darauffolgenden Jahr während der Patronatsfestlichkeiten am
Hornstoß eines Stiers in die Schlagader. Daher konnte ich nie mit ihm
sprechen, aber Clotilde Armenta bestätigte mir, daß er als erstes in
ihren Laden kam, als die Zwillinge Vicario sich zum Warten hingesetzt
50 hatten. [...]

Oberst Lázaro Aponte war kurz vor vier aufgestanden. Er beendete gerade seine Rasur, als der Polizist Leandro Pornoy ihm die Absichten der
Brüder Vicario enthüllte. Der Oberst hatte in der vergangenen Nacht so
viele Streitereien von Freunden geschlichtet, daß er es mit einer weite-
55 ren nicht eilig hatte.

[...] Er traf sie [Anm.: die Brüder] im Laden der Clotilde Armenta. „Als
ich sie sah, dachte ich, es sei die reinste Angeberei", sagte er mir mit
seiner höchst persönlichen Logik, „denn sie waren nicht so betrunken,
wie ich geglaubt hatte." Er fragte sie nicht einmal über ihre Absichten
60 aus, sondern nahm ihnen die Messer ab und schickte sie schlafen. [...]

Sie gingen fort. Clotilde Armenta erlebte eine weitere Enttäuschung
wegen der Leichtfertigkeit des Bürgermeisters, denn sie dachte, er hätte
die Zwillinge verhaften müssen, bis die Wahrheit ermittelt sei. Oberst
Aponte zeigte ihr die Messer wie einen endgültigen Beweis.

65 „Jetzt können sie niemand mehr töten", sagte er.

„Es geht nicht darum", sagte Clotilde Armenta. „Es geht darum, die
armen Burschen von der schrecklichen Verpflichtung zu befreien, die
plötzlich auf ihren Schultern lastet."

Sie hatte nämlich etwas begriffen. Sie war sicher, daß die Brüder Vicario
70 weniger wild darauf waren, das Todesurteil zu vollstrecken, als jemanden zu finden, der ihnen den Gefallen tat, sie daran zu hindern. Doch
Oberst Aponte war mit seiner Seele in Frieden. „Man nimmt niemand
aus Verdacht fest", sagte er.

GABRIEL JOSÉ GARCÍA MÁRQUEZ: CHRONIK EINES ANGEKÜNDIGTEN
TODES, KIEPENHEUER & WITSCH – ALTE RECHTSCHREIBUNG

a) **Untersuchen** Sie den Textausschnitt nach Merkmalen einer Chronik.

b) **Erklären** Sie die Bedeutung des folgenden Zitats:

„,Wir haben ihn bewußt getötet', sagte Pedro Vicario, ,aber wir sind unschuldig.'"

c) **Deuten** Sie die Tatsache, dass die Brüder immer wieder auf ihren Plan hinweisen, sie aber nicht an dessen Ausführung gehindert werden.

d) **Recherchieren** Sie Hintergründe zum Phänomen des Ehrenmordes und dessen Verbreitung heute.

e) **Beurteilen** Sie, ob die Tötung Santiago Nasars einen Ehrenmord darstellt. Berücksichtigen Sie dabei folgenden Ausschnitt eines Interviews mit Jan Ilhan Kizilhan, Professor für Psychologie:

Der Ehrenmörder hat keinen persönlichen Profit, er sieht sich selbst als ein Opfer seiner Kultur. Ihm ist bewusst, dass er im Fall der Tötung selbst getötet werden kann, oder dass er ins Gefängnis kommt. Er handelt aus den Werten und Normen heraus, an die er glaubt, und nicht aus persönli-
5 chem Antrieb. Das Kollektiv, also die Gruppe, aus der er kommt, steht in der Regel der Tat positiv gegenüber. [...]
Sexualität und Ehre werden immer als Besitz verstanden. Da geht es dann nicht darum, dass eine Frau fremdgegangen ist, sondern darum, dass ein Fremder seinen Besitz in Anspruch genommen hat. Wenn er
10 diesen Besitz nicht schützen kann, ist er in den Augen dieser Gesellschaft eine schwache Person und eine solche wird dort abgelehnt. [...] Er sucht nach innerem und gesellschaftlichem Frieden, den er nur bekommen kann, wenn er seine Ehre wiederherstellt.

Alexander U. Mathe, Wiener Zeitung

f) **Kommentieren** Sie folgende Interpretation:

Wer von der Literatur den „aktuellen Bezug" verlangt, kann sie in dieser modernen Fassung des antiken Schicksalsdramas reichlich finden. Die Banalität des Bösen ist spätestens seit den Tagen des Naziregimes eins unserer bleibenden ganz großen Probleme: das Böse ohne Bösewichter, getan von normalen Menschen, die sich sogar besonders tugendhaft vorkommen, und zugelassen von der übrigen Bevölkerung, die aus irgendwelchen ganz hervorragenden Gründen untätig zusieht.

Dieter E. Zimmer, Die Zeit

4.5 Ernest Hemingway (1899–1961)

Ernest Hemingway gilt als einer der bedeutendsten und einflussreichsten amerikanischen Schriftsteller des 20. Jahrhunderts. Doch nicht nur seine Werke, sondern auch sein Leben fasziniert viele: Er arbeitet u. a. als Soldat, Reporter und Kriegsberichterstatter, inszeniert sich als Abenteurer und Macho, ob beim Stierkampf, bei der Großwildjagd oder mit seinen Frauengeschichten.

Diese männlichen Tapferkeitsideale bildet er auch in seinen Werken ab. Er verarbeitet zumeist Zeitgeschichtliches und selbst Erlebtes. Die Themen sind Krieg, Tod, Kampf und Liebe.

Prägnant ist seine präzise, verknappte und emotionslose Sprache, die von seiner journalistischen Ausbildung beeinflusst ist. Seine neue Form des Erzählens vergleicht Hemingway mit dem Bild eines Eisbergs: Sieben Achtel liegen unausgesprochen unter der Oberfläche des Textes. Emotionen werden nicht dargestellt, sondern durch die Abfolge der Ereignisse hervorgerufen.

1953 erhält Hemingway den Pulitzerpreis für „Der alte Mann und das Meer", 1954 den Literaturnobelpreis.

Ernest Hemingway, US-amerikanischer Journalist, Schriftsteller und Literaturnobelpreisträger (1899–1961)

Hemingways Werke

Sammlungen von Kurzgeschichten
- In unserer Zeit (1925)
- Männer ohne Frauen (1927)

Romane
- Fiesta (1926)
- In einem anderen Land (1929)
- Tod am Nachmittag (1932)
- Wem die Stunde schlägt (1945)
- Der alte Mann und das Meer (1952)

Schreibmaschine in Ernest Hemingways Haus in Key West, Florida

„Der alte Mann und das Meer" – Inhalt

Der alte Mann ist der kubanische Fischer Santiago. Er hat bereits seit 84 Tagen keinen Fisch mehr gefangen. Anfangs hat ihn noch der junge Manolin begleitet, den er das Fischen gelehrt hat. Doch nach 40 erfolglosen Tagen musste dieser auf Geheiß seiner Eltern auf ein anderes Boot wechseln. Er kümmert sich aber trotzdem weiterhin um den Alten.

Am 85. Tag rudert Santiago weiter hinaus als jemals zuvor und fängt einen riesigen Marlin (Schwertfisch). Nach einem dreitägigen Kampf, in dem sich Santiago in Selbstgesprächen Mut macht und sich an vergangene Bewährungsproben erinnert, ermüdet der Fisch und wird vom Alten harpuniert. Da der Marlin größer als das Boot ist, vertäut ihn Santiago längsseits am Boot und zieht ihn nach.

Auf der Rückfahrt attackieren Haie den Fang. Santiago kämpft erbittert gegen die Raubtiere, er kann die Haiattacken dreimal abwehren, dann hat er keine Waffen mehr. Als er, dem körperlichen Zusammenbruch nahe, in die heimische Bucht einläuft, hängt nur noch das abgefressene Fischskelett an der Bootswand. Santiago schleppt sich in seine Hütte und legt sich schlafen. Dort findet ihn Manolin und umsorgt ihn. Manolin beschließt, sich seinen Eltern zu widersetzen und von nun an wieder mit Santiago zum Fischen hinauszufahren.

„Der alte Mann und das Meer" wird unterschiedlich interpretiert:
- als Kampf des Menschen gegen die Naturgewalten,
- als Gleichnis für ein Dasein, dessen Sinn nicht durch äußere Siege bestätigt werden muss *(„Man kann einen Mann vernichten, aber nicht besiegen."),*
- als allegorische Kritik an einer Gesellschaft, die Alte beiseiteschiebt und
- auch auf religiöse Anspielungen wurde hingewiesen, z. B. erinnern die Verletzungen des Fischers an die Wundmale Jesu.

Arbeitsaufgaben „Der alte Mann und das Meer"

1. Nachdem der alte Mann den ersten Hai getötet hat

Ernest Hemingway
DER ALTE MANN UND DAS MEER (1952)

Er wollte den Fisch nicht mehr sehen, seit er verstümmelt worden war. Als der Fisch angegriffen wurde, war das so, als sei er selbst angegriffen worden.

Aber ich habe den Hai getötet, der meinen Fisch angegriffen hat, dachte
5 er. Und das war der größte *dentuso*, den ich je gesehen habe. Und ich habe weiß Gott schon große gesehen.

Es war zu schön, um wahr zu sein, dachte er. Jetzt wünschte ich, es wäre ein Traum gewesen und ich hätte den Fisch nie an den Haken bekommen und würde auf meinem Bett aus Zeitungen liegen.

10 „Aber der Mensch ist nicht dafür gemacht, sich besiegen zu lassen", sagte er. „Man kann einen Mann vernichten, aber nicht besiegen." Aber es tut mir leid, dass ich den Fisch getötet habe, dachte er. Jetzt wird es ungemütlich, und ich habe nicht mal die Harpune. Der *dentuso* ist grausam und geschickt und stark und klug. Aber ich war klüger als er. Oder
15 auch nicht, dachte er. Vielleicht war ich nur besser bewaffnet.

„Lass das Denken, alter Mann", sagte er laut. „Halte Kurs und nimm alles, wie es kommt."

Aber ich muss denken, dachte er. Denn das ist alles, was mir bleibt. [...] Es ist dumm, nicht zu hoffen, dachte er. Im Übrigen halte ich das für
20 eine Sünde. Aber denk nicht über Sünden nach, dachte er. Du hast schon genug Probleme, auch ohne Sünde. Außerdem verstehe ich davon nichts. Ich verstehe nichts davon, und ich bin mir nicht sicher, ob ich daran glaube. Vielleicht war es eine Sünde, den Fisch zu töten. Jedenfalls nehme ich das an, auch wenn ich es getan habe, um mich am Leben
25 zu erhalten und vielen Leuten Nahrung zu bringen. Aber dann ist alles Sünde. Denk nicht über Sünden nach. Dazu ist es jetzt zu spät, und es gibt Leute, die dafür bezahlt werden. Sollen die darüber nachdenken. Du wurdest geboren, Fischer zu sein, wie der Fisch geboren wurde, ein Fisch zu sein. San Pedro war Fischer, und der Vater des großen
30 DiMaggio war auch einer.

Aber er dachte gern über alles nach, womit er zu tun hatte, und da er nichts zu lesen und auch kein Radio hatte, standen seine Gedanken nicht still, und er dachte weiter über die Sünde nach. Du hast den Fisch nicht nur getötet, um dich am Leben zu erhalten und ihn zu verkaufen,
35 dachte er. Du hast ihn aus Eitelkeit getötet und weil du Fischer bist. Du hast ihn geliebt, als er lebte, und du hast ihn danach geliebt. Wenn du ihn liebst, ist es keine Sünde, ihn zu töten. Oder dann erst recht?

„Du denkst zu viel, alter Mann", sagte er laut.

Aber du hast es genossen, den *dentuso* zu töten, dachte er. Er lebt von
40 lebenden Fischen, genau wie du. Er ist kein Aasfresser und auch nicht bloß vom Heißhunger getrieben wie manche anderen Haie. Er ist schön und edel und kennt keine Angst.

„Ich habe ihn in Notwehr getötet", sagte der alte Mann. „Und ich habe ihn gut getötet."

45 Im Übrigen, dachte er, läuft doch irgendwie alles auf das Töten hinaus. Das Fischen bringt mich genauso um, wie es mich am Leben erhält. Am Leben erhält mich der Junge, dachte er. Ich darf mir nicht ständig etwas vormachen.

ERNEST HEMINGWAY: DER ALTE MANN UND DAS MEER, ROWOHLT

---

dentuso = gemeint ist der Hai

Arbeitsaufgaben

a) „*Man kann einen Mann vernichten, aber nicht besiegen.*" – So lautet das bekannteste Zitat aus „Der alte Mann und das Meer". – **Diskutieren** Sie dessen Bedeutung.

b) **Erklären** Sie, wonach der alte Mann beurteilt, ob es eine Sünde gewesen ist, den Fisch zu töten.

c) **Erläutern** Sie die Aussage: „*Das Fischen bringt mich genauso um, wie es mich am Leben erhält.*"

2. Der Übersetzer über „Der alte Mann und das Meer"

[...] Herr Schmitz, was ist aus der Sicht des literarischen Übersetzers das Knifflige an den Texten von Ernest Hemingway?
Die Sprache ist bei Hemingway sehr individuell. Ich kenne überhaupt niemanden, der so schreibt wie er. Es ist eine grosse Herausforderung, im

5 Deutschen einen Ton zu finden, der Hemingway entspricht. Das Problem ist, dass er viele Hauptsätze verwendet, meist kurze, knappe nebeneinandergestellte Aussagen. Wenn man das im Deutschen liest, klingt es, als würde ein kleines Kind erzählen. Man muss eine Balance schaffen, dass es sich im Deutschen auch „erwachsen" anhört. [...]

10 *Gibt es so etwas wie einen zeitgemäss übersetzten Hemingway?*
Ich würde jedem Übersetzer davon abraten, zeitgemäss zu übersetzen. Man könnte „zeitgemäss" auch im Sinne von „wie man heute Hochdeutsch spricht" auffassen, und das ist meines Erachtens nicht die Sprache für Hemingways Bücher.

15 *Wie nähern Sie sich einem Buch von Ernest Hemingway, zum Beispiel „Der alte Mann und das Meer"? Was war an diesem scheinbar so geläufigen Text die Crux für den Übersetzer?*
Ein solches vergleichsweise schmales Buch muss man von vorne bis hinten übersetzen, nicht wie bei anderen Büchern, wo man sich zunächst

20 vielleicht die schwierigsten Kapitel heraussucht und dann am Ende das Puzzle zusammenfügt. Ein Problem bei „Der alte Mann und das Meer" waren die Fachausdrücke aus der Fischerei, die sich auf Deutsch noch mehr nach Fachausdrücken anhören als im Original. Es sind aber oft umgangssprachliche Ausdrücke für Fische, Schildkröten oder Wetter und

25 Angelgeräte. Das hat mir Kopfzerbrechen bereitet. Das Schwierigste aber war, den Ton so hinzubekommen, dass nicht der Eindruck entsteht, der alte Mann sei naiv oder dumm. Er ist lebensklug und erfahren in dem, was er tut, allerdings weiss er sonst nicht viel von der Welt. Auf Englisch klingt das ganz und gar nicht dumm. Aber wenn man das eins zu eins auf

30 Deutsch übersetzt, klingt es sehr einfältig, wie er denkt und spricht. Da muss man eingreifen und kann den englischen Satzrhythmus nicht beibehalten. Aus zwei Sätzen macht man da einen. Das sind alles Eingriffe, die den alten Mann intelligenter klingen lassen. [...]

SVEN AHNERT, NEUE ZÜRCHER ZEITUNG –
SCHWEIZERISCHE RECHTSCHREIBUNG

a) **Geben** Sie **wieder,** worin die Schwierigkeiten beim Übersetzen bestehen.

b) **Überprüfen** Sie die Aussagen, die WERNER SCHMITZ über die Sprache HEMINGWAYS trifft, anhand des Textausschnitts.

c) Unterschiedliche Übersetzung – unterschiedliche Bedeutung? Das berühmteste Zitat aus „Der alte Mann und das Meer" lautet im Original: „'But a man is not made for defeat', he said. ‚A man can be destroyed but not defeated.'" Die Übersetzung von WERNER SCHMITZ finden Sie im Textausschnitt ab Zeile 10. Die von HEMINGWAY autorisierte Übersetzerin, ANNEMARIE HORSCHITZ-HORST, hat den Satz wie folgt übersetzt: „‚Aber der Mensch darf nicht aufgeben', sagte er. ‚Man kann zerstört werden, aber man darf nicht aufgeben.'"

■ **Erschließen** Sie, welche Unterschiede in der Interpretation sich aus den verschiedenen Übersetzungen ergeben könnten.

■ **Diskutieren** Sie mit Ihren Mitschülerinnen/Mitschülern, ob Übersetzen immer auch Interpretieren bedeutet.

die Bronzestatue von HEMINGWAY in der El Floridita Bar in Havanna auf Kuba

RAY BRADBURY, US-ameri-
kanischer Schriftsteller
(1920–2012)

4.6 RAY BRADBURY (1920–2012)

RAY BRADBURY ist einer der großen Science-Fiction-Autoren des 20. Jahrhunderts. Noch während seiner Schulzeit wird sein Schreibtalent erkannt und er beginnt Kurzgeschichten zu verfassen, die in Zeitschriften publiziert werden.

Am Anfang seiner Karriere wird BRADBURY als Verfasser von trivialer Science-Fiction-Literatur wahrgenommen, bis man erkennt, dass er in seinen immer wieder phantastischen und zum Teil auch märchenhaft anmutenden Werken vor allem Grundfragen des Menschseins behandelt: Freiheit, Sinn des Lebens, Umgang mit dem Tod etc.

Neben seinen Kurzgeschichten macht ihn vor allem der Roman „Fahrenheit 451", erschienen 1953, weit über die Grenzen Amerikas hinaus bekannt. 1966 wird der Roman von FRANÇOISE TRUFFAUT mit OSKAR WERNER und JULIE CHRISTIE in den Hauptrollen verfilmt.

BRADBURYS Werke

Sammlungen von Kurzgeschichten/Erzählungen
- Der illustrierte Mann (1951)
- Die goldenen Äpfel der Sonne (1953)
- Medizin für Melancholie (1959)
- Der Tod kommt schnell in Mexico (1984)
- Der Katzenpyjama (2004)

Romane
- Die Mars-Chroniken (1950, Roman in Erzählungen)
- Fahrenheit 451 (1953)
- Der Tod ist ein einsames Geschäft (1985)
- Friedhof für Verrückte (1990)
- Vom Staub kehrst du zurück (2001)

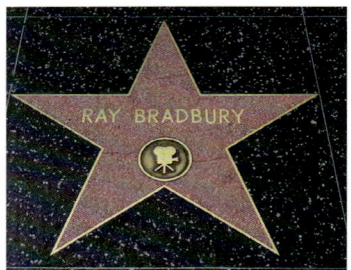

RAY BRADBURY Stern auf dem
Walk of Fame in Hollywood;
„Fahrenheit 451" wurde von
FRANÇOIS TRUFFAUT im Jahr
1966 verfilmt.

„Fahrenheit 451" – Inhalt

Guy Montag, der Protagonist dieser Dystopie, ist Feuerwehrmann und damit beauftragt, sämtliche Bücher, die das Volk nur aufmüpfig und widerspenstig machen würden, aufzuspüren und zu verbrennen. Fahrenheit 451 ist in etwa jene Temperatur, bei der Papier bzw. Bücher zu brennen beginnen. Sämtliches Schriftwerk ist verboten und die heimlich Lesenden werden verfolgt, aufgespürt und getötet. Hilfe dabei leisten mechanische Hunde, eine Art Roboter.

Eines Tages lernt Montag das Mädchen Clarisse von gegenüber kennen. Sie verunsichert ihn einerseits in seiner regimetreuen Haltung, andererseits macht sie ihn empfänglich für die Bedeutung und die Schönheit der Wörter. Montag beginnt daraufhin am System zu zweifeln, unterschlägt gefundene Bücher und beginnt zu lesen.

Mildred, seine Frau, ist wie ihre Freundinnen dem System vollkommen hörig und lässt sich von den Fernsehprogrammen des Regimes auf interaktiven Videowänden des Wohnzimmers unterhalten. Mehrmals schon hat Mildred versucht, sich das Leben zu nehmen, wurde aber immer wieder „hergestellt". Montag zwingt sie mit ihm zu lesen, was sie ablehnt und dazu bringt, ihn zu verraten. Montag wird daraufhin von seinem Vorgesetzten Beatty gezwungen, zur Strafe sein eigenes Haus anzuzünden. In der Folge richtet Montag den Flammenwerfer aber auf Beatty, tötet ihn und flieht mit Hilfe von Faber, einem alten Literaturprofessor, aus der Stadt.

Zuggleise entlanggehend, trifft er außerhalb der Stadt im Wald eine Gruppe von Systemkritikern, die ihre Zeit damit zubringen, Bücher auswendig zu lernen, um den Inhalt vor den Flammen zu beschützen.

Montag erfährt, dass es Tausende Menschen außerhalb der Stadt gibt, die dem System trotzen.

Ray Bradbury
FAHRENHEIT 451 (1953)

Textausschnitt 1:

Die Feuerwehr

„Aber wie ist das nun mit der Feuerwehr?", fragte Montag.

„Ah." Beatty beugte sich vor in dem feinen Dunst seiner Pfeife. „Was wäre verständlicher und natürlicher? Wo doch die Schulen immer mehr Läufer, Springer, Rennfahrer, Bastler, Fänger, Flieger und Schwimmer

5 ausbilden, statt Prüfer, Kritiker, Kenner und Schöpfer. Da ist leicht zu begreifen, dass das Wort ‚intellektuell' verdientermaßen zu einem Schimpfwort wurde. Das Unvertraute flößt immer ein Grauen ein. Du erinnerst dich doch sicher an einen Mitschüler, der besonders ‚hell' war und die meisten Antworten gab, während die andern wie Ölgötzen dasaßen und ihn hassten? War er nicht dazu ausersehen, nach der Schule drangsaliert zu werden? Klar, versteht sich. Wir müssen alle gleich sein. Nicht frei und gleich geboren, wie es in

10 der Verfassung heißt, sondern gleich gemacht. Jeder ein Abklatsch des andern, dann sind alle glücklich, dann gibt es nichts Überragendes mehr, vor dem man den Kopf einziehen müsste, nichts, an dem man sich messen müsste. Also! Ein Buch im Haus nebenan ist wie eine scharf geladene Waffe. Man vernichte es. Man entlade die Waffe. Man reiße den Geist ab. Wer weiß, wen sich der Belesene als Zielscheibe aussuchen könnte! Mich vielleicht? Ich danke. Und so kam es, nachdem die Häuser überall auf der ganzen

15 Welt feuerfest geworden waren (du hattest neulich recht mit deiner Vermutung), dass man der Feuerwehr entraten konnte. Sie erhielt eine neue Aufgabe, wurde zum Hüter unserer Seelenruhe, zum Sammelbecken gewissermaßen unserer begreiflichen und berechtigten Angst vor Minderwertigkeitsgefühlen; zur amtlichen Zensur, zur richtenden und ausführenden Gewalt in einem. Das bist du, Montag, und das bin ich."

Textausschnitt 2:

Die Fernsehwände

„Was wird denn heute Nachmittag gegeben?", fragte er matt.

Sie schaute nicht einmal auf. „Ich habe hier ein Stück, das in zehn Minuten im Wand-an-Wand-Funk kommt. Sie haben mir heute Morgen meine Rolle geschickt. Ich hatte ein paar Sammelmarken eingesandt.

5 Bei dem Stück wird eine Rolle ausgelassen, wenn es geschrieben wird. Es ist eine neue Idee. Die Hausmutter, das bin ich, die fehlende Rolle. Wenn die ausgelassenen Zeilen drankommen, schaut alles von den drei Wänden her auf mich, und ich spreche dann die betreffenden Zeilen. Hier sagt zum Beispiel der Mann: ‚Was hältst du davon, Helene?', und er schaut auf mich hier in der Bühnenmitte, verstehst du? Und ich sage dann, ich sage –" Sie suchte mit dem Finger nach der Zeile. „‚Ich finde es gut!' Und dann geht das

10 Stück weiter, bis er sagt: ‚Bist du nicht auch der Meinung, Helene?', und ich sage: ‚Aber gewiss doch.' Ist das nicht ein Mordsspaß, Guy?"

Er sah sie vom Flur her an. „Das macht doch Spaß", wiederholte sie.

„Wovon handelt das Stück?"

„Hab ich dir ja eben erzählt. Es kommen Leute drin vor, Bob und Ruth und Helene."

15 „Ach so."

„Es ist wirklich ein Heidenspaß, und noch mehr Spaß wird es machen, wenn wir es uns einmal leisten können, die vierte Wand einzurichten. Wie lange, glaubst du, müssen wir noch sparen, bis wir die vierte Wand herausreißen und eine Fernsehwand einsetzen lassen können? Kostet ja nur zweitausend Dollar."

„Das ist ein Drittel meines Jahreseinkommens."

20 „Kostet ja nur zweitausend Dollar", wiederholte sie. „Und ich finde, du könntest ab und zu auch einmal auf mich Rücksicht nehmen. Wenn wir eine vierte Wand hätten, dann wäre es doch, als gehörte dieses Zimmer gar nicht uns, sondern allen möglichen fremden Leuten. Wir könnten das ja an ein paar andern Dingen einsparen."

Montag wandte sich um und schaute seine Frau an, die mitten im Wohnzimmer saß und mit einem
25 Ansager sprach, der auch mit ihr sprach. „Mrs. Montag", sagte er eben. Dies und das und noch etwas.
„Mrs. Montag –" Und er sagte noch etwas anderes. Ein Zusatzgerät, das sie hundert Dollar gekostet hatte,
blendete jedes Mal einfach ihren Namen ein, wenn der Ansager zu seinem namenlosen Publikum sprach,
wobei er die Stelle ausließ, wo die entsprechenden Silben eingesetzt werden konnten. Eine besondere Vor-
richtung bewirkte zudem, dass das Bild des Ansagers auf der Fernsehwand die richtigen Mundbewegungen
30 machte. Er war ein Freund, kein Zweifel, ein guter Freund. „Mrs. Montag – nun sehen Sie mal her."

Textausschnitt 3:

Die lebende Bibliothek
„Wie viele von euch gibt es denn?"

„Tausende auf den Straßen und Bahngleisen, nach außen hin Landstreicher, inwendig eine Bibliothek. Es
war zuerst nicht geplant. Jeder hatte ein Buch, das er nicht vergessen wollte, und so lernte er es eben aus-
5 wendig. Dann, im Lauf von zwanzig Jahren oder so, lernten wir uns unterwegs kennen und schlossen uns
zu einem losen Netzwerk zusammen und stellten einen Plan auf. Das Wichtigste allerdings, was wir uns
immer wieder ins Bewusstsein rufen müssen, ist, dass wir nicht wichtig sind; es durfte keine Gelehrten-
eitelkeit aufkommen, wir durften uns nicht über andere erhaben fühlen. Schließlich sind wir nichts als
Schutzumschläge für Bücher, im Übrigen aber belanglos. Einige von uns wohnen in Kleinstädten. Thoreaus
10 Walden, Erstes Kapitel in Green River, Zweites Kapitel in Willow Farm, Maine. In Maryland gibt es eine Ort-
schaft, siebenundzwanzig Seelen insgesamt, keine Bombe wird sie je heimsuchen, da sind die gesammelten Aufsätze eines gewissen Bertrand Russell zu Hause, man kann den Ort gewissermaßen wie ein Buch
zur Hand nehmen und darin blättern, auf jeden Bewohner soundso viel Seiten. Und eines schönen Tages,
wenn der Krieg überstanden ist, dann können die Bücher wieder geschrieben werden. Die Leute werden
15 einberufen werden, einer nach dem andern, um aufzusagen, was sie sich gemerkt haben, und dann geht
es wieder in Druck, bis zur nächsten Kulturdämmerung, wo wir vielleicht mit der ganzen vertrackten Sache
nochmals von vorne anfangen müssen. Das ist ja gerade das Wunderbare am Menschen, er lässt sich nie
in dem Maß entmutigen und verrohen, dass er jemals aufhört, wieder von vorn anzufangen, weil er genau
weiß, es lohnt sich."

20 „Was tun wir heute?", wollte Montag wissen.

„Warten", erwiderte Granger. „Und etwas weiter flussabwärts ziehen, für alle Fälle."

Er begann, Erde auf das Feuer zu schütten. Die andern halfen mit, und Montag half mit, und da wurde nun
in der Wildnis gemeinsam Hand angelegt, das Feuer zu löschen.

RAY BRADBURY: FAHRENHEIT 451, DIOGENES

a) *„Ein Buch im Haus nebenan ist wie eine scharf geladene Waffe."* – Weshalb wird den Wissensarchiven – in diesem Fall den Büchern (Textausschnitt 1) – eine dermaßen hohe Gefahr beigemessen? Ist dem heute noch
immer so? Wenn ja, in welchen Ländern? **Tauschen** Sie sich darüber **aus.**

b) **Diskutieren** Sie, warum das Regime in „Fahrenheit 451" bemüht ist, die Menschen gleich zu machen – vor
allem wenn es um Wissen und Leistung geht (Textausschnitt 1).

c) „Fahrenheit 451" nimmt einiges an jener Technik vorweg, die wir heute benutzen. – **Setzen** Sie die heutigen
medialen Möglichkeiten mit jenen in „Fahrenheit 451" **in Beziehung** (Textausschnitt 2).

d) **Nehmen** Sie **Stellung** zur These, dass Science-Fiction-Literatur als Motor für wissenschaftliche Entwicklungen fungieren kann, ebenso aber auch die Wissenschaft die Science-Fiction-Literatur stark beeinflusst.

 Zum Weiterlesen

■ Neben „Schöne neue Welt" (1932) von ALDOUS HUXLEY und „1984" (1949) von GEORGE ORWELL zählt
„Fahrenheit 451" zu den vielbeachteten Science-Fiction-Romanen des 20. Jahrhunderts. – **Recherchieren** Sie
den Inhalt der genannten Romane und vergleichen Sie die Art der entworfenen Dystopien miteinander.

4.7 PABLO NERUDA (1904–1973)

PABLO NERUDA, chilenischer Schriftsteller, Literaturnobelpreisträger und Diplomat (1904–1973)

Der chilenische Autor PABLO NERUDA, der 1971 den Literaturnobelpreis erhält, habe dem „Schicksal und den Träumen eines ganzen Kontinents" eine Stimme verliehen, heißt es unter anderem in der Laudatio zur Nobelpreisverleihung. NERUDA ist überzeugter Kommunist. Er dient seinem Land Chile einerseits zeitweilig als hochrangiger Diplomat in unterschiedlichen Ländern. Andererseits muss er aufgrund politischer Verfolgung aus Chile auch fliehen. Zufluchtsort ist Paris, wo er immer wieder lebt und unterschiedliche (politische) Aufgaben zu erfüllen hat. Dort lernt er auch PABLO PICASSO (1881–1973) kennen, der NERUDA immer wieder unterstützt.

Nur zwölf Tage nachdem sich der Despot AUGUSTO PINOCHET (1915–2006) in Chile an die Macht geputscht hat, stirbt NERUDA völlig überraschend angeblich an einem Krebsleiden. Diese vermeintliche Todesursache ist mittlerweile widerlegt worden, da man den Leichnam exhumiert hat und nun davon ausgeht, dass der Dichter vergiftet worden ist.

NERUDA steht für eine Poesie, die das gesamte menschliche Leben mit seinen wunderbaren Seiten, aber auch mit seinen Abgründen einfangen will. Die Liebe wird besonders in den Sonetten des Bandes „Hungrig bin ich, will deinen Mund" besungen. Lateinamerika, dessen Landschaften, Völker und Lebensarten stehen in vielen lyrischen Texten NERUDAS im Zentrum. Oft ist die räumlich-kontinentale Weite spürbar, die aber immer wieder auch historische und politische Bezüge enthält. Da NERUDAS politische Haltung kommunistisch ist, sind in vielen seiner Gedichte auch sozialistisch-realistische Inhalte erkennbar.

NERUDAS Werke

Lyrik (Sammlungen)
- Zwanzig Liebesgedichte und ein Lied der Verzweiflung (1924)
- Aufenthalt auf Erden (1933)
- Der große Gesang (1950, Gedichtzyklus)
- Die Trauben und der Wind (1954)
- Hungrig bin ich, will deinen Mund (verfasst 1959, auf Dt. veröffentlicht 1997)
- Letzte Gedichte (1973)
- Dich suchte ich (Gedichte aus dem Nachlass, verfasst 1950–1973, veröffentlicht 2017)

Prosa
- Ich bekenne, ich habe gelebt (1973, Autobiografie)

„Der große Gesang" (Canto General) – Inhalt

Von einer ersten allgemeinen Wahrnehmung Lateinamerikas ausgehend, widmet sich NERUDA in diesem Gedichtzyklus den indigenen Vorfahren, den spanischen Eroberern, den Befreiungs- bzw. Unabhängigkeitsbestrebungen und dem Auf und Ab der politischen Zustände des Kontinents, vor allem aber der Situation in Chile.

In 15 Abschnitten und über 200 Gedichten versucht NERUDA ein ganzheitliches Bild von Lateinamerika zu zeichnen und schwört es auf einen langen Befreiungskampf ein. Zur Zeit der Entstehung der Gedichte bereist er die Länder Mexiko, Guatemala, Brasilien, Argentinien, Kolumbien, Ecuador, Peru und Kuba.

In einer dtv-Ausgabe wird der „Canto General" als Versepos bezeichnet, was insofern nicht vollständig von der Hand zu weisen ist, als NERUDA „Lateinamerika" als gemeinsamen Erfahrungsraum mit ähnlichem Wertegefüge präsentiert. Jedoch fehlt diesem Gedichtzyklus ein Plot, eine die dargestellten Lebensbereiche verbindende (fiktive) Geschichte, die er benötigen würde, um als Versepos klassifiziert werden zu können.

Der zweite Abschnitt „Die Höhen von Machu Picchu" des „Canto General" wurden von LOS JAIVAS, einer der bekanntesten chilenischen Rockbands, in den 1980er-Jahren vertont.

Arbeitsaufgaben „Der große Gesang"

1. „Der große Gesang" (Canto General)

Pablo Neruda
AMERIKALIEBE (1400) (1950)

Vor Perücke und Seidenfrack
waren die Ströme, Ströme arterienhaft,
waren die Kordilleren, auf deren kahler Welle
der Kondor und der Schnee unbeweglich schienen:
5 war die Feuchte und das Dickicht, der noch
namenlose Donner, die Planetensteppen.

Erde war der Mensch, Gefäß, Lidschlag
des zitternden Lehms, Gebild aus Erdenton,
war karibischer Krug, Chibcha-Stein,
10 kaiserlicher Pokal oder araukanischer Kiesel.
Zart und grausam war er, aber in den Knauf
seiner Waffe aus benetztem Kristall
eingezeichnet waren
der Erde Initialen.

15   Niemand vermochte
später sich ihrer zu erinnern: der Wind
vergaß sie, die Sprache des Wassers
wurde verscharrt, die Schlüssel gingen verloren,
oder wurden von Schweigen überflutet oder Blut.

20 Nicht verloren ging das Leben, hirtenhafte Brüder.
Aber einer wilden Rose gleich
fiel ein roter Tropfen ins Dickicht,
und eine Erdenlampe erlosch.

Ich bin hier, der Geschichte Lauf zu erzählen.
25 Vom Steppenfrieden des Büffels
bis zu den gepeitschten Gestaden,
wo die Erde endet, im angehäuften
Schaum des antarktischen Lichts
und in den steilabstürzenden Felshöhlen
30 des düstren venezolanischen Schweigens
suchte ich dich, mein Vater,
junger Krieger du aus Dunkelheit und Kupfer,
oder dich, bräutliche Pflanze, Haarflut unbändig,
Kaimanenmutter, metallene Taube.

35 Ich, Inkamächtiger des Schlammes,
rührte an den Stein und sprach:
Wer
erwartet mich? Und preßte die Finger
um eine Handvoll tauben Kristalls.
40 Aber zwischen Zapotecablüten schritt ich,
und sanft war das Licht wie ein Edelwild
und der Schatten ein grünes Augenlid.

Du mein namenloses Land, ohne Namen Amerika,
der Äquinoktien Blütenfaden, Purpurlanze,
45 dein Duft klomm auf zu mir durch meine Wurzeln
bis zur Schale, die ich austrank, bis zum zartesten
Wort, noch ungeboren von meinem Munde.

---

die Kordilleren = Gebirgszug im Westen des amerikanischen Doppelkontinents

der Kondor = in Südamerika heimischer, sehr großer Geier

Chibcha = indigenes Volk Südamerikas

Araukaner = indigenes Volk, das in Chile und Argentinien lebt; auch: Mapuche

der Kaiman = Alligator

Zapotecablüten = die Blüten der Sabote, eines Baumes, der im tropischen Amerika wächst

das Äquinoktium = Tagundnachtgleiche

Arbeitsaufgaben

a) „Amerikaliebe (1400)" ist das erste der Gedichte des „Canto General". – **Beschreiben** Sie mit eigenen Worten, welche Inhalte PABLO NERUDA an den Beginn stellt und wann er die historische Darstellung des Kontinents beginnen lässt. **Nennen** Sie auch mögliche Gründe, warum die Darstellung gerade zu diesem Zeitpunkt beginnt.

b) Unterstreichen Sie im Text alle Adjektive und **untersuchen** Sie, welchen Inhalten welche Eigenschaften zugeordnet werden.

2. Gedichte

Text 1

Pablo Neruda
DEINE HÄNDE (1924)

Wenn deine Hände, Liebe,
meinen entgegenkommen,
was bringen sie mir, fliegend?
Warum hielten sie plötzlich
5 inne auf meinem Mund?
Wie erkenne ich sie,
als hätte ich sie damals,
früher schon mal berührt,
und als wären sie früher,
10 ehe sie selber waren,
mir schon über die Stirne,
über die Hüfte gestreift?
Ihre Sanftheit kam her,
fliegend über die Zeit,
15 über das Meer, den Rauch,
über den Frühling flügelnd,
und als du deine Hände
mir auf die Brust gelegt,
erkannte ich die Flügel

20 der goldfiedrigen Taube,
erkannte ich die Kreide
und die Farbe von Weizen.
Mein ganzes Leben habe
ich nach ihnen gesucht.
25 Treppen stieg ich empor,
ging über Pflasterstraßen,
Züge trugen mich fort,
Wasser brachten mich her,
und auf der Haut der Trauben
30 meinte ich dich zu fühlen.
Das Holz gab unversehens
mir Berührung mit dir,
und die Mandel verhieß mir
deine heimliche Sanftheit,
35 bis deine Hände sich
schlossen auf meiner Brust,
um hier nun wie zwei Flügel
zu beenden die Reise.

PABLO NERUDA: LIEBESGEDICHTE, BTB

Arbeitsaufgaben

a) Unterstreichen Sie alle Nomen in diesem Gedicht. **Benennen** Sie die angesprochenen Inhalte und gruppieren Sie diese thematisch.

b) **Widerlegen** oder **bestätigen** Sie folgende Interpretationshypothese:
„Das ‚Du‘, an welches sich das lyrische Ich richtet, ist hier keine Person, sondern die personifizierte Natur (Süd-)Amerikas. Die Hände, die sich auf der Brust des lyrischen Ichs schließen, bedeuten letztlich nichts anderes als die Erde, die den toten Körper bedeckt."

Text 2

Pablo Neruda
STURMGELADEN IST DER MORGEN (IV) (1924)

Sturmgeladen ist der Morgen
im Herzen des Sommers.

Wie weiße Abschiedstüchlein wallen die Wolken,
4 es schwenkt sie der Wind mit reisefiebrigen Händen.

Zahlloses Herz des Windes,
das pocht über unserem verliebten Schweigen.

Es braust zwischen den Bäumen, göttlich, wie ein Orchester,
8 wie eine Sprache voller Kriege und Gesänge.

Wind, der in raschem Raub das raschelnde Laub entführt
und die zuckenden Vogelpfeile aus ihrer Bahn wirft.

Wind, der es niederwirft als Welle ohne Gischt,
12 als Wucht des Schwerelosen, geducktes Flammenlodern.

Es birst und versinkt als Masse von Küssen,
zerschmettert an der Pforte des Sommerwindes.

PABLO NERUDA: 20 LIEBESGEDICHTE UND EIN LIED DER
VERZWEIFLUNG, LUCHTERHAND

Arbeitsaufgaben

a) **Beschreiben** Sie das Bild, das in diesem Gedicht gezeichnet wird.

b) Das unpersönliche Es bezeichnet in diesem Gedicht Unterschiedliches. – **Bestimmen** Sie diese Inhalte.

c) Das lyrische Wir verharrt in verliebtem Schweigen. – **Erörtern** Sie, an welchen Inhalten diese Verliebtheit festgemacht wird.

T. C. Boyle, US-
amerikanischer Schriftsteller
(geboren 1948)

4.8 T. C. Boyle (geboren 1948)

Aufgewachsen in schwierigen Verhältnissen in New York, studiert Tom Coraghessan Boyle Englisch und Geschichte und beginnt während dieser Zeit zu schreiben. Nach seinem Studienabschluss arbeitet er als High-School-Lehrer und publiziert erste Erzählungen.

Seinen Doktortitel erwirbt T. C. Boyle an der University of Iowa in englischer Literatur des 19. Jahrhunderts. Er lehrt Englisch an der University of Southern California und schreibt Romane und Kurzgeschichten.

In seinen Short Storys befördert Boyle seine Leser/innen mitten ins Geschehen, das er ohne Umschweife ausbreitet. Ebenso verfährt er in seinen Romanen, in denen die Handlung zuweilen aus den Perspektiven zweier Protagonistinnen/Protagonisten beleuchtet wird. Oftmals geht es in Boyles Texten um völlig konträre Lebensbedingungen und -stile, um eine nicht zu bändigende Natur bzw. Naturkatastrophen oder auch um einzelne Protagonistinnen und Protagonisten, die unter den gegebenen Bedingungen den eigenen Willen bzw. Lebensentwurf nur mit größten Schwierigkeiten umsetzen können.

Boyles Werke

Romane
- Wassermusik (1982)
- Grün ist die Hoffnung (1984)
- América (1995)
- Ein Freund der Erde (2000)
- Dr. Sex (2004)
- Talk Talk (2006)
- Die Frauen (2009)
- Wenn das Schlachten vorbei ist (2011)
- Hart auf hart (2015)
- Die Terranauten (2016)

Kurzgeschichten und Sammlungen
- Tod durch Ertrinken (1979)
- Greasy Lake und andere Geschichten (1985)
- Wenn der Fluss voll Whiskey wär (1989)
- Fleischeslust (1994)
- Schluß mit cool (2001)
- Zähne und Klauen (2005)
- Good Home Stories (2018)

„América" – Inhalt

Der Umweltschützer und Journalist Delaney Mossbacher lebt mit seiner Familie in einem Vorort von Los Angeles und überfährt zu Beginn des Romans den Mexikaner Cándido Rincón mit seinem Wagen. Cándido liegt schwer verletzt in den Büschen neben der Straße, tritt dann dennoch Delaney gegenüber und wird von diesem mit zwanzig Dollar abgespeist.

Cándido möchte mit seiner noch sehr jungen, schwangeren Frau América im nahegelegenen Cañon in den USA sein Glück versuchen und seiner Familie eine Zukunft bieten.

Das Geschehen wird nun einerseits aus der Perspektive Delaneys erzählt, der in seiner mittelständischen Idylle lebt und über die rohe und wilde Natur des Cañons schreibt. Andererseits fokussiert die auktoriale Erzählinstanz Cándido, der in der von Delaney idealisierten Welt des Cañons zu überleben versucht und von einer gesicherten Existenz für seine Familie träumt.

Cándidos und Américas Leben verläuft aber alles andere als positiv. Zuerst stirbt Cándido beinahe an den Folgen des Unfalles, dann werden die beiden im Cañon ausgeraubt. Außerdem löst Cándido im Cañon einen Brand aus, der das Leben Delaneys und der anderen Menschen, die in der Siedlung Arroyo Blanco Estates leben, bedroht.

Durch diesen und andere Vorfälle ziehen die illegal im Cañon lebenden Mexika-
ner/innen den Hass der Siedlungsbewohner/innen auf sich, die nun eine Bür-
gerwehr gründen und eine Mauer um die Siedlung bauen wollen. Delaney wird
vom anfangs liberalen und toleranten Bürger zu einem hasserfüllten Verfolger
der Einwanderer/innen.

Américas Baby kommt blind zur Welt und stirbt am Ende des Romans, als eine
Schlammlawine fast alles im Cañon Lebende mit sich reißt. Cándido und Améri-
ca überleben und retten auch Delaney, der ohne Cándidos helfende Hand in der
Schlammlawine umgekommen wäre.

Arbeitsaufgaben „América"

T. C. Boyle
AMÉRICA (1995)

Textausschnitt 1:

Im nachhinein versuchte er, sich die Sache in abstrakten Begriffen zu erklären, als Unfall in einer unfall-
trächtigen Welt, als Kollision gegenläufiger Kräfte – seiner Stoßstange und der schmächtigen, geduckten,
plötzlich hervorstürzenden Gestalt eines dunkelhäutigen Kerlchens mit gehetztem Blick –, aber allzugut
gelang es ihm nicht. Dies war keine statistische Größe in einer Versicherungstabelle, die in irgendeiner
5 Schublade verstaubte, dies war kein unpersönlicher reiner Zufall. Passiert war es ihm, Delaney Mossbacher,
wohnhaft Piñion Drive 32, Arroyo Blanco Estates, liberaler Humanist ohne Verkehrssündenregister und
in einem wachsgepflegten japanischen Auto mit persönlichem Kennzeichen, und es traf ihn bis ins Mark.
Wohin er den Blick auch wandte, überall sah er diese geröteten Augen, den weit aufgerissenen Mund, die
schlechten Zähne und die merkwürdigen grauen Stellen in dem buschigen, schwarzen Schnurrbart – das
10 Bild suchte seine Träume heim, schob sich auch tagsüber in seine Gedankenwelt, wie ein Fenster zu einer
anderen Wirklichkeit. Er erkannte sein Opfer auf einem Briefmarkenbogen in der Post wieder, als Spiege-
lung in den blitzblanken Glasscheiben der langsam zuschwingenden Doppeltür von Jordans Grundschule,
und es starrte ihm aus seinem Omelett aux fines herbes entgegen, wenn er am frühen Abend bei Emilio
essen ging. Das Ganze war so rasch gegangen. Eben noch war er den Cañon hinauf gekurvt, den Rücksitz
15 voll mit Zeitungen, Mayonnaisegläsern und Cola-light-Dosen für die Altstoffcontainer, und hatte an nichts,
an absolut gar nichts gedacht, und im nächsten Augenblick schleuderte das Auto in einer Staubwolke quer
zur Fahrbahn auf die Bankette. Der Mann mußte in den Büschen gekauert haben wie irgendein Raubtier,
ein streunender Hund oder eine Katze auf Vogeljagd, um sich im allerletzten Moment in einem wahnwitzi-
gen, selbstmörderischen Akt auf die Straße zu stürzen. Da waren auf einmal dieser entgeisterte Blick, der
20 buschige Schnurrbart, der zum stummen Schrei aufgerissene Mund und dann der Bremsruck, der Aufprall,
das Marimba-Geprassel der Steine gegen den Unterboden und schließlich die Staubwolke. Der Motor war
abgewürgt, die Klimaanlage lief auf Hochtouren, im Radio brabbelte eine Stimme über Einfuhrquoten und
den amerikanischen Arbeitsmarkt. Der Mann war verschwunden. Delaney öffnete die Augen wieder und
entspannte die zusammengebissenen Kiefer. Der Unfall war vorbei, gehörte bereits der Vergangenheit an.

25 Zu seiner Beschämung dachte Delaney als erstes an das Auto (war es beschädigt, verbeult, zerkratzt?),
dann an die Versicherungsprämie (was würde nun aus seinem Bonus für unfallfreies Fahren werden?) und
erst danach, reichlich spät, an das Opfer. Wer war der Mann? Wohin war er verschwunden? War ihm was
passiert? War er verletzt? Am Verbluten? Am Sterben? Delaneys Hände am Lenkrad zitterten.

Textausschnitt 2:

Er wußte, was Kopfschmerzen waren – sein ganzes Leben war ein einziger Kopfschmerz, sein ganzes
stinkendes, wertloses pinche vida –, aber das hier war anders. Es fühlte sich an, als wäre in seinem Kopf
eine Bombe explodiert, eine dieser fetten Atombomben, wie sie sie auf die Japaner abgeworfen hatten, und
die wabernde schwarze Pilzwolke preßte und drückte gegen seinen Schädel, drohte ihn zu zersprengen,
5 quetschte ihn unerbittlich zusammen, immer fester und fester und fester. Aber das war noch nicht alles –

auch in seinem Magen rumorte es, und er sank auf Hände und Knie und kotzte in die Büsche, auf halbem Wege zum Camp in der Schlucht. Das Frühstück kam ihm hoch – zwei hart gekochte Eier, eine halbe Tasse von der aufgewärmten dünnen Pisse, die als Kaffee durchging, und eine Tortilla, die ihm am Stock über dem Feuer versehentlich angebrannt war –, alles, jedes Klümpchen, jeder Brocken, und dann kotzte er
10 gleich noch mal. Er würgte, bis er die Galle im Hals schmeckte, und immer noch konnte er sich kaum bewegen, ein unbezwingbarer Druck bohrte sich quer durch seinen Kopf, und er kauerte stundenlang da, so schien es ihm, hypnotisiert von einem langen Spuckefaden, der ihm beharrlich aus dem Mund hing.

Als er wieder auf die Beine kam, hatte sich alles verändert. Die Schlucht war in Schatten getaucht, die Sonne hing in den Baumwipfeln, und dem unermüdlichen Geier am Himmel hatten sich zwei Artgenossen
15 zugesellt. „Los doch, kommt und holt mich!" knurrte er, spuckte aus und zuckte dabei zusammen. „Genau das bin ich, ein jämmerlicher Kadaver, ein Stück Fleisch auf Beinen." Aber Herr im Himmel, wie weh es tat! Er fuhr sich mit der Hand an die Wange, und die aufgeschürfte Haut dort war hart und verkrustet, als hätte man ihm ein altes Holzbrett an den Kopf genagelt. Was war ihm eigentlich passiert? Über die Straße war er gegangen, auf dem Rückgang von dem kleinen Supermarkt, wo er eingekauft hatte, nachdem die Arbeits-
20 vermittlung zugemacht hatte, dem billigeren Supermarkt, der aber weiter weg war, und was tat es schon, daß er sich auf der anderen Straßenseite befand? Der alte Mann an der Kasse dort – er kam aus Italien und nannte sich einen paisano – sah einen nicht an, als wäre man Dreck, als wollte man etwas stehlen, als könnte man die Finger nicht von all den bunten Packungen mit diesem und jenem lassen, mit Schinken und Nachos und Shampoo und kleinen, in Plastik eingeschweißten grau-schwarzen Batterien. Dort hatte
25 er eine große Flasche Orangenlimo gekauft und eine Packung Tortillas zu den gelben Bohnen, die im Topf angebrannt waren ... und was war dann gewesen? Er war über die Straße gegangen.

Ja. Und dann hatte ihn dieser rosagesichtige gabacho umgefahren, mit seiner knallroten gabacho-Nase, auf der eine dieser kleinen Advokatenbrillen klemmte. So viel Stahl und Glas und Chrom, ein riesiger heißer Motor aus Eisen – wie ein Panzer war das Ding auf ihn zugerollt, und er hatte als einzigen Schutz sein
30 Baumwollhemd, die dünne Hose und ein Paar ausgetretener huaraches.

T. C. Boyle: América, dtv – alte Rechtschreibung

a) **Untersuchen** Sie die Textausschnitte hinsichtlich ihrer sprachlichen Gestaltung. **Analysieren** Sie Adjektive, Nomen und auch feste Fügungen. **Überprüfen** Sie im Anschluss die These, dass die sprachliche Gestaltung die lebensweltlichen Umstände (Wohlstand, Armut) der beiden Protagonisten widerspiegelt.

b) Beide Protagonisten idealisieren die Welt bzw. das Umfeld des jeweils anderen, haben aber wenig Begriff von den tatsächlichen Schwierigkeiten, die das Leben auf der anderen Seite mit sich bringt. – **Stellen** Sie die Probleme beider Lebenswelten **einander gegenüber.**

c) Der Roman endet mit einer Geste der Versöhnung. Cándido streckt Delaney die rettende Hand entgegen. – **Diskutieren** Sie, ob es eine Versöhnung zwischen den beiden bzw. ihren Welten geben kann.

 Zum Weiterlesen

a) Recherchieren Sie den Umgang mit Flüchtenden und Asylsuchenden innerhalb und an den Grenzen der EU. Welche Vorschläge im Umgang mit diesen Menschen finden sich im Roman und werden heute nach wie vor diskutiert und auch umgesetzt? – **Nehmen** Sie **Stellung** zu diesen „Maßnahmen".

b) Boyle wird in Rezensionen immer wieder vorgeworfen, dass er mit seinen Darstellungen sehr plakativ und klischeehaft arbeite. – Lesen Sie den ganzen Text und **analysieren** Sie, ob dies der Fall ist. **Diskutieren** Sie, welcher Effekt sich durch die direkte Konfrontation der beiden Lebenswelten mit all ihren Klischees ergibt.

4.9 J. M. COETZEE (geboren 1940)

J. M. COETZEE, südafrikanischer Schriftsteller und Literaturnobelpreisträger (geboren 1940)

Der in Kapstadt aufgewachsene und später in den USA und Australien wirkende Literaturprofessor und Schriftsteller J. M. COETZEE lebt zurückgezogen und öffentlichkeitsscheu. Demgemäß ist über sein Leben – abgesehen von den beruflichen Stationen – wenig bekannt.

Sein literarisches Werk steht hingegen regelmäßig in der Öffentlichkeit. So gut wie jeder seiner Romane ist ausgezeichnet worden. COETZEE ist auch der erste Schriftsteller, der den renommierten britischen Booker Prize zweimal erhält (für „Leben und Zeit des Michael K." und „Schande"). 2003 wird er mit dem Nobelpreis für Literatur ausgezeichnet.

In seinen Werken setzt COETZEE sich kritisch mit der Geschichte und Gesellschaft Südafrikas auseinander, beschäftigt sich mit Rassismus, Doppelmoral, Machtstrukturen, Leid, Schuld und Schicksal.

COETZEES Werke

- Dusklands (1974)
- Im Herzen des Landes (1977)
- Warten auf die Barbaren (1980)
- Leben und Zeit des Michael K. (1983)
- Eiserne Zeit (1990)
- Der Meister von St. Petersburg (1994)
- Der Junge. Eine afrikanische Kindheit (1997)
- Schande (1999)
- Das Leben der Tiere (1999)
- Die jungen Jahre (2002)
- Sommer des Lebens (2009)

„Schande" – Inhalt

David Lurie ist ein 52-jähriger, geschiedener weißer Südafrikaner, der als Professor für moderne Sprachen bzw. Kommunikationswissenschaften an der Cape Technical University arbeitet. Eines Tages trifft er zufällig eine seiner Studentinnen, die dunkelhäutige Melanie Isaacs, und bedrängt sie so lange, bis sie mit ihm gegen ihren Willen ins Bett geht. Melanies Vater zeigt Lurie bei der Universität an. Im Disziplinarverfahren bekennt Lurie sich zwar schuldig, zeigt aber keinerlei Reue und verliert seine Professur.

Daraufhin fährt er zu seiner lesbischen Tochter Lucy, die in Salem eine kleine Farm bewirtschaftet und eine Hundepension betreibt. Petrus, ein schwarzer Landarbeiter, geht ihr dabei zur Hand. Von seinem Lohn hat er ihr ein Stück Land abgekauft, worauf er sein eigenes Farmhaus baut.

Eines Tages verschaffen sich drei Schwarze Zutritt zu Lucys Haus, sperren Lurie in die Toilette, überschütten ihn mit Spiritus, versuchen ihn anzuzünden und vergewaltigen anschließend Lucy. Beide leiden unter diesem Ereignis: Lurie will Vergeltung und hat ein schlechtes Gewissen, weil er seine Tochter nicht beschützen konnte, Lucy hingegen zieht sich in sich selbst zurück, meldet den Überfall zwar der Polizei, verschweigt aber die Vergewaltigung, was ihr Vater überhaupt nicht nachvollziehen kann. Schon bald kommt der Verdacht auf, dass Petrus etwas mit dem Überfall zu tun hat.

Schließlich stellt sich heraus, dass Lucy von ihrem Vergewaltiger schwanger ist und das Baby nicht abtreiben will. Unter dem Vorwand, dass sie dadurch sicher sei, bietet Petrus Lucy an, sie zu heiraten. Selbstverständlich würde ihm damit ihre Farm gehören. Lucy willigt unter der Bedingung ein, dass sie in ihrem Haus wohnen bleiben kann. Sie begründet ihre Entscheidung damit, dass sie vielleicht im Revier dieser Männer wohne und dies der Preis sei, dass sie bleiben dürfe.

„Schande" wurde 2008 von STEVE JACOBS verfilmt.

Arbeitsaufgaben „Schande"

J. M. Coetzee
SCHANDE (1999)

Textausschnitt 1:

So freundlich wie er kann, bringt er wieder seine Frage an. „Lucy, mein Schatz, warum willst du es nicht sagen? Es war ein Verbrechen. Man braucht sich nicht zu schämen, wenn man Opfer eines Verbrechens geworden ist. Du warst nicht freiwillig das Opfer. Du bist unschuldig."

Lucy sitzt ihm am Tisch gegenüber und holt tief Luft, sammelt sich, dann atmet sie wieder aus und
5 schüttelt den Kopf.

„Darf ich raten?", sagt er. „Willst du mich auf etwas hinweisen?"

„Worauf soll ich dich hinweisen wollen?"

„Darauf, was Frauen von Männern zu erleiden haben."

„Nichts liegt mir ferner. Das hat nichts mit dir zu tun, David. Du möchtest wissen, warum ich nicht eine
10 bestimmte Anzeige bei der Polizei gemacht habe. Ich will es dir sagen, wenn du bereit bist, nicht wieder auf das Thema zurückzukommen. Der Grund ist der: aus meiner Sicht ist das, was mir zugestoßen ist, eine rein private Angelegenheit. Zu einer anderen Zeit, an einem anderen Ort, könnte das als öffentliche Angelegenheit betrachtet werden. Aber hier und heute nicht. Es ist meine Sache, ganz allein meine."

„Und dieser Ort wäre?"

15 „Dieser Ort ist Südafrika."

„Da bin ich nicht einverstanden. Ich bin nicht einverstanden damit, was du tust. [...] Glaubst du, was hier geschehen ist, war eine Prüfung – wenn du sie bestehst, bekommst du ein Diplom, und die Zukunft ist gesichert, oder du darfst ein Zeichen an die Türpfosten machen, damit dich die Plage verschont? So funktioniert Vergeltung nicht, Lucy. Vergeltung ist wie eine Feuersbrunst. Je mehr sie verschlingt, desto hungri-
20 ger wird sie."

„Hör auf, David! Ich will dieses Gerede von Plagen und Feuersbrünsten nicht hören. Ich versuche nicht, einfach meine Haut zu retten. Wenn du das glaubst, dann liegst du völlig daneben."

„Dann hilf mir. Ist es eine Art der privaten Erlösung, die du zu erlangen suchst? Hoffst du darauf, daß du die Verbrechen der Vergangenheit sühnen kannst, indem du in der Gegenwart leidest?"

25 „Nein. Du verstehst mich wieder falsch. Schuld und Erlösung sind abstrakte Begriffe. Ich handle nicht nach abstrakten Begriffen. Bist du nicht den Versuch machst, das zu begreifen, kann ich dir nicht helfen."

Er will etwas entgegnen, aber sie schneidet ihm das Wort ab. „David, wir haben etwas ausgemacht. Ich möchte dieses Gespräch nicht weiterführen."

Noch nie waren sie sich so fern und schmerzlich fremd. Er ist erschüttert.

Textausschnitt 2:

Auf halbem Weg nach Hause spricht Lucy, zu seiner Überraschung. „Es war so persönlich", sagt sie. „Es geschah mit so viel persönlichem Haß. Das hat mich mehr als alles andere mitgenommen. Der Rest war ... wie erwartet. Aber warum haßten sie mich so? Ich hatte sie nie zuvor gesehen."

Er wartet, daß etwas folgt, aber es folgt nichts, für den Augenblick. „Die Geschichte des Unrechts. Erklär
5 es dir so, wenn das hilft. Es wirkte vielleicht persönlich, aber es war nicht persönlich. Es kam von den Ahnen her."

„Das macht es nicht leichter. Der Schock will einfach nicht weichen. Der Schock darüber, gehaßt zu werden, meine ich. Beim Akt." [...]

„Ich glaube, daß sie es nicht zum erstenmal getan haben", fährt sie fort, und ihre Stimme ist jetzt fester.
10 „Wenigstens die beiden Älteren. Ich glaube, daß sie zuerst und vor allem Vergewaltiger sind. Das Stehlen von Sachen geschieht nur zufällig. Eine Nebenbeschäftigung. Ich glaube, daß sie gewohnheitsmäßig vergewaltigen."

„Denkst du, daß sie wiederkommen werden?"

„Ich denke, daß ich in ihrem Territorium bin. Sie haben mich gezeichnet. Sie werden wieder zu mir
15 kommen."

„Dann kannst du auf keinen Fall bleiben."

„Warum nicht?"

„Weil das eine Einladung an sie wäre, wiederzukommen."

Sie brütet eine lange Weile vor sich hin, ehe sie antwortet. „Aber kann man das nicht auch anders betrach-
20 ten, David? Wenn das ... wenn das nun der Preis ist, den man dafür zahlen muß, bleiben zu dürfen? Vielleicht sehen sie das so; vielleicht sollte ich das auch so sehen. Sie glauben, daß ich ihnen etwas schulde.
Sie sehen sich als Schuldeneintreiber, Steuereintreiber. Warum soll ich hier leben dürfen, ohne zu zahlen?
Vielleicht reden sie sich das ein?"

Textausschnitt 3:

„Geh wieder zu Petrus", sagt sie. „Mache ihm den folgenden Vorschlag. Sage, daß ich seinen Schutz an-
nehme. Sage, er kann über unsere Beziehung jede Geschichte, die er will, in Umlauf bringen, und ich werde
ihm nicht widersprechen. Wenn er will, daß ich als seine dritte Frau gelte, bitte sehr. Als seine Geliebte,
auch gut. Aber dann ist auch das Kind sein Kind. Das Kind gehört dann zu seiner Familie. Was das Land
5 angeht, so kannst du ihm sagen, daß ich ihm das Land überschreiben werde, solange das Haus in meinem
Besitz bleibt. Ich werde ein Mieter auf seinem Land." [...]

„Wie demütigend", sagt er schließlich. „Solche großen Hoffnungen, und nun dieses Ende."

„Ja, du hast recht, es ist demütigend. Aber vielleicht ist das eine gute Ausgangsbasis für einen Neuanfang.
Vielleicht muß ich das akzeptieren lernen. Von ganz unten anzufangen. Mit nichts. Nicht mit nichts als. Mit
10 nichts. Ohne Papiere, ohne Waffen, ohne Besitz, ohne Rechte, ohne Würde."

J. M. Coetzee: Schande, Fischer – alte Rechtschreibung

a) „Schande" ist kurz nach dem Ende der Apartheidpolitik in Südafrika erschienen. – **Recherchieren** Sie den
historischen Hintergrund, insbesondere die Politik zwischen 1948 und 1994 und die Ziele und Vorgehens-
weisen der Wahrheits- und Versöhnungskommission.

b) Manche Kritiker/innen haben Lucys Umgang mit der Vergewaltigung mit der afrikanischen Art der Schuld-
bewältigung (Wahrheits- und Versöhnungskommission) verglichen, die Luries hingegen mit der westlichen
(Nürnberger Prozesse) (Textausschnitte 1 und 2). – **Nehmen** Sie dazu **Stellung.**

c) Lucy willigt ein, Petrus zu heiraten (Textausschnitt 3). – **Diskutieren** Sie, ob es sich bei ihrem Entschluss um
Kapitulation (das Unterwerfen unter reale Machtverhältnisse), ein Durchbrechen der Gewaltspirale oder
Sühne für die „Geschichte des Unrechts" handelt.

d) **Untersuchen** Sie die Sprache und die gewählte Zeitform der Textausschnitte hinsichtlich ihrer Wirkung auf
die Leserin/den Leser.

4.10 Haruki Murakami (geboren 1949)

Haruki Murakami ist einer der bekanntesten japanischen Autoren. Er schreibt
seit Anfang der 1980er-Jahre. Ab Mitte der 1990er-Jahre werden seine Werke
auch auf Deutsch übersetzt. Zudem ist er als Übersetzer englischsprachiger Literatur (Raymond Chandler, 1888–1959; Truman Capote, 1924–1984; John
Irving, geb. 1942) tätig.
Neben zahlreichen anderen Literaturpreisen hat er 2006 den Franz-Kafka-
Literaturpreis und 2016 den Hans-Christian-Andersen-Literaturpreis erhalten.

Haruki Murakami,
japanischer Schriftsteller
(geboren 1949)

Auch die Texte von
GABRIEL JOSÉ GARCÍA
MÁRQUEZ (1927–2014)
werden dem Magischen
Realismus zugeschrieben.
Siehe Abschnitt 4.4 in diesem
Kapitel.

Kennzeichnend für MURAKAMIS Romane und Erzählungen ist, dass in die alltägliche Welt seiner Protagonistinnen und Protagonisten immer wieder unerklärliche und zum Teil irreale Phänomene und Geschehnisse einbrechen, die die wahrgenommene Realität infrage stellen. Dies entspricht dem Stil des Magischen Realismus.

Es finden sich auch immer wieder autobiografische Elemente in einzelnen Texten MURAKAMIS, wie beispielsweise das Thema Jazz: MURAKAMI ist ein großer Jazz-Fan und hat selbst eine Jazz-Bar in Tokio betrieben.

MURAKAMIS Werke

- Wilde Schafsjagd (1982)
- Naokos Lächeln (1987)
- Gefährliche Geliebte (1992)
- Mister Aufziehvogel (1994/95)
- Sputnik Sweetheart (1999)
- Kafka am Strand (2002)
- 1Q84 (2009)
- Die Pilgerjahre des farblosen Herrn Tazaki (2013)
- Die Ermordung des Commendatore I & II (2017)

„Gefährliche Geliebte" – Inhalt

Hajime ist ein Einzelkind. Während seiner Grundschulzeit lernt er nur ein anderes Einzelkind – Shimamoto – kennen. Dieses Mädchen zieht aufgrund einer Kinderlähmung sein linkes Bein etwas nach. Die beiden freunden sich an, hören die Schallplatten ihres Vaters (Jazz, klassische Musik) und verbringen viel Zeit miteinander. Nach der Grundschulzeit kommen beide auf verschiedene Mittelschulen und ihre Wege trennen sich.

Gegen Ende seiner Schulzeit lernt der 17-jährige Hajime Izumi kennen, die seine Freundin wird. Er möchte unbedingt mit ihr schlafen, sie hält ihn aber hin. In dieser Zeit begegnet er auch Izumis Cousine. Die beiden fühlen sich körperlich zueinander hingezogen und haben eine Affäre, was zur Trennung von Izumi führt.

Während seiner College-Zeit trifft Hajime ein Mädchen, das ähnlich wie Shimamoto sein rechtes Bein etwas nachzieht. Dies ist das erste Mal, dass Hajime an seine Jugendfreundin erinnert wird. Zur gleichen Zeit folgt er einer anderen jungen Frau quer durch die Stadt, die ebenfalls wie Shimamoto ihr linkes Bein etwas nachzieht. Er folgt ihr in ein Kaffeehaus, ohne sie anzusprechen. Sie fährt mit einem Taxi ab, ohne dass Hajime ein Gespräch mit ihr beginnen kann. Er wird daraufhin von einem Mann aufgefordert, dieses Erlebnis zu vergessen. Dafür bekommt er einen Umschlag mit 100.000 Yen in die Hand gedrückt.

Mit 30 Jahren heiratet Hajime Yukiko, die Tochter eines reichen Unternehmers, der ihm zu Wohlstand verhilft und ihm ermöglicht, zum Besitzer zweier Jazz-Bars zu werden, sodass er seinen Job bei einem Schulbuchverlag aufgeben kann. Mit Yukiko hat er zwei Töchter und es entspinnt sich ein gutbürgerliches Leben.

Eines Tages taucht in Hajimes Bar „Robin's Nest" völlig überraschend Shimamoto auf. Es entwickelt sich eine Liebesbeziehung zwischen den beiden, die ausschließlich von Shimamoto gesteuert wird. Sie gibt nur sehr wenig von ihrer Vergangenheit preis, bleibt der Bar immer wieder für längere Zeit fern und ist für Hajime dann auch nicht erreichbar.

Arbeitsaufgaben „Gefährliche Geliebte"

Haruki Murakami
GEFÄHRLICHE GELIEBTE (1992)

Textausschnitt 1:

Der Abschied

„Ich will alles wissen, was es über dich zu wissen gibt", sagte ich zu ihr. „Wie dein Leben bisher verlaufen ist, wo du wohnst. Ob du verheiratet bist oder nicht. Alles. Keine Geheimnisse mehr, denn ich ertrage keine mehr."

5 „Morgen", sagte sie. „Morgen werde ich dir alles erzählen. Frag also jetzt bitte nicht weiter, bleib so, wie du heute bist. Wenn ich es dir jetzt erzählte, könntest du nie wieder so sein wie zuvor."

„Das habe ich sowieso nicht vor. Und wer weiß, vielleicht wird es auch niemals morgen, und dann erfahre ich es am Ende nie."

„Ich wünschte, es würde niemals morgen", sagte sie. „Dann würdest du es nie erfahren." Ich wollte etwas
10 sagen, aber sie verschloss mir den Mund mit einem Kuss. [...]

Und es wurde morgen. Als ich aufwachte, war ich allein. Es hatte aufgehört zu regnen, und durch das Fenster fiel helles, klares Morgenlicht ins Schlafzimmer. Ich sah auf die Uhr: Es war nach neun. Shimamoto lag nicht im Bett; nur eine leichte Vertiefung im Kissen neben mir zeigte, wo sie gelegen hatte. Sie selbst war nirgends zu sehen. Ich stand auf und ging in die Küche, ins Kinderzimmer und ins Bad. Nichts. Ihre
15 Kleider waren verschwunden, auch ihre Schuhe. Ich atmete tief durch und versuchte, mich in die Wirklichkeit zurückzuversetzen. Aber diese Wirklichkeit unterschied sich von jeder, die ich bis dahin erlebt hatte: es war eine unstimmige Wirklichkeit.

Textausschnitt 2:

Kein Zurück

Ich würde sie nie wiedersehen, außer in der Erinnerung. Sie war hier, und nun ist sie fort. Dazwischen gibt es nichts. Wahrscheinlich ist ein Wort, das man vielleicht südlich der Grenze finden kann; niemals aber westlich der Sonne.

5 Jeden Tag suchte ich die Zeitungen nach Meldungen über Selbstmorde von Frauen ab. Eine Menge Leute brachten sich um, stellte ich fest, aber immer war es jemand anders. Soweit ich wußte, war diese schöne siebenunddreißigjährige Frau mit dem bezauberndsten Lächeln der Welt noch immer am Leben. Auch wenn sie mich für immer verlassen hatte.

Nach außen hin verliefen meine Tage wie immer. [...] Auch bei der Arbeit lief alles wie gewohnt. Jeden
10 Abend zog ich meinen Anzug an und ging in die Bars, plauderte mit den Stammgästen, hörte mir die Ansichten und Klagen des Personals an und dachte an Kleinigkeiten, wie etwa an ein Geburtstagsgeschenk für einen Angestellten. Ich lud Musiker, die zufällig vorbeikamen, zum Abendessen ein, kostete die Cocktails; um sicher zu sein, daß sie meinen Ansprüchen genügten, vergewisserte mich, daß das Klavier gestimmt war, hielt die Augen nach aggressiven Betrunkenen offen – ich tat meinen Job. Auftretende Probleme löste
15 ich im Nu. Alles lief wie ein Uhrwerk, nur die Spannung war dahin. Von außen betrachtet war ich derselbe wie immer; ja, ich war sogar leutseliger, freundlicher, gesprächiger als je zuvor. Aber wenn ich auf meinem Barhocker saß und mich im Lokal umsah, erschien mir alles eintönig und glanzlos. Kein liebevoll gestaltetes, farbenfrohes Luftschloß mehr: was vor mir lag, war schlicht eine geräuschvolle Bar – künstlich, oberflächlich und schäbig. Eine Bühnendekoration, eine Kulisse, ausschließlich zu dem Zweck errichtet, Säufern
20 das Geld aus der Tasche zu locken. Jede anderslautende Illusion war verpufft. Und alles nur, weil Shimamoto diese Räume nie wieder mit ihrer Anwesenheit schmücken würde. Nie wieder würde sie an der Theke sitzen; nie wieder würde ich sie lächeln sehen, wenn sie sich einen Drink bestellte.

Textausschnitt 3:

Brüchige Realität

In der Woche darauf überrumpelte mich ein seltsames Ereignis nach dem anderen, als hätten sie mir aufgelauert. Am Montagvormittag fiel mir ohne besonderen Grund der Umschlag mit den hunderttausend Yen wieder ein, und ich beschloß, ihn hervorzuholen.

5 Vor vielen Jahren hatte ich ihn in eine Schublade meines Büroschreibtischs gelegt, in eine abschließbare Schublade, die zweite von oben. [...] Doch jetzt war der Umschlag verschwunden. [...] Na gut, sagte ich mir, was spielt das schon für eine Rolle? Ich wollte ihn ja ohnehin eines Tages loswerden, nun kann ich mir die Mühe eben sparen.

Kaum hatte ich jedoch akzeptiert, daß der Umschlag verschwunden war, tauschten dessen Existenz und
10 Nichtexistenz in meinem Bewußtsein die Plätze. Ein seltsames Gefühl überkam mich, das einem Anfall von Schwindel glich. In mir wuchs die Überzeugung, der Umschlag habe nie wirklich existiert, und sie verdrängte meine Überlegungen, zermalmte und verschlang gierig meine Gewißheit, daß der Umschlag real vorhanden gewesen war.

Da Erinnerungen und Sinneseindrücke so ungewiß sind, so vielen Einflüssen unterliegen, beziehen wir uns,
15 um uns die Realität von Ereignissen zu beweisen, stets auf eine parallele Realität – nennen wir sie Meta-Realität. Inwieweit Tatsachen, die wir als solche anerkennen, wirklich so sind, wie sie uns erscheinen, und inwieweit sie nur darum Tatsachen sind, weil wir sie zu solchen erklären, läßt sich unmöglich entscheiden. Um also die Realität als real bestimmen zu können, brauchen wir eine zweite Realität, an der wir die erste messen. Diese zweite Realität jedoch bedarf zu ihrer Begründung einer dritten Realität, und immer so
20 weiter. Auf diese Weise entsteht in unserem Bewußtsein eine unendliche Kette einander bedingender Realitäten, und gerade das Aufrechterhalten dieser Kette erzeugt in uns das Empfinden, daß wir tatsächlich hier sind, daß wir existieren. Es kann jedoch ein Ereignis eintreten, das diese Kette zerreißt, und prompt wissen wir nicht weiter. Was ist wirklich? Liegt die Realität diesseits des Bruchs in der Kette? Oder dort drüben, auf der anderen Seite?

25 Genauso fühlte ich mich also in dem Moment: abgeschnitten. Ich stieß die Schublade wieder zu und beschloß, das Ganze zu vergessen. Ich hätte das Geld fortwerfen sollen, sobald ich es erhalten hatte. Es aufzubewahren war ein Fehler gewesen.

HARUKI MURAKAMI: GEFÄHRLICHE GELIEBTE, BTB – ALTE RECHTSCHREIBUNG

a) Shimamoto verbirgt ihre Vergangenheit, die sie nur schwer oder gar nicht zur Sprache bringen kann. – **Entwerfen** Sie eine mögliche Geschichte jener Lebensphase von Shimamoto, die uns der Autor vorenthält.

b) In einem Interview gibt MURAKAMI Auskunft über sein Schreiben:

Ich habe wenig Ahnung von Psychologie und von Freud, solche Sachen interessieren mich auch nicht. Psychologen interessieren sich für meine Geschichten, aber mir ist das egal. Wenn man versucht, eine Geschichte analytisch zu konstruieren, geht die Vitalität verloren. Was für mich zählt: Man muss beim Schreiben träumen. Ich kann sehr bewusst und absichtlich träumen. Wenn ich einen Traum sehen will, sehe ich ihn. Ich muss mich nur konzentrieren, und die Träume erscheinen mir, ich muss sie dann lediglich noch aufschreiben.

IRIS RADISCH, DIE ZEIT

Lesen Sie die drei Textausschnitte und **belegen** Sie, dass diese Aussagen des Autors (nicht) zutreffen.

c) **Beschreiben** Sie, auf welche Art und Weise Hajime seine Wirklichkeit konstruiert. **Beschreiben** Sie weiters ein eigenes Erlebnis, von dem Sie nicht mehr ganz sicher sind, ob es jemals stattgefunden hat.

4.11 MARIO VARGAS LLOSA (geboren 1936)

MARIO VARGAS LLOSA ist ein in Peru geborener Schriftsteller, der mittlerweile auch die spanische Staatsbürgerschaft besitzt. Er erhält den Literaturnobelpreis 2010 „für seine Kartographie der Machtstrukturen und scharfkantigen Bilder individuellen Widerstands, des Aufruhrs und der Niederlage". Vor allem in seinen frühen Werken kritisiert VARGAS LLOSA immer wieder korrupte und undemokratische Regime in Lateinamerika und thematisiert die Auswirkungen von diktatorischer Herrschaft, Gewalt und Fanatismus.

In den frühen Werken verfolgt VARGAS LLOSA auch eine Art eigener Literaturtheorie, bekannt unter dem Namen „novela total" (totaler Roman). Sein Ziel ist es, in einem Roman ein möglichst vollständiges Abbild der Realität zu schaffen.

Neben seiner schriftstellerischen Tätigkeit ist VARGAS LLOSA auch politisch engagiert. So kandidiert er 1990 für das Amt des peruanischen Staatspräsidenten, er verliert die Wahl aber.
Von 1976 bis 1979 ist VARGAS LLOSA Präsident des internationalen Autorenverbands P.E.N.

MARIO VARGAS LLOSA, peruanisch-spanischer Schriftsteller und Literaturnobelpreisträger (geboren 1936)

VARGAS LLOSAS Werke

- Die Stadt und die Hunde (1963)
- Das grüne Haus (1966)
- Gespräch in der „Kathedrale" (1969)
- Tante Julia und der Schreibkünstler (1977)
- Der Krieg am Ende der Welt (1981)
- Der Fisch im Wasser (1993)
- Das Fest des Ziegenbocks (2000)
- Das böse Mädchen (2006)

„Die Stadt und die Hunde" – Inhalt

In der Kadettenschule Leoncio Prado werden Burschen aus verschiedenen Distrikten mit militärischer Disziplin zu „richtigen Männern" erzogen. Im Alltag dominieren Gewalt und Erniedrigung, die nicht nur von den Vorgesetzten an den Rekruten verübt werden. Die Kadetten, die schon länger an der Schule sind, gehen mit gleicher Härte gegen die Jüngsten, „Hunde" genannt, vor.

Drei dieser Hunde sind Alberto Fernández („Dichterling"), „Jaguar" und Ricardo Arana („Sklave"). Eine Gruppe von Kadetten unter der Führung des Jaguars bildet eine verschworene Gemeinschaft, die „Maffia", die sich gegen die Älteren wehrt und später auch die Jüngeren tyrannisiert.

Nachdem eine Prüfungsangabe gestohlen worden ist, wird über die Kadetten eine Ausgangssperre verhängt, bis der Täter gefunden ist. Unter diesem Druck kapituliert schließlich der Sklave und verrät den Dieb. Dieser wird – kurz vor der Abschlussprüfung – der Schule verwiesen.
Bei einem Übungsmanöver wird der Sklave erschossen. Der Schulleiter stellt nur oberflächliche Untersuchungen an und deklariert den Tod des Jungen als selbstverschuldeten Unfall, um den guten Ruf der Schule und die eigene Karriere nicht zu gefährden. Auch als Alberto meldet, dass der Jaguar der Täter ist, wird dies unter den Teppich gekehrt.

In diese Haupthandlung eingebettet finden sich Passagen, in denen über das Leben der Protagonisten in der Stadt erzählt wird, wohin sie an ihren freien Wochenenden zurückkehren.

Arbeitsaufgaben „Die Stadt und die Hunde"

Nachdem Alberto nicht nur den Jaguar verdächtigt hat, sondern auch gestanden hat, dass die gesamte Abteilung Alkohol trinkt und raucht, wird der Jaguar von seinen Kameraden zu Unrecht der Denunziation beschuldigt und geächtet. Dass er den Mord am Sklaven tatsächlich begangen hat, glaubt – nach einer Schlägerei und einem Gespräch – auch Alberto nicht mehr. Später gesteht der Jaguar Teniente Gamboa den Mord.

el teniente (span.) = Leutnant

Mario Vargas Llosa
DIE STADT UND DIE HUNDE (1963)

Textausschnitt 1:

Jaguars Verständnis von Ehre
„Ich fordere Sie zum letztenmal auf: seien Sie ehrlich! Warum haben Sie ihnen nicht gesagt, daß Kadett Fernández sie verraten hat?"
Der ganze Körper des Jaguar schien zusammenzuzucken, als wenn ein
5 blitzschneller Schlag in den Magen ihn überrascht hätte.
„Aber bei ihm ist es etwas ganz anderes", sagte er heiser. Er brachte die Worte nur mühsam hervor. „Das ist nicht dasselbe, *mi teniente*. Die andern haben mich aus reiner Feigheit verraten. Er dagegen wollte den Sklaven rächen. Er ist ein Verräter, das ja. So was tut bei einem Mann
10 immer weh; aber er wollte doch einen Freund rächen. Sehen Sie den Unterschied nicht, *mi teniente?*"
„Verschwinden Sie jetzt", sagte Gamboa. „Ich habe keine Lust, noch mehr Zeit mit Ihnen zu verlieren. Ihre Gedanken über Loyalität und Rache interessieren mich nicht."
15 „Ich kann nicht schlafen", stammelte der Jaguar. „Das ist wahr, *mi teniente,* ich schwör's Ihnen bei allem, was mir heilig ist. Ich hatte keine Ahnung, was es heißt, als Ausgestoßener leben zu müssen. Werden Sie nicht ärgerlich. Versuchen Sie, mich zu verstehen. Ich verlange nicht viel von Ihnen. Jeder sagt ‚Gamboa ist der schlimmste von allen Offi-
20 zieren, aber der einzige gerechte'. Warum hören Sie denn nicht an, was ich Ihnen sage?"
„Ja", antwortete Gamboa. „Jetzt höre ich Ihnen zu. Warum haben Sie diesen Jungen erschossen? Warum haben Sie mir diesen Zettel geschrieben?"
25 „Weil ich mich in den andern geirrt habe, *mi teniente*. Ich wollte sie von einem Kerl wie dem Sklaven befreien. Erinnern Sie sich doch an das, was passiert ist, dann werden Sie verstehen, daß jeder sich täuschen kann. Nur um ein paar Stunden Ausgang zu bekommen, hat er den Cava auffliegen lassen; es war ihm egal, daß er damit einen Kameraden
30 ruiniert hat. Das muß einen doch krank machen."
„Warum haben Sie sich's jetzt anders überlegt", fragte der Teniente.
„Warum haben Sie mir nicht die Wahrheit gesagt, als ich Sie verhörte?"
„Ich hab's mir nicht anders überlegt", entgegnete der Jaguar. „Nur eben ..." er zögerte einen Augenblick und nickte dann, wie für sich – „jetzt
35 verstehe ich den Sklaven besser. In seinen Augen waren wir nicht seine Kameraden, sondern seine Feinde. Sage ich Ihnen nicht, daß ich nicht wußte, was es heißt, als Ausgestoßener leben? Wir alle haben ihn gequält, daran ist nichts zu rütteln. Wir haben ihn geärgert – und ich mehr als die andern –, bis wir es müde waren. Ich kann sein Gesicht nicht
40 vergessen, *mi teniente*. Ich schwör Ihnen, im Grunde weiß ich heute nicht mehr, warum ich es getan habe. Ich hatte daran gedacht, ihn zu verdreschen, ihm einen Schrecken einzujagen. Aber an jenem Morgen

sah ich ihn vor mir, den Kopf hochgereckt, und da habe ich auf ihn gezielt. Ich wollte die Abteilung rächen. Wie hätte ich wissen können, daß
45 die andern schlimmer waren als er, *mi teniente*? Ich glaube, das beste
ist, wenn man mich ins Gefängnis steckt. Alle haben immer gesagt, daß
ich so enden würde, meine Mutter, Sie auch. Das muß Sie doch freuen,
mi teniente. [...]
„Der Fall Arana ist erledigt", sagte Gamboa. „Das Heer will kein Wort
50 mehr darüber hören. Es kann durch nichts von diesem Entschluß abge-
bracht werden. Es wäre leichter, den Kadetten Arana ins Leben zurückzu-
rufen, als das Heer zu überzeugen, daß es einen Irrtum begangen hat."
„Sie führen mich also nicht dem Coronel vor?", fragte der Jaguar. „Dann
bräuchten Sie nicht mehr nach Juliaca zu fahren, *mi teniente*. Schauen
55 Sie mich nicht so an. Glauben Sie, ich weiß nicht, daß Sie die Sache
ausbaden müssen? Führen Sie mich dem Coronel vor."
„Wissen Sie, was ein nutzloses Ziel ist?", fragte Gamboa, und der Jaguar
murmelte: „Wie bitte?" – „Schauen Sie: wenn ein Feind keine Waffen
mehr besitzt und sich ergeben hat, dann darf ein verantwortungsbe
60 wußter Soldat nicht mehr auf ihn schießen. Nicht nur aus moralischen
Gründen, sondern auch aus militärischen: es ist wirtschaftlicher. Nicht
einmal im Krieg darf es unnütz Tote geben. Sie wissen schon, was ich
meine. Jetzt gehen Sie zurück in die Schule und lassen Sie sich den Tod
des Kadetten Arana eine Lehre für die Zukunft sein."

a) **Erklären** Sie, warum der Jaguar Alberto nicht verrät.

b) **Erschließen** Sie aus dem Romanausschnitt den Ehrbegriff des Jaguars.

c) Im Roman lässt der Jaguar den Fall auf sich beruhen. – **Verfassen**
Sie einen inneren Monolog, in dem Sie seine Gedanken nach dem
Gespräch mit Gamboa wiedergeben.

d) **Bewerten** Sie Gamboas Vergleich mit dem „nutzlosen Ziel".

Mit „Die Stadt und die Hunde" übt Vargas Llosa nicht nur Kritik an
Machismo und autoritären Machtstrukturen, er verarbeitet auch seine
eigenen Erfahrungen aus der Militärschule. Daher wurde der Roman nach
seiner Veröffentlichung auf öffentlichen Plätzen Limas verbrannt. Das hat
letztendlich aber hauptsächlich bewirkt, dass das Interesse am Autor und
seinem Werk gesteigert wurde.

e) **Diskutieren** Sie mit Ihren Mitschülerinnen und Mitschülern, worin die
Kraft literarischer Werke liegt, die bewirkt, dass sich Andersdenkende
davor fürchten?

<u>Textausschnitt 2:</u>

„Die Taufe" – Initiationsriten
Der Unterricht begann am nächsten Tag. In den Pausen stürzten sich
die Kadetten vom vierten Jahr auf die Hunde und veranstalteten Enten-
marschwettbewerbe: zehn oder fünfzehn Jungen mußten sich neben-
5 einander aufstellen, die Hände auf die Oberschenkel legen und auf
Befehl mit gebeugten Knien schnatternd wie Enten miteinander um die
Wette watscheln. Wer verlor, bekam einen Tritt in den Arsch. Die vom
Vierten durchsuchten nicht nur die Taschen der Hunde und nahmen
ihnen Geld und Zigaretten ab, sie zwangen ihre Opfer auch, einen aus
10 Gewehrfett, Öl und Seife zubereiteten Cocktail auf einen Schluck auszu-
trinken und dabei das Glas mit den Zähnen festzuhalten.

Mario Vargas Llosa: Die Stadt und die Hunde, Suhrkamp –
alte Rechtschreibung

Diskutieren Sie mit
Ihren Mitschülerinnen und
Mitschülern, ob Alberto tatsächlich ein Verräter ist oder
ob er richtig gehandelt hat.

Grausame Aufnahme-
rituale wie diese haben eine
lange Tradition und werden
auch heute noch durchge-
führt. – **Diskutieren** Sie, was
die Hintergründe dieser Initiationsriten generell und an der
Kadettenschule im Speziellen
sein könnten.

KAZUO ISHIGURO,
englischer Schriftsteller und
Literaturnobelpreisträger
(geboren 1954)

4.12 KAZUO ISHIGURO (geboren 1954)

Für viele überraschend – am meisten für ihn selbst – erhält KAZUO ISHIGURO 2017 den Nobelpreis für Literatur. In Japan geboren, wächst ISHIGURO in Großbritannien auf und verfasst schon während seines Studiums der Philosophie und Literatur erste Kurzgeschichten.

In seinen Werken finden sich Ich-Erzähler/innen, deren Identitäten und Vergangenheiten oftmals im Verborgenen, Unklaren bleiben, wodurch der Eindruck entsteht, dass diese Protagonistinnen und Protagonisten keine zuverlässigen Erzähler/innen sind. Immer wieder geht es in ISHIGUROS Texten um die Suche nach einer Vergangenheit, die undeutlich in einer verlorenen Zeit verborgen liegt. Die Figuren erscheinen als Reisende und begeben sich in eine ihnen fremde Welt, die ihnen aber eigentlich vertraut sein sollte.

Neben dem Nobelpreis und anderen Auszeichnungen wurde ISHIGURO 1989 der Booker Prize für das Werk „Was vom Tage übrig blieb" verliehen.

ISHIGUROS Werke

- Damals in Nagasaki (1982)
- Der Maler der fließenden Welt (1986)
- Was vom Tage übrig blieb (1989)
- Die Ungetrösteten (1995)
- Als wir Waisen waren (2000)
- Alles, was wir geben mussten (2005)
- Bei Anbruch der Nacht (2009, Erzählungen)
- Der begrabene Riese (2015)

„Alles, was wir geben mussten" – Inhalt

Kathy H., die Protagonistin des Romans, erinnert sich an ihre Kindheit in Hailsham, einer Art Internat, in dem sie, Ruth, Tommy und andere Kollegiaten bis zum 16. Lebensjahr aufgewachsen sind. Kathy und die anderen sind Klone, einzig dafür geschaffen, um dann, wenn ihre Organe reif sind und sie von ihren „Möglichen" benötigt werden, zu Organspendern zu werden, bis sie schließlich „vollenden", also an den Operationen sterben.

Hailsham ist ein besonderer Ort, da man hier die Klone unter menschenwürdigen Bedingungen heranwachsen lässt und auch beweisen will, dass sie eine Seele besitzen und ebenso wie alle übrigen Menschen empfinden. Die Betreuerinnen lassen den Kindern Bildung zuteilwerden und lassen sie Zeichnungen anfertigen, damit sichtbar wird, dass Klone in ihrer Intelligenz und Kreativität den Menschen ebenbürtig sind. Nach Hailsham kommen die Kollegiaten in Cottages, in denen die jungen Erwachsenen frei leben und auf ihre Benachrichtigung warten, um zu ihrer ersten Organspende anzutreten.

Kathy, Tommy und Ruth verband eine tiefe Freundschaft aus Hailsham und sie lebten gemeinsam in einem dieser Cottages. Ruth ging jedoch mit Tommy eine Liebesbeziehung ein und versuchte, Tommy möglichst von Kathy fernzuhalten. Kathy verließ die beiden nach einer gewissen Zeit, weil sie sich entschied, sich zur Betreuerin ausbilden zu lassen. Als Betreuerin begleitet sie die Organspender/innen in den Instituten, wo ihnen die Organe entnommen werden, bis zu deren Tod.

Als Kathy erfährt, dass Ruth und auch Tommy mit ihren Spenden schon begonnen haben, lässt sie sich erst Ruth, dann Tommy als Betreuerin zuteilen und begleitet sie auf dem letzten Stück ihres Weges. Nachdem Ruth „vollendet" hat, werden Kathy und Tommy ein Liebespaar.

Einem Gerücht zufolge kann ein Paar einen Spendenaufschub erhalten, wenn es beweisen kann, dass es sich liebt. Kathy und Tommy versuchen einen solchen Aufschub zu erwirken, müssen aber erkennen, dass es sich dabei nur um ein Gerücht handelt. Der Roman endet damit, dass Tommy nach seiner letzten Spende stirbt und Kathy ihren Weg als Organspenderin antritt.

Arbeitsaufgaben „Alles, was wir geben mussten"

1. Hailsham

Kathy, die selbst bald zur Spenderin wird, erzählt einem anderen Spender in ihrer Funktion als Betreuerin von Hailsham. Dies bildet den Rahmen und Anlass für Kathys Erinnerungen, im Zuge derer sie nun beginnt, ihre Lebensgeschichte auszubreiten.

Kazuo Ishiguro
ALLES, WAS WIR GEBEN MUSSTEN (2005)

Im Laufe der Jahre hat es immer wieder Phasen gegeben, in denen ich Hailsham zu vergessen versuchte und mir vornahm, nicht so oft zurückzublicken. Bis ich an den Punkt gelangte, wo ich aufhörte, dieser Versuchung zu widerstehen. Es hing mit jenem Spender zusammen, für den ich in meinem dritten Jahr als Betreuerin zuständig war; mit seiner Reaktion, als ich erwähnte, ich stamme aus Hailsham. Er hatte gerade
5 seine dritte Spende hinter sich, sie war nicht gut verlaufen, und er muss gewusst haben, dass ihm nicht mehr viel Zeit blieb. Er konnte kaum atmen, aber er sah mich an und sagte: „Hailsham. Ich wette, es war schön dort." Am nächsten Morgen, als ich mit ihm plauderte, um ihn abzulenken, und fragte, wo er denn aufgewachsen sei, nannte er einen Ort in Dorset, und sein Gesicht unter den Flecken verzog sich zu einer Grimasse, wie ich sie noch nicht gesehen hatte. Und in dem Moment wurde mir klar, wie verzweifelt er sich
10 bemühte, nicht daran zu denken. Stattdessen wollte er von Hailsham hören.

Also erzählte ich ihm während der nächsten fünf oder sechs Tage alles, was er wissen wollte, und er lag da, an Geräte und Schläuche angeschlossen, und ein sanftes Lächeln stahl sich in sein Gesicht. Er fragte mich nach den großen und den kleinen Dingen. Nach unseren Aufsehern, nach den Schatzkisten unter jedem Bett, in denen wir unsere Sammlungen aufbewahrten, nach unseren Fußball- und Rounders-Matches, nach
15 dem schmalen Pfad, der rund um das Haupthaus führte und dessen Winkeln und Spalten folgte, nach dem Ententeich, dem Essen, dem Blick aus dem Zeichensaal über die Felder an einem nebligen Morgen. Manches wollte er wieder und wieder hören; gelegentlich fragte er nach Dingen, die ich ihm erst am Vortag erzählt hatte, so als hätte ich sie noch nie erwähnt.

„Hattet ihr einen Pavillon auf dem Sportplatz?" – „Wer war dein Lieblingsaufseher?" Zuerst hielt ich das für
20 eine Folge der Medikamente, aber dann begriff ich, dass er eigentlich ganz klar im Kopf war.

Er wollte nicht nur von Hailsham hören, sondern sich an Hailsham erinnern, als wäre es seine eigene Kindheit gewesen. Er wusste, dass er nahe daran war abzuschließen, und anscheinend war das seine Art, damit umzugehen: sich von mir Eindrücke so beschreiben zu lassen, dass sie ganz tief eindrangen – vielleicht damit ihm in den schlaflosen Nächten, unter dem Einfluss der Medikamente, der Schmerzen und der
25 Erschöpfung, die Grenze zwischen meinen und seinen Erinnerungen verschwamm. Damals wurde mir zum ersten Mal bewusst, wirklich bewusst, wie viel Glück wir gehabt hatten – Tommy, Ruth, ich, wir alle.

KAZUO ISHIGURO: ALLES, WAS WIR GEBEN MUSSTEN, BLESSING

a) **Diskutieren** Sie, welche Bedeutung Erinnerungen für Kathy, aber auch für den Spender in dessen Situation haben.

b) **Verfassen** Sie ein kleines Journal Ihrer Lieblingserinnerungen mit mindestens drei Einträgen und **reflektieren** Sie anschließend jeweils die gegenwärtige Bedeutung dieser Erinnerungen für Sie.

2. Die Seele

Kathy und Tommy haben von Ruth vor deren Tod die Adresse von „Madame" erhalten, die immer wieder in Hailsham erschienen ist, um von den Kindern angefertigte Bilder mit in die „Galerie" zu nehmen. Es geht das Gerücht um, dass junge, aber bereits erwachsene Klone wie Kathy und Tommy einen Aufschub erhalten würden, wenn sie ihre innige Zuneigung zueinander beweisen können.

„Ja, wozu überhaupt Hailsham? [...] Warum haben wir Ihre Kunstwerke mitgenommen? Warum haben wir das getan? Sie haben vorhin, im Gespräch mit Marie-Claude, etwas Interessantes ausgesprochen, Tommy. Dass Ihre Kunstwerke Ihr wahres Ich enthüllten, meinten Sie. Ihr eigentliches Inneres. Das haben Sie doch behauptet, nicht wahr? Nun, da liegen Sie gar nicht so falsch. Wir nahmen Ihre Kunstwerke an uns, weil wir
5   dachten, sie enthüllten Ihre Seele. Besser ausgedrückt: Wir taten es, um zu beweisen, dass Sie überhaupt eine Seele haben." [...]

„Und warum mussten Sie das beweisen, Miss Emily?", fragte ich. „Dachte irgendwer, wir hätten keine Seele?"

Ein dünnes Lächeln erschien in ihrem Gesicht. „Es rührt mich, Kathy, Sie so verblüfft zu sehen. Wie Sie
10   selbst sagen – weshalb sollte jemand bezweifeln, dass Sie eine Seele haben? Aber ich muss Ihnen gestehen, meine Liebe, dass dies nicht die allgemeine Auffassung war, damals, vor vielen Jahren, als wir angefangen haben. [...] Überall im ganzen Land gibt es jetzt, in dieser Stunde, Kollegiaten, die unter beklagenswerten Umständen aufgezogen werden, Umständen, die Sie als Hailshamer sich kaum vorstellen können. Und jetzt, da es uns nicht mehr gibt, wird alles immer nur schlimmer werden." [...]

15   „Aber eines verstehe ich nicht", sagte ich, „nämlich, warum die Leute die Kollegiaten überhaupt so schlecht behandelt haben."

„Aus Ihrer heutigen Sicht, Kathy, ist Ihre Verwirrung absolut verständlich. Aber versuchen Sie bitte die historische Entwicklung zu sehen. Nach dem Krieg, Anfang der fünfziger Jahre, als Schlag auf Schlag die großen naturwissenschaftlichen Durchbrüche erfolgten, blieb keine Zeit, Bilanz zu ziehen und heikle Fragen
20   zu stellen. Auf einmal eröffneten sich ungeahnte Möglichkeiten, neue Therapien für so viele Krankheiten, die bis dahin als unheilbar galten. Das war es, was die Welt hören wollte und gern zur Kenntnis nahm. Und die längste Zeit zogen die Leute es vor zu glauben, die Organe kämen aus dem Nirgendwo oder wüchsen in einer Art Vakuum heran. [...] So unbehaglich den Leuten Ihre Existenz war, galt doch ihre Hauptsorge den eigenen Kindern, Ehegatten, Eltern, Freunden, die nicht mehr an Krebs, Autoimmunerkrankungen, Herz-
25   krankheiten sterben sollten. Deshalb wurden Sie lange Zeit totgeschwiegen, und die Leute taten alles, um nicht über Sie nachdenken müssen. Und wenn sie es dennoch taten, versuchte man sich einzureden, dass Sie in Wirklichkeit anders seien als wir. Nicht ganz menschlich eben, so dass es keine Rolle spielte."

KAZUO ISHIGURO: ALLES, WAS WIR GEBEN MUSSTEN, BLESSING

a) Was macht einen Menschen zum Menschen? Was ist das Besondere an uns? **Diskutieren** Sie und fertigen Sie ein Thesenblatt an.

b) **Erschließen** Sie aus dem Text, warum die Menschen die Kollegiaten so schlecht behandelt haben und ob sie dies nach wie vor tun. Lässt sich in den Ausführungen von Madame eine positive bzw. negative Entwicklung seit dem Krieg erkennen?

c) **Erörtern** Sie den Einsatz von Gentechnik zur Heilung von Krankheiten bzw. zur Verlängerung unseres (noch) begrenzten Lebens.

 Zum Weiterlesen

■ „Alles, was wir geben mussten" wurde 2010 von MARK ROMANEK verfilmt. – Sehen Sie sich die Verfilmung an und **begründen** Sie einzelne Unterschiede zwischen Buch und Film.

4.13 ALICE MUNRO (geboren 1931)

Die kanadische Autorin ALICE MUNRO gilt als Meisterin der zeitgenössischen Kurzgeschichte. 2013 erhält sie für ihr Werk den Literaturnobelpreis. Viele andere Preise – unter anderem der Man Booker Prize im Jahr 2009 – sind diesem vorausgegangen. Bereits im Alter von 20 Jahren beginnt MUNRO zu publizieren. Nach und nach veröffentlicht sie Erzählungen in unterschiedlichen Zeitschriften. Später folgen Sammelbände sowie Bearbeitungen der Erzählungen für das Radio und Film- bzw. Fernsehproduktionen.

Angeblich, so sagt MUNRO selbst, habe sie nie die Zeit dafür gefunden, etwas anderes als Kurzgeschichten zu schreiben, und möglicherweise hat sie es aus diesem Grund zu einer vielbeachteten Meisterschaft darin gebracht.

MUNROS Kurzgeschichten sind dem ganz normalen Leben entnommen, sie handeln von Alltagserfahrungen, Urlauben, Ehen, Ehebrüchen, Konflikten, Familien und deren Zerbrechen. Oft geht es um Frauen und um ihr Gefangensein in einem traditionellen Rollenbild, aus dem sie versuchen auszubrechen, was zuweilen gelingt, woran sie aber oft auch scheitern.

Die Leserin/Der Leser wird zumeist unvermittelt in die Handlung hineingeworfen, Charaktere werden schnell typisiert, aber dann doch nicht eindeutig festgelegt. Häufig haben die Erzählungen ein offenes Ende, verbleiben in vagen Andeutungen oder das Geschehene wird nur benannt, die Hintergründe oder Motive bleiben aber im Dunkeln. Von vielen Kritikerinnen und Kritikern wird MUNRO ein geniales Timing attestiert, in dem Raffung und Dehnung sowie Rückblicke nahtlos ineinander übergehen, wodurch ein dichtes Erzählgefüge entsteht.

ALICE MUNRO, kanadische Schriftstellerin und Literaturnobelpreisträgerin (geboren 1931)

MUNROS Werke

Kurzgeschichtensammlungen

- Tanz der seligen Geister. Fünfzehn Erzählungen (1968)
- Was ich dir schon immer sagen wollte. Dreizehn Erzählungen (1974)
- Die Jupitermonde. Erzählungen (1982)
- Offene Geheimnisse. Erzählungen (1994)
- Die Liebe einer Frau. Drei Erzählungen und ein kurzer Roman (1998)
- Zu viel Glück. Zehn Erzählungen (2009)
- Liebes Leben. Vierzehn Erzählungen (2012)

⚠️ In den deutschen Übersetzungen werden für MUNROS Texte die Begriffe „Erzählung" und „Kurzgeschichte" synonym verwendet.

„Die Kinder bleiben hier" – Inhalt

Pauline ist die Mutter zweier noch sehr kleiner Mädchen und die Ehefrau eines Lehrers. Sie übernimmt in einer Laienschauspieltruppe die Hauptrolle im Stück „Eurydice" von Jean Anouilh. Während der Probearbeiten geht sie eine Affäre mit dem blutjungen Regisseur Jeffrey ein, welcher der Sohn einer Arbeitskollegin ihres Mannes Brian ist.

Während die Familie inklusive Brians Eltern an der Ostküste von Vancouver Island urlaubt, brennt Pauline mit dem jungen Regisseur durch, der spontan vor Ort auftaucht und ihr seine ewige Liebe schwört.

Arbeitsaufgaben „Die Kinder bleiben hier"

Alice Munro
DIE KINDER BLEIBEN HIER (1998)

Textausschnitt 1:

Sie glaubte, dass ihr nie wieder wichtig sein würde, in welchen Räumen
sie lebte und was für Sachen sie anzog. Sie würde nicht danach trach-
ten, anderen mit solchen Dingen eine Vorstellung davon zu geben, wer
sie war, wie sie war. Oder sich selbst eine Vorstellung davon zu geben.
5 Was sie getan hatte, würde genug sein, würde alles sein.

Was sie gerade tat, war das, wovon sie gehört und gelesen hatte. Das,
was Anna Karenina getan hatte und Madame Bovary hatte tun wollen.
Was ein Lehrer in Brians Schule getan hatte, mit der Schulsekretärin.
Er war mit ihr durchgebrannt. So wurde es genannt. Durchgebrannt.
10 Davongelaufen. Es wurde abfällig, scherzhaft oder auch neidisch davon
gesprochen. Es war Ehebruch, einen Schritt weiter vorangetrieben.

Textausschnitt 2:

Als sie Jeffrey hier traf, hatte sie noch im Hinterkopf, dass sie sich eine
gigantische Lüge ausdenken musste, die sie erzählen konnte, wenn sie
nach Hause kam. Und sie – beide – mussten sich beeilen. Als Jeffrey ihr
sagte, er habe beschlossen, dass sie zusammenbleiben mussten, dass
5 Pauline ihn in den Bundesstaat Washington begleitete, dass das Stück
gestorben war, weil die Dinge in Victoria für sie beide zu schwierig werden würden, hatte sie ihn nur in der verdutzten Weise angesehen, in der
man jemanden im allerersten Augenblick eines Erdbebens ansieht. Sie
war bereit, ihm alle Gründe zu nennen, warum das unmöglich war, sie
10 dachte immer noch, sie würde ihm das sagen, doch in diesem Moment
geriet ihr Leben aus den Fugen. Zurückkehren wäre wie sich einen Sack
über den Kopf stülpen.

So sagte sie nur: „Bist du sicher?"

Er sagte: „Ganz sicher." Er sagte aufrichtig: „Ich werde dich nie ver-
15 lassen."

Es war nicht seine Art, so etwas zu sagen. Dann wurde ihr klar, dass
er – vielleicht ironisch – aus dem Stück zitierte. Orpheus sagt das zu
Eurydike, wenige Augenblicke, nachdem sie sich in der Bahnhofswirt-
schaft zum ersten Mal begegnet sind.

20 Ihr Leben stürzte also vorwärts; sie wurde zu einer dieser Personen, die
durchbrannten. Zu einer Frau, die unbegreiflicher- und erschreckender-
weise alles aufgab. Aus Liebe, würden Beobachter süffisant sagen. Und
Sex meinen. Das wäre alles nicht passiert, ginge es nicht um Sex.

Aber welche großen Unterschiede gibt es da schon? Der Vorgang bleibt
25 sich ziemlich gleich, trotz allem, was darüber erzählt wird. Haut an
Haut, Bewegungen, Berührungen, Ergebnisse. Pauline ist keine Frau,
bei der es schwer fällt, Ergebnisse zu erzielen. Brian ist es gelungen.
Wahrscheinlich gelänge es jedem, der nicht extrem unbeholfen oder
abstoßend wäre.

Textausschnitt 3:

Caitlin und Mara.

Gestern Abend am Telefon, nachdem er mit ausdrucksloser und beherrschter und fast angenehmer Stimme geredet hatte – als wäre er stolz darauf, nicht außer sich zu sein, nicht zu widersprechen oder zu flehen –, brach es aus Brian heraus. Er sagte voll Verachtung und Zorn und ohne jede Rücksicht darauf, wer ihn hören konnte: „Und – was ist mit Caitlin und Mara?"

Der Hörer an Paulines Ohr begann zu zittern.

Sie sagte: „Wir müssen reden –", aber er schien sie nicht zu hören.

„Die Kinder", sagte er, mit derselben knirschenden und rachsüchtigen Stimme. Der Wechsel von „Caitlin und Mara" zu „Kinder" war, als schlüge er ihr ein Brett auf den Kopf – eine schwere, förmliche, selbstgerechte Drohung.

„Die Kinder bleiben hier", sagte Brian. „Pauline. Hast du mich verstanden?"

„Nein", sagte Pauline. „Ja. Ich habe dich verstanden, aber –"

„Gut. Du hast mich verstanden. Denk dran. Die Kinder bleiben hier."

Mehr konnte er nicht tun. Um ihr zu zeigen, was sie da tat, was sie beendete, und um sie zu bestrafen, falls sie es wirklich tat. Niemand würde ihm einen Vorwurf machen. Vielleicht gelang es ihr, etwas herauszuschlagen durch Gerichtsprozesse oder flehentliche Bitten, aber erst einmal war es da, wie ein kalter, runder Stein in ihrem Hals, wie eine Kanonenkugel. Und würde nicht weggehen, es sei denn, sie änderte ihren Entschluss. Die Kinder bleiben hier.

Das Auto, das sie sich mit Brian teilte, stand immer noch auf dem Parkplatz des Motels. Brian würde seinen Vater oder seine Mutter bitten müssen, ihn heute herzufahren, um es zu holen. Sie hatte die Schlüssel in ihrer Handtasche. Es gab Ersatzschlüssel – er würde sie bestimmt mitbringen. Sie schloss die Autotür auf und warf die Schlüssel auf den Sitz und verriegelte die Tür von innen und schlug sie zu.

Jetzt konnte sie nicht mehr zurück. Sie konnte nicht ins Auto steigen und zurückfahren und sagen, dass sie von allen guten Geistern verlassen gewesen war. Wenn sie das tat, würde er ihr verzeihen, aber er würde es nie verwinden, und sie auch nicht. Dennoch würden sie weiterleben, wie Menschen es eben tun.

Sie verließ den Parkplatz, sie ging auf dem Bürgersteig in die Stadt.

Das Gewicht von Mara auf ihrer Hüfte, gestern. Der Anblick von Caitlins Fußstapfen auf dem Boden.

Pao. Pao.

Sie braucht die Schlüssel nicht, um zu ihnen zurückzugelangen, sie braucht das Auto nicht. Sie kann sich auf dem Highway von jemand mitnehmen lassen. Nachgeben, nachgeben, irgendwie zu ihnen zurückgelangen, wie kann sie anders?

Ein Sack über dem Kopf.

Eine Flüssigkeit, eine Wunschvorstellung, wird auf den Boden geschüttet und erhärtet sofort; nimmt eine endgültige Form an.

Akuter Schmerz. Er wird chronisch werden. Chronisch bedeutet, dass er ohne Ende, aber vielleicht nicht ohne Unterlass sein wird. Es kann auch bedeuten, dass du daran nicht stirbst. Du wirst nicht frei davon, aber

50 du stirbst nicht daran. Du wirst ihn nicht jede Minute spüren, aber du wirst nicht viele Tage ohne ihn zubringen. Und du wirst einige Tricks lernen, um ihn zu betäuben oder zu vertreiben, ohne dabei am Ende das zu zerstören, wofür du diesen Schmerz auf dich genommen hast. Es ist nicht seine Schuld. Er ist noch im Stand der Unschuld oder der

55 Wildheit, er weiß noch nicht, dass es einen so dauerhaften Schmerz auf der Welt gibt. Sage dir: Du verlierst sie sowieso. Sie werden groß. Auf eine Mutter wartet immer diese ein wenig lächerliche Verlassenheit. Sie werden diese Zeit vergessen, dich auf die eine oder andere Art verstoßen. Oder kleben bleiben, bis du nicht weißt, was du mit ihnen anfan-

60 gen sollst, so wie Brian es getan hat.

Und dennoch, welcher Schmerz. Den sie herumtragen und an den sie sich gewöhnen muss, bis sie nur noch um die Vergangenheit trauert und nicht um irgendeine mögliche Gegenwart.

Ihre Kinder sind groß geworden. Sie hassen sie nicht. Dafür, dass

65 sie fortgegangen oder fortgeblieben ist. Sie vergeben ihr auch nicht. Vielleicht hätten sie ihr ohnehin nicht vergeben, aber dann wegen etwas anderem.

Caitlin ist noch ein wenig von dem Sommer im Ferienhotel in Erinnerung geblieben, Mara nichts. Eines Tages erwähnt Caitlin es Pauline

70 gegenüber und nennt es „das Hotel, in dem Oma und Opa waren".

„Das Hotel, in dem wir waren, als du weggegangen bist", sagt sie. „Aber wir haben erst später erfahren, dass du mit Orpheus weggegangen bist."

Pauline sagt: „Es war nicht Orpheus." „Es war nicht Orpheus? Dad hat

75 das immer gesagt. Er hat immer gesagt: ‚Und dann ist eure Mutter mit Orpheus durchgebrannt.'"

„Das sollte ein Witz sein", sagt Pauline.

„Ich dachte immer, es wäre Orpheus gewesen. Dann war es also jemand anders."

80 „Es war jemand, der mit dem Theaterstück zu tun hatte. Jemand, mit dem ich eine Weile zusammengelebt habe."

„Nicht Orpheus."

„Nein. Der bestimmt nicht."„

ALICE MUNRO: DIE LIEBE EINER FRAU. DREI ERZÄHLUNGEN UND EIN
KURZER ROMAN, FISCHER

 Literatur vermittelt Lebensentwürfe und mögliche Handlungsalternativen. – **Diskutieren** Sie anhand der Ihnen vorliegenden Informationen zur Kurzgeschichte folgende Interpretationshypothese:
„Pauline liest gerne und viel. Als sie „durchbrennt" ist sie sich bewusst, dass sie in ihrem Tun überwiegend den Handlungen fiktiver literarischer Figuren und Szenerien folgt."

Zum Weiterlesen

■ Recherchieren Sie den Inhalt des Werkes „Eurydice" (1951) von JEAN ANOUILH (1910–1987) und **setzen** Sie ihn mit dem Inhalt der Kurzgeschichte „Die Kinder bleiben hier" **in Beziehung.**

a) **Analysieren** Sie die Zeitstruktur der Textausschnitte. Wann springt die Erzählerin/der Erzähler in die Gegenwart, wann ins Präteritum? **Diskutieren** Sie die Wirkung, die durch diesen Wechsel der Erzählzeit hervorgerufen wird.

b) In der griechischen Sage „Orpheus und Eurydike" geht es darum, dass Orpheus seine verstorbene Geliebte Eurydike nur dann aus dem Hades (der Unterwelt der Griechen) zurück in die Welt der Lebenden führen kann, wenn er sich auf dem Weg dorthin nicht zu ihr umdreht. Er tut es dennoch und verliert sie dadurch für immer. – **Setzen** Sie diese griechische Sage mit Textausschnitt 3 **in Beziehung** und **diskutieren** Sie, inwieweit der ständige Blick in die Vergangenheit einen unbelasteten Blick in die Zukunft unmöglich macht.

c) **Berichten** Sie aus Ihrer gegenwärtigen Perspektive von einem Moment in Ihrem Leben, in dem es für Sie kein Zurück mehr gab, obwohl Sie gespürt haben, dass eine Entscheidung möglicherweise falsch war.

Nationale und internationale Schriftstellervereinigungen

der vater der wiener gruppe ist h. c. artmann
die mutter der wiener gruppe ist gerhard rühm
die kinder der wiener gruppe sind zahllos
ich bin der onkel

ERNST JANDL

5 Schriftstellervereinigungen   WERKZEUG

Schriftstellervereinigungen spielen im literarischen Leben mannigfaltige Rollen: Grundsätzlich ist es ihre Aufgabe, die Interessen der Schriftsteller/innen zu vertreten, sie setzen dabei naturgemäß unterschiedliche Schwerpunkte. Einerseits dienen sie der Vernetzung von Autorinnen und Autoren, dem Gedankenaustausch, andererseits vertreten sie die Literatinnen und Literaten auch nach außen: Lesungen werden veranstaltet, der Kontakt mit Medienvertretern wird gepflegt. Manche Vereinigungen haben auch Verbesserungen der Lebensbedingungen von Schriftstellerinnen/Schriftstellern oder die rechtliche Vertretung und Beratung zur Aufgabe.

Aber Schriftstellervereinigungen haben auch eine definitorische Rolle: Indem bestimmte Kriterien aufgestellt werden, die für eine Aufnahme erfüllt werden müssen, Preise vergeben werden etc., wird auch festgeschrieben, wer bzw. was ein ernstzunehmender, förderungswürdiger Autor/eine ernstzunehmende, förderungswürdige Autorin ist. Zudem dienen sie der Einführung bzw. Verbreitung bestimmter literarischer Strömungen. Diese „Macht" der Autorenvereinigungen ruft auch Diskussionen, Widerstände und Konkurrenzdenken hervor.

Einige Vereinigungen melden sich auch bei politischen Themen zu Wort, so z. B. kommentiert die IG Autorinnen Autoren (Interessengemeinschaft österreichischer Autorinnen und Autoren) immer wieder die Lehrpläne für das Unterrichtsfach Deutsch bzw. die Aufgaben zur Interpretation bei der schriftlichen Zentralmatura.

P.E.N.

P.E.N. – International
Der internationale Autorenverband P.E.N. wurde 1921 in London gegründet und setzte sich anfangs für Frieden, Völkerverständigung und interkulturellen Austausch ein.
Immer mehr aber rückte der Schutz der Autorinnen und Autoren vor Unterdrückung, Verfolgung und Zensur ins Zentrum des Selbstverständnisses des Verbandes, nicht zuletzt aufgrund der Erfahrungen während des Zweiten Weltkrieges mit den einzelnen nationalen Verbänden.
Diese Erfahrungen mit unterschiedlichen nationalen Verbänden veranlasste den P.E.N. auf internationaler Ebene, sich und allen Mitgliedern eine Charta zu verordnen, in der grundlegende Prinzipien (Unantastbarkeit von Kunst vonseiten politischer Regime; Literatur als gemeinsame, völkerverbindende Währung; Ablehnung und Bekämpfung von Rassismus etc.) enthalten sind.
Das Komitee „Writers in Prison" macht es sich seit den 1960er-Jahren zur Aufgabe, Fälle von politisch verfolgten, zu Unrecht verhafteten und eingesperrten Schriftsteller/innen, Journalistinnen und Journalisten etc. zu dokumentieren, um mediale Öffentlichkeit zu erreichen und Regierungen unter Druck zu setzen.
In späteren Jahren erhielten Publizierende aller Bereiche Zugang zum P.E.N. Jeder, der zwei eigenständige Werke verfasst und publiziert, kann auf den Vorschlag eines bestehenden Mitgliedes Aufnahme finden.
Die Bezeichnung P.E.N. leitet sich von Poets (Dichter/innen), Essayists (Essayistinnen und Essayisten) und Novelists (Romanschriftsteller/innen) ab und steht nach der Erweiterung für nicht literarisch Publizierende für „pen", also Feder, Schreibwerkzeug.

Arbeitsaufgabe

- Besuchen Sie die Website des „Literaturhaus Wien". Informieren Sie sich, welche Aufgaben die IG Autorinnen Autoren übernimmt, wer die aktuellen (Vize-)Präsidentinnen/Präsidenten sind und wo sie ihren Sitz hat.

pen AUSTRIA **Der Österreichische PEN-Club**

P.E.N. – Österreich

Der österreichische P.E.N. (Gründung: 1923) wurde 1938 aufgelöst und nach dem Zweiten Weltkrieg neu gegründet. Da vielen jungen Autorinnen und Autoren die Ausrichtung des österreichischen P.E.N.-Clubs zu antiquiert und verstaubt war, wurde beispielsweise 1973 die Grazer Autorenversammlung gegründet.

Gegenwärtig veranstaltet der österreichische P.E.N.-Club immer wieder Lesungen, hat ein Frauenkomitee sowie das Komitee „Writers in Prison" eingesetzt. Im Jahr 2013 wurde der „Roma-Literaturpreis des Österreichischen PEN" im Gedenken an CEIJA STOJKA (1933–2013) ins Leben gerufen.

Gruppe 47

HANS WERNER RICHTER (1908–1993), ein deutscher Publizist und Schriftsteller, lud in der Zeit zwischen 1947 und 1967 Schriftstellerkolleginnen und -kollegen sowie Freunde und Freundinnen zu Treffen ein, bei denen sie ihre noch nicht publizierten Texte vortrugen und die Texte der anderen spontan kommentierten und kritisierten.

Der via Abstimmung vergebene Preis der Gruppe 47 war oft der Startschuss für eine internationale Karriere der Autorinnen und Autoren.

Mit der Zeit erhielten auch immer mehr Kritiker/innen und Journalisten/Journalistinnen Zugang zu diesen Treffen und die Breitenwirksamkeit sowie Professionalität dieser Veranstaltungen nahm zu. Diese Marktrelevanz führte letztlich zu der Frage, nach welchen poetischen Kategorien, literaturtheoretischen Positionen und gesellschaftspolitischen Blickwinkeln die Texte beurteilt und bewertet wurden.

HANS WERNER RICHTER versuchte die Treffen der Gruppe 47 aufgrund seiner Auswahl der Teilnehmenden möglichst inhomogen zu halten, vor allem um eine politische Vereinnahmung zu verunmöglichen.

Aufgrund des Prager Frühlings 1968 konnte das letzte Treffen der Gruppe, bei dem auch ihre Auflösung geplant war, nicht mehr abgehalten werden. Weitere Treffen fanden nicht mehr statt.

Wirkung der Gruppe 47

Die Wirkungen der Gruppe 47 auf die deutsche Literatur sind weitreichend. Auch wenn eine literarische Programmatik nicht vorhanden war, blieb sie dennoch in ihrer Grundhaltung dem Realismus treu, wodurch experimentelle Literatur bei den Treffen der Gruppe wenig Anklang fand.

Die Karriere jener Teilnehmer/innen, die mit dem Preis der Gruppe bedacht wurden, erhielt meist einen immensen Schub.

Auch der alljährlich in Klagenfurt veranstaltete Literaturwettbewerb „Ingeborg-Bachmann-Preis" unterliegt ähnlichen Modalitäten wie die Treffen der Gruppe 47.

Wiener Gruppe

Die Wiener Gruppe war eine Vereinigung Wiener Schriftsteller/innen. Zu ihren bekannten Mitgliedern gehörten H. C. ARTMANN (1921–2000), FRIEDRICH ACHLEITNER (1930–2019), KONRAD BAYER (1932–1964), OSWALD WIENER (geb. 1935) und GERHARD RÜHM (geb. 1930). Auch ERNST JANDL (1925–2000) und FRIEDERIKE MAYRÖCKER (geb. 1924) standen in Kontakt zur Wiener Gruppe. Diese begann sich in den frühen 50er-Jahren zu konstituieren, die erste öffentliche Gemeinschaftslesung fand allerdings erst 1957 statt. Mit dem Aussteigen H. C. ARTMANNS 1960 und KONRAD BAYERS Selbstmord 1964 löste sie sich auf. Die Mitglieder strebten eine Auflösung des traditionellen Literaturbegriffs an, in (gemeinsamen) Lesungen, Performances und Happenings präsentierte man Textmontagen, konkrete, akustische und visuelle Poesie, Chansons. Besonders typisch und prägend waren auch die Wiederentdeckung des Dialekts für die Poesie (H. C. ARTMANN: „med ana schwoazzn dintn") und die Kleinschreibung aller Wörter.

Wirkung der Wiener Gruppe

Vom zeitgenössischen Publikum, aber auch von konservativen Vertreterinnen und Vertretern des Literaturbetriebs wurden die Autorinnen und Autoren der Wiener Gruppe eher angefeindet als gefeiert. Etliche ihrer Werke fanden keine Verleger/innen, gingen teilweise sogar verloren. In der Folge beeinflussten die Werke aber die gesamte deutschsprachige Literatur, indem sie Wegbereiter der Avantgardeliteratur waren. Die einstigen Außenseiter/innen wurden zu Vorbildern.

Grazer Gruppe/Forum Stadtpark

Die Grazer Gruppe ist eine lose Verbindung von Schriftstellerinnen und Schriftstellern, die in den 1940er-Jahren geboren wurden. Den Namen „Grazer Gruppe" erwähnte erstmals ALFRED KOLLERITSCH (geb. 1931), Mitgründer des Forum Stadtpark und Herausgeber der Literaturzeitschrift „manuskripte".
1958 wollte eine Gruppe von bildenden Künstlerinnen/Künstlern das verfallene „Stadtparkcafé" als Ausstellungsraum nutzen. Das Ansuchen wurde von der Stadtverwaltung abgelehnt, das Gebäude sollte abgerissen werden. In der Folge kam es zu Protesten von Künstlerinnen/Künstlern, Medien und Politikerinnen/Politikern, die schließlich Erfolg hatten. Somit konnten 1959 die konstituierende Versammlung des Vereins Forum Stadtpark und 1960 die Eröffnung stattfinden.
Das Einzigartige am Forum Stadtpark war der interdisziplinäre Charakter, alle Formen von Kunst sollten eine Plattform finden. In den 60er- und 70er-Jahren entwickelte es sich vor allem zu einem Zentrum für progressive Kunst und Literatur. Internationale Aufmerksamkeit erhielt das Forum Stadtpark vor allem durch die Literaturzeitschrift „manuskripte". Wichtige Autorinnen und Autoren wie BARBARA FRISCHMUTH (geb. 1941) und PETER HANDKE (geb. 1942) erhielten im Forum Stadtpark eine Plattform für ihre Werke und wurden in „manuskripte" publiziert.

Wirkung des Forum Stadtpark

Bedeutung erhielt das Forum Stadtpark auch als Mitinitiator des Festivals „steirischer herbst". Noch heute finden im Haus „Forum Stadtpark" Veranstaltungen in den Bereichen Architektur, bildende Kunst, Film, Foto, Literatur, Musik, Theater und Wissenschaft statt; Bücher und Zeitschriften werden produziert. „manuskripte" hat sich zu einem Sprachrohr der jungen Literatur entwickelt und hat seit seiner Gründung vielen jungen Autorinnen/Autoren zu Aufmerksamkeit verholfen.

Grazer Autorenversammlung

Die Grazer Autorenversammlung (GAV) wurde 1973 in Graz aus Protest gegen den österreichischen P.E.N.-Club gegründet, der als konservativ galt und dem vorgeworfen wurde, experimentelle und gesellschaftskritische Literatur zu wenig zu berücksichtigen. Initiator war ERNST JANDL, weitere Gründungsmitglieder waren z. B. H. C. ARTMANN, FRIEDERIKE MAYRÖCKER, PETER HANDKE, GERHARD ROTH (geb. 1942) u. v. m.
Die GAV wurde schnell von der Öffentlichkeit anerkannt, die Konflikte mit dem P.E.N.-Club wurden zwar beigelegt, aber es gibt noch immer die Bestimmung, dass Mitglieder der GAV nicht Mitglieder des P.E.N.-Clubs sein dürfen. Die GAV setzte und setzt sich auch für die Verbesserung der Arbeitsbedingungen von Schriftstellerinnen/Schriftstellern ein.
Seit 1975 hat die GAV ihren Sitz in Wien.

ANHANG

Lösungen   WERKZEUG

Arbeitsaufgaben „Weimarer Klassik": 5e (S. 119)
Bei „Wilhelm Tell" handelt es sich um einen klassischen Dramenaufbau der Tragödie, der fünf Akte umfasst. – **Nennen** Sie die beiden Teile aus der folgenden Auflistung, die in einem klassischen Drama nicht enthalten sind:
- Bühnenvorspiel
- Zuspitzung der Handlung

Arbeitsaufgaben „Biedermeier": 3a (S. 167)
Bilden Sie Gruppen und **formulieren** Sie mehrere Sätze, die in die Buche eingeritzt worden sein könnten. **Vergleichen** Sie Ihr Ergebnis mit dem „echten" Satz. Der echt Satz lautet:
„Wenn du dich diesem Orte nahest, so wird es dir ergehen, wie du mir getan hast."

Epik – Lyrik – Dramatik   WERKZEUG

Im Folgenden finden Sie einen kurzen Überblick über die drei **literarischen Gattungen.** Johann Wolfgang von Goethe begann vor ungefähr 200 Jahren damit, Literatur in diese drei Kategorien einzuteilen und noch heute haben sie Gültigkeit.

Gattungsformen im Überblick	
Epische Texte	■ sind fiktional und erzählen eine Geschichte. ■ stellen Motivationen des Handelns und Standpunkte dar, hellen Hintergründe auf. ■ besitzen eine durchgängige Handlung (einen roten Faden). ■ weisen eine Erzählerin/einen Erzähler auf. ■ treten in Form von Romanen, Erzählungen, Kurzgeschichten etc. auf.
Lyrische Texte	■ weisen meist keine durchgängige Handlung oder einen roten Faden auf. ■ stellen in erster Linie Stimmungen, Emotionen und Gedanken dar. ■ sind oft in Verszeilen gegliedert oder liegen in gereimter Sprache vor. ■ weisen oft einen definierten Sprachrhythmus bzw. eine Sprachmelodie auf. ■ treten in Form von Gedichten, Liedern etc. auf.
Dramatische Texte	■ sind fiktionale Texte, die in Form von Dialogen verfasst sind. ■ bestehen aus dem Sprechtext (Monologe und Dialoge) und dem Nebentext (Regieanweisungen). ■ veranschaulichen zwischenmenschliche Beziehungen und Konflikte. ■ bestehen aus einzelnen Akten (Kapiteln) und Szenen (Auftritten). ■ treten in Form von Komödien, Tragödien, Volksstücken etc. auf.

Gestaltungsmerkmale fiktionaler Texte   WERKZEUG

Als **fiktional** kann ein Text dann bezeichnet werden, wenn er nicht den Anspruch erhebt, Ereignisse als tatsächliches und reales Geschehen über Sprache darzustellen. Zwar kann in einem fiktionalen Text versucht werden, die Wirklichkeit so „realistisch" wie möglich abzubilden, doch einerseits kann mit Sprache niemals die „Wirklichkeit" dargestellt werden, andererseits wird dieser Anspruch von den Autorinnen und Autoren meist auch nicht erhoben.

Thema

In literarischen Texten werden meist ein oder mehrere Themen verarbeitet.

> **Beispiele**
> Der verlorene Sohn, Jugendlicher Leichtsinn, Mord im Affekt, Das Altern, Unheilbare Krankheiten

Will man das **Thema** oder auch die **Thematik eines Textes** bestimmen, so reduziert man eine **Inhaltsangabe** immer weiter, bis letztlich nur **ein einzelner Satz** oder **ein Wort** übrig bleibt. Bezeichnet dieser Satz oder dieses Wort dann den zentralen Gedanken des Textes, so ist man auf das Thema bzw. die Thematik gestoßen.

Stoff

Handlungen („Plots"), die einen historischen oder mythologischen Inhalt haben und von unterschiedlichen Dichterinnen und Dichtern immer wieder bearbeitet werden, bezeichnet man als **„Stoff"**. Jede Künstlerin/Jeder Künstler beschäftigt sich auf ihre/seine Weise mit diesem „Inhalt" und versucht ihn literarisch neu, anders oder möglicherweise der gegenwärtigen gesellschaftlichen und kulturellen Situation entsprechend darzustellen.

> **Beispiele**
> Faust, Don Juan, Odyssee, Ödipus, Die Nibelungen

Motiv

Motive sind **einzelne (Konflikt-)Situationen** oder auch **Figuren,** die in einem Menschenleben immer und immer wieder auftreten und in Kunst und Literatur Eingang finden. Umfasst der Begriff „Stoff" die gesamte Handlung eines literarischen Werkes, so bezieht sich der Begriff „Motiv" nur auf **einzelne inhaltliche Elemente oder Figuren.**

Motive	Beispiele
Raum- und Zeitmotive	die Ruine, das Schloss, die Großstadt, der Nebel
Typenmotive	der Künstler, die Hochstaplerin, der Bösewicht
Lyrische Motive	das Liebeslied, die Einsamkeit, die Todessehnsucht
Sagenmotive	der Blitzschlag, das Erscheinen des Teufels

Leitmotiv

Das Leitmotiv „führt" durch ein Werk, indem es an zentralen und entscheidenden Stellen eines Kunstwerkes immer wieder auftritt – sei es ein Gegenstand, eine immer wiederkehrende Aussage, ein Vers.

Räume

Die Umgebung, in der das fiktionale Geschehen eines literarischen Textes angesiedelt ist, hat meist eine wichtige Funktion für die jeweilige Handlung. Über eine detaillierte und exakte Beschreibung des Raumes wird zuweilen versucht, den Eindruck zu verstärken, dass es sich bei dem Dargestellten um reale und wirkliche Umgebungen handelt.

Durch die Wahl des Raumes, in dem ein Geschehen angesiedelt wird, können **Gemütszustände** und **Stimmungen einzelner Figuren** verstärkt werden. Dem Raum (der Natur und Umwelt) kann **idyllischer** oder aber auch **dämonischer Charakter** zukommen. Eine Großstadt kann als Ort der Selbstverwirklichung und Freiheit empfunden werden oder aber auch als ein Ort des Verbrechens und der Enge. Der Wald kann eine idyllische, aber auch eine bedrohliche Stimmung hervorrufen.

> Manchmal wird bewusst darauf verzichtet, den Raum genauer zu beschreiben, da detaillierte Ausführungen über die Beschaffenheit der Umgebung möglicherweise den Erzählfluss oder die Erzählintention stören würden.

Zeit – Strukturen

Strukturen der Zeit	
Chronologie	Die Handlung kann in **chronologischer Reihenfolge** die reale Abfolge des Geschehens wiedergeben. Ist dies nicht der Fall, so spricht man von einer **anachronischen Zeitgestaltung.**
Rückblende	Werden Ereignisse erzählt, die vor der chronologisch erzählten Haupthandlung des Erzähltextes liegen, spricht man von Rückblenden. Im **Drama** werden diese vergangenen Ereignisse oft durch eine Botin/einen Boten oder eine andere Figur erzählt.
Vorausdeutung	**Andeutungen** (von Figuren oder der Erzählfigur), die ein Geschehen betreffen, das bezogen auf die Haupthandlung in der Zukunft liegt, nennt man Vorausdeutungen. Sie dienen meist der **Erhöhung der Spannung** oder dem **Aufbau einer Erwartungshaltung** seitens der Rezipientin/des Rezipienten.
Raffung/ Dehnung	Das erzählte **Geschehen** kann durch Raffung **verkürzt** werden. Dabei werden Zeitabschnitte (Tage, Wochen, Jahre) übersprungen. Von einer Dehnung spricht man, wenn ein Geschehen sehr **detailreich erzählt** wird.

chronologisch = zeitlich geordnet

anachronisch = zeitlich falsch geordnet

> Siehe **Epik – Erzählte Zeit** und **Erzählzeit** (nächste Seite)

Figuren – Charaktere – Figurenkonstellationen

Fiktionale Texte ermöglichen es, Figuren in unterschiedlichen Situationen aufeinandertreffen zu lassen. Dadurch wird der Leserin/dem Leser vor Augen geführt, welche Handlungsalternativen es in einzelnen Problemsituationen gibt. In manchen Textsorten (z. B. im Märchen) kommen die immer gleichen Charaktere (böse Schwiegermutter, strenger König, geizige Alte etc.) vor. Die Rezipientin/Der Rezipient erwartet, diese Figuren im Text anzutreffen.

Text und Kontext

Der Inhalt literarischer Texte kann in einem bestimmten Milieu angesiedelt sein und die Lebensweise (Probleme, Wünsche, Wertvorstellungen etc.) der dem Milieu angehörenden Menschen darstellen. Dies kann auf unterschiedliche Art und Weise geschehen (positiv, negativ, satirisch etc.).

Weiters ist zu berücksichtigen, dass auch jede Autorin/jeder Autor unter bestimmten zeitgeschichtlichen Bedingungen lebt und dass diese Umstände zum Teil bewusst oder auch unbewusst in die literarischen Werke eingearbeitet werden.

Beispiele für Kurzepik

- Märchen
- Sage
- Legende
- Kurzgeschichte
- Fabel
- Parabel
- Anekdote
- Schwank
- …

Beispiele für Großepik

- Erzählung
- Epos
- Roman
- Novelle
- …

Erzähltexte werden entweder in der Ich- oder in der Er-/Sie-Form erzählt. Die Erzählerin/Der Erzähler eines Textes muss nicht mit der Autorin/dem Autor eines Textes identisch sein.

Siehe **Gestaltungsmerkmale fiktionaler Texte – Zeit – Strukturen** (vorige Seite)

Epik   WERKZEUG

Alle fiktionalen und erzählenden Texte fasst man unter dem Gattungsbegriff „Epik" zusammen. Hierbei handelt es sich um Texte, die eine durchgängige Handlung besitzen oder eine mehr oder weniger frei erfundene (fiktionale) Geschichte erzählen. Sie können in gebundener Sprache (Verse) oder in ungebundener Sprache (Prosa) verfasst sein.

Kennzeichen der Gattungsform

Beschreiben	Steht in einem fiktionalen Text das Beschreiben im Vordergrund, so wird versucht, das Dargestellte genau und detailgetreu zu erzählen. Der Handlungsverlauf tritt dabei in den Hintergrund. Die Erzählzeit überwiegt gegenüber der erzählten Zeit.
Schildern	Von einer Schilderung spricht man, wenn durch die Darstellungen einerseits die Handlung vorangetrieben, gleichzeitig aber immer wieder detailverliebt erzählt wird. Es liegt eine Mischung von Beschreiben und Erzählen vor.
Erzählen	Treiben die Darstellungen nur den Handlungsgang, den Plot voran, so steht das Erzählen im Vordergrund.

Erzählperspektiven

Auktoriale Erzählperspektive: Ein allwissender Erzähler berichtet und erläutert das Geschehen. Er ist in der Lage, die Gedanken der Protagonistinnen/Protagonisten zu lesen, darzustellen und das Geschehen zu kommentieren. Zudem klärt er die Leserin/den Leser über wichtige Aspekte (die den Figuren nicht bekannt sind) auf und spricht sie/ihn direkt an.

Personale Erzählperspektive: Bei dieser Erzählperspektive gibt es nicht eine konkrete Erzählfigur, da das Geschehen aus der Sicht einer (oder mehrerer) handelnden Figur(en) dargestellt wird. Diese Erzählfigur ist nicht, wie die der auktorialen Erzählperspektive, allwissend. Die Leserin/Der Leser hat hier die Möglichkeit, ein Geschehen aus verschiedenen Blickwinkeln zu betrachten, und wird dadurch Zeugin/Zeuge der Handlung.

Ich-Erzähler/in: Die Ich-Figur berichtet der Leserin/dem Leser aus ihrer subjektiven Sicht den Ablauf der Handlung. Dadurch, dass eine übergeordnete Erzählinstanz fehlt, wird die Leserin/der Leser unmittelbar mit dem Geschehen im Text konfrontiert.

Zeitstrukturen in der Epik

Bei den zeitlichen Strukturen (Chronologie, Rückblende, Vorausdeutung, Raffung und Dehnung) kann in epischen Texten zudem noch zwischen der erzählten Zeit und der Erzählzeit unterschieden werden.

Erzählte Zeit (Zeitraum der Handlung): Unter erzählter Zeit versteht man in einem Text jenen Abschnitt an Tagen, Monaten und Jahren, der möglicherweise auf wenigen oder ein paar Hundert Seiten dargestellt wird.

Erzählzeit (Lesezeit): Hierbei handelt es sich um jene Zeit, welche die Erzählerin/der Erzähler benötigt, um die Geschichte zu erzählen, bzw. welche die Leserin/der Leser benötigt, um diese zu lesen.

Lyrik

WERKZEUG

Der Begriff „Lyrik" bezieht sich in erster Linie auf Gedichte, auf Stimmungsgedichte, Liedtexte und sprachexperimentelle Kurztexte. Lyrische Texte sind meist in Verse gegliedert, kommen ohne eine Erzählinstanz (im Gegensatz zu epischen Texten) aus und weisen keine Handlung auf.

sprachexperimentell = auf der Grundlage von sprachlichen Versuchen

Formale Gestaltung

Vers

Ein lyrischer Text wird in Verse gegliedert. Zwar können auch Dramen und Epen in Form von Versen verfasst sein, jedoch lässt sich ein lyrischer Text einfach von einem epischen Text oder einem Drama unterscheiden: Er weist im Gegensatz zu den beiden anderen Gattungen keine Handlung auf.

Rhythmus, Metrum

Durch die Gliederung des lyrischen Textes in Verse entsteht beim Lesen ein gewisser Rhythmus, vor allem dann, wenn eine festgelegte Abfolge von unbetonten und betonen Silben vorliegt.

das Metrum = das Versmaß bzw. das metrische Schema (eines Textes)

Strophe

Mehrere Verse, die eine zusammengehörige Einheit bilden, bezeichnet man als Strophe. Das gesamte Gedicht kann wiederum aus mehreren Strophen bestehen. Diese sind durch einen Absatz voneinander getrennt.

Reim und Klang

Sprache kann in Gedichten zur Musik werden. Der Reim ergibt sich aus einem Gleichklang von Silben, oft am Ende zweier Verse (Endreim). Neben dem „reinen" Reim (kleiden – meiden) gibt es auch den unreinen Reim (liegen – rügen).

Reimen sich immer wieder zwei unmittelbar aufeinanderfolgende Verse, so spricht man von einem Paarreim (aabb). Weitere Reimformen sind beispielsweise der Kreuzreim (abab) und der umschließende Reim (abba).

Man unterscheidet u. a. folgende **Gedichtformen:**
- Sonett
- Ode
- Elegie
- Hymne
- Lied/Song
- Prosagedicht

Inhaltliche Gestaltung

Das lyrische Motiv

In Gedichten können Geschehnisse, Erfahrungen, Emotionen, aber auch Gedanken thematisiert werden. Dieses grundlegende Thema nennt man Motiv.

Das lyrische Ich

Ist in einem Gedicht von einem „Ich" die Rede, neigt man dazu, dieses „Ich" mit der Autorin/dem Autor gleichzusetzen. Diese Vorgehensweise kann mitunter falsch sein, da beispielsweise eine Autorin in einem Gedicht ein lyrisches männliches „Ich" schaffen kann. Ebenso wie die Erzählerin/der Erzähler in epischen Texten nimmt das lyrische Ich eine vermittelnde Funktion zwischen der Autorin/dem Autor, der Aussage des Textes und der Leserin/dem Leser ein.

Konkrete Poesie

Neben den unterschiedlichen Gedichtformen (siehe Randspalte) stellt die „Konkrete Poesie" eine Sonderform der Lyrik dar, bei der die Sprache zum Gegenstand gemacht wird. Mit Sprache wird Sprachliches bildlich dargestellt, ohne Handlungen, Gefühle oder Stimmungen zu transportieren. Das Spielen mit Sprache und die Lust daran stehen bei dieser lyrischen Gestaltungsform im Vordergrund.

Dramatik · WERKZEUG

der Dialog = ein Gespräch, bei dem zwei Personen abwechselnd miteinander reden

der Monolog = eine längere Rede, die jemand während eines Gesprächs hält; ein laut geführtes Selbstgespräch einer (literarischen) Figur auf der Theaterbühne

Als Drama bezeichnet man fiktionale Texte, die in Form von Dialogen und Monologen verfasst sind und zur Vor- bzw. Aufführung (Filme, Theaterstücke) gebracht werden.

Kennzeichen der Gattungsform

Textgestalt	Ein dramatischer Text besteht aus dem Sprechtext (Dialoge und Monologe) und dem Nebentext (Regieanweisungen).
Handlung	Meist lassen konfliktträchtige Situationen die Figuren mit- oder gegeneinander handeln. Dadurch werden unterschiedliche Personenkonstellationen und Charaktere entworfen.
Raum	Der Handlungsort kann durch Regieanweisungen vorgegeben sein. Er wird oft dazu verwendet, die Wirklichkeit nachzuahmen, und kann eine symbolische Funktion einnehmen.
Aufbau	Ein Drama besteht meist aus einzelnen Akten (Kapiteln), die sich aus einzelnen Szenen (Auftritten) zusammensetzen.

Man unterscheidet u. a. folgende **Dramenarten:**
- Tragödie
- Komödie
- Tragikomödie
- Dramolett
- Schauspiel
- Sprechstück
- Volksstück
- Schwank
- Posse
- Episches Theater
- Absurdes Theater

Die drei Einheiten des Dramas nach ARISTOTELES

ARISTOTELES, ein griechischer Philosoph (384–322 v. Chr.), formulierte drei wesentliche Merkmale, die ein Drama aufweisen muss, damit es – bezogen auf seine Struktur – als gelungen bezeichnet werden kann.

- **Einheit der Handlung:** Die Handlung soll in sich geschlossen sein, was bedeutet, dass Nebenhandlungen in der Aufführung nicht vorkommen. Etwaige Nebenhandlungen werden von Boten oder anderen Figuren erzählt.
- **Einheit der Zeit:** Der im Drama dargestellte Zeitraum darf nur von Sonnenaufgang bis Sonnenuntergang dauern.
- **Einheit des Ortes:** Der Schauplatz darf sich im Stück nicht verändern.

Das moderne Theater berücksichtigt diese Forderungen nicht mehr. Einerseits gibt es künstliche Beleuchtung, und man ist bei einer Aufführung nicht mehr auf Tageslicht angewiesen. Andererseits gibt es Drehbühnen, die es erlauben, mehrere Handlungsräume zu zeigen. In modernen Inszenierungen wird oft nur durch die Veränderung der Beleuchtung angezeigt, dass sich die Figuren in anderen Umgebungen befinden, ohne dass die Bühne umgebaut wird.

Siehe **Gestaltungsmerkmale fiktionaler Texte**

Der Aufbau eines Dramas

Einleitung (Exposition)	Die Handlung setzt ein, wichtige Personen treten auf, es kommt zu ersten Begegnungen. Oft wird eine Vorgeschichte zur laufenden Handlung eingebracht.
Erregendes Moment	Der Konflikt entsteht, die Kontrahenten prallen aufeinander, das Geschehen kommt in Gang.
Steigerung – Höhepunkt	Die Problemstellung ist nun klar, der Konflikt steuert auf einen Höhepunkt, auf den sogenannten Wendepunkt, zu. In der Komödie ist dies jener Moment, in dem die größte Verwirrung aufgelöst wird.
Fall oder Umkehr	Obwohl schon alles verloren oder gewonnen ist, kann es noch einen Moment der Spannung geben, in dem der Konflikt lösbar oder das gewonnene Glück verloren scheint.
Schluss	Die Katastrophe tritt ein oder alles wird gut. Je nachdem!

Analysebogen

WERKZEUG

Der Analysebogen für epische Texte dient dazu, einen detaillierten Überblick über formale, inhaltliche und sprachliche Aspekte eines Textes zu gewinnen.

Kategorie	Ergebnis der Analyse
1. Quellenangaben	
2. Textsorte	
3. Inhalt	
4. Titelei	
5. Thematik/Stoff/ (Leit-)Motive	
6. Erzählperspektiven	
7. Erzählweise	
8. Figuren/ Charaktere	
9. Räume	
10. Zeitliche Gestaltung	
11. Sprachliche Gestaltung	

Analysebogen: Lyrische Texte

Inhaltliche Aspekte

Thema/Motiv	
Vorgänge bzw. Gedankengang	
Gedankliche Gliederung	
Bezug Titel – Gedicht	
Situation des lyrischen Ich	
Zeit und Schauplatz	

Formale Aspekte

Strophen/Verse	
Versfuß/Versmaß	
Reim(-schema)	
Kadenzen	
Gedichtform	

Sprachliche Aspekte

Satz-/Versbau	
Stilmittel/Sprachbilder (und deren Bedeutung)	
Wortwahl	

Bei Hausübungen oder Schularbeiten werden Sie möglicherweise Szenen aus Dramen, die Sie komplett gelesen haben, analysieren. Bei der Reifeprüfung wäre es reiner Zufall, wenn Sie das Werk, dem die Szene entnommen wird, gelesen/gesehen haben.

Demgemäß gibt es einige Aspekte, die Sie nicht in jedem Fall analysieren können. Diese sind in der Tabelle in Klammern gesetzt.

Analysebogen: Szenenanalyse (Drama)	
Die Einzelszene	
Figuren(-konstellation)	
Äußere/Innere Situation	
Schauplatz und Zeit	
Gesprächsanalyse inklusive nonverbaler Kommunikation → Regieanweisungen	
Sprachliche Aspekte	
Satzbau, Wortwahl	
Stilmittel/Sprachbilder (und deren Bedeutung)	
Sprachebene	
(Die Szene im Gesamtwerk)	
(Form des Dramas)	
(Aufbau/Struktur des Gesamtwerkes)	
(Position der Szene im Stück, Bedeutung der Szene für das Stück)	
(Figurencharakteristik/Entwicklung der Figuren)	

Rhetorische Stilmittel

Stilmittel	Erklärung	Beispiel
Allegorie	a) Veranschaulichung eines Begriffes durch ein nach-vollziehbares Bild; ähnlich der Metapher, jedoch wird mit einer Allegorie der/die Leser/in zum Nachdenken, zur Reflexion angeregt.	Staat als „Schiff" – intendiert Gemeinsamkeit, hat einen Kapitän, alle gehen gemeinsam unter, blinde Passagiere etc.
	b) Ein abstrakter Vorstellungskomplex (Verliebtheit) wird durch eine Bild- bzw. Handlungsfolge veran-schaulicht.	Schmetterlinge bevölkerten seinen Bauch, ihre Flügelschläge machten ihn leicht und ließen ihn tänzelnd über die Pflastersteine schweben.
Alliteration	Mehrere Wörter in Folge beginnen mit gleichen Buch-staben, wodurch eine Verstärkung des Dargestellten erzielt werden kann (Stabreim).	▪ Veni, vidi, vici. ▪ Manner mag man eben!
Allusion	Anspielung; durch das In-Beziehung-Setzen kann eine Verstärkung des Gesagten erreicht werden.	▪ der große Dichter (statt: Goethe) ▪ ein Columbus (statt: ein Ent-decker)
Anapher	Wiederholung des Beginns aufeinanderfolgender Wortgruppen oder Sätze; Intensivierung durch Gleich-klang.	▪ Vieles erkannte er, vieles war ihm fremd. ▪ Woher kommst du? Wo willst du bleiben? Wohin willst du gehen?
Antithese	Verdeutlichung eines Gedankens durch die Gegen-überstellung gegensätzlicher Begriffe (Gegensatz-paare), Intensivierung der Aussage.	▪ Wer hoch steigt, der fällt tief! ▪ Hell ist's des Tags, doch dunkel ist's in unsrer Seel'.
Asyndeton	Unverbundene Aneinanderreihung gleichrangiger Begriffe (ohne Konjunktionen); dient, wenn es sich nicht um eine einfache Aufzählung handelt, zur (feierlichen) Stilerhöhung.	▪ Veni, vidi, vici. ▪ Der Tag ist kurz, die Stund' ist lang.
Ellipse	Ein Wort oder Satzteil eines Satzes wird (aus sprachökonomischen Gründen) weggelassen. Das Ausgelassene kann aus dem Kontext ergänzt wer-den. Dient vielfach zum gesteigerten Ausdruck, zur Intensivierung.	▪ Ohne Fleiß kein Preis. ▪ Weshalb so eilig?
Epipher	Wiederholung des Endes aufeinanderfolgender Sätze oder Satzteile.	Sie versprechen alles, aber sie halten nichts, wissen nichts und unternehmen nichts.
Euphemismus	Anstößige, unangenehme Bezeichnungen wer-den durch eine Umschreibung abgemildert bzw. beschönigt.	▪ ein geistiger Bodenturner (statt: ein dummer Mensch) ▪ verhaltenskreativ (statt: verhaltensauffällig) ▪ Ehrenrunde (statt: Sitzenbleiben)
Exclamatio („Ausruf")	Umwandlung einer Aussage in einen emotionalen Ausruf mit getragener, erhöhter Stimme.	Bei den unsterblichen Göttern!
Hendiadyoin („eins durch zwei")	Ein Begriff wird durch zwei mittels „und" verbundene Wörter oft mit einer ähnlichen oder derselben Bedeu-tung wiedergegeben; Verstärkung der Aussage durch Verdoppelung.	▪ Da half kein Jammern und Winseln. ▪ Sein Alibi war hieb- und stichfest.

Ironie	Unter dem Begriff Ironie versteht man zunächst eine Redeweise, bei der das Gegenteil des eigentlichen Wortlauts gemeint ist. Personen, Sachen oder moralische Wertvorstellungen werden beispielsweise der Lächerlichkeit preisgegeben, indem dem Leser bzw. Zuhörer bekannte, aber nicht beweisbare Verfehlungen und Schwächen als besondere Leistungen und Stärken präsentiert werden.	In britischen Schulen wird ab Herbst probeweise das Fach „Happiness" unterrichtet. Bravo! [...] Aber sicher, mit diesem Pilotversuch wird es gelingen, die Rekordzahlen psychisch kranker Jugendlicher in England einzudämmen. Als weitere Schulfächer empfehlen sich Freiheit, Wohlstand und Reichtum. Und für unbelehrbare Kinder bleibt immer noch die Hoffnung.

„Ironie als rhetorisches Mittel ist fast immer aggressiv, sie kann sich vom spielerischen Spott bis zum Sarkasmus steigern, und wenn sie über längere Textpartien durchgehalten wird, literarische Gattungen wie Parodie, Satire, Travestie konstituieren."

(Metzler Literaturlexikon)

Daniel Glattauer, Der Standard

Erkennungsmerkmale von Ironie
- Bestehender Widerspruch von sprachlicher Darstellung und Sachverhalt
- Überhöhte und übertriebene Darstellung der Sachverhalte
- Unübliche Vergleiche, die einer Sache den ihr üblicherweise zugeordneten Wert entziehen, wodurch Komik oder auch Tragik entstehen kann
- Ironie kann oft nur aus dem Kontext heraus verstanden werden und es muss ein Bewusstsein des Missverhältnisses zwischen der sprachlichen Darstellung und dem Sachverhalt gegeben sein.

Wirkung
Ironie kann ein Lächeln hervorrufen, kann eine Sache aber auch der Lächerlichkeit preisgeben. Sie kann eine Sache relativieren, indem sie dieser den ihr zugemessenen Wert entzieht.

Klimax	Wörter oder Sätze werden in steigender bzw. fallender (Antiklimax) Intensität aufeinander folgend angeordnet	- den Knechten, den Herren und den Fürsten ... - Anfangs sind sie lieb und nett, etwas später reserviert und distanziert, am Ende bösartig und intrigant! - Wer nicht lernt, der besteht keine Prüfungen, wer keine Prüfungen besteht, ...
Litotes	Abmildernde oder auch steigernde Umschreibung durch Verneinung des Gegenteils.	- nicht ungefährlich (statt: gefährlich) - nicht unbekömmlich (statt: schmeckt mir außerordentlich gut)
Metapher	Bei einer Metapher wird das eigentlich gemeinte Wort durch ein anderes ersetzt, das eine „bildliche" Ähnlichkeit besitzt (z. B. „Kaffee" für „Angelegenheit"). Etwas wird mit einem Begriff aus einem anderen Bereich verglichen, ohne dass „wie" als Vergleichswort eingesetzt wird.	- Der Reifen schneidet den Asphalt. - Das Schiff pflügt das Meer. - Sie war eine Orchidee (statt: Sie war schön wie eine Orchidee).

Metonymie	Ersatz eines Wortes durch ein anderes aus demselben Bereich (Namensvertauschung).	▪ Wir trinken ein Stamperl (für Schnaps)! ▪ Stahl (für Dolch) ▪ Jung und Alt (für alle)
Oxymoron	Fügung einander widersprechender bzw. ausschließender Begriffe, um die Aussage feiner zu differenzieren oder auch zu verstärken.	▪ die schwarze Milch ▪ ein blinder Blick
Parallelismus	Satzabschnitte oder Sätze werden exakt nach der gleichen grammatikalischen Struktur gebaut.	▪ Reden ist Silber, Schweigen ist Gold. ▪ Sei ruhig, sei gefasst, sei gewarnt!
Periphrase	Umschreibung einer Person oder einer Sache durch Tätigkeiten, Eigenschaften oder Wirkungen, die diese kennzeichnen.	▪ fahrbarer Untersatz (statt: Auto) ▪ das große Wasser (statt: Meer)
Personifikation	Abstrakta, Tiere (siehe Textsorte „Fabel"), Gegenstände etc. werden als handelnde und sprechende Individuen eingeführt und ihnen werden menschliche Eigenschaften und Fähigkeiten übertragen; Mittel der Vermenschlichung von Unpersönlichem.	▪ Vater Staat ▪ die Sonne lächelte ▪ der Mond machte ein finster Gesicht
Pleonasmus/ Tautologie	Gebrauch von mehreren Wörtern, die Ähnliches bzw. Gleiches bedeuten, um eine Verstärkung der Aussage, eine nachdrückliche Betonung zu erreichen.	▪ der weiße Schimmel ▪ die flauschige, kuschelweiche Wolle
Rhetorische Frage (Scheinfrage)	Eine als Frage formulierte Aussage, auf die keine Antwort erwartet wird, da die Antwort entweder jedem klar ist oder der/die Fragensteller/in die gestellte Frage unmittelbar darauf selbst beantwortet.	Wann wird das wohl ein Ende nehmen?
Synekdoche	Ersatz eines Begriffes durch einen engeren oder weiteren Begriff.	▪ Dach (für Haus) ▪ Eisen (für Schwert) ▪ Brot (für Nahrung) ▪ Kiel (für Schiff)
Vergleich	Ein Sachverhalt wird mit einem Sachverhalt aus einem anderen Bereich in Beziehung gesetzt und dadurch verdeutlicht.	▪ In ihrem Innersten versank alles wie zur Regenzeit. ▪ Er ist wie ein Bock. ▪ Ihre Stimme klang wie das Wiehern eines Pferdes.
Zeugma	Pointiert gestaltete Aussage, indem ein gemeinsamer Bestandteil zwei Sätzen oder Satzteilen zugeordnet wird.	▪ Er spazierte durch Wälder und Prüfungen. ▪ Es ist einfacher, einen Oscar zu bekommen als einen guten Ehemann. *(Salma Hayek, Schauspielerin)*

Epische Textsorten   WERKZEUG

Um für die Analyse eines Textes den passenden Weg einzuschlagen, muss vorab überprüft werden, welcher Textsorte das zu analysierende Werk angehört. Denn ist definiert, um welche Textsorte es sich handelt, kann der Frage nachgegangen werden, warum der/die Autor/in sich für diese oder jene Textsorte entschieden hat, um seine/ihre Inhalte zu transportieren.

Im Folgenden finden Sie eine Reihe häufiger anzutreffender epischer Textsorten und in aller Kürze die ihnen zugrunde liegenden Kriterien.

Novelle

Darunter versteht man eine zumeist kurze Erzählung, die einen geradlinigen Handlungsverlauf aufweist und den Anspruch auf Neuheit erhebt.

Die Novelle erzählt etwas Neues, **Außergewöhnliches** (GOETHE sprach in diesem Zusammenhang von einer „sich ereigneten unerhörten Begebenheit"), zumeist von einem schicksalsträchtigen Abschnitt im Leben eines Menschen. Trotz der Darstellung des Ungewöhnlichen, das häufig den Höhepunkt einer Novelle darstellt, ist die Handlung nachvollziehbar und glaubwürdig, soll also den Anschein erwecken, als hätte sie tatsächlich stattgefunden. So tritt auch zumeist ein **neutraler Erzähler** auf.

Die Novelle hat nur **einen Handlungsstrang** und ist ähnlich wie ein klassisches Drama aufgebaut: Exposition – Steigerung – Peripetie (Wendepunkt) – Abfall – Lösung/Katastrophe.

Typisch ist auch das Auftreten eines **Dingsymbols,** eines leblosen Gegenstandes, Tieres oder einer Pflanze, das das Leitmotiv symbolisiert, in dem sich der zentrale Konflikt spiegelt und das immer wieder aufgenommen wird.

Vielfach haben Novellen einen Erzählrahmen oder sind zu **Novellenzyklen** zusammengefasst.

Typenbildende Kriterien
- Meist einlinige Handlungsführung
- Geschehen beruht auf einem zentralen Konflikt
- Gegenüberstellung von Althergebrachtem und Bekanntem mit Neuartigem und Außergewöhnlichem
- Stark raffender Erzählstil, über den die Handlung vorangetrieben wird
- Beschreibungen und Charakterisierungen werden kurz gehalten

Kurzgeschichte

Als Kurzgeschichten bezeichnet man Texte, in denen der Fokus auf einen Moment inmitten alltäglicher Begebenheiten gelegt wird. Dieses detailliert betrachtete Geschehen kann in der Folge durch eine unerwartete Wendung auf den Lebenszusammenhang, in dem die Figuren verhaftet sind, verweisen.

Die Kurzgeschichte hat ihren Ursprung in den angloamerikanischen „Short Storys", die für Zeitschriften und Zeitungen geschrieben wurden. Im deutschsprachigen Raum erlebten sie ihre Blüte nach dem Zweiten Weltkrieg. Die Kurzgeschichte zeigt einen kurzen Ausschnitt, einen **entscheidenden Einschnitt** im Leben einer Figur. Diese ist eine gewöhnliche, **alltägliche** Person.

Formal ist die Kurzgeschichte gekennzeichnet durch relative **Kürze,** einen **unmittelbaren Einstieg** (keine Exposition) und einen **offenen Schluss** (abruptes Ende der Handlung), alternativ mündet sie auch in eine Pointe. Zumeist hat sie nur einen Handlungsstrang und ein geringes Personal. Die Sprache ist kurz, prägnant, einfach verständlich.

Typenbildende Kriterien
- Auflösung der linearen Handlung zugunsten assoziativer Kompositionen
- Verzicht auf Illusion und Rahmen
- Reduktion des unerhörten, neuen Ereignisses einer Novelle auf einen Moment inmitten alltäglicher Begebenheiten
- Ausarbeitung von Details
- Möglicherweise offener Schluss
- Typisierung der Personen
- Neutralisierung der Umgebung
- Betonung der Brüchigkeit der Wirklichkeit
- Bestreben, den/die Leser/in zu provozieren und zu aktivieren

Erzählung

Als Erzählung wird ein kürzerer epischer Text bezeichnet, der aber nicht nach exakt festgelegten Kriterien zu bestimmen ist. Daher wird die Erzählung häufig über ihre **Unterschiede zu anderen Textsorten** definiert: So ist sie z. B. kürzer als ein Roman, hat nur eine einsträngige Handlung und weniger Personal. Sie ist weniger streng in der Form als eine Novelle und auch nicht so sehr auf ein Hauptereignis fokussiert. Im Vergleich zur Kurzgeschichte erscheint sie weniger pointiert und nicht so sehr auf den Schluss hin komponiert.

Märchen/Sage

Unter Sagen versteht man knappe **volkstümliche Erzählungen,** die bestimmte Örtlichkeiten, Naturerscheinungen, Personen und Ereignisse der „erfahrbaren Wirklichkeit" mit übernatürlichen oder **mythischen Elementen** verknüpfen.

Märchen hingegen sind fantastische, realitätsüberhöhende Erzählungen, deren Stoff zwar ebenso aus volkstümlichen Traditionen stammt, die aber – im Gegensatz zur Sage – keine zwingenden Bezüge zur Realität aufweisen.

Fabel

Eine Fabel ist eine kurze **lehrhafte** Dichtung in Prosa oder Versform. Ihre Handlungsträger sind vorwiegend Tiere, aber auch Pflanzen und Dinge, die mit typischen menschlichen Eigenschaften ausgestattet sind und zumeist charakteristische Stereotype darstellen. Die Übertragung in den nicht menschlichen Bereich dient einerseits der Anschaulichkeit, andererseits aber auch dem Schutz der Dichterin/des Dichters, denn mit einer Fabel wird häufig Gesellschaftskritik geübt, was nicht zu allen Zeiten von der Obrigkeit geduldet wurde.

Der typische Aufbau einer Fabel ist dreigliedrig: Ausgangssituation – Konfliktsituation (Aktion oder Rede/Reaktion oder Gegenrede) – Lösung. Die für die Fabel typische Lehre (Moral) kann zu Beginn (Promythion) oder am Ende (Epimythion) angeführt sein. Zeit und Ort der Handlung werden nicht ausgeführt.

Parabel

Auch die Parabel gehört zur sogenannten **Lehrdichtung** und trägt einen erzieherischen Gedanken. Allerdings wird üblicherweise die Moral nicht ausgeführt und muss von der Leserin/dem Leser erschlossen werden. Man unterscheidet dabei die **Bildebene** (Geschehen/Handlung in der Parabel) und die zu erschließende **Sach-** oder **Deutungsebene** (Aussage). Das Gesagte ist also nicht das Gemeinte.

Parabeln finden sich nicht nur als eigenständige literarische Form, sondern mitunter auch als **Binnenerzählungen** (eingebettet in andere epische oder dramatische Werke).

Satire

Der Begriff „Satire" bezeichnet im Allgemeinen eine **Kritik** der Norm oder auch des Normwidrigen. Sie ist Ausdruck einer bestimmten kritischen Einstellung, die sich – ebenso wie die gesellschaftliche Realität – ständig verändert.

Als Textsorte stellt die Satire eine Kunstform dar, über die auf indirekte Weise – mittels ästhetischer Darstellung – **Spott** über Erscheinungen der Wirklichkeit ausgedrückt wird. Dieser Spott entsteht durch die ästhetische Nachahmung und Verfremdung der Wirklichkeit.

Parodie

Bei einer Parodie handelt es sich um einen Text, der auf **satirische, kritische** oder **polemische** Art und Weise einen vorhandenen Text mit gegenteiliger oder ironischer Intention **nachahmt.** Die den Ausgangstext kennzeichnenden Formmittel werden beibehalten. Die Komik entsteht dadurch, dass veränderte Aussage und vom Ausgangstext übernommene Formmittel aufeinanderprallen, da sie nicht mehr zusammenpassen.

⚠ Die Anekdote erscheint als historisch verbürgt, da z. B. genaue Orts- und Zeitangaben gemacht werden, sie muss aber keineswegs „wahr" sein.

Anekdote

Die Anekdote ist eine kurze, auf das Wesentliche beschränkte epische Kleinform, die zumeist eine **Pointe** hat und witzig ist. In ihr wird in gedrängter sprachlicher Form eine besondere Begebenheit dargestellt. Oftmals treten dabei menschliche Charakterzüge, Merkwürdigkeiten oder tiefere Zusammenhänge einer Begebenheit zutage.

Kalendergeschichte

Kalendergeschichten tragen ihren Namen, weil sie ursprünglich auf der Rückseite von (Volks-)Kalendern abgedruckt waren. Daher sind sie auch **kurz,** meist in **volksnaher,** an die mündliche Überlieferung angelehnter Sprache verfasst. Sie sollen belehren, aber häufig auch unterhalten. Später – vor allem durch JOHANN PETER HEBEL (1760–1826) – wurde daraus eine eigenständige literarische Form mit hohem literarischem Niveau.

Kalendergeschichten konzentrieren sich auf das Wesentliche, Nebensächliches wird ausgelassen, auf Ausschmückungen wird verzichtet. Sie beruhen häufig auf realen Gegebenheiten (z. B. Kriegen), die der Leserin/dem Leser so nahegebracht werden.

Roman

Der Roman gehört zu den epischen **Großformen.** Er bezeichnet einen Erzähltext in **Prosa,** der sich äußerlich vom Epos und vom Versroman durch seine ungebundene Sprache unterscheidet. Durch seinen Umfang und seine inhaltliche Vielschichtigkeit hebt er sich von epischen Kleinformen, insbesondere der Novelle und der Kurzgeschichte, ab. Nach und nach hat sich der Roman als Medium für Unterhaltung und Unterweisung, vor allem aber auch als Kunstform durchgesetzt und ist heute die vorherrschende und am weitesten verbreitete Literaturgattung.

Da er sich über die Jahrhunderte stets verändert hat und **keine Formstrenge** aufweist, lassen sich auch kaum Charakteristika verbindlich anführen.

Was den Roman von anderen epischen Formen, vor allem der Kleinepik, abgrenzt, sind die **mehrsträngige** Handlung und ein **größeres Personal.**

💡 Das Epos ist schließlich in Roman und Novelle aufgegangen.

(Vers-)Epos

Auch das Epos zählt zu den epischen **Großformen.** Es weist **gleichartig gebaute** Verse oder Strophen auf und besteht zumeist aus **mehreren Teilen.** Verfasst ist es in **gehobener Sprache.** Im Zentrum des Epos steht eine bestimmte Person oder ein Leitgedanke.

Das Epos ist eine sehr alte Gattung, als ältestes überliefertes Epos gilt das „Gilgamesch-Epos" aus dem alten Babylon, die berühmtesten Epen, „Ilias" und „Odyssee", stammen aus dem 8. Jh. v. Chr. und werden HOMER zugeschrieben. Für den deutschsprachigen Raum ist vor allem das „Nibelungenlied" (ca. 1230) zu nennen. Als Beispiel für ein neueres Epos lässt sich GOETHES „Hermann und Dorothea" (1797) anführen.

Stichwortverzeichnis

Personenregister

Textregister (Angeführt sind zitierte poetische Texte und Textausschnitte)

Quellenverzeichnis

Ahnert, Sven: Das Problem mit der Einfachheit. Neue Zürcher Zeitung, 17.8.2012. https://www.nzz.ch/feuilleton/buecher/das-problem-mit-der-einfachheit-1.17486387 (abgerufen am 20.9.2018)
Aichinger, Ilse: Die größere Hoffnung. Frankfurt a. M.: Fischer 1991, S. 52 ff.
Alighieri, Dante: Die göttliche Komödie. Übers. v. Hermann Gmelin. Stuttgart: Reclam 1948, S. 14
Alighieri, Dante: Die göttliche Komödie. Übers. v. Richard Zoozmann. Leipzig: Hesse & Becker 1928, S. 13
Arnim, Bettina von: Goethes Briefwechsel mit einem Kinde. https://gutenberg.spiegel.de/buch/goethes-briefwechsel-mit-einem-kinde-3942/8 (abgerufen am 5.8.2019)
Artmann, H. C.: blauboad 1. In: Reichert, Klaus (Hg.): The Best of H. C. Artmann. Frankfurt a. M.: Suhrkamp 2016, S. 36

Arzt, Thomas: Werther lieben. Reinbek b. H.: Rowohlt E-Book Theater 2016, S. 9 f.

Ball, Hugo: Das erste dadaistische Manifest und andere theoretische Schriften. Berlin: Holzinger 2016, S. 22 f.

Ball, Hugo: Karawane. In: Die deutsche Literatur in Text und Darstellung. Bd. 14: Expressionismus und Dadaismus. Hg. v. Otto F. Best. Stuttgart: Reclam 2000, S. 303

Balzac, Honoré de: Oberst Chabert. Übers. v. Hildegard Blattmann. Stuttgart: Reclam 2012, S. 85 f., 105 f.

Bauer, Wolfgang: Lukrezia. In: Ders.: Werke. Bd. 1: Einakter und frühe Dramen. Graz, Wien: Droschl 2001, S. 203

Beckett, Samuel: Warten auf Godot. Frankfurt a. M.: Suhrkamp 2016, S. 159 f.

Benn, Gottfried: Nachtcafé. In: Ders.: Gedichte. Stuttgart: Reclam 2006. S. 12 f.

Bernhard, Thomas: Alte Meister. Frankfurt a. M.: Suhrkamp 1985, S. 75

Bernhard, Thomas: Verstörung. Frankfurt a. M.: Suhrkamp 1988, S. 135 ff.

Boccaccio, Giovanni: Die Falkennovelle. In: Ders.: Das Dekameron. Übers. v. Karl Witte. München: Winkler 1952, S. 454 ff.

Böll, Heinrich: Ansichten eines Clowns. München: dtv 1990, S. 9 f., 101 ff.

Boor, Helmut de (Hg.): Das Nibelungenlied. Zweisprachig. Köln: Parkland 2004, S. 13

Borchert, Wolfgang: Das Brot. In: Ders.: Das Gesamtwerk. Reinbek b. H.: Rowohlt 2007, S. 538

Bote, Hermann: Till Eulenspiegel. Frankfurt a. M.: Insel 1981, S. 170 f.

Boyle, T. C.: América. München: dtv 2006, S. 7 f., S. 24

Bradbury, Ray: Fahrenheit 451. Zürich: Diogenes 1981, S. 72 f., 83 f., 164 f.

Brahm, Otto: Zum Beginn. In: Freie Bühne für modernes Leben, Jg. 1, 1890; zitiert nach https://friedrichshagener-dichterkreis.de/2010/05/03/zum-beginn-1890/ (abgerufen am 19.9.2018)

Brant, Sebastian: Das Narrenschiff. Stuttgart: Reclam 1998, S. 421

Brecht, Bertolt: Das epische Theater. In: Ders.: Schriften zum Theater 3. Frankfurt a. M.: Suhrkamp 1963, S. 54 ff.

Brecht, Bertolt: Die Dreigroschenoper. Berlin: Suhrkamp 1968, S. 11 f., 96 ff.

Brecht, Bertolt: Mutter Courage und ihre Kinder. Berlin: Suhrkamp 1963, S. 65 ff.

Brentano, Clemens: Lore Lay. In: Ders.: Werke. Bd. 1: Gedichte. Hg. v. Wolfgang Frühwald u. a. München: Hanser 1978, S. 112 ff.

Brinkmann, Rolf Dieter: Einen jener klassischen … In: Ders.: Westwärts 1 & 2. Gedichte. Reinbek b. H.: Rowohlt 2005, S. 35

Büchner, Georg: Dantons Tod. Stuttgart: Reclam 1995, S. 19

Büchner, Georg: Lenz. Stuttgart: Reclam 2002, S. 13 f.

Büchner, Georg: Woyzeck. Stuttgart: Reclam 2011, S. 15 ff., 32 f.

Bürger, Gottfried August: Der Bauer an seinen durchlauchtigen Tyrannen. In: Conrady: Das Buch der Gedichte. Deutsche Lyrik von den Anfängen bis zur Gegenwart. Berlin: Cornelsen 2006, S. 144

Busch, Wilhelm: Max und Moriz. In: Ders.: Das große Wilhelm Busch Album. Niedernhausen: Bassermann 1997, S. 5

Camus, Albert: Der Fremde. Reinbek b. H.: Rowohlt 1976, S. 44 f., 59 f.

Celan, Paul: Todesfuge. In: Ders.: Mohn und Gedächtnis. Gedichte. München: DVA 2012, S. 37 f.

Cervantes Saavedra, Miguel de: Don Quijote. Düsseldorf: Albatros 2003, S. 21 f., 67 f.

Coetzee, J. M.: Schande. Frankfurt a. M.: Fischer 2003, S. 145 f., 203, 265 f.

Da Pisa, Camilla: „Mein einziger Filippo". http://www.liebesbrief.com/liebesbriefe/beruehmte-briefe/mein-einzigerfilippo/ (abgerufen am 31.5.2017)

Döblin, Alfred: Die Ermordung einer Butterblume. In: Ders.: Das Lesebuch. Hg. v. Günter Grass. Frankfurt a. M.: Fischer 2012, S. 97 ff.

Dostojewski, Fjodor: Schuld und Sühne. Übers. v. Hermann Röhl. Frankfurt a. M.: Insel 2003, S. 5 f., 377 f.

Droste-Hülshoff, Anette von: Die Judenbuche. In: Dies.: Sämtliche Werke in zwei Bänden. Bd. 1. München: Winkler 1973, S. 497 ff.

Duras, Marguerite: Der Liebhaber. Frankfurt a. M.: Suhrkamp 1985, S. 55 f., 93 f.

Dürrenmatt, Friedrich: Der Besuch der alten Dame. Zürich: Diogenes 1985, S. 44 f.

Ebner-Eschenbach, Marie von: Das Gemeindekind. In: Dies.: Gesammelte Werke in drei Bänden. Bd. 1. München: Winkler 1956–1958, S. 142 ff.

Eich, Günter: Inventur. In: Ders.: Gesammelte Werke. Bd. 1: Die Gedichte – Die Maulwürfe. Frankfurt a. M.: Suhrkamp 1973, S. 35

Eichendorff, Joseph von: Aus dem Leben eines Taugenichts. Stuttgart: Reclam 1976, S. 3 f.

Erasmus von Rotterdam: Der Abt und die gebildete Frau. In: Ders.: Vertrauliche Gespräche. Zürich: Diogenes 2000, S. 140 f.

Fielding, Henry: Tom Jones. Übers. v. J. J. Ch. Bode. E-Pub: BoD (o. J.), S. 5 f., 20, 116 f.

Flaubert, Gustave: Madame Bovary. Übers. v. Elisabeth Edl. München: Hanser 2012, S. 54, 50 f., 215 f., 420 f.

Fontane, Theodor: Effi Briest. In: Ders.: Romane und Erzählungen in acht Bänden. Bd. 7. Berlin, Weimar: Aufbau 1973, S. 7 f., 245 ff., 308 f.

Fontane, Theodor: Es kribbelt und wibbelt weiter. In: Detering, Heinrich (Hg.): Reclams Buch der deutschen Gedichte. Bd. 1. Stuttgart: Reclam 2007, S. 472

Fontane, Theodor: Was ist Realismus? In: Die deutsche Literatur in Text und Darstellung. Bd. 11: Bürgerlicher Realismus. Hg. v. Andreas Huyssen. Stuttgart: Reclam 1977, 56 f.

Fried, Erich: An Anna Emulb. In: Ders.: Gesammelte Werke. Gedichte 2. Berlin: Wagenbach 1993, S. 402 f.

Fried, Erich: Gründe. In: Ders.: Gesammelte Werke. Gedichte 1. Berlin: Wagenbach 1993, S. 365 f.

García Márquez, Gabriel José: Chronik eines angekündigten Todes. Köln: Kiepenheuer & Witsch 2001, S. 63 f.

Goethe, Johann Wolfgang von: Die Leiden des jungen Werthers. Stuttgart: Reclam 1986, S. 20, 24 f.

Goethe, Johann Wolfgang von: Faust. Der Tragödie erster Teil. In: Ders.: Poetische Werke in drei Bänden. Bd. 1. Berlin, Weimar: Aufbau 1985, S. 419 f., 458 ff., 554 ff.

Goethe, Johann Wolfgang von: Faust. Der Tragödie zweiter Teil. Stuttgart: Reclam 1986, S. 65, 132, 199

Goethe, Johann Wolfgang von: Götz von Berlichingen. In: Ders.: Poetische Werke in drei Bänden. Bd. 3. Berlin, Weimar: Aufbau 1985, S. 127

Goethe, Johann Wolfgang von: Italienische Reise. In: Grumach, Ernst (Hg.): Goethe und die Antike. Eine Sammlung. Bd. 1. Berlin: de Gruyter 1949, S. 238

Goethe, Johann Wolfgang von: Maifest. In: Conrady: Das Buch der Gedichte. Deutsche Lyrik von den Anfängen bis zur Gegenwart. Berlin: Cornelsen 2006, S. 153

Goethe, Johann Wolfgang von: Natur und Kunst. In: Ders.: Poetische Werke in drei Bänden. Bd. 1. Berlin, Weimar: Aufbau 1985, S. 314

Gomringer, Nora: Daheim. In: Dies.: Klimaforschung (Spoken Word 2). Voland & Quist. Kindle Ausgabe, S. 69

Gottfried von Straßburg: Tristan. Stuttgart: Reclam 1980, S. 307 f.

Grillparzer, Franz: Ästhetische Studien, sprachliche Studien, Aphorismen. In: Ders.: Grillparzers sämtliche Werke. Bd. 15. Stuttgart: Cotta 1892, S. 104

Grillparzer, Franz: Der Traum ein Leben. In: Ders.: Sämtliche Werke. Bd. 2. München: Hanser 1960–1965, S. 105 ff.

Grimmelshausen, Hans Jakob Christoffel von: Der Abentheuerliche Simplicissimus Teutsch. Altenmünster: Jazzybee Verlag Jürgen Beck 2016, S. 6

Gryphius, Andreas: Menschliches Elende. In: Kemp, Friedhelm (Hg.): Das europäische Sonett. Göttingen: Wallstein 2002, S. 33

Günderrode, Karoline von: Die eine Klage. In: Dies.: Gedichte. Berlin: Holzinger 2015, S. 185

Haas, Wolf: Der Knochenmann. Reinbek b. H.: Rowohlt 1997, S. 84 ff.

Hadlaub, J.: In dem grünen Klee. In: Zoozmann, Richard (Hg.): Deutsche Minnesänger. München: Georg Müller 1927, S. 153

Hahn, Ulla: Irrtum. In: Dies.: Süßapfel rot. Gedichte. Stuttgart: Reclam 2003, S. 20

Handke, Peter: Ich bin ein Bewohner des Elfenbeinturms. Frankfurt a. M.: Suhrkamp 1972, S. 19 ff.

Handke, Peter: Kaspar. Frankfurt a. M.: Suhrkamp 2015, S.18 f., 47 f., 99

Haslinger, Josef: Opernball. Frankfurt a. M.: Fischer 1995, S. 9 ff.

Hauff, Wilhelm: Das kalte Herz und andere Märchen. Stuttgart: Reclam 2000, S. 32 ff.

Hauptmann, Gerhart: Bahnwärter Thiel. Stuttgart: Reclam 1970, S. 19 f.

Hauptmann, Gerhart: Die Weber. München: Cornelsen 2008, S.18 ff.

Haushofer, Marlen: Die Wand. München: dtv 1991, S. 12 f., 181 ff.

Hebbel, Friedrich: Die alten Naturdichter und die neuen. In: Ders.: Sämtliche Werke. 1. Abteilung, Bd. 1. Berlin: Behr 1904, S. 349

Heine, Heinrich: Deutschland. Ein Wintermärchen. Berlin: Insel 2013, S. 13 f.

Heine, Heinrich: In der Fremde III. http://www.staff.uni-mainz.de/pommeren/Gedichte/NeueGedichte/fremde3.htm. (abgerufen am 19.9.2018)

Heine, Heinrich: Lorelei. In: Frühwald, Wolfgang (Hg.): Gedichte der Romantik. Stuttgart: Reclam 1991, S. 55 f.

Heißenbüttel, Helmut: Kalkulation über was alle gewusst haben. In: Ders.: Das Textbuch. Freiburg/Breisgau: Walter 1965, S. 100 f.

Hemingway, Ernest: Der alte Mann und das Meer. Reinbek b. H.: Rowohlt 2014, S. 124 f.

Herwegh, Georg: Aufruf. In: Ders.: Werke und Briefe. Hg. v. Infrid Pepperle. Bd. 1: Gedichte 1835–1848. Bielefeld: Aisthesis 2006, S. 25 f.

Hesse, Hermann: Der Steppenwolf. Berlin: Suhrkamp 1974, S. 21 ff., 146 f., 153 f.

Heym, Georg: Der Gott der Stadt. In: Die deutsche Literatur in Text und Darstellung. Bd. 14: Expressionismus und Dadaismus. Hg. v. Otto F. Best. Stuttgart: Reclam 2000, S. 45

Hoddis, Jakob van: Weltende. In: Die deutsche Literatur in Text und Darstellung. Bd. 14: Expressionismus und Dadaismus. Hg. v. Otto F. Best. Stuttgart: Reclam 2000, S. 74

Hoffmann, E. T. A.: Der Sandmann. Stuttgart: Reclam 2015, S. 24 f., 34 f., 39

Hofmann von Hofmannswaldau, Christian: Vergänglichkeit der Schönheit. In: Hoof, Hans Joachim (Hg.): Deutsche Gedichte. Von Walther von der Vogelweide bis Gottfried Benn. München: Piper 2004, ohne Seite

Hofmannsthal, Hugo von: Brief des Lord Chandos an Francis Bacon. In: Ders.: Gesammelte Werke in zehn Einzelbänden. Bd. 7. Frankfurt a. M.: Fischer 1979, S. 462 ff.

Hofmannsthal, Hugo von: Die beiden. In: Ders.: Gesammelte Werke in zehn Einzelbänden. Bd. 1. Frankfurt a. M.: Fischer 1979, S. 94

Holz, Arno: Im Thiergarten. In: Gedichte und Interpretationen. Bd. 5: Vom Naturalismus bis zur Jahrhundertwende. Hg. v. Harald Hartung. Stuttgart: Reclam 2011, S. 81

Holz, Arno: Phantasus. In: Ders.: Werke. Hg. v. Wilhelm Emrich u. Anita Holz. Neuwied am Rhein, Berlin-Spandau: Luchterhand 1962, S. 79 f.

Holz, Arno: Programm. In: Die deutsche Literatur in Text und Darstellung. Bd. 12: Naturalismus. Hg. v. Walter Schmähling. Stuttgart: Reclam 1977, S. 209

Holz, Arno; Schlaf, Johannes: Papa Hamlet. Stuttgart: Reclam 2010, S. 58 ff.

Huchel, Peter: Die schilfige Nymphe. In: Ders.: Gesammelte Werke. Bd. 1: Die Gedichte. Frankfurt a. M.: Suhrkamp 1984, S. 89

Ibsen, Henrik: Nora (Ein Puppenheim). Übers. v. Richard Linder. Stuttgart: Reclam 2016, S. 11 f., 94 f.

Innerhofer, Franz: Schöne Tage. München: dtv 1993, S. 22, 26 f., 86 f.

Ishiguro, Kazuo: Alles, was wir geben mussten. München: Blessing 2017, S. 11 f., 315 ff.

Jandl, Ernst: wien: heldenplatz. In: Ders.: Das Röcheln der Mona Lisa. Berlin: Volk und Welt 1990, S. 71

Jelinek, Elfriede: Die Klavierspielerin. Hamburg: Rowohlt 1983, S. 208 ff.

Jelinek, Elfriede: Nach Nora. https://www.elfriedejelinek.com/fnachnora.htm (abgerufen am 3.9.2019)

Jelinek, Elfriede: Was geschah, nachdem Nora ihren Mann verlassen hatte oder Stützen der Gesellschaft. In: Dies.: Theaterstücke. Reinbek b. H.: Rowohlt 2018, S. 9, 38 f.

Joseph von Eichendorff: Die blaue Blume. In: Ders.: Sämtliche Gedichte und Versepen. Frankfurt a. M., Leipzig: Insel 2001, S. 334

Junghänel, Frank: Rezension zu „Opernball". Berliner Zeitung, 14.03.1998

Kafka, Franz: Brief an den Vater. Berlin: Holzinger 2015, S. 3 f.

Kafka, Franz: Der Prozeß. Stuttgart: Reclam 1995, S. 7, 210 f.

Kafka, Franz: Die Verwandlung. In: Ders.: Das Urteil und andere Erzählungen. Frankfurt a. M.: Fischer 1983, S. 19 f.

Kafka, Franz: Heimkehr. In: Ders.: Sämtliche Erzählungen. Frankfurt a. M.: Fischer 1970, S. 320 f.

Kafka, Franz: Kleine Fabel. https://www.projekt-gutenberg.org/kafka/misc/chap002.html (abgerufen am 24.2.2020)

Kafka, Franz: Vor dem Gesetz. In: Ders.: Ein Landarzt. Frankfurt a. M.: Fischer 2002, S. 267 ff.

Kaiser, Georg: Von morgens bis mitternachts. Stuttgart: Reclam 1994, S. 37 f.

Kaléko, Mascha: Emigranten-Monolog. In: Dies.: Verse für Zeitgenossen. Reinbek b. H.: Rowohlt 1978, S. 53

Kaléko, Mascha: Großstadtliebe. In: Dies.: Das lyrische Stenogrammheft. Reinbek b. H.: Rowohlt 1956, S. 26

Kant, Immanuel: Beantwortung der Frage: Was ist Aufklärung? In: Berlinische Monatsschrift 4 (1784), S. 481 ff.

Kästner, Erich: Jahrgang 1899. In: Leonhardt, Rudolf (Hg.): Kästner für Erwachsene. Gütersloh: Bertelsmann 1965, S. 13

Kehlmann, Daniel: Die Tricks der Schriftstellerei. Die Zeit, 4.5.2006

Kehlmann, Daniel: Die Vermessung der Welt. Hamburg: Rowohlt 2005, S. 7 ff., 69 f., 149 ff.

Keller, Gottfried: Winternacht. In: Hermlin, Stephan (Hg.): Deutsches Lesebuch. Von Luther bis Liebknecht. Leipzig: Reclam 1976,

S. 488

Keun, Irmgard: Das kunstseidene Mädchen. München: List 2003, S. 7 f., 81 f., 149 f., 217

Kleist, Heinrich von: Betrachtungen über den Weltlauf. In: Ders.: Werke und Briefe in vier Bänden. Bd. 3. Berlin, Weimar: Aufbau 1978, S. 460 f.

Knotek, Anatol: sie liebt mich (nicht). http://www.anatol.cc/konkrete_poesie/sie_liebt_mich_nicht.html#.WZhAeK35zow (abgerufen am 19.9.2018)

Köhler, Barbara: Newspaper. In: Dies.: Blue Box. Gedichte. Frankfurt a. M.: Suhrkamp 1995, S. 52

Kornfeld, Theodor: Ein Sand-Uhr. unterrichtsprojekt.net/barock/kornfeld-theodor-ein-sand-uhr/

Kürenberg, der von: Das Falkenlied. In: Conrady: Das Buch der Gedichte. Deutsche Lyrik von den Anfängen bis zur Gegenwart. Berlin: Cornelsen 2006, S. 28

Lasker-Schüler, Else: Höre! In: Dies.: Liebesgedichte. Frankfurt a. M., Leipzig: Insel 2005. S. 94

Lem, Stanisław: Solaris. Berlin: List 2006, S. 35, 38, 136, 155

Lenau, Nikolaus: Auf dem Teich, dem regungslosen. In: Ders.: Sämtliche Werke und Briefe. Bd. 1. Leipzig, Frankfurt a. M.: Insel 1970, S. 21 f.

Lessing, Gotthold Ephraim: Der Esel und der Wolf. In: Ders.: Ausgewählte Fabeln. https://www.projekt-gutenberg.org/lessing/fabeln/chap004.html (abgerufen am 24.2.2020)

Lessing, Gotthold Ephraim: Emilia Galotti. Stuttgart: Reclam 1949, S. 78

Lessing, Gotthold Ephraim: Nathan der Weise. Stuttgart: Reclam 2000, S. 78 f., 82 f.

Lichtenberg, Georg Christoph: Sudelbücher. In: Ders.: Schriften und Briefe. Bd. 2. München: Insel 1967, S. 131 ff.

Logau, Friedrich von: Deß Krieges Buchstaben. In: Ders.: Sämtliche Sinngedichte. Tübingen: 1872, S. 107 f.

Logau, Friedrich von: Heutige Weltkunst. In: Conrady: Das Buch der Gedichte. Deutsche Lyrik von den Anfängen bis zur Gegenwart. Berlin: Cornelsen 2006, S. 73

Luther, Martin: An den christlichen Adel deutscher Nation. Von der Freiheit eines Christenmenschen. Sendbrief vom Dolmetschen. Stuttgart: Reclam 2012, S. 158 f.

Luther, Martin: Vom Wolff vnd Lemlin. In: Ders.: Etliche Fabeln aus Esopo von D. M. Luther verdeutscht. Heidelberg: Holzinger 1924, S. 5 ff.

Mann, Thomas: Tonio Kröger. Frankfurt a. M.: Fischer 1973, S. 72 f.

Mathé, Alexander U.: „Frauen üben Druck aus". Wiener Zeitung, 20.9.2017. https://www.wienerzeitung.at/nachrichten/wien/stadtleben/918178_Frauen-ueben-den-Druck-aus.html (abgerufen am 20.9.2018)

Mayröcker, Friederike: „Die Scherben eines gläsernen Frauenzimmers" (Carl Einstein). In: Dies.: Das besessene Alter. Gedichte 1986–91. Frankfurt a. M.: Suhrkamp 1992, S. 103

Meyer, Conrad Ferdinand: Eingelegte Ruder. In: Conrady: Das Buch der Gedichte. Deutsche Lyrik von den Anfängen bis zur Gegenwart. Berlin: Cornelsen 2006, S. 322

Mitterer, Felix: Kein Platz für Idioten. Innsbruck, Wien: Haymon 2008, S. 42 f.

Molière: Der Geizige. Übers. v. Hartmut Stenzel. Stuttgart: Reclam 2013, S. 14 f., 70 f.

Moscherosch, Johann Michael: Sprachschande. In: Sanz, Wilhelm (Hg.): Aus dem Reichtum der Dichtung 2. Wien: ÖBV 1970, S. 197

Müller, Herta: Das Land am Nebentisch. In: Dies.: Eine warme Kartoffel ist ein warmes Bett. Hamburg: Europäische Verlagsanstalt 1992, S. 9 ff.

Munro, Alice: Die Kinder bleiben hier. In: Dies.: Die Liebe einer Frau. Drei Erzählungen und ein kurzer Roman. Übers. v. Heidi Zerning. Frankfurt a. M.: Fischer 2000, S. 64, 67, 70

Murakami, Haruki: Gefährliche Geliebte. München: btb 2008, S. 212 f., 216 f.

Musil, Robert: Der Mann ohne Eigenschaften. Bd. 1. Reinbek b. H.: Rowohlt 2008, S. 32 f., 650

Musil, Robert: Der Mann ohne Eigenschaften. Bd. 2. Reinbek b. H.: Rowohlt 2008, S. 1939

Musil, Robert: Die Verwirrungen des Zöglings Törleß. Reinbek b. H.: Rowohlt 1995, S. 57 ff.

Neruda, Pablo: Amerikaliebe (1400). In: Ders.: Der große Gesang. Ausgewählte Werke. Berlin: Volk und Welt 1977, S. 67

Neruda, Pablo: Deine Hände. In: Ders.: Liebesgedichte. München: btb 2012, S. 23

Neruda, Pablo: Sturmgeladen ist der Morgen (IV). In: Ders.: 20 Liebesgedichte und ein Lied der Verzweiflung. München: Luchterhand 2009, S. 13

Nestroy, Johann Nepomuk: Der Talisman. Ditzingen: Reclam 1982, S. 6, 23, 62 ff., 86

Novalis: Gesammelte Werke. Altmünster: Jazzybee Verlag Jürgen Beck 2015, S. 35 f.

Novalis: Heinrich von Ofterdingen. Stuttgart: Reclam 1980, S. 10 ff.

Novalis: Wenn nicht mehr Zahlen und Figuren. In: Conrady: Das Buch der Gedichte. Deutsche Lyrik von den Anfängen bis zur Gegenwart. Berlin: Cornelsen 2006, S. 237

O. V.: Barock-Emblem. www.bibliothek.uni-augsburg.de (abgerufen am 22.8.2017)

O. V.: Interview mit Franz Schuh: „Es geht um menschliche Würde". Kurier, 17.10.2011

O. V.: Schönheitsideale im Wandel der Zeit. http://www1.wdr.de/fernsehen/daheim-und-unterwegs/sendungen/galerie-schoenheitsideale-100.html (abgerufen am 6.6.2017)

O. V.: Zweiter Merseburger Zauberspruch. In: Detering, Heinrich (Hg.): Reclams großes Buch der deutschen Gedichte. Stuttgart: Reclam 2007, S. 19

Opitz, Martin: Francisci Petrarchae. In: Ders.: Gesammelte Werke. Bd. 2. Hg. v. George Schulz-Behrend. Stuttgart: Hiersemann 1979, S. 703

Pfau, Ludwig: Herr Biedermeier. In: Ders.: Gedichte. Stuttgart: Bonz 1889, S. 327 f.

Pilarczyk, Hannah: Rezension zu „Die Vermessung der Welt". Der Spiegel, 22.10.2012

Poe, Edgar Allen: Das verräterische Herz. In: Ders.: Der Doppelmord in der Rue Morgue und andere Erzählungen. Berlin: Holzinger 2016, S. 64 f.

Polgar, Alfred: Drei unnütze Dinge. In: Ders.: Das große Lesebuch. Zürich: Kein & Aber 2003, S. 40 ff.

Raab, Thomas: Still. München: Droemer 2015, S. 69 ff., 100 f.

Radisch, Iris: „Ich stecke in einem Traum". Die Zeit, 17.11.2016

Rilke, Rainer Maria: Das Karussell – Jardin de Luxembourg. In: Ders.: Sämtliche Werke. Bd. 1. Berlin: Insel 1998, S. 87

Rilke, Rainer Maria: Liebeslied. In: Ders.: Sämtliche Werke. Bd. 1. Berlin: Insel 1998, S.482

Roelke, Thorsten: Geschichte der deutschen Sprache. München: C. H. Beck 2009, S. 10 f.

Röggla, Katrin: life. In: Dies.: really ground zero. 11. September und folgendes. Frankfurt a. M.: Fischer 2001, S. 6 ff.

Rosegger, Peter: Jakob der Letzte. Berlin: Ullstein 1996, S. 86 ff.

Rousseau, Jean Jacques: Julie oder Die neue Heloise. Übers. v. Gustav Julius. E-Pub: e-artnow 2015, S. 7, 208, 957 ff.

Sachs, Hans: Der Edelfalk. In: Ders.: Dichtungen. Erster Theil. Geistliche und weltliche Lieder. Leipzig: Holzinger 1870, S. 137 ff.

Schiller, Friedrich: Der Handschuh. In: Ders.: Sämtliche Werke. Bd. 1. München: Hanser 1962, S. 346 f.

Schiller, Friedrich: Die Räuber. Stuttgart: Reclam 2009, S. 36

Schiller, Friedrich: Sehnsucht. In: Hermlin, Stephan (Hg.): Deutsches Lesebuch. Von Luther bis Liebknecht. Leipzig: Reclam 1976, S. 223 f.

Schiller, Friedrich: Wilhelm Tell. Stuttgart: Reclam 1973, S. 50 f, 87 ff.

Schlegel, Friedrich: Athenäums-Fragment Nr. 116. In: Kritische Friedrich-Schlegel-Ausgabe. Hg. v. Ernst Behler. Erste Abteilung: Kritische Neuausgabe. Bd. 2: Friedrich Schlegel. Charakteristiken und Kritiken (1796–1801). München, Paderborn, Wien: Schöningh 1967, S. 162 f.

Schmidt, Veronika: Der Jugend ist das österreichische Deutsch Powidl. Die Presse, 8.7.2012

Schmidt-Dengler, Wendelin: Bruchlinien I + II. Wien: Residenz 2012, S. 687

Schneider, Wolf: Vier Entwicklungen vor allem müssen jedem Freund der Sprache Sorgen machen. Die Zeit, 10.5.2012

Schnitzler, Arthur: Fräulein Else. Frankfurt a. M.: Fischer 1987, S. 141 ff.

Scholl, Joachim: In den Armen der Frauen. https://www.deutschlandfunk.de/in-den-armen-der-frauen.700.de.html?dram:article_id=82051 (abgerufen am 14.11.2004)

Schroeder, Carsten: Smartphone und Sprache „Wir kontrollieren viel weniger, was wir schreiben". https://www.deutschlandfunk.de/smartphone-und-sprache-wir-kontrollieren-viel-weniger-was.1148.de.html?dram:article_id=443637 (abgerufen am 14.3.2019)

Schwickert, Martin: Rezension zu „Die Wand". Die Zeit, 11.10.2012

Schwitters, Kurt: An Anna Blume. Merzgedicht. In: Die deutsche Literatur in Text und Darstellung. Bd. 14: Expressionismus und Dadaismus. Hg. v. Otto F. Best. Stuttgart: Reclam 2000, S. 312 f.

Shakespeare, William: Hamlet. Stuttgart: Reclam 2014. S. 74 f.

Stifter, Adalbert: Bunte Steine. In: Ders.: Gesammelte Werke in sechs Bänden. Bd. 3. Wiesbaden: Insel 1959, S. 7 f.

Stifter, Adalbert: Sonnenfinsternis und Schneesturm. In: Hermlin, Stephan (Hg.): Deutsches Lesebuch. Von Luther bis Liebknecht. Leipzig: Reclam 1976, S. 475 f.

Storm, Theodor: Immense. Stuttgart: Reclam 1975, S. 29 ff., 154

Stramm, August: Patrouille. In: Die deutsche Literatur in Text und Darstellung. Bd. 14: Expressionismus und Dadaismus. Hg. v. Otto F. Best. Stuttgart: Reclam 2000, S. 82

Tannhäuser, der: Der Winter ist vergangen. In: Steinmetz, Ralf-Henning (Hg.): Die Dichtungen des Tannhäusers, Kieler Online-Edition 2019. https://macau.uni-kiel.de/servlets/MCRFileNodeServlet/macau_derivate_00000886/Tannha%CC%88user__Kieler_Online-Edition.pdf (abgerufen am 24.2.2020)

Trakl, Georg: Grodek. In: Die deutsche Literatur in Text und Darstellung. Bd. 14: Expressionismus und Dadaismus. Hg. v. Otto F. Best. Stuttgart: Reclam 2000, S. 50

Twain, Mark: Bummel durch Europa. Frankfurt a. M.: Insel 1985, S. 191

Twain, Mark: Huckleberry Finns Abenteuer und Fahrten. München: Goldmann 1964, S. 5

Tzara, Tristan: Um ein dadaistisches Gedicht zu machen. In: Ders.: Sieben Dada Manifeste. Hamburg: Edition Nautilus 1998, S. 90 f.

Vargas Llosa, Mario: Die Stadt und die Hunde. Reinbek b. H.: Suhrkamp 1980, S. 58 f., 399 f.

Walther von der Vogelweide: Sô die bluomen ûz dem grase dringent. In: Wapnewski, Peter (Hg.): Walther von der Vogelweide. Gedichte. Frankfurt a. M.: Fischer 1982, S. 88

Walther von der Vogelweide: Unter der Linden. In: Conrady: Das Buch der Gedichte. Deutsche Lyrik von den Anfängen bis zur Gegenwart. Berlin: Cornelsen 2006, S. 36

Walther von der Vogelweide: Werke. Bd. 1: Spruchlyrik. Stuttgart: Reclam 1994, S. 101

Weiss, Peter: Die Ermittlung. Oratorium in 11 Gesängen. Reinbek b. H.: Rowohlt 1985, S. 108 f.

Weißenborn, Birgit: Ich sende dir ein zärtliches Pfand. Die Briefe der Karoline von Günderrode. Frankfurt a. M.: Insel 1992, S. 78 f.

Wickram, Georg: Von einem laut schreyenden Münch auff der Kantzlen und einem alten Weib. In: Ders.: Werke. Bd. 3. Tübingen: Holzinger 1903, S. 84 f.

Wilde Oscar: Das Bildnis des Dorian Gray. Übers. v. Ingrid Rein. Stuttgart: Reclam 2001, S. 5 f., 304 f.

Wise Guys: Hamlet. https://www.wiseguys.de/index-144.html (abgerufen am 5.8.2019)

Wolfram von Eschenbach: Parzival. Stuttgart: Reclam 1977, S. 51 ff.

Woolf, Virgina: Mrs Dalloway. Übers. v. Walter Boehlich. Frankfurt a. M.: Fischer 2016, S. 12 f., 26 f.

Wuketits, Franz M.: Existenzielle Herausforderung. Wiener Zeitung, 11.6.2017

Yasmo & die Klangkantine: Zwei. https://www.youtube.com/watch?v=D0iQ0e6oCf4 (abgerufen am 7.6.2017)

Zimmer, Dieter E.: Autopsie an Frau Ananke. Die Zeit, 16.10.1981. https://www.zeit.de/1981/43/autopsie-an-frau-ananke-seite-3 (abgerufen am 20.9.2018)

Bildnachweis

S. 7   Pieter Bruegel der Ältere: Großer Turmbau zu Babel
        (1563) (commons.wikimedia.org)
S. 12   Der zweite Merseburger Zauberspruch (ca. 950)
        (titus.uni-frankfurt.de)
S. 13   Walther von der Vogelweide Statue
        (shutterstock.com © Gushchin)
S. 15   Palmorden (commons.wikimedia.org)
S. 21   Emoticon (shutterstock.com © AngieYeoh)
S. 23   Walther von der Vogelweide (um 1300)
        (commons.wikimedia.org)
S. 25   Illustration der Ständeordnung
        (commons.wikimedia.org)
        ABC-Lehrbuch Kaiser Maximilians
        (commons.wikimedia.org)
S. 26   Siegfrieds Ermordung (commons.wikimedia.org)
        Parzival (commons.wikimedia.org)
S. 27   Codex Manesse (commons.wikimedia.org)
S. 34   Wiliam Blake: Dante, der vor den drei Tieren davonläuft
        (1824–1827) (meisterdrucke.com)
        Auguste Rodin: Das Höllentor
        (commons.wikimedia.org)
S. 35   Auguste Rodin: Paolo und Francesca, Detail aus dem
        Höllentor (iitaly.org)
S. 44   Till Eulenspiegel (shutterstock.com © pit24)
S. 45   Hans Sachs Briefmarke (shutterstock.com © IgorGolov-
        niov)
S. 46   Sebastian Brant (commons.wikimedia.org)
S. 47   Titelseite von Sebastian Brants „Narrenschiff"
        (commons.wikimedia.org)
S. 48   Hans Sachs (commons.wikimedia.org)
S. 49   Martin Luther (neo-cortex.fr)
S. 51   Buchtitel einer der ersten Eulenspiegel-Auflagen
        (commons.wikimedia.org)
S. 52   Erasmus von Rotterdam (commons.wikimedia.org)
S. 53   Juan Martínez de Jáuregui y Aguilar (vermutlich):
        Porträt von Miguel de Cervantes Saavedra (um 1600)
        (commons.wikimedia.org)
S. 56   John Taylor: William Shakespeare (Chandos Portrait, um
        1610) (commons.wikimedia.org)
S. 57   Titelblatt von Shakespeares „Sonetten" (1609)
        (commons.wikimedia.org)
S. 73   Pierre Mignard: Molière (1658)
        (commons.wikimedia.org)
        Louis, der Geizkragen (kino.de)
S. 78   Immanuel Kant (commons.wikimedia.org)
S. 81   Karl Friedrich Flögel: Franz Schuch als Hanswurst (1862)
        (commons.wikimedia.org)
S. 88   Franz Schuh (commons.wikimedia.org © Manfred
        Werner)
S. 89   Immanuel Kant – gelb-grau (shutterstock.com © iku4)
S. 98   Henry Fielding (devoir-de-philosophie.com)
S. 101 Maurice Quentin de la Tour: Jean-Jacques Rousseau
        (1753) (commons.wikimedia.org)
S. 112 Der Handschuh (lyrik.antikoerperchen.de)
S. 115 Jean Renggli der Ältere: Der Rütlischwur (1891)
        (commons.wikimedia.org)
S. 118 Osmar Schindler: Gesslers Tod (1921) (akg-images.de)
S. 120 Faust und Mephistopheles (shutterstock.com © Alizada
        Studios)
S. 126 Briefmarke von 1979: Johannes Faust mit Homunculus
        und Mephistopheles (commons.wikimedia.org)
S. 128 Faust-Festival München in den „Fünf Höfen" 2018
        (exklusiv-muenchen.de © Union Investment)
S. 129 Caspar David Friedrich: Der Wanderer über dem Nebel-
        meer (um 1880) (commons.wikimedia.org)
S. 132 Caroline Schlegel-Schelling (commons.wikimedia.org)

Fanny von Arnstein (commons.wikimedia.org)
S. 139 Szene aus „Hoffmanns Erzählungen", Volksoper Wien,
        2016 (volksoper.at © Barbara Palffy/Volksoper Wien)
S. 146 Blick vom linken Rheinufer bei St. Goar auf die Loreley
        (commons.wikimedia.org)
S. 147 Daniel Kehlmann (zeit.de © Arne Dedert/dpa)
S. 149 Karoline von Günderrode (commons.wikimedia.org)
S. 151 Honoré de Balzac (commons.wikimedia.org)
S. 154 Edgar Allen Poe (britannica.com)
S. 157 Ferdinand Georg Waldmüller: Seifenblasende Kinder
        (1843) (kunstkopie.de)
S. 159 Klemens Wenzel Lothar von Metternich
        (commons.wikimedia.org)
        Carl Spitzweg: Sonntagsspaziergang (1841)
        (gyrele.tumblr.com)
S. 162 Adalbert Stifter: Partie aus den westungarischen
        Donauauen mit aufsteigendem Gewitter (um 1841)
        (zeno.org)
S. 167 Johann Nepomuk Nestroy (commons.wikimedia.org)
S. 173 Der Denker Club (Deutsche Karikatur von 1819)
        (commons.wikimedia.org)
S. 175 Heinrich Heine Briefmarke (shutterstock.com © bissig)
S. 176 Fanny Lewald (commons.wikimedia.org)
S. 185 Adolph Menzel: Das Balkonzimmer (1845)
        (commons.wikimedia.org)
S. 186 Theodor Fontane (ebay.de)
S. 187 Titelblatt der Erstausgabe des „Manifests der Kommu-
        nistischen Partei" (1848) (commons.wikimedia.org)
S. 196 Buchcover „Effi Briest" (anacondaverlag.de)
        Buchcover „Madame Bovary" (fischerverlage.de)
        Buchcover „Anna Karenina"(https://bubblin.io)
S. 197 Fotografie Peter Roseggers (1873)
        (austria-forum.org © KK)
S. 198 Peter Rosegger Statue (shutterstock.com © Karl Allen
        Lugmayer)
S. 201 Max und Moritz
        (shutterstock.com © Roberta Blonkowski)
S. 203 Gustave Flaubert (commons.wikimedia.org)
S. 206 James Carroll Beckwith: Mark Twain (1890)
        (commons.wikimedia.org)
        Huck und Jim (kinofenster.de © Majestic)
S. 209 Emil Orlik: Lithographisches Poster für Hauptmanns
        Theaterstück „Die Weber" (1897)
        (commons.wikimedia.org)
S. 211 Hippolyte Taine (commons.wikimedia.org)
S. 212 Giuseppe Pellizza da Volpedo: Der vierte Stand
        (1898–1901) (commons.wikimedia.org)
S. 214 Titelblatt Bjarne P. Holmsen: Papa Hamlet mit Foto von
        Arno Holz (commons.wikimedia.org)
S. 217 Gerhart Hauptmann (commons.wikimedia.org)
S. 222 Arno Holz: Im Thiergarten (deutschestextarchiv.de)
S. 223 Fjodor Dostojewski (commons.wikimedia.org)
S. 226 Henrik Ibsen (commons.wikimedia.org)
S. 237 Egon Schiele: Sitzende Frau mit hochgezogenem Knie
        (1917) (commons.wikimedia.org)
S. 239 Thomas Mann (shutterstock.com © Natata)
S. 240 Leonid Ossipowitsch Pasternak: R. M. Rilke in Moskau
        (1928) (alamy.de)
S. 241 Lovis Corinth: Karussell (1903)
        (commons.wikimedia.org)
S. 242 Peter Altenberg Statue im Café Central
        (shutterstock.com © Giannis Papanikos)
S. 245 Oscar Wilde (commons.wikimedia.org)
S. 248 Virginia Woolf (commons.wikimedia.org)
        Mrs. Dalloway BookBench Sculptur in London
        (shutterstock.com © Ellis)

S. 251 Franz Marc: Blaues Pferd (1911) (commons.wikimedia.org)

S. 252 Balwin Zettl: Weltende für Jakob van Hoddis (2014) (galerie-koenitz.de)

S. 257 George Grosz: Dr. Benns Nachtcafé (1918) (artnet.com)

S. 258 Grodek, 2. Fassung (hs-augsburg.de)

S. 259 Else Lasker-Schüler (commons.wikimedia.org)

S. 266 Franz Kafka (commons.wikimedia.org)
Die handschriftlich erste Seite von Kafkas „Brief an den Vater" (1919) (commons.wikimedia.org)

S. 269 Jaroslav Róna: Franz Kafka Statue (2003) (shutterstock.com © Maslanka)

S. 270 Anfang des Manuskripts von „Der Prozeß" (commons.wikimedia.org)

S. 273 Johannes Theodor Baargeld: Das menschliche Auge und ein Fisch, letzterer versteinert (1920) (commons.wikimedia.org)

S. 276 Hugo Ball in seinem kubistischen Kostüm (commons.wikimedia.org)
Hugo Ball: Karawane (commons.wikimedia.org)

S. 278 Kurt Schwitters: Merzz. 53. rotes bonbon (1920) (commons.wikimedia.org)

S. 279 Filmplakat: „Cabaret" (musicman.com)

S. 284 Mascha Kaléko (blick-aktuell.de)

S. 285 Buchcover: „Das kunstseidene Mädchen" (ullstein-buchverlage.de)

S. 288 Porträt und Original-Schreibmaschine Hermann Hesses (shutterstock.com © LiliGraphie)

S. 290 Hermann Hesse (shutterstock.com © Natata)
Robert Musil Grafitti von Jef Aerosol am Musilhaus in Klagenfurt (commons.wikimedia.org)

S. 292 Robert Musil Briefmarke (shutterstock.com © rook76)

S. 293 Bertolt Brecht (commons.wikimedia.org)

S. 294 Szene aus „Die Dreigroschenoper", Theater an der Wien 2015/16 (theater-wien.at © Monika Rittershaus)

S. 295 Bertolt Brecht (shutterstock.com © ArTono)

S. 297 FreundIn des Literaturhauses (literaturhaus-salzburg.at)

S. 303 Ilse Aichinger (diepresse.com © Michaela Seidler)

S. 305 Peter Handke (derstandard.de © REUTERS/Christian Hartmann)

S. 307 Heinrich Böll (wn.de © dpa/Heinz Wieseler)

S. 309 Filmausschnitt „Ansichten eines Clowns" 1976 (ksta.de © imago/United Archives)
Thomas Bernhard (suhrkamp.de © Andrej Reiser)

S. 311 Elfriede Jelinek (commons.wikimedia.org)

S. 313 Marlen Haushofer (sabtours.at © Sybille Haushofer)

S. 315 „Die Wand" – Frau mit Hund (dw.com © Studio Canal Germany)
Franz Innerhofer (wienerzeitung.at © picturedesk.com/ Ullstein Bild/Brigitte Friedrich)

S. 317 Herta Müller (hanser-literaturverlage.de)

S. 319 Wolf Haas (commons.wikimedia.org © Heike Huslage-Koch)

S. 320 Filmplakat: „Der Knochenmann" (film.at)

S. 321 Josef Haslinger (commons.wikimedia.org © Pavel Hrdlička)

S. 323 Kathrin Röggla (kathrin-roeggla.de © Karsten Thielker)

S. 324 Ground Zero (shutterstock.com © littlenySTOCK)

S. 325 Daniel Kehlmann (commons.wikimedia.org © Heike Huslage-Koch)

S. 326 Filmplakat: „Die Vermessung der Welt" (filmposter-archiv.de)

S. 327 Thomas Raab (commons.wikimedia.org)

S. 321 Josef Trattner: abstrakt-expressionistisches Weinbild (2010) (commons.wikimedia.org)

S. 330 Grasse Parfum (shutterstock.com © EQRoy)

S. 333 Slam Poetry (shutterstock.com © pp1)

S. 334 Günter Eich (suhrkamp.de © Hilde Zemann)

S. 336 Heldenplatz, 15. März 1938 (mediathek.at © Paul Macku)

S. 337 H. C. Artmann (spiegel.de © dpa)

S. 338 Erich Fried (dichterlesen.net © Renate von Mangoldt)

S. 340 Friederike Mayröcker (suhrkamp.de © Brigitte Friedrich)

S. 341 Nora Gomringer (commons.wikimedia.org)

S. 346 Friedrich Dürrenmatt (commons.wikimedia.org © Elke Wetzig)

S. 348 Samuel Beckett (commons.wikimedia.org)

S. 349 Peter Weiss (commons.wikimedia.org)

S. 354 Felix Mitterer (commons.wikimedia.org © Manfred Werner)

S. 356 Thomas Arzt (rowohlt-theaterverlag.de © Nina Grün-berger)

S. 361 Näherinnen 1 (shutterstock.com © Azamat Imanaliev)

S. 362 Näherinnen 2 (shutterstock.com © Bambara)

S. 364 Albert Camus (quillette.com)

S. 367 Stanisław Lem (commons.wikimedia.org)

S. 370 Marguerite Duras (imdb.com)

S. 373 Gabriel José García Márquez (commons.wikimedia.org © Jose Lara)

S. 377 Ernest Hemingway (biography.com)
Hemingways Schreibmaschine (shutterstock.com © SunflowerMomma)

S. 379 Hemingway Bronzestatue (shutterstock.com © 72westy)

S. 380 Ray Bradbury (tucson.com)
Ray Bradbury Walk of Fame (shutterstock.com © Hayk_Shalunts)

S. 383 Pablo Neruda (filmow.com)

S. 386 T. C. Boyle (commons.wikimedia.org © Martir Prechelmacher)

S. 389 J. M. Coetzee (arnongrunberg.com)

S. 391 Haruki Murakami (radicalreads.com)

S. 395 Mario Vargas Llosa (commons.wikimedia.org)

S. 398 Kazuo Ishiguro (commons.wikimedia.org © Frankie Fouganthin)

S. 401 Alice Munro (dw.com © picture-alliance/dpa/Derek Shapman)

Quelle unbekannt

S. 61 Hans Baldung: Die drei Lebensalter und der Tod (um 1510)

S. 229 Poster: Wiener Secession

Alle weiteren Bilder und Grafiken sind Eigentum der TRAUNER Verlag + Buchservice GmbH bzw. wurden von den Bild-agenturen shutterstock.com und stock.adobe.com zugekauft.